Philip Ackermann

Fullstack-Entwicklung

Das Handbuch für Webentwickler

Rheinwerk
Computing

Liebe Leserin, lieber Leser,

»Full-stack.

My defensive tendencies are normally put on high alert when I hear that magic phrase. [...] [B]eing able to claim one has acquired refined skills at every layer of web development is certainly not a small claim. Does this mean you have a broad range of skills or you specialise in everything?«

Mit diesen Worten leitete Andy Shora seinen Artikel »The Myth of the Full-stack Developer« ein, der immer wieder von der Fachpresse zitiert wurde. Gute Fullstack-Entwickler beherrschen Front- und Backend zugleich, *HTML*, *CSS* und *JavaScript*, *PHP*, *CSV*, *XML*, *DOM*, *Ajax*, *Web-APIs* und *-Architekturen*, *SOAP*, *REST*, *GraphQL* und *SQL* sind ihnen bestens vertraut. Aber müssen Sie wirklich alle diese Technologien perfekt beherrschen und Expertin für jeden Bereich sein? Sie werden feststellen: Darauf kommt es in der Webentwicklung überhaupt nicht an!

Philip Ackermann hilft Ihnen dabei, in der Flut aus Technologien, Programmiersprachen, Frameworks und Tools den Kopf über Wasser zu halten. Er stellt Ihnen alle wichtigen Technologien vor und hilft Ihnen dabei, die Zusammenhänge zu verstehen. Sie lernen, wie Sie die passenden Programmiersprachen und Frameworks für Ihre individuelle Arbeit auswählen und welche Technologien Sie besonders priorisieren sollten – von den Grundlagen bis hin zu komplizierten Webprojekten.

In dieser umfassend aktualisierten und erweiterten zweiten Auflage finden Sie neben einem neuen großen PHP-Kapitel auch ein Kapitel zu fortgeschrittenem CSS – inklusive allen wichtigen Infos zu Präprozessoren, Frameworks, Styleguides und Architekturen. Außerdem zeigt der Autor Ihnen, wie Sie mobile Webanwendungen implementieren und die Performance Ihrer Websites messen und optimieren.

Dieses Buch wurde mit großer Sorgfalt lektoriert und produziert. Sollten Sie dennoch Fehler finden oder inhaltliche Anregungen haben, scheuen Sie sich nicht, mit mir Kontakt aufzunehmen. Ihre Fragen und Änderungswünsche sind jederzeit willkommen.

Ich wünsche Ihnen viel Erfolg mit dem Buch und auf Ihrem Weg in der Webentwicklung!

Ihre Patricia Schiewald
Lektorat Rheinwerk Computing

patricia.schiewald@rheinwerk-verlag.de
www.rheinwerk-verlag.de
Rheinwerk Verlag · Rheinwerkallee 4 · 53227 Bonn

Auf einen Blick

Wir hoffen, dass Sie Freude an diesem Buch haben und sich Ihre Erwartungen erfüllen. Ihre Anregungen und Kommentare sind uns jederzeit willkommen. Bitte bewerten Sie doch das Buch auf unserer Website unter **www.rheinwerk-verlag.de/feedback**.

An diesem Buch haben viele mitgewirkt, insbesondere:

Lektorat Patricia Schiewald, Patricia Zündorf
Korrektorat Monika Paff, Langenfeld
Fachgutachten Sascha Kersken
Herstellung Maxi Beithe
Typografie und Layout Vera Brauner
Einbandgestaltung Julia Schuster
Coverbild Shutterstock: 693112105 © REDPIXEL.PL
Satz SatzPro, Krefeld
Druck Beltz Grafische Betriebe, Bad Langensalza

FSC www.fsc.org MIX Papier aus verantwortungsvollen Quellen FSC® C089473

Dieses Buch wurde gesetzt aus der TheAntiquaB (9,35/13,7 pt) in FrameMaker.

Gedruckt wurde es mit mineralölfreien Farben auf chlorfrei gebleichtem, FSC®-zertifiziertem Offsetpapier (90 g/m²).

Hergestellt in Deutschland.

Bibliografische Information der Deutschen Nationalbibliothek:
Die Deutsche Nationalbibliothek verzeichnet diese Publikation in der Deutschen Nationalbibliografie; detaillierte bibliografische Daten sind im Internet über *http://dnb.dnb.de* abrufbar.

ISBN 978-3-8362-9084-5

2., aktualisierte und erweiterte Auflage 2023

Informationen zu unserem Verlag und Kontaktmöglichkeiten finden Sie auf unserer Verlagswebsite **www.rheinwerk-verlag.de**. Dort können Sie sich auch umfassend über unser aktuelles Programm informieren und unsere Bücher und E-Books bestellen.

Inhalt

4 Webseiten interaktiv machen mit JavaScript 145

5 Webprotokolle verwenden 171

9 CSS vereinfachen mit CSS-Präprozessoren 281

10 Single-Page-Applikationen implementieren 309

Materialien zum Buch

Auf der Webseite zu diesem Buch stehen folgende Materialien für Sie zum Download bereit:

- **Alle Listings aus dem Buch**

Gehen Sie auf *https://rheinwerk-verlag.de/5559*. Klicken Sie auf den Reiter MATERIALIEN. Sie sehen die herunterladbaren Dateien samt einer Kurzbeschreibung des Dateiinhalts. Klicken Sie auf den Button HERUNTERLADEN, um den Download zu starten. Je nach Größe der Datei (und Ihrer Internetverbindung) kann es einige Zeit dauern, bis der Download abgeschlossen ist.

Geleitwort

In der modernen Webentwicklung kann man sich kaum noch den Luxus erlauben, von sich zu behaupten, man sei ein reiner Front- oder Backend-Entwickler. Um eine Applikation zum Erfolg zu führen, müssen Sie einen Blick über den Tellerrand wagen. Das kann gerade in der Webwelt mit ihren kurzen Releasezyklen und den schnelllebigen Bibliotheken leicht frustrierend werden. Umso wichtiger ist es, einen soliden Einstieg in das Thema zu schaffen und sich von diesem Punkt aus kontinuierlich weiterzuentwickeln.

Der Begriff Fullstack-Entwickler hat sich nicht ohne Grund in letzter Zeit immer mehr etabliert. Für mich bedeutet diese Bezeichnung weniger die Tatsache, dass jeder Entwickler in einem Webprojekt alles können muss, sondern dass jeder einen Überblick über das Gesamtsystem einer Webapplikation haben sollte und die Zusammenhänge versteht. Das beginnt bei der Infrastruktur, auf der die Applikation ausgeführt wird, geht über die Organisation der Datenhaltung und des Backends der Applikation bis hin zur Umsetzung des Frontends. Ein Fullstack-Entwickler ist dabei nicht zwangsläufig nur mit einem sehr breiten, aber flachen Wissen ausgestattet, sondern kann sich durchaus in einem Thema spezialisieren. Wichtig ist an dieser Stelle nur, dass der erwähnte Blick für das Gesamtsystem nicht verloren geht.

Mit diesem Buch halten Sie den idealen Begleiter für den Einstieg in die Fullstack-Entwicklung in Händen. Sie erhalten einen Überblick über alle Themen, die für die Umsetzung einer vollwertigen Webapplikation von Bedeutung sind: angefangen beim Frontend mit HTML, CSS und JavaScript über Backend-Schnittstellen bis hin zur Speicherung von Informationen in Datenbanken. Aber auch Themen wie Testing, Deployment und die Organisation des Quellcodes mit Versionskontrolle kommen nicht zu kurz. Dabei vermittelt Ihnen Philip nicht nur den Umgang mit modernen Technologien, sondern erklärt auch Konzepte, die für das Verständnis einer Applikation notwendig sind und die Ihnen die Einarbeitung in gängige Bibliotheken und Frameworks erleichtern. JavaScript als Technologie bildet hierbei eine wichtige Grundlage, da es sowohl client- als auch serverseitig eingesetzt werden kann. Da Sie durch das Monopol von JavaScript im Frontend um ein solides Grundwissen in dieser Sprache nicht herumkommen, können Sie sich das Leben als Fullstack-Entwickler deutlich leichter machen, wenn Sie JavaScript in Form der Node.js-Plattform auch serverseitig einsetzen. Aber auch hier gilt: Werfen Sie einen Blick auf andere Lösungsansätze wie beispielsweise C# oder Python, lassen Sie sich inspirieren, und finden Sie den für Sie passenden Ansatz.

An dieser Stelle möchte ich Philip für die Möglichkeit danken, dass ich mit dem Kapitel zu React einen Beitrag zu diesem Buch leisten durfte. Nutzen Sie es als eine Möglichkeit, einen Blick in die Entwicklung von Single-Page-Applikationen zu werfen und die Architektur- und Gestaltungsprinzipien dieser Art von Web-Frontends kennenzulernen. Zwar unterscheiden sich die großen Frontend-Frameworks in ihren Implementierungsdetails zum Teil deutlich voneinander. Die grundsätzlichen Paradigmen sind jedoch überall die gleichen.

Natürlich kann kein Buch der Welt einen Fullstack-Entwickler aus Ihnen machen. Das sollte jedoch auch gar nicht Ihre Erwartungshaltung sein. Sehen Sie es als einen ersten Schritt auf einem langen Weg. Am Ende eines jeden Kapitels gibt Ihnen Philip Ackermann eine Liste mit weiterführender Literatur, anhand derer Sie sich tiefer in die jeweiligen Themen einarbeiten können.

Ich wünsche Ihnen nun viel Spaß beim Durcharbeiten dieses Buches und dass Sie viele neue Erkenntnisse daraus ziehen können.

Sebastian Springer
Aßling

Vorwort

Wenn man heute Webanwendungen entwickelt, gibt es zwar mehr Möglichkeiten und bessere Tools als vor 20 Jahren. Die Anforderungen an Entwickler sind allerdings ebenfalls gestiegen. Kaum eine Stellenanzeige für Webentwickler, in der nicht das Wort »Fullstack« verwendet wird und in der nicht zahlreiche Kenntnisse in verschiedensten Bereichen gefordert werden. Kurz: »Fullstack-Entwickler« sind gefragt wie nie zuvor.

Die Anforderungen an solche Fullstack-Entwickler sind jedoch enorm. Kein Wunder, bezeichnet »Fullstack« doch den gesamten Technologiestack, den es zu beherrschen gilt, um eine Webanwendung »von vorne bis hinten« – also vom Frontend bis zum Backend – zu entwickeln und dann auch noch für den Produktiveinsatz vorzubereiten.

Ich erinnere mich noch gut daran, als ich selbst mit der Webentwicklung das erste Mal in Berührung kam. Das war um die Jahrtausendwende – also vor etwa 20 Jahren –, noch vor meinem Informatikstudium. Während meiner Ausbildung zum Mediengestalter verschlang ich ganze Bücher zu den Themen HTML, CSS und JavaScript, arbeitete Onlinetutorials durch und entwickelte, was das Zeug hielt. Diese drei – noch heute – wichtigen Sprachen für das Web reichten mir damals als Webentwickler aus.

Im Studium und während meiner Tätigkeit als studentische Hilfskraft beim Fraunhofer-Institut für Angewandte Informationstechnik kam ich dann das erste Mal mit einer »richtigen« Programmiersprache – Java – in Berührung und lernte nach und nach hierüber die weiteren Ebenen einer Webanwendung kennen: die Ebenen auf der Serverseite. Meine Aufgabe: der Umbau einer Java-basierten Desktopsoftware hin zu einer auf Webservices basierenden Webanwendung.

Später dann – Node.js sei Dank – implementierten wir die Anwendung fast komplett neu mit JavaScript, das sich mittlerweile zu einer ernst zu nehmenden Programmiersprache für die Serverseite gewandelt hatte. Außerdem tauschten wir die vormals relationale Datenbank aufgrund der neuen Anforderungen gegen eine nicht-relationale Datenbank.

Seit nunmehr knapp sechs Jahren bin ich – mittlerweile in der Rolle des CTO – bei der Cedalo GmbH beschäftigt, bei der wir mehrere Softwareprodukte entwickeln. Auch hier beschäftige ich mich nach wie vor mit allen Ebenen, sprich mit dem gesamten »Stack« der Software. Ob es jetzt darum geht, die richtige Datenbank für den jeweiligen Anwendungsfall auszuwählen oder die richtige Schnittstelle für einen Webservice zu definieren. All das sind Fragestellungen, mit denen ich mich tagtäglich konfrontiert sehe. Und damit die fertigen Softwareprodukte auch anständig für das

Produktivsystem vorbereitet werden, sind mittlerweile auch DevOps-Themen zu meinem Werkzeugkasten hinzugekommen.

Warum ich Ihnen das alles erzähle? Sicher nicht, damit ich Ihnen meinen Lebenslauf vorstelle. Sondern weil genau die genannten Themen – HTML, CSS, JavaScript, Webservices, Datenbanken, DevOps – mittlerweile Anforderungen an einen Fullstack-Entwickler sind. Klar, dass es da schwerfällt zu entscheiden, wo man anfangen und womit genau man sich beschäftigen sollte.

Dieses Buch soll Ihnen eine Roadmap und ein Ratgeber gleichermaßen sein. Mein Wissen aus mehr als 20 Jahren in der Web- und Softwareentwicklung möchte ich dazu nutzen, Ihnen die wichtigsten Grundlagen für die Fullstack-Entwicklung kompakt zu vermitteln; Ihnen zum einen die Angst vor der Anzahl an Themen zu nehmen und zum anderen zu vermitteln, welche Themen wirklich wichtig sind.

Sei es bezogen auf die Frontend-Entwicklung oder auf die Backend-Entwicklung, sei es bei der Implementierung von Webservices oder bei der Auswahl der richtigen Datenbank, sei es bei Themen wie der Sicherheit, dem automatisierten Testen oder dem Deployment von Webanwendungen. In diesem Buch finden Sie alles, was Sie als Fullstack-Entwickler oder -Entwicklerin benötigen.

Für wen ist dieses Buch?

Das Buch richtet sich vor allem an Einsteiger in die Webentwicklung, die einen umfassenden Überblick über die Fullstack-Entwicklung gewinnen möchten. Hierzu benötigen Sie keine Vorkenntnisse in HTML, keine Vorkenntnisse in CSS und auch keine Programmierkenntnisse. Dieses Buch dient dazu, Sie auf dem Weg zum Fullstack-Entwickler zu begleiten und Ihnen die wichtigen Technologien effektiv zu vermitteln.

Wie ist dieses Buch aufgebaut?

Insgesamt besteht das Buch aus 23 Kapiteln zu Themen, die ich als besonders wichtig empfinde, wenn es um die Webentwicklung und Fullstack-Entwicklung geht. Eine etwas genauere Beschreibung zu den einzelnen Kapiteln finden Sie in Kapitel 1, »Die Grundlagen verstehen«. Wenn Sie also noch vor der Kaufentscheidung stehen und ich Sie bis hierhin noch nicht überzeugen konnte, wäre jetzt eine gute Gelegenheit, dort kurz nachzuschauen. ☺

Den Quelltext zum Buch finden Sie übrigens auf der offiziellen Website zum Buch unter *https://www.rheinwerk-verlag.de/webentwicklung_5559*. Alternativ dazu steht der Quelltext auch in einem GitHub-Repository unter *https://github.com/cleancode-rocker/webhandbuch* zur Verfügung.

Wie sollte ich das Buch durchlesen?

Ich rate Ihnen dazu, das Buch von vorne bis hinten, Kapitel für Kapitel, durchzuarbeiten. Auf diese Weise können Sie am besten den Zusammenhang der einzelnen Themen nachvollziehen, und es ist sichergestellt, dass Ihnen nichts Wichtiges entgeht.

Natürlich soll das Buch auch als Ratgeber und Nachschlagewerk dienen, das Sie immer wieder gerne aus dem Regal ziehen, um Wissen bei Bedarf aufzufrischen. Mit den sprechenden Überschriften und dem Index sollten Sie das jeweils gesuchte Thema schnell wiederfinden.

Danksagung

Das Schreiben eines Buches ist immer mit allerhand Arbeit verbunden. An dieser Stelle möchte ich all denen danken, die dieses Buchprojekt möglich gemacht und dabei geholfen haben.

Am allermeisten möchte ich meiner Frau und meinen Kindern danken, für ihre Geduld und Unterstützung während der Zeit, die ich an diesem Buch gearbeitet habe.

Außerdem bedanke ich mich bei meinem Lektor Stephan Mattescheck für die wie immer sehr professionelle und freundliche Zusammenarbeit sowie beim gesamten beteiligten Team im Rheinwerk Verlag. Sascha Kersken und Sebastian Springer gilt mein Dank für ihr wie immer äußerst nützliches Fachgutachten und die vielen hilfreichen Hinweise und Anregungen.

Auch Ihnen möchte ich danken, zum einen natürlich für den Kauf dieses Buches, zum anderen aber auch für die Zeit, die Sie mit dem Lesen und Durcharbeiten verbringen werden. Ich hoffe, Sie haben viel Freude dabei und lernen viel Neues.

Über Feedback zum Buch würde ich mich natürlich auch sehr freuen. Unter *info@philipackermann.de* stehe ich Ihnen gerne für Fragen und Anregungen zur Verfügung. Unter *https://www.rheinwerk-verlag.de/webentwicklung_5559* oder *www.webdevhandbuch.de* finden Sie zudem weitere Informationen und Updates zum Buch.

Philip Ackermann
Rheinbach

Kapitel 1
Die Grundlagen verstehen

In diesem Kapitel geht es zunächst darum, Ihnen einen Überblick über die Webentwicklung zu geben und die wichtigsten Begrifflichkeiten zu erläutern.

Jeder spricht von Fullstack-Entwicklung, doch um zu verstehen, was das eigentlich ist, müssen wir uns erst mal mit den Grundlagen beschäftigen. Im ersten und im zweiten Teil dieses Kapitels geht es genau um diese Grundlagen, bevor wir uns im dritten Teil des Kapitels dem Begriff *Fullstack-Entwicklung* widmen.

1.1 Begrifflichkeiten

In diesem Teil möchte ich Ihnen zunächst eine Übersicht über wichtige Begrifflichkeiten geben, die in der Webentwicklung relevant sind. Anschließend schauen wir uns dann den grundsätzlichen Aufbau von Webanwendungen an.

1.1.1 Client und Server

Webseiten und *Webanwendungen* (Definition und Unterschied siehe Kasten) bestehen aus einem Teil, der auf der *Clientseite* ausgeführt wird (dem *Frontend*), und einem Teil, der auf der *Serverseite* ausgeführt wird (dem *Backend*). Auf Serverseite sorgt ein *Webserver* dafür, dass die Webseite bereitgestellt wird. Auf Clientseite greift man über einen *Webclient* (auch nur *Client* oder auch *User Agent* genannt) auf die Webanwendung zu. In der Regel handelt es sich dabei um einen *Webbrowser* (kurz: *Browser*), aber es gibt auch noch andere Arten von Clients wie beispielsweise *Screenreader*, kommandozeilenbasierte bzw. programmatisch gesteuerte *HTTP-Clients* oder sogenannte *Headless Browser*, die keine grafische Oberfläche haben.

Ruft man im Browser eine Webseite auf, ist der Ablauf dabei folgender: Auf Clientseite gibt der Nutzer im Browser die Adresse ein (auch *URL* für *Uniform Resource Locator*, siehe auch nächster Abschnitt) und bestätigt mit entsprechender Taste bzw. entsprechendem Button im Browser das »Laden« der Webseite. Der Browser generiert daraufhin im Hintergrund eine *Anfrage*, die über das *HTTP-Protokoll* (Kapitel 5, »Webprotokolle verwenden«) an den Server gesendet wird. Diese Anfrage nennt man auch *HTTP-Anfrage* oder *HTTP-Request*. Auf Serverseite nimmt der Webserver die Anfrage entgegen und generiert eine passende *Antwort* (*HTTP-Antwort* bzw. *HTTP-Response*), die er dann an den Client zurückschickt. Der Browser wiederum nimmt die Antwort entgegen und *rendert*, sprich, visualisiert die Webseite. Eventuell benötigte Ressourcen wie Bilder etc. lädt der Browser dabei automatisch nach, damit sie dargestellt werden können.

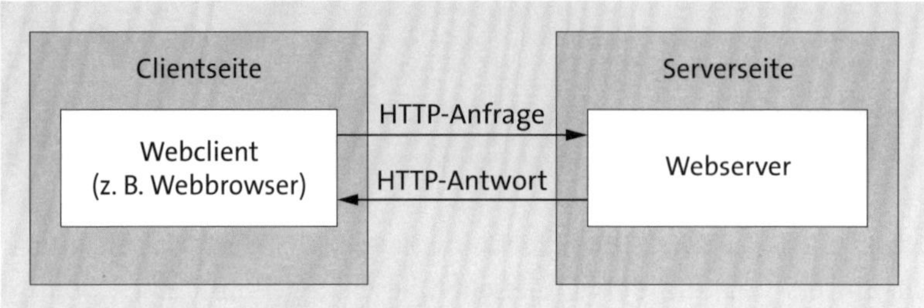

Abbildung 1.1 Das Prinzip von Client und Server

Begriffsdefinition

Ich verwende in diesem Buch immer wieder die Begriffe *Webseite*, *Website* und *Webanwendung*, die oftmals fälschlicherweise synonym verwendet werden. Daher an dieser Stelle eine kurze Klarstellung und Definition: Eine *Webseite* bezeichnet ein einzelnes HTML-Dokument, das unter einer bestimmten URL abgerufen werden kann (*HTML* für *Hypertext Markup Language*, dazu gleich mehr), eine *Website* dagegen ist eine Zusammenfassung verschiedener solcher einzelner Webseiten, beispielsweise die Website zum Buch *https://www.webdevhandbuch.de/* oder die Verlagswebsite *https://www.rheinwerk-verlag.de/*. Bei einer *Webanwendung* dagegen handelt es sich um eine Website, die sich eher wie eine Desktopanwendung anfühlt. Beispiele hierfür sind Google Documents und Google Sheets. Ein synonymer Begriff für solche (vor allem interaktiven und mitunter komplexen) Webanwendungen ist auch *Rich Internet Application*.

1.1.2 Zusammenhang von URLs, Domains und IP-Adressen

Die Adresse, die man in die Adressleiste des Browsers eingibt, wird wie erwähnt als *URL* (*Uniform Resource Locator*) bezeichnet. Beispiele für URLs sind:

- *https://www.philipackermann.de/*
- *https://www.philipackermann.de/static/img/profile.jpg*
- *https://www.webdevhandbuch.de/static/styles/styles.css*
- *https://www.webdevhandbuch.de/service/api/users?search=max*

Eine URL besteht dabei aus verschiedenen Teilen:

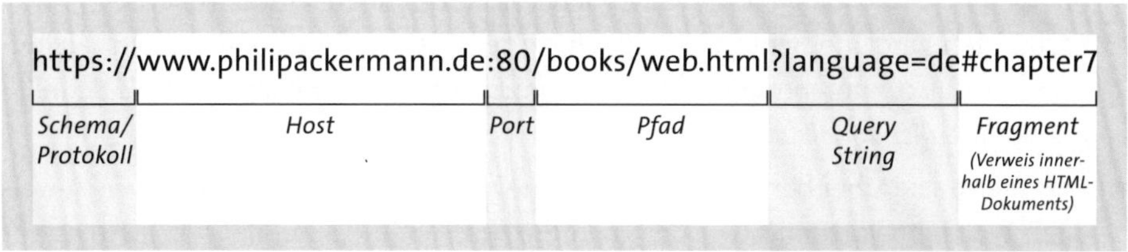

Abbildung 1.2 Aufbau von URLs

- **Protokoll/Schema**: Definiert das zu verwendende Protokoll. Mögliche Protokolle sind beispielsweise:
  - **HTTP (Hypertext Transfer Protocol)**: Für das Übertragen von Webseiten wird das Protokoll HTTP verwendet oder dessen sichere Variante *HTTPS* (*Hypertext Transfer Protocol Secure*).
  - **FTP (File Transfer Protocol)**: Dieses Protokoll dient dem Übertragen von Dateien zu oder von einem FTP-Server.
  - **SMTP (Simple Mail Transfer Protocol)**: Dieses Protokoll kommt für das Übertragen von E-Mails zum Einsatz.
- **Host** (auch *Hostname*): Identifiziert den Webserver eindeutig. Der Host besteht dabei aus *Subdomain*, *Domain* und *Top-Level-Domain*. Der Host »www.philipackermann.de« beispielsweise besteht aus der Subdomain »www«, der Domain »philipackermann« und der Top-Level-Domain »de«.
- **Port**: Gibt an, über welchen »Kanal« auf den Webserver zugegriffen werden soll. In der Regel werden Sie diesen Teil beim »normalen Browsen« nicht sehen, da die *Standardports* (beispielsweise 80 für HTTP oder 443 für HTTPS, siehe auch *https://de.wikipedia.org/wiki/Liste_der_standardisierten_Ports*) von den Browsern in der Adressleiste nicht angezeigt werden. Für die lokale Entwicklung und insbesondere für die Entwicklung von Webservices (Kapitel 13, »Programmiersprachen auf der Serverseite verwenden«) werden Sie es allerdings häufiger mit individuellen Ports zu tun haben. Beispielsweise könnte eine URL eines lokal auf Ihrem Rechner laufenden Webservices so aussehen: »*http://localhost:8080/myservice/api/users*«.
- **Pfad** (auch *Path*): Gibt den Pfad auf dem Webserver zu der angefragten Datei an (bzw. allgemeiner zu der angefragten *Ressource*, weil es sich nicht immer um eine Datei im physischen Sinne handeln muss). In der URL »*https://www.philipackermann.de/static/img/profile.jpg*« beispielsweise ist »/static/img/profile.jpg« der Pfad. Der Pfadtrenner ist dabei immer ein vorwärts gerichteter Schrägstrich (*Slash*).
- **Query String**: Hierüber können in Form von Schlüssel-Wert-Paaren zusätzliche Informationen übergeben werden, anhand derer der Webserver die HTTP-Ant-

wort generieren kann. Der Query String wird dabei über ein Fragezeichen eingeleitet, die einzelnen *Query-String-Parameter* sind durch ein kaufmännisches »Und« verbunden und die Schlüssel und Werte jeweils durch ein Gleichheitszeichen getrennt, also zum Beispiel »*https://www.philipackermann.de/example?search=javascript&display=list*«.

- **Fragment**: Hierüber können Sie gezielt eine bestimmte Stelle innerhalb der jeweiligen Webseite »ansteuern«, sodass der Browser beim Laden der Webseite direkt dorthin »springt«. Eingeleitet wird dieser Teil durch das #-Zeichen, also beispielsweise »*https://www.philipackermann.de/example#chapter5*«.

IP-Adressen und DNS

Jeder Webserver hat eine eindeutige Adresse, über die er erreichbar ist: die sogenannte *IP-Adresse*, wobei mittlerweile zwischen *IPv4* und *IPv6* unterschieden wird. Technisch gesehen handelt es sich im Falle von IPv4 um 32-stellige und im Falle von IPv6 um 128-stellige Binärzahlen, beispielsweise 192.0.2.45 (IPv4) oder 0:0:0:0:0:ffff:c000:22d (IPv6). Da sich aber niemand diese kryptisch anmutenden Adressen merken kann, gibt es sogenannte *DNS Server* (*Domain Name System*), die ein Mapping von Hostnamen auf IP-Adressen enthalten und für einen Hostnamen die IP-Adresse des entsprechenden Webservers zurückgeben.

Wenn Sie also im Browser eine URL (und als Teil davon den Hostnamen) eingeben, fragt der Browser – bevor er die Anfrage an den eigentlichen Webserver stellen kann – zunächst einen DNS-Server an, um auf Basis des Hostnamens an die IP-Adresse des Webservers zu gelangen. Erst wenn er diese hat, stellt er die eigentliche Anfrage an den Webserver (Abbildung 1.3).

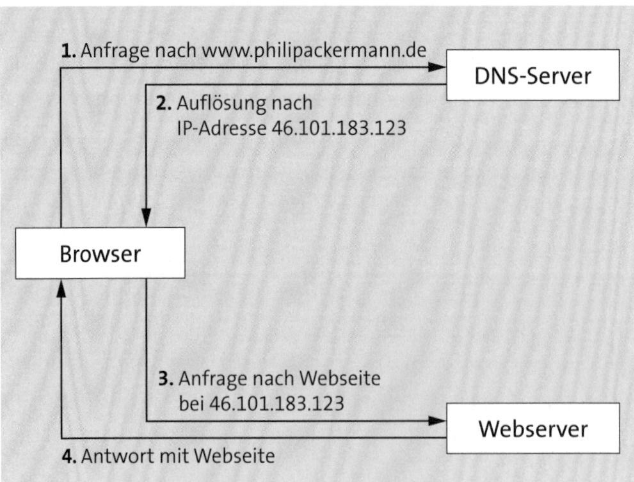

Abbildung 1.3 Das Prinzip von DNS

1.2 Aufbau von Webapplikationen

Für die Entwicklung von Webapplikationen sind insbesondere für die Entwicklung im Frontend drei Sprachen ausschlaggebend und für Webentwickler unverzichtbar. Konkret sind dies die *Auszeichnungssprache* HTML, die *Stilsprache* CSS und die *Programmiersprache* JavaScript. In diesem Abschnitt möchte ich Ihnen den Zusammenhang zwischen diesen drei Sprachen erläutern. Im Detail gehe ich dann auf jede dieser drei Sprachen in den folgenden Kapiteln ein.

1.2.1 Webseiten erstellen mit HTML (Hypertext Markup Language)

Mithilfe von *HTML*, der *Hypertext Markup Language*, definieren Sie über *HTML-Elemente* und *HTML-Attribute* die *Struktur* einer Webseite und legen die *Bedeutung* (die *Semantik*) einzelner Komponenten auf einer Webseite fest. Beispielsweise beschreiben Sie mit HTML, welcher Bereich auf der Webseite den Hauptinhalt darstellt, welcher die Navigation und welcher den Fußbereich, und definieren dabei Komponenten wie Formulare, Listen, Schaltflächen, Eingabefelder oder, wie in Abbildung 1.4 zu sehen, Tabellen.

Artist	Album	Release Date	Genre
Monster Magnet	Powertrip	1998	Spacerock
Kyuss	Welcome to Sky Valley	1994	Stonerrock
Ben Harper	The Will to Live	1997	Singer/Songwriter
Tool	Lateralus	2001	Progrock
Beastie Boys	Ill Communication	1994	Hip Hop

Abbildung 1.4 Mithilfe von HTML definieren Sie die Struktur einer Webseite.

Hinweis

Mit HTML beschäftigen wir uns im Detail in Kapitel 2, »Webseiten strukturieren mit HTML«.

1.2.2 Webseiten gestalten mit CSS (Cascading Style Sheets)

Nur HTML alleine macht eine Webseite visuell noch nicht sonderlich ansprechend. Für diesen Teil ist *CSS* (*Cascading Style Sheets*) zuständig. Hierüber gestalten Sie mithilfe von sogenannten *CSS-Regeln*, wie die einzelnen Komponenten, die Sie zuvor in HTML definiert haben, visuell dargestellt werden. Sie legen also über CSS das *Design* und *Layout* einer Webseite fest. Beispielsweise definieren Sie Textfarbe, Textgröße, Umrandungen, Hintergrundfarben, Farbverläufe etc.

In Abbildung 1.5 ist zum Beispiel zu sehen, wie CSS dazu genutzt wurde, die Schriftart und Schriftgröße der Tabellenüberschriften sowie der Tabellenzellen anzupassen, Rahmen zwischen den einzelnen Spalten und Zeilen der Tabelle hinzuzufügen und die Hintergrundfarbe der einzelnen Zeilen im Wechsel mit einer jeweils anderen Hintergrundfarbe einzufärben. Das sieht schon um einiges moderner und ansprechender aus als die Standardvisualisierung des reinen HTML aus Abbildung 1.4.

Artist	Album	Release Date	Genre
Monster Magnet	Powertrip	1998	Spacerock
Kyuss	Welcome to Sky Valley	1994	Stonerrock
Ben Harper	The Will to Live	1997	Singer/Songwriter
Tool	Lateralus	2001	Progrock
Beastie Boys	Ill Communication	1994	Hip Hop

Abbildung 1.5 Mit CSS definieren Sie das Layout und das Aussehen einzelner Elemente der Webseite.

Hinweis

In Kapitel 3, »Webseiten gestalten mit CSS«, lernen Sie, wie CSS genau funktioniert.

1.2.3 Webseiten interaktiv machen mit JavaScript

HTML definiert die Struktur und CSS das Design und Layout. Beides sind – anders als mitunter fälschlicherweise zu lesen – **keine Programmiersprachen** und ermöglichen es daher auch nicht, Anwendungslogik innerhalb einer Webseite zu implementieren. Das ist genau der Punkt, an dem *JavaScript* ins Spiel kommt. Anders als die anderen beiden Sprachen **ist JavaScript eine Programmiersprache** und dient dazu, der Webseite (bzw. den Komponenten auf einer Webseite) dynamisches Verhalten hinzuzufügen und so die *Interaktivität* auf der Webseite zu erhöhen.

Beispiele hierfür sind die Sortierung und Filterung von Tabellendaten (siehe Abbildung 1.6 und Abbildung 1.7), dynamisches (clientseitiges) Generieren von Inhalten, clientseitige Validierung von Formulareingaben (wobei dies teilweise auch mit HTML möglich ist) und vieles mehr.

Hinweis

Eine ausführlichere Einführung in JavaScript gebe ich Ihnen in Kapitel 4, »Webseiten interaktiv machen mit JavaScript«.

Eine einzelne Webseite besteht also (in den meisten Fällen) aus einer Kombination von HTML-, CSS- und JavaScript-Code (siehe Abbildung 1.8).

Search artist

Artist ▾	Album	Release Date	Genre
Beastie Boys	Ill Communication	1994	Hip Hop
Ben Harper	The Will to Live	1997	Singer/Songwriter
Kyuss	Welcome to Sky Valley	1994	Stonerrock
Monster Magnet	Powertrip	1998	Spacerock
Tool	Lateralus	2001	Progrock

Abbildung 1.6 JavaScript ermöglicht es, eine Webseite nutzerfreundlicher und interaktiver zu gestalten, zum Beispiel, um die Daten in einer Tabelle sortierbar zu machen ...

Be

Artist ▾	Album	Release Date	Genre
Beastie Boys	Ill Communication	1994	Hip Hop
Ben Harper	The Will to Live	1997	Singer/Songwriter

Abbildung 1.7 ... oder die Daten filterbar zu machen.

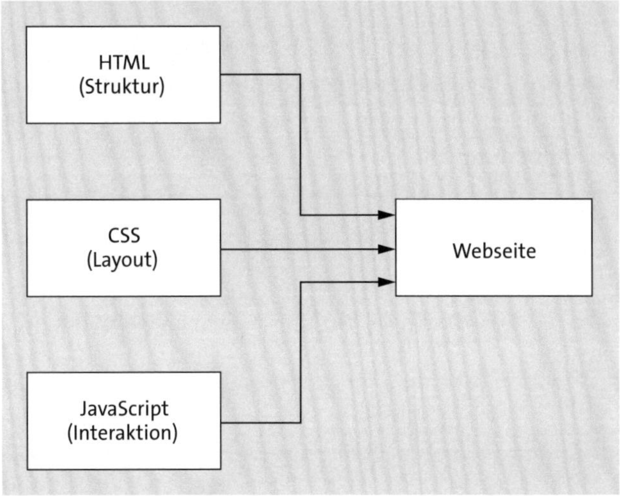

Abbildung 1.8 In der Regel wird innerhalb einer Webseite eine Kombination aus HTML, CSS und JavaScript verwendet.

Merke

HTML dient der Struktur einer Webseite, CSS dem Layout und dem Design, JavaScript dem Verhalten und der Interaktivität. HTML und CSS sind keine Programmiersprachen – HTML ist eine *Auszeichnungssprache* und CSS eine *Stilsprache*. Von den drei genannten ist nur JavaScript eine *Programmiersprache*.

1.2.4 Webseiten dynamisch machen mit serverseitiger Logik

Webseiten bestehen wie erwähnt aus einem Teil, der auf dem Client ausgeführt wird, und einem Teil, der auf dem Server ausgeführt wird. Prinzipiell muss man diesbezüglich allerdings unterscheiden: Bei *statischen Webseiten* liefert der Webserver lediglich den **statischen Inhalt** in Form von Dateien (HTML, CSS, JavaScript, Bilder etc.) aus dem Dateisystem aus (Abbildung 1.9).

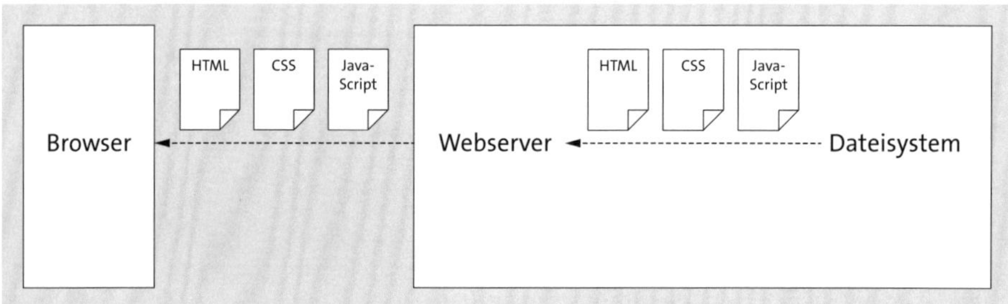

Abbildung 1.9 Das Prinzip statischer Webseiten

Bei *dynamischen Webseiten* hingegen generiert der Webserver **zur Laufzeit dynamisch** den Inhalt (in Form von HTML-Code), der an den Client zurückgeschickt wird. Die Daten, auf deren Basis der Inhalt generiert wird, holt sich der Webserver dazu in der Regel aus einer *Datenbank* (Abbildung 1.10).

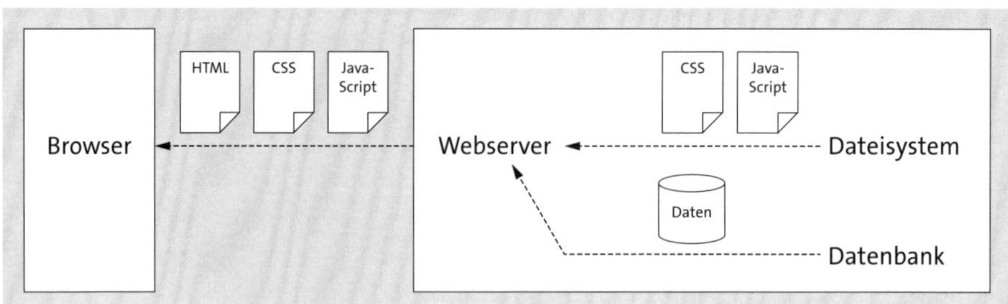

Abbildung 1.10 Das Prinzip dynamischer Webseiten

Statische Webseiten sind vom Implementierungsaufwand in der Regel nicht so aufwendig wie dynamische Webseiten, weil das Backend lediglich aus einem einfachen Webserver besteht, der die Dateien (ohne eigens zu implementierende Backend-Logik) einfach an den Client sendet. Dynamische Webseiten hingegen können je nach Anwendungsfall beliebig komplex werden.

1.3 Fullstack-Entwicklung

Nachdem Sie nun einen ersten Einblick und Überblick über die wichtigsten Begriffe in der Webentwicklung bekommen haben, möchte ich Ihnen zeigen, was es mit dem Begriff Fullstack auf sich hat, woher er kommt und was ausgehend davon die Aufgaben eines Fullstack-Entwicklers sind.

1.3.1 Was sind Software-Stacks?

Bei einem *Software-Stack* (auch *Stack*, *Solution-Stack* oder *Lösungsstack*) handelt es sich um eine konkrete Auswahl bestimmter Komponenten, die gemeinsam eine *Plattform* bilden, mit der eine Applikation entwickelt und betrieben wird. Einzelne Komponenten des Stacks können dabei folgende sein:

- Das **Betriebssystem**, auf dem die Software bzw. Applikation läuft (sowohl das Betriebssystem der Clientseite als auch das der Serverseite). Hierzu zählen die klassischen Betriebssysteme Linux, macOS und Windows, aber auch mobile Betriebssysteme wie Android oder iOS.
- Der **Webserver**, der die Applikation *hostet*, beispielsweise nginx oder der Apache HTTP Server.
- Die **Programmiersprache**, die verwendet wird, um die Applikationslogik zu implementieren, beispielsweise JavaScript, Java, C++, PHP (siehe auch Kapitel 13, »Programmiersprachen auf der Serverseite verwenden«).
- Die **Programmierwerkzeuge** (*Tools*), die während der Entwicklung zum Einsatz kommen, wie beispielsweise bestimmte *Compiler*, die (für Menschen lesbaren) *Quelltext* in (für Computer lesbaren) *Maschinencode* übersetzen.
- Die **Bibliotheken**, die zum Einsatz kommen, beispielsweise Frontend-Bibliotheken wie Lodash (*https://lodash.com/*) oder jQuery (*https://jquery.com/*).
- Die **Frameworks**, die zum Einsatz kommen, beispielsweise Web-Frameworks wie Express (*https://expressjs.com/*).
- Die **Laufzeitumgebung**, unter der die Applikation ausgeführt wird, beispielsweise die JavaScript-Laufzeitumgebung Node.js, die es ermöglicht, JavaScript-Code auch auf Serverseite auszuführen (siehe Kapitel 14, »JavaScript auf der Serverseite verwenden«).

- Die verwendeten **Datenbanken**, etwa *relationale Datenbanken* wie MySQL und PostgreSQL oder *nicht-relationale Datenbanken* (auch: *NoSQL*-Datenbanken) wie MongoDB (siehe Kapitel 14, »JavaScript auf der Serverseite verwenden«).

Der Begriff *Stack* rührt nun daher, dass die einzelnen Komponenten in der Plattform hierarchisch angeordnet und quasi wie »übereinandergestapelt« sind (Abbildung 1.11).

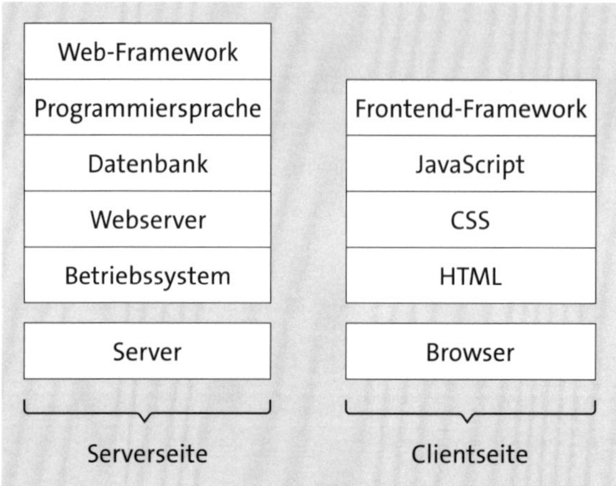

Abbildung 1.11 Software-Stacks sind eine Auswahl von bestimmten Komponenten für die Entwicklung einer Applikation.

Bei Webapplikationen unterscheidet man darüber hinaus oft auch zwischen einem *serverseitigen Stack* (*Server-Stack*) und einem *clientseitigen Stack* (*Client-Stack*), die grundsätzlich verschieden sein können. Beispielsweise ist es nicht unüblich, für die Implementierung des Backends auf eine Programmiersprache wie Java zurückzugreifen und das Frontend mit HTML, JavaScript und CSS umzusetzen. Umgekehrt ist es auch denkbar, das Backend in JavaScript zu programmieren und das Frontend in Java (beispielsweise bei der Entwicklung einer Android-basierten App für Smartphones).

1.3.2 Welche Stacks gibt es?

Eines der bekanntesten (und ältesten) Beispiele für einen Backend-Stack ist der sogenannte *LAMP-Stack*, also eine Kombination aus Linux (Betriebssystem), Apache (Webserver), MySQL (Datenbank) und PHP (Programmiersprache). Alternative Varianten dieses Stacks verwenden statt Linux eines der anderen Betriebssysteme und nennen sich dann *WAMP* (Windows-Variante) bzw. *MAMP* (macOS-Variante). Neuere Varianten dieses Stacks verwenden auch Ruby oder Python als Programmiersprache anstelle von PHP.

Nicht ganz so alt, aber dafür in den letzten Jahren umso mehr bekannt geworden ist der *MEAN-Stack* (der allerdings nicht ganz sauber zwischen Backend und Frontend unterscheidet). MEAN steht für MongoDB (eine nicht-relationale Dokumentendatenbank), express (ein Web-Framework und ein Webserver), Angular (ein Frontend-Framework) sowie die serverseitige JavaScript-Laufzeitumgebung Node.js. Diese Kombination hat für Entwickler insofern den charmanten Vorteil, dass sowohl für die Clientseite als auch für die Serverseite dieselbe Programmiersprache zum Einsatz kommt.

Der ebenfalls gern verwendete *MERN-Stack* ist eine leichte Abwandlung des MEAN-Stacks, bei dem lediglich für das Frontend statt Angular das Framework React zum Einsatz kommt. Die anderen Komponenten des Stacks, also MongoDB, Express und Node.js, sind dabei die gleichen.

Hinweis

Software-Stacks müssen nicht zwangsweise alle der weiter oben genannten Komponenten enthalten. Die beiden Stacks MEAN und MERN sind beispielsweise nicht auf ein einziges Betriebssystem beschränkt, sondern können dank der Plattformunabhängigkeit von Node.js auf allen drei großen Betriebssystemen (Linux, macOS, Windows) betrieben werden.

HTML, CSS und JavaScript

Der Frontend-Stack – bestehend aus den grundlegenden Webtechnologien HTML, CSS und JavaScript – ist für die Entwicklung von Frontends so wichtig, dass hier schon gar nicht mehr explizit von einem Stack gesprochen wird.

1.3.3 Was ist ein Fullstack-Entwickler?

Nachdem wir nun den Begriff *Software-Stack* geklärt haben, stellt sich die Frage, was denn genau *Fullstack* bedeutet, was ein *Fullstack-Entwickler* ist und welches seine Aufgaben sind.

Fullstack

Der Begriff *Fullstack* umfasst den kompletten Stack, also sowohl den Backend-Stack als auch den Frontend-Stack. Ein Fullstack-Entwickler ist also jemand, der sowohl das Backend entwickelt als auch das Frontend, bzw. jemand, der sich gleichermaßen mit Backend-Technologien wie mit Frontend-Technologien auskennt.

Fullstack-Entwickler

Ein Fullstack-Entwickler ist also ein echter Allrounder: Er kann sowohl eine Weboberfläche mit HTML, CSS und JavaScript als auch einen Webservice implementieren, der auf Serverseite läuft und Anfragen vom Client verarbeitet. Er ist außerdem in der Lage, je nach Anforderungen die richtige Datenbank auszuwählen, und weiß auch, wie die gesamte Applikation für den Produktiveinsatz vorbereitet werden kann (Abbildung 1.12).

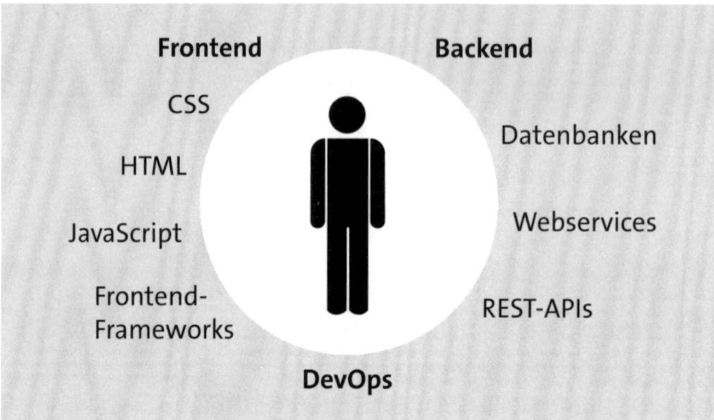

Abbildung 1.12 Fullstack-Entwickler müssen mit einer ganzen Menge Anforderungen zurechtkommen.

Anforderungen an Fullstack-Entwickler

Schauen wir uns kurz an, welche Rollen es überhaupt in einem Webprojekt (ausschließlich bezüglich der Entwicklung) geben kann:

- **Frontend-Entwickler**: Kann mit HTML, CSS und JavaScript komplexe Weboberflächen bauen und hat im besten Fall auch Erfahrung im Design. Kennt sich außerdem mit Frontend-Bibliotheken und -Frameworks wie Angular, React und Vue aus, kennt die entsprechenden Tools wie WebPack, Babel und weiß mit CSS-Präprozessorsprachen umzugehen.
- **Backend-Entwickler**: Kann komplexe Applikationslogik für die Serverseite entwickeln und diese beispielsweise über Webservices zur Verfügung stellen. Kennt sich mit dem Design von Webservice-APIs aus und weiß, welche Datenbank für welchen Zweck geeignet ist.
- **DevOps-Spezialisten**: Den Begriff *DevOps* muss man zunächst genauer betrachten, um ihn besser zu verstehen. Er setzt sich wiederum aus den Begriffen *Development* (also »Entwicklung«) und *Operations* (also »Vorgänge«) zusammen und vereint diese beiden Tätigkeitsfelder in einer Rolle, den sogenannten *DevOps-Spe-*

zialisten (bzw. kurz *DevOps*). Zu den Aufgaben von DevOps-Spezialisten zählen also beispielsweise, Anwendungen für das Produktivsystem zusammenzustellen (»deployen«), Build-Systeme zu konfigurieren und Webserver zu administrieren. Darüber hinaus kennen sich DevOps-Spezialisten auch oft mit Themen wie Sicherheit und Performance von Webanwendungen aus.

Als Fullstack-Entwickler erfüllt man im besten Fall alle der genannten Anforderungen und vereint die drei Rollen bis zu einem gewissen Grad in einer Person. Keine leichte Aufgabe und zudem eine, für die man einige Jahre lang Erfahrung sammeln muss.

Hinweis

Es sei darauf hingewiesen, dass die oben genannten Anforderungen an Frontend-Entwickler, Backend-Entwickler und DevOps keineswegs vollständig sind und dass es auch bei diesen drei Gruppen weitere Unterteilungen in speziellere Untergruppen gibt, beispielsweise Datenbankspezialisten, Frontend-Designer, UX-Designer, Tester u. v. m.

Fullstack-Entwickler vs. Spezialisten

Aufgrund der breit gestreuten Anforderungen läuft man als Fullstack-Entwickler allerdings auch schnell Gefahr, »alles nur ein bisschen, dafür aber nichts ganz richtig zu können«. Dem stehen dann die Spezialisten gegenüber, die sich genau auf ein bestimmtes Gebiet spezialisiert haben. Ein Datenbankspezialist kennt sich mit Datenbanken in der Regel besser aus als ein Fullstack-Entwickler, ein Frontend-Designer kennt im Zweifelsfall besser die verschiedenen CSS-Kniffe, die notwendig sind, um ein Layout genau nach Vorlage umsetzen zu können. Und ein DevOp-Spezialist ist bei der Arbeit auf der Kommandozeile und der Verwaltung von Servern normalerweise auch effektiver als ein Fullstack-Entwickler.

Große Unternehmen vs. Start-ups

In großen Unternehmen bzw. großen Softwareprojekten ist es zudem häufig so, dass es für verschiedene Bereiche des verwendeten Stacks ganze Teams gibt. Ein Team kümmert sich um die Datenbank, ein weiteres um das Frontend-Design, ein weiteres ist für die Umsetzung des Designs in eine konkrete Weboberfläche zuständig, und so weiter. Fullstack-Entwickler werden daher oftmals insbesondere in kleineren Firmen oder Start-ups benötigt, die oft agiler und flexibler auf Anforderungen reagieren können (oder müssen).

Fokus in diesem Buch

Fullstack-Entwickler wird man nicht von heute auf morgen, und auch das Durcharbeiten eines dicken Buches wie des vorliegenden wird aus Ihnen noch keinen Fullstack-Entwickler machen. Ziel dieses Buches ist es vielmehr, Ihnen eine Übersicht über das breite Spektrum von Themengebieten zu geben, die für Fullstack-Entwickler wichtig sind. Das Buch soll Sie auf Ihrem Weg zu einem Entwickler begleiten, der eine Übersicht über viele Technologien hat, sowohl im Backend als auch im Frontend und zu einem gewissen Grad auch im Bereich DevOps. Ob Sie sich dann Fullstack-Entwickler nennen möchten oder nicht, das sei Ihnen überlassen.

1.3.4 Aufbau des Buches

Die insgesamt 23 Kapitel lassen sich grob in drei Abschnitte unterteilen: Die Kapitel 1 bis 11 beschäftigen sich vor allem mit allgemeinen Grundlagen und Themen aus dem Frontend-Bereich, in den Kapiteln 12 bis 17 geht es um Themen, die vor allem dem Backend-Bereich zuzuordnen sind, und die Kapitel 18 bis 23 befassen sich mit sogenannten Querschnittsthemen wie dem Testen und der Sicherheit (also Themen, die sowohl im Frontend als auch im Backend relevant sind), mit dem Deployment sowie der Verwaltung von Webprojekten.

Frontend

Dieser Teil des Buches ist wie folgt aufgebaut:

- In Kapitel 1, »Die Grundlagen verstehen«, lernen Sie die wichtigsten Grundlagen kennen (bzw. haben sie schon kennengelernt).
- In Kapitel 2, »Webseiten strukturieren mit HTML«, Kapitel 3, »Webseiten gestalten mit CSS«, und Kapitel 4, »Webseiten interaktiv machen mit JavaScript«, werde ich auf die drei wichtigsten Sprachen des Webs im Detail eingehen.
- In Kapitel 5, »Webprotokolle verwenden«, lernen Sie, welche Protokolle im Rahmen von Webapplikationen wichtig sind und wann diese jeweils zum Einsatz kommen.
- In Kapitel 6, »Webformate verwenden«, lernen Sie verschiedene Formate kennen, die für die Implementierung von Webapplikationen wichtig sind.
- In Kapitel 7, »Web-APIs verwenden«, stelle ich Ihnen eine Auswahl von Web-APIs für JavaScript vor, das heißt programmatische Schnittstellen, die über JavaScript gesteuert werden können.
- In Kapitel 8, »Webseiten für Barrierefreiheit optimieren«, zeige ich Ihnen, was Sie im Hinblick auf die Barrierefreiheit von Webseiten beachten sollten.

- In Kapitel 9, »CSS vereinfachen mit CSS-Präprozessoren«, lernen Sie Tools kennen, die Ihnen dabei helfen, CSS-Code übersichtlicher zu gestalten.
- In Kapitel 10, »Single-Page-Applikationen implementieren«, zeigt Ihnen der Gastautor dieses Buches, Sebastian Springer, was Single-Page-Applikationen (kurz: SPAs) sind und wie Sie mithilfe der JavaScript-Bibliothek React eine solche implementieren.
- In Kapitel 11, »Mobile Anwendungen implementieren«, lernen Sie die verschiedenen Arten mobiler Webanwendungen kennen.

Backend

Dieser Teil des Buches gliedert sich wie folgt:

- In Kapitel 12, »Webarchitekturen verstehen und einsetzen«, stelle ich Ihnen verschiedene Webarchitekturen vor, die die Grundlage für die meisten Webapplikationen bilden.
- In Kapitel 13, »Programmiersprachen auf der Serverseite verwenden«, wenden wir uns den verschiedenen Programmiersprachen zu, die auf Serverseite zum Einsatz kommen. Ich zeige Ihnen, welche Arten von Programmiersprachen es gibt und welche für die Implementierung von Webapplikationen relevant sind.
- Aufbauend auf Kapitel 13 zeige ich Ihnen in Kapitel 14, »JavaScript auf der Serverseite verwenden«, wie Sie mithilfe der Laufzeitumgebung Node.js JavaScript auf Serverseite ausführen können.
- Für Kapitel 15, »Die Sprache PHP verwenden«, konnte ich einen weiteren Gastautor für dieses Buch gewinnen: Florian Simeth gibt Ihnen hier eine Einführung in die Sprache PHP.
- In Kapitel 16, »Webservices implementieren«, lernen Sie, was Webservices sind und wie Sie diese implementieren.
- Kapitel 17, »Daten in Datenbanken speichern«, gibt Ihnen alle wichtigen Informationen, die Sie als Fullstack-Entwickler rund um Datenbanken wissen müssen.

Querschnittsthemen und DevOps

Dieser Teil des Buches widmet sich folgenden Themen:

- In Kapitel 18, »Webanwendungen testen«, lernen Sie, wie sich Webapplikationen automatisiert testen lassen.
- In Kapitel 19, »Webanwendungen deployen und hosten«, zeige ich Ihnen, wie Sie Webapplikationen für den Produktiveinsatz vorbereiten, sprich, wie Sie sie »deployen«.
- In Kapitel 20, »Webanwendungen absichern«, zeige ich Ihnen, was Sie bezüglich der Sicherheit von Webapplikationen beachten müssen und wie Sie Schwachstellen und Sicherheitslücken vorbeugen.

- In Kapitel 21, »Die Performance von Webanwendungen optimieren«, beschäftigen wir uns damit, wie sich Webanwendungen bezüglich ihrer Geschwindigkeit und Performance optimieren lassen.
- In Kapitel 22, »Webprojekte organisieren und verwalten«, lernen Sie, wie Sie Webprojekte am besten verwalten und ihre Versionen organisieren.
- In Kapitel 23, »Webprojekte managen«, zeige ich Ihnen, welche Arten des Projektmanagements es gibt, und gehe etwas detaillierter auf das Vorgehensmodell Scrum ein.

Anhang

Abgerundet wird das Buch durch einen Anhang, in dem Sie Übersichten zu HTTP und HTML finden (Anhang A und B) sowie Informationen und Befehlsreferenzen zu den in diesem Buch verwendeten Tools (Anhang C).

Übersicht

Damit Sie immer einen Überblick haben, wo das jeweils aktuelle Kapitel thematisch einzuordnen ist, finden Sie am Beginn jedes Kapitels jeweils folgende Abbildung, wobei das jeweils besprochene Thema hervorgehoben ist. Einige der Themen sind dabei auf Clientseite einzuordnen (beispielsweise HTML oder Web-APIs), andere auf Serverseite (beispielsweise Webservices und Datenbanken); ein Thema befindet sich dazwischen (Webprotokolle) und andere – die Querschnittsthemen – auf beiden Seiten.

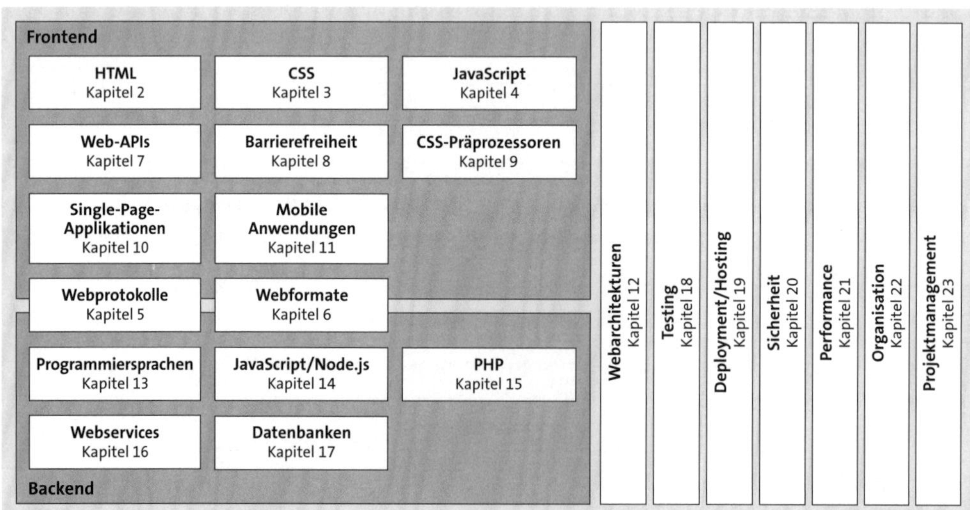

Abbildung 1.13 Einordnung der verschiedenen Themen

1.4 Tools für Fullstack-Entwickler

Für die Entwicklung von Webapplikationen benötigen Sie das richtige Werkzeug: Tools, die Ihnen die Arbeit erleichtern und ohne die die Entwicklung um einiges aufwendiger wäre. Im Laufe dieses Buches werde ich Ihnen diesbezüglich immer wieder Tipps geben. An dieser Stelle möchte ich Ihnen aber schon einmal die grundlegenden Tools vorstellen, die Sie für die Entwicklung unbedingt benötigen.

- **Editoren**: Auch wenn für die Entwicklung von Webapplikationen bzw. die Implementierung des dazugehörigen Quelltextes prinzipiell ein einfacher Texteditor reicht, empfehle ich Ihnen, sich einen guten Editor zu installieren, der Sie beim Schreiben von Quelltext unterstützt und der speziell für die Entwicklung ausgelegt ist. Code-Editoren unterstützen Sie beispielsweise dahingehend, dass sie den Quelltext farblich hervorheben (*Syntax-Highlighting*), Ihnen Schreibarbeit bei wiederkehrenden Quelltextbausteinen abnehmen, *Syntaxfehler* im Quelltext erkennen und vieles mehr.
- **Entwicklungsumgebungen**: Hierbei handelt es sich vereinfacht gesagt um sehr mächtige Code-Editoren, die neben Features wie Syntax-Highlighting auch fortgeschrittene Features wie integrierte Debugging-Tools, Versionskontrolle etc. zur Verfügung stellen.
- **Browser**: Natürlich darf für das Testen von Webapplikationen ein Browser nicht fehlen. Insbesondere die Entwicklertools (*Developer Tools*), die über die meisten Browser zur Verfügung stehen, sind aus dem Werkzeugkasten eines Webentwicklers nicht mehr wegzudenken.

1.4.1 Editoren

Mittlerweile stehen eine ganze Reihe sehr guter Code-Editoren für die Entwicklung von Webapplikationen zur Verfügung. Besonders beliebt sind beispielsweise Sublime Text (*www.sublimetext.com*, Abbildung 1.14), Atom (*https://atom.io*, Abbildung 1.15) sowie Coda 2 (*https://panic.com/coda*) und Brackets (*https://brackets.io*). Mit Ausnahme von Coda 2 stehen alle der genannten Editoren für Linux, Windows und macOS zur Verfügung (Coda 2 nur für Letzteres). Prinzipiell ähneln sich die genannten Editoren sehr stark, sodass es hier vor allem auf den persönlichen Geschmack ankommt. Probieren Sie am besten aus, welcher Ihnen am meisten zusagt.

Abbildung 1.14 Der Editor Sublime Text

Abbildung 1.15 Der Editor Atom

1.4.2 Entwicklungsumgebungen

Mächtiger als Editoren sind *Entwicklungsumgebungen* (im Englischen kurz: *IDE* für *Integrated Development Environment*). Gegenüber einem »normalen« Editor verfügen Entwicklungsumgebungen über spezielle Features für die Entwicklung von Software, wie beispielsweise die Synchronisation mit einem *Versionskontrollsystem*, das Ausführen von *automatischen Builds* oder die Integration von *Test-Frameworks*. Und ist ein Feature standardmäßig mal nicht installiert, lässt es sich meistens nachträglich über ein entsprechendes Plugin nachinstallieren.

Bekannte Beispiele für Entwicklungsumgebungen speziell für die Entwicklung von Webanwendungen sind Microsoft Visual Studio Code (*https://code.visualstudio.com*, Abbildung 1.16) und WebStorm von IntelliJ (*www.jetbrains.com/webstorm*, Abbildung 1.17).

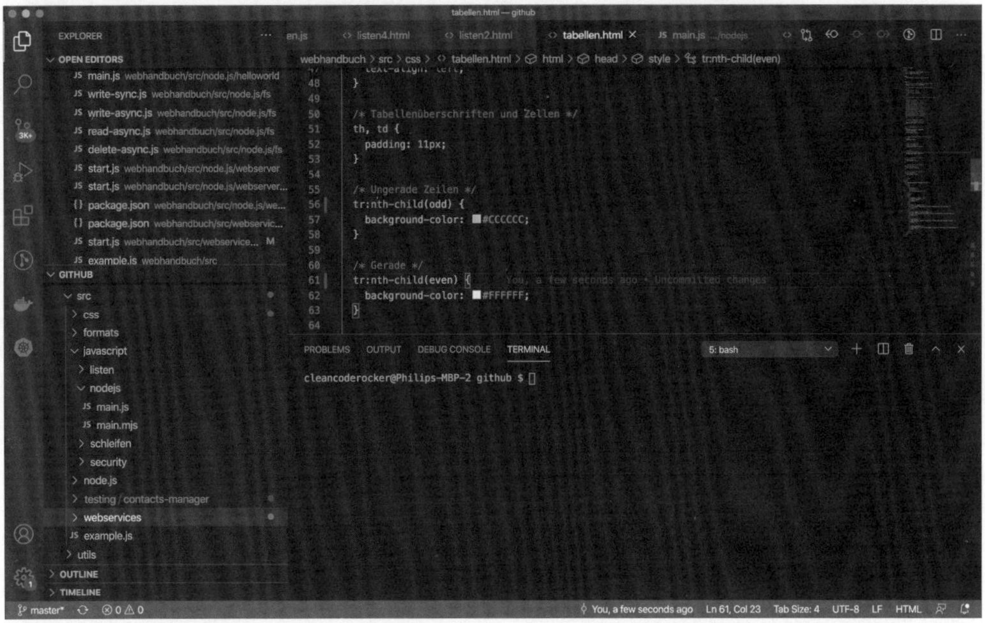

Abbildung 1.16 Die Entwicklungsumgebung Visual Studio Code

> **Hinweis**
>
> Eine gute Übersicht darüber, welche Plugins für Visual Studio Code zur Verfügung stehen, bietet die offizielle Website unter *https://marketplace.visualstudio.com/vscode*.

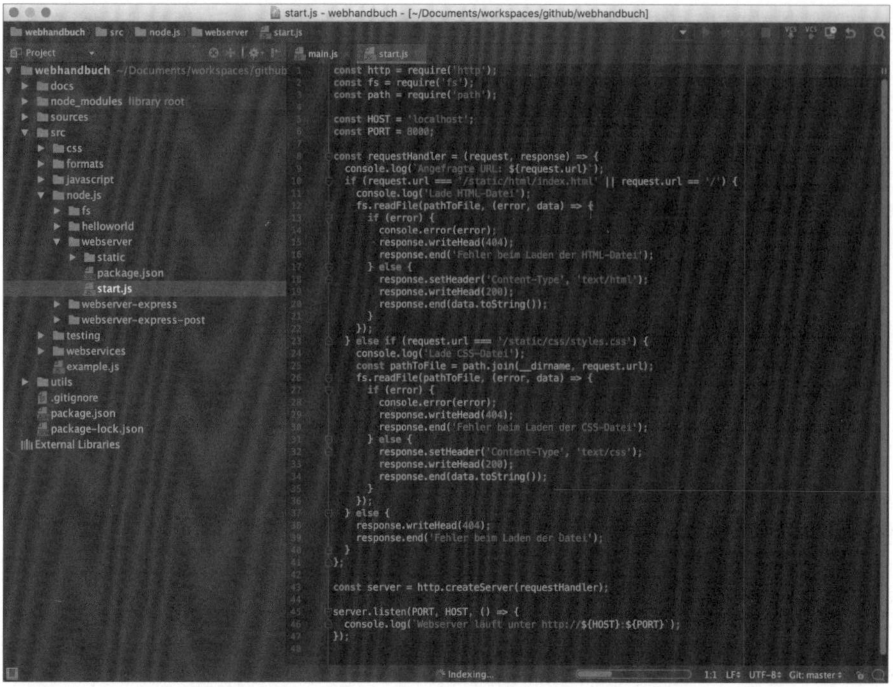

Abbildung 1.17 Die Entwicklungsumgebung WebStorm

1.4.3 Browser

Um eine Webseite bzw. ein HTML-Dokument, das Sie mithilfe eines Editors oder einer Entwicklungsumgebung erstellt haben, zu visualisieren, benötigen Sie einen *Webbrowser*. Wesentlicher Bestandteil eines Webbrowsers ist die sogenannte *Rendering Engine*, mit deren Hilfe die Visualisierung von HTML, CSS und JavaScript möglich ist.

> **Tipp**
>
> Da sich die Rendering Engines der einzelnen Browser im Detail unterscheiden (also teils zu unterschiedlichen Visualisierungen kommen), sollten Sie eine Webseite immer in mehreren Browsern testen.

Die fünf bekanntesten Browser sind:

- Google Chrome (*https://www.google.com/intl/de_de/chrome*, Abbildung 1.18)
- Mozilla Firefox (*https://www.mozilla.org/de/firefox*, Abbildung 1.19)
- Safari (*https://support.apple.com/de_DE/downloads/safari*, Abbildung 1.20)
- Opera (*https://www.opera.com/de*, Abbildung 1.21)
- Microsoft Edge (*https://www.microsoft.com/de-de/edge*, Abbildung 1.22)

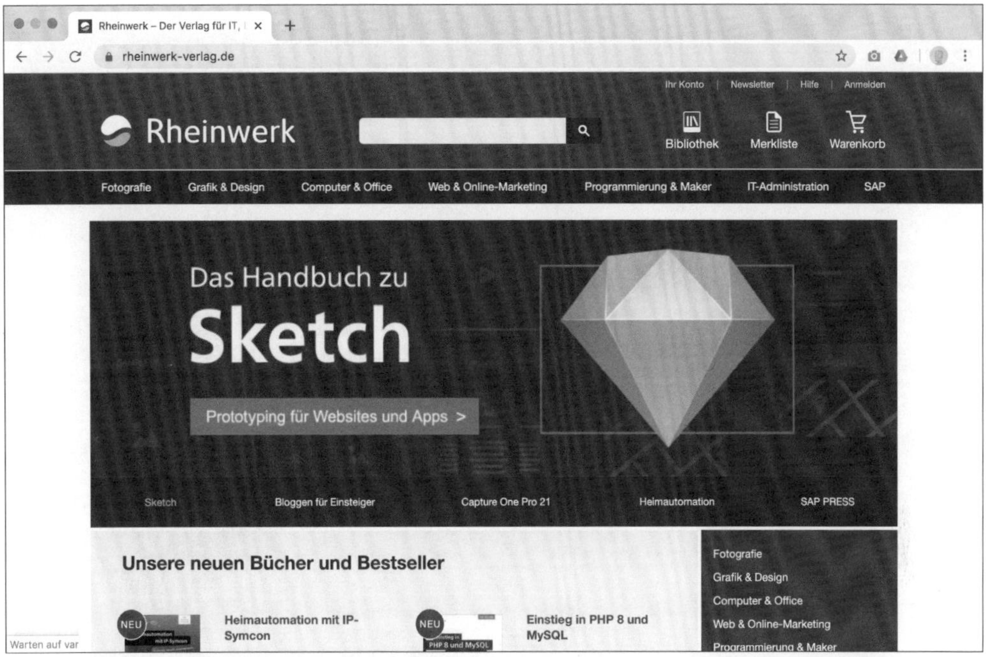

Abbildung 1.18 Google Chrome (macOS)

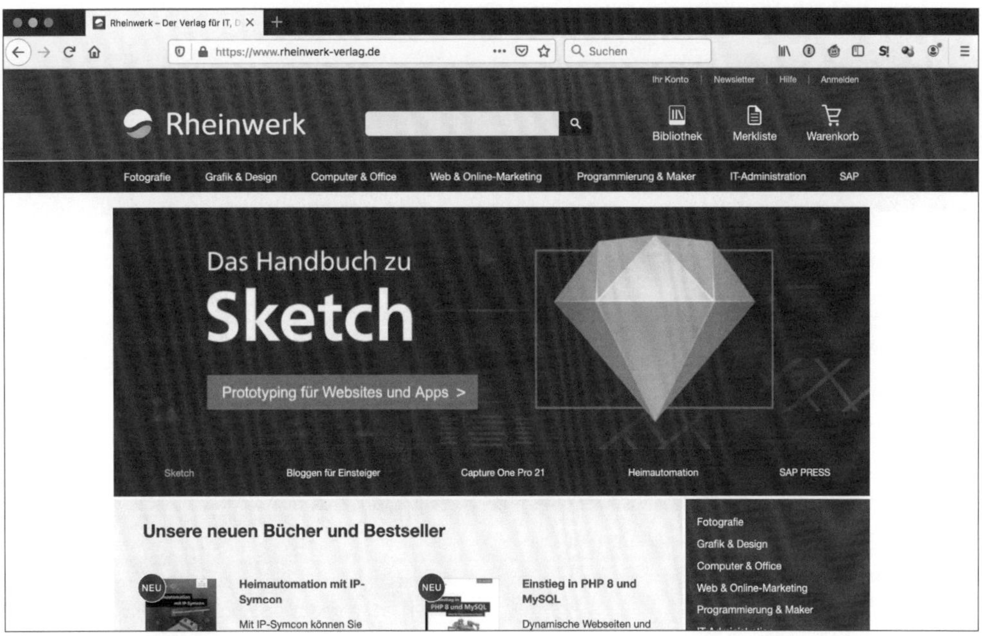

Abbildung 1.19 Mozilla Firefox (macOS)

Abbildung 1.20 Safari (macOS)

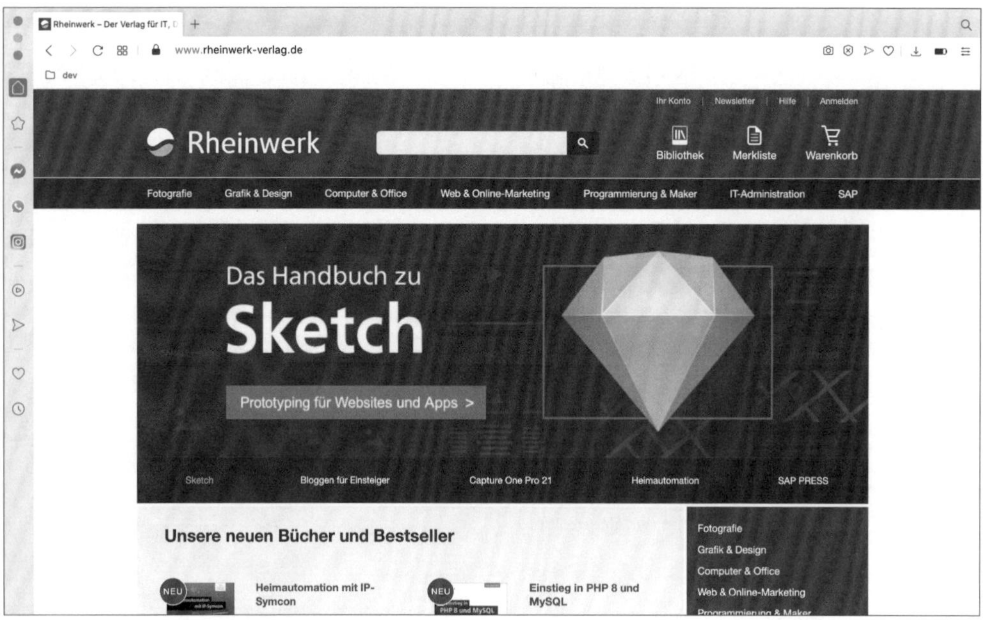

Abbildung 1.21 Opera (macOS)

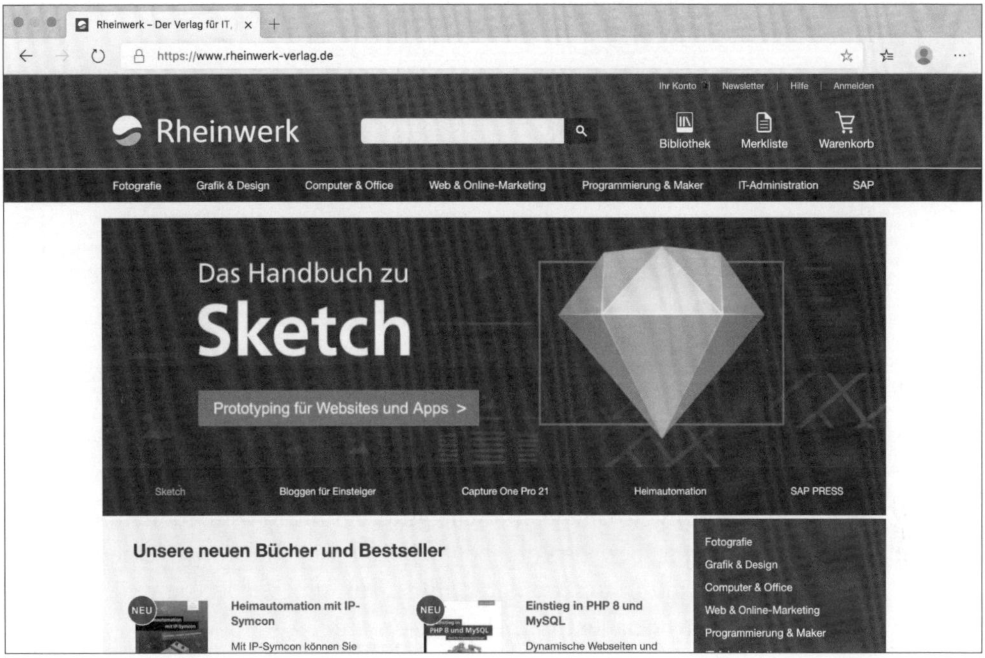

Abbildung 1.22 Microsoft Edge (macOS)

Neben diesen »großen« fünf Browsern gibt es noch eine ganze Reihe weiterer Browser. Nennenswert sind hier vor allem der (in die Jahre gekommene) Internet Explorer von Microsoft (quasi der Vorgänger des schnelleren Browsers Microsoft Edge, der – zum Leidwesen vieler Entwickler – in einigen Firmen bis heute verwendet wird) und Brave (*https://brave.com/de*), der von Brendan Eich, dem Erfinder der Sprache JavaScript, initiiert wurde. Bei Interesse finden Sie eine umfangreiche Liste von weiteren Alternativen unter den weiter unten genannten Links zu den Wikipedia-Seiten (siehe Kasten).

Hinweis

Eine Übersicht über die Verbreitung der Browser finden Sie in der Wikipedia unter *https://en.wikipedia.org/wiki/Usage_share_of_web_browsers*. Stand heute (Februar 2023, mit StatCounter-Statistiken von Dezember 2022) ist Chrome der mit Abstand (71,2 %) am meisten verwendete Browser, gefolgt von Safari (15,1 %), Microsoft Edge (3,7 %), Firefox (3,0 %) und Opera (1,3 %). Einen gelungenen Vergleich der verschiedenen Browser hinsichtlich verschiedener Kriterien wie etwa Funktionsumfang, Unterstützung von Webtechnologien etc. finden Sie zudem unter *https://en.wikipedia.org/wiki/Comparison_of_web_browsers*.

Weiterführende Informationen

Eine Übersicht darüber, welcher Browser welche Rendering Engine verwendet, finden Sie auf der englischsprachigen Wikipedia-Seite unter *https://en.wikipedia.org/wiki/Comparison_of_browser_engines*. Sehr lesenswert ist in diesem Zusammenhang auch der Artikel »Funktionsweise von Browsern: Hinter den Kulissen moderner Web-Browser« unter *https://www.html5rocks.com/de/tutorials/internals/howbrowserswork*, in dem erläutert wird, wie Browser und Rendering Engines im Detail funktionieren.

Welcher Browser ist der richtige?

Welcher Browser »der richtige« ist bzw. welchen Sie verwenden sollten, hängt von verschiedenen Faktoren ab:

- **Kundenanforderungen**: Gibt es spezielle Anforderungen vom Kunden? Oft ist es so, dass Kunden sehr spezielle Vorgaben haben, für welche Browser eine zu entwickelnde Webapplikation funktionieren muss. Hin und wieder kann dies – nicht erschrecken – auch noch der Internet Explorer sein.
- **Features**: Müssen bestimmte Features unterstützt werden? Die einzelnen Browser (bzw. genauer: die verschiedenen Rendering Engines) unterstützen je nach Version unterschiedliche Features. Insbesondere hinsichtlich der Fülle an Web-APIs, die es mittlerweile gibt, unterscheiden sich die einzelnen Engines. Eine gute Übersicht darüber, ob ein Feature unterstützt wird oder nicht, gibt die Website *https://caniuse.com*.
- **Funktionsumfang**: Mittlerweile bieten alle großen Browser einen sehr ähnlichen Funktionsumfang. Für Entwickler interessant sind hier insbesondere die genannten Entwicklertools, über die sich beispielsweise für eine bereits gerenderte Webseite HTML und CSS anpassen oder JavaScript ausführen lässt.

1.5 Zusammenfassung und Ausblick

In diesem Kapitel haben Sie die wichtigsten Grundlagen kennengelernt, die für den weiteren Verlauf des Buches wichtig sind. Zum Abschluss des Kapitels – und im Übrigen analog auch in den folgenden Kapiteln – gebe ich Ihnen eine Übersicht über die wichtigsten Punkte und einen kurzen Ausblick darauf, was Sie in den folgenden Kapiteln erwartet.

1.5.1 Die wichtigsten Punkte

Die wichtigsten Punkte aus diesem Kapitel sind:

- *Webseiten*, *Websites* und *Webanwendungen* bestehen aus einem Teil, der auf der *Clientseite* ausgeführt wird (dem *Frontend*), und einem Teil, der auf der *Serverseite* ausgeführt wird (dem *Backend*).
- Die Adresse, die Sie in die Adressleiste des Browsers eingeben, wird als *URL* (*Uniform Resource Locator*) bezeichnet.
- Jeder Webserver hat eine eindeutige Adresse, über die er erreichbar ist: die sogenannte *IP-Adresse*, wobei zwischen *IPv4* und *IPv6* unterschieden wird.
- *DNS Server* (*Domain Name System*) mappen Hostnamen auf IP-Adressen und geben für einen Hostnamen die IP-Adresse des entsprechenden Webservers zurück.
- Für die Webentwicklung sind vor allem folgende Sprachen wichtig:
  - Mithilfe der *Auszeichnungssprache HTML*, der *Hypertext Markup Language*, definieren Sie über *HTML-Elemente* und *HTML-Attribute* die *Struktur* einer Webseite und legen die *Bedeutung* (die *Semantik*) einzelner Komponenten auf einer Webseite fest.
  - Über die *Stilsprache CSS* (*Cascading Style Sheets*) gestalten Sie mithilfe von sogenannten *CSS-Regeln*, wie die einzelnen Komponenten, die Sie zuvor in HTML definiert haben, visuell dargestellt werden.
  - Über die *Programmiersprache JavaScript* fügen Sie einer Webseite *dynamisches Verhalten* hinzu.
- Bei einem *Software-Stack* bzw. kurz *Stack* handelt es sich um eine konkrete Auswahl bestimmter Komponenten, die gemeinsam eine *Plattform* bilden, mit der eine Applikation entwickelt und betrieben wird.
- Für Webapplikationen gibt es verschiedene bekannte Stacks wie *LAMP*, *WAMP*, *MAMP*, *MEAN* und *MERN*.
- *Fullstack-Entwickler* kennen sich mit allen Bereichen eines Stacks aus und vereinen die Rollen des *Frontend-Entwicklers*, des *Backend-Entwicklers* und des *DevOps*.
- Der *Werkzeugkasten* eines Fullstack-Entwicklers besteht aus einem *Editor* oder einer *Entwicklungsumgebung*, einem oder mehreren *Browsern* (in verschiedenen Versionen), den *Browser-Entwicklertools* und weiteren Tools, die ich Ihnen im weiteren Verlauf des Buches vorstellen werde.

1.5.2 Ausblick

Wie oben erwähnt besteht das Buch grob aus drei Teilen, wobei ich in den nächsten Kapiteln auf die wichtigsten Sprachen des Webs eingehen möchte: Im folgenden Kapitel beginnen wir mit HTML.

Kapitel 2
Webseiten strukturieren mit HTML

Die Auszeichnungssprache HTML ist neben der Stilsprache CSS und der Programmiersprache JavaScript eine der drei großen Sprachen, die für die Frontend-Entwicklung wichtig sind.

In diesem Kapitel lernen Sie die Sprache *HTML* kennen, die *Hypertext Markup Language*, mit deren Hilfe Sie die Struktur einer Webseite definieren können.

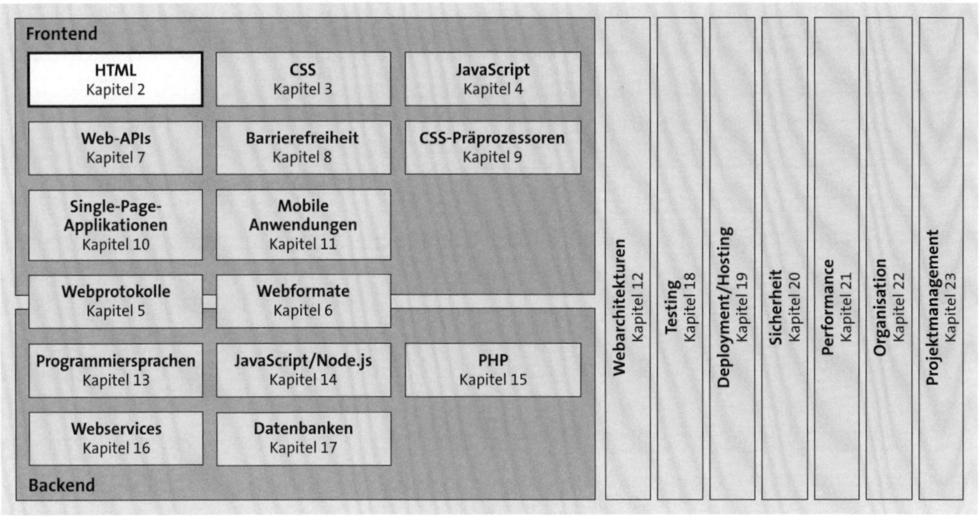

Abbildung 2.1 HTML ist eine der drei wichtigen Sprachen für das Web und dient dazu, die Struktur einer Webseite zu definieren.

2.1 Einführung

Ich möchte mich an dieser Stelle gar nicht lange mit Ausführungen über die Historie von HTML aufhalten. Stattdessen möchte ich schnellstmöglich in die Sprache selbst einsteigen und vorab nur eine kurze Übersicht über die wichtigsten Versionen von HTML geben.

2.1.1 Versionen

Eine vollständige Übersicht über die Geschichte von HTML sowie alle verschiedenen Versionsnummern inklusive Erscheinungsdatum finden Sie beispielsweise unter *https://de.wikipedia.org/wiki/Hypertext_Markup_Language*). Für den Einstieg reicht aber ein kurzer Überblick über folgende Versionen:

- **HTML**: Die erste Version (noch ohne Versionsnummer) wurde bereits 1992 veröffentlicht, basierend auf Vorschlägen, die Tim Berners-Lee (der Erfinder von HTML) bereits 1989 am CERN, der »Europäischen Organisation für Kernforschung«, erarbeitet hatte.
- **HTML 4.0**: Wurde 1997 veröffentlicht und ist insofern wichtig, als ab dieser Version CSS (*Cascading Style Sheets*, siehe Kapitel 3, »Webseiten gestalten mit CSS«) zur Verfügung standen.
- **XHTML 1.0**: Mit dem Erscheinen der Sprache XML (*Extensible Markup Language*, siehe Kapitel 6, »Webformate verwenden«) wurde entschieden, die Sprache HTML nach Regeln von XML neu zu formulieren. Diese Regeln sind strenger als die von HTML 4.0, beispielsweise dürfen Attribute (siehe Abschnitt 2.1.2) nur in Kleinbuchstaben geschrieben werden und müssen immer einen Wert aufweisen.
- **HTML5**: Wurde im Jahr 2014 veröffentlicht und ersetzte die vorherigen Versionen von HTML (und XHTML). HTML5 (übrigens absichtlich mit der Versionsnummer direkt an dem »HTML« geschrieben) führte eine Reihe von neuen Funktionalitäten ein sowie zahlreiche neue sogenannte Web-APIs (die wir im Detail noch in Kapitel 7, »Web-APIs verwenden«, besprechen).

Der HTML-Standard wird – wie viele andere Standards im Web – vom *W3C* gepflegt, dem *World Wide Web Consortium*. Dabei legte das W3C lange Zeit viel Wert darauf, stabile Spezifikationen für verschiedene Standards zu verabschieden, was allerdings der Weiterentwicklung des HTML-Standards nicht unbedingt zuträglich war und sie unnötig verzögerte. Als Reaktion darauf wurde von verschiedenen Browserherstellern die *WHATWG*, die *Web Hypertext Application Technology Working Group* gegründet, die fortan den HTML-Standard als »lebende Spezifikation« (*Living Standard*) betrachtete und HTML seitdem ohne konkrete Versionsnummer weiterentwickelt (siehe *https://html.spec.whatwg.org/*). Mittlerweile haben sich das W3C und die WHATWG allerdings bezüglich der Weiterentwicklung des Standards geeinigt und arbeiten nun gemeinsam an dem Living Standard.

2.1.2 Elemente und Attribute verwenden

Wie Sie aus Kapitel 1, »Die Grundlagen verstehen«, bereits wissen, dient HTML dazu, die *Struktur* einer Webseite sowie die *Bedeutung* (*Semantik*) einzelner Komponenten auf einer Webseite festzulegen. Ähnlich wie auch in Textverarbeitungsprogrammen wie Word können Sie dabei beispielsweise Texte hervorgehoben darstellen, Überschriften definieren, Bilder einbinden, Listen erstellen oder komplexe Tabellen erzeugen.

Struktur definieren über Elemente

Die Definition dieser Komponenten geschieht über sogenannte *Elemente* (*HTML-Elemente*), die wiederum über sogenannte *Attribute* (*HTML-Attribute*) individualisiert werden können (dazu gleich mehr). Listing 2.1 zeigt eine relativ einfache Webseite: Sie sehen hier, dass Elemente jeweils aus einem *öffnenden Tag* und einem *schließenden Tag* bestehen. Das öffnende Tag leitet ein Element ein, das schließende Tag beendet das Element. Beispielsweise leitet das (öffnende) Tag `<h1>` eine Überschrift auf erster Ebene ein, das (schließende) Tag `</h1>` beendet die Überschrift (der Text zwischen den beiden Tags ist der Überschriftentext). Sowohl öffnende als auch schließende Tags werden in spitzen Klammern notiert, wobei beim schließenden Tag hinter der ersten spitzen Klammer ein Schrägstrich steht (damit schließende Tags von öffnenden Tags unterschieden werden können).

```
<!DOCTYPE html>
<html>
  <head>
    <title>Meine erste Webseite</title>
  </head>
  <body>
    <h1>Meine erste Webseite</h1>
    <p>Das hier ist ein Paragraph.</p>
    <h2>Das hier ist eine Zwischenüberschrift</h2>
    <p>
      Hier steht ein weiterer Paragraph mit <i>kursivem Text</i> und
      <b>fett gedrucktem Text</b>.
    </p>
    <h2>Das hier ist noch eine Zwischenüberschrift</h2>
  </body>
</html>
```

Listing 2.1 Eine einfache Webseite

Im Codebeispiel sind die einzelnen Elemente wie folgt zu deuten:

- Über den *Doctype* definieren Sie die exakte HTML-Version, in der Sie den HTML-Code verfassen (zum Beispiel HTML 4.0, XHTML 1.0, HTML5). Der im Beispiel verwendete Doctype bezeichnet den »Living Standard«, und Sie sollten diesen für neue Webseiten genau so übernehmen.

- Das öffnende Tag `<html>` leitet die Webseite als solches ein und bedeutet, dass alles zwischen diesem Tag und dem schließenden `</html>`-Tag als HTML-Code zu interpretieren ist.
- Zwischen dem `<head>`- und dem `</head>`-Tag (*Kopfbereich*) können Informationen hinterlegt werden, die vom Browser nicht im Hauptfenster dargestellt werden, wie beispielsweise der Titel der Webseite, der zwischen dem `<title>`- und dem `</title>`-Tag steht (der Titel wird vom Browser in der Regel oberhalb der Adressleiste angezeigt).
- Zwischen dem `<body>`- und dem `</body>`-Tag befindet sich alles, was vom Browser angezeigt werden soll, der sogenannte *Body* der Webseite.
- Der Text zwischen `<h1>` und `</h1>` stellt wie bereits erwähnt eine Hauptüberschrift dar und Text zwischen `<h2>` und `</h2>` eine Unterüberschrift (»Überschrift auf zweiter Ebene«).
- Text zwischen `<p>`- und `</p>`-Tags wird als Textabsatz dargestellt, Text zwischen `<i>` und `</i>` kursiv (italic) und Text zwischen `<b>` und `</b>` fett gedruckt (bold).

Elemente parametrisieren über Attribute

Über Attribute können Sie Elementen zusätzliche Informationen übergeben. Attribute stehen dabei im öffnenden Tag eines Elements und bestehen aus einem Namen und einem Wert (der in doppelte Anführungszeichen gesetzt wird), getrennt durch ein Gleichheitszeichen. Um beispielsweise einen Link zu definieren, verwenden Sie das `<a>`-Element und definieren über das `href`-Attribut die URL zu der verlinkten Webseite:

```
...
<a href="https://www.philipackermann.de">
  Hier geht es zu meiner Homepage
</a>
...
```

Listing 2.2 Verwendung von Attributen

Zusammenfassend haben HTML-Elemente inklusive Attribute also folgenden Aufbau:

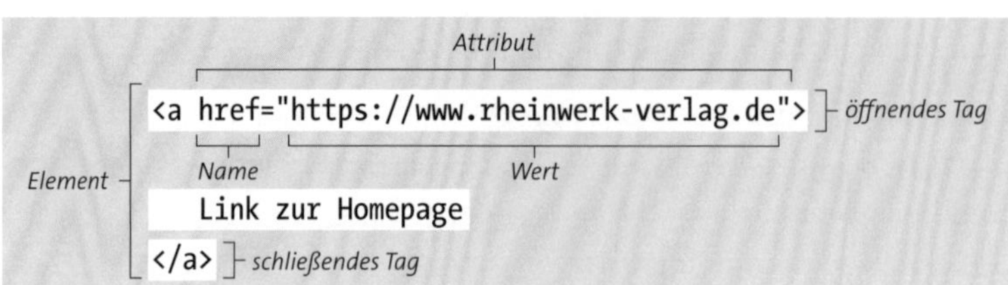

Abbildung 2.2 Aufbau eines HTML-Elements

2.1.3 Webseiten als HTML-Dokumente speichern

Webseiten bzw. HTML-Dokumente sind zunächst ganz gewöhnliche Textdokumente bzw. Textdateien, die üblicherweise die Dateiendung *html* oder *htm* verwenden. Um den Beispielcode aus dem vorigen Abschnitt als HTML-Dokument zu speichern und anschließend im Browser aufzurufen, gehen Sie daher wie folgt vor. Öffnen Sie den Editor oder die IDE Ihrer Wahl (siehe Kapitel 1, »Die Grundlagen verstehen«), erstellen Sie eine neue Datei mit der Endung *html* (gebräuchlich für die Startseite einer Website ist beispielsweise *index.html*), kopieren Sie den Code aus Listing 2.1 hinein, und speichern Sie die Datei. Am besten speichern Sie die Datei in einem separaten Verzeichnis (beispielweise *my-first-webpage*). Das ist zwar nicht zwingend notwendig, Sie können sich aber schon mal daran gewöhnen, dass Sie neue Webprojekte grundsätzlich in einem separaten Verzeichnis speichern sollten.

Starten Sie anschließend einen Browser (siehe Kapitel 1), und öffnen Sie die zuvor gespeicherte HTML-Datei. In der Regel stellen die Browser dazu im Hauptmenü unter DATEI einen Eintrag wie DATEI ÖFFNEN ... zur Verfügung. Alternativ können Sie die Datei auch per Drag & Drop in ein bereits geöffnetes Browserfenster ziehen oder – sofern das bei Ihrem Betriebssystem so eingerichtet ist – die Datei auch per Doppelklick öffnen (in der Regel werden Dateien mit den Endungen *html* und *htm* nämlich automatisch mit dem Standardbrowser geöffnet).

Das Ergebnis sollte so aussehen wie in Abbildung 2.3.

Abbildung 2.3 Die Beispiel-Webseite im Browser (Chrome)

Profitipp

Die meisten Browser stellen sogenannte *Entwicklerwerkzeuge* zur Verfügung, mit deren Hilfe Sie unter anderem den Code einer Webseite genau untersuchen können. In Chrome beispielsweise können Sie diese Werkzeuge über den Menüeintrag ANZEIGEN • ENTWICKLER • ENTWICKLERTOOLS aufrufen (siehe Abbildung 2.4).

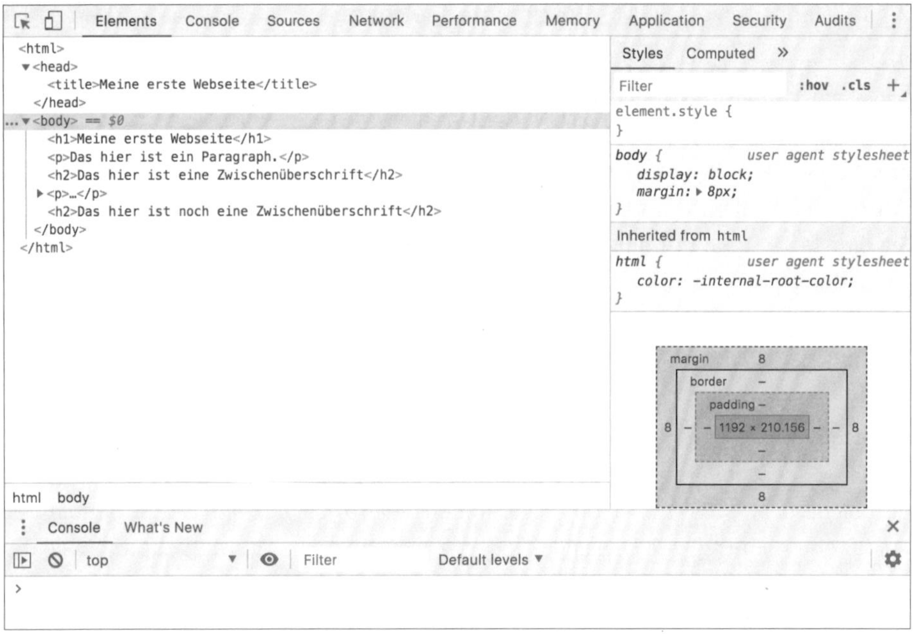

Abbildung 2.4 Entwicklertools unter Chrome

2.2 Die wichtigsten Elemente verwenden

HTML ist relativ einfach zu lernen. Sie müssen lediglich wissen,

1. welche Elemente es gibt,
2. welche Attribute Sie für welche Elemente verwenden können und
3. welche Elemente Sie an welcher Stelle des HTML-Codes verwenden dürfen.

Alle drei Punkte lassen sich am einfachsten mit einer guten HTML-Referenz beantworten (siehe Anhang B). Im Folgenden schauen wir uns an, welches die wichtigsten Elemente sind.

2.2.1 Überschriften, Absätze und sonstige Textformatierungen verwenden

In HTML gibt es sechs verschiedene Ebenen für **Überschriften**. Analog dazu stehen sechs unterschiedliche Elemente zur Verfügung: <h1> (erste Ebene) bis <h6> (sechste Ebene), kurz für »heading« (englisch für Überschrift). Im Browser werden Überschriften (ähnlich wie man es auch aus Textverarbeitungsprogrammen wie Word kennt) je nach Ebene unterschiedlich groß dargestellt, wobei <h1> am größten und <h6> am kleinsten angezeigt wird.

Um **Absätze** zu definieren, verwenden Sie das Element `<p>` (für »paragraph«). Absätze werden vom Browser mit etwas Abstand zu anderen Absätzen dargestellt.

Für das **Auszeichnen von Texten** stellt HTML verschiedene Elemente zur Verfügung. Die Elemente `<i>` und `<b>` beispielsweise haben Sie schon in dem Eingangsbeispiel kennengelernt: Ersteres zeichnet Texte **kursiv** aus (»italic«), Letzteres markiert die Texte als **fett gedruckt** (»bold«). Über die Elemente `<em>` und `<strong>` können Sie definieren, dass ein Text besonders **hervorgehoben** werden soll. Standardmäßig werden Texte, die mit `<em>` ausgezeichnet wurden, kursiv und Texte, die mit `<strong>` ausgezeichnet wurde, als fett gedruckt dargestellt. Darüber hinaus gibt es noch das Element `<sup>`, um **Texte hochzustellen** (beispielsweise bei der Darstellung von mathematischen Exponenten oder für Fußnoten), und das Element `<sub>`, um **Texte tiefzustellen** (beispielsweise für die Darstellung von chemischen Formeln).

Über das Element `<br />` können Sie **Zeilenumbrüche** einfügen.

Hinweis

Achtung: Einige Elemente wie `<br />` können keinen Text und auch keine Kindelemente enthalten. Solche Elemente haben daher eine besondere Schreibweise (den Schrägstrich vor der schließenden Klammer), durch die quasi gleichzeitig ein öffnendes und ein schließendes Tag verwendet werden.

Über `<blockquote>` haben Sie die Möglichkeit, **längere Zitate** zu definieren. Das Element `<q>` eignet sich dagegen für **kürzere Zitate**. Mit dem Element `<cite>` ist es zudem möglich, **Quellenangaben** zu definieren.

Abkürzungen und **Akronyme** zeichnen Sie über das Element `<abbr>` (»abbreviation«) aus, Begriffsdefinitionen über das Element `<dfn>`.

2.2.2 Listen erstellen

In HTML stehen Ihnen drei verschiedene Arten von Listen zur Verfügung: **geordnete Listen** (Listen mit Nummerierung), **ungeordnete Listen** (Listen ohne Nummerierung) und **Definitionslisten** (Listen von Begriffsdefinitionen). Darüber hinaus haben Sie die Möglichkeit, Listen zu schachteln (dann spricht man von **geschachtelten Listen**).

Geordnete Listen

Geordnete Listen (bzw. nummerierte Listen) erstellen Sie über das Element `<ol>` (»ordered list«). Einzelne Einträge in einer solchen Liste erstellen Sie über das Element `<li>` (»list item«).

```
...
<ol>
  <li>Erster Eintrag</li>
  <li>Zweiter Eintrag</li>
  <li>Dritter Eintrag</li>
  <li>Vierter Eintrag</li>
  <li>Fünfter Eintrag</li>
</ol>
...
```

Listing 2.3 Eine geordnete Liste

Abbildung 2.5 Darstellung einer geordneten Liste

Ungeordnete Listen

Für ungeordnete Listen steht das Element `<ul>` (»unordered list«) zur Verfügung. Die einzelnen Einträge in einer ungeordneten Liste erstellen Sie wie auch bei geordneten Listen über das Element `<li>` (»list item«).

```
...
<ul>
  <li>500 g Zucker</li>
  <li>50 g Butter</li>
  <li>5 Eier</li>
  <li>1 Päckchen Backpulver</li>
  <li>Geriebene Zitronenschale</li>
</ul>
...
```

Listing 2.4 Eine ungeordnete Liste

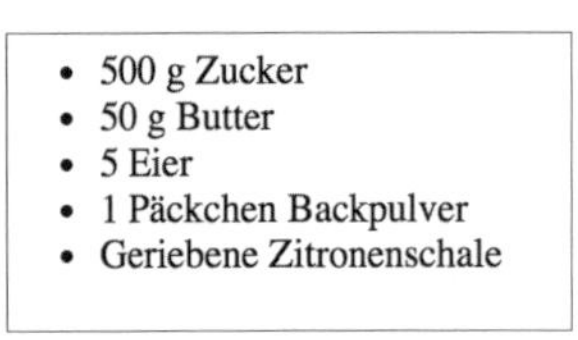

Abbildung 2.6 Darstellung einer ungeordneten Liste

Definitionslisten

Definitionslisten können Sie über das Element <dl> erstellen (»definition list« bzw. seit HTML5 »description list«). Einzelne Einträge in einer Definitionsliste werden allerdings anders als bei geordneten und ungeordneten Listen nicht über das Element <li> erstellt, sondern über Paare von <dt>- und <dd>-Elementen. Über <dt> (»definition term«) zeichnen Sie den zu definierenden Begriff aus (beispielsweise »CSS«). Innerhalb des <dd>-Elements (»definition description«) folgt dann die Definition des Begriffs (beispielsweise »Cascading Style Sheets«).

```
...
<dl>
  <dt>CSS</dt>
  <dd>Cascading Style Sheets</dd>
  <dt>DOM</dt>
  <dd>Document Object Model</dd>
  <dt>HTML</dt>
  <dd>Hypertext Markup Language</dd>
</dl>
...
```

Listing 2.5 Eine Definitionsliste

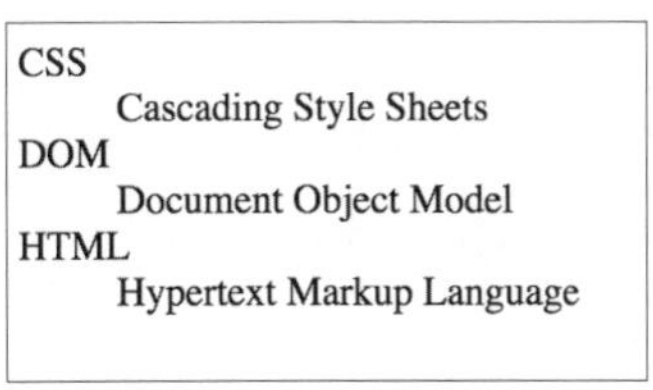

Abbildung 2.7 Darstellung einer Definitionsliste

Geschachtelte Listen

Geordnete und ungeordnete Listen können Sie beliebig schachteln. Dazu erlaubt es HTML, innerhalb eines <li>-Elements wiederum eine Liste zu definieren. Solche untergeordneten bzw. verschachtelten Listen werden vom Browser in der Regel weiter eingerückt und mit einem anderen Aufzählungssymbol (als die übergeordnete Liste) versehen.

```
...
<ul>
  <li>
    Obst
```

```
    <ul>
      <li>Äpfel</li>
      <li>Birnen</li>
      <li>Erdbeeren</li>
    </ul>
  </li>
  <li>
    Gemüse
    <ul>
      <li>Möhren</li>
      <li>Paprika</li>
      <li>Tomaten</li>
    </ul>
  </li>
</ul>
...
```

Listing 2.6 Geschachtelte Listen

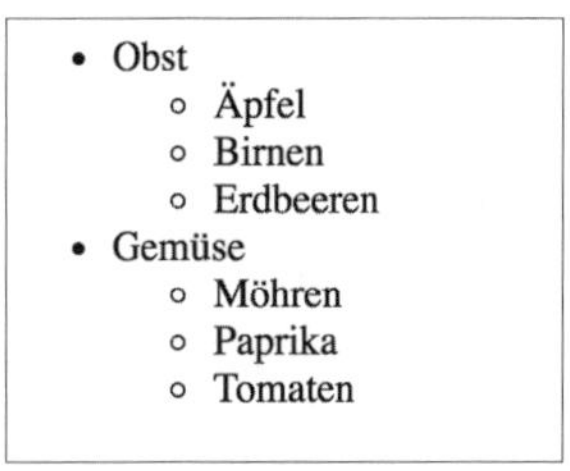

Abbildung 2.8 Darstellung von geschachtelten Listen

2.2.3 Links definieren

Wie Sie wissen, besteht eine Website aus mehreren Webseiten. Stellt sich nun die Frage, wie man einen **Verweis** (sprich *Link*) von einer Webseite auf eine andere Webseite erstellen kann.

Prinzipiell unterscheidet man verschiedene Arten von Links: **Externe Links** führen zu anderen Websites, **relative Links** führen zu einer anderen Webseite derselben Website, **interne Links** führen zu einer anderen Stelle innerhalb der gleichen Webseite.

Alle Arten von Links definieren Sie mit dem `<a>`-Element. Über das Attribut `href` geben Sie die Adresse an, zu der der Link führen soll. Der Text innerhalb des `<a>`-Elements ist der *Linktext* und wird standardmäßig von Browsern als unterstrichener (meistens blauer) Text dargestellt.

Externe Links

Listing 2.7 zeigt, wie Sie externe Links definieren können. Dazu geben Sie als Wert für das href-Attribut einfach die URL der Webseite an, die bei Klick auf den Link aufgerufen werden soll. Über das Attribut target können Sie außerdem steuern, ob die verlinkte Webseite in einem neuen Browserfenster (bzw. Browsertab) geöffnet werden soll oder im bereits geöffneten Fenster: Ersteres erreichen Sie, indem Sie als Wert »_blank« verwenden, Letzteres erreichen Sie, indem Sie das Attribut einfach weglassen (standardmäßig werden Links nämlich im selben Fenster geöffnet).

```
<!DOCTYPE html>
<html>
  <head>
    <title>Meine Websites</title>
  </head>
  <body>
    <p>
      Meine Websites:
      <ul>
        <li>
          <a href="https://www.philipackermann.de">
            Homepage
          </a>
        </li>
        <li>
          <a href="https://www.webdevhandbuch.de">
            Webentwicklung Handbuch
          </a>
        </li>
        <li>
          <a href="https://www.javascripthandbuch.de">
            JavaScript Handbuch
          </a>
        </li>
        <li>
          <a href="https://www.javascriptprofibuch.de">
            JavaScript Profibuch
          </a>
        </li>
        <li>
          <a href="https://www.nodejskochbuch.de">
            Node.js Kochbuch
          </a>
        </li>
```

```
        </ul>
      </p>
    </body>
</html>
```

Listing 2.7 Verwendung von externen Links

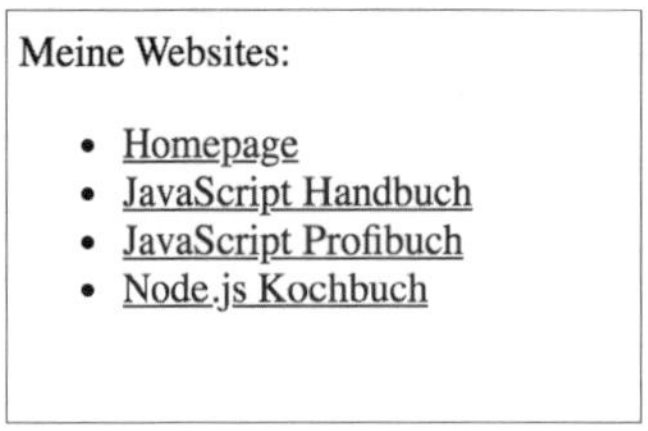

Abbildung 2.9 Links werden standardmäßig als unterstrichener Text dargestellt.

Hinweis

Wenn Sie wie ich im Beispiel oben eine URL ohne Pfad angeben, ruft der Browser automatisch die Startseite der entsprechenden Website auf. Standardmäßig ist das eine Datei mit dem Namen *index.html*, die im Wurzelverzeichnis auf dem Webserver liegt. Der Link zu *http://www.philipackermann.de* sorgt also dafür, dass im Hintergrund die Webseite *http://www.philipackermann.de/index.html* aufgerufen wird.

Hinweis

Achten Sie darauf, den Linktext möglichst aussagekräftig zu formulieren. Dass der Nutzer weiß, wohin ein Link führt, bevor er darauf klickt, ist aus Gründen der *Gebrauchstauglichkeit* (*Usability*) und der *Barrierefreiheit* (*Accessibility*) sinnvoll. Beispiele für nicht aussagekräftige Linktexte sind »Klicken Sie hier« oder einfach nur »Hier«, Beispiele für aussagekräftige Linktexte sind »Detailinformationen zu diesem Produkt«, »Produktdetails« oder »Zu den Downloads«.

Relative Links

Um die Links nicht zu externen Webseiten führen zu lassen, sondern zu anderen Webseiten derselben Website, geben Sie als Wert für das `href`-Attribut eine *relative URL* an. Relative URLs unterscheiden sich von *absoluten URLs* insofern, als hierbei der Domainname nicht in der URL enthalten sein muss. Der Browser weiß dann, dass die entsprechende Webseite auf demselben Webserver (also unter derselben Domain) liegt wie die Webseite, auf der die relative URL als Link verwendet wird.

```
<!DOCTYPE html>
<html>
  <head>
    <title>Meine Homepage</title>
  </head>
  <body>
    <p>
      Webseite auf dieser Website
      <ul>
        <li>
          <a href="index.html">Startseite</a>
        </li>
        <li>
          <a href="about.html">Über mich</a>
        </li>
        <li>
          <a href="books.html">Bücher</a>
        </li>
        <li>
          <a href="articles.html">Fachartikel</a>
        </li>
        <li>
          <a href="contact.html">Kontakt</a>
        </li>
      </ul>
    </p>
  </body>
</html>
```

Listing 2.8 Verwendung von Links auf derselben Website

Das Beispiel setzt voraus, dass alle verlinkten Webseiten auf derselben Ebene im Dateisystem liegen wie auch die gezeigte Webseite. Bei größeren Projekten bietet es sich jedoch an, den HTML-Code auf verschiedene Verzeichnisebenen zu verteilen. Wenn Sie dann innerhalb einer der Webseiten einen relativen Link definieren, wird dieser immer ausgehend von dem Verzeichnis aufgelöst, in dem die jeweilige Webseite mit dem Link liegt.

Wenn man (anders als im Beispielcode) die in Abbildung 2.10 gezeigte Verzeichnisstruktur als Grundlage nimmt, würde ein relativer Link von der Webseite *index.html* auf die Webseite *about.html* so aussehen: »about/about.html«. Ein relativer Link von der Webseite *about.html* zu der Webseite *index.html* hätte den Wert »../index.html« und ein Link von der Webseite *about.html* zu der Webseite *contact.html* den Wert

»../contact/contact.html« (beachten Sie jeweils die beiden Punkte, über die es möglich ist, von einem Verzeichnis in das Elternverzeichnis zu navigieren).

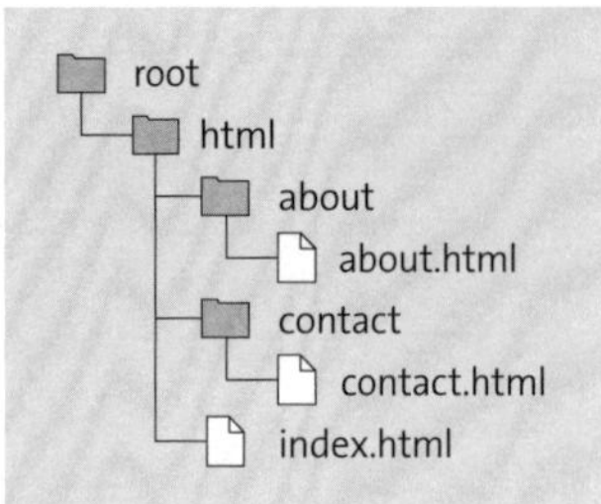

Abbildung 2.10 Verzeichnisstruktur einer Website

Interne Links

Über interne Links können Sie innerhalb einer Webseite auf andere Teile derselben Webseite (sogenannte *Anker*) verlinken. Dies bietet sich insbesondere dann an, wenn der Inhalt auf einer Webseite sehr lang ist und man dem Nutzer die Möglichkeit geben möchte, schnell zu einer bestimmten Stelle zu springen, ohne dass er dafür extra scrollen (und suchen) müsste (der Effekt des »Springens« wird also nur deutlich, wenn auf der Webseite so viel Inhalt vorhanden ist, dass die Webseite vertikal gescrollt werden muss).

Damit überhaupt ein Link auf eine andere Stelle gesetzt werden kann, muss diese Stelle (der Anker) erst mit einer ID ausgezeichnet werden. Dazu verwenden Sie das `id`-Attribut. Anschließend verwenden Sie die ID plus einem vorangestellten #-Zeichen als Wert für das `href`-Attribut.

```
<!DOCTYPE html>
<html>
  <head>
    <title>Mein Online-Buch</title>
  </head>
  <body>
  <h1>Mein Online-Buch</h1>
  <ul>
    <li>
      <a href="#chapter01">Kapitel 1</a>
    </li>
    <li>
      <a href="#chapter02">Kapitel 2</a>
    </li>
    <li>
      <a href="#chapter03">Kapitel 3</a>
    </li>
```

```
      <li>
        <a href="#chapter04">Kapitel 4</a>
      </li>
      <li>
        <a href="#chapter05">Kapitel 5</a>
      </li>
    </ul>
    <h2 id="chapter01">Kapitel 1</h2>
    <p>...</p>
    <h2 id="chapter02">Kapitel 2</h2>
    <p>...</p>
    <h2 id="chapter03">Kapitel 3</h2>
    <p>...</p>
    <h2 id="chapter04">Kapitel 4</h2>
    <p>...</p>
    <h2 id="chapter05">Kapitel 5</h2>
    <p>...</p>
  </body>
</html>
```

Listing 2.9 Verwendung von Links auf derselben Webseite (index.html)

Hinweis

Es ist auch möglich, von einer Webseite auf eine bestimmte Stelle einer anderen Webseite zu verlinken. Dazu geben Sie den Anker einfach hinter der absoluten URL an (siehe auch Kapitel 1, »Die Grundlagen verstehen«, zum allgemeinen Aufbau von URLs), beispielsweise so:

```
<a href="http://philipackermann.de/index.html#books">Bücher</a>
```

2.2.4 Bilder einbinden

Für die Darstellung von **Bildern** gibt es verschiedene Dateiformate, die von allen Browsern unterstützt werden. Im Detail werde ich auf diese Formate noch in Kapitel 6, »Webformate verwenden«, eingehen. Dort lernen Sie auch, welches Bildformat sich für welchen Zweck eignet und wo genau die Unterschiede zwischen den Formaten liegen. An dieser Stelle geht es erst mal nur darum, auf welche Weise Sie Bilder einbinden können.

Dies geschieht in HTML über das `<img>`-Element. Wie schon bei dem `<br>`-Element handelt es sich bei diesem Element allerdings um ein leeres Element, also eines, das selbst weder Text noch andere Elemente enthalten kann. Stattdessen steuern Sie das

Element ausschließlich über Attribute: Über `src` geben Sie die URL an, unter der das einzubindende Bild zu erreichen ist. (In der Regel geben Sie dabei eine relative URL an, um auf ein Bild auf dem gleichen Webserver bzw. im gleichen Projekt zu verweisen. Best Practice ist dabei, alle Bilder einer Website in einem Verzeichnis, etwa *images*, zu verwalten.)

Über das Attribut `alt` können Sie zudem einen **Alternativtext** für das Bild definieren, der beispielsweise dann angezeigt wird, wenn das Bild (zum Beispiel wegen limitierter Bandbreite) vom Browser nicht angezeigt wird. Auch für blinde oder sehbehinderte Nutzer, die statt eines gewöhnlichen Browsers einen Screenreader verwenden (also ein Programm, das den Inhalt einer Webseite vorlesen kann), sowie für Suchmaschinen ist die Information, die über das `alt`-Attribut bereitgestellt wird, eine große Hilfe, um besser zu verstehen, was auf dem Bild zu sehen ist.

```
<!DOCTYPE html>
<html>
  <head>
    <title>Profil</title>
  </head>
  <body>
    <p>
      <img
        src="images/profile.jpg"
        alt="Mein Profilbild"
        title="Philip Ackermann ist Web- und Softwareentwickler und Autor
        mehrerer Bücher und Artikel über JavaScript, Node.js und Java."
      />
    </p>
  </body>
</html>
```

Listing 2.10 Einbinden von Bildern

Seit HTML5 gibt es noch die Möglichkeit, zu einem Bild eine **Bildunterschrift** hinzuzufügen. Dazu steht Ihnen das `<figure>`-Element und das `<figcaption>`-Element zur Verfügung. Ersteres verwenden Sie als Elternelement für das über `<img>` eingebundene Bild sowie für die Bildunterschrift, die Sie über `<figcaption>` definieren.

```
<!DOCTYPE html>
<html>
  <head>
    <title>Profil</title>
  </head>
```

```
  <body>
    <figure>
      <img
        src="images/profile.jpg"
        alt="Mein Profilbild"
        title="Philip Ackermann ist Web- und Softwareentwickler und Autor
        mehrerer Bücher und Artikel über JavaScript, Node.js und Java."
      />
      <br />
      <figcaption>
        Profilbild von Philip Ackermann
      </figcaption>
    </figure>
  </body>
</html>
```

Listing 2.11 Verwendung von Bildunterschriften

2.2.5 Daten in Tabellen strukturieren

Tabellen eignen sich zur Darstellung von zusammenhängenden Daten, beispielsweise zur Auflistung von Produkten in einem Onlineshop oder für die Ergebnisse von Fußballspielen. Die Daten werden dabei in einem Raster aus *Spalten* (*Tabellenspalten*) und *Zeilen* (*Tabellenzeilen*) angeordnet. Ein einzelner Block in diesem Raster wird als *Zelle* (*Tabellenzelle*) bezeichnet.

Tabellen werden in HTML über das `<table>`-Element definiert. Neue Zeilen können Sie über das `<tr>`-Element (»table row«) einleiten, neue Zellen über das `<td>`-Element (»table data«). Spalten werden also nicht explizit definiert, sondern ergeben sich aus der Kombination von Zeilen und Zellen. Für die Definition von Tabellenüberschriften verwenden Sie dagegen das `<th>`-Element (»table heading«).

Listing 2.12 und Abbildung 2.11 zeigen eine einfache Tabelle zur Darstellung von Nutzern.

```
<!DOCTYPE html>
<html lang="en">
  <head>
    <title>Users</title>
  </head>
  <body>
    <h1>Users</h1>
    <table>
      <tr>
        <th>First Name</th>
```

```
        <th>Last Name</th>
        <th>Title</th>
      </tr>
      <tr>
        <td>Riana</td>
        <td>Frisch</td>
        <td>District Assurance Producer</td>
      </tr>
      <tr>
        <td>Oskar</td>
        <td>Spielvogel</td>
        <td>Product Optimization Analyst</td>
      </tr>
      <tr>
        <td>Lynn</td>
        <td>Berning</td>
        <td>Lead Accountability Administrator</td>
      </tr>
      <tr>
        <td>Carolin</td>
        <td>Plass</td>
        <td>Investor Usability Strategist</td>
      </tr>
      <tr>
        <td>Claas</td>
        <td>Plotzitzka</td>
        <td>Chief Implementation Analyst</td>
      </tr>
    </table>
  </body>
</html>
```

Listing 2.12 Darstellung von Nutzern mithilfe einer Tabelle

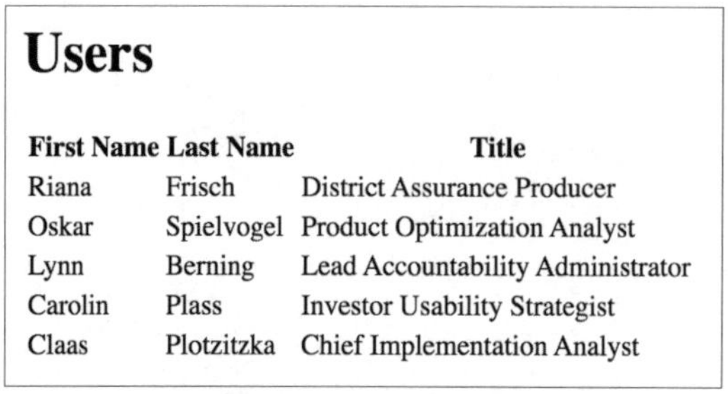

Users

First Name	Last Name	Title
Riana	Frisch	District Assurance Producer
Oskar	Spielvogel	Product Optimization Analyst
Lynn	Berning	Lead Accountability Administrator
Carolin	Plass	Investor Usability Strategist
Claas	Plotzitzka	Chief Implementation Analyst

Abbildung 2.11 Darstellung von tabellarischen Daten in HTML

Bei langen Tabellen bietet es sich außerdem an, den Bereich mit den Überschriften und den Tabellenkörper mit speziellen Elementen auszuzeichnen. Dazu stehen Ihnen die Elemente <thead> (**Tabellenkopf**), <tbody> (**Tabellenkörper**) und <tfoot> (**Tabellenfußzeile**) zur Verfügung. Die Verwendung dieser Elemente ist insofern von Vorteil, als sie zum einen zur Barrierefreiheit der Tabelle beitragen und zum anderen die Möglichkeit besteht, diese Elemente gezielt per CSS zu »stylen«.

```
<!DOCTYPE html>
<html lang="en">
  <head>
    <title>Users</title>
  </head>
  <body>
    <h1>Users</h1>
    <table>
      <thead>
        <tr>
          <th>First Name</th>
          <th>Last Name</th>
          <th>Title</th>
        </tr>
      </thead>
      <tbody>
        <tr>
          <td>Riana</td>
          <td>Frisch</td>
          <td>District Assurance Producer</td>
        </tr>
        <tr>
          <td>Oskar</td>
          <td>Spielvogel</td>
          <td>Product Optimization Analyst</td>
        </tr>
        <tr>
          <td>Lynn</td>
          <td>Berning</td>
          <td>Lead Accountability Administrator</td>
        </tr>
        <tr>
          <td>Carolin</td>
          <td>Plass</td>
          <td>Investor Usability Strategist</td>
        </tr>
```

```
        <tr>
          <td>Claas</td>
          <td>Plotzitzka</td>
          <td>Chief Implementation Analyst</td>
        </tr>
      </tbody>
      <tfoot>
        <tr>
          <th>First Name</th>
          <th>Last Name</th>
          <th>Title</th>
        </tr>
      </tfoot>
    </table>
  </body>
</html>
```

Listing 2.13 Definition von Tabellenkopf, Tabellenkörper und Tabellenfußzeile

In einigen Fällen kann es sinnvoll sein, einzelne Zellen über mehrere Spalten oder mehrere Zeilen hinweg zu »strecken«. Hierfür stehen die Attribute `colspan` und `rowspan` zur Verfügung. Über Ersteres ist es möglich, eine einzelne Zelle über mehrere Spalten, über Letzteres, eine Zelle über mehrere Zeilen zu strecken. Ein Beispiel für das Strecken über mehrere Spalten sehen Sie in Listing 2.14 und in Abbildung 2.12, ein Beispiel für das Strecken über mehrere Zeilen zeigen Listing 2.15 und Abbildung 2.13.

> **Hinweis**
>
> Zur besseren Darstellung wurde den Tabellenzellen in den Beispielen mithilfe von CSS ein schwarzer Rand hinzugefügt. Diesen CSS-Code müssen Sie an dieser Stelle noch nicht verstehen, da wir hierauf im Detail noch in Kapitel 3, »Webseiten gestalten mit CSS«, eingehen.

```
<!DOCTYPE html>
<html lang="en">
  <head>
  <title>Kalender</title>
  <style type="text/css">
    th, td {
      border: thin solid black;
      padding: 5px;
    }
  </style>
```

```
  </head>
  <body>
    <table>
      <tr>
        <th></th>
        <th>8:00 Uhr</th>
        <th>9:00 Uhr</th>
        <th>10:00 Uhr</th>
        <th>11:00 Uhr</th>
        <th>12:00 Uhr</th>
      </tr>
      <tr>
        <th>Montag</th>
        <td colspan="2">Arzttermin</td>
        <td>Telefonkonferenz</td>
        <td>Kundentermin</td>
        <td>Mittagessen</td>
      </tr>
      <tr>
        <th>Dienstag</th>
        <td>Werkstatt</td>
        <td colspan="3">Einkaufen</td>
        <td>Mittagessen</td>
      </tr>
      <tr>
        <th>Mittwoch</th>
        <td colspan="5">Urlaub</td>
      </tr>
      <tr>
        <th>Donnerstag</th>
        <td colspan="5">Urlaub</td>
      </tr>
      <tr>
        <th>Freitag</th>
        <td colspan="5">Urlaub</td>
      </tr>
    </table>
  </body>
</html>
```

Listing 2.14 Zusammenfassen von Spalten

	8:00 Uhr	9:00 Uhr	10:00 Uhr	11:00 Uhr	12:00 Uhr
Montag	Arzttermin		Telefonkonferenz	Kundentermin	Mittagessen
Dienstag	Werkstatt	Einkaufen			Mittagessen
Mittwoch	Urlaub				
Donnerstag	Urlaub				
Freitag	Urlaub				

Abbildung 2.12 Zellen verschiedener Spalten lassen sich zusammenfassen.

```
<!DOCTYPE html>
<html lang="en">
  <head>
  <title>Kalender</title>
  <style type="text/css">
    th, td {
      border: thin solid black;
      padding: 5px;
    }
  </style>
  </head>
  <body>
    <table>
      <tr>
        <th></th>
        <th>Montag</th>
        <th>Dienstag</th>
        <th>Mittwoch</th>
        <th>Donnerstag</th>
        <th>Freitag</th>
      </tr>
      <tr>
        <th>8:00 Uhr</th>
        <td rowspan="2">Arzttermin</td>
        <td>Werkstatt</td>
        <td rowspan="5">Urlaub</td>
        <td rowspan="5">Urlaub</td>
        <td rowspan="5">Urlaub</td>
      </tr>
      <tr>
        <th>9:00 Uhr</th>
        <td rowspan="3">Einkaufen</td>
      </tr>
```

```
      <tr>
        <th>10:00 Uhr</th>
        <td>Telefonkonferenz</td>
      </tr>
      <tr>
        <th>11:00 Uhr</th>
        <td>Kundentermin</td>
      </tr>
      <tr>
        <th>12:00 Uhr</th>
        <td>Mittagessen</td>
        <td>Mittagessen</td>
      </tr>
    </table>
  </body>
</html>
```

Listing 2.15 Zusammenfassen von Zeilen

<table>
<tr><th></th><th>Montag</th><th>Dienstag</th><th>Mittwoch</th><th>Donnerstag</th><th>Freitag</th></tr>
<tr><th>8:00 Uhr</th><td rowspan="2">Arzttermin</td><td>Werkstatt</td><td rowspan="5">Urlaub</td><td rowspan="5">Urlaub</td><td rowspan="5">Urlaub</td></tr>
<tr><th>9:00 Uhr</th><td rowspan="3">Einkaufen</td></tr>
<tr><th>10:00 Uhr</th><td>Telefonkonferenz</td></tr>
<tr><th>11:00 Uhr</th><td>Kundentermin</td></tr>
<tr><th>12:00 Uhr</th><td>Mittagessen</td><td>Mittagessen</td></tr>
</table>

Abbildung 2.13 Zellen verschiedener Zeilen lassen sich ebenfalls zusammenfassen.

2.2.6 Formulare definieren

Formulare begegnen Ihnen im Internet relativ häufig: Jedes Mal, wenn Sie bei Google (oder einer anderen Suchmaschine) das Suchfeld ausfüllen und die Suche bestätigen, handelt es sich dabei um ein Formular, dessen Inhalt (also der Text im Suchfeld) vom Client an den Webserver geschickt wird. Basierend auf den über ein Formular mitgeschickten Informationen (im Beispiel der Suchbegriff) kann der Webserver die Antwort generieren und an den Client zurückschicken. Neben der Suche begegnen Ihnen Formulare auch bei der Onlinebestellung, wenn Sie die Lieferadresse oder Angaben zur Zahlung ausfüllen, oder auch beim Login, etwa in sozialen Netzwerken.

Für Formulare stehen Ihnen in HTML verschiedene Elemente zur Verfügung. Dies sind:

- **Textfelder**: zur Eingabe von Texten, beispielsweise bei Suchmaschinen die Eingabe des Suchbegriffs.
- **Passwortfelder**: zur Eingabe von Passwörtern, beispielsweise bei Login-Formularen. Im Unterschied zu normalen Textfeldern werden die eingegebenen Zeichen allerdings maskiert und nicht im Klartext angezeigt.
- **Textbereiche**: zur Eingabe von längeren Texten, beispielsweise wenn Sie in einem sozialen Netzwerk einen Beitrag formulieren.
- **Radiobuttons**: zur Auswahl einer von mehreren Optionen, beispielsweise wenn Sie bei einer Onlinebestellung zwischen verschiedenen Lieferanten wählen können.
- **Checkboxen**: zur Auswahl von mehreren Optionen, beispielsweise wenn Sie bei einer Onlinebestellung die AGB und die Datenschutzrichtlinien bestätigen.
- **Auswahllisten**: zur Auswahl einer Option aus einer Liste, beispielsweise wenn Sie bei einer Onlinebestellung nach Eingabe des Wohnortes aus einer Liste von vorgeschlagenen Straßen wählen können.
- **Dateiuploads**: zum Hochladen von Dateien, beispielsweise wenn Sie bei einem sozialen Netzwerk ein neues Foto hochladen.
- **Schaltflächen** bzw. **Buttons**: zum Absenden eines Formulars.

Schauen wir uns an, über welche HTML-Elemente Sie diese Formularelemente definieren können (ein vollständiges Codebeispiel finden Sie in Listing 2.16).

Zunächst definieren Sie über das `<form>`-Element das Formular als solches. Über optionale `<fieldset>`-Elemente können Sie einzelne Bereiche in einem Formular nach Gruppen sinnvoll zusammenfassen (sinnvoll aus Gründen der Nutzerfreundlichkeit und der Barrierefreiheit).

Textfelder, Passwortfelder, Radiobuttons und Checkboxen definieren Sie über das generische `<input>`-Element. Über das Attribut `type` definieren Sie dabei den Typ des Eingabefeldes: Für Textfelder lautet der Wert "`text`", für Passwortfelder "`password`", für Radiobuttons "`radio`" und für Checkboxen "`checkbox`".

Im Codebeispiel werden `<input>`-Elemente beispielsweise dazu verwendet, Textfelder für Vorname, Nachname und E-Mail-Adresse anzulegen (im Falle von Letzteren lautet der Wert für das `type`-Attribut "`email`", was dafür sorgt, dass Browser vor Absenden des Formulars prüfen, ob in diesem Textfeld wirklich eine gültige E-Mail-Adresse steht).

Dropdownlisten definieren Sie über das `<select>`-Element, einzelne Auswahlmöglichkeiten innerhalb einer Dropdownliste über das `<option>`-Element und Textbereiche über das `<textarea>`-Element.

Um einem Eingabefeld eine Beschriftung hinzuzufügen, verwenden Sie das Element `<label>`. Dieses Element können Sie prinzipiell auf zwei verschiedene Arten definieren: Zum einen können Sie es als Elternelement von <input>-Elementen verwenden und die Beschriftung ebenfalls innerhalb des <input>-Elements schreiben (im Codebeispiel für die Textfelder, das Passwortfeld, die Radiobuttons und die Checkbox gemacht), zum anderen können Sie es auch an einer ganz anderen Stelle verwenden und die Beziehung zu dem beschrifteten Formularelement über das for-Attribut herstellen. Als Wert geben Sie dabei die ID des zu beschriftenden Formularelements ein (die jeweils über das id-Attribut am Formularelement definiert wird, im Codebeispiel für die Dropdownliste und das Textfeld gemacht). Durch diese Zuordnung ist sichergestellt, dass Programme wie etwa Screenreader die korrekte Beschriftung zu dem jeweiligen Formularelement vorlesen können.

```
<!DOCTYPE html>
<html>
  <head>
    <title>Anmeldeformular</title>
  </head>
  <body>
    <form action="/services/handle-form" method="POST">
      <fieldset>
        <legend>Angaben zur Person</legend>
        <label>
          Vorname:
          <input type="text" name="firstname" size="20" maxlength="50" />
        </label>
        <br />
        <label>
          Nachname:
          <input type="text" name="lastname" size="30" maxlength="70" />
        </label>
        <br />
        <label>
          E-Mail:
          <input type="email" name="email" size="30" maxlength="70" />
        </label>
        <br />
        <label>
          Passwort:
          <input type="password" name="password" size="20" maxlength="30" />
        </label>
        <br />
      </fieldset>
      <br />
      <fieldset>
```

```
    <legend>Fragebogen</legend>
    <p>
      <label for="browser">
        Welchen Browser nutzen Sie?
      </label>
      <select id="browser" name="browser">
        <option value="chrome">Google Chrome</option>
        <option value="edge">Microsoft Edge</option>
        <option value="firefox">Mozilla Firefox</option>
        <option value="opera">Opera</option>
        <option value="safari">Safari</option>
      </select>
    </p>
    <p>
      Gefällt Ihnen unsere Website?
      <br />
      <label>
        <input type="radio" name="feedback" value="yes" />
        Ja
      </label>
      <label>
        <input type="radio" name="feedback" value="no" />
        Nein
      </label>
    </p>
    <p>
      <br />
      <label for="improvements">
        Haben Sie Verbesserungsvorschläge?
      </label>
      <br />
      <textarea id="improvements" name="improvements" rows="5" cols="50">
      </textarea>
    </p>
    <p>
      <label>
        <input type="checkbox" name="newsletter" />
        Möchten Sie sich für unseren Newsletter anmelden?
      </label>
    </p>
  </fieldset>
  <input type="submit" value="Formular abschicken" />
</form>
```

```
  </body>
</html>
```

Listing 2.16 Verwendung der verschiedenen Formularelemente

Wie bereits erwähnt können beim Absenden eines Formulars die eingegebenen Daten an einen Webserver gesendet werden. Dafür sind folgende Informationen in einem HTML-Formular relevant:

- Über das `action`-Attribut des `<form>`-Elements definieren Sie die URL, an die die Formulardaten gesendet werden sollen. Im Codebeispiel wird hier die relative URL »/services/handle-form« verwendet. Hinter dieser URL würde sich ein Webservice befinden, der die Daten auf Serverseite entgegennimmt, verarbeitet und anschließend an den Client eine Bestätigungsseite zurückliefert (was Webservices genau sind und wie Sie Webservices implementieren, lernen Sie in Kapitel 16, »Webservices implementieren«).
- Über das `method`-Attribut des `<form>`-Elements geben Sie an, welche HTTP-Methode verwendet werden soll, um die Formulardaten zu übertragen (Details hierzu in Kapitel 7, »Web-APIs verwenden«, sowie erneut in Kapitel 16).
- Formulardaten werden als Name-Wert-Paare an den Webserver gesendet. Den Namen eines Formularfeldes definieren Sie dabei jeweils über das `name`-Attribut.
- Schlussendlich benötigen Sie noch eine Schaltfläche, über die Sie das Formular abschicken können. Dazu verwenden Sie erneut das `<input>`-Element, dieses Mal jedoch mit dem Wert »submit« für das `type`-Attribut. Dadurch wird eine Schaltfläche erzeugt, die bei Klick das Formular an die angegebene URL versendet.

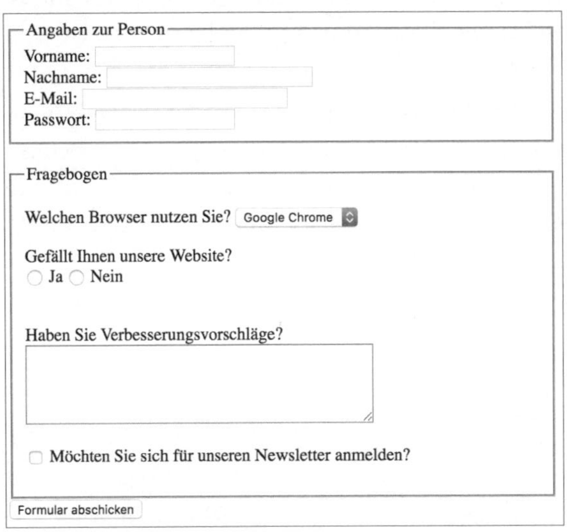

Abbildung 2.14 Für das Erstellen von Formularen stehen verschiedene Formularelemente zur Verfügung.

2.2.7 Weitere Informationen

Sie haben jetzt die wichtigsten Grundlagen von HTML und die wichtigsten Elemente kennengelernt. Dennoch kann ich in einem einzigen Kapitel nicht auf alle Details der Sprache HTML eingehen. Daher kommen wir im weiteren Verlauf dieses Buches noch an einigen Stellen auf andere Aspekte der Sprache zu sprechen. Darüber hinaus habe ich Ihnen am Ende dieses Kapitels noch ein paar Quellen vorbereitet, die für das weitere Selbststudium hilfreich sind. An dieser Stelle nur noch ein paar Dinge, die Sie sich schon mal merken sollten:

- **Blockelemente und Inline-Elemente**: *Blockelemente* beginnen bei der Darstellung im Browser mit einer neuen Zeile. Beispiele hierfür sind die verschiedenen Überschriften (<h1>-<h6>), Absätze (<p>) und Listen (<ul>). *Inline-Elemente* werden in derselben Zeile dargestellt. Beispiele hierfür sind Links, die verschiedenen Textauszeichnungen (<b>, <em>, <strong>) sowie Bilder (<img>).
- **Gruppierungen**: Über das <div>-Element lassen sich Texte und Elemente als *Block* gruppieren, über das <span>-Element lassen sich Texte und Elemente *inline* gruppieren. Beide Elemente kommen vor allem dann zum Einsatz, wenn man eigene, individuelle UI-Komponenten (*User-Interface-Komponenten*) erstellen möchte, zu denen es keine Elemente im HTML-Standard gibt, wie beispielsweise Verzeichnisbäume etc.
- **Maskierungszeichen**: Einige Zeichen wie etwa das <-Zeichen oder das >-Zeichen werden von der Sprache HTML selbst verwendet und können daher nicht ohne Weiteres im Text einer Webseite verwendet werden. (Bei einem <-Zeichen denkt der Browser sonst beispielsweise, dass ein öffnendes Tag beginnt.) Solche *Sonderzeichen* müssen Sie stattdessen *maskieren* und über sogenannte *Maskierungscodes* bzw. *Escape-Codes* kennzeichnen. Statt < müssten Sie beispielsweise < schreiben, und statt > schreiben Sie >.
- **Besondere Attribute**: Mit dem id-Attribut haben Sie in diesem Kapitel bereits ein Attribut kennengelernt, das auch für die Arbeit mit CSS wichtig ist. Ein weiteres Attribut in diesem Zusammenhang ist das class-Attribut, über das Sie Elemente einer bestimmten Klasse zuordnen können (dazu später mehr in Kapitel 3, »Webseiten gestalten mit CSS«).
- **Kommentare**: Hin und wieder kann es sinnvoll sein, den HTML-Code mit Kommentaren zu versehen, beispielsweise um anderen Entwicklern (oder sich selbst) Hinweise auf Besonderheiten im Code zu geben. Kommentare können Sie in HTML über <!-- einleiten und über --> abschließen:

  ```
  <!-- Hier steht ein Kommentar -->
  ```

- **Multimediadateien**: Neben Bildern haben Sie auch die Möglichkeit, Multimediadateien wie Audiodateien oder Videos einzubinden. Welche Multimediaformate es gibt und wie Sie diese einbinden, lernen Sie in Kapitel 6, »Webformate verwenden«.

- **Metadaten**: Innerhalb des <head>-Elements haben Sie die Möglichkeit, über das <meta>-Element sogenannte *Metadaten* zu definieren. Beispielsweise können dies Schlüsselwörter zu dem Inhalt der Webseite oder Informationen zu dem Autor der Webseite sein, was insbesondere im Hinblick auf die *Suchmaschinenoptimierung* (*Search Engine Optimization*, kurz *SEO*) relevant ist.
- **Strukturelle Elemente**: Eine einzelne Webseite besteht aus verschiedenen Bereichen und kann mithilfe von Elementen strukturiert werden. Seit HTML5 gibt es eine Reihe von zusätzlichen Elementen, mit denen Sie die Struktur einer Webseite noch besser beschreiben können. Beispiele hierfür sind die Elemente <header> (Kopfbereich einer Webseite), <footer> (Fußbereich), <nav> (Navigation), <article> (einzelne Artikel innerhalb einer Webseite), <aside> (Randinformationen) und <section> (Gruppierung verwandter Inhalte).
- **Stylesheets und JavaScript-Dateien**: Ebenfalls innerhalb des <head>-Elements können Sie unter Verwendung des <link>-Elements und des <style>-Elements CSS-Dateien einbinden. Wie das im Detail funktioniert, schauen wir uns in Kapitel 3, »Webseiten gestalten mit CSS«, an. JavaScript-Dateien dagegen können Sie über das Element <script> einbinden. Die Details dazu gibt es in Kapitel 4, »Webseiten interaktiv machen mit JavaScript«.

2.3 Zusammenfassung und Ausblick

In diesem Kapitel haben Sie das Wichtigste über die Sprache HTML gelernt, mit deren Hilfe Sie die Struktur einer Webseite definieren können.

2.3.1 Die wichtigsten Punkte

Wie gesagt reicht ein einzelnes Kapitel bei Weitem nicht, Ihnen HTML in allen Details beizubringen. Dennoch wissen Sie jetzt zumindest das Wichtigste. Zusammengefasst sind das folgende Punkte:

- HTML steht für Hypertext Markup Language und ist eine Auszeichnungssprache, die es ermöglicht, die Struktur und die Semantik von Webseiten mithilfe von Elementen zu definieren.
- HTML-Elemente bestehen aus einem öffnenden und einem schließenden Tag.
- Über Attribute können einem öffnenden Tag zusätzliche Informationen übergeben werden.
- Attribute bestehen aus einem Namen und einem dazugehörigen Wert.

- Es gibt HTML-Elemente, die weitere Elemente (Kindelemente) und Texte enthalten können, sowie leere Elemente, die weder Text noch andere Elemente enthalten dürfen.
- Webseiten bzw. HTML-Dokumente sind gewöhnliche Textdokumente.
- Es gibt viele verschiedene HTML-Elemente. Zu den wichtigsten zählen Überschriften, Textabsätze, Listen, Links, Bilder, Tabellen und Formulare.

2.3.2 Weiterführende Literatur

Weitere Informationen rund um HTML finden Sie beispielsweise in den folgenden Quellen:

- In dem Buch »HTML5 und CSS3: Das umfassende Handbuch« (dessen Fachgutachter ich war) geht Jürgen Wolf auf über 1.200 Seiten auf den HTML-Standard (und im Übrigen auch auf CSS) ein. Erschienen ist dieses Buch ebenfalls im Rheinwerk Verlag.
- Das kostenlose selfhtml-Wiki unter *https://wiki.selfhtml.org/* bietet ebenfalls jede Menge Informationen rund um HTML.
- Ebenfalls lesenswert und als Referenz geeignet ist das Mozilla Developer Network (kurz MDN). Informationen über HTML finden Sie hier beispielsweise unter *https://developer.mozilla.org/de/docs/Web/HTML*.

2.3.3 Ausblick

Noch sehen die Elemente, die Sie in diesem Kapitel verwendet haben (unter anderem Tabellen und Formulare) im Browser nicht besonders ansprechend aus. Im nächsten Kapitel wenden wir uns daher der Stilsprache CSS zu, und ich werde Ihnen zeigen, wie Sie die Darstellung dieser Elemente durch CSS etwas hübscher gestalten können.

Kapitel 3
Webseiten gestalten mit CSS

Mithilfe der Stilsprache CSS können Sie das Aussehen von Webseiten beeinflussen.

Wie Sie bereits aus den vorigen Kapiteln wissen, handelt es sich bei *CSS* (*Cascading Style Sheets*) um eine Stilsprache, mit deren Hilfe Sie im Frontend steuern können, wie bestimmte HTML-Elemente einer Webseite visualisiert werden. Beispielsweise können Sie über CSS die Schriftart bestimmen, in der ein Text dargestellt werden soll, oder dessen Farbe. Sie können das Aussehen von Listen, Formularelementen oder Tabellen beeinflussen, beispielsweise die Aufzählungspunkte einer Liste festlegen oder die Hintergrundfarbe einzelner Tabellenzellen bestimmen. Es stehen Ihnen also sehr viele Möglichkeiten zur Verfügung, das standardmäßig sehr öde aussehende HTML (siehe die Abbildungen in Kapitel 2, »Webseiten strukturieren mit HTML«) attraktiver und ansprechender zu gestalten.

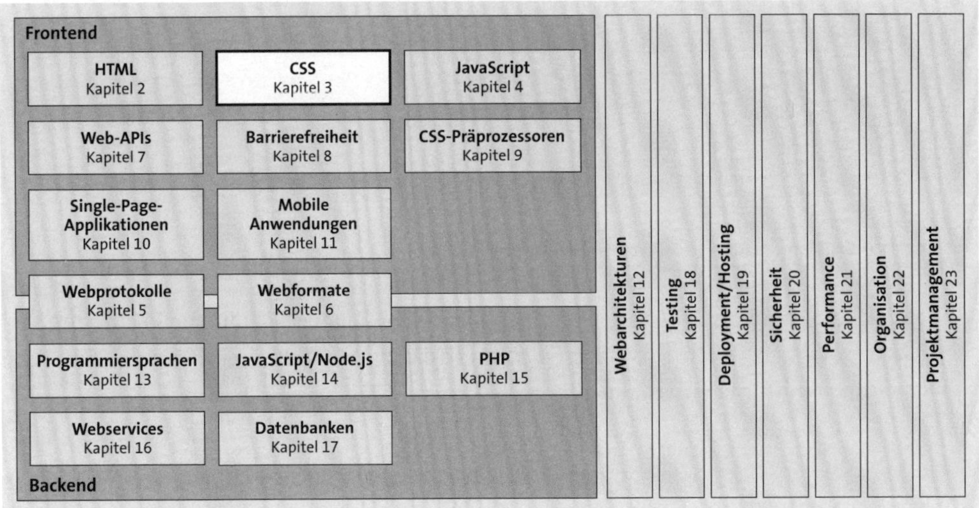

Abbildung 3.1 CSS ist eine der drei wichtigen Sprachen für das Frontend und dient dazu, das Aussehen einer Webseite zu definieren.

3.1 Einführung

In diesem Unterkapitel zeige ich Ihnen, wie CSS (kurz *Stylesheets*) aufgebaut sind und wie Sie CSS in HTML-Code einbinden können, und gebe Ihnen einen Überblick über die wichtigsten Begriffe und Konzepte der Sprache.

3.1.1 Das Prinzip von CSS

Die Art und Weise, wie der Inhalt bestimmter HTML-Elemente dargestellt werden soll, definieren Sie mithilfe sogenannter *CSS-Regeln*. Diese Regeln bestehen prinzipiell aus zwei Teilen (siehe auch Abbildung 3.2). Über den *Selektor* (*CSS-Selektor*) definieren Sie, für welche HTML-Elemente die jeweilige CSS-Regel verwendet werden soll. Über die in geschweiften Klammern geschriebene *Deklaration* (*CSS-Deklaration*) legen Sie fest, wie genau diese HTML-Elemente dargestellt werden sollen. Deklarationen bestehen dabei ihrerseits wiederum aus einer *Eigenschaft* (*CSS-Eigenschaft*) und einem Wert (*CSS-Wert*), die beide durch einen Doppelpunkt voneinander getrennt sind und zusammen mit einem Semikolon enden.

Eigenschaften können beispielsweise die Farbe, die Schriftart, die Abmessungen oder die Rahmenfarbe eines Elements betreffen. Über den Wert der jeweiligen Eigenschaft legen Sie dann beispielsweise konkret fest, welche Farbe, welche Schriftart, welche Breite oder Höhe oder welche Rahmenfarbe ausgewählt sein soll. Jede Eigenschaft hat dabei bestimmte vordefinierte Werte, die gültig sind.

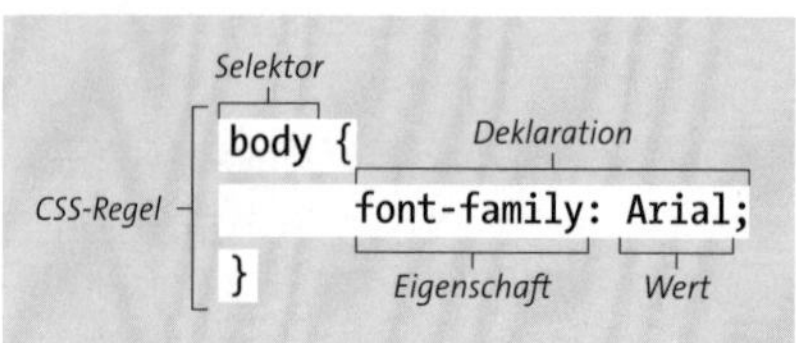

Abbildung 3.2 Der Aufbau von CSS-Regeln

Welche Arten von Selektoren es gibt und welche Eigenschaften zur Verfügung stehen, zeige ich Ihnen im weiteren Verlauf dieses Kapitels. Vorab zur Veranschaulichung eine einfache CSS-Regel:

```
h1 {
  font-family: Arial;
  color: darkblue;
}
```

Listing 3.1 Eine einfache CSS-Regel

Diese CSS-Regel besagt, dass alle Überschriften der ersten Ebene (definiert durch den Selektor `h1`) die Schriftart »Arial« verwenden (definiert über die Eigenschaft `font-`

`family`) und in Dunkelblau angezeigt werden sollen (definiert über die Eigenschaft `color`).

3.1.2 CSS in HTML einbinden

Insgesamt gibt es drei verschiedene Möglichkeiten, CSS-Regeln zu definieren und in ein HTML-Dokument einzubinden:

- **Externes Stylesheet** (*External CSS*): Hierbei speichern Sie die CSS-Anweisungen als separate CSS-Datei (mit der Dateiendung *css*) und binden diese Datei in das HTML-Dokument ein.
- **Internes Stylesheet** (*Internal CSS*): Hierbei definieren Sie die CSS-Anweisungen im Kopfbereich des HTML-Dokuments innerhalb des `<style>`-Elements.
- **Inline Styles** (*Inline CSS*): Hierbei geben Sie die CSS-Anweisungen direkt in einem HTML-Element an.

Externe CSS-Dateien einbinden (External CSS)

Fangen wir mit der Variante an, die in den meisten Fällen die sinnvollste ist: das Einbinden von separaten CSS-Dateien (*External CSS*). Der Grund, warum diese Variante oft die sinnvollste ist, ist der, dass Sie auf diese Weise den CSS-Code sauber von dem HTML-Code trennen und ihn dadurch leicht in mehreren HTML-Dokumenten einbinden können. In der Regel hat man bei Webprojekten nämlich eine zentrale CSS-Datei oder einige wenige, die dann von allen HTML-Dokumenten im Projekt eingebunden werden können. Auf diese Weise ist sichergestellt, dass jedes HTML-Dokument die gleichen CSS-Anweisungen verwendet und die Darstellung der einzelnen Webseiten einheitlich ist. Auch bezüglich Änderungen hat dieser Aufbau einen erheblichen Vorteil: Wenn Sie Änderungen vornehmen, müssen Sie diese nur einmal zentral an den gemeinsamen CSS-Dateien vornehmen, und schon wirkt sich das auf alle HTML-Dokumente aus (Abbildung 3.3).

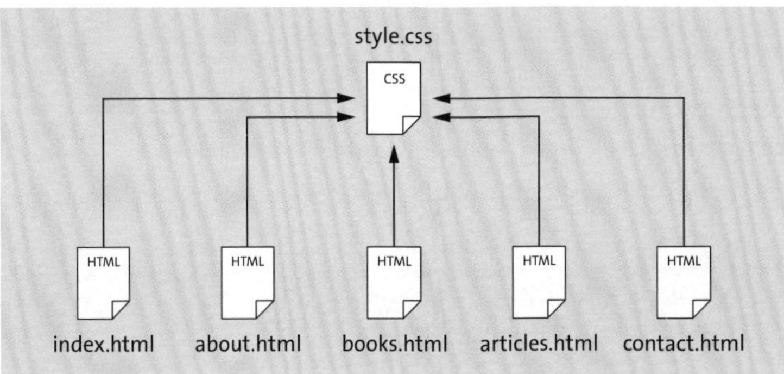

Abbildung 3.3 Externe CSS-Dateien können Sie in verschiedenen HTML-Dateien wiederverwenden.

CSS-Dateien sind gewöhnliche Textdokumente mit der Dateiendung *css* (beispielsweise *styles.css*), die Sie in jedem beliebigen Texteditor erstellen und bearbeiten können. Listing 3.2 zeigt ein Beispiel für den Inhalt einer einfachen CSS-Datei, die insgesamt drei CSS-Regeln enthält.

```
/* Datei styles.css */
body {
  font-family: Arial;
  background-color: lightblue;
}

h1 {
  color: darkblue;
}

h2 {
  text-transform: uppercase;
}
```

Listing 3.2 Eine einfache CSS-Datei

In Listing 3.3 sehen Sie, wie diese externe CSS-Datei über das `<link>`-Element in ein HTML-Dokument eingebunden werden kann. Hierbei geben Sie über das `href`-Attribut die URL bzw. den Pfad zu der CSS-Datei an. Da das `<link>`-Element prinzipiell auch für das Einbinden anderer Dateitypen verwendet werden kann, definieren Sie außerdem über das Attribut `type` noch den sogenannten MIME-Typ von CSS (siehe auch Kapitel 6, »Webformate verwenden«). Zusätzlich definieren Sie über das Attribut `rel`, ob der Browser die jeweilige CSS-Datei als primäres Stylesheet verwenden soll (Wert »stylesheet«) oder es so lange ignorieren soll, bis der Benutzer oder eine Anwendung das Stylesheet explizit aktivieren (Wert »alternate stylesheet«).

```
<!DOCTYPE html>
<html>
  <head>
    <title>Meine erste Webseite mit CSS</title>
    <link href="css/styles.css" type="text/css" rel="stylesheet" />
  </head>
  <body>
    <h1>Meine erste Webseite</h1>
    <p>Das hier ist ein Paragraph.</p>
    <h2>Das hier ist eine Zwischenüberschrift</h2>
    <p>
      Hier steht ein weiterer Paragraph mit <i>kursivem Text</i> und
      <b>fett gedrucktem Text</b>.
```

```
    </p>
    <h2>Das hier ist noch eine Zwischenüberschrift</h2>
  </body>
</html>
```

Listing 3.3 Einbinden einer externen CSS-Datei

Wenn Sie die HTML-Datei nun im Browser laden, findet dieser die eingebundene CSS-Datei und wendet die CSS-Regeln auf die entsprechenden HTML-Elemente an. Die Webseite sollte also in etwa wie in Abbildung 3.4 aussehen.

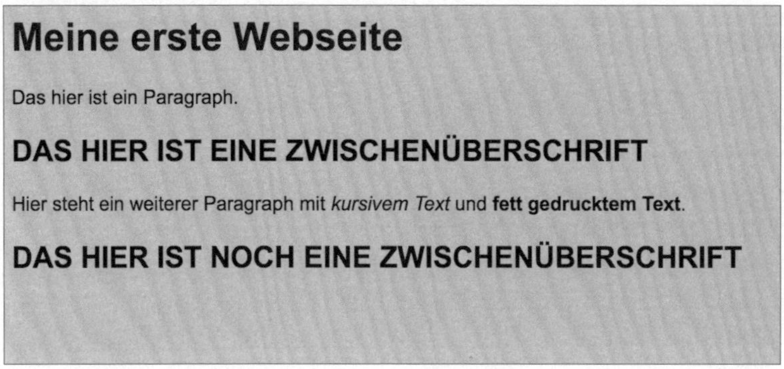

Abbildung 3.4 HTML mit angewandten CSS-Regeln

CSS-Anweisungen im HTML-Dokument definieren (Internal CSS)

Sie haben auch die Möglichkeit, CSS-Regeln direkt innerhalb eines HTML-Dokuments zu definieren (*Internal CSS*). Dies sollte aus den vorhin genannten Gründen allerdings eine Ausnahme sein, weil Sie hierüber CSS-Code und HTML-Code »vermischen« und den CSS-Code nicht an anderer Stelle (also in anderen HTML-Dokumenten) wiederverwenden können (es sei denn, Sie kopieren ihn händisch hinüber, was aber noch weniger ratsam ist, weil es dann sehr schwierig wird, Änderungen synchron zu halten).

Um CSS-Regeln direkt in einem HTML-Dokument zu definieren, schreiben Sie diese einfach als Text in das `<style>`-Element, das sich üblicherweise im `<head>`-Element der jeweiligen Webseite befindet. Der Beispielcode in Listing 3.4 zeigt, wie sich die CSS-Regeln auf diese Weise definieren lassen:

```
<!DOCTYPE html>
<html>
  <head>
    <title>Meine erste Webseite mit CSS</title>
    <style type="text/css">
      body {
        font-family: Arial;
```

```
      background-color: lightblue;
    }

    h1 {
      color: darkblue;
    }

    h2 {
      text-transform: uppercase;
    }
  </style>
  <meta charset="UTF-8">
</head>
<body>
  <h1>Meine erste Webseite</h1>
  <p>Das hier ist ein Paragraph.</p>
  <h2>Das hier ist eine Zwischenüberschrift</h2>
  <p>
    Hier steht ein weiterer Paragraph mit <i>kursivem Text</i> und
    <b>fett gedrucktem Text</b>.
  </p>
  <h2>Das hier ist noch eine Zwischenüberschrift</h2>
</body>
</html>
```

Listing 3.4 CSS-Code direkt intern im HTML-Code definieren

Hinweis

Für die meisten Beispiele in diesem Kapitel definiere ich aus didaktischen Gründen den CSS-Code direkt innerhalb des HTML-Codes. So haben Sie beides (den CSS-Code und den HTML-Code) übersichtlich in einem Listing.

CSS-Regeln als Attribut definieren (Inline CSS)

Zu guter Letzt haben Sie die Möglichkeit, CSS auch direkt an einem einzelnen HTML-Element zu definieren (*Inline CSS*). Hierzu definieren Sie die entsprechenden CSS-Deklarationen einfach innerhalb des `style`-Attributs am jeweiligen HTML-Element. Diese Möglichkeit sollten Sie allerdings nur in Ausnahmefällen in Betracht ziehen, da auf diese Weise sogar die Wiederverwendbarkeit von CSS-Regeln innerhalb eines HTML-Dokuments wegfällt. Im Beispiel können Sie dies anhand der CSS-Deklarationen für die `<h2>`-Elemente sehen: Die CSS-Deklaration `text-transform: uppercase;`

müssen Sie hier für jedes Element separat definieren. Es dürfte klar sein, dass dies aus Gründen der Wiederverwendbarkeit weniger optimal ist.


```
<!DOCTYPE html>
<html>
  <head>
    <title>Meine erste Webseite mit CSS</title>
  </head>
  <body style="font-family: Arial; background-color: lightblue;">
    <h1 style="color: darkblue;">Meine erste Webseite</h1>
    <p>Das hier ist ein Paragraph.</p>
    <h2 style="text-transform: uppercase;">
      Das hier ist eine Zwischenüberschrift
    </h2>
    <p>
      Hier steht ein weiterer Paragraph mit <i>kursivem Text</i> und
      <b>fett gedrucktem Text</b>.
    </p>
    <h2 style="text-transform: uppercase;">
     Das hier ist noch eine Zwischenüberschrift
    </h2>
  </body>
</html>
```

Listing 3.5 CSS-Code an HTML-Elementen definieren

Hinweis

Neben den genannten Möglichkeiten, CSS einzubinden, gibt es noch eine vierte, die allerdings nur innerhalb von CSS-Dateien oder innerhalb von CSS, das über das `<style>`-Element definiert wurde, zur Verfügung steht. Über die sogenannte `@import`-Regel lassen sich hierbei weitere CSS-Dateien importieren:

```
@import url(/styles.css);
@import url(/styles/more-styles.css);
```

Listing 3.6 Eine einfache CSS-Datei

Über Importe lassen sich CSS-Regeln noch wiederverwendbarer machen. Beispielsweise können Sie die Regeln für die Gestaltung von Tabellen in einer Datei *tables.css* speichern, die Regeln für Formulare in einer Datei *forms.css* und die für das grundsätzliche Layout in *structure.css*. Auf diesen Baukasten von CSS-Regeln könnten Sie dann relativ flexibel zugreifen und je nach Projekt oder Webseite unterschiedliche Dateien einbinden.

3.1.3 Selektoren

Um zu definieren, welche HTML-Elemente von einer CSS-Regel betroffen sind, stehen Ihnen verschiedene Arten von *Selektoren* zur Verfügung. Beispielsweise können Sie Elemente anhand ihres Tagnamens selektieren, anhand des `id`-Attributs, anhand von CSS-Klassen, anhand von Attributen und anhand der Hierarchie, in der sich ein Element befindet. In Tabelle 3.1 finden Sie hierzu eine Übersicht.

Selektor	Beschreibung	Codebeispiel	Beschreibung des Codebeispiels

Typselektor	Wählt alle Elemente aus, die dem angegebenen Typ bzw. Elementnamen entsprechen.	`input {`
		`  color: green;`
		`}`
		`h1, h2 {`
		`  color: green;`
		`}`
			Der Selektor `input` wählt alle `<input>`-Elemente aus, der Selektor `h1, h2` wählt alle `<h1>`- und alle `<h2>`-Elemente aus.

Klassenselektor	Wählt die Elemente anhand von CSS-Klassen aus, also Elemente, deren Wert des `class`-Attributs dem Wert hinter dem Punkt im Selektor entspricht.	`.valid {`
		`  color: green;`
		`}`
		`a.valid {`
		`  color: green;`
		`}`
			Der Selektor `.valid` wählt alle Elemente aus, deren `class`-Attribut den Wert »valid« hat.
			Der Selektor `a.valid` wählt alle `<a>`-Elemente aus, deren `class`-Attribut den Wert »valid« hat.

ID-Selektor	Wählt die Elemente aus, deren Wert des `id`-Attributs dem Wert hinter dem Rautesymbol im Selektor entspricht.	`#start {`
		`  color: green;`
		`}`
			Der Selektor `#start` wählt alle Elemente aus, deren `id`-Attribut den Wert »start« hat (wobei `id`-Attribute innerhalb einer Webseite eindeutig sein sollten und es bezogen auf das Beispiel nur ein Element mit der ID »start« geben sollte).
			Der Selektor `p#start` wählt alle `<p>`-Elemente aus, deren `id`-Attribut den Wert »start« hat.

Tabelle 3.1 Arten von CSS-Selektoren

Selektor	Beschreibung	Codebeispiel	Beschreibung des Codebeispiels

Universal-selektor	Wählt alle Elemente aus.	`*{`
		`  color: green;`
		`}`
			Der Selektor * wählt alle Elemente auf einer Webseite aus.

Attribut-selektor	Wählt die Elemente anhand des Wertes eines ihrer Attribute aus. Dabei gilt:
	▶ [attribute]: Das Attribut kommt in dem jeweiligen Element vor.
	▶ [attribute=value]: Das Attribut kommt vor und hat exakt den angegebenen Wert.
	▶ [attribute~=value]: Das Attribut enthält als Wert eine Liste, von der ein Listenelement exakt value entspricht.
	▶ [attribute|=value]: Das Attribut hat entweder exakt den angegebenen Wert value, oder der Wert wurde durch Bindestrich gebildet und beginnt mit value gefolgt von einem Bindestrich.
		`[type= "text"]{`
		`  color: green;`
		`}`
			Der Selektor [type="text"] wählt alle Textfelder aus, also alle <input>-Elemente, deren type-Attribut den Wert »text« hat.

Tabelle 3.1 Arten von CSS-Selektoren (Forts.)

Selektor	Beschreibung	Codebeispiel	Beschreibung des Codebeispiels
Attribut-selektor (Forts.)	▸ `[attribute^=value]`: Das Attribut hat einen Wert, der mit `value` beginnt. ▸ `[attribute$=value]`: Das Attribut hat einen Wert, der mit `value` endet. ▸ `[attribute*=value]`: Das Attribut hat einen Wert, der mindestens einmal `value` enthält.		

Angrenzende Geschwisterselektoren	Wählt Elemente aus, die einem anderen Element unmittelbar folgen (sogenannte *Geschwisterelemente*).	`h1 + p {`
		`  color: green;`
		`}`
			Der Selektor `h1 + p` wählt alle Textabschnitte (<p>-Elemente) aus, die unmittelbar auf eine Überschrift erster Ebene (<h1>-Element) folgen.

Allgemeine Geschwisterselektoren	Wählt Elemente aus, die einem anderen Element folgen (aber nicht unbedingt unmittelbar).	`h1 ~ p {`
		`  color: green;`
		`}`
			Der Selektor `h1 ~ p` wählt alle Textabschnitte (<p>-Elemente) aus, die irgendwann auf eine Überschrift erster Ebene (<h1>-Element) folgen.

Kindselektoren	Wählt Elemente aus, die direkte Kindelemente des anderen im Selektor definierten Elements sind.	`body > ul {`
		`  color: green;`
		`}`
			Der Selektor `body > ul` wählt alle ungeordneten Listen (<ul>-Elemente) aus, die direkt unterhalb des <body>-Elements vorkommen. Geschachtelte Listen wären hiervon also nicht betroffen.

Tabelle 3.1 Arten von CSS-Selektoren (Forts.)

Selektor	Beschreibung	Codebeispiel	Beschreibung des Codebeispiels

Nachfahrenselektoren	Wählt Elemente aus, die Nachfahren des anderen im Selektor definierten Elements sind (aber nicht unbedingt direkte Kindelemente).	`body ul {`
		`  color: green;`
		`}`
			Der Selektor `body ul` wählt alle ungeordneten Listen (`<ul>`-Elemente) aus, die irgendwo unterhalb des `<body>`-Elements vorkommen, inklusive geschachtelter Listen.

Tabelle 3.1 Arten von CSS-Selektoren (Forts.)

Kombination von Selektoren

Die genannten Selektoren können natürlich auch miteinander kombiniert werden, wodurch sehr komplexe Selektionsregeln möglich werden. Folgender Selektor beispielsweise selektiert alle `<input>`-Elemente, deren `class`-Attribut den Wert »important« hat (Selektor `.important`), deren `type`-Attribut den Wert »text« hat (Selektor `[type="text"]`) und die unmittelbares Kindelement eines `<form>`-Elements (Selektor >) mit der ID »order-details« (Selektor `#order-details`) sind:

```
form#order-details > input.important[type="text"]
```

Listing 3.7 Kombination von mehreren Selektorarten

3.1.4 Kaskadierung und Spezifität

Über Selektoren wird also bestimmt, auf welche Elemente eine CSS-Regel angewandt wird. Darüber hinaus ist es wichtig zu verstehen, wie sich CSS-Regeln auf die Kindelemente der auf diese Weise selektierten Elemente auswirken. Dies geschieht nämlich *kaskadierend*.

Im Allgemeinen bezeichnet das Wort »Kaskade« einen Wasserfall, der über mehrere Stufen fällt. Bezogen auf CSS, also **Cascading** Style Sheets, hilft das Prinzip der Kaskade bei der Definition von CSS-Regeln. So lassen sich allgemeinere Regeln definieren, die für viele Elemente gelten (die im »Wasserfall« also auf einer höheren Stufe angeordnet sind und mehrere Elemente »erreichen«), sowie speziellere Regeln, die für wenige oder sogar nur für ein einziges Element gelten (und die in der Wasserfall-Analogie auf einer unteren Stufe angeordnet sind). Durch diese Kaskade von CSS-Regeln kann es natürlich (gewollt oder ungewollt) vorkommen, dass für ein Element mehrere CSS-Regeln zutreffen. Der CSS-Standard definiert dazu genau, welche der CSS-Regeln in so einem Fall Vorrang hat.

Für zwei **gleiche Selektoren**, die für ein Element zutreffen, gilt, dass der zweite Selektor Vorrang hat. Im Beispiel in Listing 3.8 werden Überschriften erster Ordnung (`<h1>`-Elemente) in der Farbe Grün (`green`) dargestellt, weil die entsprechende CSS-Regel im CSS-Code nach der CSS-Regel definiert wurde, die den Text mit Blau einfärbt. (Beachten Sie aber: Als Hintergrundfarbe wird Gelb (`yellow`) verwendet, weil diese CSS-Deklaration in der zweiten CSS-Regel nicht »überschrieben« wird.)

```
h1 {
  color: blue;
  background-color: yellow;
}

h1 {
  color: green;
}
```

Listing 3.8 Bei gleichen Selektoren wird die CSS-Regel des zuletzt definierten Selektors verwendet.

Für zwei **unterschiedliche Selektoren** gilt, dass der Selektor mit der höheren *Spezifität* Vorrang hat. Beispielsweise ist ein konkreter Selektor wie `input` spezifischer als ein allgemeiner Selektor *, er hat also eine höhere Spezifität. Im folgenden Beispiel in Listing 3.9 werden Überschriften erster Ordnung (`<h1>`-Elemente) ebenfalls in der Farbe Grün (`green`) dargestellt, obwohl die CSS-Regel, die den Text Blau einfärbt, nach der anderen CSS-Regel definiert wurde. Grund dafür ist die höhere Spezifität des Selektors der ersten CSS-Regel: Der Selektor `h1` ist spezifischer als der allgemeine Selektor *.

```
h1 {
  color: green;
}

h1.chapter {
  color: orange;
}

* {
  color: blue;
  background-color: yellow;
}
```

Listing 3.9 Bei unterschiedlichen Selektoren wird die CSS-Regel des spezifischeren Selektors verwendet.

3

Berechnung der Spezifität

Die Berechnung der *Spezifität* eines Selektors basiert auf drei Zählern A, B und C, die initial jeweils den Wert 0 haben. Der Zähler A wird jeweils um eins erhöht für jeden ID-Selektor, der Zähler B jeweils um eins für jedes Vorkommen eines Attribut- oder Klassenselektors bzw. einer *Pseudoklasse* (siehe Kasten) und Zähler C schließlich für jedes Vorkommen eines Typselektors oder eines *Pseudoelements* (ebenfalls siehe Kasten). Andere als die genannten Selektoren wie etwa der Universalselektor werden nicht zur Berechnung der Spezifität berücksichtigt.

Dazu einige Beispiele, wobei die Selektoren von oben nach unten immer spezifischer werden:

```
* {}                /* A=0, B=0, C=0, Spezifität --> 0 0 0 */
h1 {}               /* A=0, B=0, C=1, Spezifität --> 0 0 1 */
ol li {}            /* A=0, B=0, C=2, Spezifität --> 0 0 2 */
div:first-child {} /* A=0, B=1, C=1, Spezifität --> 0 1 1 */
a.tests[href] {}    /* A=0, B=2, C=1, Spezifität --> 0 2 1 */
#anchor {}          /* A=1, B=0, C=0, Spezifität --> 1 0 0 */
#chapter p {}       /* A=1, B=0, C=1, Spezifität --> 1 0 1 */
```

Listing 3.10 Beispiele zur Berechnung der Spezifität (zur besseren Lesbarkeit nur mit leeren CSS-Regeln)

Darüber hinaus gilt: CSS-Regeln, die über das `style`-Attribut definiert werden, werden – auch wenn sie keinen Selektor in dem Sinne haben – als spezifischer erachtet.

Pseudoklassen und Pseudoelemente

Pseudoklassen wählen reguläre Elemente aus, jedoch unter bestimmten Bedingungen, zum Beispiel wenn ihre Position relativ zu Geschwistern ist oder wenn sie sich in einem bestimmten **Zustand** befinden. Einige Beispiele für Pseudoklassen sind folgende (siehe auch Abschnitt 3.2.2, »Texte gestalten«).

- `:link` – bezeichnet Links im HTML-Code.
- `:visited` – bezeichnet bereits besuchte Links.
- `:hover` – bezeichnet Links, die gerade mit der Maus »berührt« werden.
- `:active` – bezeichnet Links, die gerade aktiv sind.
- `:focus` – bezeichnet Links, die gerade den Fokus haben.

Über *Pseudoelemente* dagegen lassen sich bestimmte **Teile eines selektierten Elements** ansprechen und teilweise sogar **neue Elemente erzeugen**, die nicht im HTML des jeweiligen Dokuments angegeben sind und anschließend ähnlich wie ein reguläres Element bearbeitet werden können. Beispiele für Pseudoelemente sind:

- `::before` – erzeugt ein Element vor dem Element, das durch den Selektor selektiert wird.

- `::after` – erzeugt ein Element nach dem Element, das durch den Selektor selektiert wird.
- `::first-letter` – bezieht sich auf den ersten Buchstaben des Textes im selektierten Element.
- `::first-line` – bezieht sich auf die erste Zeile des Textes im selektierten Element.
- `::selection` – bezieht sich auf den Teil des Textes im selektierten Element, der durch den Nutzer gerade ausgewählt wird.

3.1.5 Vererbung

Einige CSS-Eigenschaftswerte, die über CSS-Regeln für übergeordnete Elemente festgelegt werden, werden von ihren untergeordneten Elementen geerbt. Wenn Sie beispielsweise eine Farbe (`color`) und eine Schriftart (`font-family`) für ein Element festlegen, wird jedes Element darin auch mit dieser Farbe und Schriftart gestaltet, es sei denn, es wurden (beispielsweise durch andere CSS-Regeln) explizit andere Farb- und Schriftartenwerte direkt auf sie angewendet. Einige Eigenschaften wiederum wie beispielsweise solche zur Definition von Rahmen (`border`) werden nicht vererbt (andernfalls würde das Festlegen eines Rahmens für ein einzelnes Element dazu führen, dass für alle untergeordneten Elemente derselbe Rahmen angezeigt wird, was etwas zu viel des Guten wäre).

3.2 Farben und Textformatierungen anwenden

In diesem Unterkapitel zeige ich Ihnen, wie Sie mithilfe von CSS die Farbe von Elementen auf einer Webseite definieren und wie Sie Texte formatieren.

3.2.1 Textfarbe und Hintergrundfarbe definieren

Um die Farbe eines Textes zu definieren (bzw. die **Vordergrundfarbe** im Allgemeinen), verwenden Sie die CSS-Eigenschaft `color`. Den Farbwert können Sie dabei auf unterschiedliche Arten definieren:

- **RGB-Werte**: Hierbei definieren Sie den Wert als Zusammensetzung aus Rot-, Grün- und Blauanteil, wobei jeder Anteil durch eine Zahl zwischen 0 und 255 ausgedrückt wird. Beispielsweise steht der CSS-Wert `rgb(255,255,0)` für die Farbe Gelb.
- **Hex-Werte**: Hierbei definieren Sie den Wert als sechsstelligen hexadezimalen Wert, wobei jeweils zwei Stellen für den Rot-Wert, zwei Stellen für den Grün-Wert und zwei Stellen für den Blau-Wert stehen. Die Farbe Gelb würde auf diese Art bei-

spielsweise über den CSS-Wert `#FFFF00` dargestellt. Darüber hinaus gibt es für die 216 sogenannten *Webfarben* noch eine Kurzschreibweise (zum Beispiel `#FF0` für das obige Beispiel oder `#F90` für `#FF9900`).

- **Farbnamen**: Hierbei geben Sie den Farbnamen der jeweiligen Farbe an, wobei insgesamt über 140 vordefinierte Farbnamen zur Verfügung stehen. Die Farbe Gelb beispielsweise würden Sie über den Namen `yellow` definieren. Darüber hinaus gibt es aber auch exotischere Farbnamen wie `hotpink`, `deepskyblue` oder `lavenderblush` (eine detaillierte Übersicht über die zur Verfügung stehenden Farbnamen finden Sie unter *https://www.w3.org/wiki/CSS/Properties/color/keywords*).
- **RGBA-Werte**: Seit CSS 3 können Sie Farbwerte auch über einen RGB-Wert unter zusätzlicher Angabe eines Wertes für die Bestimmung der Deckkraft, des sogenannten *Alpha-Wertes*, definieren. Dieser Wert liegt zwischen 0.0 und 1.0 und bestimmt, wie transparent die Farbe ist. Ein Gelb von 50 % würden Sie beispielsweise über den CSS-Wert `rgba(255,255,0,0.5)` definieren.
- **HSL-Werte**: Ebenfalls seit CSS 3 besteht die Möglichkeit, Farbwerte anhand ihres *Farbtons* (*Hue*), ihrer *Sättigung* (*Saturation*) und ihrer *Helligkeit* (*Lightness*) zu definieren. Der Farbton wird dabei als Winkel zwischen 0° und 360° ausgedrückt, Sättigung und Helligkeit jeweils als Prozentwert. Die Farbe Gelb würden Sie beispielsweise über den CSS-Wert `hsl(60,100,50)` definieren.
- **HSLA-Werte**: Analog zu der Definition von RGBA-Werten besteht auch im Falle von HSL (seit CSS 3) die Möglichkeit, einen vierten Wert für die Bestimmung der Deckkraft anzugeben. Ein Gelb von 50 % hätte in diesem Fall den CSS-Wert `hsla(60,100,50,0.5)`.

Einige Beispiele für die Definition von Farben mithilfe von CSS zeigt Listing 3.11:

```
h1 {
  color: darkblue;
}

h2 {
  color: #ffa500;
}

p {
  color: rgb(169, 169, 169);
}
```

Listing 3.11 Definition der Textfarbe über Farbnamen, Hexadezimalwerte und RGB-Werte

Die **Hintergrundfarbe** eines Elements können Sie über die CSS-Eigenschaft `background-color` festlegen. Als Werte für diese Eigenschaft können Sie die gleichen Werte wie schon bei der Eigenschaft color verwenden, das heißt RGB-Werte, Hex-Werte, Farbnamen usw.

```
body {
  background-color: grey;
}

11 {
  background-color: #ffa500;
}

p {
  background-color: rgb(169, 169, 169);
}
```

Listing 3.12 Definition der Hintergrundfarbe über Farbnamen, Hexadezimalwerte und RGB-Werte

3.2.2 Texte gestalten

Über CSS haben Sie neben der Definition der Textfarbe auch die Möglichkeit, das grundsätzliche Erscheinungsbild von Text auf einer Webseite zu beeinflussen. So können Sie beispielsweise die **Schriftarten** definieren, die **Schriftgröße** oder den **Schriftschnitt** anpassen sowie die Abstände zwischen Wörtern (**Wortabstände**) oder einzelnen Buchstaben (**Buchstabenabstände**).

Abbildung 3.5 gibt Ihnen einen Eindruck davon, welche Arten der Textformatierung mithilfe von CSS möglich sind. Lassen Sie uns in den folgenden Abschnitten schauen, welche CSS-Eigenschaften im Einzelnen dahinterstecken.

Abbildung 3.5 Das Ergebnis des mit CSS formatierten Textes

Schriftarten definieren

Zunächst gibt Ihnen CSS die Möglichkeit, die Schriftart für einen Text zu definieren. Voraussetzung dafür, dass bei Aufruf der entsprechenden Webseite die Schriftart korrekt angezeigt wird, ist lediglich, dass die Schriftart auf dem jeweiligen Computer installiert bzw. verfügbar ist.

Die Eigenschaft zur Angabe der Schriftart heißt `font-family` und erwartet als Wert den Namen der jeweiligen Schriftart. Optional können Sie dabei durch Kommas separiert auch mehrere Schriftarten angeben. Diese Schriftarten dienen dann als *Fallback-Schriftart*: Für den Fall, dass die in dieser Liste zuerst angegebene Schriftart auf dem Rechner nicht installiert ist, hat der Browser dann die Möglichkeit, auf andere in der Liste angegebene Schriftarten zurückzugreifen.

In Listing 3.13 beispielsweise wird für das Element `body` zunächst die Schriftart »Times New Roman« definiert. Ist diese Schriftart auf dem Rechner nicht verfügbar (was normalerweise nicht der Fall ist, denn üblicherweise ist diese Standardschriftart auf allen Rechnern verfügbar, aber zu Demonstrationszwecken wollen wir mal von diesem Fall ausgehen), dann kann der Browser auf die allgemeinere Schriftfamilie »Times« zurückgreifen und eine Schriftart aus dieser Familie verwenden. Ist auch eine solche nicht verfügbar, besagt die Angabe von »serif«, dass der Browser irgendeine *Serifenschrift* verwenden darf.

```
body {
  font-family: 'Times New Roman', Times, serif;
}

h1, h2 {
  font-family: Arial, sans-serif;
}

ul li {
  font-family: 'Courier New', Courier, monospace;
}

.author {
  font-family: Verdana;
}

.date {
  font-family: 'Courier New', Courier, monospace;
}
```

Listing 3.13 Definition von Schriftarten in CSS

> **Hinweis**
>
> Wenn der Name einer Schriftart Leerzeichen enthält, muss der gesamte Name in Anführungszeichen gesetzt werden.

Es gilt als guter Stil, wenn Sie bei der Verwendung von `font-family` bei der Angabe von Schriftarten zuletzt immer die **allgemeine Bezeichnung** einer Schrift als *Fallback-Schriftart* angeben. Mögliche Werte hierbei sind:

- `serif`: *Serifenschrift*, das heißt, eine Schrift mit kleinen Häkchen an den Hauptstrichen der Buchstaben, also eine Schrift, wie sie üblicherweise bei gedruckten Texten verwendet wird.
- `sans-serif`: *serifenlose Schrift*, das heißt, eine Schrift ohne kleine Häkchen, sondern mit geraden Buchstabenenden. In der Regel eignen sich für die Darstellung von Texten am Bildschirm serifenlose Schriften besser als Serifenschriften, weil sie aufgrund der im Vergleich geringeren Details unabhängig von der Bildschirmauflösung gut zu lesen sind.
- `monospace`: *Nichtproportionalschrift*, das heißt, eine Schrift, bei der alle Zeichen die gleiche Breite haben. Diese Art von Schriften eignet sich besonders gut für die Darstellung von Quelltext auf einer Webseite. Wenn Sie also beispielsweise ein Blog über die Webentwicklung schreiben und dort Codebeispiele einbinden wollen, sind Sie mit einer Nichtproportionalschrift gut bedient.
- `cursive`: *Schreibschrift* bzw. *Kursivschrift*, also eine Schrift, die wie handschriftlich geschrieben aussieht. Diese Art von Schriften würde ich Ihnen bei der Gestaltung von Webseiten nur in Ausnahmefällen empfehlen, beispielsweise zum Setzen von visuellen Akzenten, nicht jedoch für die Darstellung von Fließtext.
- `fantasy`: *Schmuckschrift*, also eine Schrift, die dekorative Elemente enthält und sich wie die Schreibschrift/Kursivschrift eher für den dezenten Einsatz eignet und nicht für die Darstellung von Fließtext.

Schriftgröße anpassen

Die Größe einer Schrift können Sie über die Eigenschaft `font-size` beeinflussen. Bei der Angabe der Schriftgröße haben Sie mehrere Möglichkeiten: So können Sie unter anderem die Größe über einen Pixelwert bestimmen, über einen Prozentwert oder über die Maßeinheit »em«, die auf der Breite des Buchstabens »m« basiert.

Pixelwerte geben die Größe einer Schrift in Bildschirmpixeln an: Eine Schrift mit der Angabe 14px (»px« für Pixel) ist demnach genau 14 Pixel hoch.

Die Angabe der Schriftgröße in Prozent orientiert sich an der jeweiligen Standardschriftgröße, die beim Browser voreingestellt ist oder durch den Nutzer durch eine

Einstellung entsprechend konfiguriert wurde. Standardmäßig verwenden die meisten Browser eine Schriftgröße von 16 Pixeln. Das bedeutet, wenn Sie die Schriftgröße für Überschriften (siehe Listing) beispielsweise mit 150 % angeben, ergibt sich daraus eine Schriftgröße von 24 Pixeln.

Die Angabe der Schriftgröße unter Verwendung der Einheit »em« basiert ebenfalls auf der Schriftgröße. Im folgenden Listing 3.14 beispielsweise wird die Schriftgröße für Überschriften jeweils auf das 1,5-Fache der verwendeten Schriftgröße gesetzt.

```
body {
  /* Schriftgröße von 14 Pixeln */
  font-size: 14px;
}
h1 {
  /* 150% der normalen Schriftgröße */
  font-size: 150%;
}

h2 {
  /* Das 1,5fache der Buchstabenbreite von m */
  font-size: 1.5em;
}
```

Listing 3.14 Anpassen von Schriftgröße mit CSS

Schriftschnitt anpassen

Den Schriftschnitt eines Textes, also ob dieser kursiv oder fett gedruckt werden soll, können Sie über Eigenschaften `font-style` (Kursivschrift) bzw. `font-weight` (Fettschrift) festlegen.

Der Eigenschaft `font-style` können Sie dabei einen der folgenden Werte geben: Der Wert `italic` sorgt für kursiven Text, der Wert `oblique` für schräg gedruckten Text, und der Wert `normal` stellt den Text normal, also weder kursiv noch schräg gedruckt dar (siehe Kasten für eine Beschreibung des Unterschieds zwischen »kursiv« und »schräg gedruckt«).

Die Eigenschaft `font-weight` erlaubt das Festlegen des »Gewichts« einer Schrift, also ob sie normal (Wert `normal`) oder fett (Wert `bold`) gedruckt werden soll. Neben diesen beiden Werten stehen noch `lighter` und `bolder` zur Verfügung, die den Text eine Stufe dünner bzw. fetter als den Text des Elternelements darstellen. Darüber hinaus lassen sich die einzelnen Abstufungen auch als numerischer Wert (in Hunderterschritten) zwischen 100 und 900 festlegen. Der Wert `normal` beispielsweise entspricht dem numerischen Wert `400`, der Wert `bold` dem numerischen Wert `700`.

```
.introduction {
  /* Kursivschrift */
  font-style: italic;

  /* Fettschrift */
  font-weight: bold;
}
```

Listing 3.15 Anpassen des Schriftschnitts mit CSS

> **Hinweis**
>
> Der Unterschied zwischen `italique` und `oblique` ist folgender: Bei Ersterem soll der Browser den Text in einem Schriftschnitt darstellen, bei dem die Zeichen der jeweiligen Schrift extra für den Kursivdruck **optimiert und gestaltet** wurden. Liegt für eine Schrift kein solch spezieller Schriftschnitt vor, kann der Browser über den Wert `oblique` veranlasst werden, die entsprechende Schrift **programmatisch schräg zu stellen**. Das Ergebnis ist dabei jedoch in der Regel visuell nicht so ansprechend wie beim echten Kursivdruck.

Weitere Möglichkeiten zur Schriftformatierung

Neben der Formatierung von Schriftart, Schriftgröße und Schriftschnitt bietet CSS noch viele weitere Möglichkeiten zur Formatierung von Schriften:

- Über die Eigenschaft `text-transform` können Sie zwischen verschiedenen **Schreibweisen** umschalten. Der Wert `uppercase` stellt den gesamten Text in Großbuchstaben dar, der Wert `lowercase` analog in Kleinbuchstaben, und über `capitalize` legen Sie fest, dass der Anfangsbuchstabe jedes Wortes in einem Text großgeschrieben wird.
- Über die Eigenschaft `text-decoration` können Sie einen Text **durch Linien »dekorieren«**, das heißt, durchstreichen (Wert `line-through`) oder unterstreichen (`underline`), eine Linie über den Text ziehen (`overline`) und sogar blinken lassen (`blink`). Wobei Sie Letzteres wenn möglich vermeiden sollten, da das Blinken von Text auf einer Webseite eher als störend wahrgenommen wird. Auch das Unterstreichen von Text sollten Sie eher vermeiden, da unterstrichene Texte von Nutzern in der Regel als Link interpretiert werden (und die Nutzer dann verwirrt wären, wenn sich bei Klick auf den Text kein Link öffnet).
- Um den **Zeilenabstand** eines Textes zu beeinflussen, verwenden Sie die Eigenschaft `line-height`. Den Abstand zwischen einzelnen Buchstaben (**Buchstabenabstand**) können Sie über die Eigenschaft `letter-spacing` steuern und den Abstand zwischen einzelnen Wörtern (**Wortabstand**) über die Eigenschaft `word-spacing`.

- Die **horizontale Ausrichtung** eines Textes können Sie über die Eigenschaft `text-align` beeinflussen. Mögliche Werte hierbei sind `left` (Linksausrichtung), `right` (Rechtsausrichtung), `center` (zentrierte Ausrichtung) und `justify` (Blocksatz).
- Die **vertikale Ausrichtung** dagegen bestimmen Sie über die Eigenschaft `vertical-align`, wobei der Text unter anderem oben (`top`), unten (`bottom`) oder mittig (`middle`) ausgerichtet werden kann.
- Über die Eigenschaft `text-indent` lässt sich die erste Zeile eines Textes **einrücken**.
- Über die Eigenschaft `text-shadow` lässt sich einem Text ein **Schatteneffekt** hinzufügen.

Links formatieren

Links stellen einen Sonderfall von Text dar und werden vom Browser standardmäßig speziell ausgezeichnet (oftmals unterstrichen und in einem bläulichen Farbton). Über verschiedene *Pseudoklassen* lässt sich das Aussehen und Verhalten von Links über CSS anpassen. Die Pseudoklasse wird dabei, wie in Listing 3.16 zu sehen, im jeweiligen Selektor verwendet.

- `:link`: Ermöglicht die Formatierung von Links, die noch nicht besucht wurden.
- `:visited`: Ermöglicht die Formatierung von Links, die bereits besucht wurden.
- `:hover`: Ermöglicht die Formatierung von Links, wenn diese mit dem Mauszeiger »berührt« werden.
- `:active`: Ermöglicht die Formatierung von Links, wenn diese gerade geklickt werden.
- `:focus`: Ermöglicht die Formatierung von Links, wenn diese den Fokus erhalten.

```
/* Links */
a:link {
  color: blue;
}

/* Bereits besuchte Links */
a:visited {
  color: green;
}

/* Links, die gerade mit der Maus "berührt" werden */
a:hover {
  color: black;
  background-color: orange;
}
```

```
/* Links, die gerade geklickt werden */
a:active {
  color: red;
}

/* Links, die gerade den Fokus haben */
a:focus {
  color: orange;
}
```

Listing 3.16 Formatierung von Links über Pseudoklassen

Vollständiges Beispiel für die Gestaltung von Texten

Den vollständigen Code für den am Anfang dieses Abschnitts gezeigten Screenshot aus Abbildung 3.5 zeigt Listing 3.17. Hier kommen verschiedene der vorgestellten CSS-Eigenschaften für die Formatierung von Texten zum Einsatz. Schauen Sie sich den CSS-Code und den HTML-Code in Ruhe an, und versuchen Sie nachzuvollziehen, welche CSS-Regeln auf welche HTML-Elemente zutreffen bzw. angewendet werden. Am besten geht das natürlich interaktiv, indem Sie sich den Quelltext für das Listing aus dem Downloadbereich zum Buch herunterladen und in einem Browser öffnen. Hilfreich sind diesbezüglich auch die Entwicklertools moderner Browser, wie beispielsweise die Chrome Developer Tools, mit denen Sie genau untersuchen können, welche CSS-Regeln auf welche HTML-Elemente angewendet werden (siehe Praxistipp im nachfolgenden Infokasten).

```
<!DOCTYPE html>
<html>
<head>
  <title>Schriften formatieren</title>
  <style type="text/css">
  body {
    font-family: 'Times New Roman', Times, serif;

    /* Zeilenhöhe 1,5-fach der normalen Schriftgröße */
    line-height: 1.5em;
  }

  h1, h2 {
    font-family: Arial;
```

```
  /* Zeichenabstand 0,2-fach der normalen Schriftgröße */
  letter-spacing: 0.2em;

  /* Zeichenabstand 0,3-fach der normalen Schriftgröße */
  word-spacing: 0.3em;
}

h1 {
  /* 150% der normalen Schriftgröße */
  font-size: 150%;
}

h2 {
  /* 100% der normalen Schriftgröße */
  font-size: 100%;

  /* alles in Großbuchstaben */
  text-transform: uppercase;

  /* Text unterstrichen */
  text-decoration: underline;
}

p {
  /* Blocksatz */
  text-align: justify;
}

ul li {
  font-family: 'Courier New', Courier, monospace;
}

/* Links */
a:link {
  color: blue;
}

/* Bereits besuchte Links */
a:visited {
  color: green;
}
```

```
  /* Links, die gerade mit der Maus "berührt" werden */
  a:hover {
    color: black;
    background-color: orange;
  }

  /* Links, die gerade geklickt werden */
  a:active {
    color: red;
  }

  .introduction {
    /* Kursivschrift */
    font-style: italic;

    /* Fettschrift */
    font-weight: bold;
  }

  .author {
    font-family: Verdana;

    /* Zeilenhöhe 0,3-fach der normalen Schriftgröße */
    line-height: 0.3em;

    /* Text rechts ausgerichtet */
    text-align: right;
  }

  .date {
    font-family: 'Courier New', Courier, monospace;

    /* Zeilenhöhe 0,3-fach der normalen Schriftgröße */
    line-height: 0.3em;

    /* Text rechts ausgerichtet */
    text-align: right;
  }
  </style>
  <meta charset="UTF-8">
</head>
<body>
```

```
<h1>Blog posts</h1>
<article>
  <h2>Neue Website</h2>
  <p class="introduction">
    Liebe Leserinnen und Leser,
  </p>
  <p>
    ab sofort finden Sie die Blogs zu meinen Büchern vereint auf dieser
Website. Auf diese Weise bleiben Sie an einer einzigen zentralen Stelle immer
auf dem Laufenden, wenn es um Updates rund um die genannten Bücher oder
allgemeine Informationen, Tutorials etc. rund um die Web- und
Softwareentwicklung geht.
  </p>
  <p>
    News und Updates in Microblogging-Kurzform finden Sie darüber hinaus auch
bei Twitter:
  </p>
  <p>
    <ul>
      <li>
          <a href="https://twitter.com/cleancoderocker">@cleancoderocker</a>
      </li>
      <li>
          <a href="https://twitter.com/webdevhandbuch">@webdevhandbuch</a>
      </li>
      <li>
          <a href="https://twitter.com/nodejskochbuch">@nodejskochbuch</a>
      </li>
      <li>
          <a href="https://twitter.com/jshandbuch">@jshandbuch</a>
      </li>
      <li>
          <a href="https://twitter.com/jsprofibuch">@jsprofibuch</a>
      </li>
    </ul>
  </p>
  <p>
    Viel Spaß damit!
  </p>
  <p class="author">Philip Ackermann</p>
  <p class="date">Mai 2020</p>
```

```
</article>
</body>
</html>
```

Listing 3.17 Texte formatieren mit CSS

Praxistipp

In der Praxis kann es oftmals vorkommen, dass man vor lauter CSS-Regeln nicht mehr direkt überblickt, welches HTML-Element von welcher CSS-Regel betroffen ist oder warum ein Element eine bestimmte Eigenschaft zugewiesen bekommt (ob explizit oder durch Vererbung). In diesem Fall können die Entwicklertools des Browsers, beispielsweise die Chrome Developer Tools, helfen. Innerhalb des Bereichs ELEMENTS stehen Ihnen dazu verschiedene Features zur Verfügung. Über das Register STYLES können Sie beispielsweise für ein selektiertes Element die zutreffenden CSS-Regeln einsehen (Abbildung 3.6).

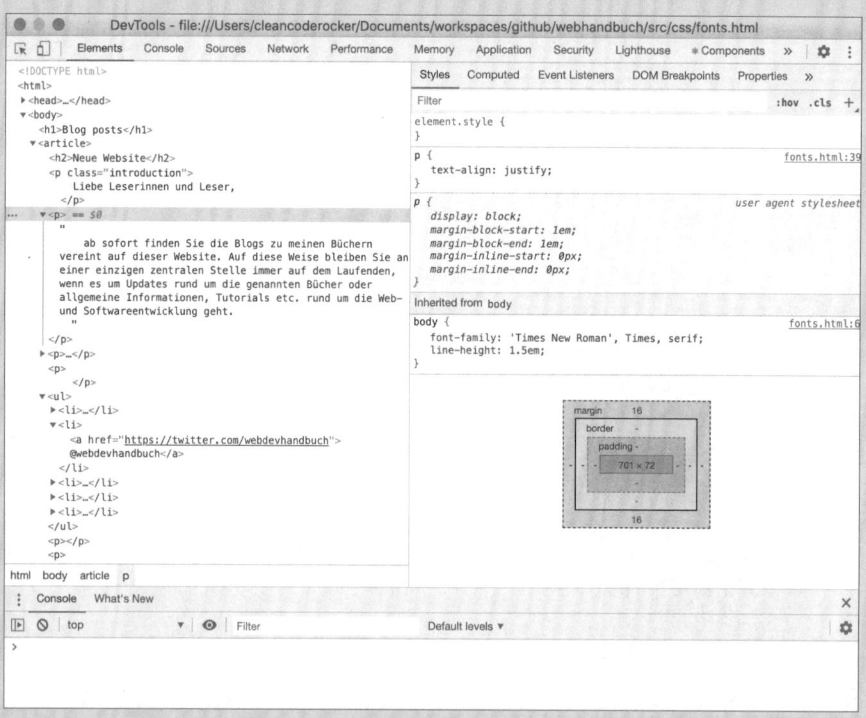

Abbildung 3.6 Auflistung der für ein HTML-Element zutreffenden CSS-Regeln

Über das Register COMPUTED finden Sie dagegen Informationen darüber, welche Eigenschaften einem Element zugewiesen wurden (Abbildung 3.7). Dies ist beispielsweise interessant, wenn für ein Element mehrere CSS-Regeln zutreffen.

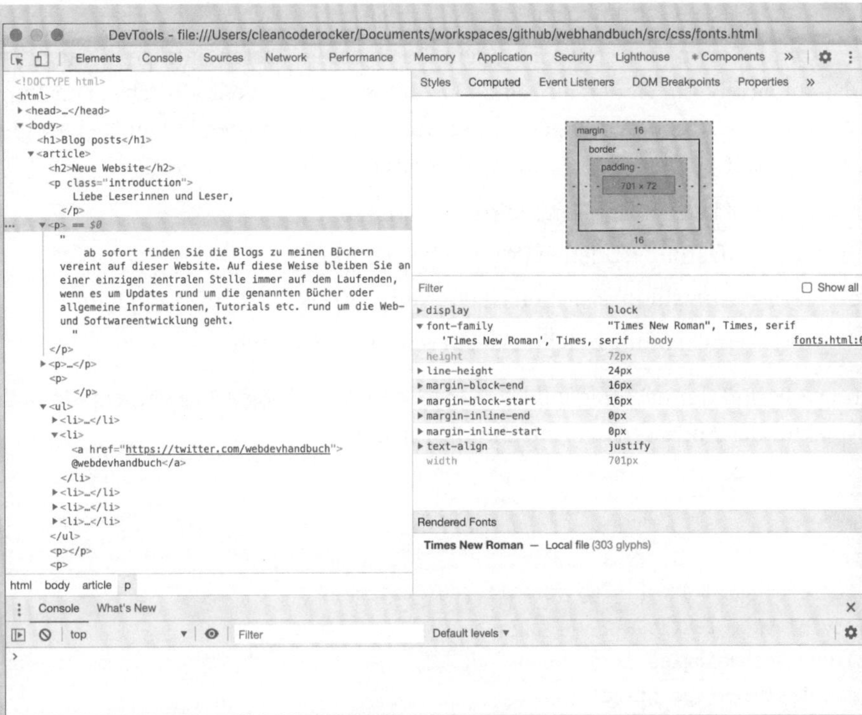

Abbildung 3.7 Auflistung der CSS-Eigenschaften, die für ein HTML-Element angewendet werden

3.3 Listen und Tabellen

Auch Komponenten wie Listen und Tabellen lassen sich mithilfe von CSS anpassen. In diesem Unterkapitel schauen wir uns an, welche CSS-Eigenschaften hierfür zur Verfügung stehen.

3.3.1 Listen gestalten

Im Falle von Listen können Sie hauptsächlich die Aufzählungszeichen einzelner Listeneinträge beeinflussen. Über die Eigenschaft `list-style-type` beispielsweise legen Sie deren Aussehen fest. Je nachdem, ob es sich bei der jeweiligen Liste um eine ungeordnete Liste oder eine geordnete Liste handelt, sind für diese Eigenschaft unterschiedliche Werte möglich.

Ungeordnete Listen formatieren

Ungeordnete Listen sind Listen, in denen die einzelnen Listeneinträge nicht sortiert sind. Standardmäßig ist den einzelnen Listeneinträgen jeweils ein schwarzer Punkt als Aufzählungszeichen vorangestellt. Bei dieser Art von Listen haben Sie bezüglich der Eigenschaft `list-style-type` die Wahl zwischen folgenden Werten:

- `none`: Es wird kein Aufzählungszeichen verwendet.
- `disc`: Das Aufzählungszeichen ist ein schwarzer Kreis.
- `circle`: Das Aufzählungszeichen ist ein weißer Kreis mit schwarzem Rahmen.
- `square`: Das Aufzählungszeichen ist ein schwarzes Quadrat.

Listing 3.18 und der nachfolgende Screenshot in Abbildung 3.8 zeigen ein einfaches Beispiel für das Anpassen der Aufzählungszeichen.

```
<!DOCTYPE html>
<html>
<head>
  <title>Ungeordnete Listen formatieren</title>
  <style type="text/css">
  ul.web-technologies li {
    list-style-type: circle;
  }
  </style>
  <meta charset="UTF-8">
</head>
<body>
<article>
  <p>
    <ul class="web-technologies">
      <li>HTML</li>
      <li>CSS</li>
      <li>JavaScript</li>
      <li>Node.js</li>
      <li>Docker</li>
    </ul>
  </p>
</article>
</body>
</html>
```

Listing 3.18 Ungeordnete Listen formatieren mit CSS

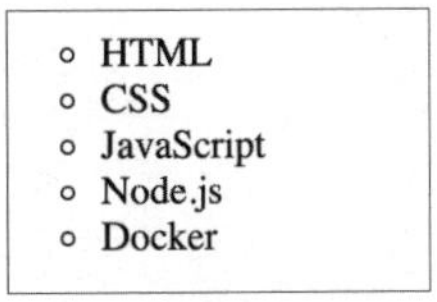

Abbildung 3.8 Formatierung einer ungeordneten Liste

Geordnete Listen gestalten

Geordnete Listen sind Listen, bei denen die einzelnen Listeneinträge in irgendeiner Form sortiert sind. Bei dieser Art von Listen können Sie für die Eigenschaft `list-style-type` (unter anderem) folgende Werte verwenden, um das Aussehen der Aufzählungszeichen und damit das Aussehen der Sortierung zu beeinflussen:

- »decimal«: Aufzählung in Dezimalzahlen (1, 2, 3, ...)
- »decimal-leading-zero«: Aufzählung in Dezimalzahlen mit vorangestellter 0 bei einstelligen Zahlen (01, 02, 03, ... 09, 10, 11, ...)
- »lower-alpha«: Aufzählung in Kleinbuchstaben des Alphabets (a, b, c, ...)
- »upper-alpha«: Aufzählung in Großbuchstaben des Alphabets (A, B, C, ...)
- »lower-roman«: Aufzählung in römischen Zahlen, dargestellt in Kleinbuchstaben (i, ii, iii, ...)
- »upper-roman«: Aufzählung in römischen Zahlen, dargestellt in Großbuchstaben (I, II, III, ...)

In Listing 3.19 beispielsweise werden auf diese Weise die Aufzählungszeichen als römische Zahlen dargestellt. Das Ergebnis sehen Sie in Abbildung 3.9.

```
<!DOCTYPE html>
<html>
<head>
  <title>Geordnete Listen formatieren</title>
  <style type="text/css">
  ol.web-technologies li {
    list-style-type: lower-roman;
  }
  </style>
  <meta charset="UTF-8">
</head>
<body>
<article>
  <p>
    <ol class="web-technologies">
      <li>HTML</li>
      <li>CSS</li>
```

```
      <li>JavaScript</li>
      <li>Node.js</li>
      <li>Docker</li>
    </ol>
  </p>
</article>
</body>
</html>
```

Listing 3.19 Geordnete Listen formatieren mit CSS

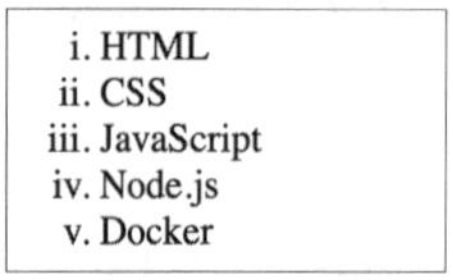

Abbildung 3.9 Formatierung einer geordneten Liste

Bilder als Aufzählungszeichen verwenden

Neben der Konfiguration des Aufzählungszeichens über die Eigenschaft `list-style-type` haben Sie für ungeordnete Listen noch die Möglichkeit, eine Grafik zu definieren, die als Aufzählungszeichen verwendet werden soll. Der entsprechenden Eigenschaft `list-style-image` übergeben Sie, wie in Listing 3.20 zu sehen, den Pfad bzw. die URL für das zu verwendende Bild. Anschließend wird das Bild als Aufzählungszeichen für die Listeneinträge verwendet (Abbildung 3.10).

```
<!DOCTYPE html>
<html>
<head>
  <title>Bilder als Aufzählungszeichen verwenden</title>
  <style type="text/css">
  ul.books li {
    list-style-image: url("images/star.png");
  }
  </style>
  <meta charset="UTF-8">
</head>
<body>
<article>
  <p>
    <ul class="books">
      <li>Cal Newport: "Deep Work"</li>
      <li>James Clear: "Atomic Habits"</li>
      <li>Jake Knapp, John Zeratsky: "Make Time"</li>
```

```
      <li>Greg McKeown: "Essentialism"</li>
      <li>Nir Eyal: "Indistractable"</li>
    </ul>
  </p>
</article>
</body>
</html>
```

Listing 3.20 Bilder als Aufzählungszeichen verwenden

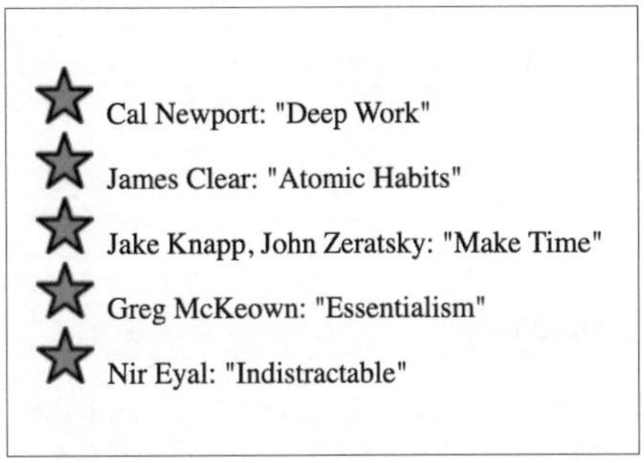

Abbildung 3.10 Über CSS lassen sich die Aufzählungspunkte von Listen anpassen.

Die Position von Aufzählungspunkten festlegen

Über die Eigenschaft `list-style-position` können Sie die Position der Aufzählungspunkte anpassen. Der Wert »outside« sorgt dafür, dass die Aufzählungspunkte links neben dem jeweiligen Textblock stehen, was auch standardmäßig der Fall ist, wenn die Position nicht über CSS gesteuert wird. Der Wert »inside« dagegen sorgt dafür, dass die Aufzählungspunkte eingerückt innerhalb des jeweiligen Textblocks positioniert werden (dies funktioniert sowohl für ungeordnete als auch für geordnete Listen).

```
<!DOCTYPE html>
<html>
<head>
  <title>Aufzählungszeichen einrücken</title>
  <meta charset="utf-8">
  <style type="text/css">
  ul.web-technologies {
    list-style-position: inside;
    font-family: Verdana, Geneva, Tahoma, sans-serif;
    width: 300px;
  }
  </style>
  <meta charset="UTF-8">
```

```
</head>
<body>
<article>
  <p>
    <ul class="web-technologies">
      <li>HTML: Hypertext Markup Language</li>
      <li>CSS: Cascading Style Sheets</li>
      <li>JavaScript: DIE Sprache des Web</li>
      <li>Node.js: Laufzeitumgebung für JavaScript</li>
      <li>Docker: Software zur Containervirtualisierung</li>
    </ul>
  </p>
</article>
</body>
</html>
```

Listing 3.21 Festlegen der Position von Aufzählungszeichen

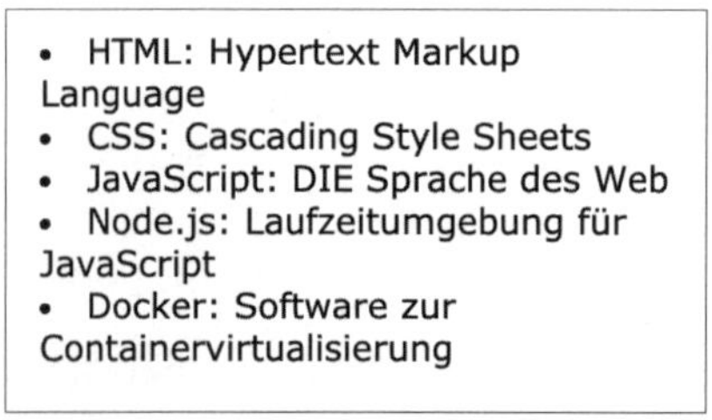

Abbildung 3.11 Über den Wert »inside« werden die Aufzählungszeichen eingerückt dargestellt.

3.3.2 Tabellen gestalten

Tabellen sehen wie in Abbildung 3.12 gezeigt ohne CSS zunächst relativ bescheiden aus.

Empfehlenswerte Bücher zu CSS

Autor	Titel	Erscheinungsjahr
Keith J. Grant	CSS in Depth	2018
Eric A. Meyer	CSS Pocket Reference: Visual Presentation for the Web	2018
Eric Meyer & Estelle Weyl	CSS: The Definitive Guide: Visual Presentation for the Web	2017
Lea Verou	CSS Secrets: Better Solutions to Everyday Web Design Problems	2014
Peter Gasston	The Book of CSS3: A Developer's Guide to the Future of Web Design	2014

Abbildung 3.12 Tabellen, die nicht mit CSS formatiert sind, sehen standardmäßig nicht wirklich schön aus.

Gut, dass sich das Aussehen von Tabellen ebenfalls leicht mit Hilfe von CSS anpassen lässt. Im Folgenden möchte ich Ihnen kurz zeigen, welche CSS-Eigenschaften zum Einsatz kommen, um die Tabelle aus Abbildung 3.12 anschaulicher zu gestalten und zum Ergebnis in Abbildung 3.13 zu kommen.

Empfehlenswerte Bücher zu CSS

Autor	Titel	Erscheinungsjahr
Keith J. Grant	*CSS in Depth*	2018
Eric A. Meyer	*CSS Pocket Reference: Visual Presentation for the Web*	2018
Eric Meyer & Estelle Weyl	*CSS: The Definitive Guide: Visual Presentation for the Web*	2017
Lea Verou	*CSS Secrets: Better Solutions to Everyday Web Design Problems*	2014
Peter Gasston	*The Book of CSS3: A Developer's Guide to the Future of Web Design*	2014

Abbildung 3.13 Die mit CSS formatierte Tabelle sieht schon um einiges ansprechender aus.

> **Hinweis**
>
> Die meisten der vorgestellten CSS-Eigenschaften lassen sich nicht nur auf Tabellen anwenden, sondern auch auf andere Elemente.

Einige der CSS-Eigenschaften, die für die Gestaltung der Tabelle zum Einsatz kommen, haben Sie bereits kennengelernt, beispielsweise für das Anpassen der Schriftart (`font-family`), des Schriftschnitts (`font-style` und `font-weight`), der Textausrichtung (`text-align`), der Textfarbe (`color`) und der Hintergrundfarbe (`background-color`). Auf diese Eigenschaften werde ich daher im Folgenden nicht näher eingehen.

Die noch nicht bekannten Eigenschaften habe ich in Listing 3.22 entsprechend hervorgehoben. Ebenfalls hervorgehoben sind die noch nicht erwähnten Pseudoklassen (bzw. die entsprechenden Selektoren), die zum Einsatz kommen. Gehen wir diese Eigenschaften und Pseudoklassen in der Reihenfolge ihres Vorkommens durch:

- Die Eigenschaft `border` dient zur **Gestaltung von Rändern**, im vorliegenden Fall also zur Gestaltung des Randes der gesamten Tabelle. Über diese Eigenschaft können Sie die Breite des Randes (im Beispiel »thin«, wobei prinzipiell aber auch Pixelangaben erlaubt sind), den Stil (im Beispiel »solid«) sowie die Farbe (im Beispiel »#000000«) festlegen.

> **Shorthand Properties**
>
> Die Eigenschaft `border` ist dabei eine besondere Art von CSS-Eigenschaft, eine sogenannte *Shorthand Property*, denn sie kombiniert verschiedene andere CSS-Eigenschaften: `border-width` (für das Festlegen der Breite des Randes), `border-style` (für

das Festlegen des Stils) sowie `border-color` (für das Festlegen der Farbe). Diese Eigenschaften wiederum sind ihrerseits ebenfalls Shorthand Properties: Beispielsweise ist `border-width` eine Shorthand Property für die Eigenschaften `border-top-width` (Breite des oberen Randes), `border-right-width` (Breite des rechten Randes), `border-bottom-width` (Breite des unteren Randes) und `border-left-width` (Breite des linken Randes). Die Shorthand Property für die Gestaltung des Randes ist immer dann hilfreich, wenn der Rand für alle Seiten gleich aussehen soll. So ersparen Sie sich einiges an Schreibarbeit (die entsprechenden ausgeschriebenen Varianten sind im Listing zu Demonstrationszwecken ebenfalls mit aufgeführt).

- Normalerweise hat jede Zelle einer Tabelle einen eigenen Rand. Über die Eigenschaft `border-collapse` können Sie definieren, dass diese Ränder »zusammenfallen« (Wert »collapse«), also dass sich die einzelnen Zellen einen Rand »teilen«.
- Über die Eigenschaft `padding` können Sie definieren, wie viel Platz zwischen dem Inhalt einer Zelle und dem Rand der Zelle sein soll. Hierdurch haben Sie die Möglichkeit, die Tabelle »luftiger« zu gestalten und weniger gedrungen, als es standardmäßig der Fall ist.
- Über die Pseudoklasse `:first-child` lässt sich das erste Kindelement von einem bestimmten Elementtyp selektieren. Der Selektor `td:first-child` beispielsweise selektiert alle ersten `<td>`-Kindelemente, mit anderen Worten alle Zellen der ersten Spalte. Der Selektor wird im Beispiel dazu verwendet, den Text in der ersten Spalte fett zu drucken.
- Über die Pseudoklasse `:nth-child()` lassen sich dagegen diejenigen Kindelemente selektieren, die sich innerhalb des Elternelements an einer bestimmten Position befinden (als Parameter übergibt man dabei die jeweilige Position). Im Beispiel wird dies dazu genutzt, die Zellen der zweiten Spalte und die der dritten Spalte zu selektieren und den Text Ersterer (also den der zweiten Spalte) kursiv zu drucken und den Text Letzterer rechts auszurichten. Darüber hinaus können über `:nth-child(odd)` und `:nth-child(even)` diejenigen Kindelemente selektiert werden, die sich an einer ungeraden Position (»odd«) oder an einer geraden Position (»even«) befinden. Im Beispiel wird dies verwendet, um »ungerade« Tabellenzeilen mit einem anderen Hintergrund einzufärben als »gerade« Tabellenzeilen.

Sie sehen also: Mit relativ wenig Aufwand lassen sich Tabellen um einiges ansprechender gestalten, als sie standardmäßig dargestellt werden.

```
<!DOCTYPE html>
<html>
<head>
  <title>Tabellen formatieren</title>
  <style type="text/css">
```

```
body {
  font-family: Verdana, sans-serif;
}

table {
  /* Dünner, durchgehender, schwarzer Rand */
  border: thin solid #000000;

  /* Alternativ, aber mehr Schreibarbeit: */
  /*
  border-width: thin;
  border-style: solid;
  border-color: #000000;
  */

  /* Alternativ, aber noch mehr Schreibarbeit: */
  /*
  border-top-width: thin;
  border-right-width: thin;
  border-bottom-width: thin;
  border-left-width: thin;
  border-top-style: solid;
  border-right-style: solid;
  border-bottom-style: solid;
  border-left-style: solid;
  border-top-color: #000000;
  border-right-color: #000000;
  border-bottom-color: #000000;
  border-left-color: #000000;
  */

  /* Keine doppelten Ränder
     für angrenzende Zellen */
  border-collapse: collapse;
}

/* Tabellenüberschriften */
th {
  background-color: #000000;
  color: #FFFFFF;
  text-align: left;
}
```

```
  /* Tabellenüberschriften und Zellen */
  th, td {
    padding: 11px;
  }

  /* Ungerade Zeilen */
  tr:nth-child(odd) {
    background-color: #CCCCCC;
  }

  /* Gerade Zeilen */
  tr:nth-child(even) {
    background-color: #FFFFFF;
  }

  /* Erste Spalte der Tabelle */
  td:first-child {
    font-weight: bold;
  }

  /* Zweite Spalte der Tabelle */
  td:nth-child(2) {
    font-style: italic;
  }

  /* Dritte Spalte der Tabelle */
  td:nth-child(3) {
    text-align: right;
  }

  </style>
  <meta charset="UTF-8">
</head>
<body>
  <h1>Empfehlenswerte Bücher zu CSS</h1>
  <table>
    <thead>
      <tr>
        <th>Autor</th>
        <th>Titel</th>
        <th>Erscheinungsjahr</th>
```

```
    </tr>
  </thead>
  <tbody>
    <tr>
      <td>
        Keith J. Grant
      </td>
      <td>
        CSS in Depth
      </td>
      <td>2018</td>
    </tr>
    <tr>
      <td>
       Eric A. Meyer
      </td>
      <td>
        CSS Pocket Reference: Visual Presentation for the Web
      </td>
      <td>2018</td>
    </tr>
    <tr>
      <td>
        Eric Meyer & Estelle Weyl
      </td>
      <td>
        CSS: The Definitive Guide: Visual Presentation for the Web
      </td>
      <td>2017</td>
    </tr>
    <tr>
      <td>
        Lea Verou
      </td>
      <td>
        CSS Secrets: Better Solutions to Everyday Web Design Problems
      </td>
      <td>2014</td>
    </tr>
    <tr>
```

```
        <td>
          Peter Gasston
        </td>
        <td>
          The Book of CSS3: A Developer's Guide to the Future of Web Design
        </td>
        <td>2014</td>
      </tr>
    </tbody>
  </table>
</body>
</html>
```

Listing 3.22 Tabellen gestalten mit CSS

3.4 Die verschiedenen Layoutsysteme verstehen

Mithilfe von CSS können Sie HTML-Elemente auf einer Webseite genau positionieren und damit das Layout der Webseite beeinflussen. In den Anfangstagen des Webs wurden oftmals Tabellen mehr oder weniger für die Positionierung von Elementen missbraucht (sogenannte *Layouttabellen*), obwohl Tabellen in HTML nur für die Darstellung tabellarischer Daten genutzt werden sollten. Nach und nach wurden andere Möglichkeiten geschaffen (sogenannte *Layoutsysteme*), auf die ich im Folgenden in der Reihenfolge ihres Erscheinens eingehen möchte.

3.4.1 Grundlagen der Positionierung mit CSS

Bevor wir uns die Layoutsysteme näher anschauen, möchte ich Ihnen zunächst die Grundlagen der Positionierung von Elementen erläutern.

Block-Level-Elemente und Inline-Level-Elemente

Prinzipiell unterscheidet man bei HTML zwischen *Block-Level-Elementen* und *Inline-Level-Elementen*. Block-Level-Elemente werden durch den Browser immer in einer neuen Zeile dargestellt, Inline-Level-Elemente dagegen werden dort dargestellt, wo sie im Textfluss auftauchen (Abbildung 3.14). Mit anderen Worten: Block-Level-Elemente werden **vertikal** angeordnet, Inline-Level-Elemente **horizontal**.

Über die CSS-Eigenschaft `display` lässt sich das Verhalten von Elementen bezüglich des Textflusses jedoch anpassen: Der Wert »block« sorgt dafür, dass das jeweilige Element als Block-Level-Element, der Wert »inline« entsprechend dafür, dass das Element als Inline-Level-Element angesehen wird.

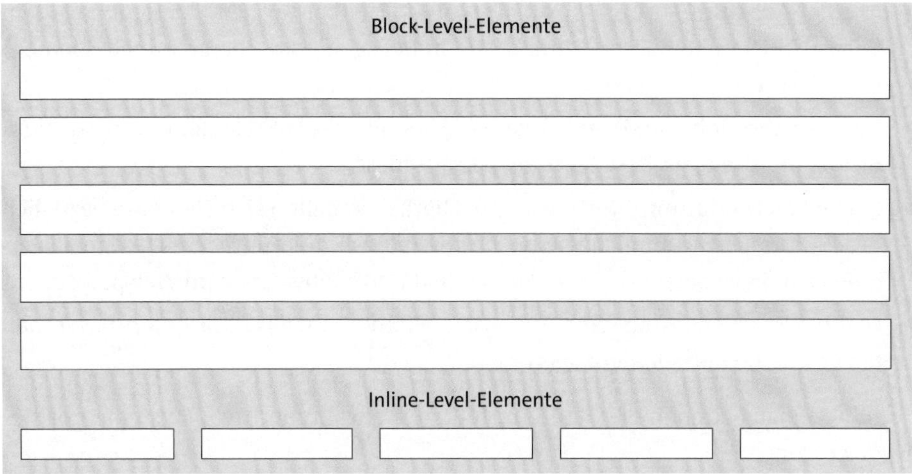

Abbildung 3.14 Block-Level-Elemente vs. Inline-Level-Elemente

Arten der Positionierung

Über CSS haben Sie grundsätzlich verschiedene Möglichkeiten, Elemente – egal ob Block-Level oder Inline-Level – zu positionieren (Abbildung 3.15).

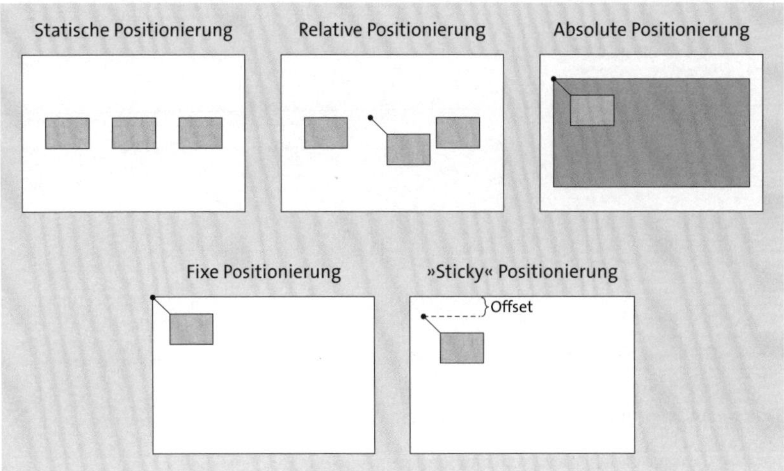

Abbildung 3.15 Vergleich der verschiedenen Positionierungen in CSS

Dies geschieht über die Eigenschaft `position`:

- **Statische Positionierung** (Wert »static«): Hierbei werden die Elemente so positioniert, wie sie im HTML-Code (im »normalen Fluss«) auftauchen.
- **Relative Positionierung** (Wert »relative«): Hierbei werden Elemente ausgehend von ihrer Position im normalen Fluss relativ nach oben, rechts, unten oder links positioniert.

- **Absolute Positionierung** (Wert »absolute«): Hierbei werden Elemente aus dem normalen Fluss herausgenommen und in Bezug auf das übergeordnete Element positioniert.
- **Fixe Positionierung** (Wert »fixed«): Hierbei werden Elemente relativ zum Browserfenster (bzw. dem *Viewport*) positioniert.
- **Sticky Positionierung** (Wert »sticky«): Hierbei verhalten sich Elemente bezüglich der Positionierung ähnlich wie bei der fixen Positionierung, scrollen dabei allerdings nur bis zu einem vorgegebenen Punkt und bleiben dann im Viewport fixiert.
- **Geerbte Positionierung** (Wert »inherit«): Hierbei wird das Positionierungsverhalten von dem Elternelement geerbt.

Darüber hinaus können Elemente mithilfe der erwähnten Layoutsysteme positioniert werden.

3.4.2 Float-Layout

Mithilfe des *Float-Layouts* lässt sich beeinflussen, wie sich Elemente bezogen auf den Textfluss verhalten. Über die entsprechende CSS-Eigenschaft `float` lassen sich Elemente dabei an den linken oder rechten Rand des jeweils umgebenden HTML-Blocks setzen (Abbildung 3.16).

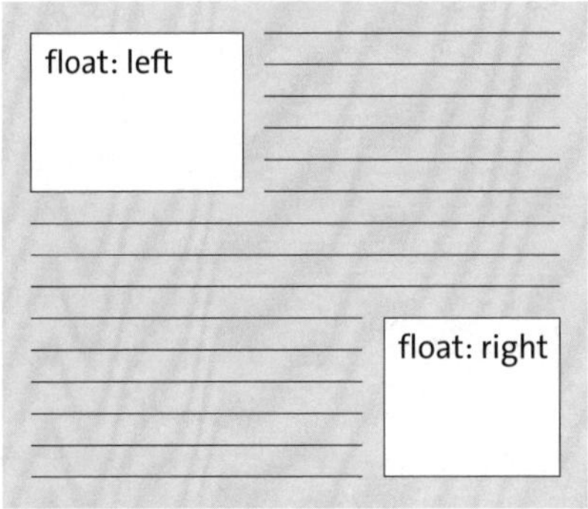

Abbildung 3.16 Das Prinzip des Float-Layouts

Das Float-Layout war lange Zeit das Mittel der Wahl, wenn es um die Anordnung von Elementen ging. Mittlerweile gibt es aber mit dem *Flexbox-Layout* und dem *Grid-Layout* zwei Alternativen, die diesbezüglich besser geeignet sind und auf die ich in den nächsten beiden Abschnitten eingehen möchte. Trotzdem möchte ich zunächst das Float-Layout am Beispiel von Formularen erläutern. Das gleiche Formular werden wir dann im Anschluss mit den anderen beiden Layoutsystemen umsetzen, und Sie haben auf diese Weise einen direkten Vergleich zwischen den verschiedenen Layouts.

Float-Layout am Beispiel von Formularen

Formulare sehen standardmäßig noch schlimmer als Tabellen aus, wie Abbildung 3.17 anschaulich demonstriert. Die einzelnen Formularelemente verhalten sich dabei aber normal: Sie »fließen« mit dem Textfluss von links nach rechts und von oben nach unten. Der Grund: Formularelemente wie `<label>`, `<input>` und `<button>` sind Inline-Level-Elemente.

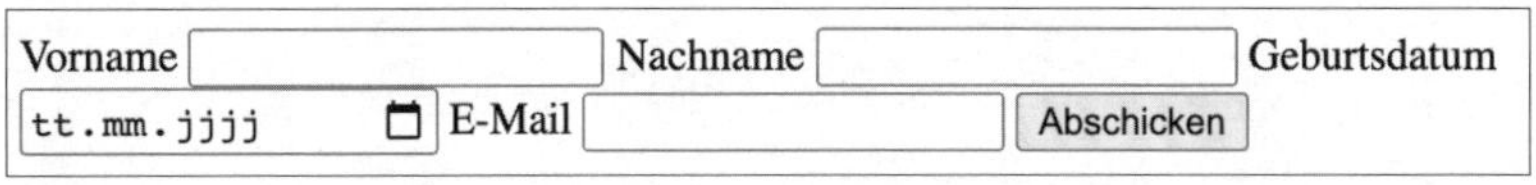

Abbildung 3.17 Die Lesbarkeit von Formularen ist standardmäßig nicht sonderlich gut.

Formulare lassen sich unter Verwendung des Float-Layouts wie in Listing 3.23 gezeigt anpassen. Über die Eigenschaft `float` werden die `<label>`-, `<input>`- und `<button>`-Elemente entsprechend links (»left«) und rechts (»right«) am umgebenden `<form>`-Element ausgerichtet. Die Eigenschaft `overflow` am `<form>`-Element sorgt zudem dafür, dass dieses Element in der Höhe entsprechend erweitert wird, um alle »fließenden« Elemente zu beinhalten (würden Sie diese Eigenschaft weglassen, würden diese Elemente über das dann zu kleine `<form>`-Element hinausragen).

Darüber hinaus kommen noch einige andere CSS-Eigenschaften zum Einsatz, die das gesamte Aussehen des Formulars beeinflussen, etwa die Hintergrundfarbe, abgerundete Ecken für den Rand des Formulars, Textausrichtung etc., jedoch nicht zur Positionierung der Elemente beitragen.

Wichtig allerdings sind noch die Eigenschaften `width` und `max-width`, mit deren Hilfe Sie die bevorzugte Breite sowie die Maximalbreite von Elementen bestimmen können. Im Beispiel wird dies dazu genutzt, die maximale Breite des Formulars zu definieren sowie die Breite, die jeweils die Labels und die Textfelder einnehmen sollen.

```
<!DOCTYPE html>
<html>
<head>
  <title>Formulare gestalten</title>
  <style type="text/css">

    body {
      font-family: Verdana, Geneva, Tahoma, sans-serif;
      font-size: 0.9em;
    }
```

```
* {
  box-sizing: border-box;
}

form {
  padding: 1em;
  background: #f9f9f9;
  border: 1px solid lightgrey;
  margin: 2rem auto auto auto;
  max-width: 600px;
  padding: 1em;
  border-radius: 5px;
  overflow: hidden;
}

form input {
  margin-bottom: 1rem;
  background: white;
  border: 1px solid darkgray;
}

form button {
  background: lightgrey;
  padding: 0.8em;
  border: 0;
}

form button:hover {
  background: deepskyblue;
}

label {
  text-align: right;
  display: block;
  padding: 0.5em 1.5em 0.5em 0;
}

input {
  width: 100%;
  padding: 0.7em;
```

```
      margin-bottom: 0.5rem;
    }

    input:focus {
      outline: 3px solid deepskyblue;
    }

    label {
      float: left;
      width: 200px;
    }

    input {
      float: left;
      width: calc(100% - 200px);
    }

    button {
      float: right;
      width: calc(100% - 200px);
    }

  </style>
  <meta charset="UTF-8">
</head>
<body>
  <form>
    <label for="firstName">Vorname</label>
    <input id="firstName" type="text">

    <label for="lastName">Nachname</label>
    <input id="lastName" type="text">

    <label for="birthday">Geburtsdatum</label>
    <input id="birthday" type="date">

    <label for="email">E-Mail</label>
    <input id="email" type="email">

    <button>Abschicken</button>
```

```
</form>
</body>
</html>
```

Listing 3.23 Formulare gestalten mit dem Float-Layout

Dank dieser Anpassungen sieht das Formular schon viel besser aus:

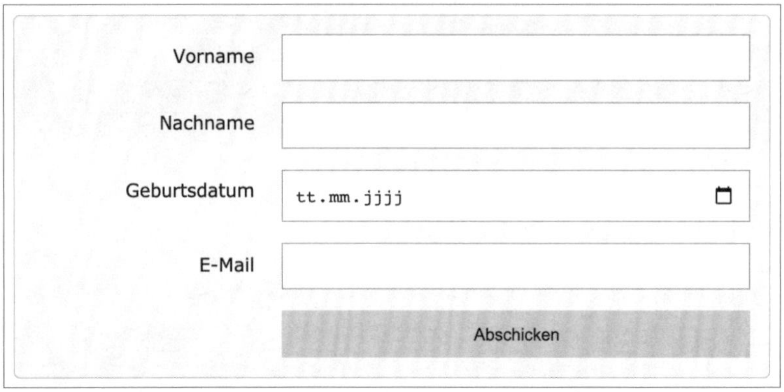

Abbildung 3.18 Das mit CSS gestaltete Formular

3.4.3 Flexbox-Layout

Das mit CSS3 eingeführte *Flexbox-Layout* ist deutlich flexibler als das Float-Layout oder das Standardlayout von Block-Level-Elementen oder Inline-Level-Elementen. Die Hauptidee hinter dem Flexbox-Layout besteht darin, einem Element die Möglichkeit zu geben, die Breite und Höhe seiner Kindelemente dynamisch anzupassen, um den verfügbaren Platz optimal auszufüllen. Ein *Flex-Container* erweitert entsprechend die Breite und Höhe der Kindelemente (der sogenannten *Flex-Items*), um den verfügbaren freien Platz zu füllen, oder verkleinert sie, um ein »Überlaufen« zu verhindern. Im Gegensatz zu den regulären Layouts von (vertikal angeordneten) Block-Level-Elementen und (horizontal angeordneten) Inline-Level-Elementen ist das Flexbox-Layout dabei **richtungsunabhängig**. Das heißt, es kann sowohl für die vertikale Anordnung als auch für die horizontale Anordnung verwendet werden (Abbildung 3.19).

Über verschiedene CSS-Eigenschaften kann dabei Einfluss auf die Darstellung der einzelnen Flex-Items genommen werden, unter anderem auf die Ausrichtung (Abbildung 3.20), die Ausdehnung (Abbildung 3.21) und die Anordnung (Abbildung 3.22).

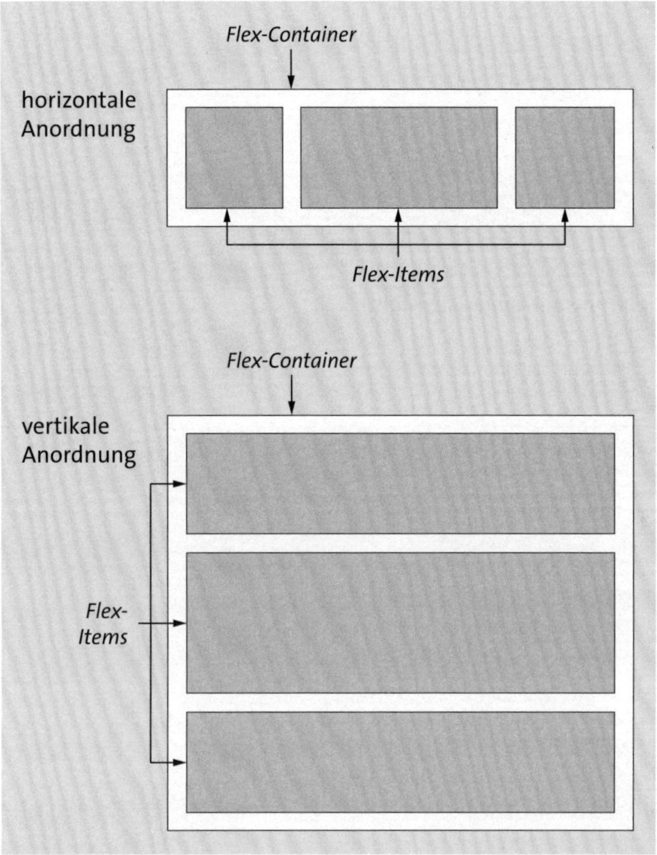

Abbildung 3.19 Das Flexbox-Layout erlaubt die horizontale und vertikale Anordnung von Elementen.

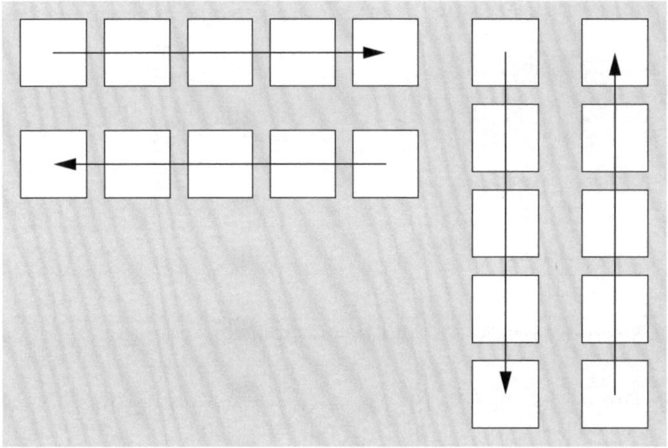

Abbildung 3.20 Für das Flexbox-Layout lässt sich die Ausrichtung anpassen, ...

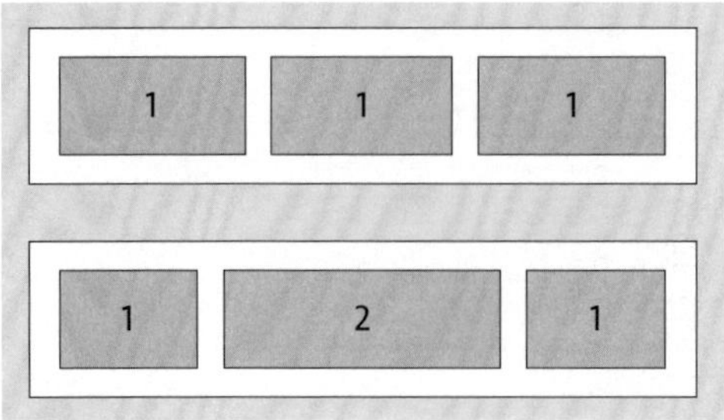

Abbildung 3.21 ... die Ausdehnung einzelner Flex-Items ...

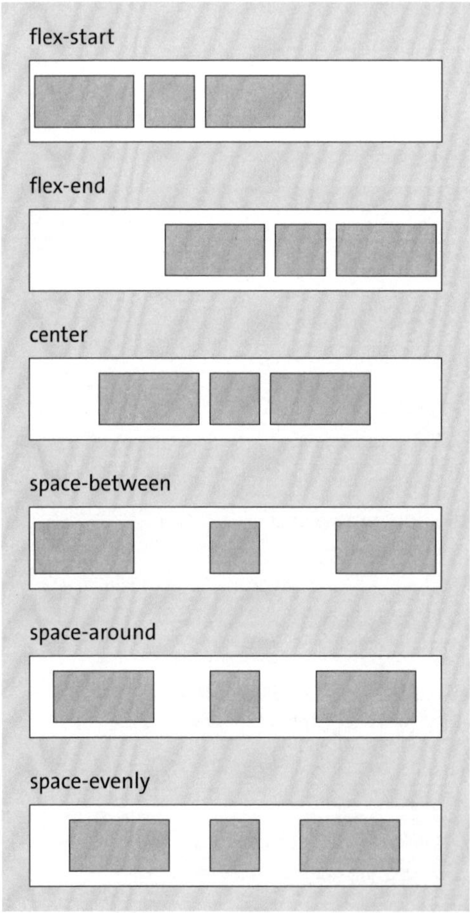

Abbildung 3.22 ... sowie die Anordnung innerhalb des Flex-Containers.

Tabelle 3.2 gibt Ihnen eine Übersicht über die für das Flexbox-Layout relevanten CSS-Eigenschaften.

Eigenschaft	Bezieht sich auf	Beschreibung
`display`	Flex-Container	Definiert mit Wert »flex« ein Element als Flex-Container.
Reihenfolge und Anordnung		
`flex-direction`	Flex-Container	Gibt die Richtung an, in die Flex-Items in einem Flex-Container angeordnet werden.
`flex-wrap`	Flex-Container	Steuert, ob der Flex-Container einzeilig oder mehrzeilig ist.
`flex-flow`	Flex-Container	Shorthand-Eigenschaft für die Eigenschaften `flex-direction` und `flex-wrap`
`order`	Flex-Item	Bestimmt die Reihenfolge einzelner Flex-Items. Als Wert kann ein numerischer Wert angegeben werden, der die Position des jeweiligen Flex-Items repräsentiert.
Ausrichtung		
`justify-content`	Flex-Container	Definiert, wie der verfügbare Platz auf die Flex-Items verteilt werden soll.
`align-items`	Flex-Container	Legt die Standardausrichtung aller Elemente für die jeweils andere Achse des Flex-Containers fest.
`align-self`	Flex-Item	Wie `align-items`, bezieht sich aber auf einzelne Flex-Items.
`align-content`	Mehrzeilige Flex-Container	Definiert die Anordnung einzelner Flex-Items bei mehrzeiligen Flex-Containern.
Ausdehnung		
`flex-basis`	Flex-Item	Steuert über einen numerischen Wert, wie groß ein Element entlang der Hauptachse wird, bevor es wächst oder schrumpft.
`flex-grow`	Flex-Item	Bestimmt über einen numerischen Wert, wie viel ein Element im Verhältnis zu den Geschwisterelementen wächst.

Tabelle 3.2 Relevante CSS-Eigenschaften bezüglich des Flexbox-Layouts

Eigenschaft	Bezieht sich auf	Beschreibung
flex-shrink	Flex-Item	Bestimmt über einen numerischen Wert, um wie viel ein Element im Verhältnis zu den Geschwisterelementen schrumpft.
flex	Flex-Item	Shorthand-Eigenschaft für die drei oben genannten Eigenschaften

Tabelle 3.2 Relevante CSS-Eigenschaften bezüglich des Flexbox-Layouts (Forts.)

So weit die wesentlichen Grundlagen in aller Kürze. Schauen wir uns an, wie sich das Formularbeispiel mithilfe des Flexbox-Layouts umsetzen lässt.

Flexbox-Layout am Beispiel von Formularen

Zunächst sind am HTML-Code ein paar Anpassungen notwendig: Die einzelnen Labels und Textfelder werden jeweils paarweise in <div>-Elementen platziert. Diesen Elementen wird anschließend die Eigenschaft display zugewiesen, und deren Wert wird auf »flex« gesetzt, was dazu führt, dass jedes dieser Elemente als eigener Flexbox-Container interpretiert wird. Innerhalb eines jeden Containers werden anschließend Labels und Textfelder angeordnet, wobei über die Eigenschaft flex deren Ausdehnung definiert wird: Textfelder (Wert »2«) nehmen hierbei die doppelte Breite als Labels (Wert »1«) ein. Die Eigenschaft justify-content mit Wert »flex-end« sorgt am Flex-Container außerdem dafür, dass die Elemente innerhalb jedes Containers am Ende (in diesem Fall also rechts) angeordnet werden. Das Ergebnis des Ganzen zeigt Abbildung 3.23.

```
<!DOCTYPE html>
<html>
<head>
  <title>Formulare gestalten</title>
  <style type="text/css">
    body {
      font-family: Verdana, Geneva, Tahoma, sans-serif;
      font-size: 0.9em;
    }

    form {
      padding: 1em;
      background: #f9f9f9;
      border: 1px solid lightgrey;
      margin: 2rem auto auto auto;
```

```
  max-width: 600px;
  border-radius: 5px;
}

form input {
  margin-bottom: 1rem;
  background: white;
  border: 1px solid darkgray;
}

form button {
  background: lightgrey;
  padding: 0.8em;
  border: 0;
}

form button:hover {
  background: deepskyblue;
}

label {
  text-align: right;
  display: block;
  padding: 0.5em 1.5em 0.5em 0;
}

input {
  width: 100%;
  padding: 0.7em;
  margin-bottom: 0.5rem;
}

input:focus {
  outline: 3px solid deepskyblue;
}

form {
  overflow: hidden;
}

.form-row {
  display: flex;
  justify-content: flex-end;
```

```
  }

   .form-row > label {
     flex: 1;
   }

   .form-row > input {
     flex: 2;
   }

  </style>
  <meta charset="UTF-8">
</head>
<body>
  <form>
    <div class="form-row">
      <label for="firstName">Vorname</label>
      <input id="firstName" type="text">
    </div>

    <div class="form-row">
      <label for="lastName">Nachname</label>
      <input id="lastName" type="text">
    </div>

    <div class="form-row">
      <label for="birthday">Geburtsdatum</label>
      <input id="birthday" type="date">
    </div>

    <div class="form-row">
      <label for="email">E-Mail</label>
      <input id="email" type="email">
    </div>

    <div class="form-row">
      <button>Abschicken</button>
    </div>
  </form>
</body>
</html>
```

Listing 3.24 Formulare gestalten mit dem Flexbox-Layout

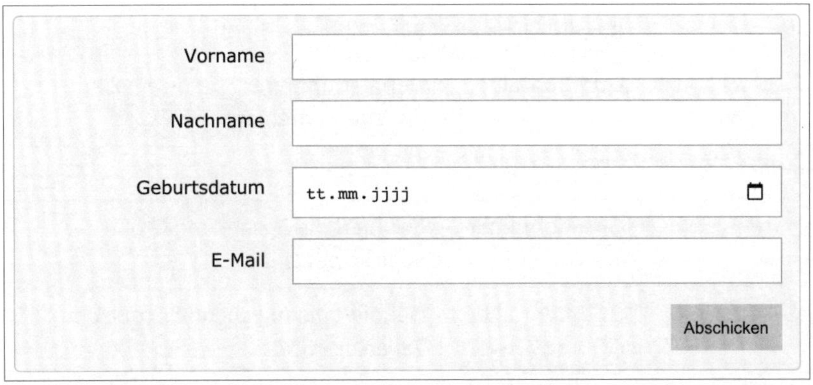

Abbildung 3.23 Das mit dem Flexbox-Layout gestaltete Formular

3.4.4 Grid-Layout

Das Flexbox-Layout ermöglicht schon eine sehr flexible Anordnung von Elementen. Für komplexe Layouts bietet sich aber das neuere *Grid-Layout* an. Dabei handelt es sich im Gegensatz zum **eindimensionalen** Flexbox-Layout um ein **zweidimensionales** Layout, bei dem man die Positionierung von Elementen (den sogenannten *Grid-Items*) über ein (zweidimensionales) Grid innerhalb eines sogenannten *Grid-Containers* vornimmt (Abbildung 3.24). Einzelne Elemente, die mithilfe des Grid-Layouts angeordnet werden, können also anders als beim Flexbox-Layout nicht nur in einer Dimension angeordnet werden, sondern in zwei Dimensionen, wodurch es sehr viel einfacher ist, komplexe Layouts umzusetzen.

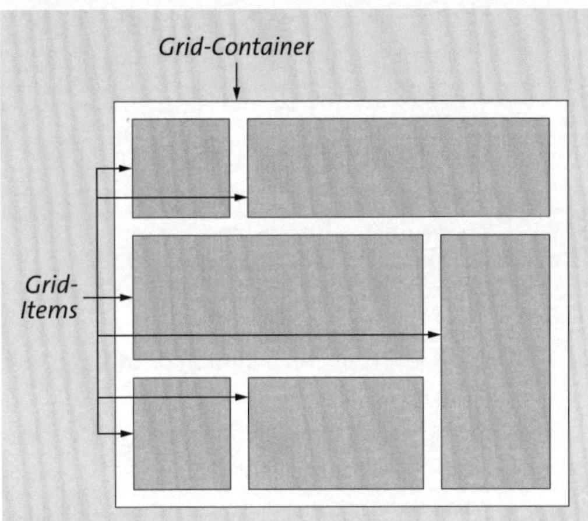

Abbildung 3.24 Das Prinzip des Grid-Layouts

Wie für das Flexbox-Layout gibt es auch für das Grid-Layout ein ganzes Set von CSS-Eigenschaften. Tabelle 3.3 gibt Ihnen dazu eine Übersicht.

Eigenschaft	Bezieht sich auf	Beschreibung
`display`	Grid-Container	Definiert mit Wert »grid« ein Element als Grid-Container.
Grid-Definition		
`grid-template-columns`	Grid-Container	Definiert die Anzahl und Größe der Spalten des Grids.
`grid-template-rows`	Grid-Container	Definiert die Anzahl und Größe der Zeilen des Grids.
`grid-auto-columns`	Grid-Container	Definiert die Anzahl und Größe der automatisch angelegten Spalten des Grids.
`grid-auto-rows`	Grid-Container	Definiert die Anzahl und Größe der automatisch angelegten Zeilen des Grids.
`grid-auto-flow`	Grid-Container	Definiert, wie automatisch platzierte Elemente innerhalb des Grids »fließen«.
`grid-template-areas`	Grid-Container	Definiert den Aufbau und die Position von mit `grid-area` definierten Grid-Elementen.
`grid-template`	Grid-Container	Shorthand-Eigenschaft für `grid-template-areas`, `grid-template-columns` und `grid-template-rows`
`grid`	Grid-Container	Shorthand-Eigenschaft für `grid-auto-columns`, `grid-auto-flow`, `grid-auto-rows` und `grid-template`
Platzierung von Grid-Items		
`grid-row-start`	Grid-Item	Definiert den vertikalen Beginn einer Grid-Area.
`grid-column-start`	Grid-Item	Definiert den horizontalen Beginn einer Grid-Area.
`grid-row-end`	Grid-Item	Definiert das vertikale Ende einer Grid-Area.

Tabelle 3.3 Relevante CSS-Eigenschaften bezüglich des Grid-Layouts

Eigenschaft	Bezieht sich auf	Beschreibung
`grid-column-end`	Grid-Item	Definiert das horizontale Ende einer Grid-Area.
`grid-row`	Grid-Item	Shorthand-Eigenschaft für `grid-row-start` und `grid-row-end`
`grid-column`	Grid-Item	Shorthand-Eigenschaft für `grid-column-start` und `grid-column-end`
`grid-area`	Grid-Item	Shorthand-Eigenschaft für `grid-row` und `grid-column`
Ausrichtung		
`justify-self`	Grid-Item	Definiert die Ausrichtung eines Grid-Items innerhalb des Grid-Containers.
`justify-items`	Grid-Container	Definiert die Ausrichtung aller Grid-Items innerhalb des Grid-Containers.
`align-self`	Grid-Item	Definiert für ein Grid-Item, wie ein einzelnes Grid-Item entlang der Querachse positioniert wird.
`align-items`	Grid-Container	Definiert für einen Grid-Container, wie die einzelnen Grid-Items entlang der Querachse positioniert werden.
`justify-content`	Grid-Container	Definiert die Richtung der Hauptachse, an der sich die Grid-Items orientieren.
`align-content`	Grid-Container	Definiert, wie die einzelnen Grid-Items entlang der Querachse positioniert werden.
Leerraum		
`row-gap`	Grid-Container	Definiert die Abstände zwischen den einzelnen Reihen eines Grids.
`column-gap`	Grid-Container	Definiert die Abstände zwischen den einzelnen Spalten eines Grids.
`gap`	Grid-Container	Shorthand-Eigenschaft für `row-gap` und `column-gap`.

Tabelle 3.3 Relevante CSS-Eigenschaften bezüglich des Grid-Layouts (Forts.)

Grid-Layout am Beispiel von Formularen

Auch wenn in dem Formularbeispiel nicht das Zweidimensionale des Grid-Layouts in seiner vollen Form zum Einsatz kommt, hoffe ich, dass Sie anhand des Beispiels einen Eindruck davon bekommen, wie einfach sich dieses Layoutsystem einsetzen lässt. Zunächst fällt im folgenden Listing 3.25 auf, dass die für das Flexbox-Layout notwendigen `<div>`-Elemente wegfallen. Das `<form>`-Element wird über die Eigenschaft `display` als Grid-Container definiert. Über `grid-template-columns` wird die Anzahl und Breite der Spalten des Grids definiert: Die Anzahl ergibt sich dabei aus der Anzahl der (durch Leerzeichen getrennten) Werte, die Breite wird als Anteil (»fr« für »Fraction«) angegeben. Der Wert »1fr 2fr« definiert also zwei Spalten, wobei die zweite Spalte doppelt so breit wie die erste ist. Über die Eigenschaft `grid-gap` wird zudem der Abstand zwischen den Spalten definiert.

Anschließend wird mithilfe der Eigenschaft `grid-column` für die Labels, die Textfelder und die Schaltfläche genau definiert, von welcher Spalte bis zu welcher Spalte die jeweiligen Elemente anzuordnen sind: die Labels von Spalte 1 zu Spalte 2 (Wert »1 / 2«) und die Textfelder sowie die Schaltfläche von Spalte 2 bis Spalte 3 (Wert »2 / 3«). Das Ergebnis des Ganzen sehen Sie in Abbildung 3.25.

```
<!DOCTYPE html>
<html>
<head>
  <title>Formulare gestalten</title>
  <style type="text/css">

    body {
      font-family: Verdana, Geneva, Tahoma, sans-serif;
      font-size: 0.9em;
    }

    form {
      display: grid;
      grid-template-columns: 1fr 2fr;
      grid-gap: 16px;
      background: #f9f9f9;
      border: 1px solid lightgrey;
      margin: 2rem auto 0 auto;
      max-width: 600px;
      padding: 1em;
      border-radius: 5px;
    }
```

```
    form input {
      background: white;
      border: 1px solid darkgray;
    }

    form button {
      background: lightgrey;
      padding: 0.8em;
      width: 100%;
      border: 0;
    }

    form button:hover {
      background: deepskyblue;
    }

    label {
      padding: 0.5em 0.5em 0.5em 0;
      text-align: right;
      grid-column: 1 / 2;
    }

    input {
      padding: 0.7em;
    }

    input:focus {
      outline: 3px solid deepskyblue;
    }

    input,
    button {
      grid-column: 2 / 3;
    }
  </style>
  <meta charset="UTF-8">
</head>
<body>
  <form>
    <label for="firstName">Vorname</label>
    <input id="firstName" type="text">
```

```
    <label for="lastName">Nachname</label>
    <input id="lastName" type="text">

    <label for="birthday">Geburtsdatum</label>
    <input id="birthday" type="date">

    <label for="email">E-Mail</label>
    <input id="email" type="email">

    <button>Abschicken</button>
</form>
</body>
</html>
```

Listing 3.25 Formulare gestalten mit dem Grid-Layout

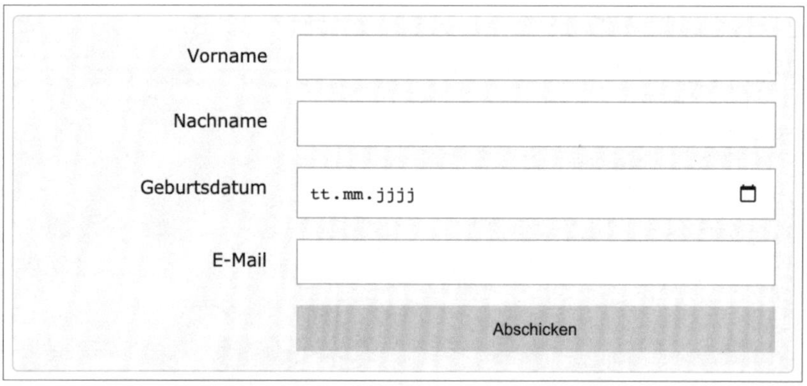

Abbildung 3.25 Das mit dem Grid-Layout gestaltete Formular

3.5 Zusammenfassung und Ausblick

Die Grundlagen von CSS sind, wie Sie in diesem Kapitel gesehen haben, nicht sonderlich schwierig, auch wenn die Umsetzung eines bestimmten Layouts in der Praxis unter Umständen recht zeitaufwendig sein kann. Praxiserfahrung mit CSS bekommt man also nicht von heute auf morgen. Hier hilft nur ausprobieren und sich viele, viele Beispiele anschauen. Ich hoffe, in diesem Kapitel konnte ich Ihnen bereits einige nützliche Beispiele an die Hand geben und Sie sind auf den Geschmack gekommen, sich ausgiebiger mit dieser wichtigen Sprache zu beschäftigen. Die wichtigsten Punkte, die Sie aus diesem Kapitel mitnehmen sollten, habe ich Ihnen in Abschnitt 3.5.1 zusammengefasst.

3.5.1 Die wichtigsten Punkte

- Über *CSS-Regeln* können Sie definieren, wie der Inhalt bestimmter HTML-Elemente dargestellt werden soll.
- CSS-Regeln bestehen dabei prinzipiell aus zwei Teilen: Über den *Selektor* (*CSS-Selektor*) definieren Sie, auf welche HTML-Elemente die jeweilige CSS-Regel angewendet werden soll. Über die *Deklaration* (*CSS-Deklaration*) legen Sie fest, wie genau diese HTML-Elemente dargestellt werden sollen.
- Einzelne Deklarationen bestehen dabei ihrerseits wiederum aus einer *Eigenschaft* (*CSS-Eigenschaft*) und einem Wert.
- Es gibt verschiedene Möglichkeiten, CSS in einem HTML-Dokument einzubinden:
  - **Externes Stylesheet**: Hierbei speichern Sie die CSS-Anweisungen als separate Datei und binden diese Datei ins HTML-Dokument ein.
  - **Internes Stylesheet**: Hierbei definieren Sie die CSS-Anweisungen im Kopfbereich des HTML-Dokuments.
  - **Inline Styles**: Hierbei geben Sie die CSS-Anweisungen direkt in einem HTML-Element an.
- Mithilfe von CSS lassen sich alle Komponenten einer Webseite gestalten. Für Texte lassen sich beispielsweise Schriftart, Schriftschnitt, Textfarbe und Ausrichtung anpassen. Außerdem haben Sie gesehen, wie Sie Listen, Tabellen und Formulare mit CSS ansprechend gestalten.
- In CSS gibt es verschiedene Layoutsysteme für die Anordnung von Elementen:
  - Beim *Float-Layout* »fließen« die Elemente im Textfluss, und Sie können diesen Fluss unterbrechen und auf diese Weise Elemente in neuen Zeilen anordnen.
  - Beim *Flexbox-Layout* haben Sie die Möglichkeit, Elemente in Zeilen oder Spalten anzuordnen und dabei unter anderem den Platz zu bestimmen, den die Elemente dabei einnehmen. Das Flexbox-Layout ist dabei ein eindimensionales Layout.
  - Beim *Grid-Layout* lassen sich Elemente in beliebig komplexen Rastern anordnen: Es ist ein zweidimensionales Layout und damit das flexibelste von den vorgestellten Layoutsystemen.

3.5.2 Weiterführende Literatur

Möchten Sie sich ausführlicher mit dem Thema CSS beschäftigen, empfehle ich Ihnen folgende Bücher (aufmerksame Leser werden feststellen, dass genau diese Liste auch für das Codebeispiel zur Gestaltung von Tabellen in Abschnitt 3.3.2, »Tabellen gestalten«, verwendet wurde):

- Keith J. Grant: »CSS in Depth« (2018)
- Eric A. Meyer: »CSS Pocket Reference: Visual Presentation for the Web« (2018)
- Eric Meyer & Estelle Weyl: »CSS: The Definitive Guide: Visual Presentation for the Web« (2017)
- Lea Verou: »CSS Secrets: Better Solutions to Everyday Web Design Problems« (2014)
- Peter Gasston: »The Book of CSS3: A Developer's Guide to the Future of Web Design« (2014)

3.5.3 Ausblick

Dieses Kapitel stellt natürlich nur eine erste Einführung in die Sprache CSS dar. Darüber hinaus hat die Sprache noch einiges mehr zu bieten, unter anderem:

- **Weitere Eigenschaften**: CSS bietet zahlreiche weitere Eigenschaften, die wir in diesem Kapitel nicht besprochen haben, zum Beispiel für die Definition von Hintergrundbildern oder die Bestimmung der Breite und Höhe von Elementen.
- **Animationen**: Mit CSS können Sie Elemente einer Webseite animieren, indem Sie Übergänge zwischen verschiedenen Werten dieser Eigenschaften definieren. Beispielsweise können Sie auf diese Weise Elemente langsam einblenden, größer oder kleiner werden lassen oder ihre Hintergrundfarbe ändern.
- **Responsive Design**: Unter diesem Begriff versteht man die Fähigkeit einer Webseite, den Inhalt an verschiedene Bildschirmgrößen (Desktop, Smartphone etc.) anzupassen. Eine entscheidende Rolle spielen in diesem Zusammenhang die sogenannten *Media Queries*, mit deren Hilfe Sie CSS-Regeln abhängig von Faktoren wie der Bildschirmgröße anwenden oder deaktivieren können. In Kapitel 11 (»Mobile Webanwendungen implementieren«) werde ich auf dieses Thema eingehen.
- **CSS-Frameworks**: Mitunter kann es sehr aufwendig sein, CSS-Regeln zu definieren, damit Standardelemente auf einer Webseite (zum Beispiel Formularelemente, Tabellen, Listen) ansprechend aussehen. *CSS-Frameworks* wie Bootstrap (*https://getbootstrap.com*), Semantic UI (*https://semantic-ui.com*) oder Materialize (*https://materializecss.com*) bieten vorgefertigte Stylesheets an, die Standardelemente entsprechend gestalten. Sie müssen nichts weiter tun, als die entsprechenden CSS-Dateien des jeweiligen Frameworks einzubinden und eventuell noch die HTML-Struktur entsprechend vorzubereiten, und schon präsentiert sich die Webseite in dem entsprechenden Design bzw. Layout (Abbildung 3.26).
- In Kapitel 9, »CSS vereinfachen mit CSS-Präprozessoren«, werden wir außerdem auf sogenannte *CSS-Präprozessoren* eingehen, die Ihnen bei der Arbeit mit CSS sehr viel Schreibarbeit abnehmen können.

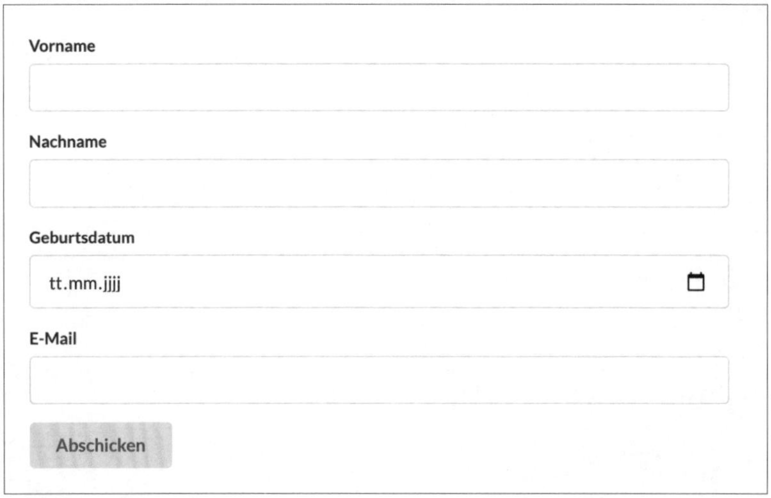

Abbildung 3.26 CSS-Frameworks wie hier Semantic UI formatieren Standardelemente bereits ansprechend, ohne dass Sie hierfür eine Zeile CSS schreiben müssen.

Nachdem Sie nun in diesem und dem vorigen Kapitel die Grundlagen der beiden Sprachen HTML und CSS kennengelernt haben, möchte ich Ihnen im nächsten Kapitel die Sprache JavaScript vorstellen und Ihnen zeigen, wie Sie Webseiten mithilfe dieser Programmiersprache interaktiver machen.

Kapitel 4
Webseiten interaktiv machen mit JavaScript

In diesem Kapitel gebe ich Ihnen einen komprimierten Überblick über den Sprachkern von JavaScript. Sie lernen, wie Sie einzelne Werte in Variablen speichern und Berechnungen durchführen, den Ablauf eines Programms über Verzweigungen und Wiederholungen steuern und den Quelltext in wiederverwendbare Bausteine strukturieren können.

Eines vorweg: Ziel dieses Kapitels kann es natürlich nicht sein, Ihnen alle Features der Sprache JavaScript zu vermitteln. Dafür ist der vorgesehene Platz deutlich zu knapp. Ich möchte dieses Kapitel daher dafür nutzen, Ihnen die wesentlichen Grundlagen der Sprache vorzustellen. Möchten Sie sich intensiver mit JavaScript beschäftigen, habe ich Ihnen am Ende des Kapitels zusätzlich einige empfehlenswerte Quellen vorbereitet.

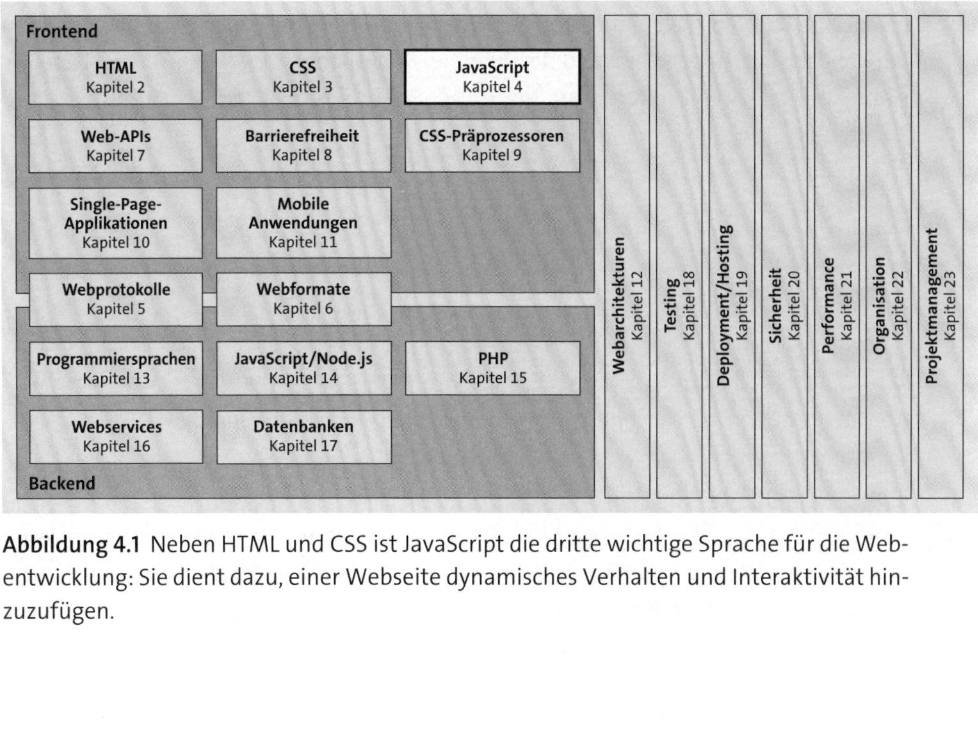

Abbildung 4.1 Neben HTML und CSS ist JavaScript die dritte wichtige Sprache für die Webentwicklung: Sie dient dazu, einer Webseite dynamisches Verhalten und Interaktivität hinzuzufügen.

4.1 Einführung

Wie auch schon bei HTML und CSS möchte ich mich auch im Falle von JavaScript nicht mit historischen Details aufhalten. Die entsprechenden Informationen finden Sie bei Interesse beispielsweise bei Wikipedia (*https://de.wikipedia.org/wiki/JavaScript*). Wichtig zu wissen ist nur, dass es einen Standard hinter JavaScript mit Namen *ECMAScript* gibt, der von der sogenannten *Ecma International* (vormals *European Computer Manufacturers Asssociation* bzw. kurz *ECMA*) verwaltet wird. Dieser Standard (mit der Bezeichnung »ECMA-262«, *https://www.ecma-international.org/publications/standards/Ecma-262.htm*), erscheint mittlerweile (seit 2015) jährlich in einer neuen Version. Analog dazu spricht man im Zusammenhang mit JavaScript auch von den Versionen ES2015, ES2016 etc.

4.1.1 JavaScript einbinden

JavaScript-Code kann auf verschiedene Weise in eine Webseite eingebunden werden, wie wir in den folgenden Abschnitten sehen werden.

Die Verzeichnisstruktur vorbereiten

Für das Durcharbeiten der folgenden Beispiele empfehle ich Ihnen, die in Abbildung 4.2 gezeigte Verzeichnisstruktur für jedes Beispiel zu verwenden. Der Einstiegspunkt für den Browser, also die HTML-Datei, liegt dabei auf oberster Ebene. Für die CSS- und JavaScript-Dateien dagegen bietet es sich an, jeweils verschiedene Verzeichnisse zu verwenden. In der Regel werden dazu die Verzeichnisnamen *styles* (für CSS-Dateien, siehe Kapitel 3, »Webseiten gestalten mit CSS«) und *scripts* (für JavaScript-Dateien) verwendet.

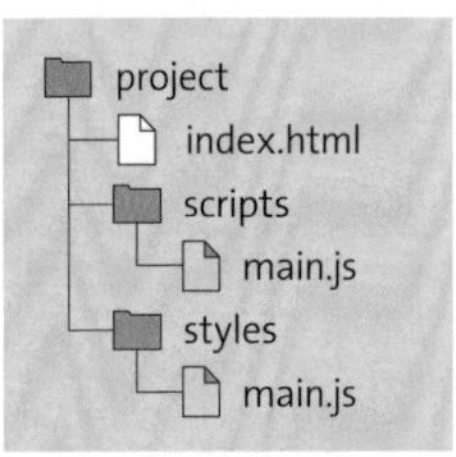

Abbildung 4.2 Exemplarische Ordnerstruktur für ein einfaches Webprojekt

Eine JavaScript-Datei erstellen

Es bietet sich an, JavaScript-Code besser in einer separaten Datei (oder mehreren separaten Dateien) zu speichern. Auf diese Weise bleibt der Code übersichtlich, und Sie haben zudem die Möglichkeit, denselben JavaScript-Code in verschiedene HTML-

Seiten einzubinden. Aus diesem Grund möchte ich Ihnen auch direkt diese Variante vorstellen (die andere Variante, also das Einbinden von JavaScript-Code ohne separate JavaScript-Datei, zeige ich Ihnen im Anschluss).

Zunächst benötigen Sie eine JavaScript-Datei (bei der es sich wie auch schon bei HTML und CSS um eine ganz gewöhnliche Textdatei handelt, die in diesem Fall die Dateiendung *js* hat). Dazu öffnen Sie einfach den Editor oder die Entwicklungsumgebung Ihrer Wahl, erstellen eine neue Datei, fügen folgende Zeilen Quelltext dort ein und speichern die Datei anschließend unter dem Namen *main.js* (zum Verständnis: der Code zeigt lediglich einen Benachrichtigungsdialog mit der Nachricht »Hallo Welt« an).

```
alert('Hallo Welt');
```

Listing 4.1 JavaScript-Code, der eine Funktion aufruft

Eine JavaScript-Datei in eine HTML-Datei einbinden

Um die eben erstellte JavaScript-Datei nun innerhalb einer Webseite verwenden zu können, müssen Sie diese Datei in den HTML-Code einbinden. Das geschieht über das HTML-Element `<script>`. Über das `src`-Attribut teilen Sie dabei die URL (bzw. den Pfad) zu der JavaScript-Datei mit, die eingebunden werden soll. Erstellen Sie nun also eine HTML-Datei mit dem Namen *index.html*, und fügen Sie dort den folgenden in Listing 4.2 gezeigten Inhalt ein.

```
<!DOCTYPE html>
<html>
<head lang="en">
  <meta charset="UTF-8">
  <title>Beispiel</title>
  <link rel="stylesheet" href="styles/main.css" type="text/css">
</head>
<body>
<!--Hier wird die JavaScript-Datei eingebunden -->
<script src="scripts/main.js"></script>
</body>
</html>
```

Listing 4.2 Einbinden von JavaScript in HTML

Wenn Sie jetzt diese HTML-Datei im Browser öffnen, sollte sich ein kleiner Hinweisdialog öffnen, der die Meldung »Hallo Welt« enthält.

Abbildung 4.3 Ein einfacher über JavaScript erzeugter Hinweisdialog

JavaScript direkt innerhalb des HTML definieren

Der Vollständigkeit halber zeige ich Ihnen noch, wie Sie JavaScript auch direkt innerhalb einer HTML-Datei definieren können. Das ist zwar in der Regel nicht ratsam, weil man auf diese Weise HTML- und JavaScript-Code in einer Datei mischt. Zu wissen, dass es geht, schadet aber nicht.

Das `<script>`-Element kann nicht nur dazu verwendet werden, externe JavaScript-Dateien einzubinden, sondern auch dazu, direkt JavaScript-Code zu definieren. Dazu schreiben Sie den entsprechenden Code einfach innerhalb des `<script>`-Elements. Folgendes Listing 4.3 zeigt das Beispiel von eben, verwendet jedoch keine separate JavaScript-Datei (das `src`-Attribut ist daher auch nicht notwendig).

```
<!DOCTYPE html>
<html>
<head lang="en">
  <meta charset="UTF-8">
  <title>Beispiel</title>
  <link rel="stylesheet" href="styles/main.css" type="text/css">
</head>
<body>
<script>
  alert('Hallo Welt');
</script>
</body>
</html>
```

Listing 4.3 Nur in Ausnahmefällen sinnvoll: Definition von JavaScript direkt in einer HTML-Datei

Das <noscript>-Element

Über das `<noscript>`-Element können Sie übrigens HTML-Code definieren, der vom Browser nur dann dargestellt wird, wenn JavaScript vom Browser nicht unterstützt wird oder vom Nutzer deaktiviert wurde. Auch Suchmaschinen-Crawler werten `<noscript>`-Abschnitte aus. Insbesondere für Webseiten, die fast ausschließlich aus

JavaScript bestehen und ihren Inhalt zum Beispiel per Ajax laden (vgl. Kapitel 7, »Web-APIs verwenden«), kann die Verwendung dieses Elements also nützlich sein.

```
<noscript>
  JavaScript ist nicht verfügbar oder es ist deaktiviert. <br />
  Bitte verwenden Sie einen Browser, der JavaScript unterstützt,
  oder aktivieren Sie JavaScript in Ihrem Browser.
</noscript>
```

Listing 4.4 Beispiel für die Verwendung des <noscript>-Elements

4.1.2 Dialogfenster anzeigen

In dem Eingangsbeispiel haben Sie bereits gesehen, wie Sie mithilfe der Funktion `alert()` eine einfache Ausgabe in Form eines Hinweisdialogs erzeugen können. Darüber hinaus gibt es noch zwei weitere Standardfunktionen zur Darstellung von Dialogfenstern: Die Funktion `confirm()` ruft einen *Bestätigungsdialog* auf (siehe Abbildung 4.4), der im Gegensatz zum Hinweisdialog über zwei Schaltflächen verfügt – eine zum Bestätigen der entsprechenden Meldung, eine zum Abbrechen. Die Funktion `prompt()` dagegen öffnet einen *Eingabedialog*, in dem Nutzer einen Text eingeben können (siehe Abbildung 4.5).

Abbildung 4.4 Ein einfacher Bestätigungsdialog

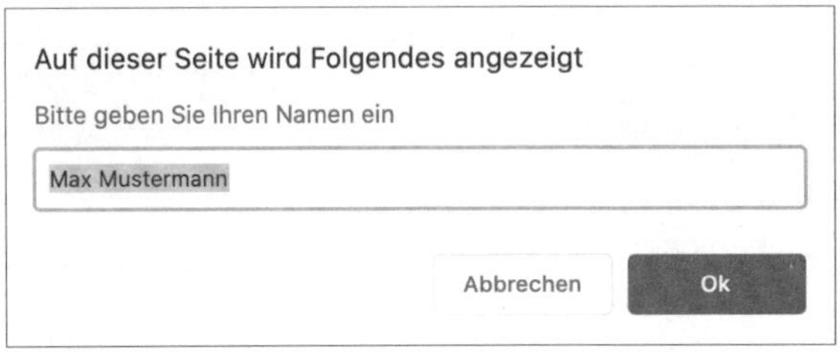

Abbildung 4.5 Ein einfacher Eingabedialog

In der Praxis werden die Standarddialoge für Hinweise, Bestätigungen und Eingaben eher selten verwendet, da sie zum einen in ihrer Funktionalität sehr begrenzt sind und zum anderen nicht wirklich bezüglich des Aussehens angepasst werden können.

4.1.3 Die Entwicklerkonsole verwenden

Insbesondere für das Testen von JavaScript-Funktionalität stellt es eine enorme Hilfe dar, zu Testzwecken bestimmte Ausgaben zu erzeugen, beispielsweise Zwischenergebnisse bestimmter Funktionen etc. Diese Ausgaben jedes Mal über einen Hinweisdialog auszugeben, würde allerdings sehr schnell zu nervigen Klickorgien führen. Aus diesem Grund stellen mittlerweile alle aktuellen Browser eine sogenannte *Entwicklerkonsole* zur Verfügung, auf die Sie aus einem JavaScript-Programm Nachrichten schreiben können.

Die Konsole ist Teil der Entwicklertools und standardmäßig ausgeblendet. Um die Konsole zu aktivieren, gehen Sie abhängig vom verwendeten Browser wie folgt vor:

- Unter Chrome wählen Sie ANZEIGEN • ENTWICKLER • JAVASCRIPT-KONSOLE.
- In Firefox öffnen Sie die Konsole über EXTRAS • WEB-ENTWICKLER • WEB-KONSOLE.
- Unter Safari öffnen Sie die Konsole über ENTWICKLER • FEHLERKONSOLE EINBLENDEN. Achtung: bei aktuellen Versionen von Safari muss der Menüpunkt ENTWICKLER zunächst unter EINSTELLUNGEN • ERWEITERT freigeschaltet werden.
- In Opera müssen Sie zunächst ENTWICKLER • ENTWICKLERWERKZEUGE wählen und anschließend den Tab CONSOLE.
- In Microsoft Edge können Sie die Entwicklertools über die Taste `F12` oder im Menü über WEITERE TOOLS • ENTWICKLUNGSTOOLS (bzw. `F12` oder DEVELOPER TOOLS) auswählen.

In Abbildung 4.6 sehen Sie beispielsweise, wie die Entwicklerkonsole unter Chrome aussieht. In den nächsten Abschnitten werde ich Ihnen zeigen, wie Sie über JavaScript Ausgaben auf diese Konsole schreiben können.

Abbildung 4.6 Die Entwicklerkonsole wird standardmäßig am unteren Rand des Browserfensters angezeigt (hier Google Chrome).

Für das Schreiben auf die Konsole stellen Browser ein *Objekt* mit dem Namen `console` zur Verfügung, das wiederum über verschiedene *Methoden* verfügt, um Ausgaben zu erzeugen. Eine einfache Konsolenausgabe erzeugen Sie beispielsweise über die Methode `log()`. Um die Verwendung der Konsole zu testen, ersetzen Sie in der Datei *main.js* (siehe oben) einfach den Quelltext wie folgt und laden die Webseite neu:

```
console.log('Hallo Entwicklerwelt');
```

Listing 4.5 Ausgabe auf die Konsole über das »console«-Objekt

Anschließend sollte die Meldung »Hallo Entwicklerwelt« auf der Konsole ausgegeben werden.

Neben der Methode `log()` stellt das `console`-Objekt einige weitere Methoden zur Verfügung (siehe auch Tabelle 4.1). Je nach Browser wird die Ausgabe für die einzelnen Methoden farblich oder durch Symbole besonders hervorgehoben.

```
console.log('Hallo Entwicklerwelt');     // Ausgabe einer normalen Meldung
console.debug('Hallo Entwicklerwelt');   // Ausgabe einer Debug-Meldung
console.error('Hallo Entwicklerwelt');   // Ausgabe einer Fehlermeldung
console.info('Hallo Entwicklerwelt');    // Ausgabe einer Infomeldung
console.warn('Hallo Entwicklerwelt');    // Ausgabe einer Warnung
```

Listing 4.6 Verwendung des »console«-Objekts

Methode	Beschreibung
`clear()`	Leert alle Meldungen auf der Konsole.
`debug()`	Gibt die Meldung nur dann aus, wenn das Log-Level »debug« aktiviert ist, also nur während des *Debuggens*.
`error()`	Gibt eine Fehlermeldung aus. In den meisten Browsern wird in der Konsole ein Fehler-Icon neben der ausgegebenen Meldung angezeigt.
`info()`	Gibt eine Infomeldung auf die Konsole aus.
`log()`	Gibt eine »normale« Meldung auf der Konsole aus.
`warn()`	Dient dazu, eine Warnung auf der Konsole auszugeben. Auch hier wird in den meisten Browsern ein entsprechendes Icon neben der Meldung ausgegeben.

Tabelle 4.1 Die wichtigsten Methoden des »console«-Objekts bezüglich der Ausgabe von Meldungen auf der Konsole

4.1.4 Einführung in die Programmierung

Bevor es konkret an die Sprache JavaScript geht, möchte ich Ihnen erst eine Übersicht darüber geben, was *Programmierung* bedeutet und was die wesentlichen Bestandteile einer Programmiersprache bzw. konkret der Sprache JavaScript sind.

Zunächst zu der Frage, was Programmierung ist bzw. welchen Zweck wir mit ihr verfolgen. Bei der Programmierung geht es darum, bestimmte Aufgaben bzw. Berechnungen von einem Computer übernehmen zu lassen. Das können beispielsweise komplexe Aufgaben sein, die wir als Menschen nur schwierig selbst ausrechnen könnten, oder auch Berechnungen, die uns im Alltag helfen, Dinge effektiver zu erledigen.

Die Aufgabe von Entwicklern bei der Programmierung ist es, dem Computer Anweisungen zu geben, damit dieser die ihm gestellten Aufgaben durchführen kann. Als Entwickler formulieren Sie einzelne *Arbeitsschritte*, um ein bestimmtes Problem zu lösen. Diese Arbeitsschritte werden dann vom Computer Schritt für Schritt ausgeführt bzw. ausgewertet. Zusammenfassend bezeichnet man die Arbeitsschritte zur Lösung einer Problemstellung in der Informatik als *Algorithmus*. Bei einem *Programm* (auch: *Software*, *Anwendung* oder *Applikation*) wiederum handelt es sich um eine Abfolge von verschiedenen Algorithmen.

Ganz tief »unten« arbeiten Computer mit *Binärcode* (auch *Maschinencode* bzw. *Maschinensprache*, also »Nullen und Einsen«). Das hat einen ganz einfachen Hintergrund: Auf Hardware-Ebene verstehen Computer eben nur »null« für »Strom aus« und »eins« für »Strom an«. Um den Computer nun Berechnungen oder bestimmte Dinge »machen zu lassen«, muss man ihn letztendlich mit verschiedenen Kombinationen aus Nullen und Einsen versorgen: Auf diese Weise können Sie beispielsweise dem Computer sagen, in welcher Farbe er welches Pixel auf dem Bildschirm darstellen soll, welcher Buchstabe im Texteditor getippt werden soll oder an welchen Empfänger eine E-Mail gesendet werden soll.

Für uns als Menschen wäre es natürlich ungemein kompliziert, die Anweisungen an den Computer in Form von Nullen und Einsen einzugeben. Hier kommen *Programmiersprachen* ins Spiel: Sie stellen eine Abstraktionsebene für die Interaktion mit dem Computer dar. Statt Nullen und Einsen einzugeben, verwenden Sie *Schlüsselwörter* und *Kontrollstrukturen*, die von der jeweiligen Programmiersprache zur Verfügung gestellt werden, um dem Computer zu sagen, was er machen soll.

Hinweis

Programmiersprachen lassen sich abhängig von ihrem Abstraktionsgrad in unterschiedliche Kategorien einordnen. JavaScript ist eine sogenannte *höhere Programmiersprache* und abstrahiert relativ weit von den Nullen und Einsen. In Kapitel 13, »Programmiersprachen auf der Serverseite verwenden«, werden wir sehen, welche anderen Arten von Programmiersprachen es noch gibt.

Programmiersprachen stellen neben den Schlüsselwörtern verschiedene Konstrukte bereit, die bei der Programmierung helfen. Es folgt eine kurze Beschreibung der in JavaScript wichtigen Konstrukte. Im Anschluss daran zeige ich Ihnen, wie Sie diese in JavaScript verwenden.

- **Variablen**: Variablen sind sozusagen Behälter, die während der Programmausführung verschiedene Werte annehmen können. Mithilfe von Variablen können Sie beispielsweise Ergebnisse aus Berechnungen zwischenspeichern und an anderer Stelle wiederverwenden.
- **Konstanten**: Ähnlich wie Variablen sind Konstanten ebenfalls Behälter, die einen Wert annehmen können. Allerdings kann dieser Wert – nachdem er der Konstante einmal zugewiesen wurde – nicht wieder geändert werden. Der Wert einer Konstanten ist *konstant*, also unveränderbar.
- **Datentyp**: Der Datentyp einer Variablen oder Konstanten (bzw. des damit verbundenen Wertes) beschreibt, ob es sich bei dem Wert um einen Zahlenwert, eine Zeichenkette (*String*), einen booleschen Wert etc. handelt.
- **Operatoren**: Mithilfe von Operatoren können Sie Berechnungen wie die Addition von Zahlen etc. durchführen.
- **Kontrollstrukturen**: Über Kontrollstrukturen können Sie den Programmfluss steuern. Hierzu zählen *Verzweigungen* und verschiedene Arten von *Schleifen*. Über Verzweigungen können Sie abhängig von einer bestimmten *Bedingung* entscheiden, welcher Weg in der Programmlogik eingeschlagen werden soll. Über Schleifen können Sie definieren, wie oft ein bestimmter Programmteil wiederholt ausgeführt werden soll.
- **Funktionen**: Dabei handelt es sich um wiederverwendbare Codebausteine, die Sie von verschiedenen Stellen im Code aufrufen (also wiederverwenden) können.
- **Objekte**: Mithilfe von Objekten können Sie Daten sinnvoll gruppieren.
- **Klassen**: Mithilfe von Klassen lassen sich »Baupläne« für Objekte erstellen (siehe auch Kapitel 13, »Programmiersprachen auf der Serverseite verwenden«).
- **Arrays**: Das sind vereinfacht gesagt Container, in denen Sie mehrere Werte, Variablen oder Objekte hintereinander als Liste verwalten können.

4.2 Variablen, Konstanten, Datentypen und Operatoren

Nachdem Sie nun wissen, welche grundsätzlichen Sprachkonstrukte es in JavaScript gibt, möchte ich Ihnen in den folgenden Abschnitten zeigen, wie Sie diese jeweils konkret in JavaScript verwenden.

4.2.1 Variablen definieren

Um in einem JavaScript-Programm Daten zwischenspeichern zu können, benötigen Sie *Variablen*. In JavaScript erzeugen Sie Variablen mit dem Schlüsselwort `let`.

Variablen legen Sie in zwei Schritten an: Zunächst definieren Sie im Rahmen der *Variablendeklaration* die Variable als solches. Anschließend weisen Sie der Variablen einen konkreten Wert zu (*Wertzuweisung* oder auch *Variableninitialisierung*). Der Einfachheit halber kann auch beides direkt kombiniert werden:

```
let firstName;                // Variablendeklaration
firstName = 'Max';            // Variableninitialisierung
let lastName = 'Mustermann'; // Kombinierte Variablendeklaration
                              // und Variableninitialisierung
console.log(firstName);       // "Max"
console.log(lastName);        // "Mustermann"
```

Listing 4.7 Deklaration von Variablen mit dem Schlüsselwort »let«

Hinweis

Es gibt auch die Möglichkeit, Variablen über das Schlüsselwort `var` zu erstellen. Was genau der Unterschied zwischen den beiden Schlüsselwörtern ist, ist für den Anfang nicht wichtig. Daher möchte ich an dieser Stelle auf meine beiden JavaScript-Bücher hinweisen.

4.2.2 Konstanten definieren

Bei Variablen können Sie den Wert zu einer beliebigen Zeit ändern, den bestehenden Wert also mit einem neuen Wert *überschreiben*. In manchen Fällen kann es aber sinnvoll sein, so etwas zu verhindern. *Konstanten* sind sozusagen Variablen, die nur einmal initialisiert und dann nicht mehr verändert werden können. In JavaScript definieren Sie Konstanten über das Schlüsselwort `const`.

```
const MAXIMUM = 5000;
```

Listing 4.8 Deklaration einer Konstanten

Hinweis

Im Beispielcode sehen Sie auch gleichzeitig eine Konvention für die Benennung von Konstanten: Diese werden üblicherweise komplett in Großbuchstaben geschrieben.

4.2.3 Datentypen verwenden

Insgesamt stellt JavaScript sechs (bzw. streng genommen sieben, siehe Kasten) verschiedene Datentypen zur Verfügung: Zum einen sind das *primitive Datentypen* für die Repräsentation von Zahlen (Datentyp »number«), Zeichenketten (Datentyp »string«) und booleschen Wahrheitswerten (Datentyp »boolean«), zum anderen die speziellen Datentypen `null` und `undefined` (auch eine Form von primitiven Datentypen) sowie darüber hinaus ein Datentyp für Objekte.

- **Zahlen** (genauer: *numerische Daten*) können Sie verwenden, um mathematische Berechnungen durchzuführen, Wertebereiche zu definieren, oder einfach, um zu zählen. Beispielsweise könnten Sie die summierten Kosten aller Artikel in einem Einkaufswagen berechnen. Sie könnten auch zählen, wie häufig ein Nutzer auf einen bestimmten Bereich einer Webseite klickt.
  Dabei lassen sich, wie in Listing 4.9 zu sehen, sowohl Ganzzahlen als auch Kommazahlen anlegen (auch wenn intern bezüglich des Datentyps nicht zwischen diesen beiden unterschieden wird):

```
const number1 = 5;    // Definition einer Ganzzahl
const number2 = 0.5;  // Definition einer Kommazahl
const number3 = -22;  // Definition einer negativen Ganzzahl
const number4 = -0.9; // Definition einer negativen Kommazahl
```

Listing 4.9 Definition verschiedener Zahlenvariablen

- **Zeichenketten** oder auch englisch *Strings* bezeichnen eine Folge (sprich »Kette«) von Zeichen, bestehend aus Buchstaben, Ziffern, Sonderzeichen und/oder Steuerzeichen. Zeichenketten verwenden Sie immer dann, wenn Sie es mit irgendeiner Form von Texten zu tun haben. Folgender Code zeigt, wie Sie Zeichenketten (unter Verwendung von einfachen Anführungszeichen und doppelten Anführungszeichen) anlegen können.

```
const firstName = 'Max';          // einfache Anführungszeichen
const lastName = "Mustermann";    // doppelte Anführungszeichen
const age = "22";                 // keine Zahl, sondern Zeichenkette
const street = 'Musterstraße";    // Syntaxfehler: Mischform
```

Listing 4.10 Beispiele für die Definition von Zeichenketten

> **Hinweis**
>
> Mittlerweile hat sich in JavaScript das Best Practice herausgebildet, dass alle »Variablen«, deren Wert sich nicht ändert, mit dem Schlüsselwort `const` erstellt werden. Streng genommen handelt es sich dann also nicht mehr um Variablen, sondern um Konstanten.

Eine weitere Möglichkeit der Erzeugung von Zeichenketten sei hier nur am Rande genannt: Sie können Zeichenketten mittlerweile auch unter Verwendung des Backtick-Symbols (`) erstellen, um sogenannte *Template Strings* zu definieren. Das sind letztendlich Zeichenketten, innerhalb derer Sie Variablen als Platzhalter definieren können.

- **Boolesche Wahrheitswerte** bzw. englisch *Booleans* können nur einen von zwei Werten annehmen: `true` (für *wahr*) und `false` (für *falsch*). Booleans verwenden Sie in der Regel bei Variablen, die einen von zwei Zuständen haben können:

```
const isLoggedIn = true;
const isAdmin = false;
```

Listing 4.11 Definition von booleschen Variablen

Auf die besonderen Datentypen `null` und `undefined` möchte ich an dieser Stelle nicht im Detail eingehen. Objekte dagegen besprechen wir im weiteren Verlauf dieses Kapitels.

Hinweis

Eigentlich kennt JavaScript mit sogenannten *Symbolen* einen weiteren Datentyp, auf den ich an dieser Stelle aber aus Platzgründen nicht eingehen möchte.

4.2.4 Operatoren verwenden

Sie wissen jetzt, wie Sie Variablen und Konstanten definieren und darin Werte unterschiedlichen Datentyps **zwischenspeichern** können. Sie benötigen jetzt noch eine Möglichkeit, mit diesen Werten auch zu **arbeiten** bzw. diese zu **verändern** und zu **kombinieren**, um neue Werte zu erhalten. Dazu verwenden Sie sogenannte *Operatoren*. In JavaScript gibt es davon verschiedene:

- **Arithmetische Operatoren**: Gemeint sind hiermit Operatoren für das Arbeiten und Rechnen mit Zahlen, zu denen die Addition (+-Operator), die Subtraktion (--Operator), die Multiplikation (*-Operator), die Division (/-Operator) sowie Modulo (%-Operator) zählen. Hinzu kommen der Inkrement- und der Dekrement-Operator (Ersterer (++) addiert eins zu einer Zahl, Letzterer (--) subtrahiert eins von einer Zahl) sowie der Exponentialoperator (**), mit dessen Hilfe sich Potenzen berechnen lassen.
- **Zuweisungsoperator**: Den Zuweisungsoperator (=) haben Sie schon bei der Initialisierung von Variablen kennengelernt. Er dient dazu, einer Variablen einen Wert zuzuweisen.

- **Verkettungsoperator**: Für das Arbeiten mit Zeichenketten steht Ihnen der Verkettungsoperator (+) zur Verfügung, über den sich zwei Zeichenketten miteinander zu einer einzigen Zeichenkette verbinden lassen (Fachbegriff: *Konkatenation*).
- **Logische Operatoren**: *Logische Operatoren* arbeiten mit booleschen Wahrheitswerten. Der &&-Operator (UND-Operator) prüft, ob zwei boolesche Werte wahr sind, der ||-Operator (ODER-Operator) prüft, ob mindestens einer von zwei booleschen Werten wahr ist, und der !-Operator (Negationsoperator) »dreht« einen booleschen Wahrheitswert um, macht also aus »wahr« »falsch« und umgekehrt aus »falsch« »wahr«.
- **Bitweise Operatoren**: Über sogenannte *bitweise Operationen* haben Sie die Möglichkeit, mit einzelnen Bitwerten zu arbeiten. Folgende bitweise Operatoren stehen zur Verfügung: & (bitweises UND), | (bitweises ODER), ^ (bitweises XOR), ~ (bitweise Negation), << (Linksverschiebung), >> (vorzeichenpropagierende Rechtsverschiebung), >>> (nullfüllende Rechtsverschiebung).
- **Vergleichsoperatoren**: Mithilfe dieser Operatoren können Sie Werte miteinander vergleichen. Die Operatoren lauten: < (kleiner als), > (größer als), <= (kleiner oder gleich), >= (größer oder gleich), == (Gleichheit), === (strikte Gleichheit), != (Ungleichheit) und !== (strikte Ungleichheit).
- **Spezielle Operatoren**: Neben den gezeigten Operatoren gibt es in JavaScript noch eine Reihe weiterer Operatoren, auf die ich an dieser Stelle allerdings aus Platzgründen nicht eingehen kann.

Hinweis

Eine gute Übersicht über alle in JavaScript zur Verfügung stehenden Operatoren finden Sie auch unter *https://developer.mozilla.org/de/docs/Web/JavaScript/Reference/Operators*.

4.3 Kontrollstrukturen verwenden

Mithilfe von Kontrollstrukturen können Sie definieren, welchen Weg ein Programm durchlaufen soll. Angenommen, Sie möchten bei einem Registrierungsformular eine Meldung anzeigen, wenn der Nutzer einen ungültigen Wert (beispielsweise ein zu kurzes Passwort) eingegeben hat. Oder Sie möchten auf einer Webseite auf Basis einer Liste von Daten dynamisch eine Tabelle generieren, wobei der Code unabhängig von der Länge der Liste funktionieren soll.

Für solche Fälle stehen in Programmiersprachen *Kontrollstrukturen* zur Verfügung: Darüber können Sie definieren, **ob** ein Anweisungsblock ausgeführt werden soll und

wie häufig. Ersteres erreichen Sie über *bedingte Anweisungen* bzw. *Verzweigungen*, Letzteres mithilfe von *Schleifen* bzw. *Wiederholungen*.

4.3.1 Bedingte Anweisungen und Verzweigungen verwenden

Bedingte Anweisungen definieren Sie mithilfe des Schlüsselwortes `if`. Um den in der Einleitung beschriebenen Anwendungsfall umzusetzen, bei dem abhängig von der Gültigkeit des Passwortes eine entsprechende Meldung angezeigt werden soll, würde man wie in Listing 4.12 eine `if`-Anweisung verwenden. Der Inhalt der `if`-Anweisung (in den geschweiften Klammern) wird hier nur ausgeführt, falls die Variable `passwordTooShort` den Wert `true` enthält. Über das Schlüsselwort `else` haben Sie zudem die Möglichkeit, eine *Verzweigung* zu definieren. In diesem Fall *verzweigt* der Code: Für den Fall, dass die Bedingung erfüllt ist, wird der Anweisungsblock innerhalb der `if`-Anweisung ausgeführt, andernfalls der Anweisungsblock innerhalb der `else`-Anweisung.

```
let passwordTooShort = password.length < 10;
let message = '';
if (passwordTooShort) {
  message = 'Das Passwort muss mindestens 10 Zeichen enthalten.';
} else {
  message = 'Das Passwort erfüllt alle Bedingungen.';
}
document.getElementById('info').textContent = message;
```

Listing 4.12 Beispiel für eine bedingte Anweisung inklusive Verzweigung

Hinweis

Das in Listing 4.12 verwendete `document`-Objekt repräsentiert das HTML-Dokument für die aktuelle Webseite. Mithilfe der Methode `getElementById()` dieses Objekts können Sie ein HTML-Element anhand seiner ID ermitteln. Über die Eigenschaft `textContent` von dem HTML-Element, das von dieser Methode zurückgegeben wird, können Sie den Textinhalt neu definieren. Im Listing wird auf diese Weise also der Inhalt der Variablen `message` als Textinhalt in das HTML-Element mit der ID »info« geschrieben (etwas detaillierter gehen wir auf das dynamische Ändern von HTML mithilfe von JavaScript in Kapitel 7, »Web-APIs verwenden«, ein).

Bei bedingten Anweisungen testen Sie gegen **eine Bedingung** und führen abhängig davon Anweisungen aus oder eben nicht, gegebenenfalls mit einer Verzweigung mithilfe von `else`. Für den Fall, dass Sie **mehrere Bedingungen** testen wollen, können Sie dieses Konstrukt durch beliebig viele `else if` erweitern.

```
let passwordTooShort = password.length < 10;
let passwordTooLong = password.length > 50;
let message = '';
if (passwordTooShort) {
  message = 'Das Passwort muss mindestens 10 Zeichen enthalten.';
} else if (passwordTooLong) {
  message = 'Das Passwort darf maximal 50 Zeichen enthalten.';
} else {
  message = 'Das Passwort erfüllt alle Bedingungen.';
}
document.getElementById('info').textContent = message;
```

Listing 4.13 Beispiel für eine Verzweigung mit mehreren Wegen

Darüber hinaus gibt es noch die *Mehrfachverzweigungen*, die mithilfe des Schlüsselwortes `switch` definiert werden können und die es ermöglichen, anhand des Wertes einer Variablen einen von mehreren Wegen einzuschlagen. Ein einfaches Beispiel dazu zeigt Listing 4.14: Je nachdem, welchen Wert die Variable `testResult` enthält, wird einer der über `case` definierten Wege eingeschlagen. Hat die Variable beispielsweise den Wert »0«, wird der unter `case 0:` definierte Code ausgeführt, beim Wert »1« der unter `case 1:` definierte Code usw. Über das Schlüsselwort `break` haben Sie zudem die Möglichkeit, die Ausführung der `switch`-Anweisung abzubrechen.

```
const testResultElement = document.getElementById('testResult');
const testResult = 0;      // Testergebnis, würde normalerweise berechnet
let icon = null;           // Variable, die den Bildnamen enthalten wird
switch(testResult) {       // Prüfe das Testergebnis
  case 0:                  // Hat dieses den Wert 0,
    icon = 'pass.png';     // wird der Bildname "pass.png" verwendet.
    break;                 // Abbruch der switch-Anweisung
  case 1:                  // Hat das Testergebnis den Wert 1,
    icon = 'info.png';     // wird der Bildname "info.png" verwendet.
    break;                 // Abbruch der switch-Anweisung
  case 2:                  // Hat das Testergebnis den Wert 2,
    icon = 'warning.png';  // wird der Bildname "warning.png" verwendet.
    break;                 // Abbruch der switch-Anweisung
  case 3:                  // Hat das Testergebnis den Wert 3,
    icon = 'error.png';    // wird der Bildname "error.png" verwendet.
    break;                 // Abbruch der switch-Anweisung
  default:                 // Für alle anderen Werte
    icon = 'unknown.png';  // wird der Bildname "unknown.png" verwendet.
}
testResultElement.src = 'img/' + icon;
```

Listing 4.14 Verwendung der »switch«-Anwendung

Hinweis

Wenn Sie innerhalb eines über `case` definierten Blocks nicht über `break` abbrechen, werden ab dem `case`, in den »gesprungen« wird, auch alle folgenden `case`-Blöcke ausgeführt, bis entweder ein `break` erreicht wird oder alle Blöcke abgearbeitet wurden.

4.3.2 Schleifen verwenden

Um bestimmte Anweisungen **wiederholt** auszuführen, verwenden Sie in der Programmierung sogenannte *Schleifen*. In JavaScript gibt es drei Arten von Schleifen: zum einen die *Zählschleife*, mit deren Hilfe Anweisungen auf Basis einer *Zählervariablen* wiederholt werden können, zum anderen die *kopfgesteuerte Schleife* und die *fußgesteuerte Schleife*, die beide Anweisungen so lange wiederholen, wie eine bestimmte Bedingung erfüllt ist.

Zählschleifen werden in JavaScript über das Schlüsselwort `for` eingeleitet (man spricht auch von `for`-Schleifen). In den darauf folgenden Klammern definieren Sie drei Bereiche: In der *Initialisierung* schreiben Sie den Code, der vor dem Ausführen der gesamten Schleife genau einmal ausgeführt werden soll. Üblicherweise dient dieser Bereich dazu, die Zählervariable zu initialisieren. In der *Bedingung* schreiben Sie den Code, der vor jedem Ausführen einer *Schleifeniteration* überprüft, ob die Schleife weiter ausgeführt oder abgebrochen werden soll. Üblicherweise überprüfen Sie hier, ob die Zählervariable einen bestimmten Grenzwert erreicht hat. In dem *Inkrementierungsausdruck* schließlich schreiben Sie den Code, der nach dem Ausführen einer Schleifeniteration ausgeführt werden soll. Üblicherweise zählen Sie hier die Zählervariable hoch. Innerhalb der diesem Teil nachfolgenden geschweiften Klammern schreiben Sie die Anweisungen, die wiederholt ausgeführt werden sollen.

Eine einfache Zählschleife, welche die Zahlen 1 bis 10 auf die Konsole ausgibt, zeigt Listing 4.15:

```
for (let i = 1; i <= 10; i++) {
  console.log(i);
}
```

Listing 4.15 Eine einfache »for«-Schleife, die die Zahlen von 1 bis 10 ausgibt

Kopfgesteuerte Schleifen und *fußgesteuerte Schleifen* funktionieren vom Prinzip her ähnlich: Beide Schleifen wiederholen eine oder mehrere Anweisungen so lange, wie eine gegebene Bedingung erfüllt ist. Der einzige Unterschied liegt darin, zu welchem Zeitpunkt die Überprüfung stattfindet: Bei der kopfgesteuerten Schleife (auch wegen des verwendeten Schlüsselwortes `while`-Schleife genannt) wird als Erstes geprüft, ob die boolesche Bedingung erfüllt ist, und erst dann mit der ersten Schleifeniteration begonnen. Es kann also sein, dass überhaupt keine Schleifeniteration ausgeführt wird.

```
let i = 1;          // Initialisierung
while (i <= 10) {  // Bedingung
  console.log(i);  // Anweisung
  i++;             // Inkrementierung
}
```

Listing 4.16 Eine einfache »while«-Schleife, die die Zahlen von 1 bis 10 ausgibt

Bei der fußgesteuerten Schleife (auch: `do-while`-Schleife) wird erst **nach** jeder Schleifeniteration die Bedingung überprüft. Mit anderen Worten: Hier wird in jedem Fall **mindestens eine** Schleifeniteration ausgeführt, selbst wenn die Bedingung schon zu Beginn nicht erfüllt ist.

```
let i = 1;          // Initialisierung
do {
  console.log(i);   // Anweisung
  i++;              // Inkrementierung
} while (i <= 10)   // Bedingung
```

Listing 4.17 Eine einfache »do-while«-Schleife, die die Zahlen von 1 bis 10 ausgibt

4.4 Funktionen und Fehlerbehandlung

Mithilfe von *Funktionen* können Sie Quelltext in wiederverwendbare Codebausteine zusammenfassen.

4.4.1 Funktionen definieren und aufrufen

In JavaScript gibt es verschiedene Möglichkeiten, Funktionen zu definieren. Zunächst wäre da die sogenannte *Funktionsdeklaration* (bzw. *Function Declaration*). Die entsprechende Funktion leitet man dabei über das Schlüsselwort `function` ein, gefolgt von dem Namen der Funktion und von einem Paar runder Klammern. Die Logik, die ausgeführt werden soll (bzw. die Anweisungen), schreiben Sie in den *Funktionskörper* in geschweiften Klammern.

Listing 4.18 zeigt ein einfaches Beispiel für das Erstellen einer Funktion mithilfe einer Funktionsdeklaration.

```
function printNumbersFrom1To10() {
  for (let i = 1; i <= 10; i++) {
    console.log(i);
  }
}
```

Listing 4.18 Erstellen einer Funktion unter Verwendung einer Funktionsdeklaration

Alternativ dazu können Funktionen über sogenannte *Funktionsausdrücke* (bzw. *Function Expressions*) erstellt werden. Üblicherweise verzichtet man dabei auf die Angabe eines Funktionsnamens, was die Funktion zu einer sogenannten *anonymen Funktion* macht, und speichert die Funktion stattdessen in einer Variablen. Das Beispiel von eben unter Verwendung eines Funktionsausdrucks sieht wie folgt aus:

```
const printNumbersFrom1To10 = function() {
  for (let i = 1; i <= 10; i++) {
    console.log(i);
  }
}
```

Listing 4.19 Erstellen einer Funktion unter Verwendung eines Funktionsausdrucks

Darüber hinaus haben Sie die Möglichkeit, Funktionen über eine Kurzschreibweise zu definieren. Aufgrund der dabei verwendeten Syntax nennt man diese Arten von Funktionen auch *Arrow Functions* oder *Fat Arrow Functions*. Analog wieder die bekannte Funktion, dieses Mal als Arrow Function:

```
const printNumbersFrom1To10 = () => {
  for (let i = 1; i <= 10; i++) {
    console.log(i);
  }
}
```

Listing 4.20 Erstellen einer Funktion unter Verwendung der Arrow-Function-Schreibweise

Hinweis

Im Detail gibt es einige Unterschiede bezüglich der Verwendung der gezeigten Funktionsarten, auf die ich an dieser Stelle nicht eingehen möchte. Bei Interesse finden Sie ausführliche Erläuterungen dazu in meinem JavaScript-Handbuch.

Die eben – auf welche Art auch immer – deklarierte Funktion `printNumbersFrom1To10()` kann nun an verschiedenen Stellen innerhalb eines Programms aufgerufen werden. Dazu geben Sie einfach den Funktionsnamen gefolgt von den runden Klammern an.

```
printNumbersFrom1To10();
```

Listing 4.21 Aufruf einer Funktion

4.4.2 Funktionsparameter übergeben und auswerten

Richtig mächtig werden Funktionen natürlich erst, wenn man ihnen Werte übergeben kann. Dies machen Sie über sogenannte *Funktionsparameter*, denn mit ihrer Hilfe können Sie Informationen an eine Funktion übergeben, die dann innerhalb der Funktion verwendet werden können. Um Funktionsparameter zu definieren, schreiben Sie die Namen der Parameter einfach in die runden Klammern hinter dem Funktionsnamen. Innerhalb der Funktion können Sie dann auf die einzelnen Parameter über diese Namen genauso wie auf gewöhnliche Variablen zugreifen.

Unser Beispiel von eben ließe sich etwa auf diese Weise derart anpassen, dass es nicht nur die Zahlen 1 bis 10 ausgibt, sondern die Zahlen innerhalb eines beliebigen Wertebereichs, sprich die Zahlen von x bis y:

```
function printNumbersFromXToY(x, y) {
  for (let i = x; i <= y; i++) {
    console.log(i);
  }
}
printNumbersFromXToY(1, 10);        // Zahlen 1 bis 10
printNumbersFromXToY(1, 100);       // Zahlen 1 bis 100
printNumbersFromXToY(100, 1000);    // Zahlen 100 bis 1000
```

Listing 4.22 Verwenden von Funktionsparametern

4.4.3 Rückgabewerte definieren

Über Funktionsparameter können Sie Informationen an eine Funktion **übergeben**. Andersherum ist es aber auch möglich, aus einer Funktion heraus Informationen wieder an den aufrufenden Code **zurückzugeben**. Die von einer Funktion zurückgegebene Information nennt man *Rückgabewert*. Damit eine Funktion einen Wert zurückgibt, verwenden Sie das Schlüsselwort `return`, gefolgt von dem Wert, der zurückgegeben werden soll.

Listing 4.23 zeigt eine einfache Additionsfunktion, die für zwei Zahlen (`x` und `y`) die Summe berechnet, das Ergebnis in der Zwischenvariablen `result` speichert und diese zurückgibt.

```
function sum(x, y) {
  let result = x + y;  // Addition der zwei übergebenen Parameter
  return result;       // Rückgabe des Ergebnisses
```

```
}
const z = sum(5, 6);        // Aufruf und Zuweisung des Rückgabewertes
console.log(z);             // 11
```

Listing 4.23 Eine Funktion, die einen Wert zurückgibt

4.4.4 Auf Fehler reagieren

Bei dem Ausführen von Programmen kann es zu verschiedenen Arten von Fehlern kommen:

- *Syntaxfehler* treten auf, wenn Sie die syntaktischen Regeln von JavaScript nicht beachten, beispielsweise wenn Sie die runden Klammern bei der Definition einer `for`-Anweisung vergessen oder wenn Sie bei der Funktionsdeklaration nicht `function`, sondern `funktion` (also mit k) schreiben.
- *Laufzeitfehler* dagegen sind Fehler, die nicht durch fehlerhafte Syntax auftreten, sondern beispielsweise, wenn Sie versuchen, auf Variablen zuzugreifen, die nicht vorhanden sind.
- *Logische Fehler* bzw. *Bugs* bezeichnen solche Arten von Fehlern, die durch falsche Logik Ihres Programms verursacht werden.

Syntaxfehler erkennen Sie, indem Sie einen Editor oder eine Entwicklungsumgebung mit entsprechender *Syntaxvalidierung* verwenden. Logische Fehler können Sie durch automatisierte Tests verhindern (siehe auch Kapitel 18, »Webanwendungen testen«). Auf Laufzeitfehler können Sie mit sogenannter *Fehlerbehandlung* reagieren, die ich Ihnen in diesem Abschnitt vorstellen möchte.

Um auf Laufzeitfehler reagieren zu können, haben Sie die Möglichkeit, sogenannte *try-catch-Codeblöcke* zu definieren. Den Namen haben diese Codeblöcke aufgrund der Schlüsselwörter, die hier zum Einsatz kommen:

- Über `try` können Sie einen Codeblock ausführen, der potenziell Fehler produziert.
- Über `catch` können Sie den Fehler *fangen* bzw. darauf *reagieren* und entsprechende Gegenmaßnahmen treffen. Darüber hinaus haben Sie hier Zugriff auf das Objekt, das den entsprechenden Fehler repräsentiert und üblicherweise Detailinformationen zum Fehler bereitstellt.

Listing 4.24 zeigt ein Beispielprogramm, das eine Codestelle enthält, die potenziell Fehler werfen kann. Die Funktion `checkPassword()` verwendet bereits bekannte Logik, um ein gegebenes Passwort bezüglich der Länge zu überprüfen: Enthält das Passwort weniger als 10 oder mehr als 50 Zeichen, gilt es als ungültig und kann nicht verwendet werden. Im Listing können Sie sehen, wie Sie Fehler auslösen (»werfen«) und darauf reagieren (»die Fehler fangen«) können. Einen Fehler werfen können Sie über das Schlüsselwort `throw`: Hier geben Sie konkret das Fehlerobjekt an, das geworfen werden soll. (Den Ausdruck `new Error()` haben wir bislang noch nicht durchgesprochen. An dieser Stelle sollten Sie sich nur merken: Über diese *Konstruktorfunktion* wird ein neues `Error`-Objekt auf Basis der *Klasse* `Error` erstellt, wobei Sie als Parameter die Fehlermeldung als Zeichenkette übergeben.)

Die Funktion im Listing wirft also zwei Fehler: einen, wenn das Passwort weniger als 10 Zeichen enthält, und einen anderen, wenn das Passwort mehr als 50 Zeichen enthält. Wenn Sie jetzt die Funktion `checkPassword()` an anderer Stelle aufrufen, sollten Sie entsprechende Maßnahmen treffen, um auf diese Fehler reagieren zu können. Dies erreichen Sie, indem Sie den Codeblock, der einen Fehler werfen könnte, mit einem `try-catch`-Block umgeben: Sie »versuchen« also, den entsprechenden Codeblock auszuführen, sind aber darauf vorbereitet, den Fehler zu »fangen« und darauf zu reagieren. Letzteres können Sie innerhalb des `catch`-Blocks. Im Beispiel wird hier nur die Fehlermeldung auf die Konsole ausgegeben. In einer echten Applikation könnten Sie hier eine entsprechende Meldung an den Nutzer (beispielsweise in Form eines Hinweisdialogs) weitergeben.

```
function checkPassword(password) {
  if (password.length < 10) {
    throw new Error('Das Passwort muss mindestens 10 Zeichen enthalten.');
  } else if (password.length > 50) {
    throw new Error('Das Passwort darf maximal 50 Zeichen enthalten.');
  }
  return 'Das Passwort erfüllt alle Bedingungen.';
}
try {
  const password = 'simple';
  checkPassword(password);
  const message = 'Das Passwort erfüllt alle Bedingungen.';
  // ... hier weitere Verarbeitung ...
} catch (error) {
  console.error(error);
}
```

Listing 4.24 Beispiel für die Verwendung eines »try-catch«-Blocks

4.5 Objekte und Arrays

Neben den primitiven Datentypen stehen in JavaScript noch Objekte und Arrays zur Verfügung. Über Objekte können Sie zusammengehörige Funktionalität sinnvoll zusammenfassen. Arrays funktionieren wie eine Art Liste, können also mehrere Werte enthalten.

4.5.1 Objekte verwenden

Prinzipiell haben Sie in JavaScript mehrere Möglichkeiten, Objekte zu erstellen. Ich möchte Ihnen an dieser Stelle die einfachste Variante vorstellen: die sogenannte *Literal-Schreibweise* (bzw. *Objekt-Literal-Schreibweise*). Dabei definieren Sie ein Objekt unter Verwendung von geschweiften Klammern. Innerhalb der geschweiften Klammern können Sie dann *Eigenschaften* und *Methoden* des Objekts definieren (Letzteres sind quasi Funktionen, die auf dem Objekt aufgerufen werden können).

Auf die einzelnen Eigenschaften und Methoden können Sie über die sogenannte Punktschreibweise zugreifen: Hierbei schreiben Sie einfach den Namen des Objekts, dann einen Punkt und dann den Namen der Eigenschaft.

In Listing 4.25 beispielsweise wird ein Objekt `book` angelegt, das über die vier Eigenschaften `name`, `price`, `author` und `isbn` sowie die Methode `printDescription()` verfügt. Anschließend werden unter Verwendung der Punktschreibweise alle Eigenschaften ausgegeben, und die Methode wird einmal aufgerufen.

```
const book = {
  title: 'Schrödinger programmiert Java',
  price: 44.90,
  author: 'Philip Ackermann',
  isbn: '978-3836245838978-3836245838',
  printDescription() {
    console.log(`${this.author}: ${this.title}`);
  }
}
console.log(book.title);   // "Schrödinger programmiert Java"
console.log(book.price);   // 44.9
console.log(book.author);  // "Philip Ackermann"
console.log(book.isbn);    // "978-3836245838"
book.printDescription();   // "Philip Ackermann: Schrödinger programmiert
                           // Java"
```

Listing 4.25 Erstellen eines Objekts über die Objekt-Literal-Schreibweise

Hinweis

In Listing 4.25 kommt innerhalb der Methode `printDescription()` übrigens ein Template String zum Einsatz. Innerhalb eines solchen Template Strings können Sie über `${variable}` Platzhalter definieren, um auf diese Weise direkt den Wert der entsprechenden Variablen in den String »einzubauen«. Über das Schlüsselwort `this` wird dabei zudem auf das aktuelle Objekt zugegriffen: `this.author` greift auf die Eigenschaft `author` des aktuellen Objekts zu, `this.title` auf die Eigenschaft `title`.

4.5.2 Arrays verwenden

Arrays dienen als Listen von Werten und können in JavaScript wie auch Objekte auf mehrere Arten erstellt werden, wobei ich an dieser Stelle wieder nur die einfachste Variante vorstelle: die sogenannte *Array-Literal-Schreibweise*. Das Array wird hierbei über eckige Klammern definiert. Die einzelnen Elemente schreiben Sie innerhalb der eckigen Klammern durch Komma getrennt (ergänzend dazu können Sie Werte auch nachträglich über die Methode push() hinzufügen).


```
// Erzeugen eines Arrays mit bestimmten Werten
const names = ['Max', 'Moritz', 'Peter'];
// Zugriff auf die Elemente eines Arrays
console.log(names[0]); // "Max"
console.log(names[1]); // "Moritz"
console.log(names[2]); // "Peter"
// Erzeugen eines leeren Arrays
const colors = [];
// Hinzufügen von Werten
colors.push('red');
colors.push('green');
colors.push('blue');
// Hinzufügen von Werten über Index-Schreibweise
colors[3] = 'orange';
colors[4] = 'yellow';
console.log(colors); // ["red", "green", "blue", "orange", "yellow"]
```

Listing 4.26 Erzeugen eines Arrays über die Kurzschreibweise

Arrays sind übrigens auch ein klassisches Beispiel für die Verwendung von Zählschleifen. In Listing 4.27 sehen Sie beispielsweise, wie Sie mithilfe der for-Schleife über die Elemente im Array colors iterieren können. Im Initialisierungsausdruck der Schleife wird zunächst die Zählervariable i mit dem Wert 0 initialisiert. In der Bedingung wird überprüft, ob die Zählervariable kleiner als die Länge des Arrays ist (Eigenschaft length). Im Inkrementierungsausdruck schließlich wird die Zählervariable mithilfe des Inkrement-Operators um eins hochgezählt. Innerhalb der Schleife wird auf das jeweils auszugebende Element im Array über den *Index* zugegriffen.

```
// Iteration über ein Array
for (let i=0; i<colors.length; i++) {
  console.log(colors[i]);
}
```

Listing 4.27 Iteration über Elemente eines Arrays

Hinweis

Der Index von Arrays fängt bei 0 an, weswegen auch die Zählervariable `i` mit 0 initialisiert wird.

Neben der Methode `push()` gibt es eine Reihe weiterer Methoden, die bei der Verwendung von Arrays hilfreich sind (Tabelle 4.2).

Methode	Beschreibung
`concat()`	Hängt Elemente oder Arrays an ein bestehendes Array an.
`filter()`	Filtert Elemente aus dem Array auf Basis eines in Form einer Funktion übergebenen Filterkriteriums.
`forEach()`	Wendet eine übergebene Funktion auf jedes Element im Array an.
`join()`	Wandelt ein Array in eine Zeichenkette um.
`map()`	Bildet die Elemente eines Arrays auf Basis einer übergebenen Umwandlungsfunktion auf neue Elemente ab.
`pop()`	Entfernt das letzte Element eines Arrays.
`push()`	Fügt ein neues Element am Ende des Arrays ein.
`reduce()`	Fasst die Elemente eines Arrays auf Basis einer übergebenen Funktion zu einem Wert zusammen.
`reverse()`	Kehrt die Reihenfolge der Elemente im Array um.
`shift()`	Entfernt das erste Element eines Arrays.
`slice()`	Schneidet einzelne Elemente aus einem Array heraus.
`splice()`	Fügt neue Elemente an beliebiger Position im Array hinzu.
`sort()`	Sortiert das Array, optional auf Basis einer übergebenen Vergleichsfunktion.
`unshift()`	Fügt neue Element an das Ende eines Arrays hinzu.

Tabelle 4.2 Die wichtigsten Methoden von Arrays

4.6 Zusammenfassung und Ausblick

In diesem Kapitel haben Sie in aller Kürze die wichtigsten Grundlagen zu JavaScript kennengelernt. Sie kennen jetzt die wesentlichen Sprachfeatures und haben einen ersten Überblick über die Sprache bekommen. Auf das Zusammenspiel von JavaScript und HTML gehe ich separat in Kapitel 7, »Web-APIs verwenden«, ein.

4.6.1 Die wichtigsten Punkte

Das Wichtigste, was Sie aus diesem Kapitel mitnehmen sollten, ist Folgendes:

- JavaScript kann auf verschiedene Weise in eine Webseite eingebunden werden. Sie sollten sich aber angewöhnen, den JavaScript-Code in separaten Dateien zu verwalten.
- *Variablen* können in JavaScript über das Schlüsselwort `let` definiert werden, *Konstanten* dagegen über das Schlüsselwort `const`.
- In JavaScript gibt es verschiedene *Datentypen*: zum einen die primitiven Standarddatentypen für Zahlen, Zeichenketten und boolesche Werte sowie die besonderen Datentypen `undefined` und `null`, zum anderen Objekte.
- In JavaScript stehen Ihnen verschiedene Arten von *Operatoren* zur Verfügung:
  - arithmetische Operatoren für das Arbeiten mit Zahlen
  - Operatoren für das Arbeiten mit Zeichenketten
  - logische Operatoren für das Arbeiten mit booleschen Werten
  - bitweise Operatoren für das Arbeiten mit Bits
  - Operatoren für das Vergleichen von Werten
  - besondere Operatoren für u. a. die Typüberprüfung
- Den *Kontrollfluss* eines JavaScript-Programms können Sie über bedingte Anweisungen, Verzweigungen, Mehrfachverzweigungen, Zählschleifen sowie kopfgesteuerte und fußgesteuerte Schleifen steuern.
- Über *Funktionen* können Sie wiederverwendbare Programmteile definieren. Funktionen können mit Argumenten aufgerufen werden und einen Rückgabewert liefern.
- In JavaScript gibt es verschiedene Arten von *Fehlern*:
  - *Syntaxfehler* treten auf, wenn die syntaktischen Regeln von JavaScript missachtet werden.
  - *Laufzeitfehler* sind Fehler, die erst zur Laufzeit auftreten, sprich, wenn ein Programm ausgeführt sind.
  - *Logische Fehler* bezeichnen solche Arten von Fehlern, die durch falsche Logik Ihres Programms verursacht werden.

- Wenn während der Ausführung eines Programms ein Fehler auftritt, können Sie auf solche Fehler reagieren: Über das Schlüsselwort `try` markieren Sie die Anweisungen, die potenziell Fehler werfen könnten; über das Schlüsselwort `catch` definieren Sie die Anweisungen, die im Fehlerfall ausgeführt werden sollen.
- Mit JavaScript haben Sie die Möglichkeit, HTML-Code dynamisch zu erzeugen (weitere Details dazu in Kapitel 7, »Web-APIs verwenden«).

4.6.2 Weiterführende Literatur

JavaScript wird Ihnen immer wieder begegnen, und es ist durchaus sinnvoll, sich detaillierter mit dieser Sprache zu beschäftigen. Einige empfehlenswerte Quellen sind:

- mein Buch mit dem Titel »JavaScript: Das umfassende Handbuch«, in dem ich auf fast 1.300 Seiten auf (fast) alle Details der Sprache eingehe.
- mein Buch »Professionell entwickeln mit JavaScript: Designs, Patterns, Praxistipps«, in dem ich vor allem auf fortgeschrittene Aspekte eingehe und verschiedene Best Practices und Entwurfsmuster erläutere.
- Darüber hinaus gibt es vor allem in der englischsprachigen Literatur zahlreiche gute Bücher zum Thema. Erwähnenswert sind hier die Bücher von David Herman (»Effective JavaScript«), Nicholas C. Zakas (unter anderem »Professional JavaScript for Web Developers«) und die »You Don't Know JS«-Reihe von Kyle Simpson.

4.6.3 Ausblick

Im weiteren Verlauf des Buches werden wir immer wieder auf einzelne Features von JavaScript zurückkommen. Das `document`-Objekt ist beispielsweise Bestandteil der sogenannten *DOM API* (*Document Object Model*), auf die ich zusammen mit weiteren Web-APIs in Kapitel 7, »Web-APIs verwenden«, eingehe. In Kapitel 14, »JavaScript auf der Serverseite verwenden«, werden wir es ebenfalls mit JavaScript zu tun haben, nämlich dann, wenn wir uns die serverseitige JavaScript-Laufzeitumgebung Node.js anschauen. Ebenfalls in Kapitel 14 werde ich Ihnen mit express ein serverseitiges Web-Framework vorstellen, das unter Node.js läuft und demzufolge in JavaScript geschrieben ist. In Kapitel 16, »Webservices implementieren«, werden ich Ihnen zudem anhand dieses Frameworks zeigen, wie Sie unter Node.js Webservices implementieren.

Kapitel 5
Webprotokolle verwenden

Dieses Kapitel gibt eine Übersicht über die wichtigsten Webprotokolle, die Sie als Fullstack-Entwickler kennen sollten.

5

Sie kennen jetzt mit HTML, CSS und JavaScript bereits die wichtigsten Sprachen für die Webentwicklung. Außer mit diesen Sprachen müssen Sie sich als Fullstack-Entwickler oder -Entwicklerin aber auch mit *Webprotokollen* auskennen und deren grundlegende Funktionsweise verstehen. So möchte ich im ersten Teil dieses Kapitels noch einmal etwas detaillierter auf das *Hypertext Transfer Protocol* (*HTTP*) zurückkommen, bevor ich Ihnen im zweiten Teil des Kapitels unter anderem das *WebSocket*-Protokoll vorstelle, über das eine bidirektionale Kommunikation zwischen Client und Server möglich ist.

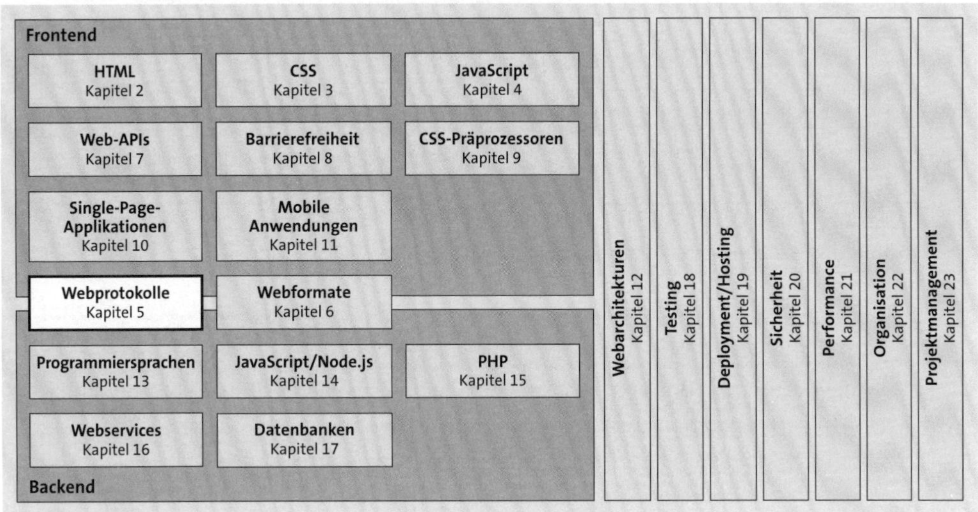

Abbildung 5.1 Webprotokolle steuern die Kommunikation zwischen Client und Server.

5.1 Hypertext Transfer Protocol

Grundsätzlich definieren Webprotokolle die Art und Weise, wie Client und Server miteinander kommunizieren. Wenn Sie eine Webseite im Browser öffnen, werden im Hintergrund vom Client (bzw. Browser) je nach Webseite Dutzende von Anfragen an den Server gestellt: jedes Bild, jede CSS-Datei und jede JavaScript-Datei, die in die jeweilige Webseite eingebunden ist, führt zu einer separaten Anfrage, die vom Browser an den Server geschickt und von diesem bearbeitet wird. Das Protokoll, das dabei zwischen dem Browser (bzw. dem *Client*) und dem Server zum Einsatz kommt, ist das *Hypertext Transfer Protocol*, kurz *HTTP*.

5.1.1 Request und Response

HTTP ist ein sogenanntes *Client/Server-Protokoll*, wobei die initiale Kommunikation vom Client ausgeht: *Clients* (auch *Agents* oder *User Agents* genannt) senden *HTTP-Anfragen* (*HTTP-Requests*) an einen *Server*, der die Anfragen entgegennimmt und diese bearbeitet. Oft muss er dazu Dateien aus dem Dateisystem lesen, auf eine Datenbank zugreifen oder andere serverseitige Logik bzw. serverseitige Operationen ausführen. Sind die serverseitigen Operationen abgeschlossen, erstellt der Server eine *HTTP-Antwort* (*HTTP-Response*) und sendet diese an den Client zurück (Abbildung 5.2).

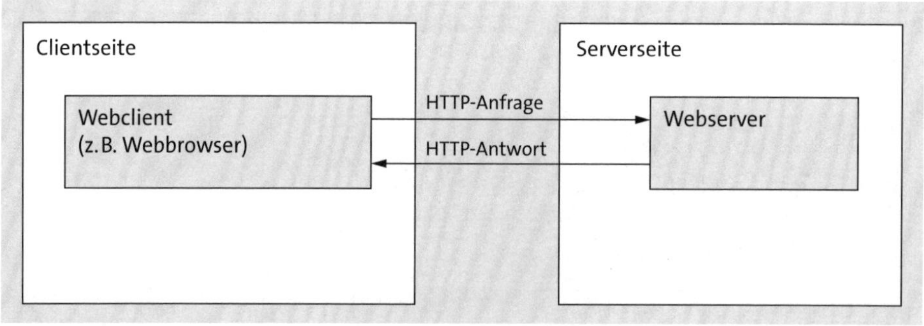

Abbildung 5.2 Request/Response bei HTTP

Tipp

In allen modernen Browsern können Sie über die jeweiligen Entwicklertools Einblick in die Kommunikation zwischen Client und Server nehmen. Probieren Sie es aus! In Chrome beispielsweise öffnen Sie dazu die Entwicklertools über ANZEIGEN • ENTWICKLER • ENTWICKLERTOOLS. Wählen Sie anschließend in dem sich öffnenden Fenster den Bereich NETWORK aus, und laden Sie die entsprechende Webseite neu (dieser manuelle Schritt ist notwendig, da die Entwicklertools standardmäßig den Netzwerkverkehr nicht aufzeichnen). Abbildung 5.3 beispielsweise zeigt sehr schön, was beim Aufruf der Webseite *https://www.rheinwerk-verlag.de* passiert: Insgesamt versendet der Browser 55 HTTP-Anfragen, die im Hintergrund verarbeitet werden!

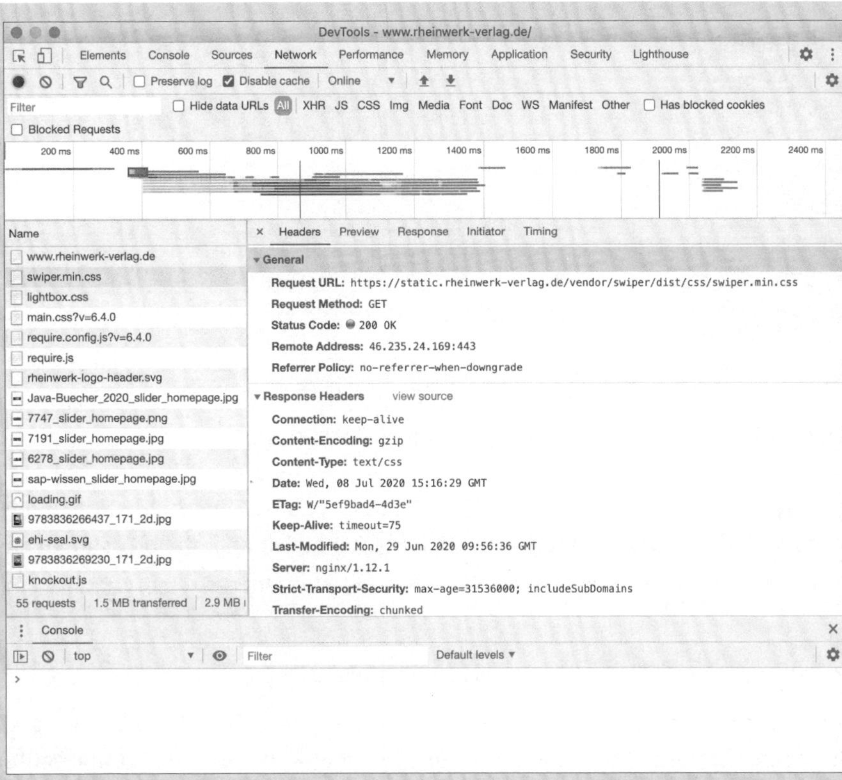

Abbildung 5.3 Analyse der HTTP-Kommunikation über die Chrome Developer Tools

HTTP-Anfrage und HTTP-Antwort folgen einem standardisierten Aufbau, der jeweils relativ ähnlich ist (siehe auch Abbildung 5.4) und aus folgenden Bereichen besteht, auf die ich im Anschluss im Detail eingehe:

- Die *Start Line* (auch: *Status Line* oder *Initial Line* oder je nach Art *Request Line* bzw. *Response Line* genannt) beschreibt genau den Request oder die Response.
- In den darauf folgenden Zeilen stehen optional sogenannte *Header* (auch: *HTTP-Header* oder je nach Art *Request-Header* bzw. *Response-Header* genannt), die den Request oder die Response genauer beschreiben.
- Start Line und Header werden zusammen als *Meta-Informationen* bezeichnet. Um diese Meta-Informationen vom Rest der Nachricht abzugrenzen, folgt ihnen eine leere Zeile.
- Auf diese leere Zeile wiederum folgt der *Body* (auch: *Payload* oder je nach Art *Request-Body* bzw. *Response-Body* genannt), also der Nachrichtenkörper. Im Falle eines Requests kann es sich hierbei beispielsweise um Formulardaten handeln, im Falle einer Response beispielsweise um ein HTML-Dokument, ein Stylesheet oder JavaScript-Code.

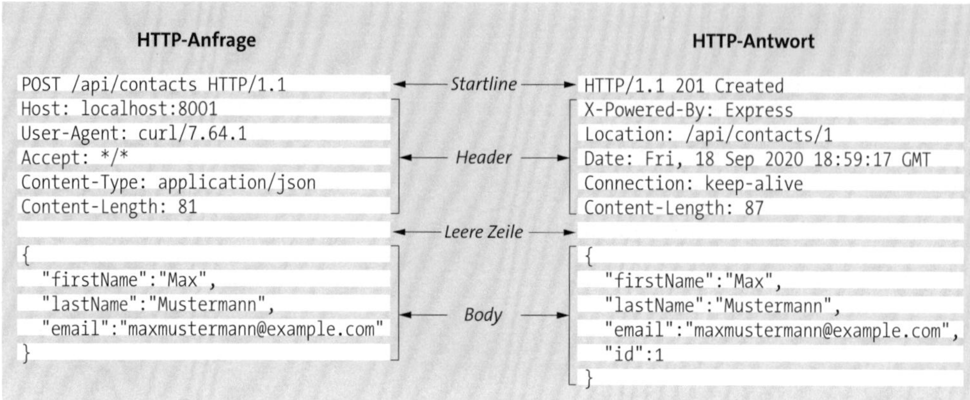

Abbildung 5.4 Aufbau von Request und Response bei HTTP

Bei genauerer Betrachtung unterscheidet sich das, was bei einem Request und bei einer Response jeweils in der Start Line, im Header-Bereich und im Body stehen darf. Lassen Sie mich im Folgenden etwas detaillierter auf die Unterschiede eingehen.

5.1.2 Aufbau von HTTP-Anfragen (HTTP-Requests)

Schauen wir uns zunächst an, wie eine HTTP-Anfrage aufgebaut ist (Abbildung 5.5). Die Start Line einer Anfrage, die *Request Line*, besteht hierbei aus drei Komponenten:

- Über die *HTTP-Methode* wird definiert, welche **Aktion** auf dem Server ausgeführt werden soll. Zur Auswahl stehen dabei GET, POST, PUT, DELETE, CONNECT, TRACE, HEAD und OPTIONS. Über GET beispielsweise wird eine Anfrage angestoßen, die etwas vom Server laden (»holen«) soll, also beispielsweise ein Bild oder eine CSS-Datei. Über POST dagegen wird eine Anfrage angestoßen, die etwas zum Server senden soll: Beispielsweise werden Formulare üblicherweise mit dieser Methode versendet (zu den weiteren HTTP-Methoden gleich im Detail mehr in Abschnitt 5.1.5, »Methoden«).
- Hinter der HTTP-Methode folgt das **Ziel** der Anfrage, sprich die (absolute oder relative) URL, die aufgerufen bzw. angefragt werden soll.
- Hinter dem Ziel wiederum folgt die **HTTP-Version**, die für die Anfrage verwendet werden soll.

Nach der Request Line folgen die *Header*, über die Sie zusätzliche Informationen (*Meta-Informationen*) für die Anfrage angeben können. Bei einem Header handelt es sich letztendlich um ein Schlüssel-Wert-Paar, wobei Schlüssel (*Header Name*) und Wert (*Header Value*) durch einen Doppelpunkt voneinander getrennt sind. Header können in drei Kategorien unterteilt werden: Allgemeine Header (*General-Header*) beziehen sich auf die gesamte Nachricht, *Request-Header* enthalten zusätzliche Informationen über die Anfrage, und *Entity-Header* beziehen sich auf den Inhalt (den *Body*) der Nachricht (eine Übersicht darüber, welche Header es gibt, zeige ich Ihnen in Abschnitt 5.1.4, »Header«).

Auf die Header und die anschließende Leerzeile folgt der *Request-Body* der Nachricht, wobei allerdings nicht alle Arten von Requests einen Body haben: GET-Anfragen nämlich haben üblicherweise keinen Body, da man ja wie gesagt über diese Art der Anfrage etwas vom Server abfragt, wogegen POST-Anfragen üblicherweise einen Body haben, weil man hier Daten an den Server sendet.

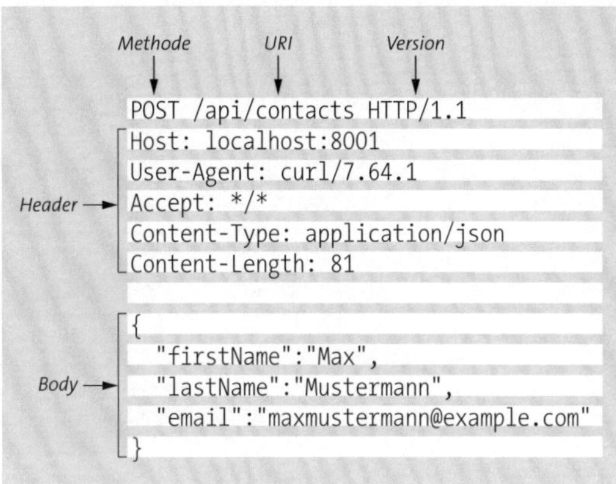

Abbildung 5.5 Aufbau eines HTTP-Requests

5.1.3 Aufbau von HTTP-Antworten (HTTP-Responses)

Der Aufbau einer HTTP-Antwort unterscheidet sich etwas von dem Aufbau einer HTTP-Anfrage. Am Anfang befindet sich die *Response Line*, die folgende Informationen enthält:

- Zu Beginn steht die **HTTP-Version**, die für die Antwort verwendet wird.
- Anschließend folgt ein **Statuscode**, der Aufschluss darüber gibt, ob die Bearbeitung der entsprechenden Anfrage erfolgreich oder fehlerhaft war. Beispielsweise besagt der oft zitierte Statuscode 404, dass eine angefragte Ressource (bzw. die entsprechende URL) nicht gefunden wurde (eine Übersicht der Statuscode-Kategorien finden Sie weiter hinten in diesem Kapitel in Abschnitt 5.1.6, »Statuscodes«, eine vollständige Übersicht der einzelnen Statuscodes dagegen in Abschnitt 5.1.6).
- Hinter dem Statuscode folgt der **Statustext**, eine kurze textuelle Beschreibung des Statuscodes. Für den Statuscode 404 lautet der Statustext beispielsweise »Not Found«.

Nach der Response Line folgen die *Header*. Wie im Falle von Requests fallen auch bei Responses die Header in verschiedene Kategorien: allgemeine Header (*General-Header*), die sich auf die gesamte Nachricht beziehen, *Response-Header*, die zusätzliche

Informationen über die Antwort enthalten, sowie *Entity-Header*, die sich auf den Body der Nachricht beziehen (siehe auch Abschnitt 5.1.4).

Zu guter Letzt folgt auf die Header der *Response-Body*, der die eigentlichen Daten der Antwort enthält. Dabei kann es sich um ein HTML-Dokument handeln, um CSS-Daten oder JavaScript-Code, um Bilddaten, aber auch um Daten in anderen Formaten (beispielsweise die, die wir im nächsten Kapitel besprechen).

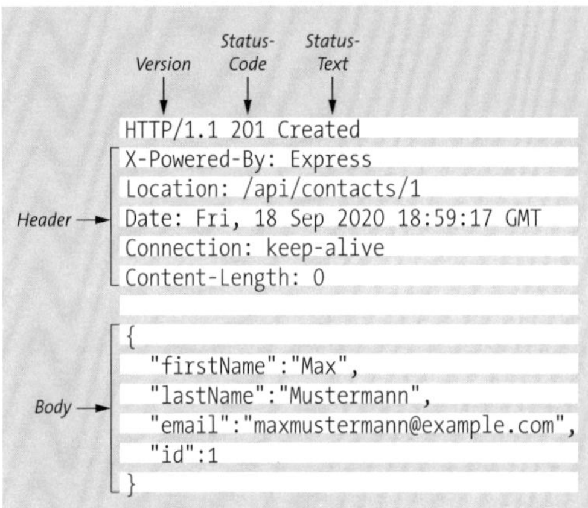

Abbildung 5.6 Aufbau einer HTTP-Response

5.1.4 Header

Über HTTP-Header lassen sich einer Anfrage oder einer Antwort Meta-Informationen übergeben. Beispielsweise lässt sich definieren, in welchem Format die übersendeten Daten (in einer Anfrage) vorliegen oder in welchem Format die Daten (in einer Antwort) erwartet werden. Eine Auswahl der wichtigsten Request-Header finden Sie in Tabelle 5.1, eine Auswahl der wichtigsten Response-Header in Tabelle 5.2. In Anhang A (»HTTP«) finden Sie zudem eine vollständige Auflistung und Erläuterung aller im HTTP-Standard definierten Header.

Header	Beschreibung	Beispiel
Accept	Gibt an, welche Inhaltstypen der Client verarbeiten kann.	Accept: text/html
Accept-Charset	Gibt an, welche Zeichensätze der Client verarbeiten bzw. anzeigen kann.	Accept-Charset: utf-8
Accept-Encoding	Gibt an, welche komprimierten Formate der Client unterstützt.	Accept-Encoding: gzip,deflate

Tabelle 5.1 Auswahl häufig verwendeter Request-Header

Header	Beschreibung	Beispiel
Accept-Language	Gibt an, welche Sprachen der Client akzeptiert.	Accept-Language: en-US
Authorization	Enthält Authentifizierungsdaten für HTTP-Authentifizierungsverfahren.	Authorization: Basic bWF4bXVzdGVybWFub-jp0b3BzZWNyZXQ=
Cookie	Enthält ein HTTP-Cookie, das zuvor vom Server über den Response-Header Set-Cookie gesetzt wurde.	Cookie: user =maxmustermann;
Content-Length	Gibt die Länge des Bodys in Bytes an.	Content-Length: 348
Content-Type	Enthält den MIME-Typ des Bodys (siehe auch Abschnitt 5.1.7, »MIME-Typen«).	Content-Type: application/x-www-form-urlencoded
Date	Enthält das Datum und die Zeit des Sendezeitpunkts der Anfrage.	Date: Tue, 23 Mar 2020 08:20:50 GMT
Host	Enthält den Domain-Namen des Servers.	Host: rheinwerk-verlag.de
User-Agent	Enthält Angaben über den verwendeten User Agent, beispielsweise den verwendeten Browser.	User-Agent: Mozilla/5.0

Tabelle 5.1 Auswahl häufig verwendeter Request-Header (Forts.)

Header	Beschreibung	Beispiel
Allow	Erlaubte HTTP-Methoden für die angeforderte Ressource	Allow: GET, POST
Content-Language	Sprache, in der die Ressource vorliegt.	Content-Language: de
Content-Length	Länge des Bodys in Bytes	Content-Length: 567
Content-Location	Speicherplatz für die angeforderte Ressource	Content-Location: /examples.html
Content-Type	MIME-Type der angeforderten Ressource	Content-Type: text/html;

Tabelle 5.2 Auswahl häufig verwendeter Response-Header

Header	Beschreibung	Beispiel
Date	Zeitpunkt des Absendens der Antwort	Date: Mon, 06 Apr 2020 08:00:00 GMT
Last-Modified	Zeitpunkt der letzten Änderung an der angeforderten Ressource	Last-Modified: Mon, 06 Apr 2020 07:00:00 GMT
Server	Angaben zum Webserver	Server: Apache
Set-Cookie	Cookies, die vom Client gesetzt werden (siehe auch Kapitel 7, »Web-APIs verwenden«).	Set-Cookie: firstName= Max; expires= Mon, 06 Apr 2020 23:00:00 GMT;
WWW-Authenticate	Authentifizierungsmethode, die verwendet werden soll (siehe auch Kapitel 20, »Webanwendungen absichern«).	WWW-Authenticate: Basic

Tabelle 5.2 Auswahl häufig verwendeter Response-Header (Forts.)

Tipp

In den Chrome Developer Tools können Sie sich die Request-Header und die Response-Header ansehen, indem Sie im Tab NETWORK links eine URL auswählen und anschließend im rechten Bereich den Tab HEADERS auswählen (Abbildung 5.7 und Abbildung 5.8).

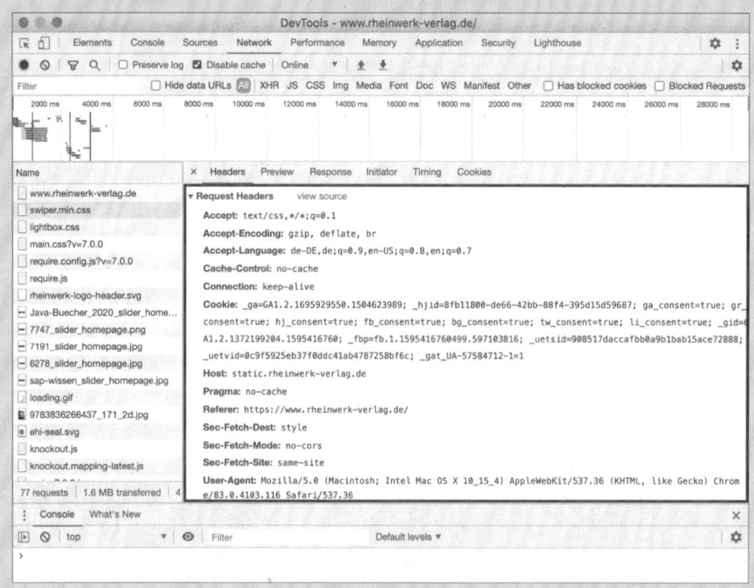

Abbildung 5.7 Anzeigen der Request-Header in den Chrome Developer Tools

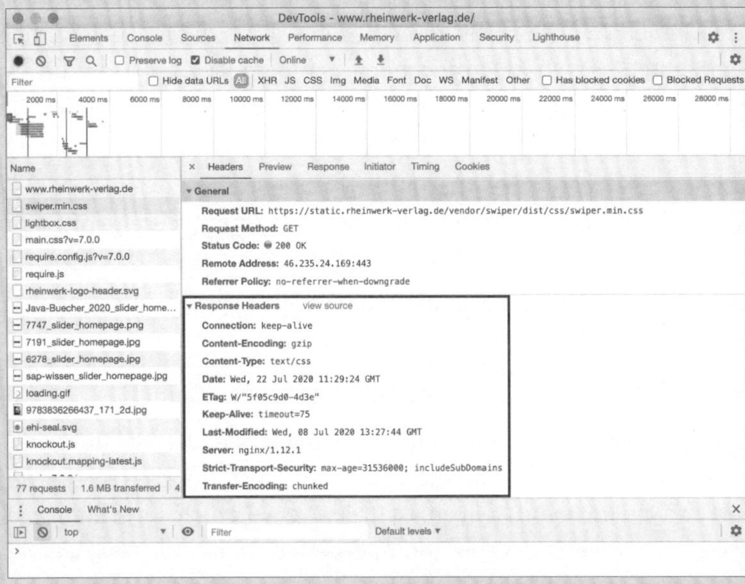

Abbildung 5.8 Anzeigen der Response-Header in den Chrome Developer Tools

5.1.5 Methoden

Das HTTP-Protokoll definiert verschiedene *Methoden* (auch *Verben* genannt), über die Sie für eine Anfrage definieren können, wie diese auf Serverseite gehandhabt werden soll. Für den Anfang sind dabei vor allem folgende beiden Methoden interessant:

- GET: Diese Methode dient dazu, Daten vom Server **abzurufen**. Wenn Sie eine Webseite öffnen, werden in der Regel alle Anfragen an den Server über diese Methode ausgeführt, beispielsweise für das Laden von Bildern, CSS-Dateien oder JavaScript-Dateien.
- POST: Diese Methode dient dazu, Daten an den Server zu **übertragen**. Dies kann beispielsweise über Formulare geschehen oder über explizite POST-Anfragen, die in JavaScript erstellt und abgeschickt werden.

Insbesondere bei der Entwicklung von Webservices bzw. REST-APIs (siehe Kapitel 16, »Webservices implementieren«) spielen neben diesen beiden Methoden auch die restlichen HTTP-Methoden eine wichtige Rolle:

- GET: Im Kontext von REST dient diese Methode dazu, Ressourcen vom Server **abzurufen**.
- POST: Im Kontext von REST dient diese Methode dazu, Ressourcen auf dem Server **anzulegen**.

- **PUT**: Diese Methode dient dazu, Ressourcen auf dem Server zu **aktualisieren**. Da Browser diese Methode jedoch nicht unterstützen – es sei denn, Sie verwenden (wie später in Kapitel 7, »Web-APIs verwenden«, gezeigt) JavaScript, um die entsprechende HTTP-Anfrage zu stellen –, wird in der Praxis auch der Upload von Dateien stattdessen über die POST-Methode realisiert.
- **DELETE**: Diese Methode dient dazu, Ressourcen auf dem Server zu **löschen**. In der Praxis kommt diese Methode beim normalen Browsen einer Webseite nicht zum Einsatz.
- **PATCH**: Diese Methode dient dazu, **punktuelle Änderungen** an einer Ressource vorzunehmen.

Darüber hinaus stehen noch folgende HTTP-Methoden zur Verfügung:

- **HEAD**: Diese Methode wird in der Praxis relativ selten verwendet. Sie funktioniert vom Prinzip her so wie eine GET-Anfrage, liefert dabei aber nur die HTTP-Header in der Antwort zurück. Ein Body (Payload) ist in der Antwort nicht enthalten. In der Praxis wird die HEAD-Methode von automatisierten Tools wie beispielsweise *Search Engine Bots* verwendet, um die Existenz von Dateien zu überprüfen.
- **OPTIONS**: Diese Methode dient dazu, die für eine URL unterstützten HTTP-Methoden zu ermitteln. Mit anderen Worten: Hierüber lässt sich testen, mit welchen HTTP-Methoden eine URL aufgerufen werden kann.
- **TRACE**: Wenn eine HTTP-Anfrage an einen Server gesendet wird, kann die Anfrage zunächst über verschiedene andere Server (sogenannte *Proxys*) an den eigentlichen Server gesendet werden. Mithilfe der Methode TRACE kann ermittelt werden, welchen Weg eine Anfrage dabei nimmt. In der Praxis wird diese Methode hauptsächlich im Rahmen von Sicherheitstests verwendet.
- **CONNECT**: Diese Methode ermöglicht es, einen sogenannten *HTTP-Tunnel* zu einem Server herzustellen. Dabei fordert der Client zunächst einen *Proxyserver* auf, die Verbindung an den gewünschten Zielserver weiterzuleiten. Der Proxyserver stellt dann die Verbindung für den Client her (er *tunnelt* die Verbindung) und leitet alle Daten vom und zum Client entsprechend weiter.

REST-APIs

Im Kontext von sogenannten *REST-APIs* (*Representational State Transfer*) kommt den HTTP-Methoden wie erwähnt eine besondere Bedeutung und Semantik zu. In Kapitel 16, »Webservices implementieren«, werde ich auf diesen Aspekt genauer eingehen.

5.1.6 Statuscodes

Der Statuscode einer HTTP-Antwort gibt unter anderem Aufschluss darüber, ob eine HTTP-Anfrage erfolgreich bearbeitet werden konnte oder nicht. Ein Statuscode ist dabei eine dreistellige Zahl, gefolgt von einem kurzen beschreibenden Statustext. Insgesamt gibt es fünf verschiedene Kategorien von Statuscodes, beginnend mit den Ziffern 1 bis 5 (Tabelle 5.3).

Statuscode-Kategorie	Beschreibung
1xx	Anfrage wurde entgegengenommen und wird weiterverarbeitet.
2xx	Anfrage wurde erfolgreich vom Server bearbeitet.
3xx	Anfrage erfordert weitere Aktionen.
4xx	Anfrage konnte aufgrund eines Fehlers, der auf Clientseite liegt, nicht bearbeitet werden.
5xx	Anfrage konnte aufgrund eines Fehlers, der auf Serverseite liegt, nicht bearbeitet werden.

Tabelle 5.3 Kategorien von Statuscodes

Einige der wichtigsten Statuscodes finden Sie in Tabelle 5.4, beispielsweise den berühmten 404, der Ihnen bestimmt auch schon mal begegnet ist und der besagt, dass die angefragte Ressource (bzw. URL) nicht existiert (Abbildung 5.9).

Statuscode	Bezeichnung	Beschreibung
200	OK	Die Anfrage konnte vom Server erfolgreich bearbeitet werden.
301	Moved Permanently	Der angefragten Ressource wurde dauerhaft eine neue URL zugewiesen.
400	Bad Request	Fehlerhafte Anfrage
401	Unauthorized	Anfrage kann ohne Autorisierung nicht bearbeitet werden.
403	Forbidden	Zugriff auf die angefragte Ressource ist verboten.
404	Not Found	Die angefragte Ressource wurde nicht gefunden.

Tabelle 5.4 Auswahl häufig verwendeter Statuscodes

Statuscode	Bezeichnung	Beschreibung
405	Method Not Allowed	Die verwendete HTTP-Methode (zum Beispiel GET, PUT oder POST) ist für die angefragte Ressource nicht erlaubt.
500	Internal Server Error	Interner Serverfehler, aufgrund dessen die Anfrage nicht bearbeitet werden kann.

Tabelle 5.4 Auswahl häufig verwendeter Statuscodes (Forts.)

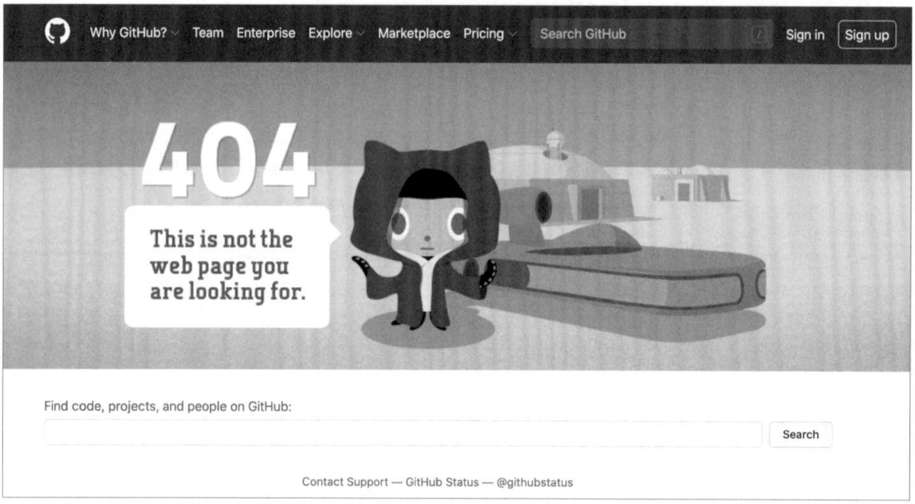

Abbildung 5.9 Der berühmt-berüchtigte Statuscode 404 (https://github.com)

> **Hinweis**
>
> In Anhang A (»HTTP«) finden Sie eine ausführlichere Liste aller im HTTP-Standard definierten Statuscodes.

5.1.7 MIME-Typen

Damit der Empfänger von Daten, die über HTTP versendet werden – egal ob vom Server an den Client oder vom Client an den Server –, weiß, um welche Daten es sich handelt, gibt es sogenannte *MIME-Typen* (*Multipurpose Internet Mail Extension Types*). Dabei handelt es sich um Zeichenketten, die genau definieren, welches Format die übertragenen Daten haben. Ein MIME-Typ setzt sich dabei immer aus einem *Typ* und einem *Subtyp* zusammen, die durch einen Schrägstrich getrennt sind:

```
type/subtype
```

Der Typ stellt die allgemeine Kategorie dar, in die der jeweilige Datentyp fällt, also zum Beispiel Text, Audio oder Video. Der Subtyp gibt die genaue Art der Daten des angegebenen Typs an, beispielsweise welche Art von Text (CSS, HTML, JavaScript oder einfacher Text), welche Art von Audioformat oder welche Art von Videoformat.

Darüber hinaus kann MIME-Typen ein zusätzlicher Parameter angehängt werden, über den sich weitere Details über die Daten definieren lassen:


```
type/subtype;parameter=value
```

Beispielsweise können Sie auf diese Weise für MIME-Typen, deren Typ »text« ist, über den Parameter `charset` definieren, welcher Zeichensatz für den Text verwendet wird:

```
text/plain;charset=UTF-8
```

Eine Auswahl der wichtigsten und am häufigsten anzutreffenden MIME-Typen zeigt Tabelle 5.5.

MIME-Typ	Dateiendung(en)	Bedeutung
application/json	*.json	JSON-Dateien
application/pdf	*.pdf	PDF-Dateien
application/xhtml+xml	*.htm, *.html, *.shtml, *.xhtml	XHTML-Dateien
application/xml	*.xml	XML-Dateien
audio/mpeg	*.mp3	MP3-Dateien
audio/mp4	*.mp4	MP4-Dateien
audio/ogg	*.ogg	OGG-Dateien
image/gif	*.gif	GIF-Dateien
image/jpeg	*.jpeg, *.jpg, *.jpe	JPEG-Dateien
image/png	*.png	PNG-Dateien
image/svg+xml	*.svg	SVG-Dateien
multipart/form-data	–	mehrteilige Daten aus einem HTML-Formular
text/css	*.css	CSS-Dateien
text/html	*.htm, *.html, *.shtml	HTML-Dateien

Tabelle 5.5 Übersicht über die bekanntesten MIME-Typen

MIME-Typ	Dateiendung(en)	Bedeutung
text/javascript	*.js	JavaScript-Dateien
text/plain	*.txt	reine Textdateien
text/xml	*.xml	XML-Dateien
video/mpeg	*.mpeg, *.mpg, *.mpe	MPEG-Videodateien
video/mp4	*.mp4	MP4-Videodateien
video/ogg	*.ogg, *.ogv	OGG-Dateien

Tabelle 5.5 Übersicht über die bekanntesten MIME-Typen (Forts.)

Hinweis

Eine etwas umfangreichere Auflistung verschiedener MIME-Typen finden Sie im Anhang A, »HTTP«.

Tipp

Bei HTTP gibt der Header »Content-Type« Aufschluss darüber, welche Art von Daten übertragen wurde. Dieser Header steht sowohl für HTTP-Anfragen als auch für HTTP-Antworten zur Verfügung (Abbildung 5.10).

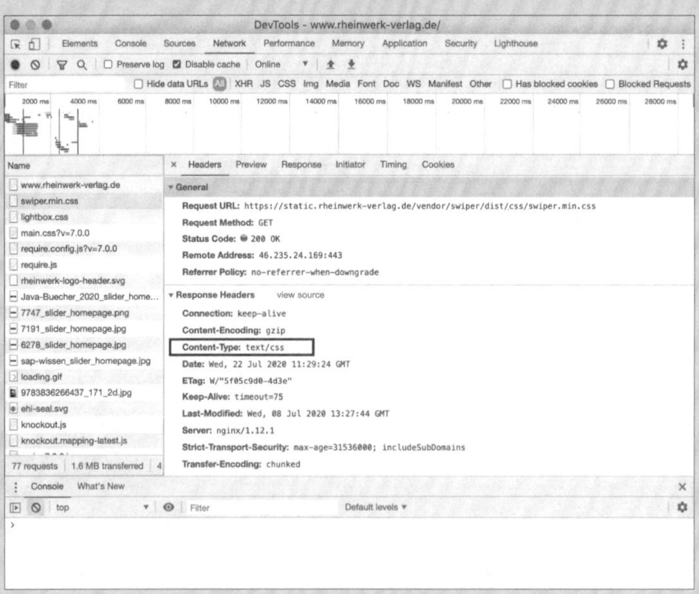

Abbildung 5.10 Den MIME-Typ erkennen Sie bei HTTP-Anfragen und HTTP-Antworten anhand des »Content-Type«-Headers.

5.1.8 Cookies

Das *HTTP-Protokoll* ist ein *zustandsloses Protokoll*: Jede HTTP-Anfrage vom Client an einen Server wird von diesem unabhängig von anderen Anfragen behandelt. Dies bedeutet aber auch, dass der Server zunächst einmal nicht erkennen kann, wenn ein Client bereits das zweite Mal eine Anfrage stellt (siehe Abbildung 5.11).

Trotzdem gibt es natürlich Anwendungsfälle, in denen genau das benötigt wird und bei denen man auf Serverseite genau wissen möchte, welcher Client eine Webseite aufruft. Beispiele hierfür sind alle Webseiten, bei denen man sich einloggen kann und bei denen irgendwie vorgehalten werden muss, ob ein Besucher der Webseite bereits eingeloggt ist oder nicht. Aber auch Shopseiten, die es bereits ohne Login ermöglichen, Artikel in den Warenkorb zu legen, merken sich häufig die Produkte im Warenkorb, ohne dass der Nutzer sich einloggen muss: Ruft er die Webseite am nächsten Tag auf, sind die Artikel immer noch im Warenkorb.

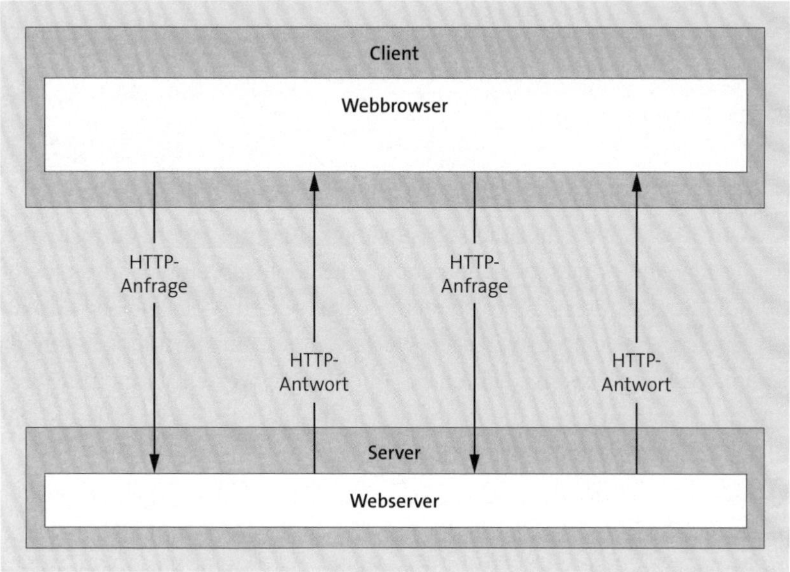

Abbildung 5.11 Bei HTTP handelt es sich um ein zustandsloses Protokoll.

Das ist genau die Stelle, an der sogenannte *Cookies* ins Spiel kommen. Cookies ermöglichen es nämlich, kleinere Mengen von Informationen auf Clientseite zu speichern und diese – wenn der Nutzer eine Webseite erneut besucht – auf Serverseite wieder auszulesen. Bei Cookies handelt es sich um Schlüssel-Wert-Paare (bzw. Name-Wert-Paare), die der Browser in Form von Textdateien auf dem Rechner des Nutzers speichert. Natürlich nur, sofern dieser dies zulässt und nicht entsprechende Vorkehrungen in den Browsereinstellungen getroffen hat. Die Cookies werden dann bei jedem Aufruf der zugehörigen Webseite mit der HTTP-Anfrage zusammen an den Server übermittelt (siehe Abbildung 5.12).

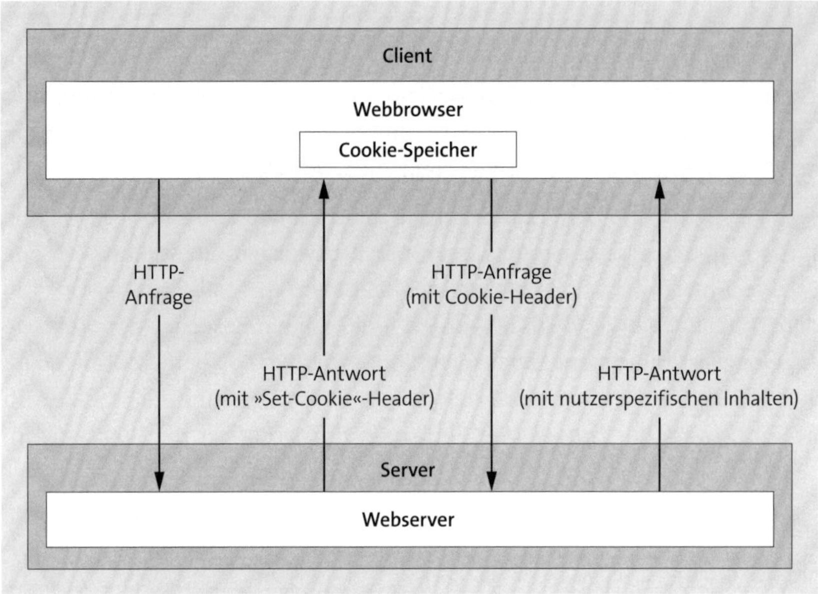

Abbildung 5.12 Das Prinzip von Cookies

Cookie-Dateien enthalten im Wesentlichen folgende Informationen:

- **Name** und **Wert** des Cookies, beispielsweise »loggedIn« und »yes«. Zu beachten ist, dass bei dem Namen nicht zwischen Groß- und Kleinschreibung unterschieden wird, das heißt, dass beispielsweise »name« und »Name« das gleiche Cookie bezeichnen. Ebenfalls beachtenswert: Als Werte können nur Strings verwendet werden (und nicht beispielsweise Zahlen oder boolesche Werte). Name und Wert sind die einzigen Informationen, die zwangsweise angegeben werden müssen. Die Angabe folgender Informationen ist optional:
- **Domäne** des Servers und **Pfad** auf dem Server, an den das Cookie gesendet werden soll. Beispielsweise wird ein Cookie mit der Domäne *www.webdevhandbuch.de* nur mit HTTP-Anfragen an diese Domäne mitgesendet. Ein Cookie mit der Domäne *www.webdevhandbuch.de* und dem Pfad */cookietests* wird nur mit HTTP-Anfragen an *www.webdevhandbuch.de/cookietests* mitgesendet, nicht aber bei HTTP-Anfragen, die an *www.webdevhandbuch.de* gehen.
- **Ablaufdatum**, bis zu dem das Cookie gültig ist: Läuft das hier angegebene Datum ab, verfällt das Cookie, wird vom Browser gelöscht und fortan nicht mehr an den Server gesendet. Beachten Sie: Wenn beim Erstellen eines Cookies kein Ablaufdatum angegeben wurde, wird das Cookie standardmäßig beim Beenden der jeweiligen *Browsersession* gelöscht.
- **Sicherheitsflag**, über das optional angegeben werden kann, ob ein Cookie nur bei Verbindungen mitgesendet werden soll, die *SSL* (*Secure Sockets Layer*) verwenden,

um beispielsweise das Mitsenden an *https://www.webdevhandbuch.de* zu erlauben, aber das Mitsenden an *http://www.webdevhandbuch.de* zu unterbinden.

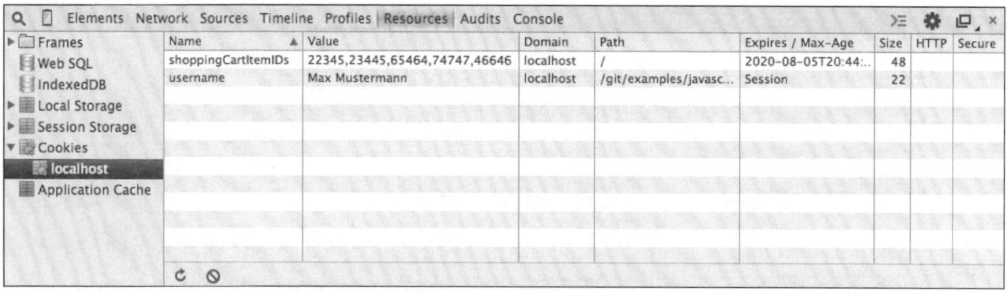

Abbildung 5.13 Cookies in den Entwicklertools von Google Chrome

Hinweis

Cookies werden bei Anfragen an den Server über den Header »Cookie« mitgesendet (Abbildung 5.14).

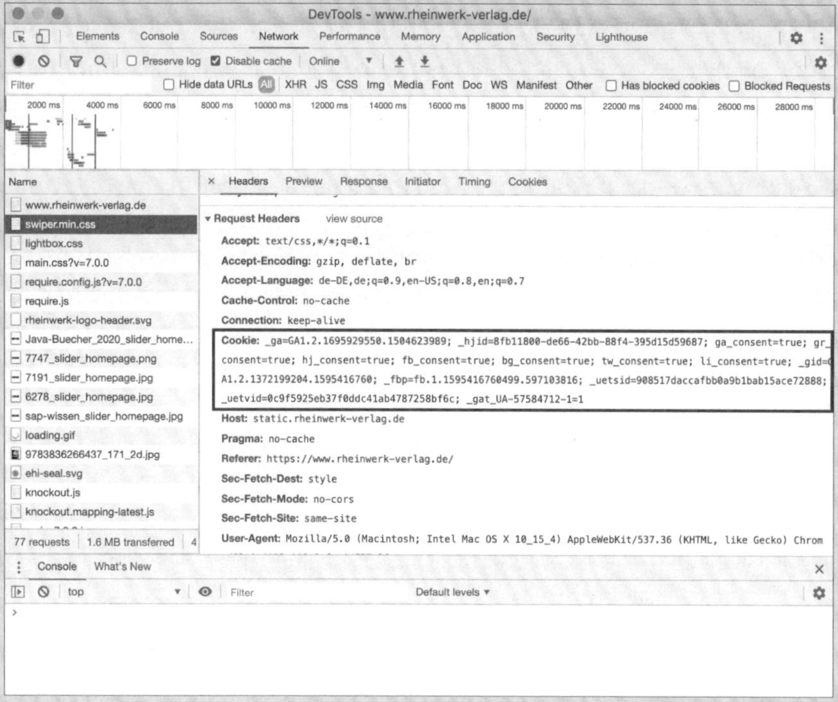

Abbildung 5.14 Cookies werden über den Request-Header »Cookie« bei Anfragen an den Server mitgesendet.

Cookies eignen sich für viele Anwendungszwecke, haben allerdings auch Nachteile: Zum einen werden Cookies für die entsprechende Domäne und den entsprechenden

Pfad **mit jeder Anfrage** mitgesendet, was sich insgesamt (wenn auch minimal) auf das Datenvolumen auswirkt. Zum anderen werden Cookies, die über das HTTP-Protokoll gesendet werden (und nicht über das sichere HTTPS-Protokoll), **unverschlüsselt** übersendet, was je nach übermittelten Informationen ein Sicherheitsrisiko darstellen kann. Darüber hinaus ist auch die Menge an Daten, die Sie über Cookies speichern können, **auf 4 Kilobyte begrenzt**.

5.1.9 HTTP über die Kommandozeile ausführen

Sie haben bereits gesehen, dass Sie mithilfe der Chrome Developer Tools ganz genau untersuchen können, welche HTTP-Anfragen vom Browser beim Aufruf einer Webseite gestellt werden und wie die entsprechenden HTTP-Antworten aussehen. Ein anderes sehr hilfreiches Tool für das Absenden von HTTP-Anfragen und das Untersuchen von HTTP-Antworten ist das Kommandozeilentool *curl* (cURL), das für alle gängigen Betriebssysteme zur Verfügung steht (entsprechende Installationsanleitungen gibt es auf der Homepage unter *https://ec.haxx.se/get-curl*).

Um beispielsweise eine GET-Anfrage an die URL *https://www.rheinwerk-verlag.de* zu schicken, reicht der in Listing 5.1 gezeigte Befehl. Der Parameter `-v` (alternativ: `--verbose`) sorgt hierbei dafür, dass detaillierte Informationen zum Request und zur Response ausgegeben werden (Ersteren ist in der Ausgabe ein >-Zeichen vorangestellt, Letzteren ein <-Zeichen).

Über `-o` (alternativ: `--ouput`) können Sie den Inhalt der Response in eine Datei umleiten, was insbesondere dann sinnvoll ist, wenn Sie den Inhalt später im Detail untersuchen oder umgekehrt den Inhalt nicht auf der Standardausgabe sehen möchten. Über den Parameter `-s` (alternativ: `--silent`) können Sie außerdem definieren, dass Fehlermeldungen und Fortschrittsanzeigen nicht in der Ausgabe enthalten sind. Weitere Informationen zu anderen Parametern finden Sie in der offiziellen Dokumentation unter *https://curl.haxx.se/docs/manpage.html*.

```
curl -s -v -o /dev/null https://www.rheinwerk-verlag.de/
*   Trying 46.235.24.168...
* TCP_NODELAY set
* Connected to www.rheinwerk-verlag.de (46.235.24.168) port 443 (#0)
* TLS 1.2 connection using TLS_ECDHE_RSA_WITH_AES_128_GCM_SHA256
* Server certificate: www.rheinwerk-verlag.de
* Server certificate: Let's Encrypt Authority X3
* Server certificate: DST Root CA X3
> GET / HTTP/1.1
> Host: www.rheinwerk-verlag.de
> User-Agent: curl/7.51.0
> Accept: */*
>
```

```
< HTTP/1.1 200 OK
< Server: nginx/1.12.1
< Date: Mon, 23 Mar 2020 20:33:30 GMT
< Content-Type: text/html; charset=utf-8
< Content-Length: 236814
< Connection: keep-alive
< Keep-Alive: timeout=75
< Vary: Accept-Encoding
< Strict-Transport-Security: max-age=31536000; includeSubDomains
< Accept-Ranges: bytes
<
{ [4070 bytes data]
* Curl_http_done: called premature == 0
* Connection #0 to host www.rheinwerk-verlag.de left intact
```

Listing 5.1 HTTP-Anfrage und HTTP-Antwort über die Kommandozeile

HTTP/2

Die Version HTTP/1.x hat performancetechnisch verschiedene Nachteile, die durch den Nachfolger HTTP/2 behoben werden (bezüglich Syntax etc. ist HTTP/2 identisch mit der vorigen Version).

5.2 Bidirektionale Kommunikation

Bei HTTP ist die Kommunikation zwischen Client und Server zunächst *unidirektional*, das heißt, sie geht in eine Richtung vom Client zum Server: Der Client muss erst eine HTTP-Anfrage an den Server schicken, auf die dieser dann mit einer HTTP-Anfrage antwortet. Es ist dagegen nicht möglich, dass der Server von sich aus über HTTP Daten an den Client schickt. Moderne Webanwendungen leben aber gerade davon, dass der Client aktiv vom Server über neue Daten benachrichtigt wird: beispielsweise bei der Timeline von sozialen Netzwerken, bei Diagrammen zur Darstellung von Aktienkursen oder bei Newstickern, die sich automatisch aktualisieren.

Diese Anforderungen können auf verschiedene Arten implementiert werden, auf die ich im Folgenden näher eingehe:

- Polling
- Long Polling
- Server-Sent Events
- WebSockets

5.2.1 Polling und Long Polling

Bevor es WebSockets und Server-Sent Events gab, bildeten sich zunächst verschiedene Techniken heraus, die Anforderungen wie die oben genannten möglich machten. Eine davon ist das sogenannte *Polling*: Hierbei fragt der Client im Hintergrund (mithilfe von JavaScript, siehe Kapitel 7, »Web-APIs verwenden«) beim Server in regelmäßigen Zeitabständen nach neuen Daten, was der Server dann entsprechend beantwortet (Abbildung 5.15).

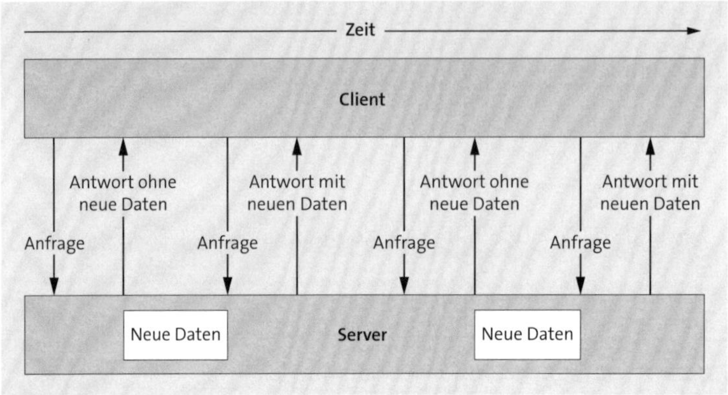

Abbildung 5.15 Das Prinzip des Pollings

Bezogen auf das Beispiel mit dem Newsticker würde der Client also in regelmäßigen Abständen (beispielweise alle paar Sekunden) eine HTTP-Anfrage an den Server schicken, über die die neuesten News heruntergeladen werden. Der Nachteil dieser Vorgehensweise ist, dass hierbei in Summe relativ viele HTTP-Anfragen an den Server gesendet werden, auch wenn dort keine neuen Daten vorliegen.

Diesen Nachteil versucht das sogenannte *Long Polling* auszugleichen: Bei dieser Variante des Pollings sendet der Client zwar ebenfalls Anfragen an den Server, um zu prüfen, ob neue Daten vorliegen (Abbildung 5.16). Im Unterschied zum normalen Polling wird hierbei aber – wenn keine neuen Daten am Server bereitliegen – die HTTP-Verbindung zum Server so lange offen gehalten, bis entweder neue Daten vorhanden sind oder ein zuvor definierter Timeout überschritten wurde.

Durch Long Polling wird dem Versenden von unnötig vielen HTTP-Anfragen zumindest etwas vorgebeugt, doch auch hierbei ist die Kommunikation **unidirektional**, und je nach Implementierung kann auch Long Polling sehr ressourcenintensiv sein. Für Anwendungsfälle wie die oben genannten sollten Sie stattdessen auf eine der beiden im Folgenden beschriebenen Techniken zurückgreifen.

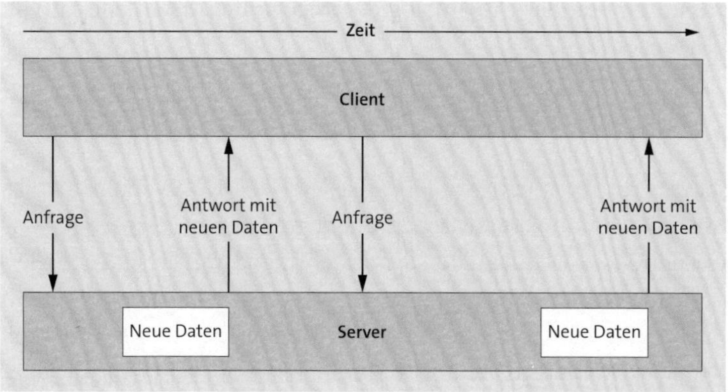

Abbildung 5.16 Das Prinzip des Long Pollings

5.2.2 Server-Sent Events

Server-Sent Events, kurz *SSE*, ist eine Technologie, bei der der Server über eine HTTP-Verbindung aktiv Daten an einen Client senden kann (Abbildung 5.17). Dafür muss der Client mithilfe von JavaScript zunächst eine entsprechende Verbindung zu dem Server herstellen.

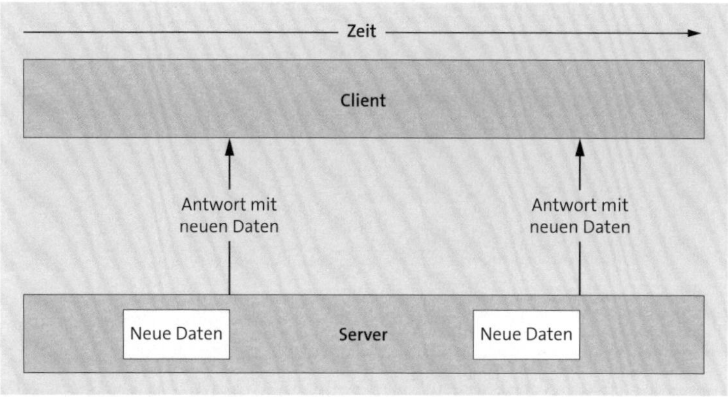

Abbildung 5.17 Bei Server-Sent Events schickt der Server Nachrichten an den Client.

Server-Sent Events funktionieren dabei **unidirektional**: Nach Herstellen der initialen Verbindung durch den Client können über diese Verbindung nur Daten vom Server an den Client geschickt werden, nicht aber vom Client an den Server. Server-Sent Events eignen sich also sehr gut für die eingangs genannten Beispiele (Aktualisieren einer Timeline, eines Aktienkurses oder eines Newstickers). Für Anwendungsfälle, in denen über die gleiche Verbindung auch Daten vom Client an den Server gesendet werden sollen, sprich für Anwendungsfälle, in denen eine bidirektionale Kommunikation notwendig ist (beispielsweise bei der Implementierung eines Chatraums), sollten Sie dagegen auf eine andere Technologie zurückgreifen: Die Rede ist von sogenannten *WebSockets*.

5.2.3 WebSockets

Mithilfe des *WebSocket-Protokolls* (eines auf TCP basierenden Netzwerkprotokolls) können **bidirektionale** Verbindungen zwischen Client und Server hergestellt werden, über die sowohl der Client Daten an den Server schicken kann als auch der Server aktiv Daten an den Client. Damit dies möglich ist, muss es sich bei dem Server um einen *WebSocket-Server* handeln bzw. um einen Webserver, der dieses Protokoll unterstützt. Auf Clientseite wiederum benötigen Sie einen *WebSocket-Client*, der aber glücklicherweise in allen modernen Browsern zur Verfügung steht.

Im Unterschied zu HTTP, bei dem der Client jede Aktion an den Server anstoßen muss, reicht es beim WebSocket-Protokoll, wenn der *(WebSocket-)Client* die *WebSocket-Verbindung* zum Server öffnet. Über diese Verbindung kann dann auch der Server aktiv Daten an den Client senden (Abbildung 5.18).

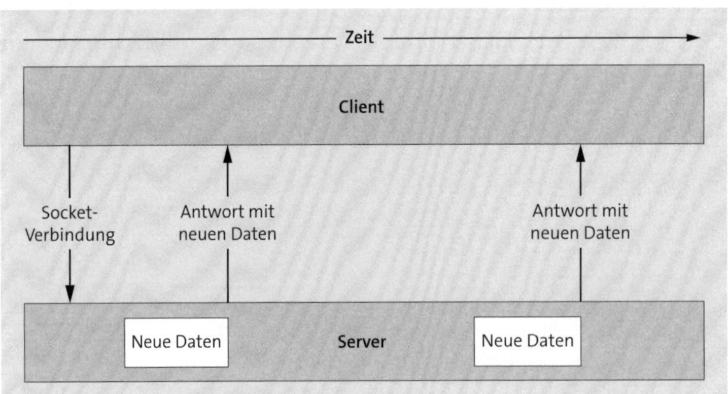

Abbildung 5.18 Das Prinzip von WebSockets

Auf Clientseite kommt in diesem Zusammenhang die sogenannte *WebSocket API* (*www.w3.org/TR/websockets* bzw. *https://html.spec.whatwg.org/multipage/comms.html#network*) zum Einsatz. Dabei handelt es sich um eine Programmierschnittstelle (kurz *API* für *Application Programming Interface*), die aus JavaScript-Anwendungen heraus verwendet werden kann, um WebSocket-Verbindungen zu einem WebSocket-Server herzustellen, Nachrichten über das Webprotokoll an den Server zu senden und umgekehrt Nachrichten vom WebSocket-Server zu empfangen.

Hinweis

HTTP/2 liefert mit dem sogenannten Server Push Feature die Möglichkeit, Daten aktiv vom Server an den Client zu senden. Damit lassen sich Dateien vom Server an den

Browser senden, die dieser zur Darstellung der angeforderten Webseite benötigt. Die hierfür eigentlich separat notwendigen Anfragen vom Browser an den Server entfallen. Server Push ist also vor allem aus performancerelevanten Aspekten ein hilfreiches neues Feature, aber vom Anwendungsgebiet her nicht vergleichbar mit etwa WebSockets oder Server-Sent Events.

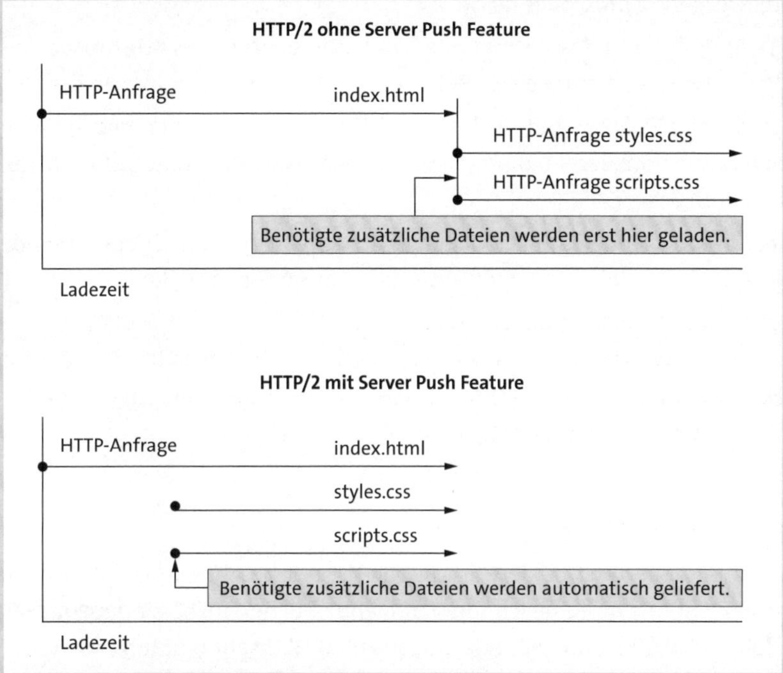

Abbildung 5.19 Das Prinzip von Server Push

5.3 Zusammenfassung und Ausblick

In diesem Kapitel haben Sie die wichtigsten Protokolle für das Web kennengelernt. Sie wissen jetzt, wie Client und Server miteinander kommunizieren, kennen den Unterschied zwischen unidirektionaler und bidirektionaler Kommunikation und wissen, welche Art der Kommunikation für welchen Anwendungsfall geeignet ist.

5.3.1 Die wichtigsten Punkte

Die wichtigsten Punkte aus diesem Kapitel sind folgende:

- *HTTP*, das *Hypertext Transfer Protocol* ist ein **unidirektionales** Client/Server-Protokoll, bei dem der *HTTP-Client HTTP-Anfragen* (*HTTP-Requests*) an den *HTTP-Server* stellt und dieser mit einer *HTTP-Antwort* (*HTTP-Response*) antwortet.

- Über *Header* können Sie HTTP-Anfragen und HTTP-Antworten zusätzliche Meta-Informationen übergeben.
- *HTTP-Methoden* definieren, welche Aktion auf dem HTTP-Server ausgeführt werden soll.
- Der *Statuscode* einer HTTP-Antwort definiert, ob eine HTTP-Anfrage erfolgreich bearbeitet werden konnte oder nicht.
- *MIME-Typen* definieren das Format der Daten, die über eine HTTP-Anfrage oder eine HTTP-Antwort übertragen werden.
- *Polling* und *Long Polling* sind Techniken, über die ein Client in regelmäßigen Abständen Daten vom Server abfragt. Die Kommunikation erfolgt **unidirektional** vom Client zum Server.
- *Server-Sent Events* ermöglichen es, Daten aktiv vom Server zum Client zu senden. Die Kommunikation dabei ist **unidirektional** vom Server zum Client.
- Das *WebSocket-Protokoll* ist ein **bidirektionales** Client/Server-Protokoll, bei dem der *WebSocket-Client* Daten an den *WebSocket-Server* schicken kann, aber auch der Server aktiv Daten an den Client – vorausgesetzt, der Client hat zuvor eine *WebSocket-Verbindung* zum Server aufgebaut.

5.3.2 Weiterführende Literatur

Wenn Sie sich detaillierter mit den in diesem Kapitel beschriebenen Protokollen beschäftigen möchten, empfehle ich Ihnen folgende Bücher. Insbesondere das Buch von Barry Pollard ist aufgrund der Erklärungen zu HTTP/2 sehr empfehlenswert.

- Barry Pollard: »HTTP/2 in Action« (2019)
- Peter Leo Gorski, Luigi Lo Iacono, Hoai Viet Nguyen: »WebSockets: Moderne HTML5-Echtzeitanwendungen entwickeln« (2015)
- Andrew Lombardi: »WebSocket: Lightweight Client-Server Communications« (2015)
- Ilya Grigorik: »High Performance Browser Networking« (2013)
- David Gourley, Brian Totty et al.: »HTTP: The Definitive Guide« (2002)

5.3.3 Ausblick

Da Sie nun wissen, wie Daten zwischen Client und Server übertragen werden, möchte ich im anschließenden Kapitel darauf eingehen, welche Arten von Daten übertragen werden können bzw. welches die wichtigsten Formate für die Entwicklung von Webapplikationen sind. Die sichere Variante von HTTP, das Protokoll HTTPS, werde ich dagegen in Kapitel 20, »Webanwendungen absichern«, gesondert beschreiben.

Kapitel 6
Webformate verwenden

Dieses Kapitel gibt eine Übersicht über die wichtigsten Webformate, die Sie als Fullstack-Entwickler kennen sollten.

6

Im Folgenden möchte ich Ihnen verschiedene Formate vorstellen, die neben HTML (Kapitel 2, »Webseiten strukturieren mit HTML«), CSS (Kapitel 3, »Webseiten gestalten mit CSS«) und JavaScript (Kapitel 4, »Webseiten interaktiv machen mit JavaScript«) in der Webentwicklung eine große Rolle spielen. Eingeordnet sind diese Formate in die Kategorien Datenformate, Bildformate und Multimediaformate. Bei Datenformaten handelt es sich um solche Formate, die vor allem zum Austausch von Daten zwischen Client und Server oder aber auf Serverseite zwischen verschiedenen Webservices verwendet werden (Abbildung 6.1). Bildformate und Multimediaformate sind vor allem für die Clientseite relevant (weil sie vom Browser dargestellt werden), auch wenn sie vorher natürlich vom Server an den Client übertragen werden müssen.

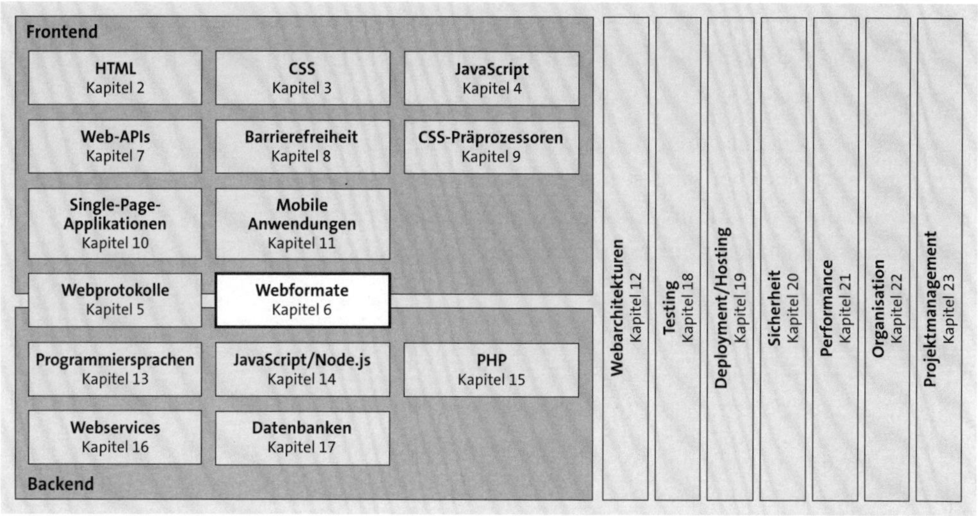

Abbildung 6.1 Neben HTML, CSS und JavaScript gibt es noch eine Reihe weiterer Formate, die für die Entwicklung von Webapplikationen wichtig sind.

6.1 Datenformate

In diesem Unterkapitel möchte ich auf verschiedene Datenformate eingehen, die vor allem als Austauschformat verwendet werden, also beispielsweise, wenn Daten vom Server an den Client oder umgekehrt vom Client zum Server oder aber auch zwischen verschiedenen Webservices hin- und hergeschickt werden (siehe auch Kapitel 12, »Webarchitekturen verstehen und einsetzen«).

Wenn Sie beispielsweise eine Webapplikation implementieren, über die Kontakte verwaltet werden können, sprich, neue Kontakte angelegt oder bestehende Kontakte abgefragt und aktualisiert werden können, müssen die Kontaktdaten (also beispielsweise Vorname und Nachname eines Kontakts) irgendwie vom Client zum Server gelangen (beim Anlegen) und umgekehrt vom Server zum Client (beim Abfragen).

Bei Anwendungsfällen wie diesen kommen Datenformate bzw. Austauschformate zum Einsatz, mit deren Hilfe Sie die Daten *strukturieren* können.

6.1.1 CSV

Das einfachste Datenformat ist *CSV* (*Comma Separated Values*). Dieses Format eignet sich vor allem für den Austausch einfach strukturierter, tabellarischer Daten. Einzelne **Datensätze** (Zeilen) werden dabei standardmäßig über einen Zeilenumbruch eingeleitet, das namensgebende Komma wird standardmäßig als Trennsymbol einzelner **Datenfelder** (Spalten) verwendet (alternativ lassen sich auch andere Zeichen für die Trennung von Datensätzen und Datenfeldern definieren). Optional können über die erste Zeile die **Spaltennamen** definiert werden, um besser zuordnen zu können, um was es sich bei einem Datenfeld genau handelt.

Das Beispiel mit den Kontaktdaten könnte im CSV-Format beispielsweise wie folgt aussehen. Hierbei werden insgesamt drei verschiedene Datensätze (Kontakte) definiert, die jeweils (durch Kommas getrennt) Informationen zum Vornamen, Nachnamen, der Telefonnummer sowie der E-Mail-Adresse eines Kontakts enthalten.

```
firstname,lastname,phone,email
Max,Mustermann,01234567,max.mustermann@example.com
Paula,Mustermann,01234567,paula.mustermann@example.com
Peter,Mustermann,3456789,peter.mustermann@example.com
```

Listing 6.1 Beispiel eines CSV-Dokuments

Wie man sich leicht ausmalen kann, eignet sich das CSV-Format nicht für komplizierter strukturierte Daten, die beispielsweise eine geschachtelte Struktur aufweisen. Für solche Daten sollten Sie auf eines der folgenden Datenformate zurückgreifen.

6.1.2 XML

Eines der wichtigsten Austauschformate im Web (beispielsweise für den Datenaustausch zwischen Webservices, siehe Kapitel 16, »Webservices implementieren«) ist das Format *XML* (*Extensible Markup Language*). Bei XML handelt es sich um eine *Auszeichnungssprache* (*Markup Language*), mit der sich Daten hierarchisch strukturieren lassen und die der Sprache HTML prinzipiell sehr ähnlich ist (schließlich ist auch HTML eine Markup Language). Auch bei XML haben Sie es mit *Elementen* und *Attributen* zu tun, eben mit *XML-Elementen* und *XML-Attributen*.

Im Unterschied zu HTML können Sie bei XML allerdings frei entscheiden, welche Elemente Sie innerhalb eines *XML-Dokuments* und welche Attribute Sie innerhalb eines Elements verwenden. XML ist also beliebig erweiterbar (*extensible*).

In Listing 6.2 sehen Sie ein typisches XML-Dokument. Die erste Zeile enthält Informationen zu der verwendeten XML-Version und die *Kodierung* (das *Encoding*), der Rest des Dokuments stellt den eigentlichen Inhalt dar. Das Element `<contacts>` ist in diesem Beispiel der Wurzelknoten (von dem es wie auch bei HTML jeweils nur einen innerhalb eines Dokuments geben kann). Unterhalb von `<contacts>` befindet sich ein Kindelement vom Typ `<contact>`, das wiederum verschiedene Kindelemente für die verschiedenen Datenfelder der Kontakte hat. Im Unterschied zu CSV erlaubt XML durch die Schachtelung von Elementen auch komplexe Hierarchien bzw. Strukturen. Dadurch lassen sich Elemente logisch zusammenfassen wie etwa im Beispiel das Element `<address>`, das die Adressdaten (Straße, Hausnummer, Postleitzahl und Wohnort) zusammenfasst.

```
<?xml version="1.0" encoding="UTF-8"?>
<contacts>
  <contact>
    <firstname>Max</firstname>
    <lastname>Mustermann</lastname>
    <phone type="mobile">01234567</phone>
    <email>max.mustermann@example.com</email>
    <address>
      <street>Musterstraße</street>
      <number>99</number>
      <code>12345</code>
      <city>Musterstadt</city>
    </address>
  </contact>
  <contact>
    <firstname>Paula</firstname>
    <lastname>Mustermann</lastname>
    <phone type="mobile">01234567</phone>
```

```
    <email>paula.mustermann@example.com</email>
    <address>
      <street>Musterstraße</street>
      <number>99</number>
      <code>12345</code>
      <city>Musterstadt</city>
    </address>
  </contact>
  <contact>
    <firstname>Peter</firstname>
    <lastname>Mustermann</lastname>
    <phone type="landline">3456789</phone>
    <email>peter.mustermann@example.com</email>
    <address>
      <street>Musterstraße</street>
      <number>200</number>
      <code>12345</code>
      <city>Musterstadt</city>
    </address>
  </contact>
</contacts>
```

Listing 6.2 Beispiel eines XML-Dokuments

XML-Parser

Wenn Sie XML verarbeiten möchten, benötigen Sie einen *XML-Parser*, also eine Komponente, die XML-Code in ein geeignetes Modell für die Weiterverarbeitung innerhalb der jeweiligen Programmiersprache umwandelt. XML-Parser stehen für verschiedene Programmiersprachen zur Verfügung, sodass Sie hier zum Glück das Rad nicht neu erfinden müssen, sondern einfach auf entsprechende Bibliotheken zurückgreifen können.

Prinzipiell gibt es verschiedene Arten von XML-Parsern, von denen insbesondere zwei wichtig sind, auf die ich im Folgenden eingehen möchte: *XML-DOM-Parser* bzw. kurz *DOM-Parser* und *XML-SAX-Parser* bzw. kurz *SAX-Parser*.

XML-DOM-Parser

DOM-Parser wandeln ein XML-Dokument in eine baumartige Datenstruktur, das sogenannte *DOM* (*Document Object Model*, auch *DOM-Baum* bzw. *DOM Tree*) um, auf die Sie mithilfe der sogenannten *DOM API* innerhalb eines Programms zugreifen können (Abbildung 6.2).

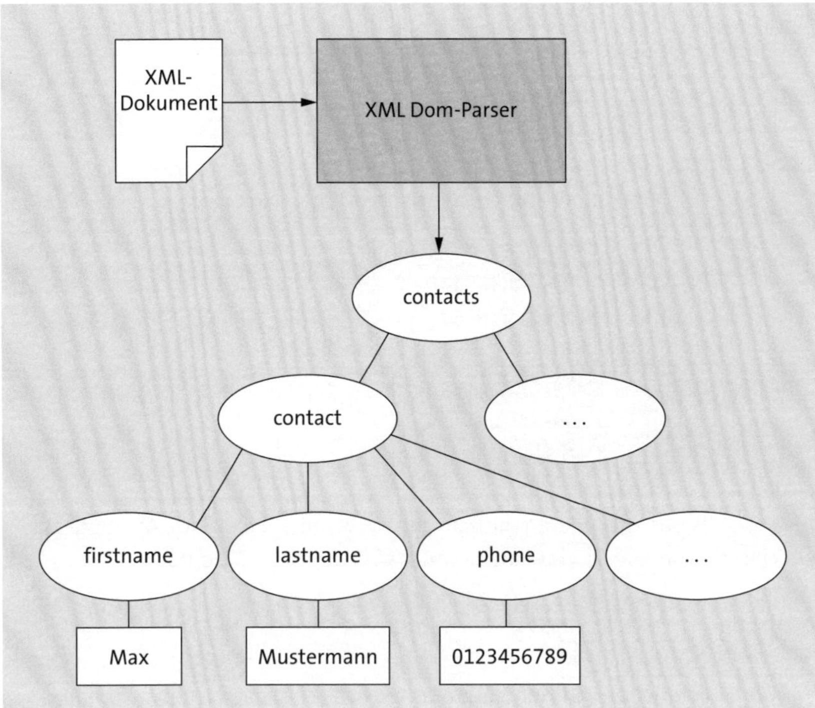

Abbildung 6.2 XML-DOM-Parser wandeln ein XML-Dokument in eine Datenstruktur um und eignen sich nur für kleine und mittelgroße XML-Dokumente.

DOM API und HTML-Dokumente

In Kapitel 7, »Web-APIs verwenden«, gehe ich auf die DOM API etwas näher ein und zeige Ihnen, wie sich mithilfe dieser API auch HTML-Dokumente verarbeiten lassen.

Das Parsen mit DOM-Parsern eignet sich nur für kleine bis mittelgroße XML-Dokumente, weil der komplette DOM-Baum im Speicher gehalten werden muss. Für große XML-Dokumente sollten Sie dagegen auf die zweite bekannte Art des XML-Parsens zurückgreifen.

XML-SAX-Parser

SAX-Parser (*Simple API for XML*) gehen ein XML-Dokument Schritt für Schritt durch, ohne ein Objektmodell aufzubauen und im Speicher zu halten. Stattdessen informieren SAX-Parser mithilfe von Events über Elemente, Attribute etc., auf die sie beim Durchgehen des XML-Dokuments treffen. Innerhalb eines Programms haben Sie dann die Möglichkeit, sich für diese Events zu registrieren und dann zu reagieren.

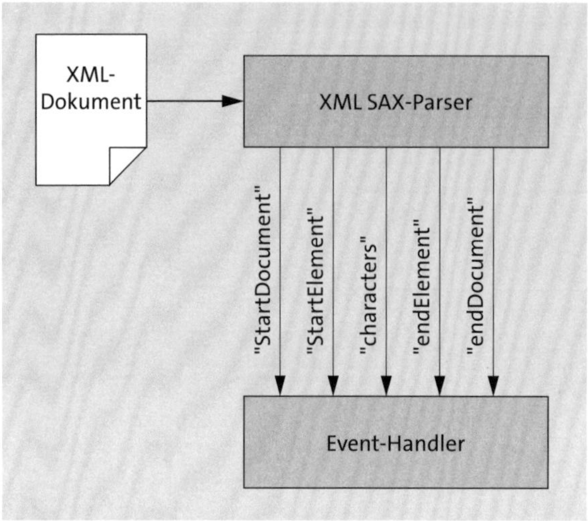

Abbildung 6.3 SAX-Parser informieren mithilfe von Events über Elemente, Attribute etc. und eignen sich insbesondere für das Parsen von großen XML-Dokumenten.

> **Hinweis**
>
> XML-Parser in beiden der genannten Varianten gibt es für die verschiedensten Plattformen und Programmiersprachen, sodass sie einfach als Paket installiert werden können.

XML-Schema

Wie ein XML-Dokument aufgebaut sein darf, definieren Sie über ein sogenanntes *XML-Schema* bzw. alternativ über eine sogenannte *Document Type Definition*, kurz *DTD*). Über XML-Schema und DTD können Sie Regeln definieren, beispielsweise welche Elemente in einem XML-Dokument verwendet werden dürfen, welche Kindelemente ein Element haben darf, welche Attribute für ein Element verwendet werden dürfen (oder müssen) und vieles weitere mehr.

> **Hinweis**
>
> Im Folgenden möchte ich exemplarisch nur auf das XML-Schema eingehen, weil es moderner als DTD ist und mittlerweile häufiger zum Einsatz kommt.

Anhand eines *XML-Schemas* kann mithilfe von *XML-Validatoren* überprüft werden, ob ein gegebener XML-Code der im Schema vorgegebenen Struktur entspricht. Auf diese Weise können Sie etwa bei der Implementierung eines Webservices, der Daten im Format XML empfängt, überprüfen, ob es sich bei den empfangenen Daten um XML handelt, das sich an das vorgegebene Schema hält.

Listing 6.3 zeigt das XML-Schema für den XML-Code aus Listing 6.2. Wie Sie sehen, handelt es sich beim XML-Schema selbst ebenfalls um XML. So verwenden Sie beispielsweise das Element `<xs:element>` und dessen Attribut `name`, um zu definieren, welche Elemente Ihr XML enthalten darf. Über das Attribut `type` können Sie bestimmen, welchen Typ ein Element haben darf, also ob das Element als Wert eine Zeichenkette enthält (im Beispiel unter anderem die Elemente `<firstname>`, `<lastname>` und `<code>`) oder eine Zahl (im Beispiel das Element `<number>` für die Hausnummer).


```
<xs:schema attributeFormDefault="unqualified" elementFormDefault=
"qualified" xmlns:xs="http://www.w3.org/2001/XMLSchema">
  <xs:element name="contacts">
    <xs:complexType>
      <xs:sequence>
        <xs:element name="contact" maxOccurs="unbounded" minOccurs="0">
          <xs:complexType>
            <xs:sequence>
              <xs:element type="xs:string" name="firstname"/>
              <xs:element type="xs:string" name="lastname"/>
              <xs:element name="phone">
                <xs:complexType>
                  <xs:simpleContent>
                    <xs:extension base="xs:int">
                      <xs:attribute
                        type="xs:string"
                        name="type"
                        use="optional"
                      />
                    </xs:extension>
                  </xs:simpleContent>
                </xs:complexType>
              </xs:element>
              <xs:element type="xs:string" name="email"/>
              <xs:element name="address">
                <xs:complexType>
                  <xs:sequence>
                    <xs:element type="xs:string" name="street"/>
                    <xs:element type="xs:int" name="number"/>
                    <xs:element type="xs:string" name="code"/>
                    <xs:element type="xs:string" name="city"/>
                  </xs:sequence>
                </xs:complexType>
              </xs:element>
```

```
          </xs:sequence>
        </xs:complexType>
      </xs:element>
    </xs:sequence>
  </xs:complexType>
 </xs:element>
</xs:schema>
```

Listing 6.3 Beispiel eines XML-Schemas

XML-Namespaces

Das Präfix xs, das in Listing 6.3 bei den Elementnamen verwendet wird, ist ein sogenanntes *Namespace-Präfix*, das den *Namespace* (*Namensraum*) des entsprechenden Elements definiert. Durch diese Namespaces können Sie Elemente eindeutig identifizieren und auch beispielsweise verschiedene gleichnamige Elemente (mit unterschiedlichen Namespaces) innerhalb eines XML-Dokuments verwenden.

6.1.3 JSON

Das *JSON-Format* (*JavaScript Object Notation*) zeichnet sich vor allem durch seinen einfachen Aufbau und durch seine leichte Integration in JavaScript-Anwendungen aus. Wie XML eignet sich auch JSON für die strukturierte Definition von Daten und wird ebenfalls sehr häufig als Datenaustauschformat verwendet. Im Gegensatz zu XML ist es dabei allerdings sehr viel schlanker und kann sehr viel einfacher innerhalb von JavaScript-Code verarbeitet werden.

Wesentliches Merkmal beim JSON-Format sind die geschweiften Klammern, über die einzelne Objekte definiert werden. Objekteigenschaften (auch: *Schlüssel*) werden in doppelten Anführungszeichen geschrieben und durch einen Doppelpunkt von dem jeweiligen Wert getrennt.

```
{
  "message": "Hello World"
}
```

Als Werte können Sie dabei Zeichenketten, Zahlenwerte, boolesche Werte, Arrays oder weitere Objekte verwenden, wobei die Syntax weitestgehend der von JavaScript entspricht. Listing 6.4 zeigt die Struktur eines JSON-Dokuments, das die gleichen Daten wie das im vorigen Abschnitt definierte XML-Dokument enthält. Im Unterschied zu XML fällt auf, dass JSON viel schlanker ist, was vor allem dadurch bedingt ist, dass es keine öffnenden und schließenden Tags gibt.

```
{
  "contacts": [
    {
      "firstname": "Max",
      "lastname": "Mustermann",
      "phone": {
        "type": "mobile",
        "number": "01234567"
      },
      "email": "max.mustermann@example.com",
      "address": {
        "street": "Musterstraße",
        "number": 99,
        "code": "12345",
        "city": "Musterstadt"
      }
    },
    {
      "firstname": "Paula",
      "lastname": "Mustermann",
      "phone": {
        "type": "mobile",
        "number": "01234567"
      },
      "email": "paula.mustermann@example.com",
      "address": {
        "street": "Musterstraße",
        "number": 99,
        "code": "12345",
        "city": "Musterstadt"
      }
    },
    {
      "firstname": "Peter",
      "lastname": "Mustermann",
      "phone": {
        "type": "landline",
        "number": "3456789"
      },
      "email": "max.mustermann@example.com",
      "address": {
        "street": "Musterstraße",
        "number": 200,
```

```
        "code": "12345",
        "city": "Musterstadt"
      }
    }
  ]
}
```

Listing 6.4 Beispiel eines JSON-Dokuments

JSON-Parser

Um JSON-Dokumente zu verarbeiten, benötigen Sie einen geeigneten *Parser*, einen *JSON-Parser*. Wie auch bei XML gibt es auch für JSON für verschiedene Programmiersprachen entsprechende Bibliotheken, die Sie für diesen Zweck verwenden können.

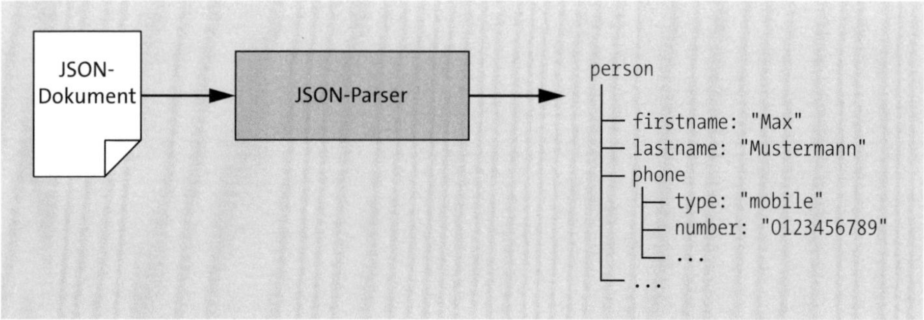

Abbildung 6.4 JSON-Parser wandeln JSON-Dokumente in eine geeignete Datenstruktur um.

Im Falle von JavaScript ist das Parsen von JSON-Dokumenten sogar nativ in die Sprache eingebaut, das heißt, hier benötigen Sie keine externen Bibliotheken, sondern können direkt über die Methode `JSON.parse()` eine JSON-Zeichenkette in ein JavaScript-Objekt umwandeln:

```
const jsonString = `{
  "firstname": "Max",
  "lastname": "Mustermann",
  "phone": {
    "type": "mobile",
    "number": "01234567"
  },
  "email": "max.mustermann@example.com",
  "address": {
    "street": "Musterstraße",
    "number": 99,
    "code": "12345",
```

```
    "city": "Musterstadt"
  }
}`;

const person = JSON.parse(jsonString);
console.log(person.firstname);         // "Max"
console.log(person.lastname);          // "Mustermann"
console.log(person.phone.type);        // "mobile"
console.log(person.phone.number);      // "01234567"
console.log(person.email);             // "max.mustermann@example.com"
console.log(person.address.street);    // "Musterstraße"
console.log(person.address.number);    // 99
console.log(person.address.code);      // "12345"
console.log(person.address.city);      // "Musterstadt"
```

Listing 6.5 Parsen von JSON in JavaScript

Alternativ dazu können Sie sogar JSON direkt in JavaScript einbetten und beispielsweise wie in folgendem Listing 6.6 einer Variablen zuweisen. JavaScript erkennt dann automatisch den JSON-Code und wandelt ihn in ein entsprechendes JavaScript-Objekt um:

```
const person = {
  "firstname": "Max",
  "lastname": "Mustermann",
  "phone": {
    "type": "mobile",
    "number": "01234567"
  },
  "email": "max.mustermann@example.com",
  "address": {
    "street": "Musterstraße",
    "number": 99,
    "code": "12345",
    "city": "Musterstadt"
  }
};

console.log(person.firstname);         // "Max"
console.log(person.lastname);          // "Mustermann"
console.log(person.phone.type);        // "mobile"
console.log(person.phone.number);      // "01234567"
console.log(person.email);             // "max.mustermann@example.com"
console.log(person.address.street);    // "Musterstraße"
```

```
console.log(person.address.number); // 99
console.log(person.address.code);   // "12345"
console.log(person.address.city);   // "Musterstadt"
```

Listing 6.6 JSON kann direkt innerhalb von JavaScript-Code eingebettet werden.

JSON-Schema

Analog zu XML-Schema gibt es auch für das JSON-Format die Möglichkeit, Schemas zu definieren. Beim *JSON-Schema* handelt es sich ebenfalls um JSON-Code, über den Sie genau festlegen, wie das JSON, auf das sich das Schema bezieht, aussehen darf, das heißt, welche Objekte enthalten sein müssen, welche Eigenschaften diese Objekte haben müssen, welche Werte diese haben usw. Folgendes Listing 6.7 zeigt das JSON-Schema für den JSON-Code aus Listing 6.4.

```
{
  "$schema": "http://json-schema.org/draft-04/schema#",
  "type": "object",
  "properties": {
    "contacts": {
      "type": "array",
      "items": {
        "type": "object",
        "properties": {
          "firstname": {
            "type": "string"
          },
          "lastname": {
            "type": "string"
          },
          "phone": {
            "type": "object",
            "properties": {
              "type": {
                "type": "string"
              },
              "number": {
                "type": "string"
              }
            },
            "required": ["type", "number"]
          },
```

```
          "email": {
            "type": "string"
          },
          "address": {
            "type": "object",
            "properties": {
              "street": {
                "type": "string"
              },
              "number": {
                "type": "integer"
              },
              "code": {
                "type": "string"
              },
              "city": {
                "type": "string"
              }
            },
            "required": ["street", "number", "code", "city"]
          }
        },
        "required": ["firstname", "lastname", "phone", "email", "address"]
      }
    }
  },
  "required": ["contacts"]
}
```

Listing 6.7 Beispiel eines JSON-Schemas

Wie auch bei XML und XML-Schema gibt es für JSON und JSON-Schema entsprechende *JSON-Validatoren*, die für ein gegebenes JSON und JSON-Schema überprüfen, ob das JSON den im JSON-Schema definierten Regeln entspricht.

6.2 Bildformate

Neben Datenformaten spielen natürlich auch Bildformate eine große Rolle bei der Entwicklung von Webanwendungen. In diesem Unterkapitel stelle ich Ihnen die wichtigsten Bildformate kurz vor.

6.2.1 Fotografien mit dem JPG-Format

Möchten Sie Fotografien oder Bilder mit hoher *Farbtiefe* oder *Dynamik* einbinden (also Bilder mit vielen verschiedenen Farben), verwenden Sie am besten das *JPG-Format* (auch *JPEG* für *Joint Photographic Experts Group*). Dieses Format kann bis zu 16 Millionen Farben darstellen und unterstützt zudem verschiedene Kompressionsstufen zwischen folgenden beiden Extremen, die sich auf die Dateigröße des Bildes sowie auf dessen Qualität auswirken:

- 0 % Kompression: geringste Kompression, dafür keine Qualitätsverluste, aber auch unveränderte Dateigröße
- 100 % Kompression: stärkste Kompression, kleinstmögliche Dateigröße, dafür Qualitätsverluste

Abbildung 6.5 Das JPG-Format eignet sich vor allem für Fotografien.

6.2.2 Grafiken und Animationen mit dem GIF-Format

Das *GIF-Format* (*Graphics Interchange Format*) eignet sich vor allem für Bilder mit wenigen Farben oder großen einfarbigen Flächen, da es nur 256 Farben darstellen kann (pro Pixel stehen 8 Bits zur Verfügung, also 2^8 mögliche Werte). Für solche Arten von Bildern komprimiert das GIF-Format die Daten effektiver als das JPG-Format.

Gegenüber anderen Formaten kann das GIF noch etwas Besonderes: Bestimmt haben Sie schon den Begriff *animiertes GIF* gehört oder gelesen. Dabei handelt es sich um kleine Animationen, die Bild für Bild in einem einzelnen GIF gespeichert werden. Solche animierten GIFs haben in den letzten Jahren insbesondere durch Plattformen wie Giphy (*https://giphy.com*) und soziale Medien im Allgemeinen (erneut) massiv an Bedeutung gewonnen.

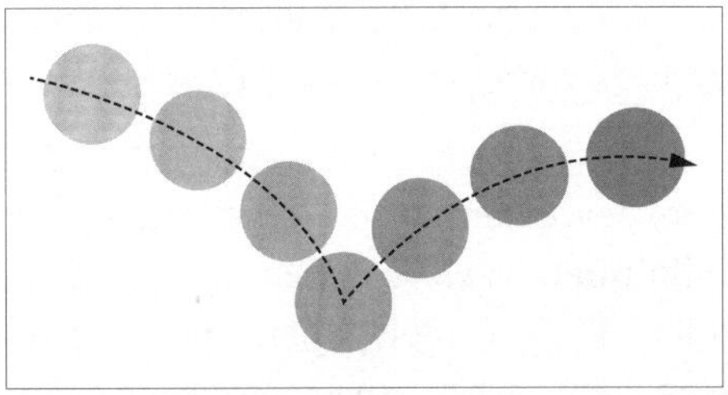

Abbildung 6.6 Das GIF-Format eignet sich vor allem für Animationen.

6.2.3 Grafiken mit dem PNG-Format

Das *PNG-Format* (*Portable Network Graphics*) ist quasi eine Mischung aus dem GIF- und dem JPG-Format und versucht, die Stärken dieser beiden Formate zu kombinieren. Dabei wird unterschieden zwischen dem *PNG-8-Verfahren*, das ähnlich dem GIF-Format ist, und dem *PNG-24-Verfahren*, das eher dem JPG-Format entspricht. Man kann es schon vermuten: Das PNG-8-Verfahren ermöglicht die Darstellung von 2^8 (256) Farben, das PNG-24-Verfahren dagegen die Darstellung von 2^{24} (ca. 16,8 Millionen) Farben. Daher sollten Sie das PNG-8-Verfahren nur dann verwenden, wenn ein Bild wenige Farben enthält oder aus sehr großen einfarbigen Flächen besteht (Beispiele hierfür sind Diagramme, Zeichnungen, Logos, Piktogramme). Für Fotografien dagegen eignet sich das PNG-24-Verfahren.

Darüber hinaus gibt es bei PNG noch das *PNG-32-Verfahren*. Hierbei stehen weitere 8 Bits zur Verfügung, die für einen sogenannten *Alpha-Kanal* genutzt werden, durch den 256 Transparenzstufen möglich werden. Auf diese Weise lassen sich Bilder erstellen, bei denen je nach Transparenzstufe der Hintergrund des Bildes mehr oder weniger stark sichtbar ist, was zum Beispiel beim JPG-Format nicht möglich ist.

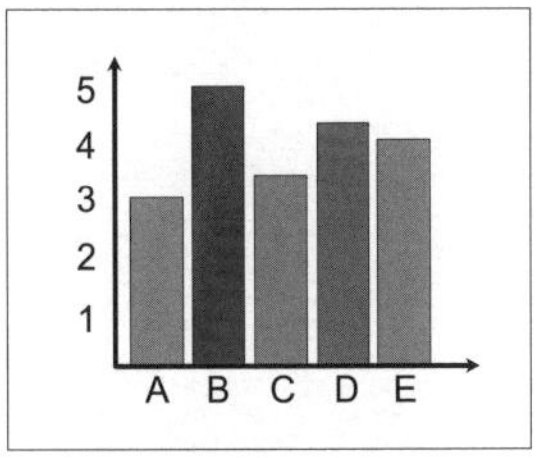

Abbildung 6.7 Das PNG-Format eignet sich vor allem für Logos, Diagramme und Grafiken mit transparentem Hintergrund.

6.2.4 Vektorgrafiken mit dem SVG-Format

Bei JPG, GIF und PNG handelt es sich um *Bitmap-Formate*. Bitmaps bestehen aus kleinen Rechtecken (Pixeln), die jeweils einen Farbwert haben. Alle Bitmap-Formate sind abhängig von der Auflösung, können also nicht beliebig skaliert werden, ohne dass die einzelnen Pixel größer und damit sichtbar werden. Das können Sie testen, indem Sie ein Bild in einem der genannten Formate im Browser öffnen und dann die Darstellung (und damit das Bild) vergrößern.

Es gibt allerdings auch eine Art von Formaten, bei denen die grafische Darstellung nicht auf Bild**punkten** basiert, sondern auf Bild**linien**. *Vektorgrafiken* sind Grafiken, die aus primitiven Grafikobjekten wie Linien, Kreisen, Polygonen oder Kurven zusammengesetzt sind. Was sich auf den ersten Blick nach relativ langweiligen Grafiken anhört, ist in der Praxis natürlich ganz anders: Durch Zusammenfügen solcher primitiven Grafikobjekte lassen sich die komplexesten Grafiken darstellen (führen Sie mal eine Bildersuche nach »vector graphic design« durch, und Sie werden sehen, was mit Vektorgrafiken alles möglich ist).

Ein Vektorformat, das von allen modernen Browsern dargestellt werden kann, ist das sogenannte *SVG*-Format (*Scalable Vector Graphics*), ein auf XML basierendes Format zur Beschreibung von Vektorgrafiken. Der Name sagt es bereits: SVG-Grafiken sind **skalierbar**. Das heißt, Sie können die Größe einer einmal erstellten Vektorgrafik beliebig skalieren, ohne dass es zu einem Qualitätsverlust in der Darstellung kommt. Listing 6.8 zeigt den SVG-Code für die in Abbildung 6.8 gezeigte Grafik.

```
<?xml version="1.0"?>
<!DOCTYPE svg PUBLIC "-//W3C//DTD SVG 1.0//EN"
  "http://www.w3.org/TR/2001/REC-SVG-20010904/DTD/svg10.dtd">
<svg xmlns="http://www.w3.org/2000/svg">
  <g style="fill-opacity:0.8;">
    <circle
      cx="8cm"
      cy="2cm"
      r="100"
      style="fill:red; stroke:black; stroke-width:0.2cm"
      transform="translate(0,50)"
    />
    <circle
      cx="8cm"
      cy="2cm"
      r="100"
      style="fill:blue; stroke:black; stroke-width:0.2cm"
      transform="translate(70,150)"
    />
    <circle
      cx="8cm"
      cy="2cm"
      r="100"
```

```
      style="fill:green; stroke:black; stroke-width:0.2cm"
      transform="translate(-70,150)"
    />
  </g>
</svg>
```

Listing 6.8 Beispiel eines SVG-Dokuments

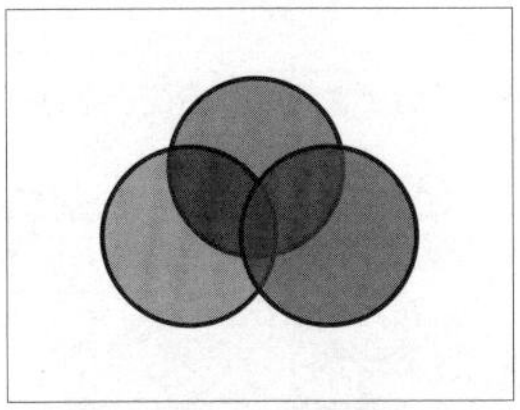

Abbildung 6.8 Das SVG-Format eignet sich für alle Arten von Vektorgrafiken wie beispielsweise Logos, Diagramme und Ähnliches.

Hinweis

Da es sich bei SVG um ein XML-basiertes Format handelt, können Sie es natürlich auch mithilfe von Programmiersprachen dynamisch erzeugen, verändern und sogar animieren (denn Animationen unterstützt das Format auch). Darüber hinaus kann das Erscheinungsbild und Layout von SVG-Grafiken mit CSS beeinflusst werden.

6.2.5 Alles besser mit dem WebP-Format

Das von Google ins Leben gerufene WebP-Format hat vor allem das Ziel, Bilder für das Web auf eine möglichst geringe Dateigröße zu minimieren. So sind laut Angaben von Google Bilder und Grafiken in diesem Format etwa 30 % kleiner als PNG- oder JPEG-Dateien bei gleicher Bildqualität. WebP ermöglicht zudem die Auswahl der verwendeten Komprimierungsmethode. So kann man zwischen verlustfrei (wie bei PNG) und verlustbehaftet (wie bei JPEG) unterscheiden. Aufgrund dieser Wahlfreiheit eignet sich das WebP-Format sowohl für Fotos als auch für Grafiken. Darüber hinaus unterstützt das Format Transparenz (wie PNG) und Animationen (wie das GIF- und das SVG-Format).

Browser-Support

Eine sehr gute Anlaufstelle, um herauszufinden, ob ein bestimmtes Bildformat von einem Browser unterstützt wird oder nicht, ist übrigens die Website »Can I Use« (*https://caniuse.com/#feat=webp*).

6.2.6 Vergleich der Bildformate

Tabelle 6.1 gibt Ihnen noch mal zusammenfassend eine Übersicht über die verschiedenen Bildformate in den jeweiligen Varianten. So haben Sie eine Übersicht darüber, welche Formate verlustbehaftet komprimieren und welche verlustfrei, wie viele Farben vom jeweiligen Format dargestellt werden können und ob das Format Transparenz und Animationen unterstützt. Anhand dieser Kriterien können Sie schnell entscheiden, welches Bildformat je nach gegebenen Anforderungen infrage kommt.

Bildformat	Kompression	Farbspektrum	Transparenz	Animationen	Skalierung
JPG/JPEG	verlustbehaftet	ca. 16,8 Millionen Farben	nein	–	–
GIF	verlustfrei	maximal 256 Farben	einfache Transparenz	einfache Animationen	–
PNG-8	verlustfrei	maximal 256 Farben	4-Bit-Transparenz mit 16 Stufen pro Pixel	–	–
PNG-24	verlustfrei	ca. 16,8 Millionen Farben	einfache Transparenz	–	–
PNG-32	verlustfrei	ca. 16,8 Millionen Farben	Alpha-Kanal	–	–
SVG	verlustfrei	ca. 16,8 Millionen Farben	Alpha-Kanal	Animationen möglich	ja
WebP	verlustfrei	ca. 16,8 Millionen Farben	Alpha-Kanal	Animationen möglich	–
WebP	verlustbehaftet	ca. 16,8 Millionen Farben	Alpha-Kanal	Animationen möglich	–

Tabelle 6.1 Übersicht verschiedener Bildformate für das Web

Hinweis

Neben den genannten Bildformaten gibt es noch einige weitere, die in der Praxis aber im Vergleich zu den genannten (zumindest im Rahmen von Webanwendungen) relativ selten zum Einsatz kommen. Eine Übersicht finden Sie beispielsweise unter *https://developer.mozilla.org/en-US/docs/Web/Media/Formats/Image_types*.

Einbinden von Bildern in HTML

Alle der genannten Bildformate lassen sich mithilfe des `<img>`-Elements zu einer Webseite hinzufügen (siehe Kapitel 2, »Webseiten strukturieren mit HTML«). Als Parameter für das `src`-Attribut gibt man dabei einfach die URL zu der jeweiligen Bilddatei an. Und wo wir gerade dabei sind: Dem `src`-Attribut kann man nicht nur eine URL zu einer Bilddatei übergeben, sondern auch einen sogenannten *Data-URI*, der die Bilddaten als *Base64*-kodierten Text enthält. Mehr Informationen zu dieser Art der Einbindung von Bilddaten finden Sie beispielsweise unter *https://developer.mozilla.org/en-US/docs/Web/HTTP/Basics_of_HTTP/Data_URIs*.

6.2.7 Programme für die Bildbearbeitung

Für die Bearbeitung von Bildern gibt es verschiedene Programme, und je nachdem, wie viele Bilder Sie bearbeiten möchten oder welche Techniken und Filter Sie dabei anwenden möchten, kann es sinnvoll sein, sich ein kostenpflichtiges Programm dafür zuzulegen. Eines der professionellsten Bildbearbeitungsprogramme ist sicherlich **Adobe Photoshop** (*https://www.adobe.com/de/products/photoshop.html*), das mittlerweile allerdings nur noch über ein monatliches Bezahlmodell zu bekommen ist. Eine etwas abgespeckte Version, die sich aber immer noch hervorragend für die Bildbearbeitung eignet, ist **Adobe Photoshop Elements** (*https://www.adobe.com/de/products/photoshop-elements.html*). Im Gegensatz zum ursprünglichen Photoshop muss man hierfür keine monatliche Gebühr bezahlen, sondern nur einmalig den Kaufpreis von derzeit etwa 100 Euro. Ebenfalls sehr gut und in den letzten Jahren zu einer ernsten Konkurrenz geworden ist **Affinity Photo** (*https://affinity.serif.com/de/photo*), das derzeit rund 50 Euro kostet. Wer dagegen überhaupt kein Geld für ein Bildbearbeitungsprogramm ausgeben möchte, der kann auch auf das kostenlose **Gimp** (*https://www.gimp.org*) zurückgreifen.

Für das Bearbeiten von Vektorgrafiken stehen ebenfalls verschiedene Programme zur Verfügung. Zu den professionelleren – und von Grafikdesignern gerne verwendeten – gehört **Adobe Illustrator** (*https://www.adobe.com/de/products/illustrator.html*), bei dem allerdings ähnlich wie Photoshop eine monatliche Gebühr für die Nutzung anfällt. Günstiger ist da schon Affinity Designer (*https://affinity.serif.com/de/designer*), das sich in einem ähnlichen Preissegment wie **Affinity Photo** bewegt.

Abbildung 6.9 Affinity Photo für die Bearbeitung von Bildern

Wer ein komplett kostenloses Tool zur Bearbeitung von Vektorgrafiken sucht, kann einen Blick auf **Inkscape** (*https://inkscape.org/de*) werfen, das bezüglich der Funktionalität zwar nicht so umfangreich wie die anderen Programme ist, aber für den Anfang durchaus ausreicht.

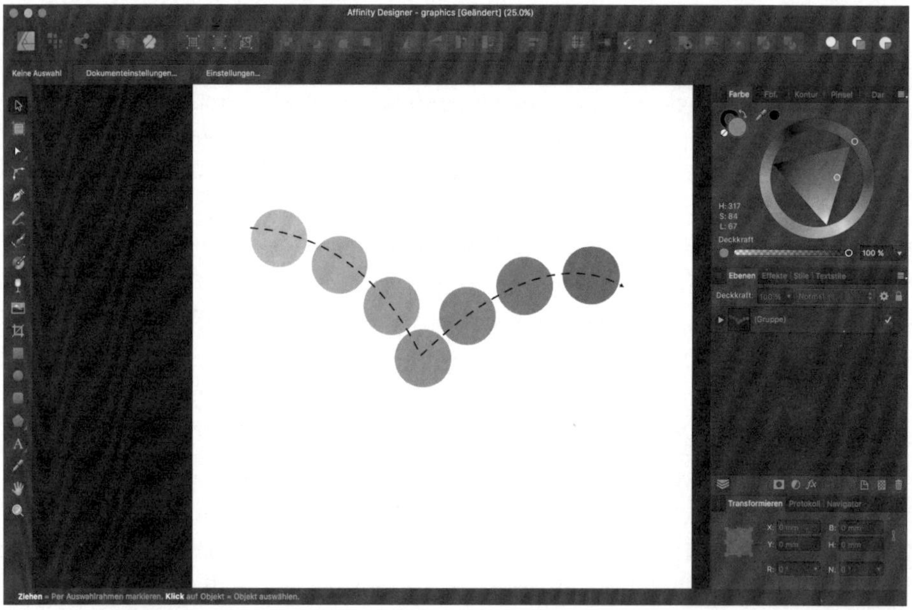

Abbildung 6.10 Affinity Designer für die Bearbeitung von Illustrationen und Vektorgrafiken

6.3 Video- und Audioformate

Neben den vorgestellten Daten- und Bildformaten sind für die Entwicklung von Webanwendungen vor allem Video- und Audioformate relevant.

6.3.1 Videoformate

Während man vor HTML5 Videos noch über Umwege mithilfe von Flash einbinden musste, gibt es seit HTML5 die Möglichkeit, Videos über ein eigenes Element, das `<video>`-Element, einzubinden. Browser zeigen das entsprechende Video dann über einen eigenen Videoplayer an (Abbildung 6.11).

Abbildung 6.11 Browser stellen bei Verwendung des <video>-Elements direkt einen ganzen Videoplayer inklusive Steuerelementen zur Verfügung.

Videos einbinden

In den Anfangstagen von HTML5 unterstützten die verschiedenen Browser unterschiedliche Videoformate: Firefox das OGV-Format, Chrome die Formate OGV, WebM und MP4 und Safari nur MP4. Aus diesem Grund wurde das `<video>`-Tag so konzipiert, dass es direkt mit verschiedenen Videoformaten (und -codecs) umgehen kann. So können Sie (um verschiedene Browser zu unterstützen) über das `<source>`-Element, das einfach als Kindelement im entsprechenden `<video>`-Element platziert wird, alternative Formate des Videos definieren. Den Typ des Videos definieren Sie dabei im `<source>`-Element über das `type`-Attribut: Hier geben Sie einfach den passenden MIME-Typ an (siehe Tabelle 6.2).

```
<video controls="controls" height="360" width="640">
  <source src="my-video.mp4" type="video/mp4" >
  <source src="my-video.webm" type="video/webm" >
  <source src="my-video.ogg" type="video/ogg" >
  <p>Der verwendete Browser unterstützt HTML5-Video nicht</p>
</video>
```

Listing 6.9 Einbinden von Videodateien in HTML

Zum Glück unterstützen mittlerweile aber alle modernen Browser das MP4-Format, sodass Sie eigentlich nur noch Folgendes schreiben müssen:

```
<video controls="controls" src="my-video.mp4"></video>
```

Listing 6.10 Einbinden von Videodateien in HTML

MIME-Typ	Dateiendung	Beschreibung
video/mpeg	*.mpeg, *.mpg, *.mpe	MPEG-Videodateien
video/mp4	*.mp4	MP4-Videodateien
video/ogg	*.ogg, *.ogv	OGG-Videodateien
video/quicktime	*.qt, *.mov	Quicktime-Videodateien
video/webm	*.webm	Webm-Videodateien

Tabelle 6.2 Verschiedene Videoformate und die dazugehörigen MIME-Typen und Dateiendungen

Videos und Videoplayer konfigurieren

Darüber hinaus können Sie über verschiedene Attribute die Eigenschaften des Videos bzw. des Videoplayers beeinflussen. Beispielsweise können Sie über die Eigenschaft `autoplay` definieren, ob das Video automatisch abgespielt werden soll oder ob es beim Öffnen der entsprechenden Webseite zunächst pausiert sein soll, und über die Eigenschaft `controls` festlegen, ob die Steuerelemente des Videoplayers angezeigt werden sollen oder nicht. Tabelle 6.3 zeigt die wichtigsten Attribute des `<video>`-Tags:

Attribut	Beschreibung
`autoplay`	Boolesches Attribut, das angibt, ob das Video automatisch gestartet werden soll.
`controls`	Boolesches Attribut, das angibt, ob Steuerelemente des Videoplayers (Play, Stop, Pause, Lautstärke etc.) angezeigt werden sollen oder nicht.
`height`	Erlaubt die Angabe der Höhe des Videos.
`loop`	Boolesches Attribut, das angibt, ob das Video automatisch erneut gestartet werden soll, wenn es vollständig abgespielt wurde.
`muted`	Boolesches Attribut, das angibt, ob das Video ohne Ton abgespielt werden soll.

Tabelle 6.3 Die wichtigsten Attribute des <video>-Tags

Attribut	Beschreibung
`poster`	Erlaubt das Angeben eines Hintergrundbildes, das angezeigt wird, solange das Video noch nicht gestartet wurde.
`preload`	Erlaubt eine Angabe, ob das Video beim Laden der Webseite bereits in den Cache geladen werden soll (auch wenn es noch nicht abgespielt wird).
`src`	Die URL zu der eingebundenen Videodatei
`width`	Erlaubt die Angabe der Breite des Videos.

Tabelle 6.3 Die wichtigsten Attribute des <video>-Tags (Forts.)

Hinweis

Der Videoplayer, der vom jeweiligen Browser zur Wiedergabe der Videos dargestellt wird, lässt sich übrigens auch mithilfe von JavaScript steuern. So stellt das `<video>`-Element Methoden wie `play()` und `pause()` zur Verfügung, über die Sie die Wiedergabe des Videos programmatisch beeinflussen können. Dank dieser Schnittstelle können Sie beispielsweise eigene Kontrollelemente mithilfe von HTML und CSS erstellen, die Sie dann per JavaScript mit dem Videoplayer »verbinden«. Details dazu finden Sie beispielsweise unter *https://developer.mozilla.org/en-US/docs/Learn/JavaScript/Client-side_web_APIs/Video_and_audio_APIs*.

6.3.2 Audioformate

Ähnlich wie bei Videodateien steht seit HTML5 für das Einbinden von Audiodateien ein eigenes Element zur Verfügung, das `<audio>`-Element. Vom Browser wird dann ein entsprechender Audioplayer für das Abspielen der Audiodatei dargestellt:

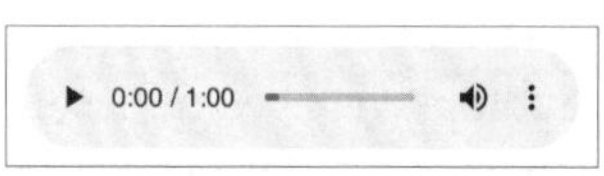

Abbildung 6.12 Beim Einbinden von Audiodateien über das <audio>-Element zeigen Browser einen Audioplayer an (hier: Chrome bzw. Opera bzw. Microsoft Edge), ...

Abbildung 6.13 ... der sich von Browser (hier: Firefox) zu ...

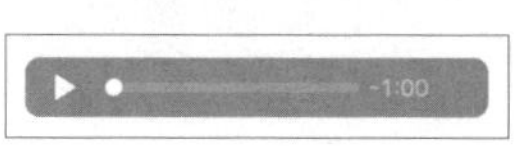

Abbildung 6.14 ... Browser (hier: Safari) unterscheidet.

Audiodateien einbinden

Vom Prinzip her funktioniert das Einbinden von Audiodateien ähnlich wie das Einbinden von Videodateien. Um mehrere alternative Audiodateien anzubieten (auch hier gibt es Unterschiede zwischen den einzelnen Browsern), verwenden Sie das `<source>`-Element, wobei Sie als Wert für das `type`-Attribut den entsprechenden MIME-Typ der Audiodatei angeben (Tabelle 6.4).

```
<audio controls>
  <source src="my-audio.m4a" type="audio/x-aac" />
  <source src="my-audio.mp3" type="audio/mpeg" />
</audio>
```

Listing 6.11 Einbinden von Audiodateien in HTML

MIME-Typ	Dateiendung	Beschreibung
audio/mpeg	*.mp3	MP3-Dateien
audio/mp4	*.mp4	MP4-Dateien
audio/ogg	*.ogg	OGG-Dateien
audio/wav	*.wav	WAV-Dateien
audio/x-midi	*.mid, *.midi	MIDI-Dateien
audio/x-mpeg	*.mp2	MPEG-Audiodateien

Tabelle 6.4 Verschiedene Audioformate und die dazugehörigen MIME-Typen und Dateiendungen

Audiodateien und Audioplayer konfigurieren

Wie beim `<video>`-Element können Sie auch beim `<audio>`-Element über verschiedene Attribute die Eigenschaften der Audiodatei bzw. des Audioplayers beeinflussen. So können Sie beispielsweise auch hier über die Eigenschaft `autoplay` definieren, ob die Audiodatei automatisch abgespielt werden soll, und über die Eigenschaft `controls` festlegen, ob die Steuerelemente des Audioplayers angezeigt werden sollen oder nicht. Die wichtigsten Attribute des `<audio>`-Tags sehen Sie in Tabelle 6.5.

Attribut	Beschreibung
`autoplay`	Boolesches Attribut, das angibt, ob die Audiodatei automatisch gestartet werden soll.

Tabelle 6.5 Die wichtigsten Attribute des <audio>-Tags

Attribut	Beschreibung
`controls`	Boolesches Attribut, das angibt, ob Steuerelemente des Audioplayers (Play, Stop, Pause, Lautstärke etc.) angezeigt werden sollen oder nicht.
`loop`	Boolesches Attribut, das angibt, ob die Audiodatei automatisch erneut gestartet werden soll, wenn sie vollständig abgespielt wurde.
`muted`	Boolesches Attribut, das angibt, ob die Audiodatei ohne Ton abgespielt werden soll.
`preload`	Erlaubt eine Angabe, ob die Audiodatei beim Laden der Webseite bereits in den Cache geladen werden soll (auch wenn sie noch nicht abgespielt wird).
`src`	Die URL zu der eingebundenen Audiodatei

Tabelle 6.5 Die wichtigsten Attribute des <audio>-Tags (Forts.)

Hinweis

Audioplayer lassen sich ebenso wie Videoplayer per JavaScript steuern. Auch das `<audio>`-Element stellt dazu entsprechende Methoden wie `play()` und `pause()` bereit.

6.4 Zusammenfassung und Ausblick

In diesem Kapitel haben Sie die (neben HTML, CSS und JavaScript) wichtigsten Formate für das Web kennengelernt. Sie wissen jetzt, wie sich die einzelnen Formate unterscheiden, und haben einen guten Überblick darüber, welches Format sich für welchen Zweck eignet.

6.4.1 Die wichtigsten Punkte

Hier die wichtigsten Punkte aus diesem Kapitel kompakt zusammengefasst:

- Das *CSV*-Format ist ein sehr einfaches **Datenformat**, das sich dazu eignet, Datensätze zeilenweise und (standardmäßig) durch Kommas getrennt zu definieren.
- Für die Strukturierung von komplexeren Daten, beispielsweise geschachtelten Daten, eignen sich dagegen die **Datenformate** *XML* und *JSON*.
- *XML* und *JSON* sind die beiden wichtigsten **Datenaustauschformate** im Web.

- JSON ist in den letzten Jahren gegenüber XML gefühlt etwas beliebter geworden, da es sehr viel schlanker ist und in JavaScript viel einfacher verarbeitet werden kann.
- Für das Speichern von **Bildern und Grafiken** stehen Ihnen verschiedene Formate zur Verfügung:
  - Das *JPG*-Format eignet sich vor allem für **Fotografien**.
  - Das *GIF*-Format dagegen eignet sich vor allem für **Grafiken** und **Animationen**.
  - Das *PNG*-Format kombiniert die Vorteile von JPG und GIF und erlaubt darüber hinaus **Transparenz**.
  - Das *SVG*-Format basiert auf XML und erlaubt die Definition von **skalierbaren Vektorgrafiken**.
  - Das von Google entwickelte *WebP*-Format vereint die Vorteile von JPG und PNG, wird aber noch nicht von allen Browsern unterstützt.
- Für das Einbinden von **Video- und Audiodateien** stehen Ihnen seit HTML5 die Elemente `<video>` und `<audio>` zur Verfügung.
- Es gibt viele verschiedene Video- und Audioformate, wobei Sie aber dank der HTML-Elemente für ein Video oder für eine Audiodatei mehrere Formate einbinden können.

6.4.2 Weiterführende Literatur

Je nachdem, mit welchem Format Sie sich eingehender beschäftigen möchten, empfehle ich Ihnen folgende Bücher zu den vorgestellten Datenformaten. Bücher, die sich ausschließlich mit Bildformaten und/oder Audio- und Videoformaten beschäftigen, sind mir dagegen nicht bekannt.

- Helmut Vonhoegen: »XML: Einstieg, Praxis, Referenz. Das XML-Handbuch mit vielen Anwendungsbeispielen.« (2018)
- Lindsay Bassett: »Introduction to JavaScript Object Notation« (2015)

6.4.3 Ausblick

Insbesondere das Format JSON wird im weiteren Verlauf dieses Buches wieder interessant. In Kapitel 16, »Webservices implementieren«, werden wir dieses Format für den Datenaustausch zwischen Client und Server (bzw. Webservice) verwenden. Im nächsten Kapitel kommen wir auf die Sprache JavaScript zurück, und ich zeige Ihnen, welche Web APIs Ihnen unter JavaScript zur Verfügung stehen.

Kapitel 7
Web-APIs verwenden

Browser stellen Ihnen verschiedene Schnittstellen zur Verfügung, die Sie programmatisch – sprich mit JavaScript – steuern können. In diesem Kapitel gehe ich auf verschiedene dieser sogenannten Web-APIs ein, die Sie per JavaScript steuern können und mit deren Hilfe Sie Webseiten noch interaktiver und professioneller gestalten können.

Dieses Kapitel besteht aus drei Teilen: Im ersten Teil geht es um die sogenannte DOM API, die ich bereits kurz in Kapitel 4, »Webseiten interaktiv machen mit JavaScript«, angesprochen habe und mit deren Hilfe Sie auf einzelne Elemente eines HTML-Dokuments (bzw. einer Webseite) zugreifen können, neue Elemente hinzufügen können, bestehende Elemente verändern oder löschen können und vieles mehr. Ein Verständnis der DOM API ist eine wichtige Voraussetzung für jeden Webentwickler.

Im zweiten Teil des Kapitels zeige ich Ihnen, wie Sie mithilfe von Ajax und der Fetch API über JavaScript Daten asynchron vom Server laden können. Hierdurch ist es möglich, nur einzelne Bereiche einer Webapplikation neu zu laden bzw. zu aktualisieren.

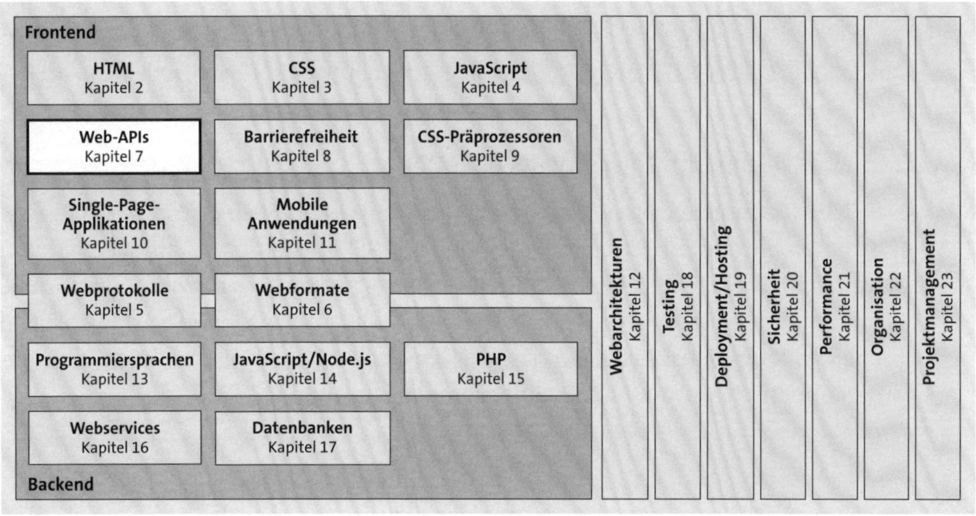

Abbildung 7.1 Web-APIs können Sie mithilfe von JavaScript verwenden und Webapplikationen auf diese Weise um zahlreiche Features ergänzen.

Darüber hinaus gibt es noch eine wahre Fülle weiterer Web-APIs, die Ihnen in modernen Browsern zur Verfügung stehen. Als Webentwickler oder -entwicklerin sollten Sie in jedem Fall zumindest eine Übersicht darüber haben, welche APIs es gibt und was alles mit modernen Browsern möglich ist. Nur so können Sie in Projekten schnell abschätzen, ob und wie sich bestimmte Anforderungen an eine Webapplikation umsetzen lassen. Beispielsweise können Sie über Web-APIs Daten lokal im Browser speichern, Animationen erzeugen, auf das Dateisystem zugreifen, Verschlüsselungsalgorithmen anwenden und vieles mehr. Im dritten Teil dieses Kapitels gebe ich Ihnen eine kompakte Übersicht über die wichtigsten Web-APIs.

7.1 Webseiten dynamisch ändern mit der DOM API

Jedes Mal, wenn Sie eine Webseite im Browser aufrufen, der Browser über HTTP eine Anfrage an den Server stellt und der Server HTML-Code an den Browser zurückschickt, wird dieser HTML-Code vom Browser in ein eigenes Objektmodell geparst, das im Arbeitsspeicher vorgehalten wird. Dieses Objektmodell nennt sich *Document Object Model* oder kurz *DOM*, und Sie können mithilfe von JavaScript darauf zugreifen.

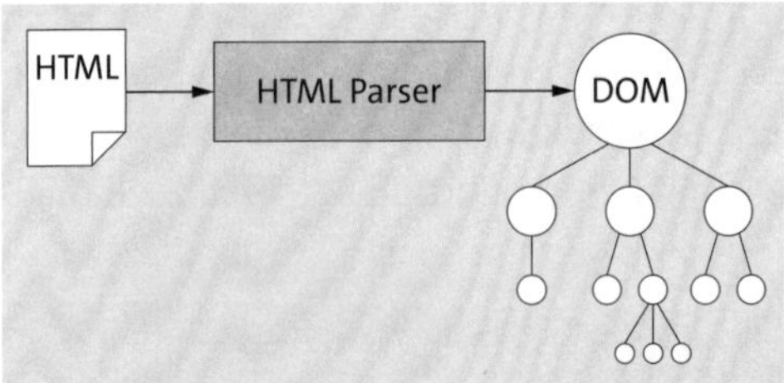

Abbildung 7.2 Browser parsen HTML-Dokumente in ein eigenes Objektmodell

7.1.1 Das Document Object Model (DOM)

Das DOM (*Document Object Model*) stellt die Komponenten einer Webseite (also die HTML-Elemente und HTML-Attribute) hierarchisch als Baum dar, als sogenannten *DOM-Baum*. Ein solcher DOM-Baum setzt sich aus *Knoten* (engl.: *Nodes*) zusammen, die durch ihre hierarchische Anordnung den Aufbau einer Webseite widerspiegeln (siehe Abbildung 7.3). Die *DOM API* definiert also eine Programmierschnittstelle, um programmatisch auf den DOM-Baum zugreifen zu können.

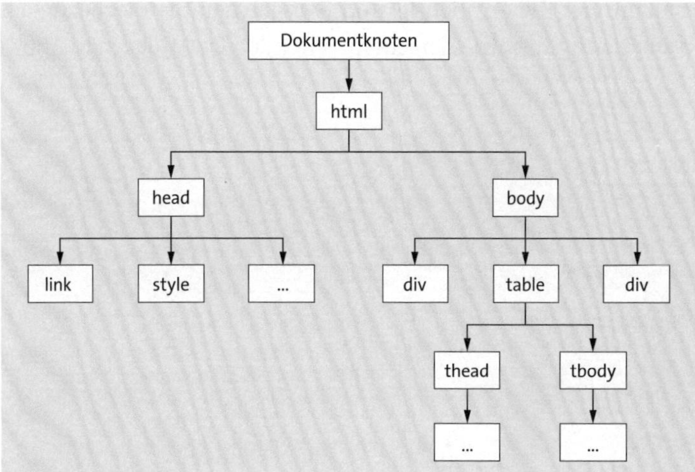

Abbildung 7.3 Aufbau eines DOM-Baums

Hinweis

Unter einer *API* (*Application Programming Interface*) versteht man eine Programmierschnittstelle, die verschiedene Objekte und Methoden bereitstellt, die wiederum in *Implementierungen* (sprich den konkreten Umsetzungen des jeweiligen Interfaces) vorhanden sein müssen. Implementierungen können sich untereinander dabei unterscheiden, wichtig ist, dass die Schnittstelle eingehalten wird.

Die DOM API stellt eine Reihe von Objekten (mit Methoden) bereit, über die auf den Inhalt einer Webseite (bzw. allgemeiner: auf den Inhalt von HTML-Dokumenten) zugegriffen werden kann. Implementierungen der DOM API gibt es für verschiedene Programmiersprachen (unter anderem für Java, Python und C#). Wir konzentrieren uns im Folgenden aber auf die Implementierung für JavaScript, die Ihnen implizit in jedem Browser zur Verfügung steht.

In Kapitel 4, »Webseiten interaktiv machen mit JavaScript«, haben Sie bereits gesehen, dass man in JavaScript die Möglichkeit hat, Daten in Form von Objekten sinnvoll zusammenzufassen. Dort haben Sie ebenfalls das Objekt `document` kennengelernt, das in JavaScript-Code zur Verfügung steht, der innerhalb einer Webseite ausgeführt wird. Dieses Objekt bildet den Einstiegspunkt in die DOM API, den sogenannten *Dokumentenknoten* (siehe Abbildung 7.3), und enthält sowohl Eigenschaften als auch Methoden, um an Informationen der Webseite zu kommen oder diese zu verändern.

7.1.2 Die verschiedenen Knotentypen

Die Knoten eines DOM-Baums lassen sich in verschiedene Kategorien bzw. Typen unterteilen. Insgesamt gibt es zwölf verschiedene Typen von Knoten, von denen für den Anfang aber vor allem vier Typen wichtig sind (vergleichen Sie diesbezüglich auch den HTML-Code aus Listing 7.1 sowie den entsprechenden DOM-Baum in Abbildung 7.4).

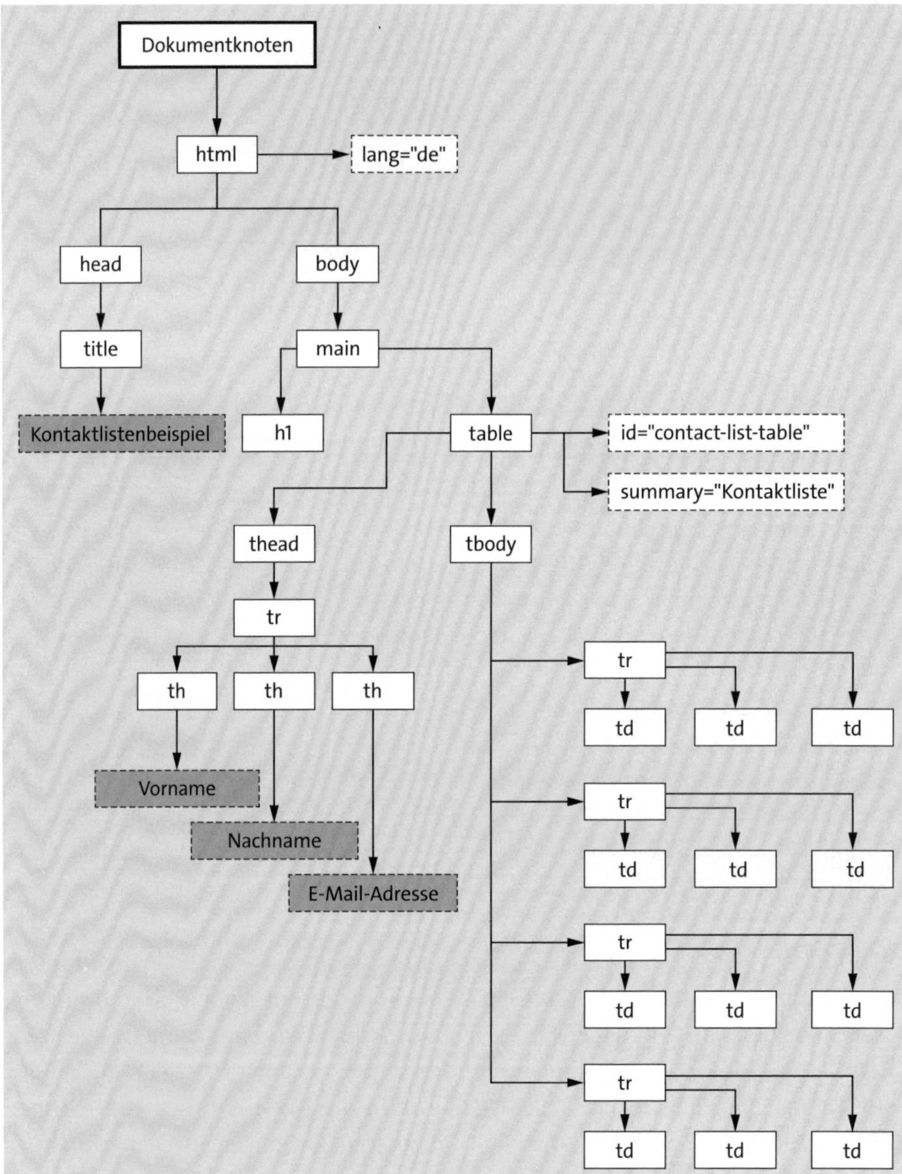

Abbildung 7.4 Aufbau des DOM-Baums für das Beispiel

- Der *Dokumentknoten* (in Abbildung 7.4 fett umrandet) repräsentiert die gesamte Webseite und bildet die Wurzel des DOM-Baums (daher wird auch oft von dem

Wurzelknoten gesprochen). Dieser Knoten wird über das Objekt `document` repräsentiert, das gleichzeitig das Einstiegsobjekt für alle Arbeiten mit dem DOM ist.

- *Elementknoten* (in Abbildung 7.4 mit weißem Hintergrund) repräsentieren einzelne HTML-Elemente einer Webseite. Im Beispiel sind dies die Elemente `<main>`, `<h1>`, `<table>`, `<thead>` und `<tbody>`.
- *Attributknoten* (in Abbildung 7.4 gestrichelt umrandet und mit weißem Hintergrund) stehen für Attribute von HTML-Elementen, im Beispiel für die Attribute `lang`, `id` und `summary`.
- Text innerhalb von HTML-Elementen wird durch einen eigenen Knotentyp repräsentiert, sogenannte *Textknoten* (in Abbildung 7.4 gestrichelt umrandet und dunkler eingefärbt). Im Beispiel – es sind aus Platzgründen nicht alle Textknoten abgebildet – sind das unter anderem die Knoten für die Texte »Kontaktlistenbeispiel«, »Kontaktliste«, »Vorname«, »Nachname« und »E-Mail-Adresse«.


```
<!DOCTYPE html>
<html>
  <head lang="de">
    <title>Kontaktlistenbeispiel</title>
  </head>
  <body>
    <main id="main">
      <h1>Kontaktliste</h1>
      <table id="contact-list-table" summary="Kontaktliste">
        <thead>
          <tr>
            <th id="table-header-first-name">Vorname</th>
            <th id="table-header-last-name">Nachname</th>
            <th id="table-header-email">E-Mail-Adresse</th>
          </tr>
        </thead>
        <tbody>
          <tr class="row odd">
            <td>Max</td>
            <td>Mustermann</td>
            <td>max.mustermann@webdevhandbuch.de</td>
          </tr>
          <tr class="row even">
            <td>Moritz</td>
            <td>Mustermann</td>
            <td>moritz.mustermann@webdevhandbuch.de</td>
          </tr>
          <tr class="row odd">
```

```
          <td>Peter</td>
          <td>Mustermann</td>
          <td>peter.mustermann@webdevhandbuch.de</td>
        </tr>
        <tr class="row even">
          <td>Paul</td>
          <td>Mustermann</td>
          <td>paul.mustermann@webdevhandbuch.de</td>
        </tr>
      </tbody>
    </table>
  </main>
 </body>
</html>
```

Listing 7.1 Beispiel einer HTML-Seite

7.1.3 Elemente selektieren

Für den Zugriff auf Elemente und Knoten (sprich das *Selektieren*) stellt Ihnen die DOM API verschiedene Eigenschaften und Methoden zur Verfügung. Eine Übersicht dazu zeigt Tabelle 7.1. Beispielsweise können Sie über `getElementById()` HTML-Elemente gezielt anhand ihres `id`-Attributs auswählen, über `getElementsByClassName()` anhand von CSS-Klassennamen (vgl. Listing 7.2) oder über `getElementsByTagName()` anhand von Elementnamen. Über die Methoden `querySelector()` und `querySelectorAll()` können Sie zudem beliebig komplexe CSS-Selektoren übergeben und erhalten bei `querySelector()` das erste Element, auf das der CSS-Selektor zutrifft, und bei `querySelectorAll()`eine Liste der HTML-Elemente, für die der übergebene CSS-Selektor zutrifft.

```
const tableRowsEven = document.getElementsByClassName('even');
if(tableRowsEven.length > 0) {
  for(let i=0; i<tableRowsEven.length; i++) {
    const tableRow = tableRowsEven.item(i);
    tableRow.style.backgroundColor = '#CCCCCC';
  }
}
```

Listing 7.2 Selektion aller Elemente mit der CSS-Klasse »even« und anschließende Iteration über die Elemente

Ausgehend von einem Element des DOM-Baums können Sie zudem über verschiedene Eigenschaften innerhalb des Baums »navigieren«. So gibt die Eigenschaft `parentElement` beispielsweise das »Elternelement« eines Elements zurück, die Eigenschaft `children` alle »Kindelemente«, `previousElementSibling` das vorausgehende »Geschwisterelement« und `nextElementSibling` das nachfolgende »Geschwisterelement«.

Eigenschaft/Methode	Beschreibung	Rückgabewert
`getElementById()`	Wählt ein Element anhand einer ID aus.	einzelnes Element
`getElementsByClassName()`	Wählt Elemente anhand eines Klassennamens aus.	Liste von Elementen
`getElementsByTagName()`	Wählt alle Elemente mit dem angegebenen Elementnamen aus.	Liste von Elementen
`getElementsByName()`	Wählt Elemente anhand ihres Namens (das heißt des Attributs `name`) aus.	Liste von Elementen
`querySelector()`	Gibt das erste Element zurück, das auf einen gegebenen CSS-Selektor passt.	einzelnes Element
`querySelectorAll()`	Gibt alle Elemente zurück, die auf einen gegebenen CSS-Selektor passen.	Liste von Elementen
`parentElement`	Gibt für einen Knoten das Elternelement zurück.	einzelnes Element
`parentNode`	Gibt für einen Knoten den Elternknoten zurück.	einzelner Knoten
`previousElementSibling`	Gibt für einen Knoten das vorhergehende Geschwisterelement zurück.	einzelnes Element
`previousSibling`	Gibt für einen Knoten den vorhergehenden Geschwisterknoten zurück.	einzelner Knoten
`nextElementSibling`	Gibt für einen Knoten das nachfolgende Geschwisterelement zurück.	einzelnes Element

Tabelle 7.1 Die verschiedenen Methoden und Eigenschaften für das Auswählen von Elementen

Eigenschaft/Methode	Beschreibung	Rückgabewert
`nextSibling`	Gibt für einen Knoten den nachfolgenden Geschwisterknoten zurück.	einzelner Knoten
`firstElementChild`	Gibt für einen Knoten das erste Kindelement zurück.	einzelnes Element
`firstChild`	Gibt für einen Knoten den ersten Kindknoten zurück.	einzelner Knoten
`lastElementChild`	Gibt für einen Knoten das letzte Kindelement zurück.	einzelnes Element
`lastChild`	Gibt für einen Knoten den letzten Kindknoten zurück.	einzelner Knoten
`childNodes`	Gibt für einen Knoten alle Kindknoten zurück.	Liste von Knoten
`children`	Gibt für einen Knoten alle Kindelemente zurück.	Liste von Elementen

Tabelle 7.1 Die verschiedenen Methoden und Eigenschaften für das Auswählen von Elementen (Forts.)

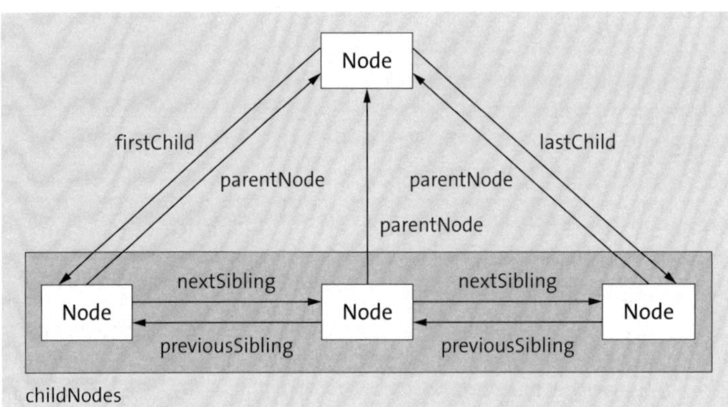

Abbildung 7.5 Zusammenhänge der verschiedenen DOM-Eigenschaften für die Navigation

7.1.4 Elemente verändern

Nachdem Sie über eine der vorgenannten Methoden oder Eigenschaften ein oder mehrere Elemente (bzw. Knoten) selektiert haben, können Sie diese verändern: So können Sie beispielsweise den Textinhalt eines Elements verändern, die Werte einzelner Attribute verändern, neue Attribute hinzufügen oder bestehende wieder löschen.

```
const element = document.getElementById('container');
const textNode = document.createTextNode('Hallo Welt');
element.appendChild(textNode);
const childElement = document.createElement('div');
childElement.textContent = 'Hallo Welt';
element.appendChild(childElement);
```

Listing 7.3 Erstellen und Hinzufügen eines Textknotens und eines Kindelements

Tabelle 7.2 zeigt einen Überblick über die in diesem Zusammenhang wichtigsten Eigenschaften und Methoden.

Eigenschaft/Methode	Beschreibung
`textContent`	Zugriff auf den Textinhalt eines Knotens
`nodeValue`	Zugriff auf den Inhalt eines Knotens
`innerHTML`	Zugriff auf den HTML-Inhalt eines Knotens
`createTextNode()`	Erstellen eines Textknotens
`createElement()`	Erstellen eines Elementknotens/Elements
`createAttribute()`	Erstellen eines Attributknotens
`appendChild()`	Hinzufügen eines Knotens zu dem DOM-Baum
`removeChild()`	Entfernen eines Knotens aus dem DOM-Baum
`getAttribute()`	Zugriff auf ein Attribut eines Elements
`setAttribute()`	Setzen des Wertes eines Attributs
`removeAttribute()`	Entfernen eines Attributs

Tabelle 7.2 Die verschiedenen Methoden und Eigenschaften für das Verändern von Elementen

7.1.5 Elemente erstellen, hinzufügen und löschen

Für das Erstellen von Elementen stellt die DOM API die Methode `createElement()` zur Verfügung. Als Parameter übergeben Sie dabei lediglich den Elementnamen (also zum Beispiel »table«), worauf die Methode ein entsprechendes neues Element als

Objekt zurückgibt. Der Aufruf dieser Methode sorgt allerdings noch nicht dafür, dass das Element in dem DOM-Baum eingefügt wird. Zu diesem Zweck stehen Ihnen gesonderte Methoden zur Verfügung:

- Über die Methode `insertBefore()` fügen Sie ein Element als Kindelement vor einem anderen Element (bzw. einem anderen Knoten) als Geschwisterelement hinzu.
- Über die Methode `appendChild()` fügen Sie ein Element als letztes Kindelement eines Elternelements hinzu.
- Über die Methode `replaceChild()` ersetzen Sie ein bestehendes Kindelement (bzw. einen bestehenden Kindknoten) durch ein neues Kindelement. Die Methode rufen Sie dabei auf dem Elternelement auf und übergeben als ersten Parameter das neue Kindelement und als zweiten Parameter das zu ersetzende Kindelement.

Zu guter Letzt steht Ihnen die Methode `removeChild()` zur Verfügung, über die Sie Elemente (bzw. allgemeiner: Knoten) von einem Elternelement (bzw. allgemeiner: einem Elternknoten) entfernen können.

7.1.6 Praxisbeispiel: dynamisches Erstellen einer Tabelle

Lassen Sie uns die DOM API an einem konkreten Praxisbeispiel nachvollziehen: das dynamische Erstellen einer Tabelle auf Basis eines Arrays von Objekten. Listing 7.4 zeigt zunächst den statischen HTML-Code, auf dessen Basis gleich der JavaScript-Code ausgeführt wird. Hier wird ganz gewöhnlich eine JavaScript-Datei eingebunden und zusätzlich – das wird gleich noch wichtig – ein `<div>`-Element mit der ID »container« definiert. Ziel soll es nun sein, die Tabelle genau in dieses `<div>`-Element als *Kindelement* einzufügen.

```
<!DOCTYPE html>
<html>
<head>
  <title>HTML dynamisch generieren</title>
  <link rel="stylesheet" href="styles/main.css" type="text/css">
</head>
<body>
<script src="scripts/main.js"></script>
<div id="container">
</div>
</body>
</html>
```

Listing 7.4 HTML-Code, der als Basis für die Generierung mit JavaScript dient

Den JavaScript-Code sehen Sie in Listing 7.5. Was passiert hier? Zunächst wird ein Array `persons` mit drei Objekten definiert (hierbei sehen Sie schön, dass man die in Kapitel 4 vorgestellte Array-Literal-Schreibweise und die Objekt-Literal-Schreibweise auch kombinieren kann). Anschließend wird eine Funktion `createTable()` definiert, die ein Array (von Personenobjekten) entgegennimmt und für das Erstellen der Tabelle zuständig ist.

Innerhalb dieser Funktion sehen Sie direkt verschiedene Möglichkeiten in der Anwendung, um HTML-Code mit JavaScript zu generieren und über die DOM API dem DOM-Baum hinzuzufügen. Der Methode `createElement()` übergeben Sie wie bereits erwähnt den Namen des Elements, das generiert werden soll. Im Beispiel werden auf diese Weise die Elemente für die Tabelle (»table«), den Tabellenkopf (»thead«) und den Tabellenkörper (»tbody«) erstellt.

Bei komplexen HTML-Strukturen kann dieses Vorgehen allerdings recht aufwendig sein, da Sie wirklich für jedes zu erstellende Element die Methode `createElement()` aufrufen müssen. Aus diesem Grund verwenden wir im Codebeispiel für die Definition der einzelnen Zellen der Tabellenüberschrift die Eigenschaft `innerHTML`, über die man an einem Element einfach den HTML-Code als Zeichenkette angeben kann, die unterhalb des Elements dargestellt werden soll (im Vergleich zu `createElement()` ist diese Variante – gerade bei umfangreichem HTML – allerdings etwas weniger performant; für das kleine Beispiel hier wollen wir aber darüber hinwegsehen).

Nach dem Erstellen der Tabellenüberschrift wird der Tabellenkörper generiert. In der anschließenden Schleife wird dann über das `persons`-Array iteriert und für jedes Personenobjekt im Array eine neue Zeile in dem Tabellenkörper erzeugt. Auch hier weichen wir wieder auf die Eigenschaft `innerHTML` aus, übergeben aber keine gewöhnliche Zeichenkette, sondern einen Template String (zu erkennen an den umgebenden Backticks-Zeichen). Der Vorteil hierbei: Die Werte für Vornamen, Nachnamen und Position der jeweiligen Person lassen sich bequem innerhalb des Template Strings als Platzhalter verwenden. Auf diese Weise bleibt der Code schön übersichtlich, und Sie sparen sich Tipparbeit. Anschließend wird jede Tabellenzeile über die Methode `appendChild()` dem Tabellenkörper hinzugefügt.

Nach Ausführen der Schleife werden – ebenfalls über die Methode `appendChild()` – zuerst die Tabellenüberschrift und der Tabellenkörper der Tabelle hinzugefügt und anschließend die Tabelle dem im ursprünglichen HTML-Code vorgesehenen Container-Element.

```
const persons = [
  {
    firstName: 'Max',
    lastName: 'Mustermann',
    position: 'CTO'
```

```
  },
  {
    firstName: 'Moritz',
    lastName: 'Mustermann',
    position: 'CEO'
  },
  {
    firstName: 'Peter',
    lastName: 'Mustermann',
    position: 'Software Developer'
  }
];

function createTable(persons) {
  // Container-Element selektieren
  const container = document.getElementById('container');
  // Tabelle erstellen
  const table = document.createElement('table');
  // Tabellenüberschrift erstellen
  const thead = document.createElement('thead');
  thead.innerHTML = '<tr><th>Vorname</th><th>Nachname</th><th>Position</th>';

  // Tabellenkörper erstellen
  const tbody = document.createElement('tbody');
  for (let i = 0; i < persons.length; i++) {
    const person = persons[i];
    const tr = document.createElement('tr');
    tr.innerHTML = `
      <td>
        ${person.firstName}
      </td>
      <td>
        ${person.lastName}
      </td>
      <td>
        ${person.position}
      </td>
    `;
    tbody.appendChild(tr);
  }

  // Tabellenüberschrift zu Tabelle hinzufügen
  table.appendChild(thead);
```

```
  // Tabellenkörper zu Tabelle hinzufügen
  table.appendChild(tbody);
  // Tabelle zu Container hinzufügen
  container.appendChild(table);
}

// Registrierung des Eventlisteners
document.addEventListener('DOMContentLoaded', (event) => {
  createTable(persons);
});
```

Listing 7.5 Erstellen eines Objekts über die Objekt-Literal-Schreibweise

> **Hinweis**
>
> Damit der ganze Code überhaupt ausgeführt wird bzw. erst dann ausgeführt wird, wenn der gesamte HTML-Code geladen wurde (was Voraussetzung dafür ist, dass das Container-Element im JavaScript-Code überhaupt gefunden werden kann), muss über den Aufruf `document.addEventListener()` zunächst ein *Event-Listener* (kurz: *Listener*) für das »DOMContentLoaded«-Event registriert werden: Dieser Listener wird genau dann aufgerufen, wenn das HTML-Dokument vollständig geladen und geparst (»verarbeitet«) wurde. Würden Sie dies nicht so machen, kann es sein, dass der JavaScript-Code bereits ausgeführt wird, ohne dass die Elemente, auf die zugegriffen wird, geladen wurden, und der Code mit einem entsprechenden Fehler abbricht.

7.2 Daten asynchron laden mit Ajax und der Fetch API

Wo Sie nun wissen, wie Sie Webseiten mithilfe der DOM API dynamisch ändern, um beispielsweise Inhalte zu aktualisieren, stellt sich natürlich die Frage, wie Sie diese Daten vom Server laden können, ohne dass dabei die vollständige Webseite neu geladen wird. Die Technik, die hierbei zum Einsatz kommt, nennt sich *Ajax* (*Asynchronous JavaScript and XML*). Die Idee dabei ist es, mithilfe von JavaScript HTTP-Anfragen an den Server zu stellen, ohne dass die Webseite an sich komplett neu geladen wird.

7.2.1 Synchrone vs. asynchrone Kommunikation

Lassen Sie uns zunächst in Erinnerung rufen, wie die Kommunikation zwischen *Client* und *Server* über HTTP funktioniert. Der Client sendet eine Anfrage an den Server, der diese dann bearbeitet und eine entsprechende Antwort an den Client zurücksendet. Jedes Mal, wenn ein Nutzer beispielsweise auf einen Link klickt oder ein Formular abschickt, wird eine entsprechende Anfrage an den Server gesendet, der dann den Inhalt der neuen Webseite generiert und an den Client zurücksendet (siehe Abbildung 7.6). Der Ablauf dabei ist also *synchron*: Während der Server die Anfrage bearbeitet, hat man als Nutzer keine Möglichkeit, mit der Webseite zu interagieren, sondern muss warten, bis die Anfrage vollständig vom Server bearbeitet, die Antwort auf Clientseite empfangen und dann wiederum vom Browser bearbeitet wurde.

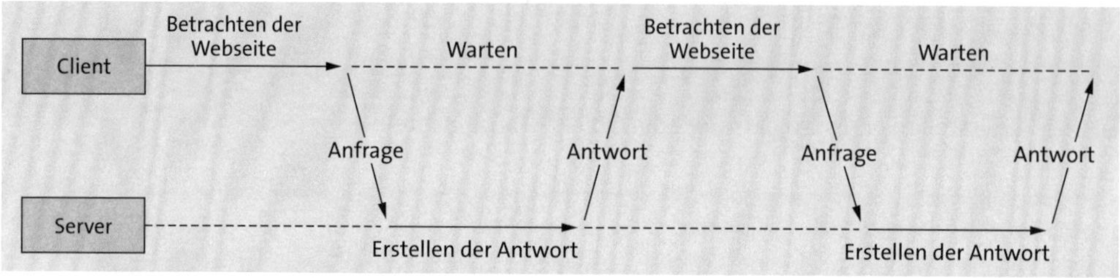

Abbildung 7.6 Das Prinzip der synchronen Kommunikation

Betrachten wir als Beispiel die Umsetzung einer klassischen Suchfunktion innerhalb einer Webseite. Implementiert man dies mit einer synchronen Kommunikation, ist der Ablauf folgender: Als Nutzer füllt man das Suchformular aus, gibt dabei die Kriterien für die Suche an und schickt anschließend das Formular ab. Der Server nimmt die Suchanfrage entgegen, führt dazu in der Regel mehrere Datenbankanfragen aus und erstellt den HTML-Code, der die Ergebnisse der Suche enthält (siehe Abbildung 7.7). Erst wenn alle Suchergebnisse ermittelt wurden und die Antwort vom Server übermittelt wurde, kann der Nutzer weiter mit der Webseite interagieren, beispielsweise um die einzelnen Suchergebnisse durchzugehen oder jeweils im Detail anzuschauen.

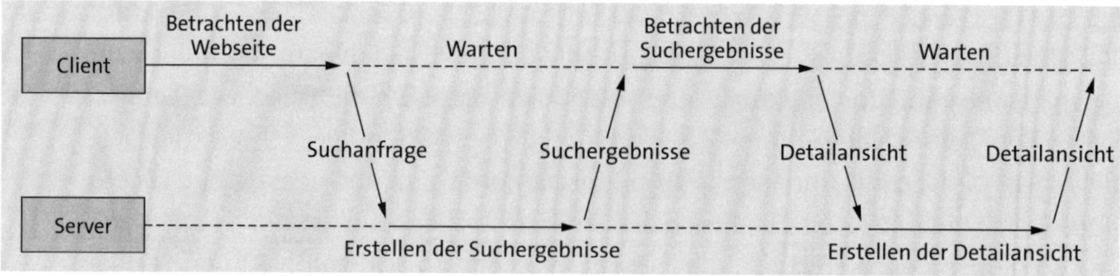

Abbildung 7.7 Ablauf bei einer synchron implementierten Suche

Durch Verwendung *asynchroner Kommunikation* hingegen können Anwendungsfälle wie dieser viel nutzerfreundlicher implementiert werden. Im Unterschied zur synchronen Kommunikation ist es bei der asynchronen Kommunikation nämlich möglich, neue Anfragen an den Server zu senden, während noch auf die Antwort bereits abgeschickter Anfragen gewartet wird, und Antworten auf Clientseite asynchron zu verarbeiten (siehe Abbildung 7.8).

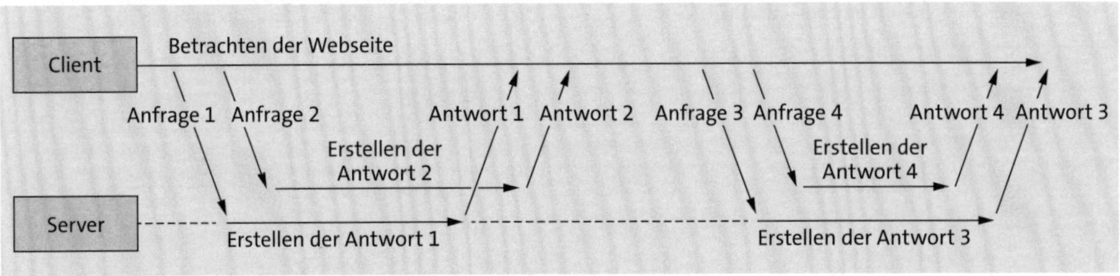

Abbildung 7.8 Das Prinzip der asynchronen Kommunikation

Das Beispiel mit der Suche könnte man etwa so implementieren, dass das Suchformular nach dem Absenden ausgeblendet wird, ein Fortschrittsbalken angezeigt wird und einzelne Suchergebnisse nach und nach vom Server abgefragt und auf der Webseite dargestellt werden. Andere Bestandteile der Webseite wie Kopfbereich, Navigation und Fußbereich werden nicht neu geladen. Auf diese Weise kann der Nutzer weiterhin mit der Webseite interagieren. Er könnte dann bereits einen Teil der Suchergebnisse einsehen, Detailansichten zu den Ergebnissen aufrufen etc., während im Hintergrund vom Server weitere Suchergebnisse abgefragt und nach und nach an den Client gesendet werden (Abbildung 7.9).

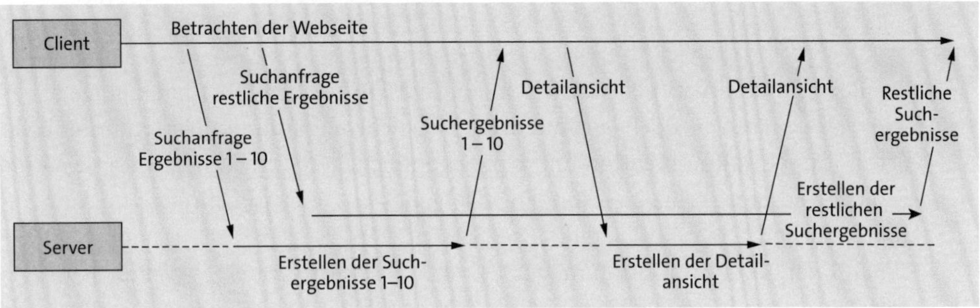

Abbildung 7.9 Ablauf bei einer asynchron implementierten Suche

Technisch gesehen werden auch bei der asynchronen Kommunikation HTTP-Anfragen an den Server geschickt. Während bei der synchronen Kommunikation allerdings die HTTP-Anfragen und HTTP-Antworten direkt durch den Browser ausgeführt bzw. verarbeitet werden (beispielsweise durch Klick auf einen Link), geschieht dies bei der asynchronen Kommunikation im Hintergrund unter Verwendung von JavaScript (Abbildung 7.10).

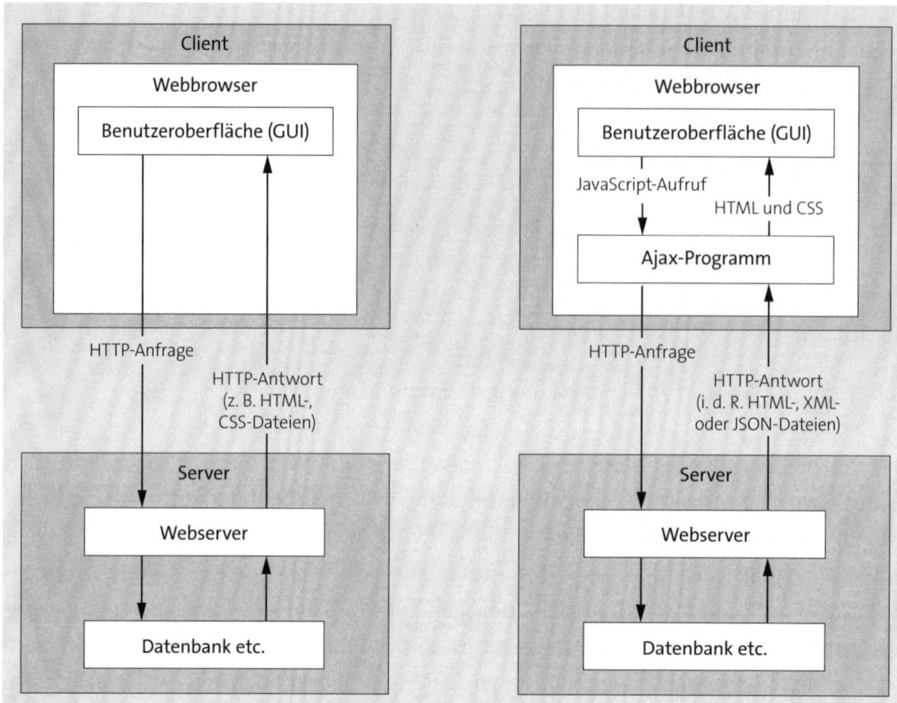

Abbildung 7.10 Unterschied zwischen synchroner und asynchroner Kommunikation

7.2.2 Daten per Ajax laden

Die Bezeichnung Ajax, also *Asynchronous JavaScript and XML* ist heutzutage etwas irreführend, lässt sie doch vermuten, dass asynchrone Kommunikation unter JavaScript immer in Kombination mit dem Datenformat XML geschieht. Dies ist natürlich nicht so, denn prinzipiell können beliebige Daten über asynchrone Kommunikation zwischen Client und Server ausgetauscht werden, sprich alle, die auch bei der synchronen Kommunikation möglich sind. Aus den in Kapitel 6, »Webformate verwenden«, genannten Gründen erfreut sich dabei als Datenformat vor allem das JSON-Format großer Beliebtheit, vor allem weil es sich sehr einfach direkt im JavaScript-Code verarbeiten lässt.

Ein Beispiel dazu, wie eine asynchrone Anfrage über JavaScript aussehen könnte, ist im folgenden Listing 7.6 zu sehen. Der Code ist dabei angelehnt an das Beispiel aus den Abschnitten weiter oben zur DOM API, in dem ich Ihnen gezeigt hatte, wie Sie mithilfe der DOM API eine Tabelle dynamisch generieren können. Die im Listing gezeigte Funktion `createTable()` ist identisch mit der Funktion von eben: Als Parameter erwartet sie ein Array von Personen-Objekten und erstellt darauf unter Verwendung diverser Methoden der DOM API eine Tabelle, die Informationen zu den entsprechenden Personen wie Vorname und Nachname enthält.

Der Code in Listing 7.6 wurde insofern erweitert, als das Array nicht statisch im Code definiert, sondern dynamisch unter Verwendung von Ajax vom Server geladen wird. Der entscheidende Code ist im Listing fett markiert und befindet sich innerhalb des Event-Listeners für das DOMContentLoaded-Event (zur Erinnerung: dieses Event wird ausgelöst, sobald der vollständige DOM-Baum vom Browser in den Speicher geladen wurde).

Hinweis

Der Code, den ich Ihnen gleich zeige, verwendet das sogenannte `XMLHttpRequest`-Objekt, das vor Jahren die erste Möglichkeit schuf, asynchron Daten per JavaScript zu laden. Mittlerweile gibt es mit der Fetch API jedoch eine deutlich elegantere Möglichkeit hierfür, die ich Ihnen im Anschluss vorstellen werde. Da Sie aber beide Möglichkeiten kennen sollten, starte ich mit der älteren von beiden.

Um eine asynchrone HTTP-Anfrage auszuführen, erstellen Sie zunächst eine Objektinstanz von `XMLHttpRequest`. Über die Methode `open()` definieren Sie dann die HTTP-Methode, die für die Anfrage verwendet werden soll, die Ziel-URL der Anfrage und ob die Anfrage asynchron ausgeführt werden soll (man sieht: es könnten auch synchrone Anfragen ausgeführt werden). Über die Eigenschaft `responseType` und den »Accept«-Header definieren Sie den erwarteten Datentyp der Antwort (in unserem Fall JSON).

Hinweis

Dateien, die Sie asynchron über JavaScript laden, müssen auf einem (lokalen) Webserver liegen und über HTTP geladen werden. Das asynchrone Laden von Dateien (ohne Webserver) aus dem Dateisystem ist nicht möglich.

Über die Methode `addEventListener()` registrieren Sie anschließend den Event-Listener für das »load«-Event, das ausgelöst wird, sobald das Ergebnis der asynchronen Anfrage (also die HTTP-Antwort) bereitsteht. Um die angefragten Daten direkt als JSON-Objekt zu erhalten, sollten Sie beim Verarbeiten der Antwort vom Server innerhalb des Event-Listeners die Eigenschaft `responseType` auslesen. Enthält diese den Wert »json«, können Sie direkt über die Eigenschaft `response` des Anfrageobjekts auf das entsprechende JSON-Objekt zugreifen. Hat die Eigenschaft dagegen einen anderen Wert, muss man einen kleinen Umweg gehen und den Inhalt der Eigenschaft `responseText` über die Methode `parse()` manuell in ein JSON-Objekt umwandeln. Anschließend lässt sich das Objekt direkt der Methode `createTable()` übergeben.

```
function createTable(persons) {
  const container = document.getElementById('container');
  const table = document.createElement('table');
```

```
  const thead = document.createElement('thead');
  thead.innerHTML = '<tr><th>Vorname</th><th>Nachname</th><th>Position</th>';
  const tbody = document.createElement('tbody');
  for (let i = 0; i < persons.length; i++) {
    const person = persons[i];
    const tr = document.createElement('tr');
    tr.innerHTML = `
      <td>
        ${person.firstName}
      </td>
      <td>
        ${person.lastName}
      </td>
      <td>
        ${person.position}
      </td>
    `;
    tbody.appendChild(tr);
  }
  table.appendChild(thead);
  table.appendChild(tbody);
  container.appendChild(table);
}
document.addEventListener('DOMContentLoaded', (event) => {
  const request = new XMLHttpRequest();
  request.open('GET', 'data/persons.json', true);
  request.responseType = 'json';
  request.setRequestHeader('Accept', 'application/json');
  request.addEventListener('load', () => {
    if(request.status === 200) {
      let persons;
      if (request.responseType === 'json') {
        persons = request.response;
      } else {
        persons = JSON.parse(request.responseText);
      }
      createTable(persons);
    }
  });
  request.send();
});
```

Listing 7.6 JSON-Daten per Ajax laden

Über das `XMLHttpRequest`-Objekt können Sie bereits alle Arten von HTTP-Anfragen über JavaScript ausführen. Mittlerweile gibt es jedoch eine alternative API für das Absenden von HTTP-Anfragen, die in der Verwendung etwas einfacher ist. Die Rede ist von der sogenannten *Fetch API*.

7.2.3 Daten über die Fetch API laden

Hauptbestandteil der *Fetch API* (*https://fetch.spec.whatwg.org*) ist die globale Funktion `fetch()`, deren Verwendung Sie in Listing 7.7 sehen. Der Code ist im Vergleich zu eben funktionsgleich, aber viel schlanker: Als Parameter erwartet die Funktion `fetch()` die Ziel-URL sowie optional als zweiten Parameter ein Konfigurationsobjekt, über das sich weitere Eigenschaften der HTTP-Anfrage wie etwa HTTP-Methode oder Header definieren lassen. Rückgabewert der `fetch()`-Funktion ist ein sogenanntes *Promise*-Objekt, das vereinfacht gesagt einen asynchronen Funktionsaufruf repräsentiert, dessen Ergebnis irgendwann bereitsteht und das in Kombination mit dem Schlüsselwort `await` den asynchronen Code sehr übersichtlich macht.

Die entsprechenden Zeilen im Listing sind so zu lesen: Führe eine HTTP-Anfrage über `fetch()` aus, warte auf die HTTP-Antwort, und schreibe sie anschließend in die Variable `response`. Rufe auf dem `response`-Objekt die Methode `json()` auf, die den Inhalt der Antwort in ein JSON-Objekt umwandelt (und die ebenfalls asynchron arbeitet), und speichere das JSON in der Variablen `persons`.

```
function createTable(persons) {
  // gleicher Code wie eben
}
document.addEventListener('DOMContentLoaded', async (event) => {
  const config = {
    method: 'GET',
    headers: {
      'Accept': 'application/json'
    }
  }
  const response = await fetch('data/persons.json', config);
  const persons = await response.json();
  createTable(persons);
});
```

Listing 7.7 JSON-Daten über die Fetch API laden

7.3 Weitere Web-APIs

Neben den vorgestellten gibt es eine ganze Reihe weiterer Web-APIs, auf die Sie als Entwickler zugreifen können, um Webseiten und Webapplikationen mit noch mehr Funktionalität auszurüsten. Sie wollen eine Webseite im Vollbildmodus ausführen? Verwenden Sie die Fullscreen API. Sie wollen den Standort des Nutzers ermitteln? Werfen Sie einen Blick auf die Geolocation API. Oder wie wäre es mit Spracherkennung und Sprachausgabe? Dann wäre die Web Speech API die richtige Anlaufstelle.

7.3.1 Übersicht Web-APIs

In Tabelle 7.3 finden Sie eine Übersicht über die wichtigsten Web-APIs. Auf viele dieser APIs gehe ich in meinem JavaScript-Handbuch im Detail und anhand konkreter Codebeispiele näher ein. Eine (nahezu) vollständige Auflistung aller Web-APIs (also auch derer, die sich noch in einem experimentellen Status befinden) finden Sie zudem unter *https://developer.mozilla.org/en-US/docs/Web/API*.

API	Beschreibung	Link
Ambient Light API	Zugriff auf Informationen bezüglich des Umgebungslichts	*www.w3.org/TR/ambient-light*
Battery Status API	Auslesen von Informationen bezüglich der Batterie eines Endgeräts, unter anderem bezüglich Batteriestand, Ladedauer und Laufzeit	*https://www.w3.org/TR/battery-status/*
Canvas API	Zeichnen per JavaScript	*www.w3.org/TR/2dcontext/*
Command Line API	Zugriff auf Funktionalitäten der Browser-Entwicklertools	Browserspezifisch: ▸ Chrome: *https://developer.chrome.com/devtools/docs/commandline-api*

Tabelle 7.3 Übersicht über weitere Web-APIs

API	Beschreibung	Link
Command Line API (Forts.)		► Safari: *https://developer.apple.com/library/mac/documentation/AppleApplications/Conceptual/Safari_Developer_Guide/Console/Console.html* ► Firefox: *https://getfirebug.com/wiki/index.php/Command_Line_API*
Device Orientation API	Auslesen von Informationen bezüglich der Orientierung bzw. Lage von Endgeräten	*www.w3.org/TR/orientation-event/*
Drag & Drop API	Verschieben von Elementen innerhalb einer Webseite	*https://html.spec.whatwg.org/multipage/#dnd*
File API	Zugriff auf lokale Dateien des Nutzers, die dieser zuvor ausgewählt hat	*www.w3.org/TR/FileAPI/*
Fullscreen API	Darstellen einer Webseite im Vollbildmodus	*https://fullscreen.spec.whatwg.org*
Geolocation API	Zugriff auf Standortinformationen des Nutzers	*www.w3.org/TR/geolocation-API*
High Resolution Time API	Zugriff auf den aktuellen Zeitpunkt in einer höheren Auflösung als beispielsweise derjenigen, die für die Systemzeit verwendet wird	*www.w3.org/TR/hr-time*
History API	Zugriff auf den Browserverlauf	*https://html.spec.whatwg.org/multipage/history.html#the-history-interface*
IndexedDB API	Zugriff auf eine browserinterne Datenbank	*www.w3.org/TR/IndexedDB-2*
Media Capture and Streams	Zugriff auf Mediendaten wie Audiodaten und Videodaten	*www.w3.org/TR/mediacapture-streams*

Tabelle 7.3 Übersicht über weitere Web-APIs (Forts.)

API	Beschreibung	Link
Navigation Timing API	Zugriff auf verschiedene zeitliche Informationen bei der Interaktion von Nutzern mit einer Webseite	*www.w3.org/TR/navigation-timing*
Network Information API	Zugriff auf Verbindungsinformationen eines Endgeräts	*http://w3c.github.io/netinfo*
Page Visibility API	Ermöglicht es festzustellen, ob eine Webseite aktuell sichtbar ist oder nicht (beispielsweise wenn sie in einem verdeckten Tab geöffnet ist).	*www.w3.org/TR/page-visibility*
Performance Timeline	Zugriff auf Informationen, um die Performance innerhalb einer Webseite zu messen	*www.w3.org/TR/performance-timeline*
Presentation API	Zugriff auf externe Präsentationsdisplays wie beispielsweise Beamer oder Fernseher	*www.w3.org/TR/presentation-api/*
Pointer Events	Definiert eine einheitliche Schnittstelle für Eingabegeräte wie Maus, Stift und Touchscreen.	*www.w3.org/TR/pointerevents*
Progress Events	Definiert eine Schnittstelle, um auf den Fortschritt von bestimmten Prozessen zugreifen zu können.	*www.w3.org/TR/progress-events*
Proximity API	Zugriff auf Angaben zu der Lage von physischen Objekten wie Endgeräten oder Nutzern	*www.w3.org/TR/proximity*
Resource Timing API	Zugriff auf zeitliche Informationen bezüglich der in einer Webseite eingebundenen Ressourcen, um beispielsweise zu protokollieren, wie lange das Laden einer Ressource dauert	*www.w3.org/TR/resource-timing*

Tabelle 7.3 Übersicht über weitere Web-APIs (Forts.)

API	Beschreibung	Link
Screen Orientation API	Zugriff auf Orientierungsinformationen von Endgeräten	*www.w3.org/TR/screen-orientation*
Server-Sent Events	Senden von Nachrichten vom Server an den Client	*www.w3.org/TR/eventsource*
Touch Events	Schnittstelle für den Zugriff auf Touch-Oberflächen	*www.w3.org/TR/touch-events*
User Timing API	Zugriff auf verschiedene zeitliche Informationen bei der Interaktion von Nutzern mit einer Webseite unter Verwendung von hochauflösenden Zeitinformationen	*www.w3.org/TR/user-timing*
Vibration API	Zugriff auf die Vibrationsfunktion von Endgeräten	*www.w3.org/TR/vibration*
Web Animation API	Erstellen von Animationen mithilfe von JavaScript	*https://drafts.csswg.org/web-animations*
Web Cryptography API	Stellt verschiedene kryptografische Operationen bereit, beispielsweise für die Generierung von Hash-Werten oder Schlüsselpaaren (Private Key, Public Key).	*www.w3.org/TR/WebCrypto-API*
Web Notification API	Schnittstelle für das Senden von Benachrichtigungen an den Nutzer	*www.w3.org/TR/notifications*
Web Speech API	Sprachausgabe und Spracherkennung	*https://wicg.github.io/speech-api*
Web Storage API	Zugriff auf lokalen Browserspeicher	*www.w3.org/TR/webstorage* bzw. *https://html.spec.whatwg.org/multipage/webstorage.html*
Web Worker API	Parallelisierung von Berechnungen	*https://html.spec.whatwg.org/multipage/workers.html#worker*

Tabelle 7.3 Übersicht über weitere Web-APIs (Forts.)

7.3.2 Browsersupport für Web-APIs

Auch wenn es sehr, sehr viele Web-APIs gibt, unterstützt nicht jeder Browser jede der APIs. Bevor Sie also eine bestimmte API in einem Projekt nutzen, sollten Sie unbedingt klären, welche Browser bzw. welche Browserversionen unterstützt werden müssen, und anschließend, ob die jeweiligen Browser die entsprechende API unterstützen. Eine gute Übersicht hierzu bietet die Website »Can I use?« (*https://caniuse.com*). Auf dieser Website haben Sie die Möglichkeit, gezielt nach Web-APIs zu suchen, und erhalten zu jeder API eine Kompatibilitätstabelle (Abbildung 7.11).

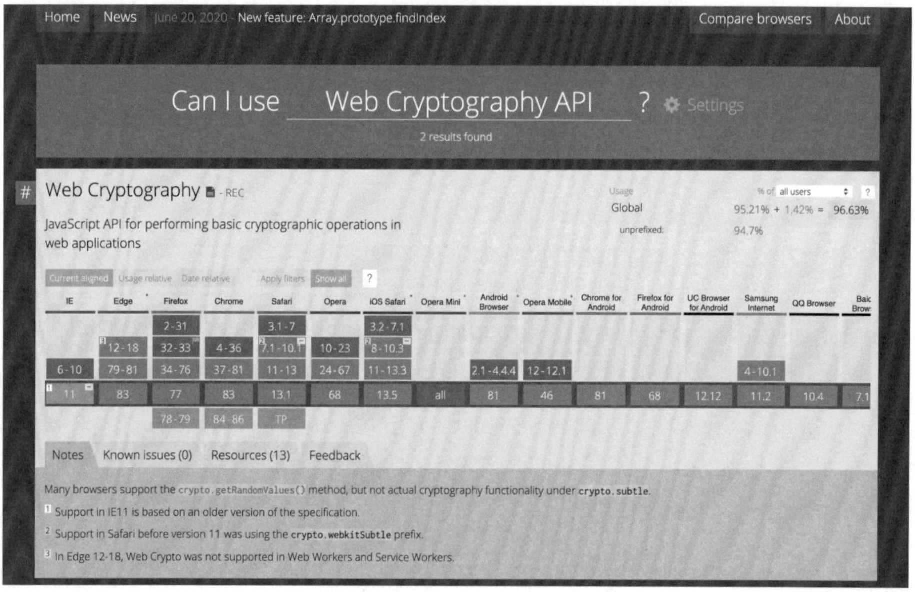

Abbildung 7.11 Die Website »Can I use?« stellt Informationen bereit, ob eine bestimmte API von einem bestimmten Browser unterstützt wird.

7.4 Zusammenfassung und Ausblick

In diesem Kapitel haben Sie verschiedene Web-APIs kennengelernt. Sie haben jetzt einen guten Überblick darüber, welche Funktionalitäten Ihnen hierüber innerhalb des Browsers zur Verfügung stehen.

7.4.1 Die wichtigsten Punkte

Die wichtigsten Stichpunkte zu diesem Kapitel sind folgende:

- Die *DOM API* erlaubt den programmatischen Zugriff auf das *Document Object Model* (kurz *DOM*), eine hierarchisch aufgebaute Baumstruktur, die das Objektmodell für eine Webseite darstellt.

- Die einzelnen Komponenten in dieser Baumstruktur werden als *Knoten* bezeichnet, wobei es verschiedene Arten von Knoten gibt. Die wichtigsten sind *Dokumentknoten*, *Elementknoten*, *Textknoten* und *Attributknoten*.
- Die *DOM API* definiert Eigenschaften und Methoden, über die Sie auf den DOM-Baum einer Webseite zugreifen oder diese verändern können.
- So können Sie mithilfe der DOM API beispielsweise Elemente hinzufügen, Elemente löschen, Texte verändern und Attribute hinzufügen oder löschen.
- Elemente auf einer Webseite können auf verschiedene Weise selektiert werden: nach ID, nach CSS-Klasse, nach Elementnamen, nach `name`-Attribut sowie nach CSS-Selektor.
- Ausgehend von einem Element bzw. Knoten können über verschiedene Eigenschaften das Elternelement/der Elternknoten, die Kindelemente/Kindknoten sowie Geschwisterelemente/Geschwisterknoten selektiert werden.
- Über die Eigenschaft `textContent` können Sie auf den Textinhalt eines Knotens zugreifen, über die Eigenschaft `innerHTML` auf den HTML-Inhalt eines Elements.
- Über die Methode `createTextNode()` lassen sich Textknoten erstellen, über `createElement()` Elementknoten und über `createAttribute()` Attributknoten.
- Nachdem Sie ein Element (allgemeiner: einen Knoten) erstellt haben, müssen Sie es erst dem DOM-Baum hinzufügen, wobei verschiedene Methoden zur Verfügung stehen: `insertBefore()`, `appendChild()` und `replaceChild()`.
- Über die *Fetch API* können Sie Daten asynchron vom Server laden.
- Darüber hinaus gibt es eine wahre Fülle von Web-APIs, die es zu erkunden gibt.

7.4.2 Weiterführende Literatur

Wie bereits erwähnt, gehe ich auf viele der in diesem Kapitel vorgestellten APIs in meinem JavaScript-Handbuch etwas näher ein und zeige anhand von Codebeispielen auch die konkrete Verwendung. Ebenfalls zwei gute Anlaufstellen sind die beiden Websites *https://developer.mozilla.org/en-US/docs/Web/API* und *http://html5-overview.net/current*.

7.4.3 Ausblick

Im folgenden Kapitel zeige ich Ihnen, was Sie im Hinblick auf die Barrierefreiheit von Webseiten beachten sollten. Hier lernen Sie verschiedene Techniken kennen, mithilfe derer Sie eine Webseite für verschiedene Nutzergruppen optimieren, insbesondere für Menschen mit Behinderungen.

Kapitel 8
Webseiten für Barrierefreiheit optimieren

Wenn Sie eine Website barrierefrei implementieren, machen Sie sie für eine größere Nutzergruppe zugänglich.

In diesem Kapitel zeige ich Ihnen, was man unter der *Barrierefreiheit von Webseiten* versteht, welche Nutzergruppen von Barrierefreiheit profitieren und welche Techniken es gibt, um eine Webseite barrierefrei zu implementieren.

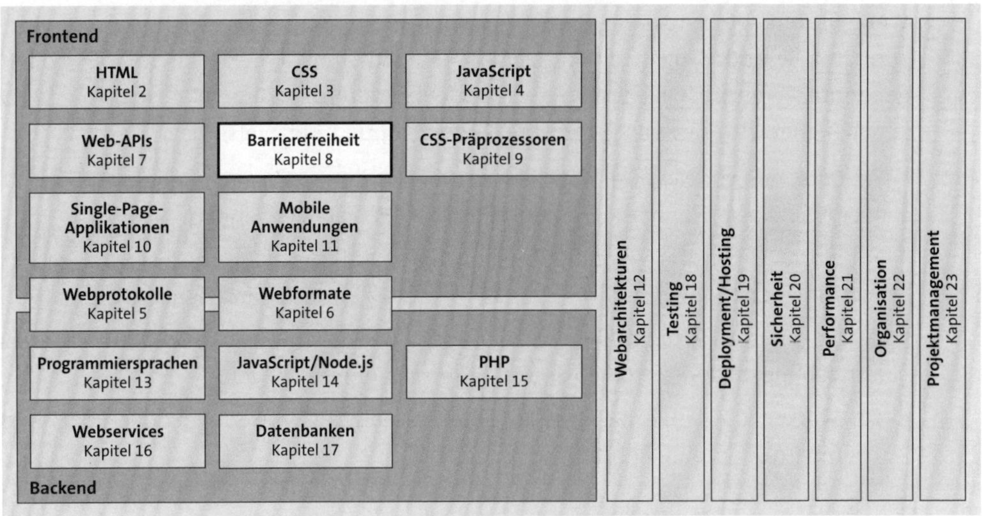

Abbildung 8.1 Barrierefreiheit von Webseiten betrifft das Frontend einer Webanwendung.

8.1 Einführung

Bei dem Design und der Implementierung von Webseiten wird eine Nutzergruppe von vielen Entwicklern (und Designerinnen) leider immer wieder vergessen, nicht berücksichtigt oder zumindest vernachlässigt. Die Rede ist von Nutzenden mit Behinderungen, beispielsweise Nutzer mit Sehschwächen, Hörschäden oder anderen körperlichen oder neurologischen Einschränkungen.

8.1.1 Einführung Barrierefreiheit

Barrierefreiheit bzw. im vorliegenden Fall konkret die *Barrierefreiheit von Webseiten* (*Web Accessibility*) bedeutet nun, dass Websites so aufgebaut und implementiert werden, dass sie für alle Nutzer, insbesondere auch für Menschen mit Behinderungen (engl.: *Disabilities*), zugänglich sind.

Hinweis

Der Begriff *Accessibility* wird gerne auch mit *a11y* abgekürzt. Die Zahl 11 steht dabei für die elf weggelassenen Buchstaben zwischen »a« und »y« in dem Wort »accessibility«.

In den letzten Jahren hat das Thema Barrierefreiheit erfreulicherweise mehr Aufmerksamkeit und Öffentlichkeit bekommen, weil es mittlerweile in vielen Ländern Gesetze und Verordnungen gibt, die zumindest für Websites aus dem öffentlichen Sektor (also von Ministerien, Bildungseinrichtungen, Städten etc.) vorschreiben, barrierefrei zu sein.

Wenn Sie eine Website barrierefrei implementieren, tun Sie aber nicht nur den Nutzern mit Behinderungen einen großen Gefallen und richten sich im Falle oben genannter Websites nach dem Gesetz. Je barrierefreier eine Website ist, desto zugänglicher wird sie auch für andere Nutzergruppen, beispielsweise:

- für Personen, die Mobiltelefone, Smartwatches, Smart-TVs oder andere Geräte mit kleinen Bildschirmen für den Zugriff auf die Website verwenden
- für ältere Nutzer mit veränderten Fähigkeiten aufgrund des Alterns, Nutzern mit »vorübergehenden Einschränkungen« wie etwa einem gebrochenen Arm
- für Nutzer mit »Situationsbeschränkungen« wie hellem Sonnenlicht oder in einer Umgebung, in der sie keinen Sound hören können
- für Nutzer, die eine langsame Internetverbindung verwenden oder über eine begrenzte oder teure Bandbreite verfügen

Barrierefreiheit und Suchmaschinenoptimierung

Darüber hinaus verbessern viele der Techniken, die zu barrierefreien Webseiten bzw. einer barrierefreien Website führen, auch die Bewertung der Website für Suchmaschinen (Stichwort: *SEO* bzw. *Suchmaschinenoptimierung*). Ihre Website erlangt also bei Suchmaschinen eine höhere Bewertung und verbessert damit die Position (das *Ranking*) innerhalb der Suchergebnisse.

Es lohnt sich also aus diversen Gründen, Ihre Websites barrierefrei zu implementieren und sich näher mit diesem Thema zu beschäftigen.

8.1.2 Nutzergruppen und assistive Technologien

Für den Zugriff auf Webseiten verwenden Nutzer mit Behinderungen oftmals besondere Hard- und Software, sogenannte *assistive Technologien* bzw. *unterstützende Technologien*.

- **Blinde Nutzer** beispielsweise nutzen *Screenreader*, also Software, die den Inhalt des Bildschirms (bzw. einer Webseite) vorliest oder auf einer speziellen *Braille-Tastatur* ausgibt.
- Nutzer mit **körperlichen Einschränkungen** verwenden spezielle Eingabegeräte wie beispielsweise besonders ergonomische Tastaturen oder andere Eingabegeräte wie *Head/Eye Controls*.
- Nutzer mit **Farbsehstörungen** verwenden oft einen Schwarz-Weiß- bzw. *High-Contrast-Modus*, bei dem der Inhalt des Bildschirms in Schwarz und Weiß bzw. einem hohen Kontrast dargestellt wird.
- Nutzer mit **Sehschwächen** verwenden *Bildschirmlupen*, um Teile des Bildschirms vergrößert darzustellen.
- Nutzer mit **Hörschäden** verwenden in der Regel keine Soundausgabe und sind daher beispielsweise in Videos auf Untertitel angewiesen.

Hinweis

Um besser verstehen zu können, was es bedeutet, eine assistive Technologie beim Zugriff auf eine Webseite zu verwenden, empfehle ich Ihnen, einmal selbst testweise eine assistive Technologie auszuprobieren. Versuchen Sie beispielsweise einmal, sich mithilfe eines Screenreaders auf einer Webseite zurechtzufinden und mit ihr zu interagieren. Sie werden feststellen, dass dies bei vielen Webseiten gar nicht so einfach ist und grundsätzlich auch eine ziemliche Umstellung bedeutet.

Was müssen Sie nun als Webentwickler in Bezug auf die genannten Nutzergruppen beachten? Das W3C hat diesbezüglich eine eigene Initiative gegründet, die *Web Accessibility Initiative* (kurz *WAI*), deren Ziel es ist, technische Spezifikationen, Richtlinien und Techniken zu spezifizieren, die als Grundlage für die Implementierung barrierefreier Websites dienen. Die wesentlichen Richtlinien finden sich dabei in den sogenannten *Web Content Accessibility Guidelines* (*WCAG*) wieder, die aktuell in Version 2.1 verabschiedet sind (*https://www.w3.org/TR/WCAG21/*), in Version 2.2 als Working Draft vorliegen (*https://www.w3.org/TR/WCAG22/*) und auch als Grundlage für gesetzliche Vorgaben in diesem Zusammenhang dienen. Auf diese WCAG möchte ich im folgenden Abschnitt 8.1.3 näher eingehen.

Hinweis

Neben den WCAG gibt es noch andere Richtlinien wie beispielsweise die *Barrierefreie-Informationstechnik-Verordnung* (kurz *BITV*) in Deutschland oder *Section 508* in den USA (*https://www.section508.gov/*).

Und auch die WCAG entwickeln sich weiter: Genau in dem Moment, in dem ich diese Zeilen schreibe (Januar 2021), wurde ein »First Public Working Draft« der WCAG 3.0 veröffentlicht (*https://www.w3.org/TR/wcag-3.0/*). Allerdings – und das ist unter obigem Link bereits deutlich gesagt – bleiben die WCAG 2.1 bzw. 2.2 weiterhin gültig und werden durch die neue Version nicht als veraltet eingestuft. Zudem ist noch ungewiss, wann genau die WCAG 3.0 von einem »Working Draft« in den Status »Recommendation« übergehen.

8.1.3 Web Content Accessibility Guidelines (WCAG)

Die Web Content Accessibility Guidelines (WCAG) sind hierarchisch aufgebaut und bestehen aus vier Ebenen (Abbildung 8.2, siehe folgenden Abschnitt):

- erste Ebene: Prinzipien
- zweite Ebene: Richtlinien
- dritte Ebene: Erfolgskriterien
- vierte Ebene: Techniken

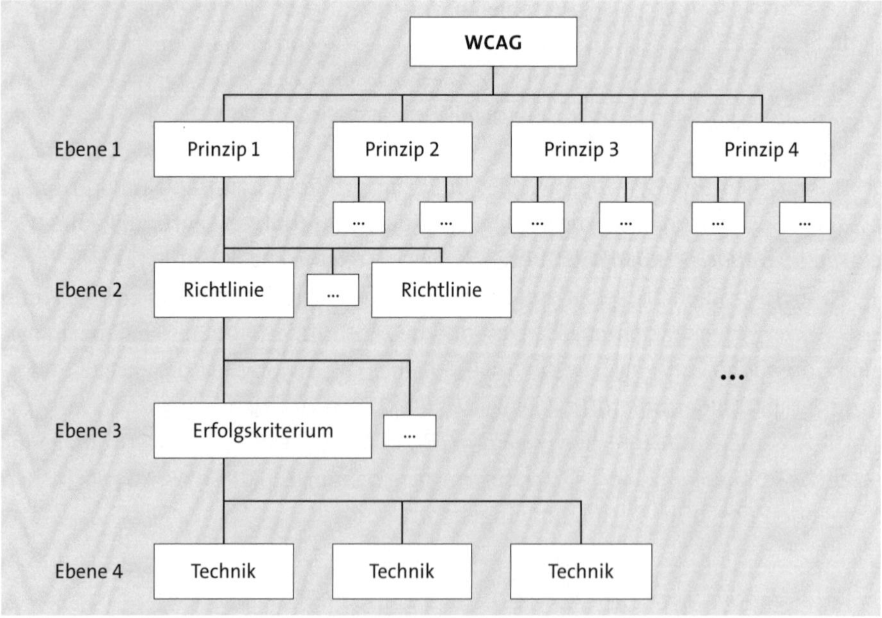

Abbildung 8.2 Die Web Content Accessibility Guidelines sind hierarchisch aufgebaut.

Erste Ebene: Prinzipien

Auf oberster Ebene stehen vier *Prinzipien*, welche die Basis der Richtlinien darstellen. Diese Prinzipien definieren (technologieunabhängig), welche grundsätzlichen Eigenschaften eine Webseite erfüllen muss.

- **Prinzip 1: Wahrnehmbar** (»Perceivable«) – Informations- und Benutzeroberflächenkomponenten müssen für alle Nutzer in einer Weise angeboten werden bzw. präsentierbar sein, die sie wahrnehmen können. Beispielsweise müssen Informationen, die in Form von Bildern dargestellt werden, auch als Textalternative angeboten werden, weil zum Beispiel blinde Nutzer die Informationen in Bildern nicht wahrnehmen können.
- **Prinzip 2: Bedienbar** (»Operable«) – Komponenten der Benutzeroberfläche und Navigation müssen funktionsfähig und für Nutzer bedienbar sein. Beispielsweise sollten alle Bedienelemente einer Webseite nicht nur mit der Maus, sondern auch mit der Tastatur bedienbar sein, weil zum Beispiel je nach körperlicher Behinderung Nutzer keine Maus bedienen können.
- **Prinzip 3: Verständlich** (»Understandable«) – Informationen und die Bedienung der Benutzeroberfläche müssen für Nutzer verständlich sein. Beispielsweise sollten Sie auf komplexe und schwer verständliche Texte verzichten und die verwendete Sprache so einfach wie möglich halten.
- **Prinzip 4: Robust** (»Robust«) – Inhalte müssen so robust sein, dass sie von einer Vielzahl von User Agents interpretiert werden können, einschließlich assistiver bzw. unterstützender Technologien. Beispielsweise sollten Sie semantische HTML-Elemente verwenden (Details dazu später), weil assistive Technologien wie Screenreader auf Semantik angewiesen sind, um entsprechende Modelle einer Webseite zu erstellen.

Zweite Ebene: Richtlinien

Den vier Prinzipien wiederum sind insgesamt dreizehn *Richtlinien* zugeordnet, welche die wesentlichen Ziele darstellen, um eine Website barrierefrei zu machen. Wie auch die vier Prinzipien sind diese Richtlinien allgemein und technologieunabhängig formuliert.

Die dreizehn Richtlinien lauten – frei ins Deutsche übersetzt – wie folgt (welchem Prinzip die jeweilige Richtlinie zugeordnet ist, erkennen Sie an der jeweils ersten Ziffer).

- **Richtlinie 1.1: Textalternativen** – Nicht nur für Bilder sollten Sie Textalternativen zur Verfügung stellen. Inhalt von Diagrammen beispielsweise, die per JavaScript erstellt werden (die aber von einigen Nutzern nicht gesehen werden können), könnten Sie zusätzlich in Form von Tabellen aufbereiten (die wiederum durch einen Screenreader interpretiert werden können).

8

- **Richtlinie 1.2: Zeitbasierte Medien** – Für zeitbasierte Medien wie beispielsweise Audiodaten oder Videodaten sollten Sie Alternativen zur Verfügung stellen. Für Audiodaten beispielsweise sollten Sie eine textuelle Alternative vorsehen und für Videodaten Untertitel anbieten.
- **Richtlinie 1.3: Anpassbar** – Den Inhalt einer Webseite sollten Sie derart erstellen, dass er auf verschiedene Arten dargestellt werden kann (beispielsweise in einem vereinfachten Layout), ohne dass hierbei Informationen oder Struktur verloren gehen. Verwenden Sie beispielsweise *Responsive Design*, um den Inhalt von Webseiten automatisch an verschiedene Bildschirmgrößen anzupassen.
- **Richtlinie 1.4: Unterscheidbar** – Nutzern sollten Sie es einfach machen, Inhalte der Webseite zu sehen und zu hören. Achten Sie beispielsweise auf ausreichend Kontrast zwischen Vordergrund- (bzw. Text-) und Hintergrundfarbe. Für Nutzer mit Sehbehinderungen oder Beeinträchtigungen wie einer Rotgrünschwäche sind manche Farbkombinationen sehr schwer voneinander zu unterscheiden, sodass Sie auch hier entsprechende Farbkombinationen vorsehen sollten.
- **Richtlinie 2.1: Per Tastatur zugänglich** – Sorgen Sie dafür, dass alle Funktionalitäten der Webseite auch per Tastatur zugänglich sind. Auf diese Weise ermöglichen Sie es, dass beispielsweise auch Nutzer, die keine Maus als Eingabegerät verwenden, die Webseite nutzen können.
- **Richtlinie 2.2: Ausreichend Zeit** – Geben Sie den Nutzern ausreichend Zeit, um Inhalte zu lesen und zu verwenden. Schnell wechselnde Inhalte beispielsweise sollten Sie vermeiden bzw. den Nutzern die Möglichkeit geben, die Geschwindigkeit der Wechsel selbst zu bestimmen.
- **Richtlinie 2.3: Epileptische Anfälle vermeiden** – Gestalten Sie Inhalte nicht derart, dass sie zu Anfällen führen. Solche und ähnliche Warnhinweise kennen alle von Ihnen, die eine Gaming-Konsole zu Hause stehen haben. Bestimmte Effekte – insbesondere bei Computerspielen – wie beispielsweise schnell wechselnde Änderungen der Helligkeit oder der Farben können bei bestimmten Menschen zu epileptischen Anfällen führen. Auf solche Effekte sollten Sie bei der Implementierung von Websites auch verzichten.
- **Richtlinie 2.4: Navigierbar** – Geben Sie Nutzern die Möglichkeit, einfach innerhalb einer Website zu navigieren, Inhalte leicht zu finden und jederzeit feststellen zu können, wo sie sich innerhalb einer einzelnen Webseite und innerhalb der gesamten Website befinden. Dadurch verhindern Sie, dass beispielsweise blinde Nutzer die Orientierung verlieren.
- **Richtlinie 2.5: Eingabemodalitäten** – Erleichtern Sie Benutzern die Bedienung von Funktionen über verschiedene Eingabemöglichkeiten, über die Bedienung mit der Tastatur hinaus.

- **Richtlinie 3.1: Lesbar** – Sorgen Sie dafür, dass Inhalte lesbar und verständlich sind. Dies betrifft sowohl die Darstellung von Inhalten (»lesbar«) als auch den Inhalt selbst (»verständlich«). Vermeiden Sie beispielsweise für Fließtext verschnörkelte Schriften, die schwierig zu lesen sind, und vermeiden Sie Fremdwörter, die keiner versteht (oder fügen Sie unter Verwendung entsprechender HTML-Elemente Definitionen bzw. Erklärungen der Fremdwörter ein).
- **Richtlinie 3.2: Vorhersehbar** – Sorgen Sie dafür, dass Webseiten vorhersehbar aussehen und so funktionieren, wie man es erwartet. Verwenden Sie beispielsweise eine konsistente Navigation, also eine, die sich immer an der gleichen Stelle befindet und sich immer gleich verhält.
- **Richtlinie 3.3: Hilfestellung bei der Eingabe** – Helfen Sie den Nutzern, Fehler zu vermeiden und zu korrigieren. Wenn beispielsweise ein Formular falsch ausgefüllt wird, sollten Sie dem Nutzer durch entsprechende Fehlermeldungen Hinweise zur Ursache des Fehlers geben. Vermeiden Sie beispielsweise Fehlermeldungen wie »Ungültige Eingabe«, und formulieren Sie die Fehlermeldungen stattdessen aus: »Ungültige Eingabe: Geben Sie ein Datum ein, das in der Vergangenheit liegt.«
- **Richtlinie 4.1: Kompatibel** – Stellen Sie sicher, dass die Webseite so gut wie möglich kompatibel ist mit aktuellen (und auch zukünftigen) User Agents, einschließlich assistiver Technologien.

Dritte Ebene: Erfolgskriterien

Die oben genannten Richtlinien werden jeweils weiter unterteilt in sogenannte *Erfolgskriterien*, die konkrete Anweisungen für die Umsetzung der Richtlinien enthalten. Insgesamt gibt es 61 solche Erfolgskriterien, von denen ich einige oben bei der Erklärung der Richtlinien schon kurz erwähnt habe. Beispiele für Erfolgskriterien sind folgende:

- textuelle Varianten für Audio- und Videoinhalte
- Untertitel für Videos
- ausreichender Kontrast zwischen Vordergrund- und Hintergrundfarbe
- Skalierbarkeit von Text unterstützen
- Beschreibung des Ziels von Links

Die verschiedenen Erfolgskriterien sind dabei verschiedenen sogenannten *Konformitätsstufen* zugeordnet. Die Konformitätsstufe A bezeichnet Erfolgskriterien mit geringer Konformität, die Konformitätsstufe AA bezeichnet diejenigen mit höherer Konformität und Stufe AAA diejenigen mit höchster Konformität. Die Konformität einer Website bezüglich der Barrierefreiheit ergibt sich dann daraus, welche der Erfolgskriterien erfüllt wurden.

Wurden alle Kriterien mit der Konformitätsstufe A erfüllt, wurden damit auch die wichtigsten Aspekte bezüglich der Barrierefreiheit erfüllt. Eine Website, die alle Kriterien der Konformitätsstufe AA erfüllt, hat noch weniger Barrieren und ist damit noch »barrierefreier«. Eine Website, die schließlich sogar alle Kriterien der Konformitätsstufe AAA erfüllt, ist in dieser Hinsicht sehr vorbildlich, allerdings ist dies sogar laut den WCAG schwierig umzusetzen.

Vierte Ebene: Techniken

Die vierte und letzte Ebene der WCAG sind konkrete Techniken, die beschreiben, auf welche Weise sich die oben genannten Prinzipien, Richtlinien und Erfolgskriterien technisch umsetzen lassen. So gibt es unter anderem Techniken, die sich auf HTML, den Einsatz von CSS oder auch auf die Umsetzung für PDF-Dokumente beziehen.

Die Techniken sind dabei bewusst von dem eigentlichen WCAG-Dokument getrennt, damit sie flexibel um neue Techniken erweitert werden können, wenn sich die technischen Randbedingungen und Möglichkeiten ändern (beispielsweise wenn neue HTML-Elemente in den Standard aufgenommen werden).

Im Folgenden möchte ich exemplarisch auf einen Teil dieser Techniken eingehen. Eine vollständige Übersicht der Techniken finden Sie dagegen unter *https://www.w3.org/WAI/WCAG21/Techniques/*.

Fun Fact

Während meiner Arbeit beim Fraunhofer-Institut für Angewandte Informationstechnik im sogenannten Web Compliance Center war ich von 2004 bis 2008 (als Student) und später von 2011 bis 2017 (als wissenschaftlicher Mitarbeiter) unter anderem an der Implementierung der imergo® Web Compliance Suite (*https://imergo.com/*) beteiligt. Dabei handelt es sich um eine Software, die ganze Websites automatisiert auf verschiedene Aspekte bezüglich Web Compliance (unter anderem bezüglich der Barrierefreiheit) überprüft und dabei testet, ob die Techniken aus WCAG korrekt eingesetzt wurden. Die erste Version der Software hatten wir noch als Desktopversion in Java implementiert, die zweite dann – immer noch auf Basis von Java – als Client-Server-Version und die dritte auf Basis von JavaScript und Node.js komplett neu implementiert.

8.2 Bestandteile einer Webseite barrierefrei machen

Im Folgenden möchte ich Ihnen exemplarisch einige der wichtigsten Techniken erläutern, um den grundsätzlichen Aufbau einer Webseite und verschiedene Komponenten wie beispielsweise Formulare, Tabellen und Bilder barrierefrei zu machen.

8.2.1 Webseiten semantisch strukturieren

Webseiten ähneln sich häufig bezüglich ihres Aufbaus: So haben die meisten Webseiten einen Kopfbereich (der zum Beispiel das Firmenlogo enthält), einen Fußbereich (in dem sich zum Beispiel Links zum Impressum, zum Kontaktformular oder zu sozialen Netzwerken befinden), einen Navigationsbereich (in dem die Hauptnavigation angesiedelt ist), einen Hauptbereich (der den Hauptinhalt der jeweiligen Webseite enthält) und mitunter auch Randbereiche, die zusätzliche Informationen bereitstellen (Abbildung 8.3).

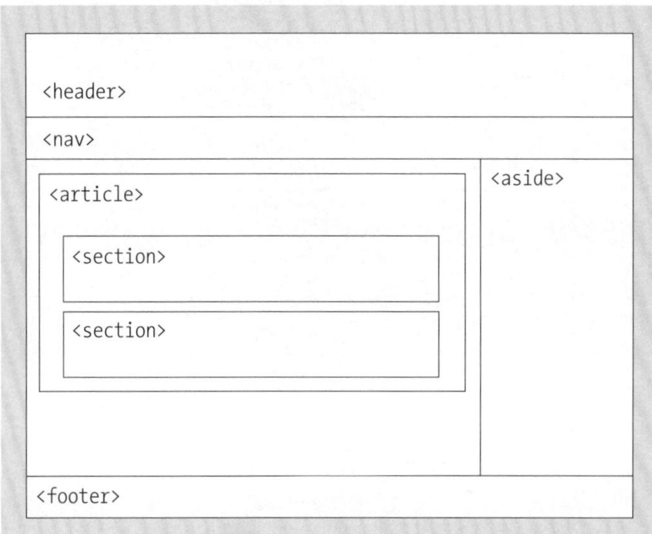

Abbildung 8.3 Die grundsätzliche Struktur ist bei vielen Webseiten sehr ähnlich.

Vor der Einführung von HTML5 wurden diese Bereiche wie in Listing 8.1 oftmals unter Verwendung von `<div>`-Elementen definiert und eventuell noch – um die Bereiche per CSS stylen zu können – mit entsprechenden `id`- und `class`-Attributen versehen.

Dieser Aufbau birgt allerdings im Hinblick auf die Barrierefreiheit bzw. die Verwendung von assistiven Technologien ein Problem: Die Elemente verfügen über keinerlei Semantik. Ein Screenreader beispielsweise kann anhand der `<div>`-Elemente nicht erkennen, welcher Bereich die Navigation enthält, bei welchem Bereich es sich um den Kopfbereich handelt und bei welchem um den Fußbereich.

Die verwendeten `id`- und `class`-Attribute geben zwar einen Hinweis, allerdings sind die Werte, die man hier verwendet, nicht standardisiert (wir hätten im Listing für den Kopfbereich statt »header« auch »head«, »kopfbereich« oder irgendeinen anderen Wert verwenden können).

```
<!DOCTYPE html>
<html lang="de">

<head>
  <title>Struktur</title>
  <meta charset="utf-8">
</head>

<body>
  <div id="header">
    Hier der Kopfbereich
  </div>
  <div id="nav">
    Hier die Navigation
  </div>
  <div class="article">
    Hier ein Artikel
    <div class="section">
      Hier ein zusammengehöriger Bereich
    </div>
    <div class="section">
      Hier ein zusammengehöriger Bereich
    </div>
  </div>
  <div class="aside">
    Hier ein Randbereich
  </div>
  <div id="footer">
    Hier der Fußbereich
  </div>
</body>

</html>
```

Listing 8.1 Nicht mehr zeitgemäß: Definition von Struktur mithilfe des <div>-Elements

Mit anderen Worten: Der Code in Listing 8.1 ist nicht mehr zeitgemäß. Stattdessen sollten Sie die mit HTML5 eingeführten und bereits in Kapitel 2, »Webseiten strukturieren mit HTML«, angesprochenen semantischen Elemente zur Definition der Struktur verwenden. Zur Erinnerung:

- Das Element <header> definiert den Kopfbereich einer Webseite,
- <footer> definiert den Fußbereich,
- <nav> definiert den Bereich, der die Hauptnavigation enthält,

- <article> definiert einen einzelnen Artikel innerhalb einer Webseite,
- über <aside> ist es möglich, Randinformationen zu definieren,
- und für die Gruppierung verwandter Inhalte können Sie das <section>-Element verwenden.

Listing 8.2 zeigt das angepasste Beispiel:

```
<!DOCTYPE html>
<html lang="de">

<head>
  <title>Struktur</title>
  <meta charset="utf-8">
</head>

<body>
  <header>
    Hier der Kopfbereich
  </header>
  <nav>
    Hier die Navigation
  </nav>
  <article>
    Hier ein Artikel
    <section>
      Hier ein zusammengehöriger Bereich
    </section>
    <section>
      Hier ein zusammengehöriger Bereich
    </section>
  </article>
  <aside>
    Hier ein Randbereich
  </aside>
  <footer>
    Hier der Fußbereich
  </footer>
</body>

</html>
```

Listing 8.2 Definition von Struktur mithilfe der dafür vorgesehenen semantischen Elemente

8.2.2 Überschriften richtig verwenden

Unabhängig von der allgemeinen Struktur sollten Sie – vor allem bei längeren Inhalten wie beispielsweise Blogartikeln, News-Artikeln oder Dokumentation – auf die richtige (hierarchische) Verwendung von Überschriften achten. Insbesondere Nutzer von Screenreadern verwenden Überschriften zur Orientierung und auch zur Navigation innerhalb einer Webseite.

So sollten Sie pro Webseite lediglich eine Überschrift erster Ordnung (`<h1>`-Element) verwenden. Diese stellt quasi den Titel der Webseite bzw. des Inhalts dar. Unterhalb dieser Überschrift sind Sie dann flexibel, was die Anzahl der anderen (Unter-)Überschriften angeht. Allerdings sollten Sie auf eine sinnvolle Hierarchie und auf den korrekten Einsatz der Unterüberschriften achten. So sollten Sie beispielsweise keine `<h4>`-Überschriften direkt unterhalb einer `<h2>`-Überschrift platzieren, weil die fehlende Überschriftenebene (`<h3>`) die Nutzer nur unnötig verwirren bzw. irritieren würde.

8.2.3 Formulare barrierefrei machen

Bezüglich der Barrierefreiheit von Formularen ist der wichtigste Aspekt, dass klar wird, welches Label (also welche Beschriftung) zu welchem Formularelement gehört. Denn nur durch diese Zuordnung kann beispielsweise ein Screenreader-Nutzer erkennen, was der Zweck eines Formularelements ist. Ohne eine explizite Zuordnung würde der Screenreader versuchen, aus dem Kontext heraus (also beispielsweise aus dem Text, der das jeweilige Formularelement umgibt) die Bedeutung eines Formularelements zu »raten«.

Die explizite Zuordnung von Label zu Formularelement kann auf verschiedene Arten erfolgen, unter anderem:

- indem Sie dem Formularelement eine ID geben (`id`-Attribut) und bei dem entsprechenden Label über das `for`-Attribut auf diese ID verweisen
- indem Sie das jeweilige Formularelement als Kindelement des Labels definieren
- indem Sie das `title`-Attribut des jeweiligen Formularelements verwenden und hier die Beschriftung definieren
- indem Sie ARIA-Attribute verwenden (siehe Abschnitt 8.2.7, »Accessible Rich Internet Applications (ARIA)«)

Zusätzlich sollten Sie logisch zusammengehörige Formularelemente über das `<fieldset>`-Element gruppieren und jeweils über das `<legend>`-Element eine passende Überschrift definieren.

Listing 8.3 zeigt den (gekürzten) Code für das Formular, das Sie bereits aus Kapitel 2, »Webseiten strukturieren mit HTML«, kennen. Einige der genannten Techniken finden Sie hier wieder.

```
<!DOCTYPE html>
<html>
  <head>
    <title>Anmeldeformular</title>
  </head>
  <body>
    <form action="/services/handle-form" method="POST">
      <fieldset>
        <legend>Angaben zur Person</legend>
        <label>
          Vorname:
          <input type="text" name="firstname" size="20" maxlength="50"
          />
        </label>
        <br />
        ...
      </fieldset>
      <br />
      <fieldset>
        <legend>Fragebogen</legend>
        <p>
          <label for="browser">
            Welchen Browser nutzen Sie?
          </label>
          <select id="browser" name="browser">
            <option value="chrome">Google Chrome</option>
            <option value="edge">Microsoft Edge</option>
            <option value="firefox">Mozilla Firefox</option>
            <option value="opera">Opera</option>
            <option value="safari">Safari</option>
          </select>
        </p>
        <p>
          Gefällt Ihnen unsere Website?
          <br />
          <label>
            <input type="radio" name="feedback" value="yes" />
            Ja
          </label>
```

```
          <label>
            <input type="radio" name="feedback" value="no" />
            Nein
          </label>
        </p>
        <p>
          <br />
          <label for="improvements">
            Haben Sie Verbesserungsvorschläge?
          </label>
          <br />
          <textarea id="improvements" rows="5" cols="50"> </textarea>
        </p>
        <p>
          <label>
            <input type="checkbox" name="newsletter" />
            Möchten Sie sich für unseren Newsletter anmelden?
          </label>
        </p>
      </fieldset>
      <input type="submit" value="Formular abschicken" />
    </form>
  </body>
</html>
```

Listing 8.3 Verwendung der verschiedenen Formularelemente

Weiterführende Informationen

Weitere Informationen bezüglich des barrierefreien Aufbaus von Formularen finden Sie auf der Website der »Web Accessibility Initiative« des W3C unter *https://www.w3.org/WAI/tutorials/forms/*. Grundsätzlich kann ich Ihnen die Tutorials von WAI zusätzlich zu den anderen am Ende des Kapitels aufgelisteten Quellen sehr empfehlen, wenn Sie Ihr Wissen bezüglich Barrierefreiheit vertiefen möchten.

8.2.4 Tabellen barrierefrei machen

Grundsätzlich handelt es sich bei den HTML-Elementen, die für die Definition von Tabellen zur Verfügung stehen, um semantische Elemente. Das heißt beispielsweise, dass Browser (und andere User Agents wie Screenreader) bei einem `<table>`-Element direkt anhand des Elements erkennen, dass es sich um eine Tabelle handelt. Genauso erkennen sie am <th>-Element eine Tabellenüberschrift und am <tr>-Element eine Zeile einer Tabelle.

Dennoch gibt es auch bei Tabellen neben der korrekten Verwendung der entsprechenden HTML-Elemente einige zusätzliche Aspekte, die Sie im Hinblick auf die Barrierefreiheit beachten sollten.

Die grundsätzliche Tabellenstruktur

Zunächst einmal sollten Sie die Tabellenüberschriften in ein umgebendes <thead>-Element einfassen (die Ausnahme hierzu folgt weiter unten) und die einzelnen Zeilen (sprich die in der Tabelle dargestellten Datensätze, also den Tabellenkörper) mit einem <tbody>-Element umgeben. Darüber hinaus können Sie der Tabelle über das <tfoot>-Element optional eine Fußzeile hinzufügen. So haben wir es bereits korrekt in Kapitel 2, »Webseiten strukturieren mit HTML«, gemacht, das heißt, Sie müssen sich an dieser Stelle gar nicht umgewöhnen (siehe Abbildung 8.4).

Users

First Name	Last Name	Title
Riana	Frisch	District Assurance Producer
Oskar	Spielvogel	Product Optimization Analyst
Lynn	Berning	Lead Accountability Administrator
Carolin	Plass	Investor Usability Strategist
Claas	Plotzitzka	Chief Implementation Analyst
First Name	**Last Name**	**Title**

Abbildung 8.4 Darstellung der Tabelle (angepasst mit ein bisschen CSS)

Listing 8.4 zeigt den bereits aus Kapitel 2 bekannten HTML-Code für die Definition einer barrierefrei gestalteten Tabelle. Neu in diesem Listing ist allerdings das <caption>-Element, mit dessen Hilfe Sie einer Tabelle eine kurze Beschreibung hinzufügen können. Dies ist insbesondere für Nutzer hilfreich, die sich schnell ein Bild davon machen möchten, welchen Inhalt die Tabelle darstellt. Würde dieses Element fehlen, müssten sich beispielsweise Screenreader-Nutzer erst den Inhalt einiger Zellen vorlesen lassen, um dies selbst herauszufinden.

```
<!DOCTYPE html>
<html lang="en">
  <head>
    <title>Users</title>
    <meta charset="utf-8">
  </head>
  <body>
```

```
<h1>Users</h1>
<table>
  <caption>Users</caption>
  <thead>
    <tr>
      <th>First Name</th>
      <th>Last Name</th>
      <th>Title</th>
    </tr>
  </thead>
  <tbody>
    <tr>
      <td>Riana</td>
      <td>Frisch</td>
      <td>District Assurance Producer</td>
    </tr>
    <tr>
      <td>Oskar</td>
      <td>Spielvogel</td>
      <td>Product Optimization Analyst</td>
    </tr>
    <tr>
      <td>Lynn</td>
      <td>Berning</td>
      <td>Lead Accountability Administrator</td>
    </tr>
    <tr>
      <td>Carolin</td>
      <td>Plass</td>
      <td>Investor Usability Strategist</td>
    </tr>
    <tr>
      <td>Claas</td>
      <td>Plotzitzka</td>
      <td>Chief Implementation Analyst</td>
    </tr>
  </tbody>
  <tfoot>
    <tr>
      <th>First Name</th>
      <th>Last Name</th>
      <th>Title</th>
    </tr>
```

```
      </tfoot>
    </table>
  </body>
</html>
```

Listing 8.4 Definition von Tabellenbeschreibung, Tabellenkopf, Tabellenkörper und Tabellenfußzeile

Vertikale und horizontale Tabellenüberschriften

Über das scope-Attribut, das für <th>-Elemente vergeben werden kann, lässt sich definieren, ob sich die jeweilige Tabellenüberschrift auf die dazugehörige Spalte oder die dazugehörige Zeile bezieht (also ob es sich um eine vertikale oder horizontale Überschrift handelt).

Standardmäßig bezieht sich eine Tabellenüberschrift auf die dazugehörige Spalte (ist also vertikal), sodass in diesem Fall das scope-Attribut optional ist. Dennoch ist es wie im folgenden Listing 8.5 gezeigt besserer Stil, den Wert »col« dennoch explizit anzugeben, um Screenreadern entgegenzukommen und sich selbst direkt an die korrekte Verwendung zu gewöhnen.

```
<!DOCTYPE html>
<html lang="en">
  <head>
    <title>Users</title>
    <meta charset="utf-8">
  </head>
  <body>
    <h1>Users</h1>
    <table>
      <thead>
        <tr>
          <th scope="col">First Name</th>
          <th scope="col">Last Name</th>
          <th scope="col">Title</th>
        </tr>
      </thead>
      <tbody>
        ...
      </tbbody>
      <tfoot>
        ...
      <table/tfoot
```

```
    </table>
  </body>
</html>
```

Listing 8.5 Definition von Tabellenüberschriften, die sich auf Tabellenspalten beziehen

Für den Fall, dass der Aufbau einer Tabelle jedoch die Definition von Tabellenüberschriften verlangt, die sich auf die entsprechenden Tabellenzeilen beziehen (etwa wie bei dem in Abbildung 8.5 gezeigten Stundenplan), verwenden Sie für das scope-Attribut der entsprechenden Tabellenüberschriften den Wert »row«.

Stundenplan

	Montag	Dienstag	Mittwoch	Donnerstag	Freitag
07:55 - 08:40	Englisch	Musik	Deutsch	Mathe	Sport
08:45 - 09:30	Englisch	Deutsch	Deutsch	Mathe	Sport
09:30 - 09:50	Pause	Pause	Pause	Pause	Pause
09:50 - 10:35	Religion	Politik	Kunst	Geschichte	Biologie
10:40 - 11:25	Mathe	Religion	Kunst	Geschichte	Biologie
11:25 - 11:40	Pause	Pause	Pause	Pause	Pause
11.40 - 12:25	Deutsch	Englisch	Politik	Biologie	Chemie
12:30 - 13:15	Musik	Mathe	Mathe	Chemie	Physik

Abbildung 8.5 Tabelle mit vertikalen und horizontalen Tabellenüberschriften

Listing 8.6 zeigt den entsprechenden Quelltext hierfür. Sie sehen, dass hier sowohl horizontale Überschriften zum Einsatz kommen (für die Definition der Uhrzeiten) als auch vertikale Überschriften (für die Definition der Wochentage).

```
<!DOCTYPE html>
<html lang="de">
<head>
  <title>Stundenplan</title>
  <link rel="stylesheet" href="styles.css">
  <meta charset="utf-8">
</head>
<body>
  <table>
    <caption>Stundenplan</caption>
    <tr>
      <td></td>
      <th scope="col">Montag</th>
      <th scope="col">Dienstag</th>
```

```
      <th scope="col">Mittwoch</th>
      <th scope="col">Donnerstag</th>
      <th scope="col">Freitag</th>
    </tr>
    <tr>
      <th scope="row">07:55 - 08:40</th>
      <td>Englisch</td>
      <td>Musik</td>
      <td>Deutsch</td>
      <td>Mathe</td>
      <td>Sport</td>
    </tr>
    <tr>
      <th scope="row">08:45 - 09:30</th>
      <td>Englisch</td>
      <td>Deutsch</td>
      <td>Deutsch</td>
      <td>Mathe</td>
      <td>Sport</td>
    </tr>
    <tr>
      <th scope="row">09:30 - 09:50</th>
      <td>Pause</td>
      <td>Pause</td>
      <td>Pause</td>
      <td>Pause</td>
      <td>Pause</td>
    </tr>
    ...
  </table>
</body>
</html>
```

Listing 8.6 Definition von Tabellenüberschriften, die sich auf Tabellenspalten beziehen

Hinweis

Da sich bei horizontalen Tabellenüberschriften die <th>-Elemente innerhalb verschiedener <tr>-Elemente befinden, lassen sie sich nicht über ein <thead>-Element »gruppieren«. In diesem Fall ist es also in Ordnung, das <thead>-Element wegzulassen (das ist übrigens genau die Ausnahme, von der ich weiter oben gesprochen hatte).

Weiterführende Informationen

Weitere Informationen bezüglich des barrierefreien Aufbaus von Tabellen finden Sie wieder auf der Website der »Web Accessibility Initiative« des W3C, konkret unter *https://www.w3.org/WAI/tutorials/tables/*. Beispielsweise finden Sie dort auch Informationen dazu, was bei geschachtelten Tabellenüberschriften zu beachten ist.

8.2.5 Bilder barrierefrei machen

Um Bilder barrierefrei zu machen, gibt es verschiedene Techniken, je nachdem, um welche Art von Bild es sich handelt.

Informative Bilder

Für Bilder, die Informationen grafisch darstellen, beispielsweise Fotos oder Illustrationen, sollten Sie über das `alt`-Attribut eine Textalternative bereitstellen, die mindestens eine kurze Beschreibung der wesentlichen Informationen des Bildes enthält.

```
<img src="cat.jpg" alt="Eine Katze, die einem Spieltier nachjagt.">
```

Listing 8.7 Definition von alternativem Text für ein Bild

Dekorative Bilder

Für Bilder, die lediglich zur Dekoration eingebunden sind, aber keine wesentlichen Informationen für das Verständnis der Webseite enthalten, sollten Sie das `alt`-Attribut explizit auf einen leeren Wert setzen (`alt=""`). Damit wissen Screenreader, dass es sich nicht um Bilder handelt, die für das Verständnis der Webseite notwendig sind, und können diese Bilder ignorieren.

```
<img src="background.jpg" alt="">
```

Listing 8.8 Explizites Leerlassen des alternativen Textes für ein dekoratives Bild

Funktionelle Bilder

Für Bilder, die als Link oder als Schaltfläche verwendet werden, sollten Sie die Funktionalität des Links bzw. der Schaltfläche beschreiben und nicht den Inhalt des verwendeten Bildes.

Beispiele für solche Bilder sind ein Druckersymbol zur Darstellung der Druckfunktion oder auch eine Schaltfläche zum Senden eines Formulars. Ein in diesem Kontext wenig sinnvoller alternativer Text für ein Druckersymbol wäre »Ein Drucker, aus dem Papier herauskommt«. Stattdessen sollten Sie eine Beschreibung wie folgende verwenden: »Inhalt der Webseite drucken«.

```
<input
  type="image"
  alt="Inhalt der Webseite drucken"
  src="printer.png"
>
```

Listing 8.9 Definition von alternativem Text für ein Bild, das als Schaltfläche verwendet wird

Textbilder

In der Regel sollten Sie es vermeiden, Text als Bild darzustellen. In Ausnahmefällen (beispielsweise bei Logos oder dazugehörigen Schriftzügen) sollten Sie über das `alt`-Attribut des Bildes denselben Text verwenden, der im Bild dargestellt wird.


```
<img src="logo.jpg" alt="Logo des Rheinwerk Verlags">
```

Listing 8.10 Definition von alternativem Text für ein Bild, das selbst Text enthält (hier: ein Logo)

Komplexe Bilder

Bei komplexen Bildern wie beispielsweise Grafiken oder Diagrammen sollten Sie die dargestellten Daten alternativ als Textalternative bereitstellen. Wenn Sie beispielsweise ein Bild mit einer Landkarte verwenden, das für jedes Land Kennzahlen wie beispielsweise die Anzahl der Bevölkerung enthält, macht es Sinn, alternativ dazu die gleichen Daten in Form einer Tabelle zur Verfügung zu stellen.

8.2.6 Links barrierefrei machen

Links stellen einen wichtigen Anhaltspunkt für die Orientierung beispielsweise blinder Nutzer innerhalb einer Website dar. Aus diesem Grund sollten Sie bei der Definition von Links einige Regeln beachten, um dieser Nutzergruppe die Orientierung zu erleichtern.

Assistive Technologien wie Screenreader stellen die Informationen einer Webseite nicht wie ein Browser dar. So ist es beispielsweise üblich, dass Screenreader dem Nutzer alle auf einer Webseite enthaltenen Links als flache Liste präsentieren. Wenn Sie das im Hinterkopf behalten, sollten Sie sich relativ einfach folgende – logische – Regeln für die Definition von Links merken können.

Zum einen sollten Sie den Linktext möglichst aussagekräftig gestalten. Vermeiden Sie Texte wie »Link« oder »hier«, weil solche Links ohne Kontext völlig unbrauchbar sind (Listing 8.11).

```
<p>
  JavaScript macht einfach Spaß.
  <a href="javascript.html">Klicken Sie hier</a>, um mehr herauszufinden.
</p>
```

Listing 8.11 Beispiel für einen nicht aussagekräftigen Linktext

Verwenden Sie bei Bedarf das `title`-Attribut, um den Alternativtext des Links zu definieren (Listing 8.12).

```
<p>
  JavaScript macht einfach Spaß.
  <a href="javascript.html" title="Einführung in die Programmiersprache
JavaScript">Klicken Sie hier</a>, um mehr herauszufinden.
</p>
```

Listing 8.12 Beispiel für einen aussagekräftigen Linktext, der über das »title«-Attribut ergänzt wird

Achten Sie außerdem darauf, dass der Linktext innerhalb einer Webseite eindeutig ist (damit er nämlich auch in der flachen Liste des Screenreaders eindeutig und leicht von den anderen Links zu unterscheiden ist).

Zudem sollten Sie nicht die Ziel-URL des jeweiligen Links als Linktext verwenden, weil das Vorlesen der URL durch einen Screenreader für den (blinden) Nutzer in der Regel nicht zielführend und hilfreich ist, sondern eher nervig.

8.2.7 Accessible Rich Internet Applications (ARIA)

Für viele UI-Komponenten gibt es in HTML keine entsprechenden standardisierten HTML-Elemente. Einige Beispiele hierfür sind Registerkarten, Baumstrukturen, Diagramme, Börsenticker oder Dialoge. Stattdessen muss man solche Komponenten entweder selbst implementieren oder aber auf eine der zahlreichen UI-Bibliotheken zurückgreifen. In jedem Fall aber kommen intern bei der Implementierung solch komplexer UI-Komponenten generische HTML-Elemente wie das `<div>`-Element zum Einsatz, die dann per JavaScript bzw. über die DOM-API dynamisch manipuliert und per CSS gestylt werden.

Das Problem dabei: Standardmäßig haben die auf diese Weise implementierten UI-Komponenten keine vordefinierte Semantik. Assistive Technologien und damit die jeweiligen Nutzer können dann beispielsweise nicht erkennen, ob es sich bei einem `<div>`-Element um einen Dialog handelt oder um einen Knoten in einem Baum.

Genau diese Problematik adressiert die ARIA-Spezifikation (*Accessible Rich Internet Applications, https://www.w3.org/TR/html-aria/*). Diese Spezifikation definiert verschiedene HTML-Attribute, mit deren Hilfe die fehlende Semantik hinzugefügt werden kann. Konkret kann über ARIA Folgendes definiert werden:

- **Rollen**: Über sogenannte *Rollen* können Sie definieren, um welchen Typ es sich bei der dargestellten UI-Komponente (bzw. dem zugrunde liegenden HTML-Element) handelt. Das entsprechende HTML-Attribut heißt `role` und erlaubt zum Beispiel Werte wie `"treeitem"`, `"slider"` und `"progressbar"`.
- **States und Properties**: Über *States* und *Properties* wiederum können Sie Zustand und Eigenschaften für UI-Komponenten definieren, beispielsweise ob ein Knoten in einem Baum »ausgeklappt« oder »zugeklappt« ist, ob eine Registerkarte inaktiv ist oder in den Hintergrund gerückt oder welchen Fortschritt ein Fortschrittsbalken anzeigen soll. Hierzu stehen verschiedene HTML-Attribute zur Verfügung.

Listing 8.13 beispielsweise zeigt exemplarisch, wie man mithilfe von ARIA eine Baumstruktur auszeichnen könnte. Als Grundlage für die hierarchische Struktur bietet sich zunächst die Verwendung von geschachtelten Listen an. Mit diesen ist es zumindest möglich, die hierarchische Struktur des Baums widerzuspiegeln. Die entsprechenden HTML-Elemente (`<ul>` und `<li>`) enthalten aber selbst keine semantischen Informationen darüber, dass es sich bei dem Code um eine Baumstruktur handeln soll.

Diese semantischen Informationen werden über die Definition von ARIA-Rollen sowie States und Properties hinzugefügt. Über das `role`-Attribut definieren Sie dabei die Rolle: Der Wert `tree` definiert die Wurzel des Baums, der Wert `treeitem` jeweils einen Knoten in diesem Baum und der Wert `group` wiederum eine Gruppe von Knoten.

Über das Attribut `aria-expanded` (das neben vielen anderen Attributen in der ARIA-Spezifikation definiert ist) können Sie zudem definieren, ob der jeweilige Knoten zugeklappt oder eingeklappt ist (mit anderen Worten: den State definieren). Über das Attribut `aria-labelledby` können Sie zudem ein HTML-Element referenzieren, das als Label bzw. Beschriftung für die UI-Komponente (in diesem Fall die Baumstruktur) verwendet werden soll.

```
<!DOCTYPE html>
<html lang="de">

<head>
  <title>Dateiexplorer</title>
  <meta charset="utf-8">
</head>

<body>
  <h3 id="tree_label">
    Dateiexplorer
```

```
</h3>
<ul role="tree" aria-labelledby="tree_label">
  <li role="treeitem" aria-expanded="false">
    <span>
      Meine Dateien
    </span>
    <ul role="group">
      <li role="treeitem">
        datei1.pdf
      </li>
      <li role="treeitem">
        datei2.pdf
      </li>
      <li role="treeitem" aria-expanded="false">
        <span>
          Dokumente
        </span>
        <ul role="group">
          <li role="treeitem">
            datei1.docx
          </li>
          <li role="treeitem">
            datei2.docx
          </li>
          <li role="treeitem">
            datei3.docx
          </li>
        </ul>
      </li>
      <li role="treeitem" aria-expanded="false">
        <span>
          Bilder
        </span>
        <ul role="group">
          <li role="treeitem">
            cat.jpg
          </li>
          <li role="treeitem">
            dog.jpg
          </li>
          <li role="treeitem">
            bird.jpg
          </li>
```

```
          </ul>
        </li>
      </ul>
    </li>
  </ul>
</body>

</html>
```

Listing 8.13 Definition von Tabellenüberschriften, die sich auf Tabellenspalten beziehen

8.2.8 Sonstiges

Neben den oben vorgestellten Techniken für den barrierefreien Aufbau von Webseiten gibt es natürlich noch zahlreiche weitere. Eine Auswahl finden Sie in folgender Auflistung (für eine vollständige Übersicht empfiehlt sich ein vertiefender Blick in die WCAG-Techniken).

Lineares Layout verwenden

Achten Sie darauf, dass der Inhalt der Webseite »linear« ist. Was ist damit gemeint? Wenn Sie die entsprechende Webseite im Browser ohne CSS betrachten, sollte der Inhalt von oben nach unten gelesen Sinn machen. Zur Erinnerung: Nicht alle assistiven Technologien interpretieren CSS. Daher sollten Sie es vermeiden, die Reihenfolge des Inhalts von CSS abhängig zu machen.

Sprache für die Webseite definieren

Grundsätzlich sollten Sie über das lang-Attribut für eine Webseite definieren, welche Sprache verwendet wird. Das Attribut können Sie dabei sowohl direkt am <html>-Element verwenden, um die Sprache für die gesamte Webseite zu definieren, als auch an einzelnen HTML-Elementen, um die Sprache für den Text unterhalb dieses Elements zu definieren (Listing 8.14).

```
<!DOCTYPE html>
<html lang="de">

<head>
  <title>Beispielseite</title>
  <meta charset="utf-8">
</head>

<body>
  Dies ist eine deutsche Webseite.
```

```
  <p lang="en">But this paragraph here is written in English.</p>
</body>

</html>
```

Listing 8.14 Definition der verwendeten Sprache für die Webseite und für ein einzelnes HTML-Element

> **Hinweis**
> Die explizite Angabe der Sprache hilft beispielsweise Screenreadern dabei, direkt eine passende Betonung bei der Sprachausgabe auszuwählen.

Tastatursupport anbieten

Eine Webseite sollte grundsätzlich vollständig mit der Tastatur bedienbar bzw. navigierbar sein. Nutzer, die für die Navigation einer Webseite keine Maus, sondern nur eine Tastatur verwenden, nutzen häufig die Tabulatortaste, um von einem UI-Element zum nächsten zu navigieren bzw. das nächste UI-Element zu fokussieren. Die **Reihenfolge**, in der die Elemente fokussiert werden sollen, können Sie über das `tabindex`-Attribut beeinflussen. Zudem können Sie dem Nutzer mithilfe des Attributs `accesskey` **Tastaturkürzel** für wichtige Funktionalitäten einer Webseite wie beispielsweise für Formularelemente oder Links anbieten (Listing 8.15).

```
<!DOCTYPE html>
<html lang="de">

<head>
  <title>Tastaturkürzel</title>
  <meta charset="utf-8">
</head>

<body>
  <a
    href="https://www.rheinwerk-verlag.de/"
    accesskey="r"
    tabindex="1"
  >
    Hier geht es zur Website des Rheinwerk Verlags
  </a>

  <form action="/api/process-form" method="post">
    <label
```

```
      for="name"
      tabindex="2"
    >
      Name
    </label>
    <input
      type="text"
      id="name"
      accesskey="n"
      tabindex="3"
    >
    <input
      type="submit"
      id="submitform"
      accesskey="s"
      tabindex="4"
      value="Abschicken"
    >
  </form>
</body>

</html>
```

Listing 8.15 Definition von Tastaturkürzeln und Tabulatorreihenfolge für Links und Formularelemente

Untertitel verwenden

Wenn Sie in eine Webseite Videos einbinden, sollten Sie Untertitel unterstützen. Hierzu können Sie dem <video>-Element ein <track>-Element als Kindelement zuweisen. Möchten Sie dabei die Untertitel sogar direkt in mehreren Sprachen unterstützen, können Sie auch mehrere <track>-Elemente verwenden und die jeweilige Sprache über das Attribut srclang definieren (Listing 8.16).

```
<!DOCTYPE html>
<html lang="de">

<head>
  <title>Untertitel</title>
  <meta charset="utf-8">
</head>

<body>
  <video controls>
```

```
    <source src="/videos/example.webm" type="video/webm" />
    <source src="/videos/example.mp4" type="video/mp4" />
    <track
      src="/videos/subtitles-en.vtt"
      label="English captions"
      kind="captions" srclang="en"
      default
    >
    <track
      src="subtitles-de.vtt"
      label="Deutsche Untertitel"
      kind="captions"
      srclang="de"
    >
    <p>Dieser Browser unterstützt keine Videos.</p>
  </video>
</body>

</html>
```

Listing 8.16 Definition von alternativen Untertiteln für Videos

8.3 Testen von Barrierefreiheit

Für das vollständige Testen der Barrierefreiheit einer Website oder auch einzelner Webseiten sind immer drei Arten von Tests notwendig. Nur so können Sie vollständig sicherstellen, dass alle Aspekte der Barrierefreiheit beachtet und korrekt umgesetzt wurden.

8.3.1 Arten von Tests

Prinzipiell unterscheidet man zwischen drei verschiedenen Arten von Tests. *Automatisierte Tests* helfen Ihnen dabei, relativ schnell eine Übersicht über Fehler oder Warnungen zu bekommen. Wenn Sie beispielsweise eine Website überprüfen müssen, die aus mehreren Hundert Webseiten besteht, ist dieser Umfang nur durch automatisierte Tests zu bewältigen. Außerdem können solche Tests auch automatisch beim Build-Step ausgeführt werden und somit zumindest eine Grundabsicherung bezüglich der Barrierefreiheit darstellen.

Neben Aspekten, die automatisiert getestet werden können, gibt es allerdings auch solche, die sich nicht automatisiert überprüfen lassen. Daher kommt man nicht um *manuelle Tests* (sogenannte *Expertentests*) herum, in denen Accessibility-Experten genau diese Aspekte überprüfen. Klassisches Beispiel für ein Kriterium, das sich nicht automatisiert prüfen lässt, sind Alternativtexte für Bilder: Während automatisierte Tests sicherlich dabei helfen können zu überprüfen, ob es überhaupt Alternativtexte gibt (das heißt, ob für `<img>`-Elemente beispielsweise das `alt`-Attribut verwendet wurde), kann die Aussagekraft und die Richtigkeit dieser Alternativtexte in Bezug auf das jeweilige Bild nur durch manuelle Tests überprüft werden.

Neben automatisierten und manuellen Tests (Expertentests) gehört zur vollständigen Überprüfung der Barrierefreiheit das Testen im Rahmen von *Nutzertests*, sprich durch Endnutzer mit Behinderungen. Nur auf diese Weise findet man heraus, ob eine Website für die entsprechende Zielgruppe wirklich zugänglich und verständlich ist.

8.3.2 Tools für das Testen

In diesem Unterkapitel möchte ich Ihnen abschließend ein paar Tools vorstellen, über die Sie verschiedene Aspekte der Barrierefreiheit überprüfen können.

Accessibility-Tools in Browsern

Die Entwickler-Tools der verschiedenen Browser, die ich Ihnen bereits in Kapitel 4, »Webseiten interaktiv machen mit JavaScript«, vorgestellt habe, ermöglichen es, genau die Informationen von einer Webseite auszulesen, die auch von Screenreadern und anderen assistiven Technologien ausgelesen werden können. Auf diese Weise können Sie prüfen, ob diese Informationen sinnvoll und vor allem aussagekräftig sind.

In Chrome öffnen Sie dazu zunächst die Chrome Developer Tools über ANZEIGEN • ENTWICKLER • ENTWICKLERTOOLS (unter macOS) und selektieren anschließend die Registerkarte ELEMENTS, wodurch der DOM-Baum für die Webseite geöffnet wird (bei der Mehrsprachigkeit von Chrome war man anscheinend nicht ganz konsequent ☺).

Neben dem DOM-Baum finden Sie weitere Registerkarten. Wählen Sie hier, wie in Abbildung 8.6 zu sehen, die Registerkarte ACCESSIBILITY aus. Wenn Sie nun im DOM-Baum ein HTML-Element auswählen, aktualisiert sich der Bereich innerhalb der Registerkarte ACCESSIBILITY TREE, der die hierarchische Einordnung des jeweiligen Elements so anzeigt, wie assistive Technologien das Element »sehen«.

Die gleiche Funktionalität wird auch von den Entwicklertools in Microsoft Edge bereitgestellt. Um die Tools zu öffnen, wählen Sie ENTWICKLERTOOLS • EXTRAS ENTWICKLER • ENTWICKLUNGSTOOLS... (unter macOS) und selektieren anschließend die Registerkarte ELEMENTS. Anschließend stehen die Informationen über die hier geschachtelte Registerkarte ACCESSIBILITY bereit (Abbildung 8.7).

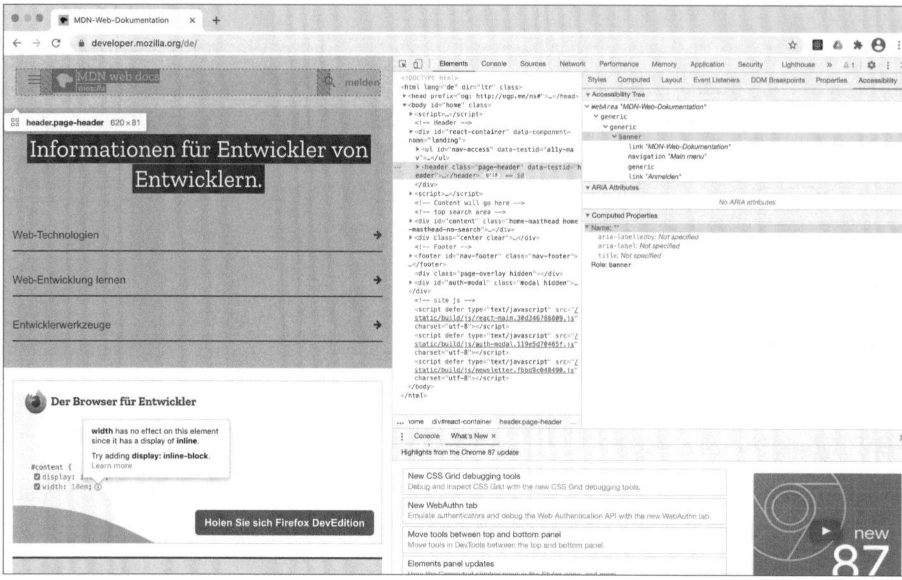

Abbildung 8.6 Die Chrome Developer Tools stellen für Elemente einer Webseite Informationen bezüglich der Barrierefreiheit zur Verfügung.

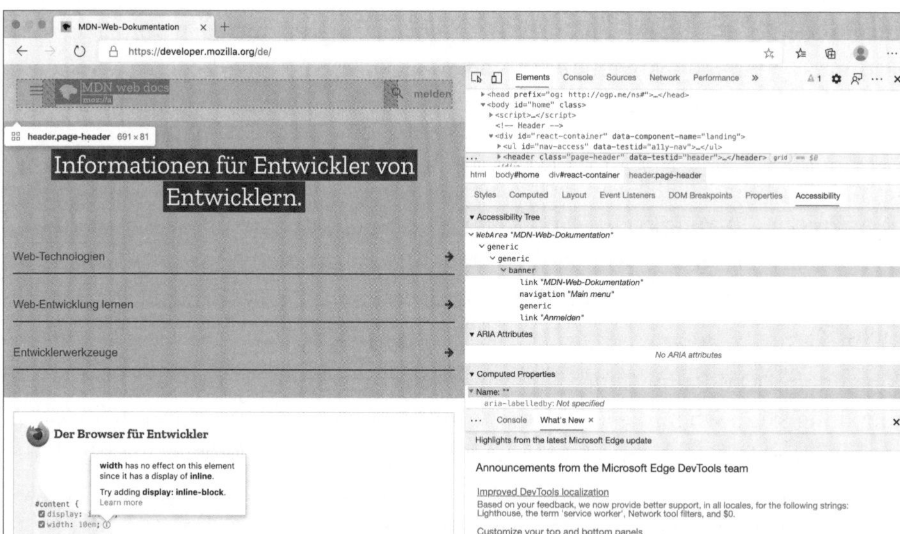

Abbildung 8.7 Die Entwicklungstools von Microsoft Edge ähneln denen von Chrome sehr stark. Auch hier stehen Informationen bezüglich der Barrierefreiheit zur Verfügung.

Auch Firefox stellt eine ähnliche Funktionalität bereit. Um die entsprechenden Tools zu öffnen, wählen Sie EXTRAS • WEB-ENTWICKLER • BARRIEREFREIHEIT (Abbildung 8.8).

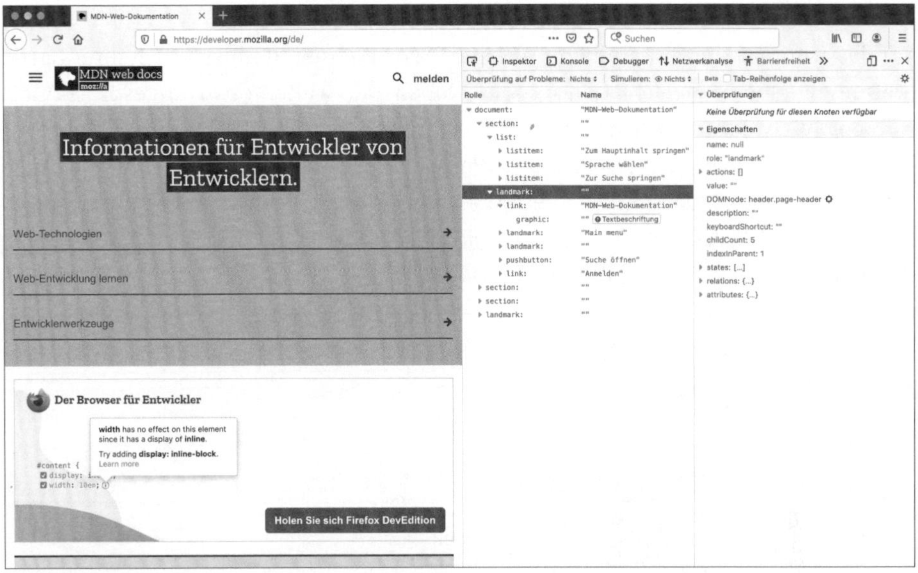

Abbildung 8.8 Auch Firefox stellt Informationen bezüglich der Barrierefreiheit bereit.

Ein besonderes Feature der Accessibility Tools von Firefox ist wie in Abbildung 8.9 gezeigt das Simulieren der Farbsehschwächen *Protanopie* (kein Rot sehen), *Deuteranopie* (kein Grün sehen), *Tritanopie* (kein Blau sehen) und *Achromatopsie* (keine Farben sehen). Darüber hinaus lässt sich die Webseite mit verringertem Kontrast simulieren.

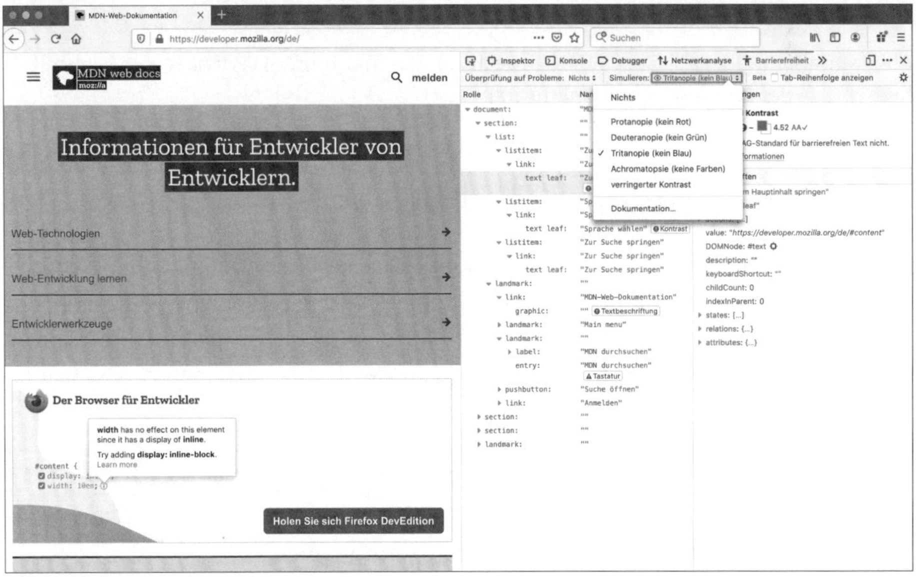

Abbildung 8.9 Firefox kann verschiedene Farbsehschwächen simulieren.

Automatisierte Test-Tools

Für das automatisierte Testen von Websites bzw. Webseiten hinsichtlich ihrer Barrierefreiheit gibt es verschiedene Tools. Neben der weiter oben angesprochenen imergo® Web Compliance Suite, die allerdings kostenpflichtig ist, gibt es weitere Tools wie beispielsweise WAVE, das »Web Accessibility Evaluation Tool« (*https://wave.webaim.org/*), das unter anderem als Plugin für Chrome zur Verfügung steht (Abbildung 8.10), totally (*https://khan.github.io/tota11y/*) und Lighthouse (*https://developers.google.com/web/tools/lighthouse*).

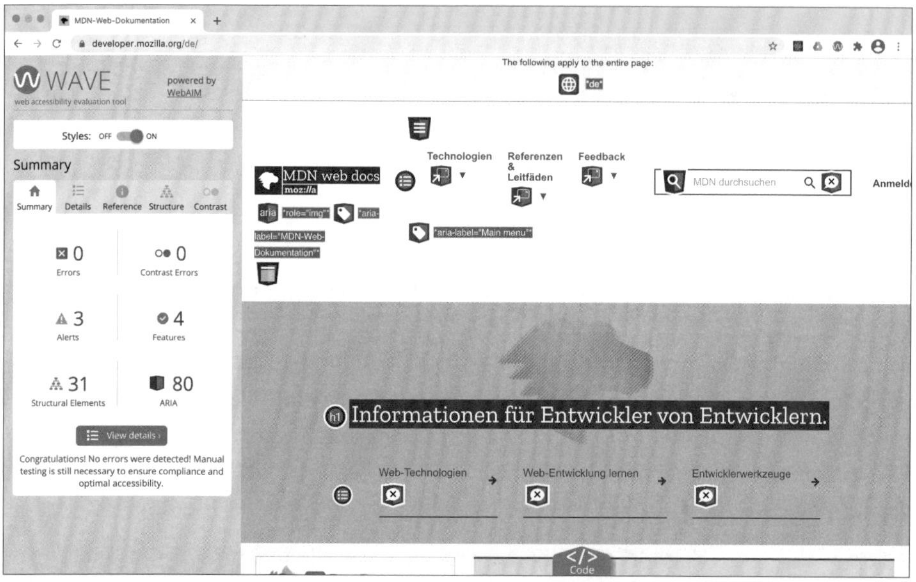

Abbildung 8.10 Über das Tool WAVE (hier als Plugin für Chrome) lässt sich eine Webseite hinsichtlich der Barrierefreiheit überprüfen.

8.4 Zusammenfassung und Ausblick

In diesem Kapitel haben Sie die wichtigsten Informationen bezüglich der Barrierefreiheit von Webseiten kennengelernt. Sie kennen jetzt verschiedene Techniken, um Webseiten barrierefrei zu gestalten, kennen die dahinter stehenden Richtlinien und sind damit gut gerüstet, Webseiten für verschiedene Nutzergruppen zugänglich zu machen.

8.4.1 Die wichtigsten Punkte

Folgende Punkte sollten Sie aus diesem Kapitel mitnehmen:

- Barrierefreiheit von Webseiten/Websites (*Web Accessibility*) bedeutet, dass der Inhalt von Webseiten/Websites für alle Nutzer zugänglich und verständlich ist, insbesondere auch für Menschen mit Behinderungen.
- Die *Web Content Accessibility Guidelines* (*WCAG*) definieren Richtlinien, die eine Website erfüllen muss, um barrierefrei zu sein.
- Die WCAG sind hierarchisch aufgebaut und in vier Ebenen eingeteilt: Auf oberster Ebene befinden sich die *Prinzipien*, auf der zweiten Ebene die *Richtlinien*, auf dritter Ebene die *Erfolgskriterien* und auf unterster Ebene die *Techniken*.
- Einige der Techniken haben Sie in diesem Kapitel kennengelernt, beispielsweise zur Umsetzung barrierefreier Formulare, Tabellen, Bilder und Links.
- Wo es möglich ist, sollten Sie semantische HTML-Elemente verwenden, beispielsweise für die Definition von Kopfbereich, Fußbereich, Navigation etc.
- Wo es nicht möglich ist bzw. es für eine bestimmte UI-Komponente kein Standard-HTML-Element gibt, sollten Sie die Semantik mithilfe von *ARIA* (*Accessible Rich Internet Applications*) definieren.
- Für das vollständige Testen der Barrierefreiheit sind drei verschiedene Arten von Tests notwendig:
  - *Automatisierte Tests* helfen dabei, große Mengen von Webseiten zu überprüfen.
  - *Manuelle Tests* (*Expertentests*) sind notwendig, um Aspekte zu testen, die durch automatisierte Tests nicht überprüft werden können (beispielsweise die Aussagekraft und Richtigkeit eines alternativen Texts für Bilder).
  - *Nutzertests* durch reale Nutzer helfen dabei sicherzustellen, dass eine vorher durch automatisierte und manuelle Tests überprüfte (und eventuell korrigierte) Webseite auch wirklich für die jeweilige Zielgruppe verständlich und zugänglich ist.

8.4.2 Weiterführende Literatur

Wenn Sie sich eingehender mit der Barrierefreiheit von Webseiten beschäftigen möchten (was Sie tun sollten!), kommen Sie um das Studium weiterer Bücher und/oder Websites nicht herum. Als weiterführende Quellen möchte ich Ihnen daher folgende empfehlen:

- Das Buch »Practical Web Inclusion and Accessibility« (2019) von Ashley Firth ist insofern empfehlenswert, als es Barrierefreiheit ausgehend von den Zielgruppen erklärt. Die meisten Kapitel des Buches sind jeweils einer Zielgruppe gewidmet, und es wird sehr schön aufgezeigt, mit welchen Techniken man welche Zielgruppe unterstützt. Dadurch wird das Ganze »lebendiger«, praxisnäher und vor allem leichter verdaulich als die teilweise sehr komplex formulierten WCAG.

- Wenn Sie nach einem deutschsprachigen Buch zum Thema suchen, empfehle ich Ihnen das Buch »Barrierefreiheit verstehen und umsetzen: Webstandards für ein zugängliches und nutzbares Internet« von Jan Eric Hellbusch und Kerstin Probiesch. Da das Buch bereits 2011 erschienen ist, behandelt es allerdings noch nicht die aktuelle Version, sondern »nur« WCAG 2.0. Dennoch finden Sie hier einen umfangreichen Ratgeber (mit mehr als 800 Seiten!).
- Die WCAG in Version 2.1 finden Sie unter *https://www.w3.org/TR/WCAG21*, die konkreten Techniken dagegen unter *https://www.w3.org/WAI/WCAG21/Techniques*. Ebenfalls hilfreich zum besseren Verständnis der WCAG ist das Dokument »Understanding WCAG 2.1«, das Sie unter *https://www.w3.org/WAI/WCAG21/Understanding* finden.

8.4.3 Ausblick

Im nächsten Kapitel werde ich Ihnen sogenannte CSS-Präprozessoren vorstellen, mithilfe derer Sie CSS viel effizienter und schneller entwickeln können.

Kapitel 9
CSS vereinfachen mit CSS-Präprozessoren

Die Arbeit mit CSS kann relativ schnell sehr unübersichtlich werden und ist – wenn man mal ehrlich ist – nicht selten mit Schweißperlen der Verzweiflung verbunden. In den Werkzeugkasten von professionellen Webentwicklern gehören daher Tools, die die Arbeit mit CSS vereinfachen.

In diesem Kapitel stelle ich Ihnen eine Kategorie von Tools vor, die Ihnen dabei helfen, kompakteres und übersichtlicheres CSS zu schreiben. Thematisch habe ich das Ganze dem Bereich des Frontends zugeordnet, auch wenn die Art von Tools, um die es in diesem Kapitel geht, nicht direkt im Frontend ausgeführt werden, sondern im Rahmen des Entwicklungsprozesses verwendet werden.

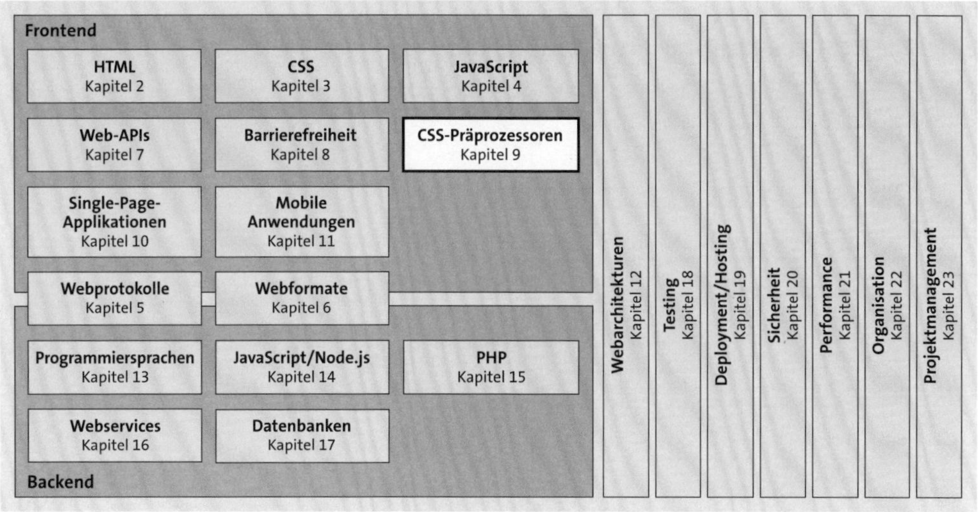

Abbildung 9.1 Einordnung der fortgeschrittenen Themen rund um CSS

9.1 Einführung

Übersichtlichen CSS-Code zu erstellen, ist in der Praxis wie gesagt oft schwieriger als gedacht. Kaum ein Webentwickler, der nicht schon an zu komplexen Stylesheets verzweifelt ist und mehrere Stunden damit verbracht hat, durch zahlreiche CSS-Regeln durchzusteigen, die sich im Laufe von Webprojekten gerne ansammeln. Doch in der Community haben sich verschiedene Tools etabliert, die hierbei helfen und die Generierung von CSS-Code erleichtern. Die Rede ist von sogenannten *CSS-Präprozessoren*.

9.1.1 Die Funktionsweise von CSS-Präprozessoren

Grundsätzlich handelt es sich bei *Präprozessoren* (bzw. englisch *Pre-Processors*) um Programme, die Eingabedaten verarbeiten und ein bestimmtes Ausgabeformat erzeugen. Im Fall von *CSS-Präprozessoren* (bzw. englisch *CSS Pre-Processors*) handelt es sich konkret um Programme, die *CSS-Präprozessorsprachen* verarbeiten und daraus CSS-Code generieren (Abbildung 9.2). Die Generierung geschieht dabei in der Regel nicht zur Laufzeit, sondern während des Build-Prozesses, also in dem Moment, wo ein Webprojekt »gebaut« bzw. der endgültige Code generiert wird, der von der entsprechenden Webapplikation verwendet wird. Oder anders gesagt: Der generierte CSS-Code wird wie gewohnt in den entsprechenden HTML-Dateien eingebunden. Mit den Eingabedaten (sprich dem Format der jeweiligen CSS-Präprozessorsprache) sind die HTML-Dateien also nicht direkt verknüpft.

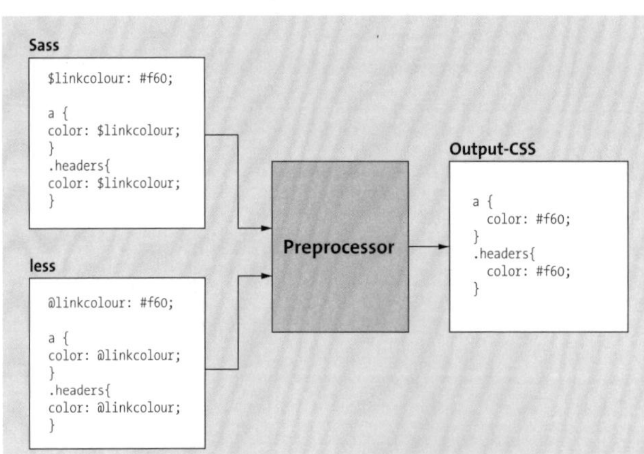

Abbildung 9.2 Funktionsweise von CSS-Präprozessoren

9.1.2 Features von CSS-Präprozessoren

CSS-Präprozessorsprachen stellen Features zur Verfügung, über die die Sprache CSS selbst nicht verfügt (oder nicht immer verfügt hat): So lassen sich beispielsweise

Variablen verwenden, eine Reihe von Funktionen, diverse Operatoren und andere Konstrukte wie Schleifen und Verzweigungen, die man so nur aus Programmiersprachen kennt (zur Erinnerung: CSS ist keine Programmiersprache!). Auch die Verschachtelung von CSS-Regeln ist in Präprozessorsprachen möglich, wodurch der Code im Allgemeinen sehr viel übersichtlicher und platzsparender wird.

Zusammenfassend sind die wichtigsten Features, die CSS-Präprozessorsprachen zur Verfügung stellen, folgende (im nächsten Abschnitt schauen wir uns diese Features anhand konkreter Beispiele genauer an):

- **Variablen**: CSS-Präprozessorsprachen erlauben es, innerhalb des »CSS«-Codes Variablen zu verwenden. Auf diese Weise können Sie Werte, die Sie an verschiedenen Stellen innerhalb des CSS-Codes verwenden wollen, einmal zentral in einer Variablen definieren und statt des Wertes die Variable referenzieren. Ändert sich im Laufe eines Projekts der Wert (beispielsweise die Primärfarbe für ein Layout), müssen Sie diesen nur an einer Stelle, nämlich bei der Definition der Variablen, anpassen.
- **Operatoren**: CSS-Präprozessorsprachen stellen verschiedene Operatoren zur Verfügung, beispielsweise Vergleichsoperatoren, mathematische Operatoren und konditionale Operatoren. Mithilfe dieser Operatoren können beispielsweise CSS-Werte dynamisch berechnet werden.
- **Verzweigungen**: Ein weiteres Feature sind Verzweigungen (also `if-else`-Konstrukte), mithilfe derer Sie abhängig von bestimmten Bedingungen entweder den einen oder anderen CSS-Code generieren können.
- **Schleifen**: Für wiederkehrende Aufgaben stellen CSS-Präprozessorsprachen Schleifen zur Verfügung, wie Sie sie aus Programmiersprachen kennen. Mithilfe dieser Schleifen ist es beispielsweise sehr einfach, ähnlich lautende CSS-Regeln oder CSS-Deklarationen zu generieren.
- **Funktionen**: Funktionen – das klassische Konstrukt für wiederverwendbaren Code – ermöglichen es, den Code für die Generierung von CSS in wiederverwendbare Codebausteine zu strukturieren. CSS-Präprozessorsprachen stellen diesbezüglich zum einen von Haus aus eine Reihe von Funktionen bereit, die sich innerhalb des »CSS«-Codes verwenden lassen, und ermöglichen es zum anderen, eigene Funktionen zu definieren.
- **Verschachtelung**: Ein Feature, welches man bei der Arbeit mit CSS besonders vermisst, ist die Verschachtelung von CSS-Regeln. Die Syntax und Semantik von CSS lädt durch die geschweiften Klammern und das Konzept der Vererbung von Selektoren mehr oder weniger schon dazu ein, CSS-Regeln schachteln zu können, ermöglicht es aber laut CSS-Standard leider nicht. CSS-Präprozessorsprachen dagegen rüsten diese Möglichkeit dankenswerterweise nach, was enorm zu der Übersichtlichkeit von CSS-Regeln beiträgt.

- **Vererbung**: Ähnlich wie Sie es von der objektorientierten Programmierung her kennen, stellen CSS-Präprozessorsprachen das Konzept der Vererbung zur Verfügung. Hierüber ist es möglich, dass einzelne CSS-Regeln von anderen CSS-Regeln erben, was wiederum zu weniger redundantem und übersichtlicherem CSS-Code führt.

Im folgenden Abschnitt 9.1.3 werde ich Ihnen zunächst – relativ knapp gehalten – einige CSS-Präprozessoren vorstellen, dann aber in den nachfolgenden Unterkapiteln die oben genannten Features konkret an einem dieser CSS-Präprozessoren vorstellen.

Hinweis

Der offizielle CSS-Standard wird kontinuierlich um zusätzliche Spezifikationen erweitert. Dabei scheint es, als haben sich die entsprechenden W3C-Arbeitsgruppen in den vergangenen Jahren die ein oder andere Inspiration von CSS-Präprozessorsprachen geholt. So werden beispielsweise durch die sogenannte »CSS Custom Properties«-Spezifikation (*https://www.w3.org/TR/css-variables-1/*) Variablen nativ in CSS unterstützt, und auch verschiedene Funktionen stellt CSS mittlerweile zur Verfügung. Nichtsdestotrotz bleiben CSS-Präprozessorsprachen ein relevantes Werkzeug, welches Sie als Webentwickler kennen sollten und welche wohl auch in nächster Zukunft den offiziellen CSS-Standards immer einen kleinen Schritt voraus sein werden.

9.1.3 Sass, Less und Stylus

Grundsätzlich gibt es verschiedene CSS-Präprozessoren, wobei sich vor allem Sass (»Syntactically Awesome Style Sheets«, *https://sass-lang.com*), Less (»Leaner Style Sheets«, *https://lesscss.org*) und Stylus (*https://stylus-lang.com*) durchgesetzt haben. Alle drei dieser CSS-Präprozessoren sind sich bezüglich der Features sehr ähnlich, sodass die Entscheidung für oder gegen die Verwendung vor allem eine Geschmackssache ist oder davon abhängt, ob es bereits in einem bestehenden Projekt verwendet wird oder nicht. Im Folgenden möchte ich daher im Detail nur auf meinen persönlichen Favoriten Sass eingehen. Dabei geht es mir vor allem darum, Ihnen die Konzepte bzw. Features von CSS-Präprozessorsprachen vorzustellen, und nicht darum, Ihnen Sass gegenüber den anderen Tools besonders schmackhaft zu machen.

Postprozessoren

Analog zu Präprozessoren gibt es in der Software-Entwicklung auch das Konzept der *Postprozessoren* (*Post-Processors*). Auch für CSS gibt es verschiedene *CSS-Postprozessoren* (bzw. *CSS Post-Processors*), die CSS als Eingabeformat verwenden und ebenfalls CSS als Ausgabeformat erzeugen. Anwendungsfälle hierfür können beispielsweise die Minifizierung von CSS-Code sein, das Hinzufügen von Browser-Präfixen oder im

Allgemeinen das Aufräumen von CSS-Code. Eines der in diesem Zusammenhang am Häufigsten verwendeten Tools ist PostCSS (*https://postcss.org/*), auch wenn sich dieses Tool streng genommen nicht nur für das Post-Processing verwenden lässt, sondern auch für das Pre-Processing.

9.2 Sass verwenden

Um Sass verwenden zu können, benötigen Sie zunächst den Sass-Compiler, über den es möglich ist, Sass-Code in CSS-Code umzuwandeln bzw. zu kompilieren.

9

9.2.1 Sass installieren

Sass steht unter anderem als Package für Node.js (*https://nodejs.org/*) zur Verfügung, die serverseitige Laufzeitumgebung für JavaScript, auf die wir in Kapitel 14, »JavaScript auf der Serverseite verwenden«, noch näher eingehen. Node.js stellt einen eigenen Package-Manager zur Verfügung, den sogenannten Node.js Package Manager (kurz »npm«), welcher sich mittlerweile für viele Tools rund um die Webentwicklung als Standardweg für die Installation durchgesetzt hat. Im Folgenden möchte ich daher nur diese Installationsart beschreiben, auch wenn sich Sass prinzipiell über andere Package Manager installieren lässt.

Installation von Node.js

Um die folgenden Beispiele besser nachvollziehen zu können (und weil Sie es für das bessere Verständnis von Kapitel 14 ohnehin installieren sollten), empfehle ich Ihnen, sich bereits jetzt Node.js inklusive dem Package Manager auf Ihrem Rechner zu installieren. Anleitungen dazu finden Sie in Anhang C, »Tools und Befehlsreferenzen«.

Um Sass als Tool global auf Ihrem Rechner über »npm« zu installieren, geben Sie folgenden Befehl auf der Kommandozeile ein:

```
npm install -g sass
```

Anschließend steht Sass über den Befehl `sass` zur Verfügung, mithilfe dessen sich Dateien im Sass-Format in das CSS-Format umwandeln lassen.

9.2.2 Sass-Dateien nach CSS kompilieren

Um Dateien im Sass-Format nach CSS zu kompilieren, übergeben Sie dem `sass`-Befehl als ersten Parameter die Quelldatei (mit der Endung **.scss* – dazu gleich mehr) und als zweiten Parameter die zu generierende Datei:

```
sass styles.scss styles.css
```

Besonders praktisch: Über die zusätzliche Angabe des Parameters `--watch` lässt sich der Präprozessor im sogenannten *Watch-Modus* starten:

```
sass --watch styles.scss styles.css
```

Sass überwacht dann den Status der angegebenen Quelldatei und führt bei Änderungen daran direkt den Kompilierungsschritt aus. Hilfreich ist dies besonders während der Entwicklung: So müssen Sie sich dann nicht mehr manuell um die Kompilierung kümmern, sondern können sich ganz auf die Entwicklung des Sass- bzw. CSS-Codes konzentrieren. In Kombination mit weiteren Tools, die bei Änderungen am Quelltext die entsprechende Webanwendung direkt im Browser neu laden wie beispielsweise BrowserSync (*https://github.com/Browsersync/browser-sync*) oder livereload-js (*https://github.com/livereload/livereload-js*) lässt sich auf diese Weise ein relativ bequemer Entwicklungsprozess aufsetzen.

Ebenfalls praktisch: Verwenden Sie in Ihrem Webprojekt mehrere Sass- bzw. CSS-Dateien, lassen sich diese direkt für ein ganzes Verzeichnis überwachen und kompilieren. Dabei werden Quellverzeichnis und Zielverzeichnis durch einen Doppelpunkt getrennt:

```
sass --watch sources/styles:output/styles
```

Hinweis

Entwicklungsumgebungen wie Visual Studio Code (Abbildung 9.3) unterstützen übrigens Syntax-Highlighting für das Sass-Format meist schon standardmäßig von Haus aus oder lassen sich über entsprechende Plugins diesbezüglich erweitern.

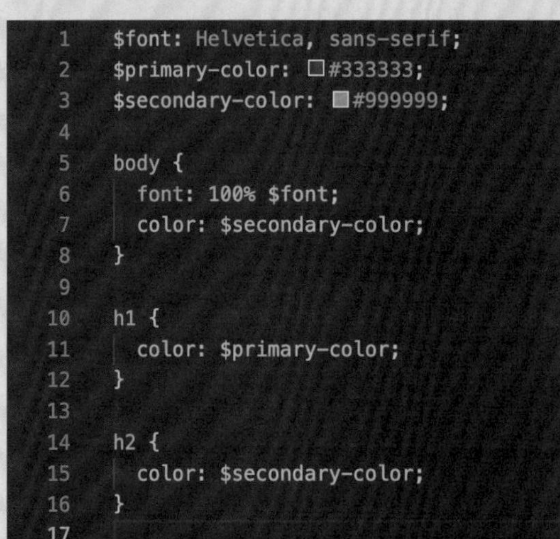

Abbildung 9.3 Visual Studio Code unterstützt die Syntax von Sass

Lassen Sie uns als Nächstes schauen, mit welchen Features Sass Ihnen als Webentwickler das Entwicklerleben leichter macht.

9.2.3 Variablen verwenden

Eines der Features, bei dem man sich zu Recht die Frage stellt, warum es nicht schon immer im Standard von CSS enthalten ist, sind Variablen. Erst mit den bereits erwähnten »CSS Custom Properties« wurde etwas Vergleichbares als Ergänzung zu dem CSS-Standard verabschiedet. CSS-Präprozessoren dagegen erlauben schon lange die Verwendung von Variablen. Der Vorteil ist klar: die erhöhte Wiederverwendbarkeit und Wartbarkeit des Codes. Statt einen konkreten Wert von CSS-Eigenschaften (beispielsweise die Schriftart oder Primärfarbe und Sekundärfarbe eines Layouts) an mehreren Stellen im CSS-Code angeben zu müssen, weisen Sie den entsprechenden Wert einmal einer Variablen zu und referenzieren diese dann in den jeweiligen CSS-Eigenschaften. Ändert sich im Laufe eines Projekts der Wert, müssen Sie diese nicht bei allen CSS-Eigenschaften ändern, die diesen Wert verwenden, sondern nur einmal zentral für die entsprechende Variable.

9

In Sass werden Variablen einfach durch ein vorangestelltes `$`-Zeichen definiert, gefolgt von Doppelpunkt und dem Wert der Variablen. Sass unterstützt dabei verschiedene Datentypen, die für die Werte von Variablen verwendet werden können: Zahlen, Booleans, Strings, Farbwerte, Listen, Maps und den besonderen Datentyp bzw. Wert »null«.

Listing 9.1 zeigt ein einfaches Beispiel: Hier werden zunächst die drei Variablen `$font`, `$primary-color` und `$secondary-color` definiert und mit entsprechenden Werten »befüllt« (Erstere mit einer Liste von Werten, Letztere beiden mit Farbwerten). Anschließend werden diese Variablen an mehreren Stellen in verschiedenen CSS-Regeln bzw. innerhalb verschiedener CSS-Deklarationen verwendet. Dazu geben Sie einfach den Namen der jeweiligen Variable an:

```
$font: Helvetica, sans-serif;
$primary-color: #333333;
$secondary-color: #999999;

body {
  font: 100% $font;
  color: $secondary-color;
}

h1 {
  color: $primary-color;
}
```

```
h2 {
  color: $secondary-color;
}
```

Listing 9.1 Eine Sass-Datei im *.scss-Format

Kompiliert man diesen Sass-Code mithilfe des Befehls von weiter oben, wird folgender CSS-Code generiert, die Variablen also durch die konkreten Werte ersetzt:

```
body {
  font: 100% Helvetica, sans-serif;
  color: #999999;
}

h1 {
  color: #333333;
}

h2 {
  color: #999999;
}

/*# sourceMappingURL=styles.css.map */
```

Listing 9.2 Die generierte CSS-Datei

Sourcemap-Dateien

Beim Kompilieren von Sass-Dateien wird standardmäßig neben der CSS-Datei noch eine weitere Datei mit der Endung *.css.map generiert. Dabei handelt es sich um eine sogenannte *Sourcemap-Datei*, in der Informationen darüber enthalten sind, welcher CSS-Code durch welchen Sass-Code generiert wurde. Die Sourcemap-Datei für das Beispiel von oben sieht etwa wie folgt aus:

```
{
  "version":3,
  "sourceRoot":"",
  "sources":["styles.scss"],
  "names":[],
  "mappings":"AAIA;EACE;EACA,OAJgB;;;AAOlB;EACE,OATc",
  "file":"styles.css"
}
```

Listing 9.3 Die generierte Sourcemap-Datei (zur besseren Lesbarkeit formatiert)

Entwicklertools wie die Chrome Developer Tools lesen – falls in der CSS-Datei wie oben in Listing 9.2 referenziert – den JSON-Inhalt dieser Sourcemap-Dateien ein und stellen eine Verbindung zwischen generiertem CSS-Code und ursprünglichem Sass-Code her. Ihnen als Entwickler erleichtert dies das Debugging ungemein, weil Sie so – wenn Sie beispielsweise wie in Abbildung 9.4 ein Element im DOM-Baum selektieren und die Registerkarte STYLES auswählen – direkt sehen können, welche CSS-Regeln für das selektierte Element angewendet werden bzw. wo diese innerhalb der Sass-Dateien definiert wurden.

Abbildung 9.4 Dank Sourcemaps können Sie in den Entwicklertools Ihres Browsers direkt erkennen, welche Regeln aus dem Sass-Code verwendet werden (unten rechts im Screenshot).

Klicken Sie dann auf die verlinkte Sass-Datei, gelangen Sie direkt an die entsprechende Zeile in der SOURCES-Ansicht (Abbildung 9.5).

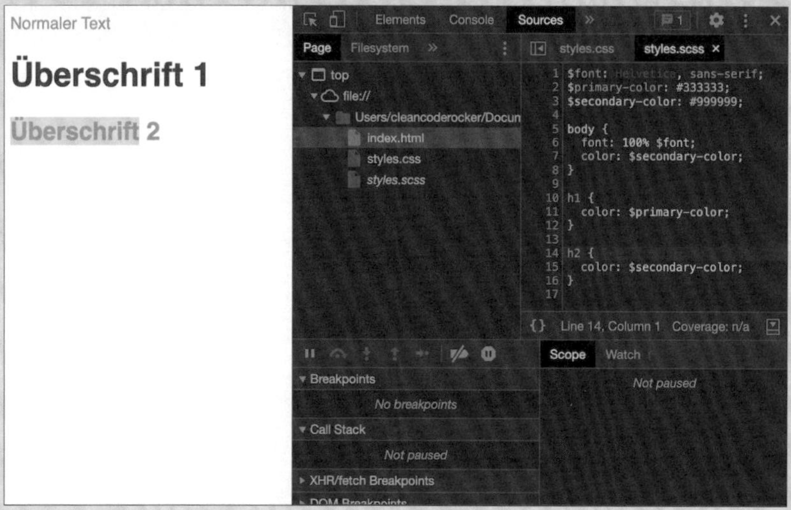

Abbildung 9.5 Sass-Quelltextdateien werden durch Sourcemaps direkt verlinkt.

***.sass vs *.scss**

Sass stellt zwei verschiedene Formate mit unterschiedlicher Syntax bereit, zwischen denen Sie wählen können. In Listing 9.1 haben Sie bereits das neuere der beiden, sprich das **.scss*-Format kennengelernt. Das (ältere) Format mit der Dateiendung **.sass* (welches weiterhin gültig ist) unterscheidet sich darin, dass es zum einen keine Semikolons und zum anderen statt geschweifter Klammern Einrückungen verwendet. Das Äquivalent zu Listing 9.1 im **.sass*-Format sieht wie folgt aus:

```
$font: Helvetica, sans-serif
$primary-color: #333333
$secondary-color: #999999

body
  font: 100% $font
  color: $secondary-color

h1
  color: $primary-color
```

Listing 9.4 Eine Sass-Datei im *.sass-Format

Variablen in CSS

Mit den »CSS Custom Properties« unterstützt CSS wie weiter oben erwähnt mittlerweile auch von Haus aus Variablen. Die Verwendung ist dabei allerdings nicht so eingängig wie mit Sass bzw. sieht einfach nicht so hübsch aus: Um Variablen zu definieren, müssen diese zunächst in dem sogenannten `:root`-Selektor definiert werden, wobei dem Variablennamen zwei Bindestriche voranzustellen sind (mir persönlich gefällt die Sass-Syntax da deutlich besser!). Um anschließend Werte aus den Variablen auszulesen, können Sie die Variablen nicht einfach wie bei Sass an die entsprechende Stelle schreiben, sondern müssen zusätzlich die Helferfunktion `var()` verwenden (auch da gefällt mir Sass besser).

```
:root {
  --font: "Helvetica, sans-serif";
  --primary-color: #333333;
  --secondary-color: #999999;
}

body {
  font: 100% var(--font);
  color: var(--secondary-color);
}
```

```
h1 {
  color: var(--primary-color);
}

h2 {
  color: var(--secondary-color);
}
```

Listing 9.5 Verwenden von Standard-CSS-Variablen

9.2.4 Operatoren verwenden

9

Sass bietet verschiedene Operatoren an: Dies sind arithmetische Operatoren für die Addition (+), die Subtraktion (-), die Multiplikation (*), die Division (/) und die Modulo-Operation (%), zwei Operatoren für die Überprüfung auf Gleichheit (==) und Ungleichheit (!=), die Vergleichsoperatoren >, >=, < und <= sowie die booleschen Operatoren für das logische Und (and), das logische Oder (or) und die Negation (not).

Listing 9.6 zeigt die Verwendung von Operatoren in Aktion. Die Breite für <article>- und <aside>-Elemente wird hier jeweils unter Verwendung von Divisions- und von Multiplikationsoperator berechnet. Dabei sehen Sie, dass Operatoren auch in Kombination mit Variablen verwendet werden können. Wichtig bei Verwendung des Divisionsoperators: Dieser kann nur innerhalb der Sass-Funktion calc() verwendet werden (auf Funktionen gehen wir separat in Abschnitt 9.2.7, »Funktionen verwenden«, ein).

```
$basewidth: 100%;

article {
  float: left;
  width: calc(600px / 960px) * $basewidth;
}

aside {
  float: right;
  width: calc(300px / 960px) * $basewidth;
}
```

Listing 9.6 Verwenden von Operatoren

Der generierte CSS-Code ist in Listing 9.7 zu sehen. Die Operatoren wurden entsprechend ausgewertet und das Ergebnis der jeweiligen Operation als Wert für die width-Eigenschaft eingesetzt:

```
article {
  float: left;
  width: 62.5%;
}

aside {
  float: right;
  width: 31.25%;
}

/*# sourceMappingURL=styles.css.map */
```

Listing 9.7 Das generierte CSS

9.2.5 Verzweigungen verwenden

Ähnlich wie Sie es auch von Programmiersprachen wie JavaScript kennen, erlaubt Sass es Ihnen, Verzweigungen zu definieren und darüber abhängig von booleschen Bedingungen entweder den einen oder den anderen CSS-Code zu generieren. Dazu stehen Ihnen die Schlüsselwörter `@if`, `@else` sowie `@else if` zur Verfügung.

Ein einfaches Beispiel dazu sehen Sie in Listing 9.8. Hier wird abhängig von dem Inhalt der Variablen `$light-theme` entweder der CSS-Code für ein helles Layout (sprich ein *Light Theme*) mit weißem Hintergrund und schwarzer Schrift oder für ein dunkles Layout (*Dark Theme*) mit schwarzem Hintergrund und weißer Schrift generiert.

```
$light-theme: true;
$light-background: #ffffff;
$light-text: #000000;
$dark-background: #000000;
$dark-text: #ffffff;

body {
  @if $light-theme {
    /* light theme */
    background-color: $light-background;
    color: $light-text;
  } @else {
    /* dark theme */
    background-color: $dark-background;
    color: $dark-text;
```

```
  }
}
```

Listing 9.8 Verwenden von Verzweigungen

Der CSS-Code, der durch obigen Sass-Code generiert wird, ist in Listing 9.9 gezeigt. Da die Bedingung für den `@if`-Zweig in Listing 9.8 `true` ergibt (weil die Variable `$light-theme` zuvor den Wert `true` zugewiesen bekommen hat), enthält das generierte CSS nur die CSS-Deklarationen, die im Sass-Code innerhalb dieses Zweigs definiert wurden, nicht aber die Deklarationen aus dem `@else`-Zweig:

```
body {
  /* light theme */
  background-color: #ffffff;
  color: #000000;
}

/*# sourceMappingURL=styles.css.map */
```

Listing 9.9 Das generierte CSS

9.2.6 Schleifen verwenden

Häufig ist es bei CSS so, dass sich einzelne Regeln zwar unterscheiden, aber vom grundsätzlichen Aufbau her sehr ähnlich sind. Für die vereinfachte Generierung von ähnlichem oder sich wiederholendem Code stellt Sass daher verschiedene Arten von Schleifen zur Verfügung.

Die @each-Schleife verwenden

Mithilfe der `@each`-Schleife haben Sie die Möglichkeit, über die Werte in Listen zu iterieren. Diese Schleifenart eignet sich besonders dann, wenn Sie für verschiedene Werte innerhalb einer Liste ähnlichen CSS-Code generieren möchten.

In Listing 9.10 beispielsweise wird mithilfe einer `@each`-Schleife über die drei Werte in der Liste `$icons` iteriert. In jeder Schleifeniteration wird der jeweilige Wert dann über die Angabe von `$icon in` der Variablen `$icon` zugewiesen. Um dann innerhalb der Schleife auf den jeweiligen Wert zuzugreifen, gibt man einfach den Namen dieser Variablen umgeben von geschweiften Klammern und mit vorangestelltem `#`-Zeichen an. Auf diese Weise wird der Wert der Variablen zum einen für den zu generierenden Klassennamen verwendet als auch als Bestandteil für den Wert der Eigenschaft `background-image`.

```
$icons: error, warning, info;

@each $icon in $icons {
  .icon-#{$icon} {
    background-image: url('/icons/#{$icon}.png');
  }
}
```

Listing 9.10 Verwenden der @each-Schleife

Den CSS-Code, der auf diese Weise durch die @each-Schleife generiert wird, sehen Sie in Listing 9.11:

```
.icon-error {
  background-image: url("/icons/error.png");
}

.icon-warning {
  background-image: url("/icons/warning.png");
}

.icon-info {
  background-image: url("/icons/info.png");
}

/*# sourceMappingURL=styles.css.map */
```

Listing 9.11 Der durch die @each-Schleife generierte CSS-Code

Die @for-Schleife verwenden

Mithilfe der @for-Schleife können Sie CSS-Code x-Mal generieren, beginnend von einem Anfangszählerwert hin zu einem Zielwert. Ersteren definiert man über das Schlüsselwort from. Bei Letzterem hat man die Wahl zwischen zwei Schlüsselwörtern mit unterschiedlicher Auswirkung: to sorgt dafür, dass die Schleife so lange ausgeführt wird, wie die Zählervariable kleiner ist als der über to angegebene Wert. Das Schlüsselwort through dagegen sorgt dafür, dass die Schleife so lange ausgeführt wird, bis die Zählervariable dem über through angegebenen Wert entspricht. Beispiele für beide Varianten finden Sie in Listing 9.12:

```
@for $i from 1 to 6 {
  .column-i-#{$i} {
    width: calc(100% / $i);
  }
```

```
}

@for $j from 1 through 6 {
  .column-j-#{$j} {
    width: calc(100% / $j);
  }
}
```

Listing 9.12 Verwenden der @for-Schleife

Listing 9.13 zeigt den generierten CSS-Code. Sie sehen: Die erste Schleife (in der das Schlüsselwort `to` verwendet wird) generiert insgesamt fünf CSS-Regeln (`.column-i-1` bis `.column-i-5`), die zweite Schleife (Schlüsselwort `through`) insgesamt 6 CSS-Regeln (`.column-j-1` bis `.column-j-6`).


```
.column-i-1 {
  width: 100%;
}

.column-i-2 {
  width: 50%;
}

.column-i-3 {
  width: 33.3333333333%;
}

.column-i-4 {
  width: 25%;
}

.column-i-5 {
  width: 20%;
}

.column-j-1 {
  width: 100%;
}

.column-j-2 {
  width: 50%;
}
```

```
.column-j-3 {
  width: 33.3333333333%;
}

.column-j-4 {
  width: 25%;
}

.column-j-5 {
  width: 20%;
}

.column-j-6 {
  width: 16.6666666667%;
}
/*# sourceMappingURL=styles.css.map */
```

Listing 9.13 Der durch die @for-Schleife generierte CSS-Code

Die @while-Schleife verwenden

Mithilfe der `@while`-Schleife können Sie CSS-Code so lange generieren, wie eine Bedingung wahr ist. Die Bedingung wird dabei einfach hinter das Schlüsselwort `@while` geschrieben. In Listing 9.14 beispielsweise wird der Schleifeninhalt so lange generiert, bis die `$counter`-Variable den Wert 5 erreicht hat und damit die Bedingung `$counter < 5` zu `false` evaluiert. Wichtig dabei wie auch bei der »normalen« Programmierung: Vergessen Sie nicht, innerhalb der Schleife dafür zu sorgen, dass die Bedingung irgendwann zu `false` evaluiert und das Ganze nicht in einer Endlosschleife resultiert.

```
$counter: 0;

@while $counter < 5 {
  .width-#{$counter} {
    width: (10 * $counter) + px;
  }

  $counter: $counter + 1;
}
```

Listing 9.14 Verwenden der @while-Schleife

Der durch die Schleife generierte Code sieht wie folgt aus:

```
.width-0 {
  width: 0px;
```

```
}

.width-1 {
  width: 10px;
}

.width-2 {
  width: 20px;
}

.width-3 {
  width: 30px;
}

.width-4 {
  width: 40px;
}

/*# sourceMappingURL=styles.css.map */
```

Listing 9.15 Der durch die @while-Schleife generierte CSS-Code

9.2.7 Funktionen verwenden

Sass stellt verschiedene Funktionen zur Verfügung, die Ihnen die Arbeit mit CSS erheblich vereinfachen. Lange Zeit waren diese Funktionen global zugänglich. Seit der Einführung des sogenannten *Sass-Modulsystems* wird aber vonseiten der Sass-Entwickler dazu geraten, die Funktionen über die entsprechenden *Module* zu laden, da es für die Zukunft nicht sichergestellt ist, dass alle diese Funktionen global bleiben.

Die von Sass zur Verfügung gestellten Funktionen lassen sich grundsätzlich in folgende Kategorien einteilen:

- **Farbfunktionen** (Modul »sass:color«): Diese Funktionen vereinfachen die Arbeit mit Farbwerten. So lassen sich beispielsweise Farben mischen, die Sättigung, die Helligkeit und die Transparenz einer Farbe oder die einzelnen Komponenten einer Farbe (Rot, Grün und Blau) ermitteln und vieles weitere mehr.
- **Stringfunktionen** (Modul »sass:string«): Mithilfe dieser Funktionen wird Ihnen die Arbeit mit Zeichenketten bzw. Strings erleichtert. So können Sie beispielsweise die Länge von Strings ermitteln, Substrings bilden oder die Zeichen eines Strings in Groß- oder Kleinschreibung umwandeln.
- **Mathematische Funktionen** (Modul »sass:math«): Mit diesen Funktionen können Sie verschiedene mathematische Operationen durchführen, beispielsweise

das Maximum oder Minimum von mehreren Zahlen ermitteln, Zufallszahlen generieren, Zahlenwerte runden und vieles mehr.

- **Listenfunktionen** (Modul »sass:list«): Diese Funktionen erleichtern die Arbeit mit Listen. So lassen sich beispielsweise Werte aus Listen auslesen, Werte zu Listen hinzufügen oder die Anzahl der Listeneinträge ermitteln.
- **Map-Funktionen** (Modul »sass:map«): Die Funktionen im Modul »sass:map« erleichtern Ihnen die Arbeit mit Maps. So lassen sich unter anderem die Werte für Schlüssel festlegen, Werte löschen oder auslesen sowie mehrere Maps zusammenfügen.
- **Selektorfunktionen** (Modul »sass:selector«): Diese Art von Funktionen ermöglicht es Ihnen, CSS-Selektoren zu verarbeiten.

Um die Funktionen aus den entsprechenden Modulen zu verwenden, importieren Sie das jeweilige Modul zunächst über das Schlüsselwort `@use`, gefolgt von dem Namen des Moduls (beispielsweise `@use "sass:color";`). Um dann eine Funktion aus einem auf diese Weise importierten Modul zu verwenden, geben Sie einfach den Namen des entsprechenden Moduls an (ohne das Präfix `sass:`), gefolgt von einem Punkt und dem Namen der Funktion (beispielsweise `color.mix(#00ff00, #ff00ff);`). Einige Beispiele hierzu zeigt Listing 9.16:

```
// Importieren der benötigten Sass-Module
@use "sass:color";
@use "sass:math";
@use "sass:string";

// Verwendung einer Funktion aus dem "sass:color"-Modul
$color1: #ffff00;
$color2: #0000ff;

h1 {
  background-color: color.mix($color1, $color2);
}

// Verwendung einer Funktion aus dem "sass:math"-Modul
$width1: 200px;
$width2: 500px;

.someClass {
  width: math.max($width1, $width2);
}

// Verwendung einer Funktion aus dem "sass:string"-Modul
```

```
$fontFamily: Verdana;

body {
  font-family: string.to-lower-case($fontFamily);
}
```

Listing 9.16 Verwenden verschiedener eingebauter Sass-Funktionen

Kompiliert man den obigen Sass-Code, werden die Funktionen intern von dem Sass-Compiler aufgerufen und die jeweiligen Rückgabewerte in den generierten CSS-Code eingesetzt:

```
h1 {
  background-color: gray;
}

.someClass {
  width: 500px;
}

body {
  font-family: verdana;
}

/*# sourceMappingURL=styles.css.map */
```

Listing 9.17 Der generierte CSS-Code

9.2.8 Eigene Funktionen implementieren

Neben den eingebauten Funktionen erlaubt es Sass – ähnlich wie Sie es bereits aus Programmiersprachen wie JavaScript kennen –, auch selbst Funktionen zu definieren, die Sie anschließend innerhalb des Sass-Codes aufrufen können. Eine Funktionsdefinition leiten Sie hierbei über das Schlüsselwort `@function` ein, gefolgt vom Namen der Funktion, der Parameterliste (in Klammern) sowie des Funktionskörpers (in geschweiften Klammern).

In Listing 9.18 beispielsweise wird die Funktion `sum()` definiert, die eine Liste dynamischer Länge erwartet (zu erkennen an den drei Punkten, die dem Parameternamen `$numbers` folgen) und die Summe für die in dieser Liste enthaltenen Zahlen bildet (ganz nebenbei ist dies ein nettes Beispiel für die Verwendung der `@each`-Schleife, die Sie bereits aus den vorigen Abschnitten kennen). Im Folgenden kann die Funktion `sum()` innerhalb von CSS-Regeln mit verschiedenen Parameterkombinationen aufgerufen werden.

```
@function sum($numbers...) {
  $sum: 0;
  @each $number in $numbers {
    $sum: $sum + $number;
  }
  @return $sum;
}

.width-180px {
  width: sum(50px, 30px, 100px);
}

.width-200px {
  width: sum(50px, 50px, 50px, 50px);
}

.width-300px {
  width: sum(100px, 100px, 100px);
}
```

Listing 9.18 Definition und Verwendung einer Funktion

Der generierte CSS-Code hat folgenden Aufbau:

```
.width-180px {
  width: 180px;
}

.width-200px {
  width: 200px;
}

.width-300px {
  width: 300px;
}

/*# sourceMappingURL=styles.css.map */
```

Listing 9.19 Der generierte CSS-Code

Übrigens, und das als kleiner Denkanstoß (um nicht zu sagen als Übungsaufgabe): Der obige Sass-Code aus Listing 9.18 lässt sich noch weiter optimieren bzw. noch kompakter schreiben. Erkennen Sie die Stelle, an der man Code sparen könnte? Richtig! Die Selektoren der drei CSS-Regeln sehen doch schon recht ähnlich aus. Warum nicht also das Ganze in eine weitere Schleife packen?

Hinweis

Bevor Sie sich die Lösung anschauen, die jetzt direkt im Anschluss folgt, können Sie natürlich auch eine kleine »Pause« machen und diesen Anwendungsfall versuchen erst selbst zu lösen. Schauen Sie sich dazu ruhig noch mal die vorigen Abschnitte an. Kleiner Tipp: Sie benötigen Variablen, eine Schleife, mit der man über Listen iterieren kann, und am besten eine geschachtelte Liste. Gut, geschachtelte Listen hatten wir noch nicht besprochen, deswegen gebe ich Ihnen diesen Teil vor:

```
$value-list: (
  (50px, 30px, 100px),
  (50px, 50px, 50px, 50px),
  (100px, 100px, 100px)
);
```

Listing 9.20 Definition von geschachtelten Listen

Noch ein kleiner Tipp: Je komplexer der Sass-Code, den Sie implementieren, desto häufiger ist es hilfreich, sich hin und wieder etwas mehr Informationen zu dem Programmablauf auszugeben, beispielsweise welchen Wert eine Variable aktuell hat, in welcher Schleifeniteration man sich befindet usw. Hierbei hilft Ihnen die @debug()-Funktion. Ihr können Sie eine Nachricht übergeben, die dann beim Kompilierungsschritt auf der Kommandozeile ausgegeben wird. Diese Ausgabe beeinflusst nicht das Endergebnis (also die CSS-Datei, die generiert wird), kann für das Debuggen aber wirklich hilfreich sein:

```
$icons: error, warning, info;

/* @each-Schleife */
@each $icon in $icons {
  @debug(Die Variable $icon hat aktuell diesen Wert: $icon);
  .icon-#{$icon} {
    background-image: url('/icons/#{$icon}.png');
  }
}
```

Listing 9.21 Verwendung der @debug-Funktion, um Nachrichten auf die Konsole auszugeben

So, jetzt habe ich fast schon zu viel verraten. Probieren Sie ruhig mal selber, bevor Sie dann mit der Musterlösung weitermachen.

9

Die Lösung für den oben beschriebenen Anwendungsfall finden Sie im folgenden Listing 9.22. Zunächst speichern wir die Parameter, die wir jeweils der sum()-Funktion übergeben müssen, in einer Liste von Listen: Der erste Eintrag in dieser Liste enthält also die Liste der Parameter, die für die Generierung der ersten CSS-Regel benötigt wird, der zweite Eintrag die zweite Parameterliste und der dritte Eintrag die dritte Parameterliste. Anschließend verwenden wir die @each-Schleife, um über die »äußere Liste« zu iterieren. Innerhalb des Schleifenkörpers rufen wir dann jeweils die sum()-Funktion auf und übergeben dabei die jeweilige Parameterliste (also die jeweilige »innere Liste«), wobei die drei Punkte dafür sorgen, dass nicht die ganze Liste als einzelner Parameter übergeben wird, sondern die in der Liste enthaltenen Werte als jeweils einzelne Parameter. Den Rückgabewert der sum()-Funktion wiederum speichern wir in der Variable $sum und können diese wie gewohnt an mehreren Stellen im nachfolgenden Code verwenden. Konkret verwenden wir die Variable zum einen für den Klassennamen innerhalb des Selektors und zum anderen für den konkreten Wert der Eigenschaft width.

```
@function sum($numbers...) {
  $sum: 0;
  @each $number in $numbers {
    $sum: $sum + $number;
  }
  @return $sum;
}

$value-list: (
  (50px, 30px, 100px),
  (50px, 50px, 50px, 50px),
  (100px, 100px, 100px)
);

@each $values in $value-list {
  $sum: sum($values...);
  .width-#{$sum} {
    width: $sum;
  }
}
```

Listing 9.22 Definition und Verwendung einer Funktion

Der generierte CSS-Code hat dann exakt den gleichen Aufbau wie der Code in Listing 9.19:

```
.width-180px {
  width: 180px;
}

.width-200px {
  width: 200px;
}

.width-300px {
  width: 300px;
}

/*# sourceMappingURL=styles.css.map */
```

Listing 9.23 Der generierte CSS-Code ist wieder der gleiche wie zuvor

9.2.9 Regeln verschachteln

Bei den Features von Sass stellt man sich als Webentwickler tatsächlich regelmäßig die Frage, warum diese Features nicht schon standardmäßig Bestandteil des CSS-Standards sind. Eines der Features, welches meiner Meinung nach besonders zur Übersichtlichkeit beiträgt und im CSS-Standard wirklich fehlt, ist die Möglichkeit, CSS-Regeln verschachteln zu können.

Listing 9.24 zeigt dazu ein Beispiel in Sass. In diesem Beispiel werden verschiedene CSS-Regeln für die Selektoren `ul` (Listen), `ul li` (einzelne Listeneinträge) und `ul li li` (geschachtelte Listeneinträge) definiert, wobei die jeweiligen CSS-Regeln bequem geschachtelt werden. Auf diese Weise sparen Sie sich bei der Definition der CSS-Selektoren einiges an Schreibarbeit. Statt die oben genannten Selektoren für jede CSS-Regel explizit anzugeben, ergibt sich der jeweilige Selektor aus der Schachtelung.

```
$font: Helvetica, sans-serif;
$primary-color: #333333;
$secondary-color: #999999;

ul {
  font-family: $font;
  li {
    /* 1. Verschachtelung */
    background-color: $primary-color;
    line-height: 50px;
    li {
      /* 2. Verschachtelung */
      background-color:$secondary-color;
```

```
      line-height: 50px;
    }
  }
}
```

Listing 9.24 In Sass lassen sich CSS-Regeln übersichtlich schachteln.

Der CSS-Code, den Sass für Listing 9.24 generiert, sehen Sie in Listing 9.25. Basierend auf der Schachtelung wurden hier die Selektoren automatisch ermittelt und entsprechende CSS-Regeln für die unterschiedlichen Selektoren generiert:

```
ul {
  font-family: Helvetica, sans-serif;
}
ul li {
  /* 1. Verschachtelung */
  background-color: #333333;
  line-height: 50px;
}
ul li li {
  /* 2. Verschachtelung */
  background-color: #999999;
  line-height: 50px;
}

/*# sourceMappingURL=styles.css.map */
```

Listing 9.25 Der generierte CSS-Code: Da CSS keine Schachtelungen unterstützt, wurden hier mehrere Selektoren generiert.

9.2.10 Vererbung und Mixins verwenden

Variablen und Funktionen stellen Ihnen bereits eine einfache Möglichkeit zur Verfügung, Code innerhalb von CSS (bzw. Sass) wiederverwenden zu können. Darüber hinaus ist es möglich, Konzepte wie *Vererbung* und *Mixins* zu verwenden.

Über Vererbung können Sie definieren, dass einzelne CSS-Regeln von anderen CSS-Regeln erben. Dazu verwenden Sie wie in Listing 9.26 das Schlüsselwort `@extend`, gefolgt von dem Selektor der CSS-Regel, von der die jeweilige CSS-Regel erben soll.

Im folgenden Beispiel in Listing 9.26 erben die CSS-Regeln für die Selektoren `.button-special` und `.button-submit` die gesamten CSS-Deklarationen der CSS-Regel mit dem Selektor `.button-base`.

```
$font: Helvetica, sans-serif;
$primary-color: #333333;
$secondary-color: #999999;

.button-base {
  color: $primary-color;
  border: none;
  padding: 15px 30px;
  text-align: center;
  font-family: $font;
  font-size: 16px;
  cursor: pointer;
}

.button-special {
  @extend .button-base;
  background-color: $secondary-color;
}

.button-submit {
  @extend .button-base;
  border: thin solid $secondary-color;
}
```

Listing 9.26 Vererbung mit Sass

Kompiliert man den Sass-Code aus Listing 9.26, wird aufgrund der Vererbung eine CSS-Regel für die drei Selektoren `.button-base`, `.button-submit` und `.button-special` definiert.

```
.button-base, .button-submit, .button-special {
  color: #333333;
  border: none;
  padding: 15px 30px;
  text-align: center;
  font-family: Helvetica, sans-serif;
  font-size: 16px;
  cursor: pointer;
}

.button-special {
  background-color: #999999;
}
```

```
.button-submit {
  border: thin solid #999999;
}

/*# sourceMappingURL=styles.css.map */
```

Listing 9.27 Der generierte CSS-Code

Mixins sind eine andere Art der Wiederverwendung von Code und funktionieren in Sass ähnlich wie Vererbung. Sie unterscheiden sich allerdings hinsichtlich des generierten CSS-Codes.

Grundsätzlich definieren Sie ein Mixin durch Verwendung des Schlüsselwortes `@mixin` gefolgt von der entsprechenden CSS-Regel. Anschließend können Sie über das Schlüsselwort `@include` das Mixin unter Angabe des verwendeten Mixin-Namens einbinden. Listing 9.28 zeigt dazu ein Beispiel:

```
@mixin important-marker {
  color: red;
  font-size: 15px;
  font-weight: bold;
  border: 1px solid yellow;
}

.error {
  @include important-marker;
  background-color: blue;
}

.warning {
  @include important-marker;
  background-color: yellow;
}
```

Listing 9.28 Mixins mit Sass

Im Unterschied zur Vererbung über `@extend` werden bei Verwendung von Mixins die entprechenden Selektoren allerdings nicht zu einer einzelnen CSS-Regel kombiniert. Stattdessen wird der über `@include` eingebundene Mixin-Code direkt in die ensprechende CSS-Regel eingesetzt:

```
.error {
  color: red;
  font-size: 15px;
```

```
  font-weight: bold;
  border: 1px solid yellow;
  background-color: blue;
}

.warning {
  color: red;
  font-size: 15px;
  font-weight: bold;
  border: 1px solid yellow;
  background-color: yellow;
}

/*# sourceMappingURL=styles.css.map */
```

Listing 9.29 Der generierte CSS-Code

9.3 Zusammenfassung und Ausblick

In diesem Kapitel haben Sie gesehen, wie sich CSS-Präprozessoren verwenden lassen und welche zusätzlichen Features sie gegenüber dem Standard-CSS anbieten.

9.3.1 Die wichtigsten Punkte

Folgende Punkte sollten Sie aus diesem Kapitel mitnehmen:

- *CSS-Präprozessorsprachen* wie Sass, Less und Stylus sind Sprachen, die durch *CSS-Präprozessoren* in CSS umgewandelt werden. Diese stellen verschiedene Features zur Verfügung, die CSS von Haus aus selbst nicht anbietet (bzw. lange Zeit nicht angeboten hat), wie beispielsweise Variablen, Funktionen, Operatoren sowie die Verschachtelung von CSS-Regeln. Durch diese Features wird der CSS-Code zum einen übersichtlicher und zum anderen der Entwicklungsprozess von CSS erleichtert.
- Folgende Features haben Sie in diesem Kapitel anhand von Sass kennengelernt:
  - **Variablen**: Über Variablen können Sie Werte, die Sie an verschiedenen Stellen innerhalb des CSS-Codes verwenden wollen, einmal zentral definieren und statt des Wertes innerhalb von CSS-Regeln jeweils die Variable referenzieren.
  - **Operatoren**: Über verschiedene Operatoren wie beispielsweise Vergleichsoperatoren, mathematische Operatoren und konditionale Operatoren haben Sie die Möglichkeit, CSS-Werte dynamisch zu berechnen.

- **Verzweigungen**: Mithilfe von Verzweigungen können Sie abhängig von bestimmten Bedingungen unterschiedlichen CSS-Code generieren.
- **Schleifen**: Für wiederkehrende Aufgaben können Sie in CSS-Präprozessorsprachen wie Sass auf Schleifen zurückgreifen. Hierüber können Sie relativ einfach ähnlich lautende CSS-Regeln oder CSS-Deklarationen generieren.
- **Funktionen**: Mithilfe von Funktionen können Sie Code für die Generierung von CSS in wiederverwendbare Codebausteine strukturieren.
- **Verschachtelung**: CSS-Präprozessorsprachen wie Sass erlauben es, CSS-Regeln zu verschachteln.
- **Vererbung**: Über verschiedene Konstrukte ist es in CSS-Präprozessorsprachen relativ einfach möglich, dass CSS-Regeln von anderen CSS-Regeln erben.

9.3.2 Weiterführende Literatur

Wenn Sie sich näher mit CSS-Präprozessoren beschäftigen möchten, empfehle ich Ihnen an dieser Stelle ausnahmsweise einmal kein Buch (ich persönlich habe nämlich kein Buch zu diesem Thema gelesen und kann daher keine Empfehlungen aussprechen), sondern verweise stattdessen auf die jeweiligen Websites der entsprechenden Tools. Die Dokumentation von Sass beispielsweise finden Sie unter *https://sass-lang.com/documentation*.

9.3.3 Ausblick

Im nächsten Kapitel werden wir uns dem Thema »Single-Page-Applikationen« zuwenden. Dort lernen Sie, wie Sie mithilfe der JavaScript-Bibliothek React eine sogenannte Single-Page-Applikation umsetzen und wie dabei die Grundlagen von HTML, CSS und JavaScript zum Einsatz kommen.

Kapitel 10
Single-Page-Applikationen implementieren

In diesem Kapitel erklärt Sebastian Springer Ihnen, wie Sie mithilfe von React eine Single-Page-Applikation umsetzen können und wie dort die Grundlagen von HTML, CSS und JavaScript zum Einsatz kommen.

Als Fullstack-Entwickler kommen Sie früher oder später mit einem der großen Frontend-Frameworks in JavaScript in Berührung. In diesem Kapitel erfahren Sie, wie Sie mithilfe von React eine Single-Page-Applikation erstellen und die Informationen Ihrer Applikation verwalten können.

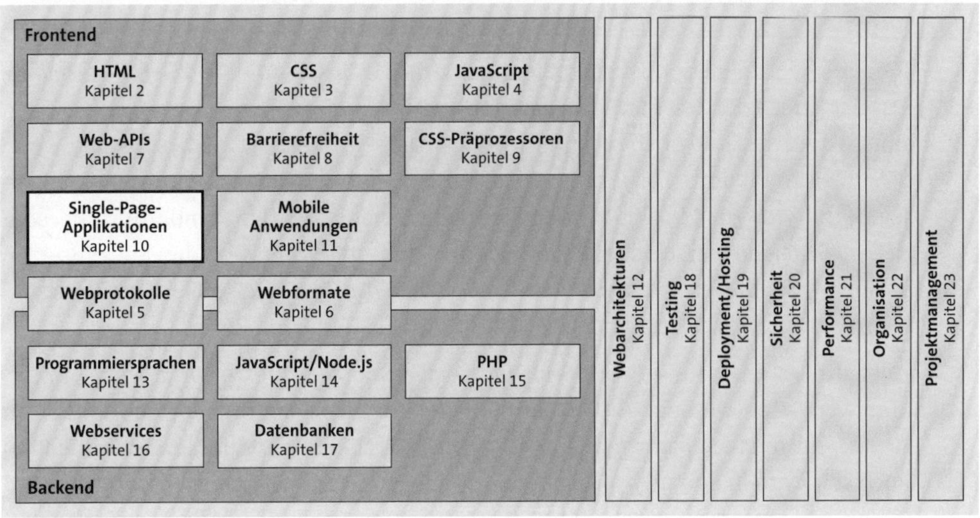

Abbildung 10.1 Single-Page-Applikationen sind Anwendungen, die aus einer einzelnen HTML-Seite bestehen, deren Inhalte dynamisch per JavaScript geändert werden.

10.1 Einführung

Mit der Kombination aus HTML, CSS und JavaScript können Sie Webapplikationen erstellen, die nativen Desktop- oder Mobile-Applikationen in nichts nachstehen. Eines der wichtigsten Merkmale ist an dieser Stelle die Tatsache, dass solche Applikationen nicht mit einzelnen HTML-Seiten umgesetzt werden, zwischen denen ein Benutzer über Hyperlinks hin und her navigiert, sondern als sogenannte *Single-Page-Applikationen* oder kurz *SPA* implementiert werden.

Single-Page-Applikationen

Bei einer Single-Page-Applikation handelt es sich um eine Anwendung, die im Browser ausgeführt wird und die aus HTML, CSS und JavaScript besteht. Grundsätzlich besteht eine SPA, wie der Name andeutet, aus nur einer HTML-Seite. Diese wird mithilfe der zugrunde liegenden Webtechnologien gesteuert, und dem Benutzer werden nur bestimmte Sichten präsentiert.

Die Datenhaltung erfolgt im Speicher des Browsers. Sobald die Seite manuell vom Benutzer neu geladen wird, wird dieser Speicher zurückgesetzt und muss von der Applikation neu aufgebaut werden, was einen entscheidenden Geschwindigkeitsnachteil mit sich bringt. So ist es das Ziel eines jeden Entwicklers, diese vollständigen Page Loads zu verhindern.

React unterstützt Sie bei der Implementierung einer solchen SPA und stellt Ihnen eine Reihe von Hilfsmitteln zur Verfügung. Was React selbst nicht leistet, können Sie über externe Bibliotheken einbinden.

Eine solche Applikation können Sie in reinem HTML, CSS und JavaScript umsetzen. Das hat jedoch den Nachteil, dass Sie eine ganze Reihe von Standardproblemen lösen und so quasi das Rad noch mal neu erfinden müssen. Besser ist an dieser Stelle, wenn Sie auf eine etablierte Lösung setzen, die Ihnen diese Aufgaben abnimmt. Wie in der JavaScript-Welt üblich, gibt es auch hier nicht die eine richtige Standardlösung, sondern zahlreiche verschiedene Frameworks und Bibliotheken, die Sie einsetzen können. Über die letzten Jahre haben sich jedoch drei große Lösungen herauskristallisiert und sich als Quasistandard etabliert: Angular, Vue und React.

Allen drei gemeinsam ist, dass es sich um Open-Source-Projekte handelt, die auf GitHub verwaltet werden. Außerdem folgen sie einem komponentenorientierten Ansatz, doch dazu später mehr. An dieser Stelle aber enden die Gemeinsamkeiten auch schon. Jede der angesprochenen Lösungen hat ihre Daseinsberechtigung und kann auf eine starke und sehr aktive Community zurückgreifen. Alle drei spielen ihre Stärke auf einem anderen Gebiet aus und verfügen über eine eigene Charakteristik:

- **Angular**: Struktur und Ordnung, diese beiden Begriffe beschreiben Angular meiner Meinung nach am besten im Vergleich zu den anderen Frameworks. Angular wurde von Google als Frontend-Framework entwickelt und bringt für die meisten Problemstellungen bereits eine Standardlösung mit. Das Framework setzt auf der Programmiersprache TypeScript (*https://www.typescriptlang.org*) auf und macht einige Vorgaben hinsichtlich des Aufbaus und der Struktur von Applikationen. Die Richtlinien des Frameworks geben klare Empfehlungen für den Aufbau der Verzeichnis- und Dateihierarchie. Außerdem ist ein Rahmen für die Implementierung der Bestandteile einer Applikation festgelegt, der auch beschreibt, wie die einzelnen Teile der Applikation miteinander interagieren und wo sie im Dateisystem platziert werden sollten.

- **Vue**: Ein großer Vorteil von Vue gegenüber Angular ist, dass die Einstiegshürde deutlich niedriger ist. Mit Vue können Sie schneller loslegen und auch schneller Ergebnisse erzielen. Das hat allerdings den Nachteil, dass etwas auf Strukturen verzichtet wird. Vue ist das einzige der drei großen Frameworks, hinter dem kein großes Unternehmen, sondern nur ein einzelner Hauptentwickler steht.
- **React**: Wenn Angular Struktur und Ordnung ist, ist React Freiheit und Chaos. Der Schwerpunkt von React ist im Gegensatz zu Angular nicht, eine Komplettlösung zu bieten, sondern sich stattdessen auf die Erstellung von User Interfaces zu konzentrieren. Genau genommen handelt es sich bei React also nicht um ein vollwertiges Framework, sondern um eine Bibliothek. Mit diesem Ansatz bietet React das Grundgerüst für eine Applikation, macht allerdings keinerlei Vorgaben, wenn es um die Struktur geht. Alle weiteren Elemente, die Sie für eine Applikation benötigen, müssen Sie als zusätzliche Bibliotheken oder Eigenimplementierung einbinden.

Geht es um die Umsetzung einer Single-Page-Applikation, schränkt Sie keine der drei Lösungen ein, sodass Sie sich frei für eine der drei entscheiden können. Als kleine Entscheidungshilfe können Sie einen Blick auf verschiedene Statistiken werfen. Die populärsten sind hier die Stars auf GitHub, die einen Hinweis auf die Größe der Community geben, aber auch die wöchentlichen Downloads des jeweiligen Pakets auf npm. Abbildung 10.2 zeigt einen Screenshot der Website *http://npmtrends.com* mit dem Verlauf der wöchentlichen npm-Downloads der drei Lösungen über die letzten zwei Jahre.

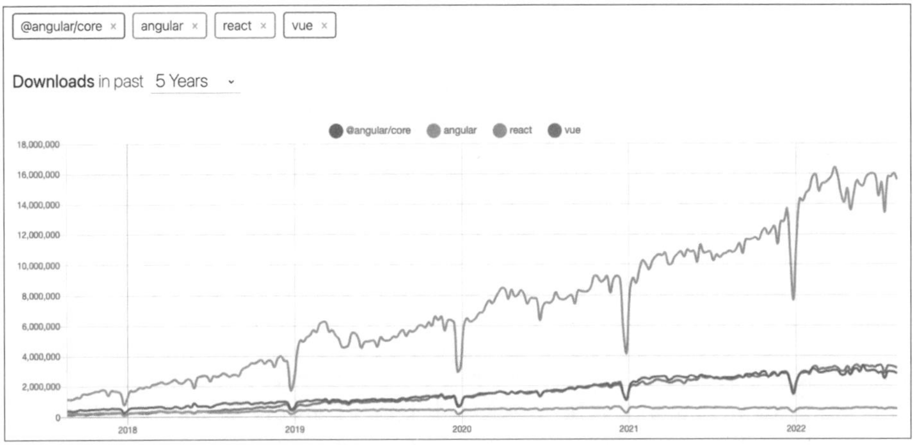

Abbildung 10.2 Downloadzahlen von Angular, React und Vue (https://www.npmtrends.com)

Wie Sie sehen können, liegen Angular und Vue relativ gleichauf, nur React wird deutlich häufiger heruntergeladen. Diese Statistik ist, wie so ziemlich jede Statistik über Open-Source-Projekte, mit Vorsicht zu genießen, da sie beispielsweise durch Bots leicht manipuliert werden kann und lokale npm-Repositorys nicht einbezieht.

Warum React?

In diesem Kapitel werfen wir einen Blick auf die Implementierung einer Applikation mit React. Da stellt sich natürlich die Frage: Warum React und nicht eines der anderen Frameworks? Die Frage ist einfach beantwortet: persönliche Vorliebe. Ich arbeite tagtäglich mit React und habe seine Flexibilität und den leichtgewichtigen Charakter der Bibliothek schätzen gelernt. Sie werden auf den folgenden Seiten sehen, dass die so gefürchtete Einstiegshürde von React in Wirklichkeit gar nicht so groß ist und Sie sehr schnell produktiv arbeiten können.

10.2 Setup

Eine React-Applikation besteht in der Regel aus einer Vielzahl kleiner Dateien, die gegenseitige Abhängigkeiten aufweisen, die Sie über das JavaScript-Modulsystem auflösen. Außerdem können Sie weitere Werkzeuge wie beispielsweise TypeScript oder CSS-Präprozessoren einsetzen. Der Buildprozess einer Applikation wird dadurch sehr schnell aufwendig und komplex. Aus diesem Grund gibt es mit dem Create-React-App-Projekt ein Kommandozeilenwerkzeug, das Ihnen das initiale Setup Ihrer Applikation erleichtert und alle erforderlichen Bibliotheken so miteinander kombiniert, dass Sie gleich mit der eigentlichen Arbeit an Ihrer Applikation starten können. Create React App wird, wie auch React selbst, von Facebook entwickelt und der Quellcode auf GitHub verwaltet. Create React App steht als npm-Paket zur Verfügung und kann entweder als globales Paket auf dem System installiert und verwendet werden, was allerdings mittlerweile nicht mehr empfohlen wird, oder Sie nutzen ein Feature Ihres Paketmanagers, das Ihnen die temporäre Verwendung eines solchen Pakets erlaubt. Je nachdem, ob Sie npm oder Yarn als Paketmanager nutzen, können Sie eine der folgenden Varianten nutzen:

- `npm create react-app <app-name>`
- `npx create-react-app <app-name>`
- `yarn create react-app <app-name>`

Mit dem Kommando `npm create react-app contact` erzeugen Sie also ein neues React-Projekt mit dem Namen *contact*. In diesem binden wir die REST-Schnittstelle aus Kapitel 16, »Webservices implementieren«, an, um eine einfache grafische Oberfläche zur Verwaltung von Kontakten zu implementieren.

Create React App akzeptiert zur Steuerung des Erstellungsprozesses einer neuen Applikation einige Optionen. Die wichtigsten sind:

- `--use-npm`: Standardmäßig nutzt Create React App Yarn als Paketmanager. Falls Sie das nicht wünschen, können Sie die Verwendung von npm mit dieser Option erzwingen.
- `--template <template>`: Create React App unterstützt den Einsatz von sogenannten Templates. Dabei handelt es sich um Vorlagen für den Aufbau und die Konfiguration einer React-Applikation. Ein sehr populäres Beispiel für ein solches Template ist das TypeScript-Template. Dieses bereitet Ihre Applikation für den Einsatz von TypeScript vor, sodass Sie React nicht mit JavaScript, sondern mit TypeScript entwickeln.

Weitere Informationen über die Verwendungsmöglichkeiten von Create React App finden Sie in der Dokumentation des Projekts unter *https://create-react-app.dev/docs/getting-started*.

Struktur der Applikation

Die von Create React App erzeugte Struktur ist in drei Teile unterteilt: das Basis-, das *public*- sowie das *src*-Verzeichnis. Die verschiedenen Sektionen erfüllen bei der Entwicklung unterschiedliche Zwecke:

- Im Wurzelverzeichnis finden Sie die wichtigsten Konfigurationsdateien Ihres Projekts. Hier liegen mit *package.json* und *package-lock.json* die Dateien, die npm zur Verwaltung des Projekts benötigt. Außerdem finden Sie hier die *.gitignore*-Datei, die bereits über einen Satz von Standardeinträgen von Dateien und Verzeichnissen verfügt, die nicht in die Versionskontrolle aufgenommen werden sollen. Die Datei *README.md* enthält die Dokumentation des Projekts. Hier können Sie alles festhalten, was für Entwickler, die am Projekt teilnehmen, wichtig ist.
- Das *public*-Verzeichnis enthält statische Inhalte, die von einem Webserver ausgeliefert werden. Hierunter fallen beispielsweise Mediendateien, aber auch die Datei *index.html*, die zentrale Einstiegsdatei in die Applikation.
- Die meiste Zeit werden Sie während der Entwicklung im *src*-Verzeichnis verbringen. Hier speichern Sie den Quellcode Ihrer Komponenten und aller anderen JavaScript-Dateien. Create React App legt in diesem Verzeichnis eine *index.js*-Datei an, die den Einstieg in die Applikation darstellt, und eine erste Komponente mit dem Dateinamen *App.js*.

Ihre Applikation ist mit dem von Create React App generierten Stand bereits lauffähig, sodass Sie sie auf der Kommandozeile im Wurzelverzeichnis der Applikation mit dem Kommando `npm start` starten können. Mit der Bestätigung des Befehls passiert Folgendes: Die Applikation wird im Watch-Modus gestartet, der Standardbrowser Ihres Systems wird geöffnet, und die Applikation wird angezeigt. Der Watch-Modus bedeutet, dass ein Skript die Dateien Ihrer Applikation beobachtet und den Browser automatisch mit der neuesten Version des Quellcodes aktualisiert, sobald Sie Änderungen an einer Datei speichern. Standardmäßig ist die Applikation unter *http://localhost:3000/* erreichbar. Ist dieser Port bereits belegt, wird die Applikation auf einen anderen freien Port gebunden.

Bei der Datei *index.html* im Verzeichnis *public* handelt es sich um eine einfache HTML-Datei. Diese weist lediglich eine Besonderheit auf: Es existiert ein `<div>`-Element, das den Wert `root` für das `id`-Attribut hat. In diesen Container fügt React die Applikation ein. Für einen Benutzer bedeutet das, dass zunächst für kurze Zeit eine weiße Seite angezeigt wird und dann erst die Applikation sichtbar ist. In der Regel ist diese weiße Seite nur so kurz zu sehen, dass es einem Benutzer nicht auffällt. Sollte es für Ihre Applikation dennoch länger dauern, weil die Applikation etwa sehr umfangreich ist, können Sie dieses Problem mithilfe von *Serverside Rendering* lösen.

Serverside Rendering

Die Idee hinter Serverside Rendering ist, dass die Single-Page-Applikation nicht erst im Browser des Benutzers aufgebaut wird, sondern bereits serverseitig vorbereitet wird.

Zu diesem Zweck wird React in einer Node.js-Umgebung ausgeführt und verrichtet die gleiche Arbeit wie auch im Browser – mit dem Unterschied, dass die HTML-Struktur nicht direkt angezeigt wird, sondern in einer JavaScript-Zeichenkette, die dann zum Browser gesendet wird. Das Ergebnis ist, dass der Benutzer bereits eine vorbereitete React-Applikation erhält. React übernimmt anschließend nur noch die Kontrolle über die bis dahin statische HTML-Struktur und sorgt dafür, dass diese dynamisch auf die Interaktionen des Benutzers reagieren kann. Dieser Prozess wird *Hydration* genannt. Ist er abgeschlossen, verhält sich die Applikation wie eine reguläre React-Applikation.

Der Buildprozess von React modifiziert die Datei *index.html*, sodass die verarbeiteten und optimierten JavaScript-Dateien der Applikation geladen werden. Als erste Datei wird hier *index.js* geladen. In Listing 10.1 sehen Sie einen Auszug aus dieser Datei.

```
const root = ReactDOM.createRoot(
  document.getElementById('root') as HTMLElement
);
root.render(
  <React.StrictMode>
    <App />
  </React.StrictMode>
);
```

Listing 10.1 Auszug aus der index.js-Datei

React ist in die zwei Teile Renderer und Reconciler unterteilt. Der Renderer sorgt dafür, dass die Struktur der Applikation für die Zielplattform aufgebaut wird. Der Reconciler, das Herzstück von React, verwaltet den Komponentenbaum und berechnet bei Änderungen die neue Version der Applikation, die dem Benutzer präsentiert wird. Der Reconciler ist so implementiert, dass er nicht plattformspezifisch ist, er kann also sowohl im Browser als auch für mobile Applikationen verwendet werden. Der Renderer hingegen ist plattformspezifisch. In unserem Beispiel kommt der DOM-Renderer zum Einsatz, der React im Browser darstellt. Ein weiterer populärer Renderer ist beispielsweise React Native, mit dem Sie native mobile Apps erzeugen können.

In Listing 10.1 übergeben Sie der `render`-Methode des `root`-Objekts eine Komponentenhierarchie, die in JSX geschrieben ist. Das `root`-Objekt erzeugen Sie mit der createRoot-Methode, der Sie eine Referenz auf den DOM-Knoten übergeben, in den die Applikation eingefügt wird.

JSX – JavaScript and XML

Bei JSX handelt es sich um eine Syntaxerweiterung für JavaScript, die es Ihnen erlaubt, HTML-Zeichenketten direkt in JavaScript zu schreiben. Dabei gibt es einen Unterschied zwischen React-Elementen und React-Komponenten. Elemente beginnen mit einem Kleinbuchstaben und werden direkt in HTML-Tags übersetzt. Ein Beispiel hierfür ist `<div></div>`. Komponenten beginnen mit einem Großbuchstaben und müssen vor ihrer Verwendung zunächst importiert werden. Den Komponenten liegen JavaScript-Funktionen beziehungsweise -Klassen zugrunde. Ein Beispiel für die Einbindung einer Komponente ist <App />.

Innerhalb eines JSX-Ausdrucks können Sie wiederum JavaScript schreiben, allerdings müssen Sie dieses in geschweifte Klammern einfassen. Und so lassen sich JSX und JavaScript beliebig ineinanderschachteln.

Bei JSX handelt es sich um gewöhnliche JavaScript-Ausdrücke, die Sie Variablen zuweisen oder als Rückgabewert von Funktionen verwenden können.

Sie müssen JSX nicht zwingend in einer React-Applikation verwenden. Statt Elemente und Komponenten als Tags zu schreiben, können Sie auch die `createElement`-Funktion nutzen. Der Nachteil dieser Variante ist, dass der Quellcode sehr schnell unübersichtlich wird und gerade die Verschachtelung hier nur umständlich abgebildet werden kann.

Die `StrictMode`-Komponente, die in der Datei *index.js* verwendet wird, ist mit dem Strict Mode von JavaScript vergleichbar. Diese Komponente schaltet zusätzliche Überprüfungen und Warnungen für React-Applikationen ein, um potenzielle Fehlerquellen aufzuzeigen. So werden Sie beispielsweise gewarnt, wenn Sie unerwartete Seiteneffekte auslösen oder unsichere Lifecycle-Methoden verwenden. Mehr zum Thema StrictMode erfahren Sie unter *https://reactjs.org/docs/strict-mode.html*.

Die Datei *index.js* bindet standardmäßig die `App`-Komponente ein. Dabei handelt es sich um eine von Create React App vorbereitete Wurzelkomponente. Sie bildet den Einstieg in den Komponentenbaum und damit auch in unser nächstes Thema: Komponenten in React.

10.3 Komponenten – die Bausteine einer React-Applikation

In React gibt es zwei Arten von Komponenten: *Klassenkomponenten* und *Funktionskomponenten*. Wie die Namen bereits andeuten, basieren die einen auf Klassen, die anderen auf Funktionen. Lange Zeit war die Rede von Smart- und Dumb-Components, also von intelligenten und dummen Komponenten. Das spielte auf die Tatsache an, dass Funktionskomponenten bis vor einigen Releases nur zur Darstellung von Strukturen verwendet werden konnten, aber über keinen eigenen Zustand oder Lifecycle verfügen konnten. Das änderte sich jedoch mit dem Release 16.8 von React, in dem die Hook-API eingeführt wurde. Seit dieser Version können Sie auch in Funktionskomponenten einen lokalen Zustand und den Lebenszyklus der Komponente verwalten. Dieses Release markierte auch den Niedergang der schwergewichtigeren Klassenkomponenten bis zu dem Punkt, an dem heute kaum noch Klassenkomponenten in modernen React-Applikationen eingesetzt werden. Aus diesem Grund konzentrieren wir uns in diesem Kapitel auch ausschließlich auf Funktionskomponenten.

Ein großer Vorteil von React ist, dass Komponenten sehr leichtgewichtig sind. Eine Komponente besteht aus einer Funktion, die eine JSX-Struktur zurückgibt. Im ersten Schritt beginnen wir mit einer statischen `List`-Komponente, die die Kontaktliste anzeigen soll, die wir später von der REST-API holen. Listing 10.2 enthält den Quellcode der statischen `List`-Komponente.

```
const contacts = [
  {
    id: 1,
    firstName: 'Max',
    lastName: 'Mustermann',
    email: 'maxmustermann@example.com',
  },
  {
    id: 2,
    firstName: 'Erika',
    lastName: 'Mustermann',
```

```
    email: 'erikamustermann@example.com',
  },
];

function List() {
  return (
    <table>
      <thead>
        <tr>
          <th>ID</th>
          <th>Vorname</th>
          <th>Nachname</th>
          <th>E-Mail</th>
        </tr>
      </thead>
      <tbody>
        {contacts.map((contact) => (
          <tr key={contact.id}>
            <td>{contact.id}</td>
            <td>{contact.firstName}</td>
            <td>{contact.lastName}</td>
            <td>{contact.email}</td>
          </tr>
        ))}
      </tbody>
    </table>
  );
}

export default List;
```

Listing 10.2 Komponente zur Darstellung der Kontaktliste (src/List.js)

Für die Listendarstellung nutzen wir das `contacts`-Array, das aus zwei Einträgen besteht. Das Array wird außerhalb der Komponente definiert, da es unabhängig von dieser ist. Außerdem wird die Komponentenfunktion unter bestimmten Bedingungen von React häufiger aufgerufen, was dazu führt, dass das `contacts`-Array ebenfalls neu erzeugt werden würde. Der Kern der Komponente ist die `List`-Funktion. Wie Sie wissen, unterscheiden sich Komponenten von Elementen durch einen großen ersten Buchstaben, also beginnt auch die Komponentenfunktion mit einem Großbuchstaben. Die Komponente gibt eine HTML-Tabelle zurück. JSX ist in gewisser Weise die Template-Sprache von React mit dem Unterschied, dass JSX über keine Möglichkeit logischer Operationen oder Schleifen verfügt. In diesem Fall müssen Sie auf natives

JavaScript zurückgreifen. Im Fall der List-Komponente soll für jeden Datensatz eine Tabellenzeile erzeugt werden. Eine solche Art von Iteration über eine Array-Struktur erreichen Sie in React in der Regel über die map()-Methode des Arrays. Im Gegensatz zur forEach()-Methode produziert map() eine Ausgabe, in diesem Fall ein Array von JSX-Elementen, die in die umgebende Struktur eingebunden und schließlich gerendert werden. So entsteht dann die finale Tabelle. Im Beispiel fällt außerdem das key-Attribut im tr-Element auf. Dieses wird von React intern zur Zuordnung von Elementen verwendet. Über dieses key-Attribut ist React in der Lage zu entscheiden, ob ein Listenelement bei einer Änderung der Darstellung wiederverwendet werden kann oder ob ein Element neu erzeugt werden muss. Es handelt sich hierbei also um eine Performanceoptimierung.

Damit Sie das Ergebnis im Browser sehen können, müssen Sie die List-Komponente zunächst exportieren, was mit dem export default-Statement in der letzten Zeile geschieht. Anschließend binden Sie die Komponente in die Applikation ein. Eine passende Stelle ist die App-Komponente in der Datei *App.js*. Die angepasste Version dieser Datei sehen Sie in Listing 10.3.

```
import List from './List';

function App() {
  return <List />;
}

export default App;
```

Listing 10.3 Einbindung der List-Komponente (src/App.js)

Von der generierten App-Komponente bleibt lediglich der Rahmen der App-Funktion sowie der default export bestehen. Den Rest können Sie löschen und stattdessen die List-Komponente importieren und einbinden. Wechseln Sie nun in Ihren Browser, sehen Sie die Kontaktliste wie in Abbildung 10.3.

ID	Vorname	Nachname	E-Mail
1	Max	Mustermann	maxmustermann@example.com
2	Erika	Mustermann	erikamustermann@example.com

Abbildung 10.3 Listenansicht im Browser

10.3.1 State – der lokale Zustand einer Komponente

Das Problem mit der bisherigen Implementierung der List-Komponente ist, dass sie vollständig statisch ist. Die Komponente bezieht die Daten zur Anzeige aus einem konstanten JavaScript-Array. Auch wenn Sie das Array jetzt anpassen würden, beispielsweise, indem Sie nach 10 Sekunden ein neues Element in das Array einfügen, bleibt die Anzeige wie bei der initialen Darstellung. Das liegt an der Art, wie React Änderungen an Komponenten verfolgt und diese darstellt: Eine Komponente wird neu gezeichnet, wenn sich ihr lokaler Zustand, der State, ändert oder wenn sie veränderte Eingabeparameter, auch Props genannt, erhält. Zunächst widmen wir uns dem State der Komponente und sehen uns später die Props einer Komponente genauer an.

Mit der useState-Funktion können Sie einen lokalen Zustand für eine Komponente definieren. Diese Funktion akzeptiert einen initialen Wert für den State der Komponente und gibt ein Array zurück. Das erste Element dieses Arrays ist ein Objekt, über das Sie lesend auf den State der Komponente zugreifen können. Mit der Funktion, die Sie als zweites Array-Element erhalten, können Sie den State verändern. Eine Komponente wird nur neu gezeichnet, wenn Sie den State über diese Funktion manipulieren. Für unsere Kontaktliste bedeutet das zunächst nur wenig Veränderung, wie Sie in Listing 10.4 sehen können.

10

```
import { useState } from 'react';

const initialContacts = […];

function List() {
  const [contacts, setContacts] = useState(initialContacts);
  return (
    <table>…</table>
  );
}

export default List;
```

Listing 10.4 Lokaler State in der List-Komponente

Das bestehende Array benennen Sie in initialContacts um, um deutlich zu machen, dass es sich hierbei um den Startwert des lokalen States handelt. Bei der Verwendung der useState-Funktion wird in der Regel das Destructuring-Feature von JavaScript verwendet, bei dem Sie angeben können, dass das erste Array-Element in unserem Fall in der Konstanten contacts und das zweite Element in der Konstanten setContacts gespeichert wird.

Nutzen Sie nun die setContacts-Funktion, um den State zu manipulieren, zeichnet React die Komponente neu. Und genau an dieser Stelle entstehen die Probleme für uns: Rufen Sie innerhalb der Komponenten-Funktion ein setContacts auf, führt dies zu einer Veränderung des States; die Komponente wird neu gezeichnet, also muss

React die Komponenten-Funktion erneut ausführen, was ein abermaliges `setContacts` nach sich zieht, sodass sich Ihre Applikation in einer Endlosschleife befindet. Die Lösung ist an dieser Stelle, den Lebenszyklus der Komponente zu nutzen, um eine Aktion einmalig auszuführen.

10.3.2 Der Lebenszyklus einer Komponente

Der Lebenszyklus einer React-Komponente besteht aus drei Stationen:

- **Mount**: Die Komponente wird initial in den Komponentenbaum eingehängt.
- **Update**: Der State oder die Props der Komponente ändern sich.
- **Unmount**: Die Komponente wird ausgehängt. An dieser Stelle sollten Sie geöffnete Ressourcen wie beispielsweise Datenströme wieder schließen.

Ähnlich wie schon beim State kommt auch bei der Implementierung des Lifecycles einer Komponente die Hook-API von React in Form der `useEffect`-Funktion zum Einsatz. Sie akzeptiert zwei Parameter: eine Funktion, die Effekt-Funktion, und ein Array mit Abhängigkeiten. Die Funktion wird standardmäßig bei jeder Aktualisierung ausgeführt. Ist dies nicht erwünscht, können Sie das Verhalten mit dem zweiten Parameter beeinflussen. Geben Sie ein leeres Array an, wird die Effekt-Funktion lediglich einmalig beim Einhängen der Komponente ausgeführt. Dieser Fall deckt also das Mounten der Komponente ab. Geben Sie im Abhängigkeits-Array Referenzen auf Variablen an, wird die Effekt-Funktion nur ausgeführt, wenn sich diese Variablen ändern.

Um die dritte Phase des Lebenszyklus der Komponente abzudecken, definieren Sie eine Funktion, die die Effekt-Funktion zurückgibt. Diese wird ausgeführt, wenn die Komponente ausgehängt, also nicht weiter dargestellt wird.

Generell sollten Sie darauf achten, dass Sie keinerlei Seiteneffekte wie beispielsweise Timeouts, Intervalle oder auch Serverkommunikation direkt in einer Komponente ausführen, sondern immer in einer Effekt-Funktion. Der Grund hierfür ist, dass die Ausführung der Komponenten-Funktion von React abgebrochen und entweder zu einem späteren Zeitpunkt weiter ausgeführt oder neu gestartet werden kann.

Für unsere `List`-Komponente bedeutet das, dass Sie eine Effekt-Funktion mit einem leeren Abhängigkeits-Array definieren und dort mit der REST-API kommunizieren, um die Daten zu laden. Sobald der Server geantwortet hat, können Sie die Informationen in den State schreiben. Listing 10.5 zeigt die Integration des Effect-Hooks.

```
import { useState, useEffect } from 'react';

function List() {
  const [contacts, setContacts] = useState([]);
```

```
  useEffect(() => {
    fetch('http://localhost:8001/api/contacts')
      .then((response) => response.json())
      .then((data) => setContacts(data));
  }, []);

  return (
    <table>…</table>
  );
}

export default List;
```

Listing 10.5 Serverkommunikation in der List-Komponente (src/List.js)

Durch das leere Array, das der useState-Funktion beim Aufruf übergeben wird, stellt React bei der initialen Darstellung der Komponente eine leere Liste dar. Anschließend wird die Effekt-Funktion ausgeführt. Das leere Abhängigkeits-Array sorgt dafür, dass die Daten nur einmalig beim Einhängen der Komponente vom Server geladen werden. Innerhalb der Effekt-Funktion senden Sie mithilfe der Fetch-API einen GET-Request an die REST-API, um die Daten auszulesen. Im ersten Schritt behandeln Sie die asynchrone Rückmeldung des Servers mithilfe einer Promise und extrahieren daraus die JSON-Daten. Diese wiederum asynchrone Operation liefert schließlich die eigentlichen Daten, die Sie mithilfe der setContacts-Funktion in den lokalen State der Komponente schreiben. Dieser Funktionsaufruf sorgt dafür, dass die Komponente mit den Daten des Servers neu gezeichnet wird. Im nächsten Schritt sorgen wir nun dafür, dass die Applikation auch optisch etwas ansprechender gestaltet wird.

10.4 Styling von Komponenten

Zugegebenermaßen sieht die Kontaktliste aktuell noch nicht sonderlich atemberaubend aus. Das liegt jedoch vor allem an der Tatsache, dass wir uns bisher lediglich mit der Struktur, also dem HTML, und der Dynamik, also JavaScript und React selbst, beschäftigt haben und das Thema Styling komplett ignoriert haben. React bietet Ihnen an dieser Stelle einige Möglichkeiten, um Komponenten mithilfe von CSS zu stylen. Grundsätzlich können Sie auf das gesamte Repertoire an CSS-Features zurückgreifen.

10.4.1 Inline Styling

Die einfachste Variante, um Ihre Applikation zu stylen, ist die Verwendung von Inline Styles. Wie in normalem HTML nutzen Sie hier auch das style-Attribut von Elementen, um bestimmte CSS-Deklarationen anzuwenden, wie Sie es aus Kapitel 3, »Webseiten gestalten mit CSS«, kennen. Der Unterschied zu HTML besteht allerdings darin, dass Sie in React statt normaler Zeichenketten ein JavaScript-Objekt verwenden. Das hat zur Folge, dass alle Eigenschaften, die normalerweise mit einem Bindestrich geschrieben werden, stattdessen in CamelCase angegeben werden. Als Beispiel hierfür fügen wir in die List-Komponente eine Überschrift ein und unterstreichen sie mithilfe von CSS.

```
function List() {
  ...

  return (
    <>
      <h1 style={{ textDecoration: 'underline' }}>Kontaktliste</h1>
      <table>...</table>
    </>
  );
}
```

Listing 10.6 Inline Styling in React-Komponenten

Wie Sie in Listing 10.6 sehen können, verfügt das h1-Element, das die Überschrift darstellt, über ein style-Attribut. Da der Wert ein JavaScript-Objekt ist, müssen Sie dieses in geschweifte Klammern fassen, da JSX die Objektklammern ansonsten als Wechsel in JavaScript interpretieren würde, was zu einem Syntaxfehler führt.

Da Sie sich nun im JavaScript-Kontext befinden, haben Sie die Möglichkeit, in solchen Inline Styles auch auf Variablen zuzugreifen und dynamisches Styling zu implementieren.

Ein großer Nachteil von Inline Styles ist, dass sie die Komponenten sehr unübersichtlich machen, gerade, wenn Sie sehr viele Style-Deklarationen verwenden. Außerdem ist die Wiederverwendbarkeit stark eingeschränkt.

Listing 10.6 weist neben dem Inline Style noch eine weitere Neuerung auf: Zu Beginn und am Ende der JSX-Struktur sehen Sie leere Tags. Hierbei handelt es sich um ein sogenanntes *React Fragment*. Dieses Tag wird von React nicht gerendert. Das bedeutet, es ist in der finalen HTML-Struktur der Applikation nicht enthalten. Das Fragment dient lediglich dazu, die Anforderung nach nur einem Wurzelelement einer Komponente zu erfüllen. React wirft einen Fehler, wenn Sie beispielsweise versuchen, das h1- und das table-Tag ohne das umschließende Fragment zurückzugeben.

Wie in der traditionellen Webentwicklung sollten Sie also auch in einer React-Applikation Inline Styles sparsam einsetzen und stattdessen auf externe Stylesheets und Klassen ausweichen.

10.4.2 CSS-Klassen und externe Stylesheets

Create React App leistet bereits Vorarbeit, wenn es um externe Stylesheets geht. Werfen Sie einen Blick in die von Create React App generierte Datei *index.js*, sehen Sie zu Beginn der Datei eine Reihe von `import`-Statements. Darunter befindet sich auch eines, das die Datei *index.css* einbindet. Mithilfe des CSS-Loaders von Webpack wird die CSS-Datei geladen und in die Applikation integriert, sodass Sie die Definitionen verwenden können. Dieses Mittel nutzen wir nun, um unsere Tabelle zu stylen.

Webpack

Bei Webpack handelt es sich um eines der populärsten Build-Werkzeuge im JavaScript-Bereich. Im Kern ist Webpack ein Bundler, der die Aufgabe hat, verschiedene Ressourcen einer Applikation, die in Form von Dateien vorliegen, zusammenzufügen.

Webpack ist durch seinen modularen Aufbau sehr flexibel, sodass der Funktionsumfang deutlich über das einfache Zusammenfügen von Dateien hinausgeht. Wie schon erwähnt können Sie sowohl JavaScript- als auch CSS-Dateien integrieren. Aber auch Mediendateien können gebündelt werden.

Webpack bietet außerdem den sogenannten DevServer, eine Art Webserver, mit dem Sie den aktuellen Stand Ihrer Applikation während der Entwicklung im Browser testen können. Mit einer kleinen Erweiterung können Sie den Browser automatisch neu laden lassen, falls sich der Quellcode Ihrer Applikation ändert. Weitere Informationen und ein detailliertes Tutorial finden Sie auf der Webseite von Webpack unter *https://webpack.js.org/*.

```
table.contactTable {
  border-collapse: collapse;
}

table.contactTable td,
table.contactTable th {
  padding: 5px 20px;
}

table.contactTable th {
  border-bottom: 2px solid black;
}
```

```
table.contactTable tbody tr:nth-child(even) {
  background-color: lightgray;
}
```

Listing 10.7 Stylesheet für die List-Komponente (src/List.css)

In Listing 10.7 sehen Sie den Quellcode der Datei *List.css*. Enthält eine solche Datei nur Styles für eine bestimmte Komponente, sollten Sie dies mit einer entsprechenden Namenswahl kenntlich machen.

Das Stylesheet sorgt dafür, dass es zwischen den Zellen der Tabelle keinen Abstand gibt. Mit dem zweiten Block sorgen Sie dafür, dass die Tabelle etwas »luftiger« wirkt, indem Sie die Abstände vom Text zum Rand der jeweiligen Zelle erhöhen. Den Tabellenkopf setzen Sie durch einen schwarzen Trennstrich vom Rest der Tabelle ab. Mit dem letzten Block sorgen Sie schließlich dafür, dass jede zweite Zeile der Tabelle mit einem hellgrauen Hintergrund versehen wird, was die Lesbarkeit gerade bei größeren Tabellen deutlich verbessert.

Damit die Styles auch aktiv werden, müssen Sie das Stylesheet in Ihrer Komponente importieren. Das erreichen Sie, indem Sie ein `import`-Statement wie in Listing 10.8 einfügen.

```
import { useState, useEffect } from 'react';
import './List.css';

function List() {
  ...
  return (
    <>
      <h1 style={{ textDecoration: 'underline' }}>Kontaktliste</h1>
      <table className="contactTable">...</table>
    </>
  );
}
```

Listing 10.8 Einbindung des Stylesheets (src/List.js)

Wenn Sie jetzt noch mal einen Blick auf das Stylesheet werfen, sehen Sie, dass allen Blöcken ein `table.contactTable` vorangestellt ist. Damit nutzen Sie die Tag- und Klassenselektoren, die Sie bereits aus Kapitel 3, »Webseiten gestalten mit CSS«, kennen und die dafür sorgen, dass die jeweiligen Regeln nur für die Tabelle und nicht für eine beliebige Tabelle innerhalb der Applikation gelten. Eine CSS-Datei ist nicht an die Komponente gebunden, in der sie importiert wird, sondern global gültig. Definieren Sie also beispielsweise, dass der Hintergrund aller `<div>`-Elemente grün sein soll, so gilt das global für die gesamte Applikation.

Der gewählte Selektor `table.contactTable` wird auf alle Tabellen mit einem `class`-Attribut mit dem Wert `contactTable` angewendet. Und hier gibt es eine weitere Besonderheit von React: Sie dürfen das `class`-Attribut für Elemente nicht verwenden. Der Grund dafür ist: JSX ist eine Syntaxerweiterung für JavaScript, und dort ist das `class`-Schlüsselwort für Klassendefinitionen reserviert. Die Entwickler von React haben kurzerhand ein neues Attribut mit dem Namen `className` eingeführt, das das `class`-Attribut ersetzt und bei der Erzeugung der HTML-Struktur in das `class`-Attribut übersetzt wird. Ähnliches gilt übrigens auch für das `for`-Attribut, mit dem Sie ein Label einem Eingabeelement zuordnen können. Hier müssen Sie auf das `htmlFor`-Attribut ausweichen.

Mit diesen Anpassungen im Quellcode können Sie jetzt wieder in den Browser wechseln und sich den aktuellen Stand der Applikation ansehen. Das Ergebnis sollte wie in Abbildung 10.4 aussehen.

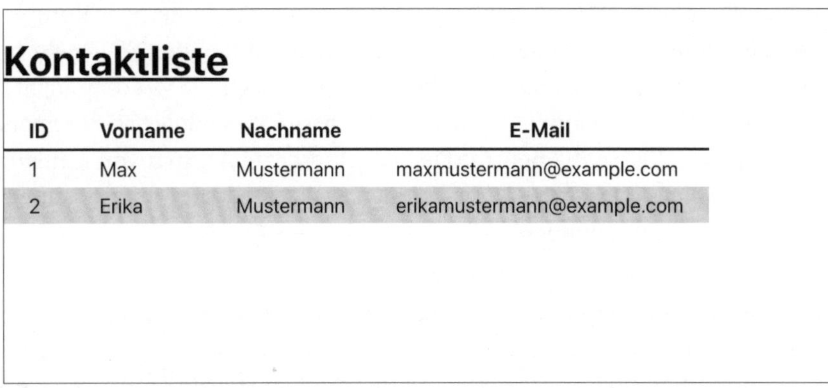

Abbildung 10.4 Kontaktliste mit Styles

Wie Sie sehen, haben externe CSS-Dateien, die Sie in Ihren Komponenten importieren, eine Reihe von Vorteilen: So bleibt der Code Ihrer Komponenten übersichtlich, und Sie haben eine saubere Trennung. Außerdem können Sie Stylesheets wiederverwenden.

Das fehlende Namespacing ist jedoch ein großes Problem, kommt es doch sehr schnell zu unerwünschten Seiteneffekten, wenn man diese Tatsache einmal übersieht. Aus diesem Grund gibt es noch weitere Möglichkeiten, wie Sie Ihre Applikation stylen können.

10.4.3 Überblick über weitere Styling-Möglichkeiten

Create React App verfügt neben den nativen Styling-Varianten wie Inline Styles und CSS Imports noch über zwei weitere Lösungen für das Styling von Komponenten.

Hinzu kommen noch zahlreiche externe Bibliotheken, die Ihnen die Arbeit erleichtern. Im Folgenden finden Sie einen Überblick:

- **Sass-Präprozessor**: Wenn Sie das Paket node-sass mit dem Kommando `npm install node-sass` installieren, können Sie den Sass-Präprozessor in React nutzen und auf zusätzliche CSS-Features wie Verschachtelung, Variablen oder Mixins zurückgreifen. In diesem Fall erzeugen Sie statt einer *.css*-Datei eine Datei mit der Endung *.scss* und nutzen dort die SCSS-Syntax. Anschließend können Sie die Datei wie eine gewöhnliche CSS-Datei importieren. Dieses Feature wird Ihnen nicht von React direkt, sondern von Create React App zur Verfügung gestellt. Weitere Informationen hierzu finden Sie unter *https://create-react-app.dev/docs/adding-a-sass-stylesheet*.
- **CSS Modules**: Eine weitere native Erweiterung von React sind CSS Modules. Dabei handelt es sich um gewöhnliches CSS mit der Erweiterung, dass die erzeugten CSS-Klassen von React umgeschrieben werden, sodass sie nur für die aktuelle Komponente gelten. Damit CSS Modules funktionieren, müssen Sie die CSS-Regeln in einer Datei mit der Endung *.module.css* speichern. Für unsere `List`-Komponente resultiert das in dem Dateinamen *List.module.css*. Diese CSS-Modules-Datei exportiert eine Reihe von Klassennamen, die Sie in das `className`-Attribut von Elementen einfügen können. Zusätzliche Informationen zu CSS Modules finden Sie unter *https://create-react-app.dev/docs/adding-a-css-modules-stylesheet*.
- Das Ökosystem, das um React entstanden ist, bietet für nahezu jede Problemstellung eine Lösung. Und so ist es auch wenig verwunderlich, dass es einige Erweiterungen für React gibt, die sich mit dem Styling von Komponenten beschäftigen. Eine der populärsten Bibliotheken ist in diesem Umfeld *Styled Components*. Bei dieser Lösung schreiben Sie Ihre Styles in Form von JavaScript Template Strings. Styled Components bietet eine Reihe von Tagging-Funktionen, die neue Komponenten erzeugen, die aus einer Kombination von Element und Styling bestehen. So gibt beispielsweise ein ``h1`text-decoration: underline` `` eine Komponente mit einem `h1`-Element zurück, das unterstrichen ist. Nähere Informationen sowie ein Getting Started Guide für Styled Components sind unter *https://styled-components.com* verfügbar.

Beim Umgang mit Styles in Ihrer Applikation sollten Sie stets auf die Wartbarkeit des Quellcodes achten, da Sie ansonsten schnell viele Duplikate und Konflikte erzeugen.

Vom Thema Styling bewegen wir uns jetzt wieder ein Stück mehr in Richtung der Architektur einer React-Applikation und sehen uns an, wie Komponentenhierarchien aufgebaut werden und wie die Kommunikation innerhalb einer Applikation funktioniert.

10.5 Komponentenhierarchien

Ihre React-Applikation könnte theoretisch aus nur einer großen Komponente bestehen. Das würde jedoch den Prinzipien von React widersprechen. Stattdessen sollten Sie Ihre Applikation aus einem Baum von Komponenten aufbauen, in dem jede Komponente für nur einen bestimmten Aspekt verantwortlich ist. Die Grundlage für eine solche Architektur liefert React mit seinen leichtgewichtigen Komponenten: Sie erzeugen eine neue Datei, exportieren eine Funktion und lassen sie eine JSX-Struktur zurückgeben – fertig ist Ihre Komponente.

Die meisten Komponenten stehen nicht für sich allein, sondern arbeiten im Verbund mit anderen Komponenten. Daher ist es erforderlich, dass sie untereinander kommunizieren. Das funktioniert auf zwei verschiedene Arten: entweder direkt über *Props* oder indirekt über die *Kontext-API*. Wir werfen zunächst einen Blick auf die erste Variante und beschäftigen uns mit der Kontext-API später.

In unserem Beispiel kümmert sich die `List`-Komponente um alles: Serverkommunikation, State-Verwaltung und die Anzeige der Liste. Im nächsten Schritt lagern wir zumindest einen kleinen Teil dieser Verantwortlichkeit in eine Kindkomponente aus: die Anzeige der einzelnen Datensätze in der Tabelle.

Hierfür legen Sie zunächst im *src*-Verzeichnis eine neue Datei mit dem Namen *ListItem.js* an und exportieren eine Funktion mit dem Namen `ListItem`. Diese gibt eine Tabellenzeile, also ein `<tr>`-Element mit seinen Unterelementen zurück. Damit die verschiedenen Zeilen angezeigt werden können, übergeben Sie der Komponente einen Datensatz. An dieser Stelle kommen die Props ins Spiel. Dabei handelt es sich auf der einbindenden Seite um Attribute, die Sie mit Strings, aber auch mit beliebigen JavaScript-Ausdrücken versehen können. In der Kindkomponente haben Sie über das erste Argument der Komponentenfunktion in Form eines Objekts Zugriff auf die Attributwerte. Listing 10.9 enthält den Quellcode der `ListItem`-Komponente.

```
function ListItem({ contact }) {
  return (
    <tr>
      <td>{contact.id}</td>
      <td>{contact.firstName}</td>
      <td>{contact.lastName}</td>
      <td>{contact.email}</td>
    </tr>
  );
}

export default ListItem;
```

Listing 10.9 Implementierung der ListItem-Komponente (src/ListItem.js)

Wie Sie in der Signatur der `ListItem`-Funktion sehen können, kommt auch hier ein Destructuring-Statement, ähnlich wie bei `useState`, zum Einsatz, um direkt auf die einzelnen Attribute zuzugreifen. Das `key`-Attribut im `tr`-Element fällt weg, da es bei der Einbindung der Komponente, also direkt in der Iteration angegeben werden muss. Diese Einbindung in die `List`-Komponente zeigt Ihnen Listing 10.10.

```
...
import ListItem from './ListItem';

function List() {
  ...
  return (
    <>
      <h1 style={{ textDecoration: 'underline' }}>Kontaktliste</h1>
      <table className="contactTable">
        ...
        <tbody>
          {contacts.map((contact) => (
            <ListItem key={contact.id} contact={contact} />
          ))}
        </tbody>
      </table>
    </>
  );
}

export default List;
```

Listing 10.10 Einbindung der ListItem-Komponente (src/List.js)

Die `List`-Komponente hat als Elternkomponente die Hoheit über die Daten und ist dafür zuständig, diese zu verwalten, also sowohl die Daten vom Server zu laden als auch mit Modifikationen umzugehen. Jede Kindkomponente erhält lediglich die Informationen, die sie zur Darstellung benötigt. In unserem Fall sind dies einzelne Datensätze, die über das `contact`-Attribut übergeben werden. Da es sich bei der `contact`-Variablen um ein JavaScript-Objekt handelt, müssen Sie dieses in geschweiften Klammern schreiben, damit JSX es als Objekt und nicht als Zeichenkette interpretiert.

Auf diese Weise können Sie den Datenfluss von den Eltern- in Richtung der Kindkomponenten modellieren. Für eine dynamische Applikation benötigen Sie jedoch auch den umgekehrten Datenfluss, also von den Kindkomponenten zu den Eltern.

Inverser Datenfluss

Ein typischer Fall, in dem Sie eine Kommunikation von der Kindkomponente zur Elternkomponente benötigen, ist, wenn Sie den Zustand eines Datensatzes modifizieren möchten. In unserem Fall setzen wir die Möglichkeit um, einen Datensatz zu löschen. Dazu implementieren Sie zunächst eine Funktion in der Elternkomponente, die auf Basis eines übergebenen Datensatzes eine DELETE-Anfrage an den Server sendet, um den Datensatz zu löschen. Ist diese Anfrage erfolgreich, wird der Datensatz auch aus dem State gelöscht und so die Anzeige aktualisiert. Im zweiten Schritt übergeben Sie die Referenz auf diese Löschfunktion als Prop an die Kindkomponente, die diese Funktion wiederum aufrufen kann, wenn der Benutzer den Löschen-Button betätigt. Listing 10.11 enthält die Modifikationen an der List-Komponente.


```
function List() {
  ...
  async function handleDelete(contact) {
    const url = `http://localhost:8001/api/contacts/${contact.id}`;
    const response = await fetch(url, {
      method: 'DELETE',
    });
    if (response.status === 200) {
      setContacts((prevState) =>
        prevState.filter((prevContact) => prevContact.id !== contact.id),
      );
    }
  }

  return (
    <>
      <h1 style={{ textDecoration: 'underline' }}>Kontaktliste</h1>
      <table className="contactTable">
        <thead>
          <tr>
            <th>ID</th>
            <th>Vorname</th>
            <th>Nachname</th>
            <th>E-Mail</th>
            <th></th>
          </tr>
        </thead>
        <tbody>
          {contacts.map((contact) => (
            <ListItem
```

```
            key={contact.id}
            contact={contact}
            onDelete={handleDelete}
          />
        ))}
      </tbody>
    </table>
  </>
 );
}

export default List;
```

Listing 10.11 Löschen von Datensätzen in der List-Komponente

Die handleDelete-Funktion nutzt die Fetch-API des Browsers, um eine DELETE-Anfrage an den Server zu senden. Ist diese erfolgreich, quittiert der Server also die Anfrage mit einem Statuscode 200, wird der State aktualisiert. Hierfür nutzen Sie die setContacts-Funktion. Der Aufruf weist eine Besonderheit auf: Statt den State zu setzen, wie Sie es beim Auslesen der Daten gemacht haben, nutzen Sie in diesem Fall eine Callback-Funktion. Diese erhält den bisherigen State als Eingabe und produziert auf dieser Basis die neue Version des States. Diese Variante wird vor allem dann genutzt, wenn der State lediglich manipuliert werden soll, und hat den Vorteil, dass es keine Probleme mit asynchronen Abläufen gibt, weil Sie stets Zugriff auf eine konsistente Version des aktuellen States haben.

Die Kindkomponente erhält über die onDelete-Prop eine Referenz auf die handleDelete-Funktion und muss dann selbst dafür sorgen, diese aufzurufen. Die erforderlichen Modifikationen an der ListItem-Komponente können Sie Listing 10.12 entnehmen.

```
function ListItem({ contact, onDelete }) {
  return (
    <tr>
      <td>{contact.id}</td>
      <td>{contact.firstName}</td>
      <td>{contact.lastName}</td>
      <td>{contact.email}</td>
      <td>
        <button onClick={() => onDelete(contact)}>löschen</button>
      </td>
    </tr>
  );
```

```
}

export default ListItem;
```

Listing 10.12 Einbettung der Löschroutine in die ListItem-Komponente (src/ListItem.js)

In der `ListItem`-Komponente fügen Sie eine zusätzliche Zelle ein, die einen Button mit der Aufschrift *Löschen* enthält. React stellt für alle HTML-Elemente eine Reihe von Event-Handlern zur Verfügung. Einer der am häufigsten verwendeten ist der `onClick`-Handler, den Sie in diesem Beispiel nutzen. An diesen Handler binden Sie eine Callback-Funktion, die die Funktionsreferenz, die Sie über die `onDelete`-Prop erhalten, mit dem aktuellen Datensatz, der in der `contact`-Variablen vorliegt, aufruft.

Wechseln Sie mit dem Stand Ihrer Applikation in den Browser, sehen Sie, dass hinter jedem Eintrag in der Tabelle ein Löschen-Button eingefügt wurde, den Sie dazu benutzen können, die Datensätze zu löschen. Die Operation wird zum Server weitergeleitet, sodass die Datensätze vollständig gelöscht werden und auch nicht wieder auftauchen, wenn Sie die Seite manuell neu laden.

Nun, da Sie Datensätze löschen können, ist es an der Zeit, dass Sie eine Möglichkeit implementieren, mit der Sie Datensätze erzeugen können.

10.6 Formulare

React verfügt über zwei Varianten, wie Sie mit Formularen umgehen: Controlled Components und Uncontrolled Components:

- Bei *Controlled Components* werden die Formularelemente an den State einer React-Komponente gebunden. Eine Änderung am Formularfeld führt automatisch zu einer Änderung des States und andersherum.
- *Uncontrolled Components* werden nicht automatisch synchronisiert. In diesem Fall greifen Sie auf das Element und seinen Wert zu und lesen diesen aus beziehungsweise setzen ihn.

Für einen ersten Überblick über das Formularhandling in React implementieren wir das Kontaktformular mithilfe von Controlled Components.

Bevor es an die Umsetzung des Formulars geht, benötigen wir eine Routine, die sich um das Speichern des neuen Datensatzes kümmert. Auch diese Funktion implementieren Sie wieder in der List-Komponente, da sie die Kontaktdaten verwaltet.

```
...
import Form from './Form';
```

```
function List() {
  ...
  async function handleSave(contact) {
    const response = await fetch('http://localhost:8001/api/contacts', {
      method: 'POST',
      headers: { 'Content-Type': 'application/json' },
      body: JSON.stringify(contact),
    });
    if (response.status === 201) {
      const id = response.headers.get('Location').split('/').pop();
      setContacts((prevContacts) => [...prevContacts, { ...contact, id }]);
    }
  }

  return (
    <>
      <h1 style={{ textDecoration: 'underline' }}>Kontaktliste</h1>
      <table className="contactTable">... </table>
      <Form onSave={handleSave} />
    </>
  );
}

export default List;
```

Listing 10.13 Integration der Form-Komponente und Implementierung der handleSave-Funktion (src/List.js)

Bei der Implementierung der handleSave-Funktion gehen Sie ähnlich vor wie zuvor bei handleDelete. Zunächst formulieren Sie die Anfrage an den Server. Achten Sie darauf, dass Sie die POST-Methode angeben und den Content-Type-Header auf den Wert application/json setzen. Die Kontaktdaten übermitteln Sie in der body-Eigenschaft als JSON-String, den Sie mithilfe der JSON.stringify()-Methode erzeugen. Nachdem der Server geantwortet hat, lesen Sie die ID des neuen Datensatzes aus dem Location-Header aus und fügen den neu generierten Kontakt zusammen mit der vom Server vergebenen ID in den State der List-Komponente ein.

Damit Sie neue Datensätze anlegen können, fehlt Ihnen nur noch die Implementierung der Form-Komponente, die Sie in der Datei *Form.js* speichern. Den Quellcode dieser Komponente finden Sie in Listing 10.14.

```
import { useState } from 'react';
const initialContact = { firstName: '', lastName: '', email: '' };
```

```
function Form({ onSave }) {
  const [contact, setContact] = useState(initialContact);

  function handleChange(e) {
    const key = e.currentTarget.name;
    const value = e.currentTarget.value;
    setContact((prevContact) => ({ ...prevContact, [key]: value }));
  }

  return (
    <form
      onSubmit={(e) => {
        e.preventDefault();
        onSave(contact);
        setContact(initialContact);
      }}
    >
      <label>
        Vorname:
        <input
          type="text"
          name="firstName"
          value={contact.firstName}
          onChange={handleChange}
        />
      </label>
      <label>
        Nachname:
        <input
          type="text"
          name="lastName"
          value={contact.lastName}
          onChange={handleChange}
        />
      </label>
      <label>
        E-Mail:
        <input
          type="text"
          name="email"
          value={contact.email}
          onChange={handleChange}
        />
```

```
      </label>
      <button type="submit">Schreiben</button>
    </form>
  );
}

export default Form;
```

Listing 10.14 Die Form-Komponente zum Anlegen neuer Datensätze (src/Form.js)

Das Formular verfügt über einen eigenen State, in dem Sie die Formulareingaben des Benutzers zwischenspeichern. Dieser wird mithilfe der `useState`-Methode erzeugt und mit einer Objektstruktur vorbefüllt. Die Funktion `handleChange` wird als Event-Handler für das change-Event der einzelnen Eingabefelder verwendet und extrahiert den Namen des Feldes sowie den eingegebenen Wert aus dem Event-Objekt, das an die Handler-Funktion übergeben wird. Beides wird verwendet, um den State mit der neuen Eingabe des Benutzers mithilfe der `setContact`-Funktion zu aktualisieren. Die veränderte Eingabe wird über das `value`-Attribut an das Eingabe-Element zurückgegeben, sodass der veränderte Wert auch korrekt angezeigt wird. Damit ergibt sich aus der Kombination von Change-Handler, State und `value`-Eigenschaft eine Controlled Component.

Das Absenden des Formulars geschieht, wenn der Benutzer den Submit-Button betätigt. Wie im HTML-Standard wird auch in React das submit-Event ausgelöst, für das Sie einen Handler registrieren können. Wichtig ist an dieser Stelle, dass Sie die `preventDefault`-Methode des Event-Objekts aufrufen, damit die Seite nicht neu geladen wird. Danach rufen Sie die `onSave`-Funktion auf, die Sie von der `List`-Komponente über die Props an die `Form`-Komponente übergeben haben und die den eigentlichen Speichervorgang anstößt. Sobald dies geschehen ist, können Sie das Formular wieder leeren, indem Sie die initiale State-Struktur mit dem `initialContact` und einem Aufruf von `setContact` wiederherstellen.

Wechseln Sie in Ihren Browser, sehen Sie das neu erstellte Formular direkt unter der Liste wie in Abbildung 10.5.

Bis jetzt ist die Applikation nach einer klaren Komponentenhierarchie mit Eltern- und Kindkomponenten aufgebaut. Die Elternkomponente verwaltet den State und gibt die erforderlichen Informationen an die Kindkomponente weiter. Die Kindkomponente meldet ihrerseits Änderungen über Callback-Funktionen an die Elternkomponente. Diese direkten Datenflüsse funktionieren für flache Komponentenhierarchien und kleine Applikationen. Wächst die Applikation jedoch, stoßen Sie irgendwann an die Grenzen dieser Methode, da Sie Informationen über viele Ebenen weiterreichen müssen, und das auch, wenn die Komponenten dazwischen von der

Information überhaupt nicht betroffen sind. Die Lösung für dieses Problem liegt in der Verwendung der Kontext-API von React.

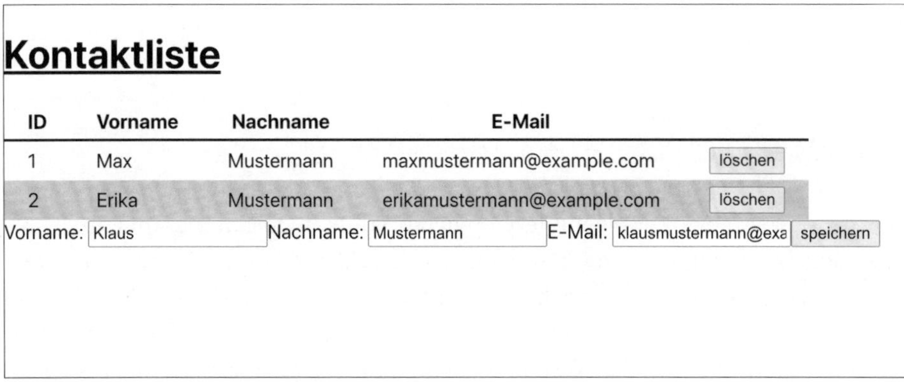

Abbildung 10.5 Liste mit Formular

10.7 Die Kontext-API

Den React-Kontext können Sie sich im weitesten Sinne vorstellen wie eine globale Variable. Der Kontext ist eine Struktur, die über einen Provider in den Komponentenbaum eingehängt werden kann. Alle Unterkomponenten können dann auf die Informationen des Kontextes zugreifen, ohne dass die Information explizit als Prop an sie weitergegeben wird. Viele populäre React-Bibliotheken wie Redux, eine Lösung für zentrales Statemanagement, oder der React Router setzen ebenfalls auf die Kontext-API.

In unserem Beispiel entkoppeln wir durch die Verwendung der Kontext-API die `List`- und die `Form`-Komponente und speichern die Kontakte im Kontext. Zu diesem Zweck müssen Sie im ersten Schritt den Kontext erstellen. Dies erreichen Sie mit der `createContext`-Funktion. Üblicherweise definieren Sie einen Kontext in einer eigenen Datei, damit Sie von verschiedenen Stellen aus Ihrer Applikation darauf zugreifen können. Zusätzlich zum eigentlichen Kontext erzeugen wir in diesem Schritt auch noch einen Provider; das ist die Komponente, die den initialen Wert für den Kontext definiert und den Zugriff steuert. Als Wert für den Kontakt-Kontext nutzen wir, analog zur `List`-Komponente, einen lokalen React-State, der über den Kontext dem gesamten Komponentenbaum zur Verfügung gestellt wird. Listing 10.15 enthält den Quelltext der Datei *ContactContext.js*, die Sie im *src*-Verzeichnis anlegen.

```
import { createContext, useState } from 'react';

export const ContactContext = createContext(null);
```

```
export const ContactProvider = (props) => {
  const [contacts, setContacts] = useState([]);

  return <ContactContext.Provider value={[contacts, setContacts]} {...props}
/>;
};
```

Listing 10.15 Erzeugung des Kontexts und Providers

Die createContext-Funktion generiert ein neues Kontext-Objekt. Diesem können Sie einen Startwert übergeben; er dient lediglich als Fallback, falls Sie keinen Wert über einen Provider definieren. Im nächsten Schritt erzeugen Sie diesen Provider in Form einer neuen Komponente mit dem Namen ContactProvider. Diese Komponente verfügt über einen eigenen lokalen State und gibt die ContactContext.Provider-Komponente zurück. Dem value-Attribut dieser Komponente weisen Sie die contacts und setContacts zu. Außerdem nutzen Sie den Spread-Operator mit den Props {...props}, um sicherzustellen, dass alle Kindkomponenten, die innerhalb des Providers definiert werden, auch korrekt gerendert werden. Mit dieser Anpassung können Sie den Provider als Elternelement nutzen. Im nächsten Schritt geht es an den Umbau der App-Komponente, in der Sie den Provider integrieren, wie in Listing 10.16 zu sehen ist.

```
import List from './List';
import { ContactProvider } from './ContactContext';
import Form from './Form';

function App() {
  return (
    <ContactProvider>
      <List />
      <Form />
    </ContactProvider>
  );
}

export default App;
```

Listing 10.16 Integration des ContactProviders in die App-Komponente (src/App.js)

Wie Sie sehen, umfasst der ContactProvider die nun gleichgestellten List- und Form-Komponenten. Beide können mit der Kontext-Integration unabhängig voneinander verwendet werden.

Im nächsten Schritt bauen wir die Form-Komponente so um, dass sie direkt auf den Kontext zugreift und keine Abhängigkeit mehr zur List-Komponente aufweist. Zu diesem Zweck benötigen Sie die handleSave-Methode aus der List-Komponente. Die Anpassungen an der Form-Komponente sehen Sie in Listing 10.17.

```
import { useContext, useState } from 'react';
import { ContactContext } from './ContactContext';
const initialContact = {…};

function Form() {
  const [contacts, setContacts] = useContext(ContactContext);
  const [contact, setContact] = useState(initialContact);

  async function handleSave(contact) {
    const response = await fetch('http://localhost:8001/api/contacts', {
      method: 'POST',
      headers: { 'Content-Type': 'application/json' },
      body: JSON.stringify(contact),
    });
    if (response.status === 201) {
      const id = response.headers.get('Location').split('/').pop();
      setContacts((prevContacts) => [...prevContacts, { ...contact, id }]);
    }
  }

  function handleChange(e) {…}

  return (
    <form
      onSubmit={(e) => {
        e.preventDefault();
        handleSave(contact);
        setContact(initialContact);
      }}
    >…</form>
  );
}

export default Form;
```

Listing 10.17 Verwendung des Kontexts in der Form-Komponente

Zunächst stellen Sie mit der useContext-Funktion sicher, dass Sie auf den Kontext zugreifen können. Dieser Funktion übergeben Sie das Kontext-Objekt, das Sie in der Datei *ContactContext.js* exportieren. React sorgt dann automatisch dafür, dass der am nächsten gelegene Provider für diesen Kontext verwendet wird.

Die handleSave-Funktion aus der List-Komponente können Sie ohne Änderung in die Form-Komponente übernehmen und müssen lediglich im Submit-Handler die Referenz von onSave auf handleSave ändern. Außerdem können Sie die onSave-Prop aus der Signatur der Form-Komponente löschen, da sie nicht mehr benötigt wird.

Im letzten Schritt widmen wir uns der List-Komponente und stellen sie ebenfalls auf den Kontext um. Die Anpassungen an der Datei *List.js* finden Sie in Listing 10.18.

```
import { useEffect, useContext } from 'react';
import { ContactContext } from './ContactContext';
import './List.css';
import ListItem from './ListItem';

function List() {
  const [contacts, setContacts] = useContext(ContactContext);

  useEffect(() => {…}, []);

  async function handleDelete(contact) {…}

  return (
    <>
      <h1 style={{ textDecoration: 'underline' }}>Kontaktliste</h1>
      <table className="contactTable">…</table>
    </>
  );
}

export default List;
```

Listing 10.18 Anpassung der List-Komponente an den Kontext (src/List.js)

Im Prinzip müssen Sie in der List-Komponente lediglich das useState-Statement durch ein useContext-Statement ersetzen und sicherstellen, dass der Code, der mit dem Formular in Zusammenhang steht, entfernt ist.

Wechseln Sie mit diesem Codestand in den Browser, sollten Sie keinerlei Unterschied feststellen können, da sich lediglich die State-Verwaltung geändert hat und Liste und Formular mittlerweile unabhängig voneinander sind. Dieser Schritt ist auch wichtig für unsere letzte Erweiterung der Applikation: Wir integrieren eine Möglichkeit, um zwischen der Liste und dem Formular hin und her zu navigieren.

10.8 Routing

Eine Single-Page-Applikation lebt davon, dass die Seite im Browser nicht neu geladen wird, damit der Zustand im Speicher verbleibt. Das bedeutet allerdings nicht, dass alle Features Ihrer Applikation immer sichtbar sein müssen oder Sie nicht mit Links zwischen einzelnen Sichten navigieren können. Hierfür kommt üblicherweise die History API des Browsers zum Einsatz. Mit ihr können Sie Änderungen im URL-Pfad durchführen, ohne dass die Seite neu geladen wird. Der React Router ist die Standardbibliothek, wenn es um diese Art der Navigation in einer React-Applikation geht, und setzt auf die History API.

Wir nutzen den React Router, um Liste und Formular noch deutlicher voneinander zu trennen. Doch dazu müssen Sie den Router zunächst installieren. Dafür wechseln Sie auf die Kommandozeile und führen im Wurzelverzeichnis Ihrer Applikation das folgende Kommando aus: `npm install react-router-dom`. Der React Router ist ein Projekt, das unabhängig von React entwickelt wird. Es verfolgt jedoch einen ähnlichen Ansatz wie der Renderer von React und ist so aufgebaut, dass er sowohl im Browser als auch mit React Native in nativen mobilen Apps verwendet werden kann.

Die Konfiguration des Routers findet in Form von Komponenten statt. Normalerweise führen Sie diese an einem zentralen Punkt wie beispielsweise in der Datei *App.js* durch. In Listing 10.19 finden Sie die Integration des Routers sowie die Definition der benötigten Routen.

```
import { BrowserRouter, Routes, Route, Navigate } from 'react-router-dom';
import { ContactProvider } from './ContactContext';
import List from './List';
import Form from './Form';
function App() {
  return (
    <ContactProvider>
      <BrowserRouter>
        <Routes>
          <Route path="/list" element={<List />} />
          <Route path="/form" element={<Form />} />
          <Route path="/" element={<Navigate to="/list" />} />
        </Routes>
      </BrowserRouter>
    </ContactProvider>
```

```
  );
}
export default App;
```

Listing 10.19 Routendefinitionen in der App-Komponente (src/App.js)

Die `BrowserRouter`-Komponente stellt in der JSX-Struktur der App-Komponente den Einstieg in die Routenkonfiguration dar. Die `Routes`-Komponente umfasst die einzelnen `Route`-Komponenten, mit denen Sie die Routen konfigurieren und bietet gleichzeitig einen Ankerpunkt für das Rendern des jeweils aktiven Komponentenbaumes. Die einzelnen `Route`-Komponenten sorgen schließlich dafür, dass die Komponente, die Sie über die element-Prop angeben gerendert werden, falls der URL- beziehungsweise History-Pfad dem Wert aus dem `path`-Attribut entspricht.

Eine Sonderform stellt die letzte Route dar; sie ist die Standardroute und wird ausgeführt, wenn Sie *http://localhost:3000/* aufrufen. Diese Route rendert keine der Komponenten der Applikation, sondern die `Navigate`-Komponente, die den Aufruf auf den */list*-Pfad umleitet und dafür sorgt, dass standardmäßig die Liste angezeigt wird. Wechseln Sie in den Browser und laden Ihre Applikation neu, sehen Sie, wie durch die Standardroute automatisch ein */list* an die URL angehängt wird.

Damit ein Benutzer von der Liste zum Formular wechseln kann, müssen Sie noch einen Link in die `List`-Komponente einfügen. Hierfür nutzen Sie die `Link`-Komponente des React Routers wie in Listing 10.20.

```
...
import { Link } from 'react-router-dom';

function List() {
  ...
  return (
    <>
      <h1 style={{ textDecoration: 'underline' }}>Kontaktliste</h1>
      <table className="contactTable">...</table>
      <Link to="/form">Neu</Link>
    </>
  );
}

export default List;
```

Listing 10.20 Verknüpfung von der Liste zum Formular (src/List.js)

Die `Link`-Komponente rendert ein `a`-Tag, das auf den im `to`-Attribut angegebenen Pfad umleitet. Öffnen Sie die Entwicklerwerkzeuge Ihres Browsers und wechseln dort zum Netzwerk-Tab, können Sie sehen, dass keine Anfragen an den Server gesendet werden, wenn Sie den Link betätigen. Die Navigation findet also rein clientseitig statt.

Ähnlich gehen Sie auch beim Formular vor, mit dem Unterschied, dass beim Speichern automatisch auf die Liste umgeleitet werden soll. Wie das funktioniert, sehen Sie in Listing 10.21.

```
...
import { Link, useNavigate } from 'react-router-dom';
const initialContact = {…};

function Form() {
  const [contacts, setContacts] = useContext(ContactContext);
  const [contact, setContact] = useState(initialContact);
  const navigate = useNavigate();

  async function handleSave(contact) {…}

  function handleChange(e) {…}

  return (
    <form
      onSubmit={(e) => {
        e.preventDefault();
        handleSave(contact);
        setContact(initialContact);
        navigate('/list');
      }}
    >
...
      <button type="submit">speichern</button>
      <Link to="/list">Abbrechen</Link>
    </form>
  );
}

export default Form;
```

Listing 10.21 Integration des Routers in die Form-Komponente (src/Form.js)

In der `Form`-Komponente fügen Sie wie auch schon in der `List`-Komponente einen Link ein, mit dem der Benutzer direkt zur Liste zurücknavigieren kann. Den Link beschriften Sie mit *Abbrechen*. Für die Navigation nach dem Speichervorgang nutzen

Sie die `useNavigate`-Hook-Funktion aus dem react-router-dom-Paket. Diese Funktion gibt Ihnen die `navigate`-Funktion zurück, der Sie beim Aufruf den gewünschten Pfad übergeben können und die dann für die entsprechende Navigation sorgt.

Mit diesen Änderungen können Sie jetzt zwischen den beiden Sichten Ihrer Applikation navigieren, ihre Datensätze anzeigen lassen, sie löschen und neue anlegen.

10.9 Zusammenfassung und Ausblick

Dieses Kapitel hat Ihnen einen Einblick in die Entwicklung von Single-Page-Applikationen mit React gegeben. React und sein Ökosystem können noch sehr viel mehr leisten als das, was Sie hier gesehen haben. Dennoch verfügen Sie jetzt über eine einfache Applikation, die Ihnen als Startpunkt auf dem Weg in die Welt von React dienen kann.

10.9.1 Die wichtigsten Punkte

In diesem Kapitel haben Sie gelernt, wie Sie mit React eine Single-Page-Applikation implementieren können. Dabei möchte ich Ihnen die folgenden Punkte ans Herz legen:

- React ist eine Bibliothek mit einem Schwerpunkt auf der Implementierung von Benutzerschnittstellen und wird ergänzt durch ein sehr umfangreiches Ökosystem von Drittanbieterpaketen.
- Sie können eine React-Applikation entweder selbst initialisieren, oder Sie nutzen das Create-React-App-Projekt dafür.
- Eine React-Applikation besteht aus einem Baum von Komponenten.
- React verwendet mit JSX eine Syntaxerweiterung für JavaScript, um Komponenten aufzubauen. Hierbei wird zwischen Elementen unterschieden, die direkt in HTML-Elemente übersetzt werden, und Komponenten, mit deren Hilfe Sie die Struktur Ihrer Applikation modellieren.
- Es gibt zwei Arten von Komponenten: die älteren Klassenkomponenten, die in der Zwischenzeit stark an Bedeutung verloren haben, und die Funktionskomponenten, die sich als Quasistandard etabliert haben.
- Eine Komponente kann ihren eigenen Zustand verwalten. Eine Änderung an diesem Zustand führt dazu, dass die Komponente neu gezeichnet wird. Der Zustand wird mithilfe der `useState`-Funktion verwaltet.
- Der Lebenszyklus mit den Phasen Mount, Update und Unmount wird über die `useEffect`-Funktion abgebildet.

- Kindkomponenten erhalten Informationen über Attribute, die sogenannten Props. Eine Prop kann sowohl eine Zeichenkette als auch ein Objekt oder eine Funktion sein.
- Mit Funktionen als Props können Kindkomponenten mit ihren Elternkomponenten kommunizieren.
- React stellt für die Eventbehandlung vordefinierte Props wie beispielsweise `onClick` zur Verfügung, bei denen Sie Ihre Callback-Funktionen registrieren können.
- Die Kontext-API ermöglicht Ihnen, aus dem klassischen Datenfluss von Eltern- zu Kindkomponenten auszubrechen und Werte allen Unterknoten zur Verfügung zu stellen.
- Mit dem React Router haben Sie eine Möglichkeit, innerhalb einer React-Applikation zu navigieren, ohne die Seite vollständig neu zu laden.

10.9.2 Weiterführende Literatur

Für React gibt es sehr viele Ressourcen, mit deren Hilfe Sie sich weiterbilden können. Angefangen bei der offiziellen Dokumentation über zahlreiche qualitativ hochwertige Blogs bis hin zu Büchern zum Thema React:

- Die offizielle React-Dokumentation finden Sie unter *https://de.reactjs.org/docs/getting-started.html.*
- Dan Abramov, einer der Kernentwickler von React, hat ein Blog zu verschiedenen Themen aus dem Bereich React gestartet: *https://overreacted.io.*
- Eine weitere populäre Ressource zum Thema React ist das Blog von Kent C. Dodds, das Sie unter *https://kentcdodds.com/blog* erreichen.
- Und natürlich kann ich Ihnen an dieser Stelle noch mein React-Buch »React: das umfassende Handbuch« ans Herz legen, das ebenfalls beim Rheinwerk Verlag erschienen ist.

10.9.3 Ausblick

Im nächsten Kapitel zeige ich Ihnen, welche verschiedenen Arten von mobilen Webanwendungen es gibt, worin sich diese unterscheiden und was es mit dem Begriff Responsive Design auf sich hat.

Kapitel 11
Mobile Anwendungen implementieren

Als Webentwickler sollten Sie einen Überblick darüber haben, welche unterschiedlichen Arten von mobilen Anwendungen es gibt und welche Vor- und Nachteile jede Art mit sich bringt.

11

In diesem Kapitel gebe ich Ihnen eine Einführung in die verschiedenen Arten von mobilen Anwendungen, welche Vor- und Nachteile diese jeweils haben und welche Technologien Ihnen für die Entwicklung zur Verfügung stehen. Außerdem gehen wir auf die Begriffe *Responsive Design* und *Cross Platform Development* ein.

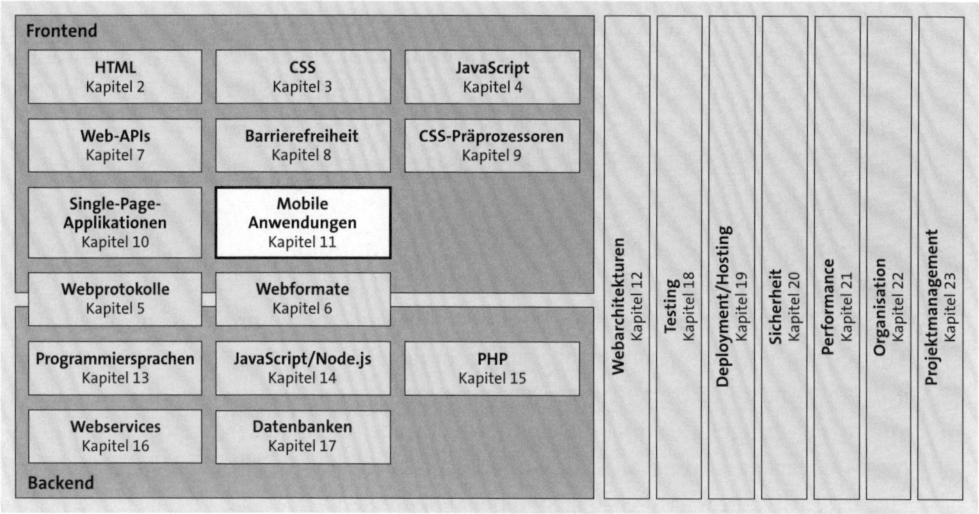

Abbildung 11.1 Die Entwicklung von mobilen Anwendungen ist auch für Webentwickler ein relevantes Themengebiet.

11.1 Die unterschiedlichen Arten mobiler Anwendungen

Grundsätzlich unterscheidet man bei mobilen Anwendungen zwischen folgenden drei Arten:

- *Native Anwendungen*: Dies sind Anwendungen, die extra für ein bestimmtes mobiles Betriebssystem entwickelt und kompiliert werden (beispielsweise für Android oder iOS) und **nativ** auf diesem Betriebssystem laufen.
- *Mobile Webanwendungen*: Dies sind Webanwendungen (mit der Betonung auf »Web«), welche wie »gewöhnliche« Webanwendungen mit HTML, CSS und JavaScript entwickelt werden und im jeweiligen mobilen Browser laufen.
- *Hybride Anwendungen*: Dies sind Anwendungen, welche die beiden vorher genannten Arten kombinieren. Das heißt, hybride Anwendungen laufen nativ auf dem jeweiligen Betriebssystem, werden aber unter Verwendung von HTML, CSS und JavaScript implementiert.

Jede dieser Arten werde ich im Folgenden kurz beschreiben, noch mal etwas genauer auf die Technologien, die zum Einsatz kommen, eingehen und Ihnen die wesentlichen Vor- und Nachteile aufzeigen. Den Abschluss bildet eine Übersicht, die Ihnen verschiedene Entscheidungskriterien für oder gegen die jeweilige Art von mobilen Anwendungen auflistet.

11.1.1 Native Anwendungen

Native Anwendungen sind mobile Anwendungen, die gezielt für ein mobiles Betriebssystem entwickelt und kompiliert werden und die die Funktionalitäten und Features des jeweiligen Betriebssystems optimal nutzen können.

Technologien

Je nachdem, ob Sie eine native Anwendung für Android, iOS oder Windows Mobile entwickeln möchten, müssen Sie eine andere zugrunde liegende Technologie verwenden. Für Smartphones und Tablets beispielsweise, die *Android* als Betriebssystem nutzen, werden native Anwendungen in der Regel in *Java* oder *Kotlin* unter Verwendung des *Android SDK* (*Software Development Kits*) entwickelt. Für die Entwicklung von Anwendungen für Apple-Produkte wie iPhone und iPad bzw. für das Betriebssystem *iOS* dagegen kommen Programmiersprachen wie *Swift* oder *Objective-C* zum Einsatz, für *Windows Mobile* dagegen beispielsweise *Visual C#*.

Vorteile

Native Anwendungen haben gegenüber den anderen Arten von mobilen Anwendungen verschiedene Vorteile: Zum einen können hierbei optimal die Funktionalitäten und Features des jeweiligen Endgeräts bzw. mobilen Betriebssystems optimal genutzt werden, weil diese Features über entsprechende Programmierschnittstellen für die verschiedenen Programmiersprachen zugänglich gemacht werden. Zum anderen sind native Anwendungen performanter als die anderen Arten von Anwendungen, weil hier die gesamte Anwendung vor der Ausführung für das jeweilige Betriebssystem kompiliert wird (siehe Abbildung 11.2).

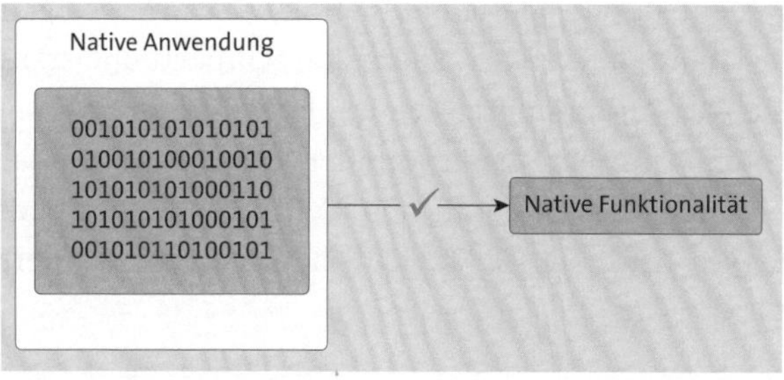

Abbildung 11.2 Native Anwendungen müssen zwar für verschiedene Betriebssystem separat entwickelt werden, können aber auf native Funktionalitäten zugreifen und sind insgesamt sehr performant.

Nachteile

Der große Nachteil von nativen Anwendungen ist vor allem der Implementierungsaufwand: Wenn eine Anwendung unter mehreren mobilen Betriebssystemen laufen soll, muss für jedes Betriebssystem eine eigene Version implementiert werden. Dies wiederum bedeutet nicht nur erhöhten Implementierungsaufwand, sondern setzt auch entsprechendes Know-how im Team voraus: Im Zweifelsfall benötigt man mindestens einen Kotlin- bzw. Java-Entwickler, einen Objective-C- bzw. Swift-Entwickler und jemanden, der die Version für Windows Mobile in C# implementiert.

Aus dem erhöhten Implementierungsaufwand und den benötigten Entwicklern mit unterschiedlichen Kenntnissen wiederum ergeben sich insgesamt vergleichsweise hohe Kosten für die Implementierung. Grund genug, vor der Entscheidung für eine native Anwendung die anderen Arten in Betracht zu ziehen.

Hinweis

Mittlerweile gibt es Lösungen, die eine sogenannte *Cross-Platform-Entwicklung* ermöglichen: Hierbei implementiert man die jeweilige Anwendung in einer Code-Basis, die dann den Code für die verschiedenen Betriebssysteme »übersetzen«. Ein bekanntes Beispiel für eine Cross-Platform-Lösung ist das später in diesem Kapitel vorgestellte React Native, welches die Implementierung von nativen Anwendungen in JavaScript ermöglicht.

11.1.2 Mobile Webanwendungen

Bei *mobilen Webanwendungen* (*mobile Web-Apps* mit Betonung auf »Web«) handelt es sich um gewöhnliche Webanwendungen, die für die Nutzung auf mobilen Endgeräten optimiert sind.

Technologien

Mobile Webanwendungen werden in HTML5, CSS3 und JavaScript unter Anwendung von *Responsive Design*-Prinzipien entwickelt und laufen dann auf dem jeweiligen Endgerät innerhalb eines dort installierten Browsers. Spezielle Techniken und standardisierte APIs erlauben es dabei, die Anwendung so zu implementieren, dass sie sich weitestgehend wie »echte« mobile Anwendungen anfühlen. Der Quelltext einer mobilen Webanwendung liegt wie auch bei herkömmlichen Webanwendungen bzw. Websites auf einem zentralen Server, wird auf das Endgerät heruntergeladen, dort interpretiert und ausgeführt.

Responsive Design und CSS3 Media Queries

Responsive Design oder auch *Responsive Webdesign* bezeichnet ein Paradigma bei der Entwicklung von Websites und Webanwendungen, bei der sich das Layout der Website der Auflösung des Endgeräts anpasst, mit dem die jeweilige Website bzw. Webanwendung aufgerufen wird. Zum Einsatz kommen hier unter anderem sogenannte *Media Queries*, mit deren Hilfe sich CSS-Regeln gezielt für bestimmte Auflösungen definieren lassen. Auf Media Queries und weitere Techniken aus dem Responsive Webdesign werden wir in Abschnitt 11.2, »Responsive Design«, eingehen.

Vorteile

Mobile Webanwendungen haben gegenüber nativen Anwendungen verschiedene Vorteile: Zum einen können Updates relativ einfach durchgeführt werden, weil die Updates ja nicht auf dem jeweiligen Endgerät, sondern nur zentral am entsprechenden Webserver durchgeführt werden müssen und dann direkt Auswirkungen auf alle »verteilten Installationen« haben. Zum anderen müssen Sie bei einer mobilen Webanwendung nur eine Version der Anwendung erstellen. Diese ist dann auf allen gängigen mobilen Betriebssystemen lauffähig. Hierdurch werden zum einen der initiale Entwicklungsaufwand reduziert und die damit verbundenen Entwicklungskosten sowie zum anderen der Wartungsaufwand und die entsprechenden Wartungskosten. Zudem werden »lediglich« HTML-, CSS- und JavaScript-Kenntnisse vorausgesetzt, um diese Art der Anwendungen implementieren zu können. Dem gegenüber stehen benötigte Kenntnisse in mindestens Android, Swift und C#.

Nachteile

Neben den genannten Vorteilen haben mobile Webanwendungen allerdings auch Nachteile gegenüber nativen Anwendungen: Zum einen ist der Zugriff auf native Hardware-Funktionen wie GPS, Kamera, Mikrofon oder Ähnliches aus Sicherheitsgründen eingeschränkt (siehe Abbildung 11.3). Zum anderen können mobile Webanwendungen nicht wie eine native Anwendung auf dem jeweiligen Endgerät installiert werden, sondern müssen immer im Browser ausgeführt werden. Das Gefühl einer »echten« nativen Anwendung kommt so beim Nutzer nicht wirklich auf.

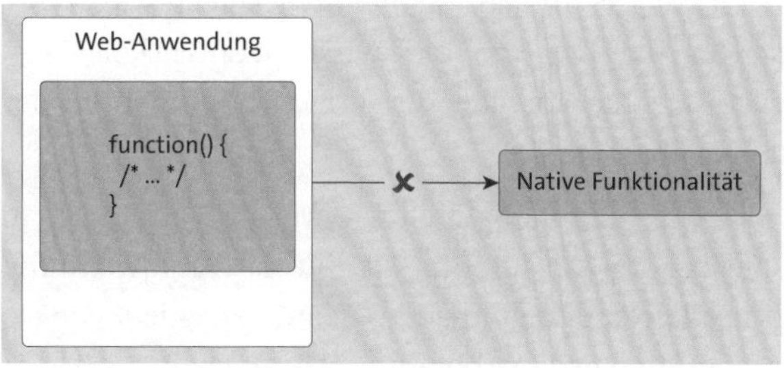

Abbildung 11.3 Mobile Webanwendungen können in der Regel nicht auf native Funktionalitäten zugreifen.

W3C-Standards

Das W3C hat mittlerweile viele verschiedene Spezifikationen veröffentlicht, die den Zugriff auf Hardware-Features von mobilen Endgeräten standardisieren (beispielsweise die Geolocation API für den Zugriff auf unter anderem Positionsdaten des Nutzers, *www.w3.org/TR/geolocation-API/*, oder die Battery Status API für den Zugriff auf Informationen wie den Ladestand des Akkus, *www.w3.org/TR/battery-status*). Dennoch haben Sie bei nativen Anwendungen mehr Möglichkeiten, auf native Features des jeweiligen Betriebssystems zuzugreifen.

11.1.3 Hybridanwendungen

Eine weitere Kategorie von mobilen Anwendungen sind sogenannte *hybride Anwendungen*, die versuchen, die Vorteile von nativen Anwendungen mit den Vorteilen von mobilen Webanwendungen zu vereinen.

Vom Prinzip her wird dabei eine mobile Webanwendung innerhalb einer nativen Anwendung dargestellt. Plattformen wie Android oder iOS bieten dazu sogenannte *Web-Views* an. Hierbei handelt es sich um spezielle native GUI-Komponenten, die eine eigene Rendering-Engine enthalten und Webanwendungen darstellen können (bzw. HTML-, CSS- und JavaScript-Code interpretieren). Oder anders gesagt: Bei hybriden Anwendungen wird der »Rahmen« der Anwendung nativ dargestellt, der eigentliche Inhalt aber in Form einer Webanwendung.

Technologien

Grundsätzlich gibt es zwei Kategorien von hybriden Anwendungen: Bei der einen Variante wird ein nativer Teil benötigt, der den »Rahmen« der Anwendung bildet und unter anderem eine sogenannte Web-View-Komponente zur Verfügung stellt, in der die eigentliche Anwendung in Form einer Webanwendung geladen wird. Diese Webanwendung wird klassisch in HTML, CSS und JavaScript entwickelt. Bei der anderen Variante wird die Anwendung auch in HTML, CSS und JavaScript entwickelt, dann aber während des »Bauens« teilweise in entsprechende native Komponenten des jeweiligen mobilen Betriebssystems »übersetzt«.

Über die nativen Teile der Anwendung (unabhängig davon, welche Variante man wählt) ist es zum einen möglich, die hybride Anwendung wie eine native Anwendung auf dem jeweiligen Endgerät zu installieren und zum anderen auf verschiedene Features der mobilen Plattformen zuzugreifen (siehe Abbildung 11.4).

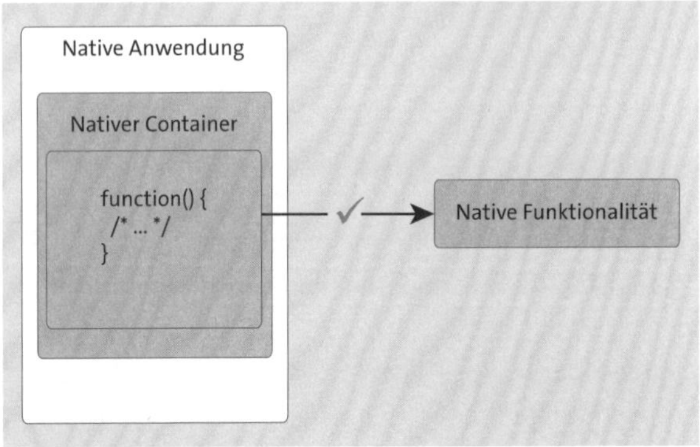

Abbildung 11.4 Durch den nativen Container kann bei hybriden Anwendungen aus dem JavaScript-Code auf die nativen Funktionalitäten zugegriffen werden.

Mittlerweile gibt es verschiedene Tools für die Entwicklung von Webanwendungen. Zu den moderneren gehören Flutter (*https://flutter.dev*), NativeScript (*https://nativescript.org*), Ionic (*https://ionicframework.com*) und React Native (*https://reactnative.dev*).

Vorteile

Hybride Anwendungen kombinieren die Vorteile von nativen Anwendungen und mobilen Webanwendungen: Sie können wie native Anwendungen auf dem mobilen Endgerät installiert werden, sind weitestgehend plattformunabhängig, und für die Entwicklung werden »lediglich« Kenntnisse in HTML, CSS und JavaScript benötigt.

Nachteile

Frameworks für die Entwicklung von hybriden Anwendungen stellen APIs für verschiedene Hardware-Features und Features der mobilen Plattformen zur Verfügung, die so allgemein wie möglich gehalten sind, also den kleinsten gemeinsamen Nenner verschiedener mobiler Plattformen darstellen. Im Zweifelsfall werden hierdurch jedoch nicht alle Features der jeweiligen Plattform »ausgereizt«. Oder anders formuliert: Auch wenn hybride Anwendungen viele native Features durch genannte APIs »auf die JavaScript-Ebene holen«, bieten native Anwendungen nach wie vor mehr Möglichkeiten.

11.1.4 Vergleich der verschiedenen Ansätze

Sie sehen schon: Als Entwickler mobiler Anwendungen haben Sie die Qual der Wahl. Welche der beschriebenen Arten Sie für ein konkretes Projekt wählen, hängt von verschiedenen Faktoren ab: Wollen Sie die mobile Anwendung in einem App Store für den Download zur Verfügung stellen? Dann fallen mobile Webanwendungen weg, und Sie müssen stattdessen eine native oder eine hybride Anwendung implementieren. Soll die Anwendung möglichst performant sein? Dann wäre die beste Wahl eine native Anwendung, weil hierbei kompilierter Code verwendet wird, der schneller ausgeführt werden kann als JavaScript.

Als Webentwickler sollten Sie also eine grundsätzliche Übersicht haben, welcher Ansatz sich für welchen Anwendungsfall bzw. für welche Anforderungen eignet und welcher nicht. Eine Übersicht und eine Entscheidungshilfe bei der Wahl gibt Ihnen hierbei Tabelle 11.1, in der die drei Ansätze zusammenfassend gegenübergestellt sind.

Aspekt	Nativ	Web	Hybrid
Entwicklung	Für jede Plattform (Android, iOS etc.) muss eine separate Anwendung erstellt werden. Alternativ verwendet man eine Bibliothek wie React Native.	Es muss lediglich eine Anwendung entwickelt werden, die dann auf allen Plattformen lauffähig ist.	Wie bei mobilen Webanwendungen muss auch hierbei lediglich eine Anwendung entwickelt werden, die dann dank nativer Komponenten auf die gleiche Weise wie eine native Anwendung installiert werden kann.
Programmiersprachen und andere Sprachen	Objective-C, Swift, Java mit Android SDK, Visual C# oder JavaScript bzw. JSX im Falle von React Native	HTML5, CSS3, JavaScript	HTML5, CSS3, JavaScript plus entsprechende native Komponenten pro Plattform.

Tabelle 11.1 Vergleich der verschiedenen Arten von mobilen Anwendungen

Aspekt	Nativ	Web	Hybrid
Plattformunabhängigkeit	nein	ja	ja
Entwicklungsaufwand und Entwicklungskosten	hoch	gering	mittel
Wartungsaufwand und Wartungskosten	hoch	gering	mittel
Wiederverwendbarkeit des Quelltextes	gering	hoch	hoch
Offlinenutzung	In der Regel ist keine Verbindung zum Internet notwendig, um zwischen einzelnen »Seiten« einer nativen Anwendung zu wechseln. Nur für den Fall, dass eine Anwendung explizite Onlinefunktionen nutzt (beispielsweise auf Webservices zugreift oder Ähnliches), ist eine Verbindung zum Internet notwendig.	Grundsätzlich besteht bei mobilen Webanwendungen eher die Notwendigkeit, eine Verbindung zum Internet zu haben und aufrechtzuerhalten. Mithilfe von HTML5-Features wie dem Application Cache sowie Offlinedatenbanken kann dem aber entgegengewirkt werden.	Wie für native Anwendungen ist auch für hybride Anwendungen in der Regel keine Verbindung zum Internet notwendig. Es sei denn, die Anwendung selbst greift auf Web Services oder andere Internetdienste zu.

Tabelle 11.1 Vergleich der verschiedenen Arten von mobilen Anwendungen (Forts.)

Aspekt	Nativ	Web	Hybrid
Performance	Gegenüber den anderen Arten haben native Anwendungen eine hohe Performance, da sie kompilierten Code nutzen.	Mobile Webanwendungen sind in der Regel von den drei genannten Arten von mobilen Anwendungen diejenigen, die am langsamsten sind. Ein Grund dafür ist, dass der in JavaScript geschriebene Code einer mobilen Webanwendung interpretiert wird.	Hybride Anwendungen sind in der Regel langsamer als native Anwendungen, aber schneller als mobile Webanwendungen.
Deployment	Native Anwendungen werden in der Regel vom jeweiligen App Store heruntergeladen und installiert.	Mobile Webanwendungen werden auf einem Server gehostet und nicht auf dem jeweiligen Endgerät installiert.	Hybride Anwendungen werden wie native Anwendungen aus den jeweiligen App Stores heruntergeladen und installiert.

Tabelle 11.1 Vergleich der verschiedenen Arten von mobilen Anwendungen (Forts.)

Die Entwicklung von nativen Anwendungen geht über das Ziel dieses Buches hinaus. Zu umfangreich wäre es, die entsprechenden Programmiersprachen vorzustellen und dann noch die Details zu erläutern, die bei der Entwicklung von nativen Anwendungen wichtig sind. Aus diesem Grund möchte ich im weiteren Verlauf dieses Kapitels auf zwei Themen eingehen, die in Bezug auf die Entwicklung von mobilen Webanwendungen und in Bezug auf die Entwicklung von hybriden Anwendungen wichtig sind: auf Responsive Design und auf Cross Platform Development.

11.2 Responsive Design

In Bezug auf die Entwicklung von mobilen Webanwendungen hast sich in den letzten Jahren insbesondere ein Paradigma als Best Practice durchgesetzt: das sogenannte *Responsive Design*.

11.2.1 Einführung: Was ist Responsive Design?

Responsive Design bezeichnet eine Vorgehensweise beim Design und bei der Entwicklung von Webanwendungen, durch die sich eine Webanwendung an die Bildschirm- bzw. Displaygröße des jeweiligen Endgerätes anpasst. Das heißt, Sie entwickeln eine Webanwendung ganz klassisch unter Verwendung von HTML, CSS und JavaScript, sorgen dabei aber über spezielle Techniken dafür, dass die Anwendung zur Laufzeit »merkt«, unter welcher Displaygröße sie läuft, und sich dynamisch daran anpasst.

Diese Anpassungen betreffen in der Regel das Layout, die Inhalte sowie die Anordnung von Bildern und Texten (Ihrer Fantasie sind darüber hinaus natürlich designtechnisch keine Grenzen gesetzt ☺). Wird eine Webanwendung beispielsweise mit einem Laptop oder einem externen Monitor betrachtet (das heißt: ist sehr viel Platz für die Darstellung vorhanden), können Inhalte und beispielsweise Navigationselemente großzügig angeordnet werden. Wird dieselbe Webanwendung dagegen mit einem Smartphone betrachtet, ist es besser, Inhalte sehr sparsam darzustellen, beispielsweise Inhalte zu kürzen und Navigationselemente zu komprimieren (Sie kennen sicherlich die sogenannten Burger-Menüs, welche üblicherweise durch eine Schaltfläche mit drei horizontalen, übereinander angeordneten Linien symbolisiert werden und erst bei Klick bzw. »Tap« die eigentliche Navigation anzeigen).

Anders als beim sogenannten *Adaptive Design*, bei dem für jedes Endgerät eine komplett eigenständige, separate Version der Webanwendung bzw. Website entwickelt wird, die speziell auf die Bildschirmgröße des jeweiligen Endgeräts zugeschnitten ist, entwickelt man beim Responsive Design also nur eine einzelne Version, die sich dann dynamisch abhängig von der Bildschirmgröße anpasst (siehe Abbildung 11.5).

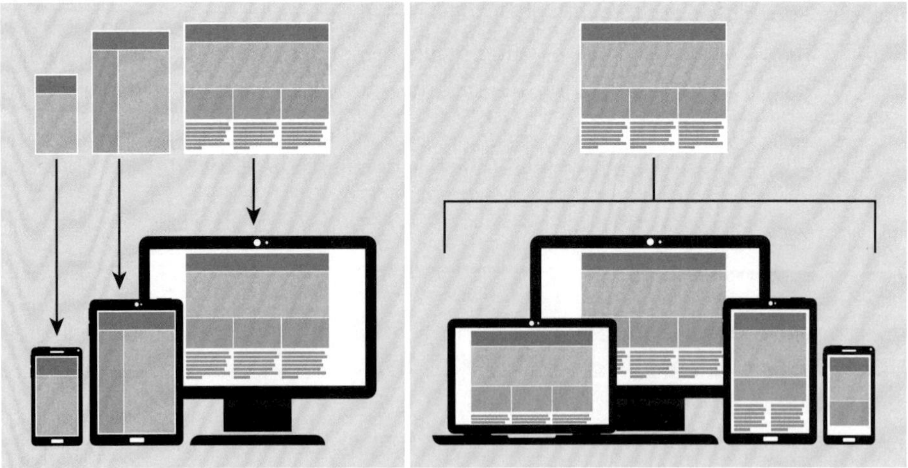

Abbildung 11.5 Beim Responsive Design passt sich – anders als beim Adaptive Design – die Webanwendung dynamisch an die gegebene Displaygröße an.

Über die Techniken des Responsive Designs lassen sich ganze Bücher füllen (und ein paar empfehlenswerte finden Sie wie immer am Ende des Kapitels). Im Folgenden möchte ich Ihnen aus Platzgründen aber nur die wichtigsten Techniken vorstellen. Dies sind:

- Angabe des Viewports
- Verwenden von Media Queries
- Verwenden von flexiblen Layouts

Mobile First vs. Desktop First

Je nachdem, ob man bei der Entwicklung einer Webanwendung den Fokus auf die Desktopversion oder die mobile Version legt, unterscheidet man beim Responsive Design zwischen zwei verschiedenen Ansätzen: dem sogenannten *Desktop First* und dem *Mobile First*. In den Anfangstagen des Responsive Designs wurden Webanwendungen in der Regel mit dem Desktop-First-Ansatz entwickelt: Der Fokus liegt dabei auf der Entwicklung der Desktopvariante und erst im zweiten Schritt auf der schrittweisen Reduzierung der Desktopvariante hin zu einer mobilen Variante. Heutzutage verwendet man jedoch in der Regel den Ansatz Mobile First: Hier liegt der Fokus auf der Entwicklung der mobilen Variante und der schrittweisen Erweiterung des Layouts für den Desktop.

11.2.2 Viewport

Halten wir also bis hierher fest: Die Idee von Responsive Design ist es, Webanwendungen für verschiedene Displaygrößen zu entwickeln und dabei nur eine Code-Basis zu verwenden. Eine besondere Bedeutung kommt dabei dem Begriff *Viewport* zu: Hierunter versteht man den Anzeigebereich, der auf dem jeweiligen Endgerät für die Darstellung einer Webanwendung verfügbar ist. Ohne explizite Definition des Viewports würde eine Webanwendung, die Sie in einem mobilen Browser aufrufen, nicht optimal dargestellt (Abbildung 11.6): Der Browser skaliert den Inhalt dann lediglich herunter und zeigt mehr oder weniger eine Miniaturversion der inhaltlich gleichen Darstellung an.

Responsive Design

Der Viewport

Lorem ipsum dolor sit amet, consetetur sadipscing elitr, sed diam nonumy eirmod tempor invidunt ut labore et dolore magna aliquyam erat, sed diam voluptua. At vero eos et accusam et justo duo dolores et ea rebum. Stet clita kasd gubergren, no sea takimata sanctus est Lorem ipsum dolor sit amet. Lorem ipsum dolor sit amet, consetetur sadipscing elitr, sed diam nonumy eirmod tempor invidunt ut labore et dolore magna aliquyam erat, sed diam voluptua. At vero eos et accusam et justo duo dolores et ea rebum. Stet clita kasd gubergren, no sea takimata sanctus est Lorem ipsum dolor sit amet. Lorem ipsum dolor sit amet, consetetur sadipscing elitr, sed diam nonumy eirmod tempor invidunt ut labore et dolore magna aliquyam erat, sed diam voluptua. At vero eos et accusam et justo duo dolores et ea rebum. Stet clita kasd gubergren, no sea takimata sanctus est Lorem ipsum dolor sit amet. Duis autem vel eum iriure dolor in hendrerit in vulputate velit esse molestie consequat, vel illum dolore eu feugiat nulla facilisis at vero eros et accumsan et iusto odio dignissim qui blandit praesent luptatum zzril delenit augue duis dolore te feugait nulla facilisi. Lorem ipsum dolor sit amet, consectetuer adipiscing elit, sed diam nonummy nibh euismod tincidunt ut laoreet dolore magna aliquam erat volutpat. Ut wisi enim ad minim veniam, quis nostrud exerci tation ullamcorper suscipit lobortis nisl ut aliquip ex ea commodo consequat. Duis autem vel eum iriure dolor in hendrerit in vulputate velit esse molestie consequat, vel illum dolore eu feugiat nulla facilisis at vero eros et accumsan et iusto odio dignissim qui blandit praesent luptatum zzril delenit augue duis dolore te feugait nulla facilisi. Nam liber tempor cum soluta nobis eleifend option congue nihil imperdiet doming id quod mazim placerat facer possim assum. Lorem ipsum dolor sit amet, consectetuer adipiscing elit, sed diam nonummy nibh euismod tincidunt ut laoreet dolore magna aliquam erat volutpat. Ut wisi enim ad minim veniam, quis nostrud exerci tation ullamcorper suscipit lobortis nisl ut aliquip ex ea commodo consequat. Duis autem vel eum iriure dolor in hendrerit in vulputate velit esse molestie consequat, vel illum dolore eu feugiat nulla facilisis. At vero eos et accusam et justo duo dolores et ea rebum. Stet clita kasd gubergren, no sea takimata sanctus est Lorem ipsum dolor sit amet. Lorem ipsum dolor sit amet, consetetur sadipscing elitr, sed diam nonumy eirmod tempor invidunt ut labore et dolore magna aliquyam erat, sed diam voluptua. At vero eos et accusam et justo duo dolores et ea rebum. Stet clita kasd gubergren, no sea takimata sanctus est Lorem ipsum dolor sit amet. Lorem ipsum dolor sit amet, consetetur sadipscing elitr, At accusam aliquyam diam diam dolore dolores duo eirmod eos erat, et nonumy sed tempor et et invidunt justo labore Stet clita ea et gubergren, kasd magna no rebum. sanctus sea sed takimata ut vero voluptua. est Lorem ipsum dolor sit amet. Lorem ipsum dolor sit amet, consetetur sadipscing elitr, sed diam nonumy eirmod tempor invidunt ut labore et dolore magna aliquyam erat. Consetetur sadipscing elitr, sed diam nonumy eirmod tempor invidunt ut labore et dolore magna aliquyam erat, sed diam voluptua. At vero eos et accusam et justo duo dolores et ea rebum. Stet clita kasd gubergren, no sea takimata sanctus est Lorem ipsum dolor sit amet. Lorem ipsum dolor sit amet, consetetur sadipscing elitr, sed diam nonumy eirmod tempor invidunt ut labore et dolore magna aliquyam erat, sed diam voluptua. At vero eos et accusam et justo duo dolores et ea rebum. Stet clita kasd gubergren, no sea takimata sanctus est Lorem ipsum dolor sit amet. Lorem ipsum dolor sit amet, consetetur sadipscing elitr, sed diam nonumy eirmod tempor invidunt ut labore et dolore magna aliquyam erat, sed diam voluptua. At vero eos et

Abbildung 11.6 Darstellung einer Webanwendung ohne Definition des Viewports (iOS Safari)

Definieren können Sie den Viewport einer Webanwendung über das `<meta>`-Tag. Dazu verwenden Sie, wie in Listing 11.1 zu sehen, für die `name`-Eigenschaft den Wert »viewport« und haben über die `content`-Eigenschaft die Möglichkeit, das genaue Verhalten des Viewports zu definieren. Der erste Teil »width=device-width«, weist den Browser an, die Webanwendung so darzustellen, dass sie genau die Bildschirmbreite des jeweiligen Geräts ausfüllt. Über den zweiten Teil, »initial-scale=2.0«, lässt sich die Skalierung der Webanwendung angeben.

```
<!DOCTYPE html>
<html lang="de">

<head>
  <title>Responsive Design</title>
  <link rel="stylesheet" href="styles/styles.css">
  <meta name="viewport" content="width=device-width,intial-scale=2.0" />
</head>
```

```
<body>
  <h1>
    Responsive Design
  </div>
  <h2>
    Der Viewport
  </h2>
  <article>
    <section>
      <!-- Hier der lange Beispieltext -->
    </div>
  </section>
</body>

</html>
```


Listing 11.1 Definition des Viewports in HTML

Öffnen Sie die angepasste Webanwendung erneut in einem mobilen Browser, ist die Darstellung zumindest – wie in Abbildung 11.7 zu sehen – ansatzweise für die Bildschirmgröße optimiert.

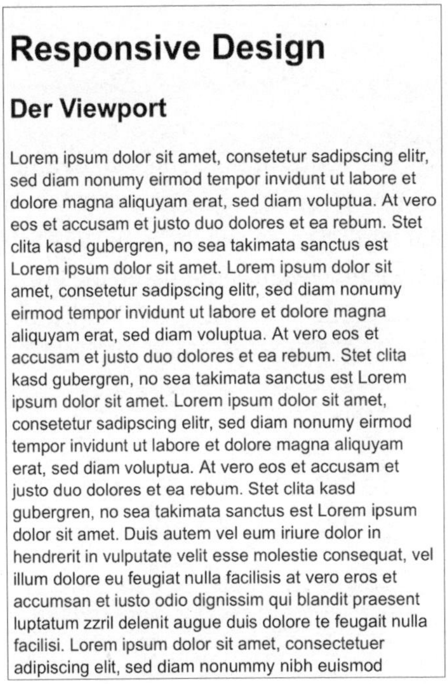

Abbildung 11.7 Durch die explizite Definition des Viewports optimieren mobile Browser die Anzeige von Webanwendungen.

So weit, so gut. Damit ist schon mal sichergestellt, dass eine Webanwendung auf mobilen Endgeräten nicht ganz so bescheiden aussieht. Doch wirklich »responsive« ist sie damit noch nicht.

11.2.3 Media Queries

Während Sie über die Angabe des Viewports sicherstellen können, dass eine Webanwendung grundsätzlich sinnvoll dargestellt wird und die Bildschirmgröße des Endgeräts berücksichtigt, verschaffen Ihnen sogenannte *Media Queries* deutlich flexiblere Möglichkeiten, das Aussehen einer Webanwendung abhängig von Bildschirmgröße und anderen Faktoren zu beeinflussen. Media Queries sind im Wesentlichen *Media Rules*, bei denen bestimmte *Media Features* verwendet werden. Was es mit all dem genau auf sich hat, erfahren Sie in den folgenden Abschnitten.

Media Rules

Grundsätzlich können Sie in CSS über *Media Rules* CSS-Regeln definieren, die nur für bestimmte Arten von »Medientypen« gelten. Eine solche Media Rule hat dabei folgenden Aufbau:

```
@media <media-query-list> {
  // CSS-Regeln
}
```

Listing 11.2 Aufbau von Media Rules

Mithilfe von Media Rules können Sie beispielsweise bestimmte CSS-Regeln definieren, die nur dann angewendet werden, wenn eine Webseite ausgedruckt wird (wenn also die Print-Ansicht des Browsers aufgerufen wird). Das folgende Listing 11.3 beispielsweise bewirkt, dass der Text der entsprechenden Webanwendung für die Print-Ansicht der Webanwendung (`@media print`) in einer Serifenschrift dargestellt wird, bei Betrachtung auf dem Bildschirm dagegen (`@media screen`) in einer serifenlosen Schriftart.

```
// Serifen-Schrift für die Print-Ansicht
@media print {
  body {
    font-family: georgia, times, serif;
  }
}
```

```
// Serifenlose Schrift für die Screen-Ansicht
@media screen {
  body {
    font-family: verdana, arial, sans-serif;
  }
}
```

Listing 11.3 Mithilfe von Media Rules können Sie für verschiedene Medientypen unterschiedliche CSS-Regeln definieren.

> **Hinweis**
> Neben »screen« und »print« definiert CSS noch weitere Medientypen. Eine Übersicht hierüber finden Sie beispielsweise unter *https://www.w3.org/TR/CSS21/media.html%23media-types.*

Media Features

Media Rules sind mittlerweile sehr flexibel, und Sie können mit ihnen nicht nur die Darstellung in der Screen-Ansicht und der Print-Ansicht individuell gestalten, sondern über sogenannte *Media Features* auch verschiedene weitere Aspekte überprüfen.

Beispielsweise können Sie CSS-Regeln definieren, die – und jetzt wird es relevant für das Responsive Design – abhängig von der Bildschirmbreite angewendet werden (über die Media Features `min-width` und `max-width`).

Listing 11.4 zeigt dazu ein Beispiel. Für verschiedene Bildschirmgrößen – definiert durch entsprechende *Breakpoints*, sprich Marker, die bestimmte Breiten definieren (vgl. Hinweis-Kasten) – werden unter Verwendung von Media Rules und Media Features verschiedene CSS-Regeln definiert. Diese werden jeweils nur dann angewendet, wenn die entsprechende Bedingung (beispielsweise `screen and (max-width: 575px)`) erfüllt ist. Der Anschaulichkeit wegen wird hierbei lediglich eine jeweils andere Hintergrundfarbe definiert. In der Praxis würden Sie vermutlich eher das komplette Layout der Anwendung anpassen (Details dazu später).

```
body {
  font-family: Arial, Helvetica, sans-serif;
}

@media screen and (max-width: 575px) {
  body {
```

```
    background-color: #b6bdff;
  }
}

@media screen and (min-width: 576px) {
  body {
    background-color: #919cfc;
  }
}

@media screen and (min-width: 768px) {
  body {
    background-color: #6a78fa;
  }
}

@media screen and (min-width: 992px) {
  body {
    background-color: #3b4ef9;
  }
}

@media screen and (min-width: 1200px) {
  body {
    background-color: #1f34f7;
  }
}
```

Listing 11.4 Verwendung von Media Queries

Hinweis

Öffnen Sie das entsprechende Code-Beispiel im Browser, können Sie durch das Größer- und Kleinerziehen des Browserfensters die verschiedenen Breakpoints »triggern« und nachvollziehen, welche Regeln bei welcher Bildschirm- (bzw. Browserfenster-)größe angewendet wird.

Breakpoints

Grundsätzlich gibt es keine standardisierten Breakpoints, die Sie verwenden müssen. Vielmehr richten sich die Breakpoints danach, welche Bildschirmgrößen Sie unterstützen bzw. unterscheiden möchten. Auch die einzelnen CSS-Frameworks, die sich ihrerseits des Themas Breakpoints annehmen, definieren jeweils unterschiedliche Werte. Tabelle 11.2 beispielsweise zeigt die Breakpoints, die das CSS-Framework Bootstrap (*https://getbootstrap.com*) verwendet.

Breakpoint-Bezeichnung	Pixel-Angabe
Extra small	< 576 px
Small	>= 576 px
Medium	>= 768 px
Large	>= 992 px
Extra large	>= 1200 px
Extra extra large	>= 1400 px

Tabelle 11.2 Beispielhafte Breakpoints für Media Queries (hier die Werte von Boostrap, Quelle: https://getbootstrap.com/docs/5.1/layout/breakpoints)

Neben den gezeigten Media Features `min-width` und `max-width` gibt es eine Reihe weiterer, und es ist sogar möglich, diese mithilfe der logischen Operatoren `and`, `not` und `only` zu verknüpfen. Eine gute Übersicht darüber finden Sie beispielsweise unter *https://developer.mozilla.org/en-US/docs/Web/CSS/Media_Queries/Using_media_queries*.

11.2.4 Flexible Layouts

Die verschiedenen Versionen einer responsiven Webanwendung unterscheiden sich in der Praxis vermutlich eher nicht in der Hintergrundfarbe. Stattdessen sorgt man in der Regel über verschiedene Layouts dafür, dass sich die Anwendung an die entsprechende Bildschirmgröße optimal anpasst. Hierbei kommen die verschiedenen CSS-Layouts ins Spiel, die Sie bereits aus Kapitel 3, »Webseiten gestalten mit CSS«, kennen. Aufbauend auf diesen Grundlagen und dem Gelernten zum Thema Media Queries möchte ich Ihnen im Folgenden kurz zeigen, wie sich mithilfe von Media Queries und dem Grid Layout unterschiedliche Layouts für verschiedene Bildschirmgrößen definieren lassen.

Das Grundgerüst bildet dabei der in Listing 11.5 gezeigte HTML-Code, der im Wesentlichen Header, Hauptbereich, ein paar geschachtelte <div>-Elemente, einen Randbereich und einen Footer definiert:

```
<!DOCTYPE html>
<html lang="de">

<head>
  <title>Responsive Design: Media Queries und flexibles Layout</title>
  <link rel="stylesheet" href="styles/styles.css">
  <meta name="viewport" content="width=device-width,intial-scale=2.0" />
</head>

<body class="grid">
  <header class="grid-item">
    Header
  </header>

  <main class="grid-item">
    Hauptinhalt
    <div class="subgrid">
      <div class="subgrid-item">
        1
      </div>
      <div class="subgrid-item">
        2
      </div>
    </div>
  </main>

  <aside class="grid-item">
    3
  </aside>

  <footer class="grid-item">
    Footer
  </footer>

</body>
</body>

</html>
```

Listing 11.5 Das HTML-Grundgerüst.

Der CSS-Code in Listing 11.6 definiert nun basierend auf dieser HTML-Struktur verschiedene Layouts für unterschiedliche Bildschirmgrößen. Was dabei vielleicht auf den ersten Blick nach viel aussieht, ist bei genauerer Betrachtung relativ übersichtlich (im Listing habe ich die insgesamt sechs im folgenden beschriebenen Teile durch entsprechende Kommentare unterteilt).

Der erste Teil dient lediglich der Definition von allgemeinen Styling-Informationen wie Schriftart, Rahmenstärke und -farbe, Abstände etc. und sorgt dafür, dass das Beispiel gleich in den Screenshots anschaulicher aussieht. Im zweiten Teil werden die wesentlichen Bestandteile der Beispielseite (Header, Hauptbereich, Seitenleiste, Footer etc.) als sogenannte *Grid Areas* definiert. Auf diese Weise können sie später bei der Definition des Grid Layouts referenziert werden. Der dritte Teil legt das Grid Layout für das »äußere Grid« und das exemplarisch geschachtelte »innere Grid« fest (siehe entsprechende `<div>`-Elemente in Listing 11.5).

Ab dem vierten Teil wird es dann in Bezug auf das Responsive Design interessant. Dieser Teil sorgt dafür, dass das Layout grundsätzlich – getreu dem Motto »Mobile First« – so aussieht wie in Abbildung 11.8.

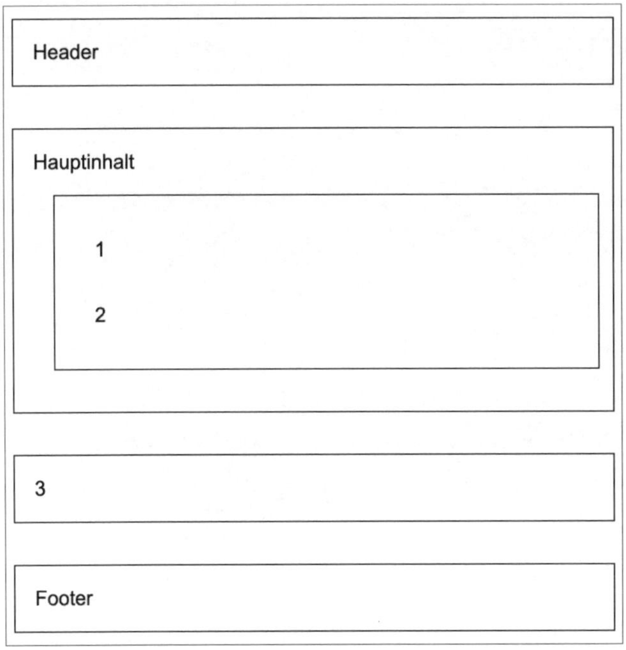

Abbildung 11.8 Layout der Webseite bei Bildschirmbreiten von maximal 575 Pixeln

Teil fünf bezieht sich auf Endgeräte mit einer minimalen Breite von 576 Pixeln und ordnet das Layout des inneren Grids neu an (Abbildung 11.9). Teil sechs schließlich geht noch einen Schritt weiter und wird nur für Endgeräte mit einer Bildschirmgröße von mehr als 992 Pixeln angewendet. Hier wird der Inhalt noch weiter »in die Breite« gezogen und ähnelt nun dem eines klassischen Desktop-Layouts (Abbildung 11.10).

```
/* 1: Allgemeine CSS-Regeln */
body {
  font-family: Arial, Helvetica, sans-serif;
}

header,
main,
aside,
footer,
.subgrid {
  border: thin solid black;
  padding: 1em;
  margin: 1em;
}

/* 2: Definition der Grid Areas */
header {
  grid-area: header;
}

main {
  grid-area: main;
}

aside {
  grid-area: aside;
}

footer {
  grid-area: footer;
}

/* 3: Definition der Grid-Layouts */
.grid,
.subgrid {
  display: grid;
}
```

```
/* 4: Layout für mobile Endgeräte */
.grid {
  grid-template-areas:
    'header'
    'main'
    'aside'
    'footer';
  width: 100%;
}

.subgrid {
  width: 90%;
}

.grid-item,
.subgrid-item {
  padding: 1rem;
}

/* 5: Layout für größere mobile Endgeräte */
@media screen and (min-width: 576px) {
  .subgrid {
    grid-template-columns: 1fr 1fr;
  }
}

/* 6: Layout für Endgeräte mit größerem Bildschirm */
@media screen and (min-width: 992px) {
  .grid {
    grid-template-areas:
      'header header header'
      'main main aside'
      'footer footer footer';
    grid-template-columns: 1fr 1fr 1fr;
  }
}
```

Listing 11.6 Verwendung von unterschiedlichen Layouts je nach Bildschirmgröße

Abbildung 11.9 Layout der Webseite bei Bildschirmbreiten von mindestens 576 Pixeln, aber von maximal 991 Pixeln

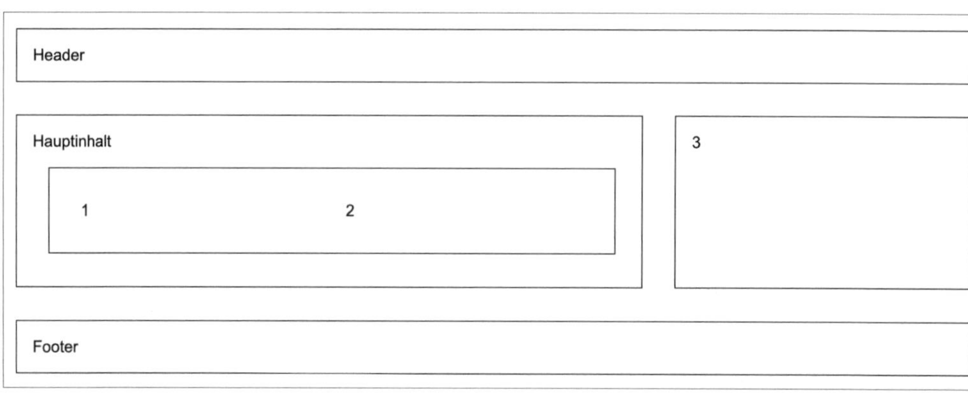

Abbildung 11.10 Layout der Webseite bei Bildschirmbreiten von mindestens 992 Pixeln

Damit hätten wir zumindest die wichtigsten Grundlagen des Responsive Designs besprochen. Darüber hinaus sind in Bezug auf mobile Webanwendungen auch noch weitere Aspekte interessant, die nichts direkt mit Responsive Design zu tun haben, wie beispielsweise Offline-Fähigkeit und die Verwendung diverser Web APIs wie beispielsweise der Geolocation API, die aber insgesamt über den Inhalt des Buches hinausgehen. Möchten Sie Ihr Wissen zu diesen Themen vertiefen, sei an dieser Stelle auf die Buchempfehlungen am Ende dieses Kapitels verwiesen. Wir wenden uns als Nächstes dem Thema Cross Platform Development zu.

11.3 Cross Platform Development mit React Native

Cross Platform Development von mobilen Anwendungen bedeutet, dass Sie – ähnlich wie beim Responsive Design – mit einer Code-Basis arbeiten, diese dann aber in native Anwendungen »übersetzen«. Prinzipiell gibt es verschiedene Tools für die Cross-Platform-Entwicklung, beispielsweise Ionic, Flutter, NativeScript oder React Native. Ich möchte im Folgenden exemplarisch auf Letzteres eingehen, welches auf dem Web-Framework React basiert, das Sie ja bereits aus Kapitel 10, »Single-Page-Applikationen implementieren«, kennen.

11.3.1 Das Prinzip von React Native

React Native hat zum Ziel, die Entwicklung von mobilen Webanwendungen zu erleichtern, indem unter anderem UI-Komponenten zur Verfügung gestellt werden, die das typische Aussehen und Verhalten (*Look-and-Feel*) von nativen UI-Komponenten mobiler Anwendungen aufweisen (auch *Widgets* genannt) sowie die Möglichkeit, Übergänge zwischen einzelnen »Seiten« einer Anwendung zu definieren.

Mithilfe von React Native ist es möglich – wie der Name bereits andeutet –, native Anwendungen für mobile Endgeräte (*Native Apps*) zu erstellen. Das Bequeme dabei: Sie können JavaScript verwenden, um die Anwendung zu implementieren, und React Native kümmert sich dann darum, diesen Code während des »Bauens« für das jeweilige mobile Betriebssystem zu »übersetzen«. Für Sie als Entwickler ist dies ein enormer Vorteil: Sie benötigen keine Kenntnisse in Programmiersprachen wie Swift für das Erstellen von nativen iOS-Apps oder Java für das Erstellen von nativen Android-Apps.

11.3.2 Installation und Projektinitialisierung

Prinzipiell haben Sie verschiedene Möglichkeiten, React Native zu installieren und eine auf React Native basierte Anwendung zu erstellen. Am einfachsten ist die Verwendung des Tools Expo (*https://expo.io/*), über das sich der Build- und Deployment-Prozess von Anwendungen sehr viel einfacher gestaltet. Damit Sie das Tool nutzen können, müssen Sie es zunächst als globales Node.js-Package installieren, beispielsweise über den Package Manager npm installieren (Details zu der Installation von Node.js finden Sie in Anhang C, »Tools und Befehlsreferenzen«). Dazu führen Sie folgenden Befehl aus: `npm install --global expo-cli`. Anschließend steht Ihnen der Befehl `expo` zur Verfügung, der wiederum über verschiedene Unterbefehle verfügt.

Um ein neues Projekt auf Basis von React Native zu erzeugen, können Sie einfach den Befehl `expo init` verwenden, wobei Sie als Parameter den Namen der zu erstellenden Anwendung übergeben:

```
expo init hello-world
```

Anschließend öffnet sich ein Kommdozeilen-Wizard, der Sie durch die Konfiguration der Anwendung führt. Dabei haben Sie die Wahl zwischen verschiedenen Templates, auf Basis derer dann die verwendete Programmiersprache ausgewählt wird (zur Auswahl stehen JavaScript und TypeScript). Wählen Sie hierbei das Standard-Template »blank« aus, damit Sie als Programmiersprache JavaScript verwenden.

Durch den gezeigten Befehl werden verschiedene Dateien und Verzeichnisse angelegt. Tabelle 11.3 gibt Ihnen eine Übersicht darüber, was es damit auf sich hat:

Datei/Verzeichnis	Beschreibung
.expo	Enthält Konfigurationsdateien für Expo.
.expo-shared	Enthält optimierte Dateien für Expo.
assets	Enthält zusätzliche Dateien wie beispielsweise Bilder, Videos und Audiodateien.
node_modules	Externe Abhängigkeiten (Bibliotheken und Packages), die von der Anwendung benötigt werden
.gitignore	Konfigurationsdatei, über die definiert werden kann, welche Dateien von dem Versionsverwaltungssystem Git ignoriert werden sollen (siehe Kapitel 22, »Webprojekte organisieren und verwalten«)
App.js	Der Einstiegspunkt in die Anwendung
app.json	Konfigurationsdatei, die Build-Informationen für die Anwendung enthält
babel.config.js	Konfigurationsdatei für den JavaScript-Compiler Babel.js (*https://babeljs.io*), der von React Native verwendet wird
package.json	Konfigurationsdatei, in der unter anderem die verwendeten Abhängigkeiten der Anwendung oder Scripts konfiguriert werden können
yarn.lock	Datei, über die (automatisiert) exakt festgehalten wird, welche Versionen welcher Abhängigkeit für die Anwendung verwendet werden

Tabelle 11.3 Die von Expo generierten Dateien und Verzeichnisse für die React-Native-Anwendung

11.3.3 Die Anwendung starten

Der Befehl expo stellt neben dem bereits verwendeten Unterbefehl init noch eine Reihe weiterer Unterbefehle zur Verfügung, wie beispielsweise start für das Starten einer React-Native-Anwendung. Im Rahmen der Projektgenerierung im vorigen Abschnitt sind bequemerweise in die Konfigurationsdatei *package.json* (Listing 11.7) bereits einige vorkonfigurierte Befehle in den scripts-Bereich geschrieben worden, sodass Sie die Anwendung für verschiedene Betriebssysteme bzw. in verschiedenen Emulatoren starten können.

```
{
  "main": "node_modules/expo/AppEntry.js",
  "scripts": {
    "start": "expo start",
    "android": "expo start --android",
    "ios": "expo start --ios",
    "web": "expo start --web",
    "eject": "expo eject"
  },
  "dependencies": {
    "expo": "~42.0.1",
    "expo-status-bar": "~1.0.4",
    "react": "16.13.1",
    "react-dom": "16.13.1",
    "react-native": "https://github.com/expo/react-native/archive/sdk-
42.0.0.tar.gz",
    "react-native-web": "~0.13.12"
  },
  "devDependencies": {
    "@babel/core": "^7.9.0"
  },
  "private": true
}
```

Listing 11.7 Die Konfigurationsdatei package.json

Folgende Befehle stehen Ihnen zur Verfügung:

- npm start bzw. expo start: öffnet die Weboberfläche der Expo Dev Tools im Browser (Abbildung 11.11). Ausgehend von dieser Oberfläche haben Sie verschiedene Möglichkeiten: Beispielsweise können Sie die Anwendung von hier aus in unterschiedlichen Emulatoren öffnen – einer speziellen Software, die ein mobiles Endgerät auf Ihrem Entwicklungsrechner emuliert, damit Sie als Entwickler direkt während der Entwicklung sehen, wie die Anwendung auf dem jeweiligen mobilen Betriebssystem (iOS oder Android) aussieht und sich dort verhält. Alternativ dazu können Sie die Anwendung aber auch über die folgenden Befehle direkt in einem Emulator starten.

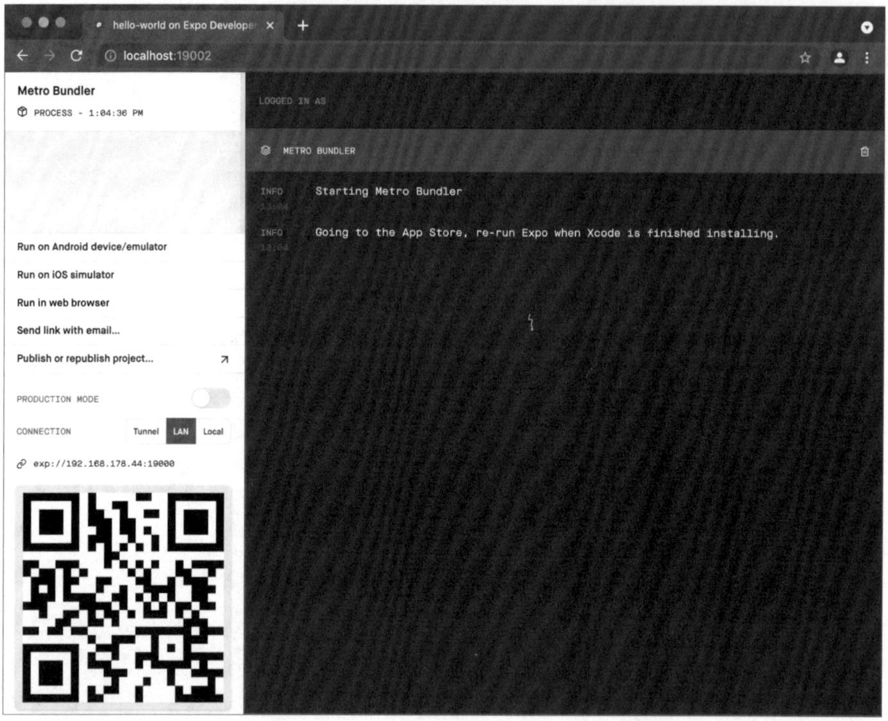

Abbildung 11.11 Die Expo Dev Tools im Browser

- `npm run android` bzw. `expo start --android`: öffnet die Expo Dev Tools im Browser und startet zusätzlich die Anwendung innerhalb des Android Emulators. Achtung: Ein entsprechender Emulator muss separat installiert werden, beispielsweise im Rahmen von Android Studio (*https://developer.android.com/studio*).
- `npm run ios` bzw. `expo start --ios`: öffnet die Expo Dev Tools im Browser und startet zusätzlich die Anwendung innerhalb des iOS Emulators (Abbildung 11.12). Achtung: Auch hierfür muss ein entsprechender Emulator separat installiert werden, beispielsweise im Rahmen von Xcode (*https://developer.apple.com/xcode*).
- `npm run web` bzw. `expo start --web`: öffnet die Expo Dev Tools im Browser und startet zusätzlich die Anwendung in einem weiteren Browserfenster (Abbildung 11.13). Diese Variante bietet sich an, wenn Sie keinen Emulator für eine der beiden genannten Plattformen (iOS oder Android) installiert haben.

Abbildung 11.12 Die Beispielanwendung im iOS Emulator

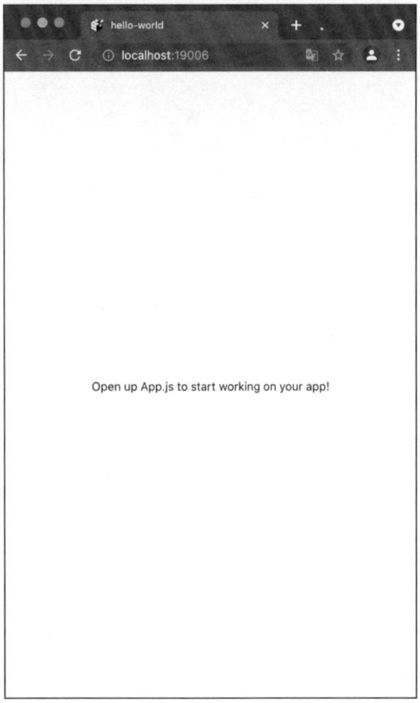

Abbildung 11.13 Die Beispielanwendung im Browser

11.3.4 Das Grundgerüst einer React-Native-Anwendung

Die generierte Datei *App.js* (Listing 11.8) bildet den Einstiegspunkt in die Anwendung. Hier werden zunächst verschiedene Komponenten aus diversen externen Bibliotheken geladen: eine `StatusBar`-Komponente von Expo, die vollständige React-Bibliothek sowie einige Komponenten aus der React-Native-Bibliothek, die im Beispiel verwendet werden.

Über das `export`-Schlüsselwort wiederum wird die Funktion `App()` exportiert, die intern von React Native aufgerufen wird und die als Rückgabewert die Anwendung definiert. Was hierbei dem geschulten JavaScript-Auge auffällt, ist die seltsame Syntax hinter dem `return`, also das, was den Rückgabewert widerspiegelt. React und damit React Native unterstützen nämlich eine eigene, besondere Syntax in Form des sogenannten *JSX-Formats*, bei der es möglich ist, JavaScript-Code und HTML-Code quasi zu »vermischen« (Details siehe *https://reactjs.org/docs/introducing-jsx.html*).

Im Beispiel werden zudem drei Klassen aus der React Native Bibliothek verwendet: Die Klasse `View` stellt einen Container bereit, innerhalb dessen weitere UI-Komponenten definiert werden können. Die Klasse `Text` stellt einen einfachen Text dar, und über die Klasse `StyleSheet` ist es möglich, CSS-Regeln zu definieren, die das Aussehen der Komponenten beeinflussen.

```
import { StatusBar } from 'expo-status-bar';
import React from 'react';
import { StyleSheet, Text, View } from 'react-native';

export default function App() {
  return (
    <View style={styles.container}>
      <Text>Hallo Welt!</Text>
      <StatusBar style="auto" />
    </View>
  );
}

const styles = StyleSheet.create({
  container: {
    flex: 1,
    backgroundColor: '#fff',
    alignItems: 'center',
    justifyContent: 'center',
  },
});
```

Listing 11.8 Die Datei App.js bildet den Einstiegspunkt in die Anwendung (hier mit angepasstem Begrüßungstext).

Öffnen Sie diese Datei in einem Editor oder einer Entwicklungsumgebung, und ändern Sie den Begrüßungstext, wie in Listing 11.8 zu sehen, in »Hallo Welt!«. Die Anwendung sollte sich dann im Emulator bzw. Browser sofort aktualisieren.

Hinweis

JSX erlaubt bei React und bei React Native das »Vermischen« von HTML-Code, CSS-Code und JavaScript-Code. Einen kleinen Unterschied gibt es diesbezüglich aber zwischen React und React Native: Während Sie bei React normale HTML-Elemente verwenden können (die dann später vom Browser interpretiert, sprich, »verstanden« und gerendert werden), können Sie bei React Native keine normalen HTML-Elemente verwenden, da der Code später nicht in HTML, sondern in den entsprechenden nativen Code umgewandelt wird.

Für den CSS-Code gilt Ähnliches: Auch wenn die CSS-Eigenschaften, die für React Native zur Verfügung stehen, dem Namen nach weitestgehend den CSS-Eigenschaften aus dem CSS-Standard entsprechen, wird intern von React Native kein echtes CSS verwendet.

11.3.5 UI-Komponenten verwenden

Im Eingangsbeispiel oben haben Sie bereits gesehen, dass in der Datei *App.js* die UI-Komponenten `View` und `Text` eingebunden werden. Darüber hinaus bietet React Native weitere UI-Komponenten an, die Sie ähnlich bequem direkt in Ihrer Anwendung verwenden können. Eine Übersicht dieser Komponenten finden Sie in der offiziellen Dokumentation von React Native unter *https://reactnative.dev/docs/components-and-apis*. Im Folgenden möchte ich Ihnen exemplarisch die Verwendung von Schaltflächen und von Texteingabefeldern vorstellen.

Hinweis

Sollten Sie mal eine gesuchte UI-Komponente nicht in der React-Native-Bibliothek finden, werden Sie bestimmt in einer der zahlreichen externen Bibliotheken fündig, die für React Native zur Verfügung stehen

Schaltflächen verwenden

Um Schaltflächen zu verwenden, importieren Sie wie in Listing 11.9 gezeigt einfach die Klasse `Button`. Die Komponente an sich definieren Sie wie schon zuvor die `Text`-Komponente innerhalb des HTML-Codes. Über die Eigenschaft `title` können Sie dabei angeben, welcher Text auf der Schaltfläche dargestellt werden soll, und über die Eigenschaft onPress, welche Funktion aufgerufen werden soll, wenn die Schaltfläche betätigt wird. Im Beispiel in Listing 11.9 wird hier über den Aufruf von Alert.alert() ein Hinweisdialog aufgerufen (Alert ist dabei eine weitere UI-Komponente, die von React Native bereitgestellt wird).

```
import { StatusBar } from 'expo-status-bar';
import React from 'react';
import { Alert, Button, StyleSheet, Text, View } from 'react-native';

export default function App() {
  return (
    <View style={styles.container}>
      <Text>Hallo Welt!</Text>
      <Button
        title="Hier drücken"
        onPress={() => Alert.alert('Schaltfläche gedrückt')}
      />
      <StatusBar style="auto" />
    </View>
  );
}

const styles = StyleSheet.create({
  container: {
    flex: 1,
    backgroundColor: '#fff',
    alignItems: 'center',
    justifyContent: 'center',
  },
});
```

Listing 11.9 Verwendung von Schaltflächen und Anzeigen von Hinweismeldungen

Wenn Sie die Anwendung bislang noch nicht gestoppt haben, sollte sich diese innerhalb des Emulator- bzw. Browserfensters von selbst aktualisieren und die Schaltfläche anzeigen (siehe Abbildung 11.14).

Wenn Sie nun auf die Schaltfläche klicken, wird der folgende Hinweisdialog angezeigt (siehe Abbildung 11.15).

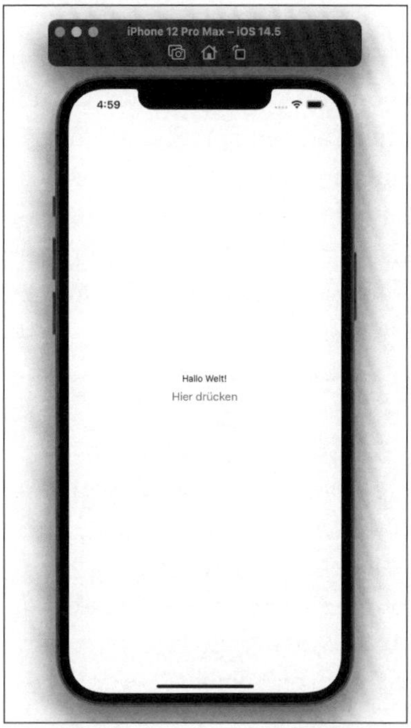

Abbildung 11.14 Eine einfache Schaltfläche

Abbildung 11.15 Der Hinweisdialog, der erscheint, wenn die Schaltfläche gedrückt wurde.

Eingabefelder verwenden

Texteingabefelder werden in React Native durch die Klasse `TextInput` repräsentiert. Der Import funktioniert genauso wie zuvor der Import der anderen Klassen `Text` und `Button`. Listing 11.10 erweitert den bereits bekannten Code entsprechend, wobei in diesem Listing noch zwei weitere Dinge zu sehen sind: Zum einen wird das Aussehen der Texteingabefelder über zusätzliche CSS-Regeln konfiguriert. Zum anderen fällt die Verwendung der Funktion `useState()` aus der React-Bibliothek auf. Über diese Funktion ist es möglich, den Zustand (*State*) einer React- bzw. React-Native-Anwendung zu verwalten (siehe Hinweiskasten).

> **Hinweis**
>
> Ein Aufruf der Funktion `useState()` liefert ein Array mit zwei Elementen, welches im Beispiel mithilfe von Array Destructuring jeweils direkt in zwei Variablen geschrieben wird. Der erste Wert in diesem Array (im Beispiel `firstName` bzw. `lastName`) enthält die Eigenschaft im State, der zweite Wert (im Beispiel `onChangeFirstName` bzw. `onChangeLastName`) eine Funktion, über den die jeweilige Eigenschaft im State aktualisiert werden kann. Optional kann der Funktion `useState()` als Parameter ein Default-Wert übergeben werden, den die jeweilige Eigenschaft anfangs zugewiesen bekommt.

Im Beispiel werden zwei Texteingabefelder definiert (eines für den Vornamen, eines für den Nachnamen), wobei über die Eigenschaft `onChangeText` eine Funktion angegeben werden kann, die aufgerufen wird, wenn sich der Text im Eingabefeld ändert. Hier übergeben wir jeweils die entsprechende Funktion, die zuvor über `useState()` erstellt wurde. Das heißt, ändert sich der Text im Eingabefeld für den Vornamen, wird die Funktion `onChangeFirstName()` aufgerufen und die Variable `firstName` im State aktualisiert. Ändert sich der Text im Eingabefeld für den Nachnamen, wird entsprechend die Funktion `onChangeLastName()` aufgerufen und die Variable `lastName` aktualisiert.

```
import { StatusBar } from 'expo-status-bar';
import React, { useState } from 'react';
import { Alert, Button, StyleSheet, Text, TextInput, View } from 'react-
native';

export default function App() {

  const [firstName, onChangeFirstName] = useState('');
  const [lastName, onChangeLastName] = useState('');

  return (
```

```
    <View style={styles.container}>
      <Text>Hallo Welt!</Text>
      <TextInput
        style={styles.input}
        onChangeText={onChangeFirstName}
        value={firstName}
        placeholder='Vorname'
      />
      <TextInput
        style={styles.input}
        onChangeText={onChangeLastName}
        value={lastName}
        placeholder='Nachname'
      />
      <Button
        title="Hier drücken"
        onPress={() => Alert.alert(`Hallo ${firstName} ${lastName}`)}
      />
      <StatusBar style="auto" />
    </View>
  );
}

const styles = StyleSheet.create({
  container: {
    flex: 1,
    backgroundColor: '#fff',
    alignItems: 'center',
    justifyContent: 'center',
  },
  input: {
    height: 40,
    width: '80%',
    padding: 12,
    margin: 12,
    borderWidth: 1,
    borderRadius: 5,
    borderColor: 'grey'
  },
});
```

Listing 11.10 Verwendung von Eingabefeldern

Eine weitere Änderung im Vergleich zum vorigen Listing: Der Hinweisdialog zeigt jetzt eine personalisierte Begrüßungsmeldung, die den Vornamen und den Nachnamen enthält:

Abbildung 11.16 Der angepasste Hinweisdialog mit personalisierter Begrüßungsnachricht.

11.3.6 Bauen und Veröffentlichen von Anwendungen

Neben dem Entwickeln, Debuggen und Ausführen in Emulatoren haben Sie über Expo auch die Möglichkeit, Anwendungen für verschiedene mobile Betriebssysteme zu »bauen« und zu veröffentlichen, sprich, sie im App Store von Apple oder im Google Play Store hochzuladen.

Die für das Bauen und Veröffentlichen einer Anwendung relevanten Informationen werden über die Datei *app.json* konfiguriert, die beim Anlegen einer Anwendung über Expo ebenfalls automatisch generiert wird.

Um eine Anwendung zu bauen, verwenden Sie je nach Zielplattform den Befehl `expo build:android` oder den Befehl `expo build:ios`. Allerdings benötigen Sie – damit der

Build korrekt funktioniert – einen Account bei *https://expo.io*, der kostenlos ist und den Sie entweder über die Website oder über die Kommandozeile anlegen können. Weitere Details zum Veröffentlichen von React-Native-Anwendungen mithilfe von Expo finden Sie unter *https://docs.expo.io/distribution/building-standalone-apps*.

11.4 Zusammenfassung und Ausblick

In diesem Kapitel habe ich Ihnen verschiedene Themen rund um die Entwicklung von mobilen Webanwendungen vorgestellt.

11.4.1 Die wichtigsten Punkte

Lassen Sie uns kurz das Wichtigste zusammenfassen:

- Bei mobilen Anwendungen unterscheidet man zwischen drei verschiedenen Arten:
  - *Native Anwendungen*: Hierbei handelt es sich um Anwendungen, die gezielt für ein (mobiles) Betriebssystem entwickelt wurden und somit dessen Funktionalitäten und Features optimal nutzen können. Als Programmiersprachen kommen beispielsweise Java (mit dem Android SDK), Objective-C und Swift zum Einsatz.
  - *Mobile Webanwendungen*: Hierbei handelt es sich um Webanwendungen, die für die Nutzung auf mobilen Endgeräten optimiert sind. Als Technologien kommen HTML, CSS und JavaScript zum Einsatz. Eine wichtige Rolle spielt hierbei das *Responsive Design*.
  - *Hybride Anwendungen*: Hierbei handelt es sich um Anwendungen, bei denen versucht wird, die Vorteile von nativen Anwendungen mit den Vorteilen von mobilen Webanwendungen zu vereinen. Hybride Anwendungen werden mit HTML, CSS und JavaScript entwickelt, verfügen in der »gebauten« Version aber über einen nativen Teil, über den u. a. der Zugriff auf Hardware-Features möglich wird.
- Beim *Responsive Design* verwenden Sie spezielle Techniken wie beispielsweise *Media Queries*, mithilfe derer Sie das Aussehen von (mobilen) Webanwendungen für verschiedene Endgeräte anpassen können.
- Eine Bibliothek, die bei der Entwicklung von nativen bzw. hybriden Webanwendungen helfen kann, ist *React Native*. Die Logik wird dabei in JavaScript programmiert, die grafische Oberfläche über JSX (bzw. TSX, wenn man TypeScript verwendet), welche dann je nach Zielplattform entsprechend für iOS oder Android umgewandelt wird.

11.4.2 Weiterführende Literatur

Wenn Sie sich mit den in diesem Kapitel vorgestellten Themen näher und ausführlicher beschäftigen möchten, kann ich Ihnen folgende Bücher empfehlen:

- in Bezug auf die Entwicklung von nativen Anwendungen für iOS: »Swift 5: Das umfassende Handbuch« von Michael Kofler (2019)
- für die Entwicklung von nativen Anwendungen für Android »Head First Android Development« von Dawn Griffiths und David Griffiths (2021)
- bezüglich Responsive Design das Buch »Responsive Webdesign: Konzepte, Techniken, Praxisbeispiele« von Andrea Ertel und Kai Laborenz (2017) sowie »Responsive Web Design with HTML5 and CSS« von Ben Frain (2020)
- für die Entwicklung von mobilen Anwendungen mithilfe von React Native »React Native in Action« von Nader Dabit (2019).

11.4.3 Ausblick

Im nächsten Kapitel werden wir uns dem Thema »Webarchitekturen« zuwenden. Sie lernen dort, was man unter dem Begriff »Architektur« im Zusammenhang mit Webanwendungen versteht, welche Architekturmuster wichtig sind und worin sie sich unterscheiden.

Kapitel 12

Webarchitekturen verstehen und einsetzen

Wenn Sie eine Webapplikation entwickeln, sollten Sie sich Gedanken über die Architektur machen, die Sie verwenden wollen.

Bei der *Architektur* von Webapplikationen bzw. von Software im Allgemeinen geht es um die Fragestellung, wie man eine Anwendung in kleinere Komponenten zerlegen kann und wie man deren Zusammenspiel organisiert. In diesem Kapitel gebe ich Ihnen einen Überblick über die wichtigsten Architekturen, die im Rahmen von Webapplikationen eine Rolle spielen. Natürlich lassen sich gerade zum Thema Architektur ganze Bücher füllen, und nicht umsonst gibt es sogar ein eigenes Berufsbild des *Softwarearchitekten*. Ich werde Ihnen in diesem Kapitel daher nur eine Auswahl von Themen vorstellen, sodass Sie anschließend die wichtigsten Begriffe kennen, die einzelnen Architekturen einordnen können und ein Grundverständnis für die weitere Arbeit mit Webarchitekturen haben. Wenn Sie sich die Übersichtsgrafik in Abbildung 12.1 anschauen, sehen Sie, dass Architektur die gesamte Anwendung miteinschließt, im Falle von Webanwendungen also sowohl die Clientseite als auch die Serverseite.

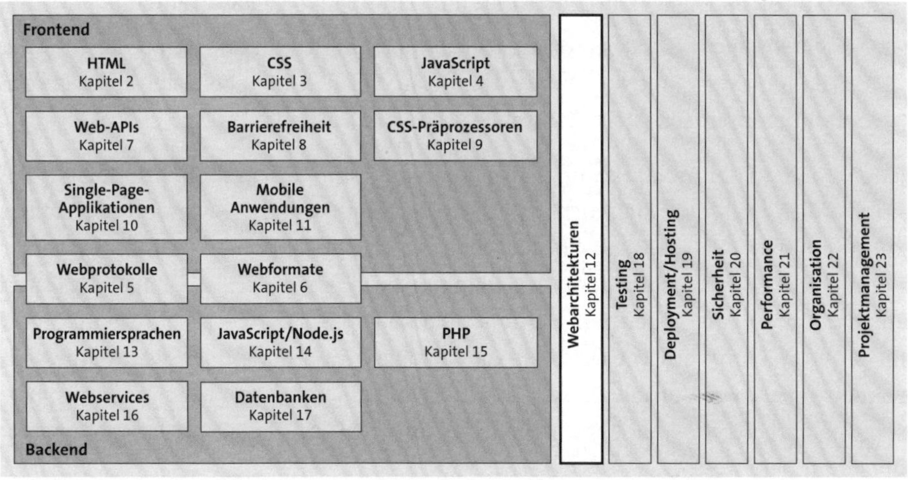

Abbildung 12.1 Die Architektur von Webapplikationen ist ein Thema, das sowohl die Clientseite als auch die Serverseite betrifft, und beschäftigt sich damit, wie Webapplikationen aufgebaut sein sollten.

12.1 Schichtenarchitekturen

Architektur besagt also, wie eine Anwendung unterteilt bzw. zerlegt wird. Eine übliche Unterteilung ist dabei die in einzelne *Schichten* (*Layers*). Bei einer solchen *Schichtenarchitektur* wird die Anwendung in **horizontale Schichten** unterteilt, wobei jede Schicht eine bestimmte Rolle innerhalb der Anwendung spielt.

12.1.1 Grundsätzlicher Aufbau von Schichtenarchitekturen

In der Literatur (und in der Praxis) finden sich viele verschiedene Arten, auf die eine Unterteilung in Schichten erfolgt. Üblicherweise wird aber mindestens eine Einteilung in folgende vier Schichten vorgenommen (siehe auch Abbildung 12.2):

- Die *Präsentationsschicht* (*Presentation Layer*) ist für die Verwaltung der gesamten *Benutzeroberflächenlogik* (*Präsentationslogik*) zuständig. Sie kümmert sich darum, wie die **Nutzeroberfläche** aussieht, welche Daten angezeigt werden, wie diese formatiert sind und welche Nutzeraktionen ausgelöst werden können.
- Die *Fachkonzeptschicht* (auch *Logikschicht* bzw. *Business Logic Layer*) ist für die Bereitstellung und Ausführung von **Anwendungslogik** verantwortlich. Hier befinden sich Komponenten, die die Anwendungslogik und die wesentliche **Funktionalität** einer Anwendung implementieren, also beispielsweise bestimmte Berechnungen oder das Verarbeiten von Daten der Anwendung.
- Die *Persistenzschicht* (*Persistence Layer*) steuert den **Zugriff auf die persistierten Daten**. In dieser Schicht sind Komponenten enthalten, die Daten in einer Datenbank speichern oder Daten aus einer Datenbank laden. Diese Schicht dient vor allem dazu, den Zugriff auf die konkreten Datenbanken zu abstrahieren.
- Die *Datenschicht* (*Data Layer*) ist für die **Speicherung** (**Persistenz**) der in einer Anwendung verwalteten Daten zuständig. In dieser Schicht befinden sich die konkreten Datenbanken (siehe Kapitel 17, »Daten in Datenbanken speichern«).

Jede Schicht in der Architektur hat also einen definierten Aufgaben- bzw. Zuständigkeitsbereich und muss sich nicht um die Zuständigkeitsbereiche anderer Schichten kümmern bzw. davon wissen. Beispielsweise müssen Komponenten in der Präsentationsschicht nicht wissen oder sich Gedanken darüber machen, wie genau die Daten aus der Datenbank abgerufen werden. Ebenso muss sich die Fachkonzeptschicht nicht darum kümmern, wie Daten für die Anzeige in der Nutzeroberfläche dargestellt werden sollen. Die Vorteile dieser Einteilung in Schichten sind unter anderem bessere Testbarkeit, voneinander unabhängige Entwicklung und eine bessere Übersicht über den Code.

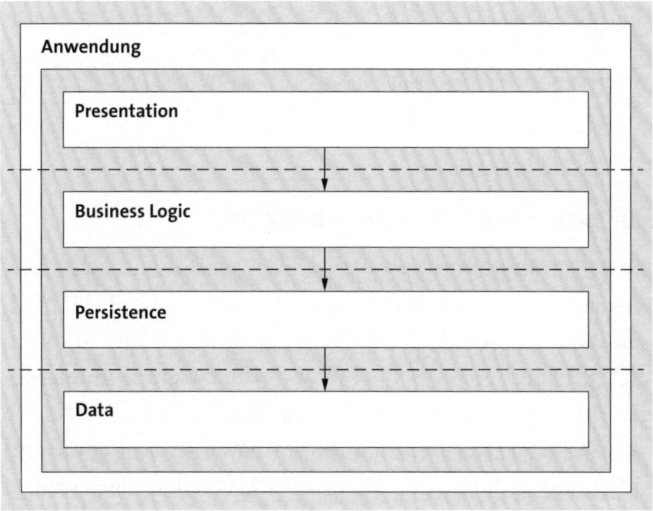

Abbildung 12.2 Bei einer Schichtenarchitektur wird eine Anwendung in mehrere Schichten mit unterschiedlichen Aufgabengebieten unterteilt.

Zu beachten ist außerdem, dass bei einer Schichtenarchitektur in der Regel nur Komponenten aus höher gelegenen Schichten auf tiefer gelegene Schichten zugreifen können, nicht aber Komponenten aus tiefer gelegenen Schichten auf höher gelegene Schichten. Komponenten aus der Präsentationsschicht greifen beispielsweise auf die Fachkonzeptschicht zu, um bestimmte Funktionen bzw. Anwendungslogik aufzurufen. Die Komponenten aus der Fachkonzeptschicht wiederum wenden sich an die Persistenzschicht, um Daten zu laden oder zu speichern, die im Rahmen der Anwendungslogik benötigt oder generiert werden. Komponenten aus der Persistenzschicht wiederum wenden sich an die Datenschicht, die dann für die Speicherung der Daten zuständig ist.

Begrifflichkeiten

Sehr häufig bezieht sich *mehrschichtige Architektur* auf eine Architektur mit vier Schichten. Es können jedoch auch mehr Schichten verwendet werden. Daher wird der Begriff *N-Tier-Architektur* (bzw. *N-Tier Architecture*) im Allgemeinen für jede Architektur mit mehr als zwei Schichten verwendet. Auf beides, also auf die *Zweischichtenarchitektur* und auf die *Mehrschichtenarchitektur*, werde ich in den beiden folgenden Abschnitten 12.1.2 und 12.1.3 noch einmal zurückkommen.

Die Begriffe *Layer* und *Tier* werden oftmals synonym verwendet. So finden Sie in der Literatur sowohl die Begriffe *N-Tier Architecture* als auch *N-Layer Architecture* (wobei Ersterer in der Regel gebräuchlicher ist). Streng genommen gibt es allerdings einen Unterschied: Layer bezeichnet eine **logische** Unterteilung, während Tier eine **physische** Unterteilung bezeichnet. Wir wollen die Begriffe im Folgenden aber synonym verwenden, weil für die Beschreibung der Architekturen in diesem Kapitel nicht relevant ist, ob die einzelnen Schichten (Layers bzw. Tiers) physisch getrennt sind oder nur logisch.

12.1.2 Client-Server-Architektur (Zweischichtenarchitektur)

Bei der *Client-Server-Architektur* (Abbildung 12.3) wird die Anwendung in zwei Teile bzw. Schichten unterteilt: Auf der einen Seite steht der *Client* (bzw. in der Regel mehrere Clients) und auf der anderen der *Server*, der die zentrale Komponente in dieser Architektur darstellt. Clients und Server sind dabei über ein Netzwerk miteinander verbunden und kommunizieren über ein *Protokoll*. Über dieses Protokoll können Clients Anfragen an den Server stellen, die dieser dann verarbeitet; er sendet die entsprechende Antwort anschließend an genau den Client zurück, von dem die jeweilige Anfrage stammt.

Die klassische Client-Server-Architektur wird im Allgemeinen auch als *Zweischichtenarchitektur* (*Two-Tier Architecture*) bezeichnet, weil hierbei zwei Schichten zum Einsatz kommen.

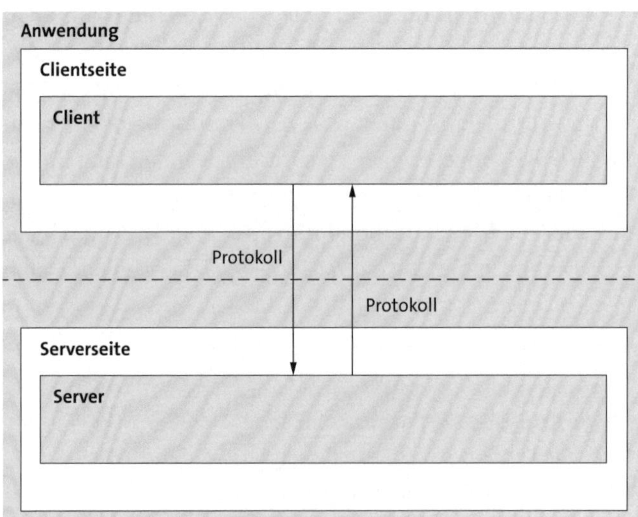

Abbildung 12.3 Bei der Client-Server-Architektur wird die Anwendung zunächst in zwei Schichten unterteilt: in den Client (das Frontend) und in den Server (Backend).

Hinweis

Sowohl Clientseite als auch Serverseite können ihrerseits weiter in Schichten unterteilt werden, aber dazu später mehr.

Prinzipiell kommt die Client-Server-Architektur auch bei Anwendungen zum Einsatz, bei denen es sich nicht um Webanwendungen handelt. Bei dem Client muss es sich also nicht zwangsweise um einen *Webclient* und beim Server nicht zwangsweise um einen *Webserver* handeln. Im Folgenden wollen wir uns aber genau auf Webanwendungen konzentrieren und setzen voraus, dass wir es mit einer solchen zu tun haben, also mit einer Anwendung, bei der es auf Serverseite einen Webserver gibt und auf Clientseite einen oder mehrere Webclients (in der Regel Browser), und dass die Kommunikation über die aus Kapitel 5, »Webprotokolle verwenden«, bekannten Protokolle (HTTP und WebSockets) geschieht (Abbildung 12.4).

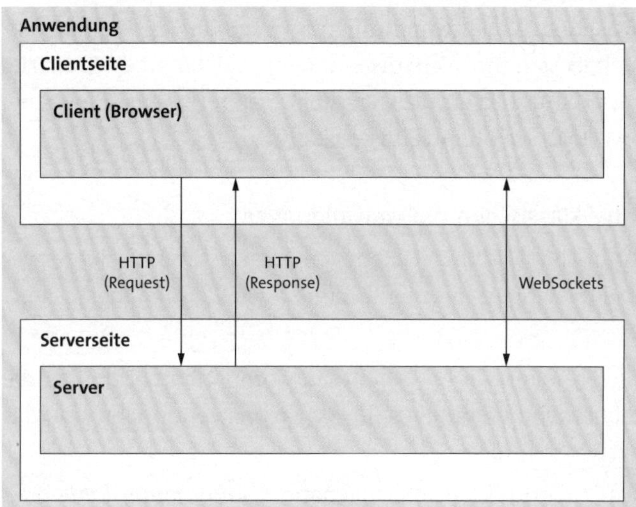

Abbildung 12.4 Client-Server-Architektur bei Webanwendungen

Client-Server vs. Peer-to-Peer

Der Vollständigkeit halber sei an dieser Stelle noch die *Peer-to-Peer-Architektur* (*P2P-Architektur*) erwähnt. Dabei handelt es sich um eine alternative Architektur, bei der jeder *Rechner* bzw. *Knoten* dieselben Funktionen und Verantwortlichkeiten hat und jeder mit jedem kommuniziert (Abbildung 12.5). Im Gegensatz zu der Client-Server-Architektur, bei der es einen zentralen Server gibt und mehrere Clients, ist bei der P2P-Architektur so gesehen jeder Rechner im Netzwerk gleichzeitig Client und Server.

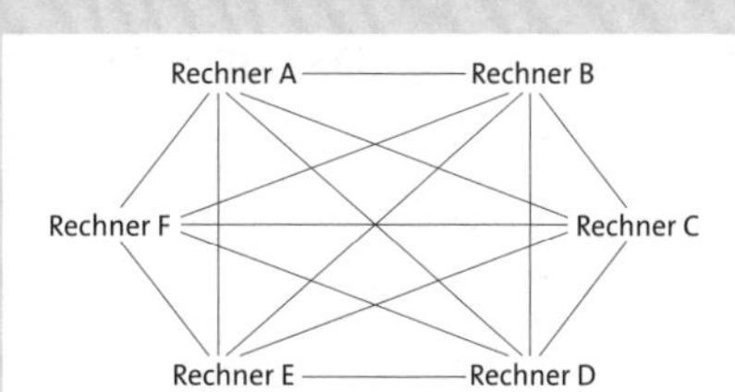

Abbildung 12.5 Das Prinzip der Peer-to-Peer-Architektur

12.1.3 Mehrschichtenarchitektur

Der Ansatz der Aufteilung einer Anwendung in Schichten kann noch weitergetrieben werden als bei der klassischen Client-Server-Architektur. Sowohl der Client- als auch der Serverteil können weiter unterteilt werden, wenn dies für die jeweilige Anwendung geeignet ist. Im Unterschied zu der Client-Server-Architektur bzw. Zweischichtenarchitektur wird die Anwendung bei der *Mehrschichtenarchitektur* (*N-Tier Architecture*) wie eingangs in diesem Kapitel beschrieben in mehr als zwei Schichten unterteilt.

Wendet man die Mehrschichtenarchitektur auf Webwendungen an, muss man unterscheiden zwischen **klassischen Webanwendungen** und **modernen Webanwendungen**. Bei Ersteren handelt es sich um Webanwendungen, bei denen die Generierung von HTML zum Großteil auf Serverseite geschieht, Letztere sind solche, bei denen die Generierung von HTML auf Clientseite geschieht.

Mehrschichtenarchitektur bei klassischen Webanwendungen

Bei klassischen Webanwendungen wird in der Mehrschichtenarchitektur der Server in weitere Schichten unterteilt (siehe Abbildung 12.6 und auch das Eingangsbeispiel zur Schichtenarchitektur):

- Die *Präsentationsschicht* (*Presentation Layer*) enthält Komponenten, die für die Darstellung der Nutzeroberfläche zuständig sind. Bei Webanwendungen sind das also HTML-, CSS- und JavaScript-Code.
- Die *Logikschicht* (*Business Layer*) enthält die sogenannte *Anwendungslogik* bzw. *Business Logic*, zum Beispiel das Abrufen angeforderter Informationen oder das Überprüfen von Daten, die in die Datenspeicher gestellt werden. Bei Webanwendungen wird diese Schicht üblicherweise in Programmiersprachen wie Java, Python, PHP, JavaScript oder C# implementiert (siehe auch Kapitel 13, »Programmiersprachen auf der Serverseite verwenden«).
- Die *Persistenzschicht* (*Persistence Layer*) enthält Komponenten, die auf die Daten in der Datenbank zugreifen. Bei Webanwendungen kommen auch hier üblicherweise die oben genannten Programmiersprachen zum Einsatz.
- Die *Datenschicht* (*Data Layer*) enthält die in der Anwendung verarbeiteten Daten, die in der Regel in *Datenbanken* gespeichert sind. Hierbei steht eine große Auswahl von verschiedenen Datenbanktypen zur Verfügung, auf die wir in Kapitel 17, »Daten in Datenbanken speichern«, näher eingehen.

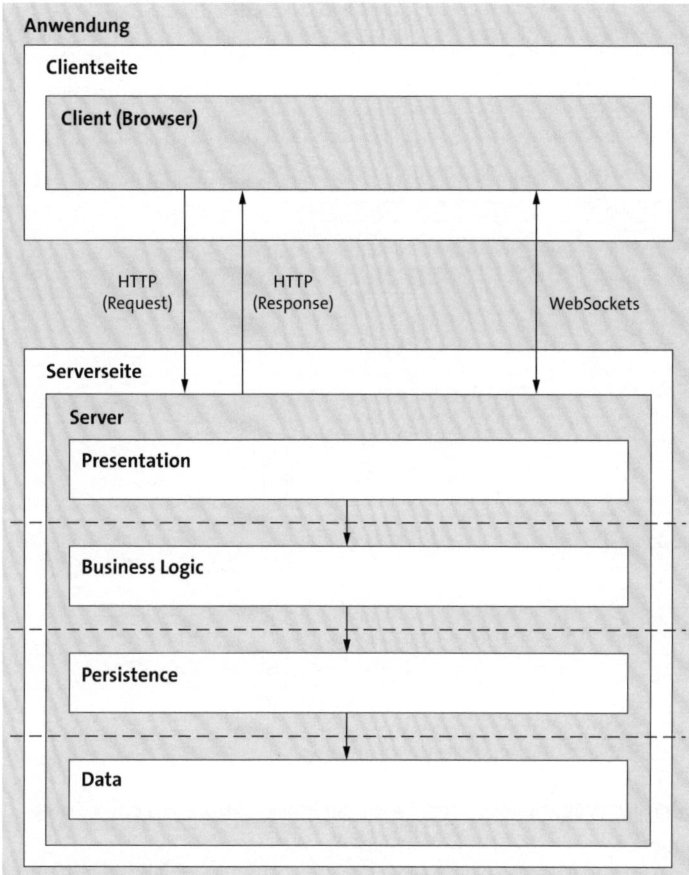

Abbildung 12.6 Klassische Webanwendungen werden bei einer N-Schichten-Architektur auf Serverseite in zusätzliche Schichten unterteilt.

Mehrschichtenarchitektur bei modernen Webanwendungen

Bei modernen Webanwendungen (beispielsweise den sogenannten *Single-Page-Applikationen*) wird die Schichtenarchitektur etwas von der Serverseite auf die Clientseite verlagert. Zur Erinnerung: Bei dieser Art von Anwendungen wird nicht nur statischer HTML-Code auf Serverseite generiert und an den Client gesendet, sondern auch auf Clientseite HTML dynamisch erzeugt. Für das Erzeugen von HTML auf Clientseite kommt dabei die DOM API zum Einsatz, für das Anfragen von Daten vom Server Technologien wie Ajax (für beides siehe Kapitel 7, »Web-APIs verwenden«). Dies bedeutet aber auch, dass sich der Großteil der Präsentationslogik nun auf Clientseite befindet und nicht mehr auf Serverseite (Abbildung 12.7). Mit anderen Worten: Die Präsentationsschicht befindet sich bei modernen Webanwendungen auf Clientseite, nicht mehr auf Serverseite.

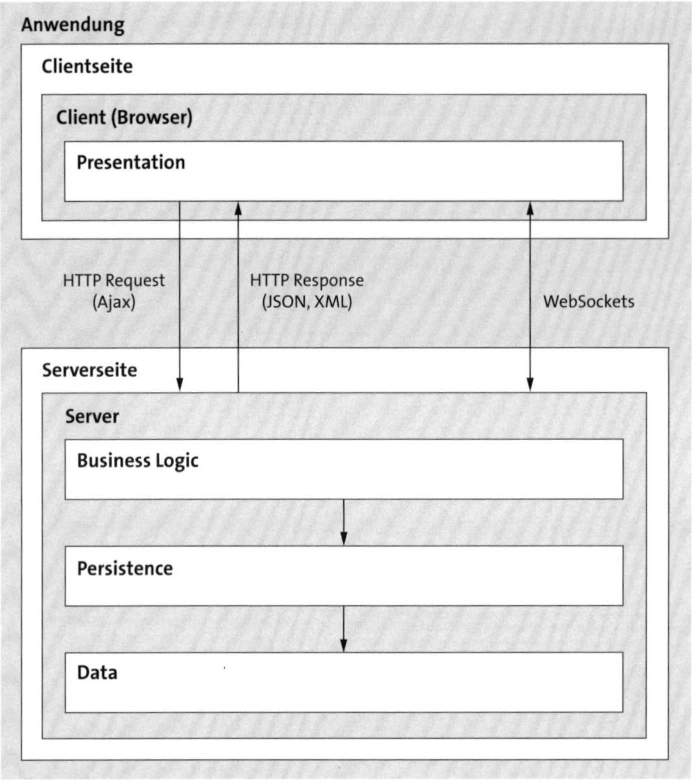

Abbildung 12.7 Bei modernen Webanwendungen wird die Präsentationsschicht auf die Clientseite verlagert.

Hinweis

Technisch gesehen befindet sich der clientseitige Code natürlich auch bei modernen Webanwendungen auf Serverseite und wird erst durch die HTTP-Anfragen vom Client bzw. die darauffolgenden HTTP-Antworten vom Server an den Client übertragen. Bezüglich der Architektur ist aber entscheidend, dass der Code für die **Generierung** der Nutzeroberfläche auf Clientseite **ausgeführt** wird.

Thin Client und Thick Client

Bei klassischen Webanwendungen wird der Client – wegen seiner Schlankheit bezüglich der Logik, die auf ihm läuft – auch als *Thin Client* bezeichnet, bei modernen Webanwendungen dagegen – weil hier deutlich mehr Logik auf dem Client ausgeführt wird – als *Thick Client*.

12.2 Monolithen und verteilte Architekturen

Neben der Unterteilung von Anwendungen in einzelne Schichten mit abgegrenzten Zuständigkeitsbereichen gibt es für die Architektur einer Anwendung noch die Unterscheidung in *monolithisch* und *verteilt*.

12.2.1 Monolithische Architektur

Das Wort »Monolith« wurde ursprünglich von den alten Griechen verwendet, um einen einzelnen, berggroßen Steinblock zu beschreiben. Übertragen auf die Softwarearchitektur versteht man bei einer *monolithischen Architektur* die Anwendung als eine einzelne, unteilbare Einheit. Der Code ist zwar (üblicherweise) auch bei der monolithischen Architektur in Schichten unterteilt, die einzelnen Komponenten in diesen Schichten sind aber nicht in wiederverwendbare Komponenten unterteilt.

In einer typischen Client-Server-Architektur (egal ob als Zweischichtenarchitektur oder als Mehrschichtenarchitektur) befindet sich ein monolithisches Produkt auf dem Server, wo es HTTP-Anfragen verarbeitet, Logik ausführt und mit der Datenbank interagiert.

Vorteile der monolithischen Architektur

Der Hauptvorteil einer monolithischen Anwendung ist die Einfachheit ihrer Infrastruktur. Um eine monolithische Anwendung bereitzustellen, muss in der Regel nur eine Datei oder ein Verzeichnis *deployt* werden. Da sich die gesamte Codebasis der Anwendung an einem Ort befindet, muss nur eine Umgebung konfiguriert werden, um die Software zu erstellen und bereitzustellen. In den meisten Fällen bedeutet dies weniger Zeitaufwand für die Bereitstellung der entsprechenden Anwendung.

Nachteile der monolithischen Architektur

Der wesentliche Nachteil der monolithischen Architektur ist, dass sich eine Anwendung umso schwieriger erweitern und warten lässt, je größer sie wird. Ein weiterer Nachteil ist der, dass man sich zu Beginn auf ein bestimmtes Set von Technologien festlegt, das sich nachträglich nur schwer ändern lässt. Wenn Sie sich beispielsweise für Java als Programmiersprache entscheiden, ist es schwierig, zu einem späteren Zeitpunkt einzelne Komponenten in einer anderen Programmiersprache zu entwickeln.

Im Laufe der Zeit, das heißt, wenn Funktionalität hinzukommt und neu entwickelt wird, besteht bei der monolithischen Architektur die Gefahr, dass man die Zusammenhänge, Abhängigkeiten und Auswirkungen nicht mehr versteht und überblickt.

12.2.2 Serviceorientierte Architektur

Die Unterteilung in Client und Server und in eine Mehrschichtenarchitektur wurde im Laufe der Jahre um einen modernen Ansatz erweitert, der als *serviceorientierte Architektur* (*SOA*) bezeichnet wird. Bei dieser Architektur wird die Anwendung, wie in Abbildung 12.8 zu sehen, auf Serverseite durch eine weitere Schicht ergänzt, die sogenannte *Serviceschicht* (*Service Layer*).

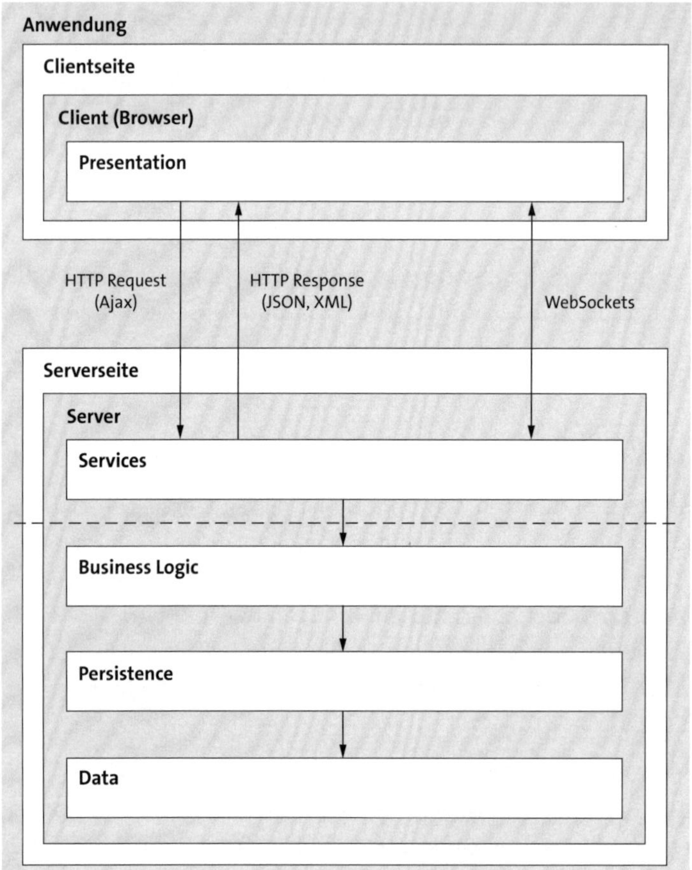

Abbildung 12.8 Bei der serviceorientierten Architektur wird die Anwendung auf Serverseite durch eine zusätzliche Serviceschicht unterteilt.

Vorteile der serviceorientierten Architektur

Die serviceorientierte Architektur hat gegenüber der monolithischen verschiedene Vorteile. Die Idee der zusätzlichen Serviceschicht ist ja, die Anwendung in eine Reihe kleinerer wiederverwendbarer Services zu unterteilen. Während bei der monolithischen Architektur diese Wiederverwendbarkeit fehlt, können bei der serviceorientierten einzelne Services wiederverwendet werden.

Durch die Unterteilung in einzelne Services kann auch die Implementierung einzelner Services unabhängig voneinander geschehen und auf verschiedene Entwicklerteams verteilt werden. Darüber hinaus können Services sogar auf verschiedenen Servern laufen (in der Abbildung nicht dargestellt), sie können also auf mehrere Server **verteilt** werden.

Für die Kommunikation zwischen den Services kommt ein sogenannter *Message Bus* zum Einsatz, der dafür sorgt, dass die einzelnen Services nicht direkt miteinander kommunizieren. Das verhindert zum einen, dass die Services direkt aneinandergekoppelt sind, und sorgt zum anderen dafür, dass das gesamte System einfach durch zusätzliche Services erweitert werden kann.

Hinweis

Auf das Thema Message Bus bzw. Messaging – auch in Kombination mit der serviceorientierten Architektur – werde ich in Abschnitt 12.2.6, »Messaging-Architektur«, noch einmal zurückkommen.

Nachteile der serviceorientierten Architektur

Die serviceorientierte Architektur hat zwar Vorteile, hat aber genauso auch Nachteile. Der wesentliche ist die Komplexität, die aufgrund der Kommunikation zwischen einzelnen Services entsteht. Die Bereitstellung des Message Bus und die damit einhergehende Kommunikation ist in Summe aufwendiger als die direkte Kommunikation zwischen einzelnen Komponenten bei der monolithischen Architektur.

12.2.3 Microservice-Architektur

Die *Microservice-Architektur* wird im Allgemeinen als Weiterentwicklung der serviceorientierten Architektur angesehen. Die (Micro-)Services bei dieser Architektur sind bezüglich der implementierten Features noch »kleiner« als bei SOA und agieren weitestgehend unabhängig voneinander. Im Vordergrund steht bei der Microservice-Architektur die *Skalierbarkeit* einzelner Features: Jeder Microservice sollte im besten Fall beliebig *skaliert* werden können. Mit anderen Worten: Wird zur Laufzeit festgestellt, dass ein Microservice zu »langsam« ist, beispielsweise weil zu viele Anfragen an ihn gestellt werden, wird einfach eine weitere *Instanz* des gleichen Microservices erstellt, sodass die Anfragen verteilt werden (Stichwort *Lastverteilung*).

Die Kommunikation zwischen Präsentationsschicht und den Microservices sowie die Kommunikation der Microservices untereinander geschieht in der Regel über ein sogenanntes *Gateway* bzw. *API Gateway* (*Application Programming Interface*).

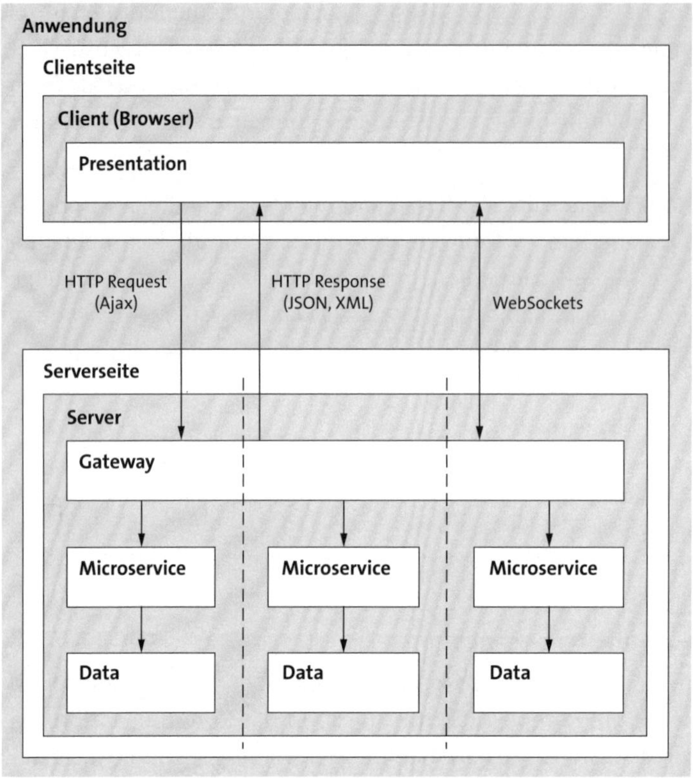

Abbildung 12.9 Bei der Microservice-Architektur wird die Anwendung auf Serverseite in mehrere kleine Services (Microservices) unterteilt, die in der Regel auch die Datenhaltung eigenständig übernehmen.

Vorteile der Microservice-Architektur

Da jeder Microservice unabhängig arbeitet, kann eine Microservice-Architektur besser **skaliert** werden als andere Architekturansätze. Diese Architekturen eignen sich daher insbesondere für Anwendungen, die extrem skalierbar sein müssen, wie beispielsweise die Streaming-Plattform Netflix, die es ermöglichen muss, dass sich Millionen von Nutzern gleichzeitig Videos anschauen. Darüber hinaus ist es bei der Microservice-Architektur möglich, einzelne Microservices getrennt voneinander zu entwickeln und somit den Implementierungsaufwand leichter auf verschiedene Entwicklerteams zu verteilen.

Nachteile der Microservice-Architektur

Wie die serviceorientierte Architektur ist auch eine Microservice-Architektur mit einem großen Entwicklungs- und Wartungsaufwand verbunden. Sie eignet sich daher hauptsächlich für Anwendungen, die eine entsprechende Größe haben und extrem skalierbar sein müssen. Es macht in der Regel keinen Sinn, eine solche Architektur mit Dutzenden oder gar Hunderten von Microservices aufzusetzen, wenn Sie nicht über die entsprechenden Entwicklerkapazitäten verfügen.

12.2.4 Komponentenbasierte Architektur

Wenn wir uns die beiden vorigen beschriebenen Architekturen anschauen, also die serviceorientierte Architektur und die Microservice-Architektur, fällt auf, dass bei beiden Architekturen die Serverseite (das Backend) so aufgeteilt wird, dass eine Wiederverwendung einzelner Services möglich ist. Was beide Architekturen allerdings nicht im Blick haben: Die Clientseite (das Frontend) ist nach wie vor als eine große Einheit in die Architektur eingebettet (wir haben es sozusagen mit einem *monolithischen Frontend* zu tun).

Dies hat natürlich Nachteile. Wenn UI-Komponenten (im Folgenden nur »Komponenten« genannt) nicht wiederverwendet werden können, muss im schlechtesten Fall für jedes Projekt die entsprechende Komponente komplett neu implementiert werden. Wäre es nicht besser, Komponenten wiederverwenden zu können? Wenn Sie beispielsweise eine Komponente für die tabellarische Darstellung von Produkten implementieren, wäre es doch geschickt, diese Komponente so zu strukturieren, dass man sie nicht nur in Anwendung A, sondern auch in Anwendung B verwenden könnte.

12

Eine Architektur, die in diesem Zusammenhang in den letzten Jahren beliebter geworden ist und bei der das Frontend in wiederverwendbare UI-Komponenten (bzw. *Widgets*) unterteilt wird, ist die sogenannte *komponentenbasierte Architektur*. Die Motivation hinter dieser Architektur ist es, UI-Komponenten so wiederverwendbar zu machen, dass sie ohne großen Aufwand in verschiedenen Anwendungen verwendet werden können (Abbildung 12.10).

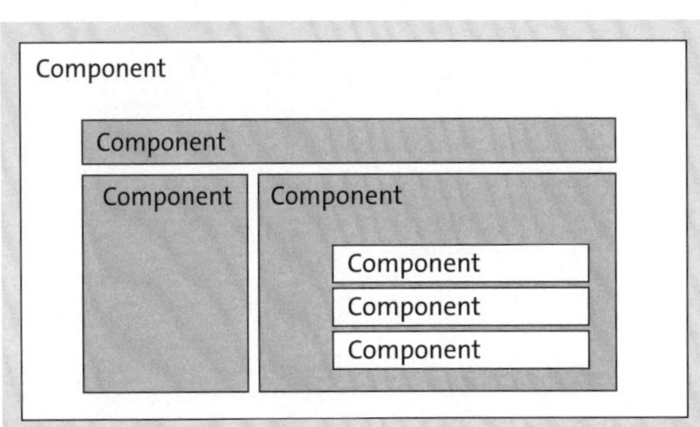

Abbildung 12.10 Bei der komponentenbasierten Architektur wird das Frontend einer Anwendung in mehrere wiederverwendbare Komponenten unterteilt.

Eine Möglichkeit, Komponenten zu implementieren, sind sogenannte *Web Components* (*https://www.webcomponents.org*). Dabei handelt es sich um eine Reihe von APIs, mit deren Hilfe man benutzerdefinierte, wiederverwendbare, in sich gekapselte HTML-Elemente für Webseiten und Webanwendungen erstellen kann.

Auch Frontend-Frameworks wie React (*https://reactjs.org*), Angular (*https://angular.io*) oder Vue.js (*https://vuejs.org*) folgen der komponentenbasierten Architektur: Hier definieren Sie HTML, CSS und JavaScript in Form von Komponenten, die dann ohne großen Aufwand in verschiedenen Anwendungen (oder mehrfach innerhalb einer Anwendung) wiederverwendet werden können.

12.2.5 Microfrontends-Architektur

Im Gegensatz zu der komponentenbasierten Architektur unterteilt die *Microfrontends-Architektur* das Frontend auf einer anderen Ebene und überträgt die Konzepte von Microservices auf die Frontend-Welt. Die Idee bei Microfrontends ist es, das Frontend nach Features zu unterteilen, die jeweils im Backend durch einen Microservice ergänzt werden.

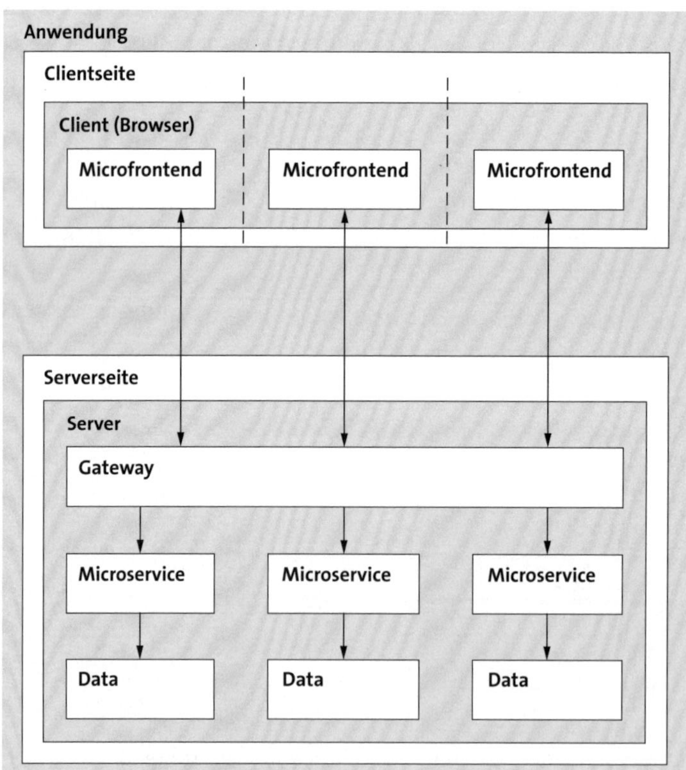

Abbildung 12.11 Bei der Microfrontends-Architektur wird die Clientseite (das Frontend) in kleinere eigenständige Einheiten unterteilt.

12.2.6 Messaging-Architektur

Bei der Implementierung komplexer Softwaresysteme, bei denen verschiedene Komponenten bzw. Anwendungen miteinander interagieren, helfen *Messaging-Systeme* bzw. *Message Broker* dabei, eine Kopplung zwischen den einzelnen Komponenten zu vermeiden.

Hinweis

Mit Komponenten sind hier nicht UI-Komponenten gemeint, sondern Komponenten auf Serverseite, beispielsweise Services, Klassen etc., also Dinge, die miteinander kommunizieren.

Direkte Kommunikation (Point-to-Point-Kommunikation)

Betrachten wir dazu zunächst die Kommunikation **ohne** Messaging-System, die in Abbildung 12.12 dargestellt ist. Hierbei kommunizieren einzelne Komponenten 12
direkt miteinander (*Point-to-Point-Kommunikation*), sie sind also direkt voneinander abhängig. Je mehr Kommunikationswege es gibt, desto mehr direkte Abhängigkeiten werden geschaffen, und die gilt es – wie Sie wissen – zu vermeiden bzw. zu minimieren, beispielsweise weil Komponenten mit vielen Abhängigkeiten schwieriger aus dem Gesamtsystem »herausgelöst« und ersetzt werden können.

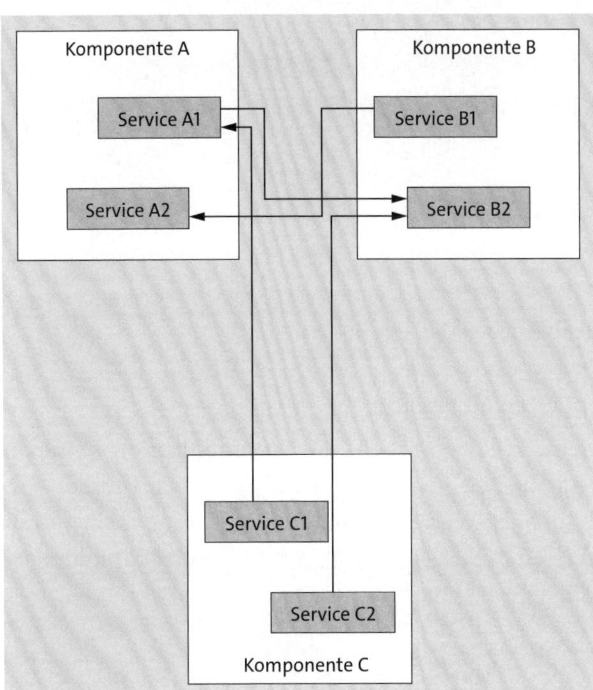

Abbildung 12.12 Direkte Kommunikation zwischen Komponenten

Indirekte Kommunikation

Messaging-Systeme wirken der oben genannten Problematik – den vielen Kommunikationswegen bzw. Abhängigkeiten – entgegen. Anstatt dass die einzelnen Komponenten direkt miteinander kommunizieren, geschieht die Kommunikation über einen zentralen *Message Broker*, der als zentrale Komponente für den Nachrichtenaustausch dient. Einzelne Komponenten können Nachrichten an den Broker schicken oder von dort abrufen. Der Broker sorgt dann dafür, dass die Nachrichten an den oder die richtigen Empfänger weitergeleitet werden (Stichwort *Message Routing*).

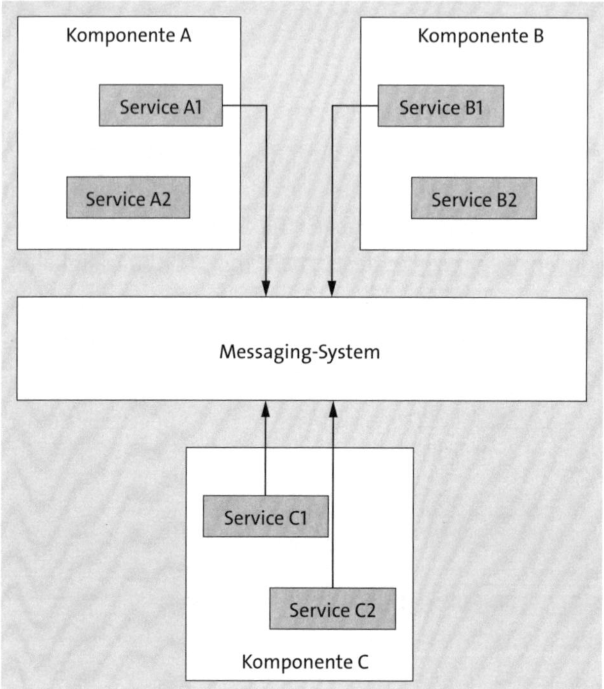

Abbildung 12.13 Kommunikation über einen Message Broker

Messaging bei der serviceorientierten Architektur

Bei der serviceorientierten Architektur kommt für die Kommunikation zwischen den einzelnen Services ein Messaging-System (in diesem Kontext auch: *Message Bus*) zum Einsatz (Abbildung 12.14). Auf diese Weise verhindert man direkte Abhängigkeiten zwischen den einzelnen Services, da diese nicht direkt miteinander kommunizieren, sondern mithilfe des Messaging-Systems.

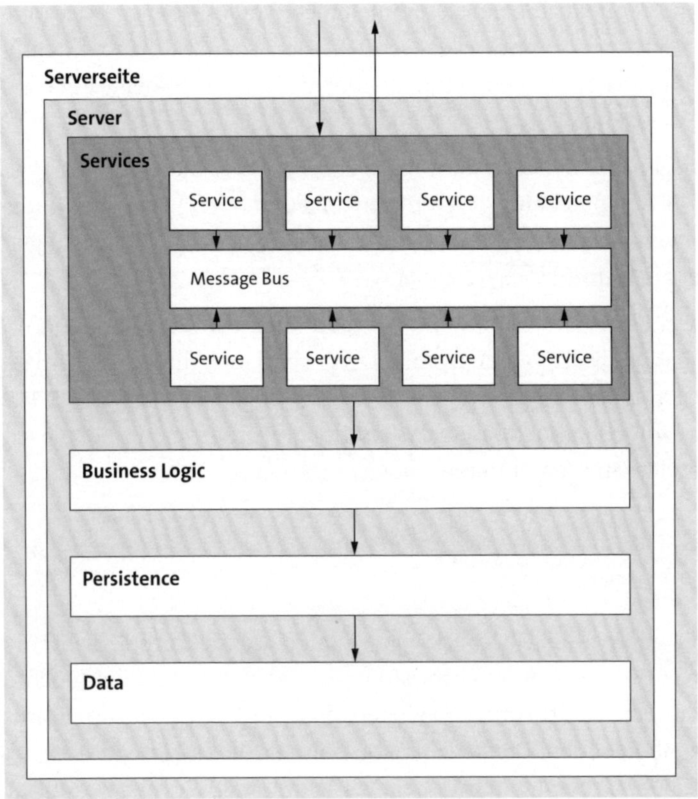

Abbildung 12.14 Bei der serviceorientierten Architektur kommt für die Kommunikation zwischen den Services in der Regel ein Message Bus zum Einsatz.

> **Hinweis**
>
> Auch bei der Microservice-Architektur können Messaging-Systeme für die Kommunikation zwischen den einzelnen Microservices zum Einsatz kommen. Allerdings gibt es bei der Microservice-Architektur auch Alternativen, bei denen eine Point-to-Point-Kommunikation oder eine Kommunikation über ein zentrales API Gateway erfolgt. Bei der serviceorientierten Architektur dagegen ist ein Message Bus zentraler Bestandteil der Architektur.

12.2.7 Webservice-Architektur

Im Zusammenhang mit Architekturen ist es noch wichtig, den Begriff *Webservice* zu erläutern und vor allem von den Services in der serviceorientierten Architektur und von Microservices abzugrenzen.

Die beiden genannten Architekturen geben nämlich nicht vor, in welcher Technologie die Services bzw. Microservices entwickelt werden. Auch wenn wir die Architekturen im Kontext von Webanwendungen betrachtet haben, lassen sich beide auch auf andere Arten von Anwendungen übertragen.

Bei Webservices dagegen handelt es sich um solche Services, die über das Web erreichbar sind und die entsprechende (Web-)Protokolle und (Web-) Formate für die Kommunikation verwenden. Kurz: Wenn ein Service über das Web verfügbar gemacht wird, wird er als *Webservice* bezeichnet.

Die wichtigsten verwendeten Protokolle und Standards bei der Verwendung von Webservices sind HTTP (Kapitel 5, »Webprotokolle verwenden«), die Datenformate XML und JSON (siehe Kapitel 6, »Webformate verwenden«) sowie die Standards *SOAP* (*Simple Object Access Protocol*) und *REST* (*Representational State Transfer*), auf die ich in Kapitel 16, »Webservices implementieren«, noch eingehen werde.

12.3 MV*-Architekturen

Sie haben jetzt bereits einen guten Überblick über gängige Architekturen, die für die Entwicklung von Webanwendungen relevant sind. In diesem Unterkapitel möchte ich auf eine Gruppe von Architekturmustern eingehen, denen Sie mit Sicherheit früher oder später begegnen werden. Die Rede ist von den Architekturmustern *Model View Controller*, *Model View Presenter* und *Model View ViewModel*, die man wegen der jeweils gemeinsamen Komponenten von Model und View auch als *MV*-Architekturmuster* zusammenfasst. Diese Muster sind in der Regel in der Präsentationsschicht angeordnet und definieren, wie dort die Kommunikation zwischen dem User Interface (der *View*) und den Daten (dem *Model*) geschieht. Alle diese Muster dienen dabei den gleichen Zielen, allen voran der losen Kopplung zwischen einzelnen Komponenten.

12.3.1 Model View Controller

Das Prinzip *Model View Controller (MVC)* wurde erstmals 1979 für die Programmiersprache Smalltalk vorgestellt. Die Idee von MVC ist es, die Datenhaltung und die Geschäftslogik einer Anwendung von der Darstellung bzw. Präsentation der Daten zu trennen (sprich: zu *entkoppeln*). Datenhaltung und Geschäftslogik werden in diesem Zusammenhang als *Model* bezeichnet, die Präsentation als *View*. Für die Entkopplung von Model und View sind sogenannte *Controller* zuständig (siehe Abbildung 12.15).

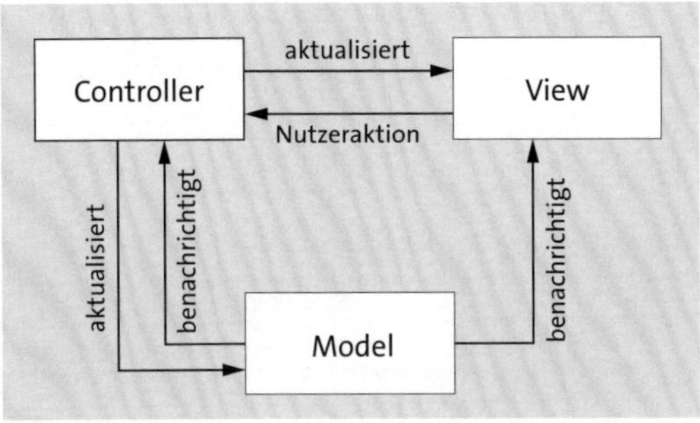

Abbildung 12.15 Bei dem MVC-Architekturmuster wird die Präsentationsschicht in Model, View und Controller unterteilt.

Controller sind für die Anwendungslogik verantwortlich und koordinieren die Interaktion zwischen Model und View. Nutzer interagieren mit der View, tätigen beispielsweise Texteingaben oder klicken auf eine Schaltfläche; der Controller prüft anschließend die Nutzereingaben auf Gültigkeit, verarbeitet diese und aktualisiert die Daten im Model.

Der Vorteil dieser Unterteilung und der Entkopplung von View und Model ist, dass das Model der Daten unabhängig von der Darstellung der Daten ist. Dadurch ist es zum einen relativ einfach möglich, verschiedene Ansichten bzw. Views für die gleichen Daten zu implementieren, ohne dass das entsprechende Model angepasst werden muss. Zum anderen können Views und Models viel einfacher isoliert voneinander getestet (und implementiert) werden.

MVC in klassischen Webanwendungen

MVC wurde ursprünglich für Desktopanwendungen konzipiert: Das Muster gibt es also schon länger, als es Webanwendungen gibt. Dennoch wird es auch im Falle von Webanwendungen häufig verwendet. Allerdings muss man hierbei zwischen klassischen und modernen Webanwendungen unterscheiden.

Bei klassischen Webanwendungen sind MVC meist so umgesetzt, wie es in Abbildung 12.16 zu sehen ist. Die drei Komponenten, die das Muster ausmachen, befinden sich vollständig in der Präsentationsschicht auf Serverseite. Dabei ist der Ablauf folgender: Als Erstes stellt der *Client* über den Browser eine HTTP-Anfrage (*HTTP-Request*), die serverseitig von einer sogenannten *Routing Engine* entgegengenommen und verarbeitet wird. Die Aufgabe einer solchen Routing Engine ist es, anhand der HTTP-Anfrage den passenden *Controller* auszuwählen, der die Anfrage weiterbearbeiten soll. Eine Routing Engine greift dabei unter anderem auf Informationen wie URL, Request-Header und Request-Parameter aus der HTTP-Anfrage zurück.

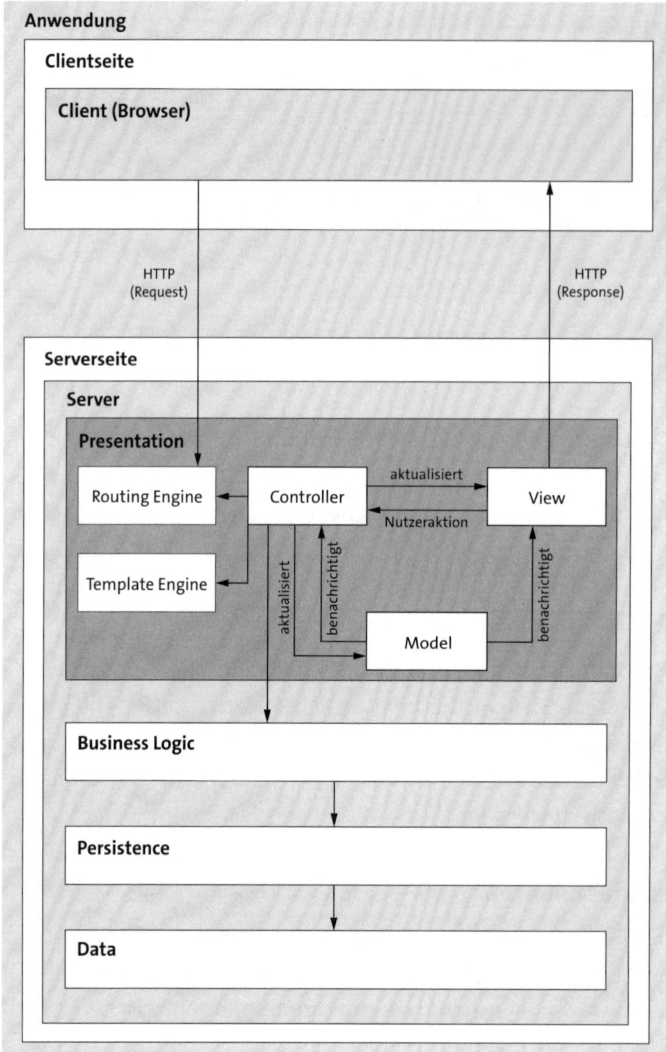

Abbildung 12.16 Bei klassischen Webanwendungen kommt MVC in der Präsentationsschicht auf Serverseite zum Einsatz.

Zu den Aufgaben eines Controllers zählen wie erwähnt unter anderem die Validierung der empfangenen Daten, das Aktualisieren des Models und das Erstellen bzw. Aktualisieren der *View*, die an den Client zurückgesendet wird. Häufig kommt dabei eine *Template Engine* zum Einsatz, die auf Basis eines *View-Templates* (also einer HTML-Vorlage) und der konkreten Daten aus dem Model den HTML-Code generiert, der als Teil der HTTP-Antwort (*HTTP-Response*) an den Client zurückgesendet wird.

MVC in modernen Webanwendungen

Moderne Webanwendungen sind dadurch gekennzeichnet, dass sich der Großteil der Präsentationslogik auf Clientseite abspielt. Oftmals sind solche Anwendungen als *Single-Page-Applikationen* implementiert, also als Anwendungen, die aus einer Basiswebseite bestehen, die dann dynamisch durch JavaScript geändert wird (siehe auch Abschnitt 12.1.3, »Mehrschichtenarchitektur«).

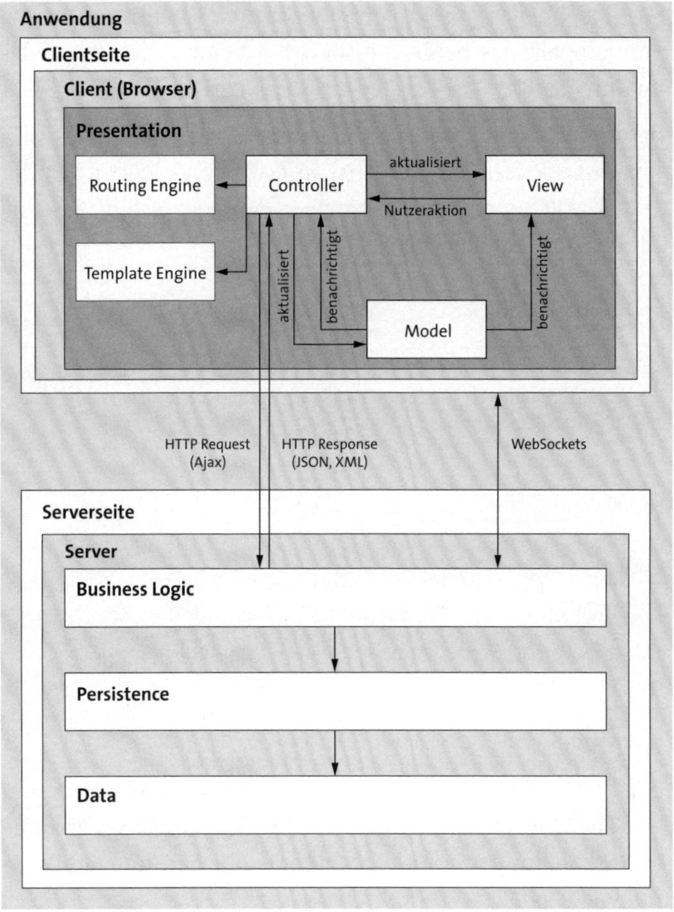

Abbildung 12.17 In modernen Webanwendungen kommt MVC in der Präsentationsschicht auf Clientseite zum Einsatz.

Durch diese Verschiebung der Präsentationsschicht verschiebt sich auch das MVC-Muster. Der Controller übernimmt jetzt die Kommunikation mit dem Server, beispielsweise um Daten für das Model in Form von JSON oder XML zu laden oder umgekehrt Daten an den Server zu senden, und aktualisiert die View unter Verwendung der DOM API (eventuell unter Zuhilfenahme clientseitiger *Routing Engines* und *Template Engines*).

12.3.2 Model View Presenter

Die Entkopplung von Model und View ist bei MVC nicht ganz konsequent: So gibt es eine Verbindung zwischen View und Model, die immer dann ins Spiel kommt, wenn die View auf Änderungen am Model reagieren und die Darstellung der Daten anpassen soll.

Das Architekturmuster *Model View Presenter (MVP)* basiert auf MVC, ist in der Entkopplung von View und Model aber konsequenter: View und Model sind hierbei komplett voneinander entkoppelt, das heißt, die View hat keinen Zugriff auf das Model wie bei MVC (Abbildung 12.18).

Die Kommunikation zwischen View und Model erfolgt ausschließlich über die dritte Komponente, den sogenannten *Presenter*. Dieser ist in etwa vergleichbar mit der Controller-Komponente aus MVC, sorgt aber zusätzlich dafür, dass die View bei Änderungen am Datenmodell benachrichtigt wird.

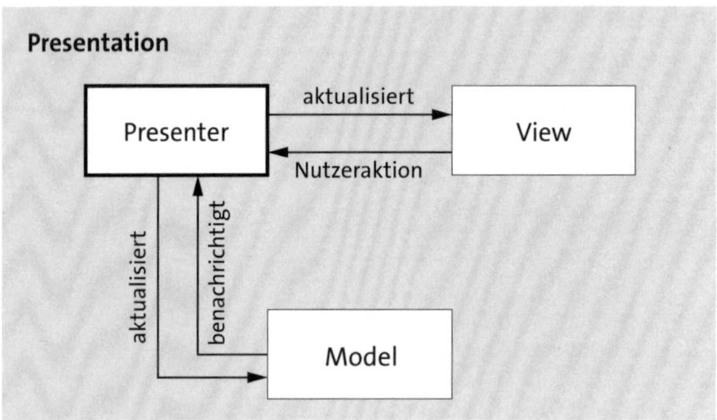

Abbildung 12.18 Bei MVP sind View und Model vollständig voneinander entkoppelt.

12.3.3 Model View ViewModel

Bei *Model View ViewModel (MVVM)* handelt es sich um eine Variante der MVC- und MVP-Architekturmuster. Genau wie bei MVC und MVP gibt es auch bei MVVM eine View und ein Model. Die Entkopplung von View und Model übernimmt bei MVVM allerdings das sogenannte *ViewModel*.

Die Idee dabei ist, für jedes durch den Nutzer änderbare UI-Element (*User Interface Element*) der View im ViewModel entsprechende Datenfelder bereitzustellen, die über ein sogenanntes *bidirektionales Data Binding* an die View **gebunden** werden. Wird nun der Wert eines UI-Elements durch den Nutzer geändert (beispielsweise der Text innerhalb eines Textfeldes oder die Auswahl in einer Auswahlliste), wird das entsprechende Datenfeld im ViewModel automatisch aktualisiert. Umgekehrt passt sich der Wert eines UI-Elements an, wenn sich der Wert für das entsprechende Datenfeld im ViewModel ändert (das Binding funktioniert also in beide Richtungen; es ist *bidirektional*).

Als Entwickler muss man also nur einmal das Binding definieren und sich anschließend nicht mehr um die Kommunikation zwischen ViewModel und View kümmern.

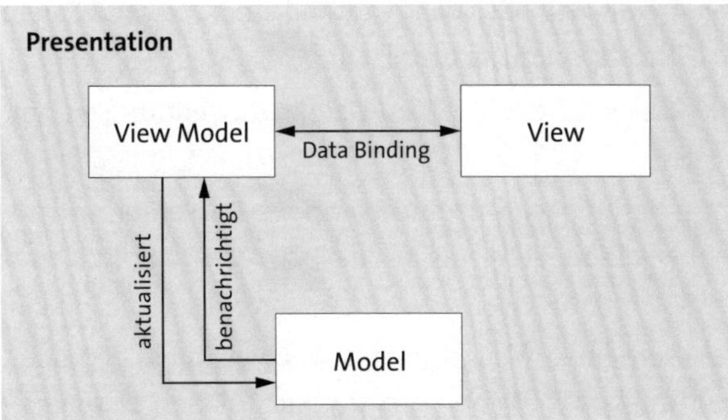

Abbildung 12.19 Das MVVM-Muster

12.4 Zusammenfassung und Ausblick

In diesem Kapitel haben Sie verschiedene Architekturstile und Architekturmuster kennengelernt, die für die Entwicklung von Webapplikationen zum Einsatz kommen. Sie haben jetzt einen guten Überblick darüber, wie die verschiedenen Architekturen von Webanwendungen aufgebaut sind, worin sie sich unterscheiden und was ihre Vor- und Nachteile sind.

12.4.1 Die wichtigsten Punkte

Folgende Punkte sollten Sie aus diesem Kapitel mitnehmen:

- Bei der *Architektur* von Software (bzw. Webapplikationen) geht es um die Fragestellung, wie man die Software in kleinere Komponenten zerlegen bzw. unterteilen kann und wie man das Zusammenspiel dieser Komponenten organisiert.
- Eine *Client-Server-Architektur* unterteilt eine Anwendung in zwei Teile: den *Client* und den *Server*. Client und Server sind über ein Netzwerk miteinander verbunden. Weil diese Architektur aus zwei Schichten besteht (Client und Server), spricht man hierbei auch von einer *Two-Tier-Architektur*.
- Bei einer *N-Tier-Architektur* wird die Serverschicht in weitere Schichten zerlegt: eine *Datenschicht* (*Data Tier*) und die *Logikschicht* (*Logic Tier*), die die *Anwendungslogik* bzw. *Business Logic* enthält.
- Bei der *monolithischen Architektur* besteht eine Anwendung aus einer einzigen Einheit, in der der gesamte Code enthalten ist.
- Bei der *serviceorientierten Architektur* (*SOA*) wird die Anwendung in kleinere wiederverwendbare Services unterteilt.

- Bei der *Microservice-Architektur* wird die Anwendung in noch kleinere Services unterteilt.
- Bei der *komponentenbasierten Architektur* wird das Frontend einer Anwendung in einzelne wiederverwendbare UI-Komponenten unterteilt.
- Bei der *Microfrontends-Architektur* wird das Frontend einer Anwendung in einzelne Features unterteilt.
- Die *Messaging-Architektur* sorgt dafür, dass einzelne Komponenten einer Anwendung nicht direkt, sondern über einen Message Broker bzw. Message Bus miteinander kommunizieren.
- Bei der *Webservice-Architektur* werden Services über das Web verfügbar gemacht. Dabei kommen für die Kommunikation *Webprotokolle* und für den Datenaustausch *Webformate* zum Einsatz.
- Die *MV*-Architekturen* kommen im Frontend einer Anwendung (der Präsentationsschicht) zum Einsatz und unterteilen die Zuständigkeit in *Model*, *View* und eine für die Kommunikation zuständige Komponente: *Controller* (bei *MVC*), *Presenter* (bei *MVP*) und *ViewModel* (bei *MVVM*).

12.4.2 Weiterführende Literatur

Die Architektur von Software und Webapplikationen ist ein sehr umfangreiches und komplexes Themengebiet, das in einem Kapitel nur ansatzweise vorgestellt werden kann. Für fast jede der in diesem Kapitel vorgestellten Architekturen gibt es eigene Bücher, die sich ausschließlich mit der jeweiligen Architektur beschäftigen (beispielsweise zu SOA oder zu Microservices). Um sich tiefergehend mit dem komplexen (aber hochspannenden!) Thema Softwarearchitektur zu beschäftigen, empfehle ich Ihnen folgende Bücher (sortiert nach Erscheinungsdatum).

- Martin Fowler: »Patterns of Enterprise Application Architecture« (2002)
- Gregor Hohpe, Bobby Woolf: »Enterprise Integration Patterns: Designing, Building, and Deploying Messaging Solutions« (2003)
- Erl Thomas: »SOA Principles of Service Design« (2007)
- Daigneau Robert: »Service Design Patterns: Fundamental Design Solutions for SOAP/WSDL and RESTful Web Services« (2011)
- Thomas Erl: »Service-Oriented Architecture: Analysis and Design for Services and Microservices« (2016)
- Richard Rodger: »The Tao of Microservices« (2017)
- Chris Richardson: »Microservices Patterns« (2018)

12.4.3 Ausblick

Da Sie nun einen guten Überblick über das Zusammenspiel von Client und Server haben und wissen, welche Architekturen bei der Implementierung von Webanwendungen zum Einsatz kommen, wollen wir uns ab dem folgenden Kapitel der Serverseite zuwenden. In den folgenden Kapiteln werden Sie unter anderem lernen, welche Programmiersprachen es für die Serverseite gibt und welche Programmiersprache sich für welche Zwecke eignet (Kapitel 13, »Programmiersprachen auf der Serverseite verwenden«), wie Sie JavaScript auf der Serverseite einsetzen können (Kapitel 14, »JavaScript auf der Serverseite verwenden«), wie Sie Webservices implementieren (Kapitel 16, »Webservices implementieren«) und wie Sie Daten in Datenbanken speichern (Kapitel 17, »Daten in Datenbanken speichern«).

Kapitel 13
Programmiersprachen auf der Serverseite verwenden

Als Fullstack-Entwickler müssen Sie zwar nicht gleich mehrere Programmiersprachen beherrschen (auch wenn das sicherlich von Vorteil ist). Sie sollten aber einen guten Überblick darüber haben, welche verschiedenen Arten von Programmiersprachen es gibt, und die wichtigsten kennen, die für die Webentwicklung relevant sind.

In Kapitel 4, »Webseiten interaktiv machen mit JavaScript«, haben Sie bereits die Programmiersprache JavaScript kennengelernt, und diese Sprache ist bezogen auf die Entwicklung von Web-Frontends quasi konkurrenzlos. In diesem Kapitel möchte ich darauf eingehen, welche verschiedenen Arten von Programmiersprachen es gibt und welche – neben JavaScript – die wichtigsten und bekanntesten Sprachen sind, die im Rahmen der Entwicklung von Webanwendungen zum Einsatz kommen.

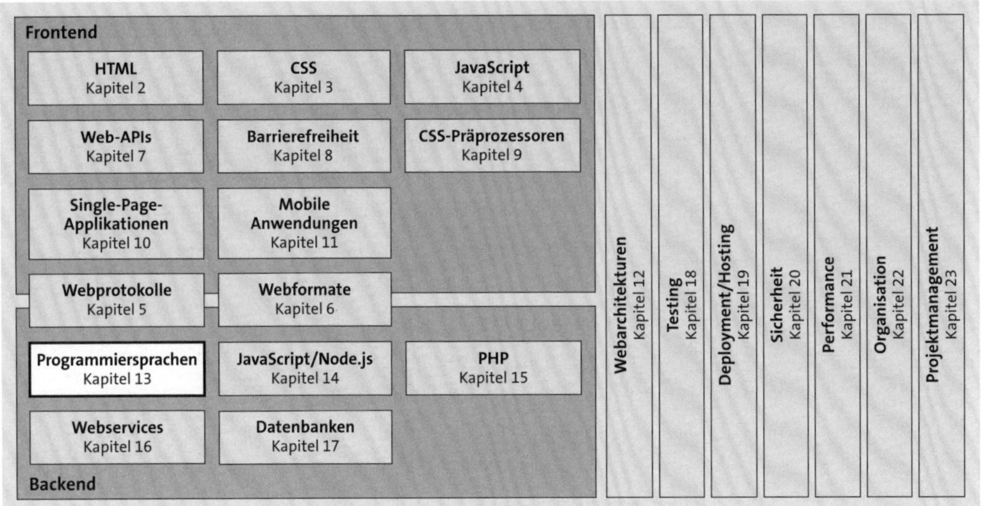

Abbildung 13.1 In diesem Kapitel schauen wir uns Programmiersprachen im Allgemeinen an.

Hinweis

Da Sie als Fullstack-Entwickler ohnehin nicht um die Sprache JavaScript herumkommen, machen wir uns dies zum Vorteil und wollen uns im anschließenden Kapitel anschauen, wie Sie JavaScript auch auf Serverseite ausführen können, um vollwertige Webserverfunktionalität zu implementieren. Damit schlagen Sie zwei Fliegen mit einer Klappe: Als JavaScript-Entwickler können Sie sowohl das Frontend implementieren als auch das Backend.

13.1 Arten von Programmiersprachen

Lassen Sie uns zunächst betrachten, wofür Programmiersprachen überhaupt gut sind und welche Arten von Programmiersprachen es gibt.

13.1.1 Unterteilung nach Abstraktionsgrad

Abhängig von ihrem Abstraktionsgrad lassen sich Programmiersprachen in unterschiedliche Kategorien einordnen. Sprachen wie Java oder JavaScript sind sogenannte *höhere Programmiersprachen*, das heißt, sie abstrahieren sehr weit von den Nullen und Einsen. *Assemblersprachen* dagegen sind deutlich weniger abstrakt: Dort arbeiten Sie zwar auch nicht mit Nullen und Einsen, die verwendeten Befehle jedoch sind relativ kryptisch, und die Programmierung damit ist vergleichsweise aufwendig (siehe Abbildung 13.2).

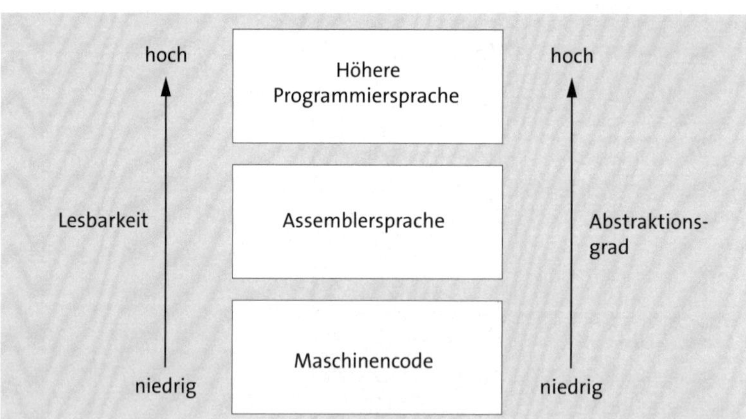

Abbildung 13.2 Je höher der Abstraktionsgrad, desto höher ist für uns die Lesbarkeit des Quelltextes.

Damit der Computer nun die Anweisungen, die Sie als Entwickler mithilfe einer Programmiersprache in Form von *Quelltext* (*Source Code*) formulieren, verstehen und umsetzen kann, muss der Quelltext in ein für den Computer verständliches Format gebracht (übersetzt) werden, und zwar in den bereits erwähnten Maschinencode (siehe Abbildung 13.3).

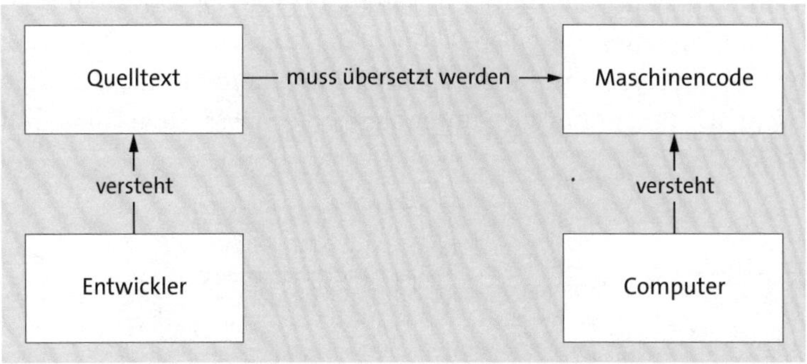

Abbildung 13.3 Der für Entwickler verständliche Quelltext muss in für Computer verständlichen Maschinencode umgewandelt werden.

Prinzipiell gibt es für diese Übersetzung in Maschinencode zwei verschiedene Wege: Auf der einen Seite gibt es sogenannte *Compiler*, die den Quelltext *kompilieren*, auf der anderen Seite sogenannte *Interpreter*, die Quelltext *interpretieren*.

13.1.2 Kompilierte und interpretierte Programmiersprachen

Abhängig davon, ob eine Programmiersprache einen Compiler oder einen Interpreter verwendet, bezeichnet man die Sprache als *kompilierte Programmiersprache* oder als *interpretierte Programmiersprache*. Was genau der Unterschied ist und worum es sich bei der dritten Art, den sogenannten *Zwischensprachen*, handelt, erkläre ich Ihnen in den folgenden Abschnitten.

Kompilierte Programmiersprachen

Bei kompilierten Programmiersprachen wird der Quelltext durch einen Compiler in Maschinencode bzw. in eine *ausführbare Maschinencodedatei* umgewandelt (Abbildung 13.4). Hierbei werden die im Quelltext definierten Anweisungen in eine Abfolge von Anweisungen für den Computer übersetzt. Programme, die auf diese Art durch einen Compiler erstellt werden, können direkt (das heißt ohne weitere Hilfskomponenten) auf dem Betriebssystem, für das sie kompiliert wurden, ausgeführt werden.

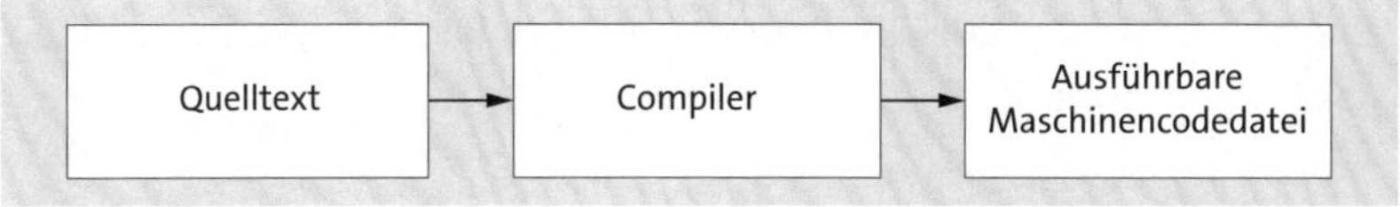

Abbildung 13.4 Ein Compiler wandelt den Quelltext in ausführbaren Maschinencode um.

Da die Compiler von Betriebssystem zu Betriebssystem unterschiedlich sind, müssen Sie für jedes Betriebssystem eine eigene Version des Programms kompilieren. Wenn Sie beispielsweise ein in der (kompilierten) Programmiersprache C++ geschriebenes Programm unter Windows ausführen möchten, müssen Sie es vorher über einen C++-Compiler für Windows kompilieren. Möchten Sie es dagegen unter Linux ausführen, müssen Sie das Programm vorher für Linux kompilieren. Und das Gleiche dann für macOS, wenn das Programm auch unter diesem Betriebssystem laufen soll (siehe Abbildung 13.5).

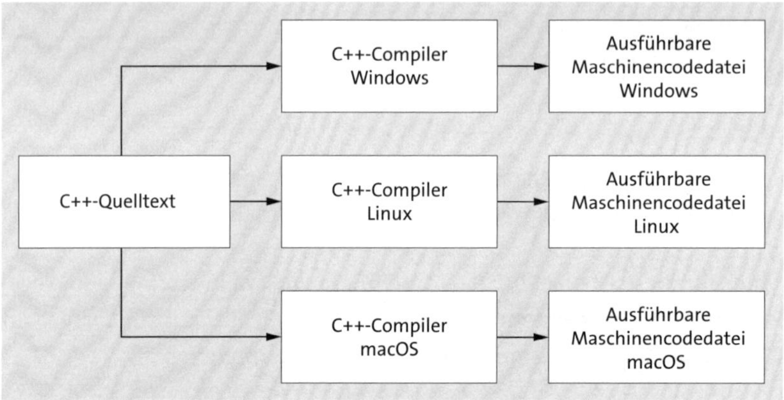

Abbildung 13.5 C++ ist ein Beispiel für eine kompilierte Programmiersprache.

Definition

Programme, die für ein bestimmtes Betriebssystem kompiliert wurden, nennt man auch *native Programme* oder *native Anwendungen*.

Interpretierte Programmiersprachen

Bei interpretierten Programmiersprachen ist es im Unterschied zu kompilierten Programmiersprachen nicht notwendig, den Quelltext zu kompilieren. Der Quelltext wird hierbei nicht durch einen Compiler übersetzt, sondern durch einen Interpreter zur *Laufzeit* des Programms ausgewertet (siehe Abbildung 13.6). Voraussetzung dafür, dass dies funktioniert, ist, dass ein solcher Interpreter auf dem jeweiligen Rechner (bzw. auf dem entsprechenden Betriebssystem), auf dem das Programm ausgeführt werden soll, vorhanden ist. (Zum Vergleich: Bei einem kompilierten Programm ist es nicht notwendig, dass ein Compiler auf dem Betriebssystem installiert ist, auf dem das Programm läuft.)

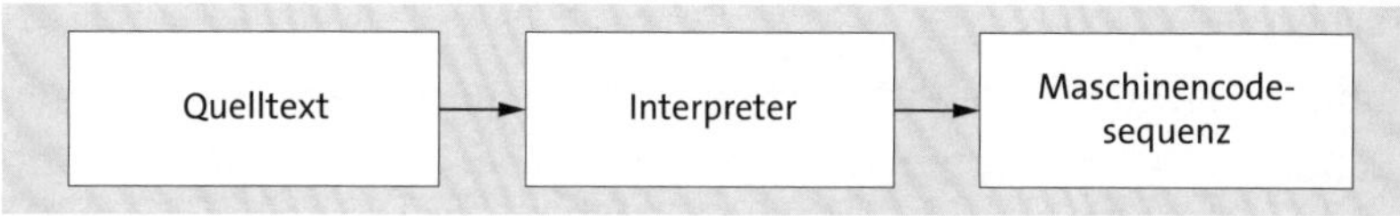

Abbildung 13.6 Ein Interpreter wertet den Quelltext direkt aus und wandelt ihn Anweisung für Anweisung in Maschinencode um.

Beispiele für interpretierte Programmiersprachen sind PHP (Kapitel 15, »Die Sprache PHP verwenden«,), Perl, Python oder – mein persönlicher Favorit – JavaScript. Interpreter (bzw. *Laufzeitumgebungen*, die Interpreter enthalten) für JavaScript beispielsweise finden sich in jedem Browser (ansonsten könnte der Browser kein JavaScript ausführen), und eine bekannte Laufzeitumgebung, um JavaScript auch auf dem Server auszuführen, werden wir in Kapitel 14, »JavaScript auf der Serverseite verwenden«, kennenlernen.

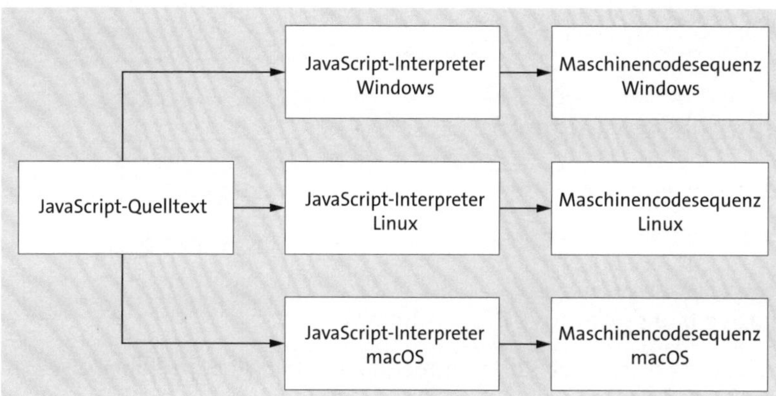

Abbildung 13.7 JavaScript ist eine interpretierte Programmiersprache, die durch einen JavaScript-Interpreter ausgewertet wird.

Programmiersprachen vs. Skriptsprachen

In der Literatur findet sich oftmals die Unterscheidung in *Programmiersprachen* und *Skriptsprachen*. Der Hauptunterschied zwischen einer Skriptsprache und einer Programmiersprache besteht nach dieser Definition in ihrer Ausführung: Programmiersprachen verwenden einen Compiler, um den entsprechenden Quelltext in Maschinencode umzuwandeln, während Skriptsprachen einen Interpreter verwenden. Dies lässt vermuten, dass Skriptsprachen keine Programmiersprachen sind, was natürlich nicht der Fall ist. Daher verwende ich in diesem Buch die Begriffe *kompilierte Programmiersprache* und *interpretierte Programmiersprache*.

Zwischensprachen

Einige Programmiersprachen lassen sich nicht eindeutig einer der beiden genannten Kategorien (kompiliert und interpretiert) zuordnen, weil bei ihnen sowohl ein Compiler als auch ein Interpreter zum Einsatz kommt. Bei Java beispielsweise wird der Quelltext zunächst durch einen Compiler in sogenannten *Bytecode* kompiliert. Bei diesem Bytecode handelt es sich um eine Art *Zwischencode*, der für die Ausführung wiederum einen Interpreter benötigt (siehe Abbildung 13.8). Sprachen wie Java, bei denen ein solcher Zwischencode erzeugt wird, nennt man daher auch *Zwischensprachen*.

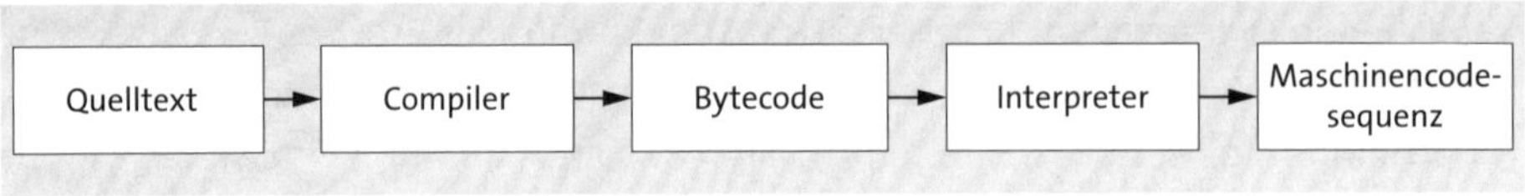

Abbildung 13.8 Java ist eine Sprache, bei der Compiler und Interpreter zum Einsatz kommen.

13.2 Programmierparadigmen

Eine andere Klassifizierung von Programmiersprachen ist die nach verwendetem *Programmierparadigma*.

13.2.1 Imperative und deklarative Programmierung

Zwei der am meisten verbreiteten Programmierparadigmen sind die *imperative Programmierung* und die *deklarative Programmierung*. Bei der imperativen Programmierung definiert man genau, **wie** ein Programm funktioniert, während es bei der deklarativen Programmierung darum geht, **was** ein Programm tut.

Die ersten Programmiersprachen – und dementsprechend die ersten Computerprogramme – basierten vollständig auf dem imperativen Ansatz, bei dem eine kontrollierte Folge spezifischer Befehle oder Anweisungen durch den Entwickler bereitgestellt und vom Computer ausgeführt wird (der Name kommt vom lateinischen »imperare« und bedeutet »befehlen«). Die imperative Programmierung ist beispielsweise die Grundlage für frühe Programmiersprachen wie Pascal und C sowie für Assemblersprachen.

Beide Programmierparadigmen, sowohl das imperative als auch das deklarative, lassen sich in weitere Paradigmen unterteilen (Abbildung 13.9).

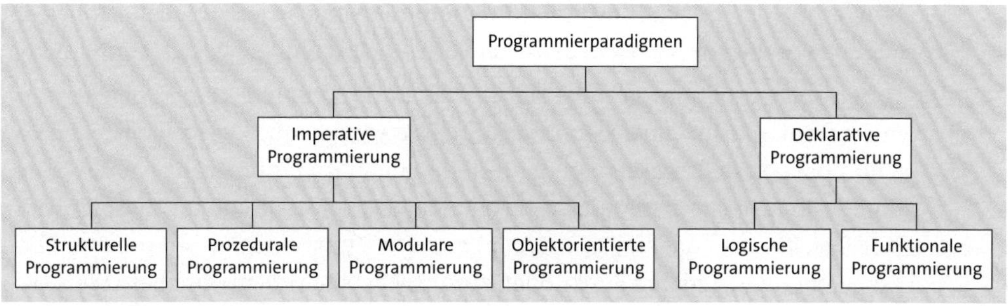

Abbildung 13.9 Hierarchie der Programmierparadigmen

Innerhalb des imperativen Programmierparadigmas gibt es unter anderem folgende Paradigmen:

- **Strukturierte Programmierung**: Die *strukturierte Programmierung* ist eine erweiterte Form der imperativen Programmierung. Der entscheidende Unterschied zum Grundprinzip besteht darin, dass dieses Programmierparadigma anstelle von absoluten Sprungbefehlen (Anweisungen, die dazu führen, dass die Verarbeitung an einem anderen Punkt anstelle des nächsten Befehls fortgesetzt wird) *Kontrollstrukturen* wie Verzweigungen (if/else) und Schleifen (do ... while) verwendet.
- **Prozedurale Programmierung**: Die *prozedurale Programmierung* erweitert den imperativen Ansatz um die Möglichkeit, Algorithmen in übersichtlichere Abschnitte zu unterteilen, sprich in *Funktionen* (alternativ: *Routinen* oder *Unterprogramme* oder auch – daher der Name dieses Paradigmas – *Prozeduren*). Durch diese Unterteilung kann der Quelltext so gestaltet werden, dass er zum einen lesbarer wird und zum anderen leichter wiederverwendet werden kann.
- **Modulare Programmierung**: Die *modulare Programmierung* ähnelt der prozeduralen Programmierung, erlaubt es aber zusätzlich, Quelltext in logische, unabhängige und wiederverwendbare *Module* zu unterteilen.
- **Objektorientierte Programmierung**: Die *objektorientierte Programmierung* basiert auf dem Konzept von *Objekten*, die Daten in Form von *Feldern* (auch *Attributen* bzw. *Eigenschaften*) und Code in Form von *Prozeduren* bzw. *Methoden* verwalten (Methoden sind vereinfacht gesagt Funktionen, die zu einem Objekt »gehören«). In der objektorientierten Programmierung (*OOP*) modelliert man als Entwickler also Objekte, die miteinander interagieren.

Das deklarative Programmierparadigma wiederum lässt sich in folgende Paradigmen unterteilen:

- **Logische Programmierung**: Die logische Programmierung (auch *Logikprogrammierung* oder *Prädikatprogrammierung* genannt) basiert auf formaler Logik. Jedes

Programm, das in einer logischen Programmiersprache geschrieben ist, besteht aus einer Reihe von Sätzen in logischer Form, die Fakten und Regeln kombinieren.

- **Funktionale Programmierung**: Die *funktionale Programmierung* ist ein Programmierparadigma, in dem Programme durch Anwenden und Zusammenstellen von Funktionen erstellt werden. In der funktionalen Programmierung werden Funktionen als »Objekte erster Klasse« behandelt, das heißt, sie können beispielsweise (wie Objekte oder andere Datentypen) anderen Funktionen als Argumente übergeben oder von anderen Funktionen zurückgegeben werden. Auf diese Weise lassen sich Funktionen sehr vielfältig miteinander kombinieren.

Da die meisten modernen Programmiersprachen das objektorientierte oder das funktionale Programmierparadigma verwenden, möchte ich auf diese beiden Paradigmen im Folgenden etwas näher eingehen. Hinzu kommt, dass einige Sprachen wie beispielsweise JavaScript sogar sowohl das objektorientierte als auch das funktionale Programmierparadigma unterstützen. Das heißt: In JavaScript haben Sie die Wahl, ob Sie objektorientiert programmieren oder funktional (oder beides mischen). Ein Grund mehr, sich einen kurzen Überblick über diese beiden Paradigmen zu verschaffen.

13.2.2 Objektorientierte Programmierung

Bei der *objektorientierten Programmierung* arbeitet man, wie der Name bereits sagt, mit Objekten. Objekte können *Eigenschaften* haben, über die der Zustand des Objekts dargestellt werden kann, sowie *Methoden*, die das Verhalten eines Objekts definieren.

Prinzipien der Objektorientierung

Der objektorientierten Programmierung liegen dabei vier wesentliche Prinzipien zugrunde, die ich in den folgenden Abschnitten näher beschreiben möchte:

- **Abstraktion**: Das abstrakte Verhalten von Objekten wird in sogenannten *Klassen* oder *Prototypen* zusammengefasst. (Im Folgenden verwende ich die beiden Begriffe der Einfachheit halber synonym, auch wenn es im Detail Unterschiede gibt. Auf diese möchte ich aber an anderer Stelle in diesem Kapitel eingehen.) Bei Klassen handelt es sich in der Objektorientierung um eine Art Bauplan für *Objekte*. Sie dienen als Vorlage, anhand derer zur Laufzeit eines Programms einzelne *Objektinstanzen* erstellt werden. Innerhalb einer Klasse definiert man die Eigenschaften und Methoden, die die einzelnen Objektinstanzen haben sollen.
- **Datenkapselung**: Eigenschaften und Methoden werden in Form von Klassen gekapselt und vor dem Zugriff von außen verborgen.

- **Vererbung**: Eigenschaften und Methoden können von einer Klasse an eine andere Klasse vererbt werden.
- **Polymorphie**: Objekte können je nach Verwendung unterschiedliche Typen haben.

Prinzip 1: Abstraktion

In der objektorientierten Programmierung definieren Klassen die Grundlage für mehrere Objektinstanzen, die über einen ähnlichen Zustand und ein ähnliches Verhalten verfügen. Klassen werden daher als *Abstraktion* (engl.: *Abstraction*) der konkreten Objektinstanzen bezeichnet. In den Klassen wird das *abstrakte Verhalten* festgelegt, also das Verhalten, das allen Objektinstanzen gemeinsam ist, sowie die Eigenschaften, die allen Objektinstanzen gemeinsam sind. In den Objektinstanzen werden dann die Eigenschaften mit konkreten Werten belegt, und damit wird der *konkrete Zustand* definiert (siehe Abbildung 13.10).

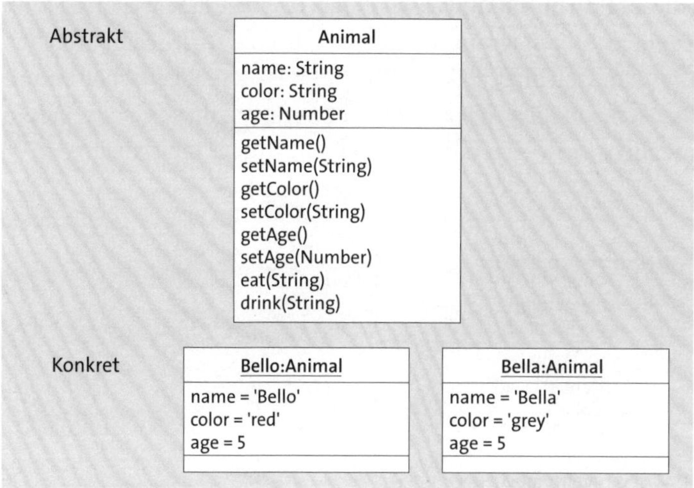

Abbildung 13.10 Klassen sind eine Abstraktion von den konkreten Objektinstanzen.

Hinweis

Bei Abbildung 13.10 und auch bei den folgenden Abbildungen handelt es sich um sogenannte *Klassendiagramme*, die in der Softwareentwicklung zur Darstellung von Klassen und der Beziehung von Klassen untereinander verwendet werden und Teil der Modellierungssprache *UML* (für *Unified Modelling Language*) sind.

Klassen werden in Klassendiagrammen durch Rechtecke repräsentiert, wobei innerhalb des Rechtecks zunächst der Name der Klasse steht, dann ein optionaler Bereich, in dem die Eigenschaften aufgelistet sind, und anschließend ein weiterer optionaler

Bereich, in dem die Methoden der Klasse stehen. Die Eigenschaften werden jeweils mit Namen und Datentyp aufgeführt, die Methoden jeweils mit Namen sowie Datentypen der einzelnen Parameter. Optional können weitere Aspekte wie der Rückgabewert von Methoden und die Sichtbarkeit bei Eigenschaften und Methoden angegeben werden.

Prinzip 2: Datenkapselung

Unter dem Begriff *Datenkapselung* (auch *Encapsulation* oder *Information Hiding*) versteht man in der objektorientierten Programmierung das Zusammenfassen von Eigenschaften und Methoden zu Klassen, wobei die Details der Implementierung **verborgen** bleiben: Der Zugriff auf Eigenschaften eines Objekts »von außerhalb des Objekts« sollte nur über Methoden erfolgen, nicht aber direkt über die Eigenschaften.

In Abbildung 13.11 ist dieses Prinzip exemplarisch dargestellt. Die Eigenschaften `name`, `color` und `age` sind in dem Klassendiagramm durch das vorangestellte Minuszeichen als *privat* markiert: Dies kennzeichnet, dass ein Zugriff auf diese Eigenschaften nur von »innerhalb des Objekts« möglich ist. Ein direkter Zugriff auf diese Eigenschaften ist von außen nicht möglich, weswegen der Aufruf von Aufrufer 1 fehlschlägt.

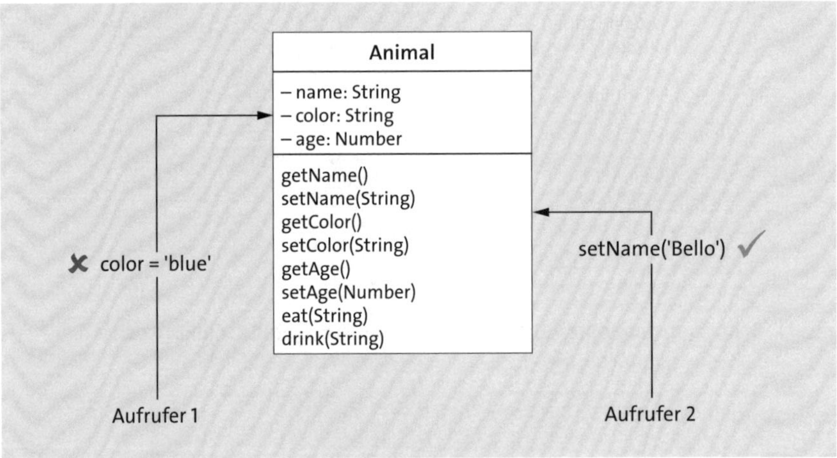

Abbildung 13.11 Auf Eigenschaften sollte nur per Methoden zugegriffen werden.

Laut dem Prinzip der Datenkapselung soll der Zugriff auf Eigenschaften also nur über Methoden möglich sein. Zu diesem Zweck implementiert man als Entwickler häufig *Zugriffsmethoden*, sogenannte Setter- und Getter-Methoden (oder kurz *Setter* bzw. *Getter*), um den Wert einer Eigenschaft zu ändern (Setter) oder abzufragen (Getter). Der Vorteil beispielsweise von Setter-Methoden: Hier kann innerhalb der Methode eine Validierung der übergebenen Werte erfolgen und auf diese Weise verhindert werden, dass einer Eigenschaft ungültige Werte zugewiesen werden.

Beispielsweise kann man auf diesem Weg verhindern, dass eine negative Zahl für eine Eigenschaft gesetzt wird, die das Alter eines Nutzers repräsentiert, oder eine Zeichenkette, die keine gültige E-Mail-Adresse darstellt, für eine Eigenschaft, in der die E-Mail-Adresse eines Nutzers vorgehalten wird. Mit anderen Worten: Indem man den Zugriff auf Eigenschaften nur über Methoden erlaubt, **schützt** man das jeweilige Objekt davor, in einen ungültigen Zustand zu kommen. Erlaubt man dagegen den direkten Zugriff auf die Eigenschaften (und erfüllt damit nicht das Prinzip der Datenkapselung), ist dies nicht gewährleistet.

Prinzip 3: Vererbung

In der *klassenbasierten Objektorientierung* (und auch in der prototypenbasierten Objektorientierung) können Klassen Eigenschaften und Methoden von einer anderen Klasse erben. In diesem Fall spricht man von *Vererbung* (engl.: *Inheritance*). Die *Elternklasse* (auch Oberklasse bzw. Superclass) vererbt eine oder mehrere Eigenschaften oder Methoden, die *Kindklasse* (auch Unterklasse bzw. Subclass) erbt eine oder mehrere Eigenschaften oder Methoden.

Beispielsweise könnte, wie in folgendem Klassendiagramm gezeigt, eine Klasse `Dog` von einer Klasse `Animal` abgeleitet werden und damit die dort definierten Eigenschaften und Methoden erben (Vererbungsbeziehungen werden in UML durch Pfeile mit weißer Spitze gekennzeichnet). Die Klassen `Cat` und `Dog` erben also die Methoden der Klasse `Animal` und definieren darüber hinaus jeweils eine weitere »eigene« Methode.

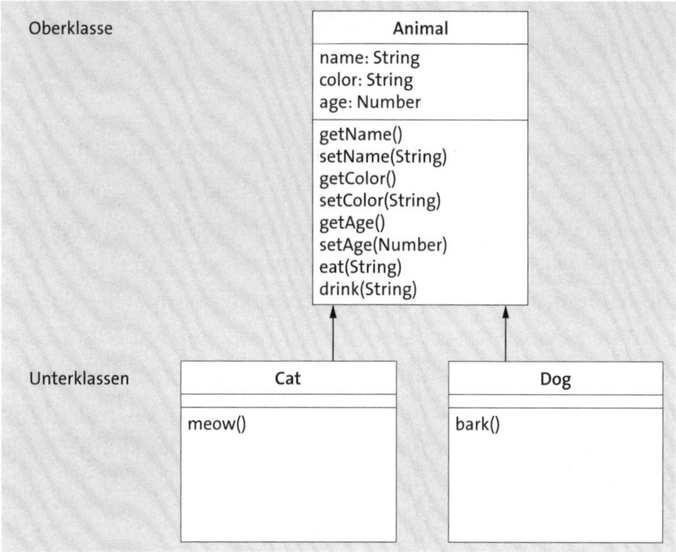

Abbildung 13.12 Klassen können Eigenschaften und Methoden von anderen Klassen erben.

Prinzip 4: Polymorphie

Unter *Polymorphie* (im Englischen »Polymorphism«, im Deutschen auch mit »Vielgestaltigkeit« zu übersetzen) versteht man bezogen auf die objektorientierte Programmierung die Fähigkeit von Objekten, je nach Kontext einen anderen Typ (eine andere *Gestalt*) anzunehmen bzw. sich als anderer Typ darzustellen.

Dazu ein kurzes Beispiel: Angenommen, wir haben eine Methode, die als Parameter ein Objekt vom Typ `Animal` erwartet (also eine Objektinstanz, die auf Basis der Klasse `Animal` erstellt wurde). Dann können dieser Methode nicht nur Objektinstanzen von `Animal` übergeben werden, sondern auch Objektinstanzen von allen Unterklassen von `Animal` wie beispielsweise Objektinstanzen von `Cat` oder von `Dog`.

Dies bedeutet: Instanzen von `Cat` können an allen Stellen verwendet werden, an denen Instanzen von `Animal` oder Instanzen von `Cat` erwartet werden, Instanzen von `Dog` an allen Stellen, an denen Instanzen von `Animal` oder `Dog` erwartet werden. Diese Instanzen sind *polymorph*: Sie können als allgemeiner Typ `Animal` verwendet werden, aber auch als speziellerer Typ `Cat` bzw. `Dog`.

Umgekehrt gilt dies allerdings nicht: Einer Methode, die als Parameter eine Objektinstanz vom Typ `Cat` erwartet, können weder Objektinstanzen vom Typ `Animal` übergeben werden (also von der Elternklasse) noch Objektinstanzen vom Typ `Dog` (also von Geschwisterklassen).

Weitere Prinzipien der objektorientierten Programmierung

Es gibt wie erwähnt noch weitere Prinzipien in der objektorientierten Programmierung wie *Aggregierung, Kopplung, Assoziation, Komposition* (siehe zum Beispiel unter *https://de.wikipedia.org/wiki/Prinzipien_objektorientierten_Designs*), auf die ich an dieser Stelle jedoch nicht eingehe.

Klassenbasierte, objektbasierte und prototypenbasierte Programmiersprachen

Bezüglich objektorientierter Programmiersprachen unterscheidet man noch zwischen solchen, die auf Klassen basieren, und solchen, die ausschließlich auf Objekten basieren. Ein Beispiel für eine *klassenbasierte Programmiersprache* ist Java. Ein Beispiel für eine *objektbasierte Programmiersprache* dagegen ist JavaScript: Hier werden Objektinstanzen nicht auf Basis von Klassen, sondern auf Basis von anderen Objekten erstellt. Diese anderen Objekte stellen dann den *Prototyp* dar. Wegen dieses Prinzips von Prototypen wird die Art der Programmierung in JavaScript auch als *prototypenbasierte* oder als *prototypische Programmierung* bezeichnet oder alternativ als *klassenlose Programmierung*.

Merke: JavaScript ist nicht klassenbasiert

Auch wenn man es nicht direkt vermuten würde, weil es in JavaScript seit ES2015 das Schlüsselwort `class` gibt und die Sprache damit (dem klassenbasierten) Java noch ähnlicher wird: JavaScript ist nicht klassenbasiert! Bei dem Schlüsselwort `class` handelt es sich lediglich um »syntaktischen Zucker«, unter der Haube arbeitet JavaScript mit Prototypen.

13.2.3 Funktionale Programmierung

Während der Fokus bei der objektorientierten Programmierung auf Objekten liegt, stehen bei der *funktionalen Programmierung* Funktionen im Mittelpunkt. Die wesentlichen Prinzipien der funktionalen Programmierung sind dabei folgende:

Prinzip 1: Funktionen sind Objekte erster Klasse

Funktionen werden hier als »Objekte erster Klasse« behandelt (sogenannte *First Class Objects* oder auch *First Class Citizens*), was bedeutet, dass Funktionen sehr vielfältig miteinander kombiniert werden können. So können Funktionen, genau wie »normale« Objekte und primitive Werte, **Variablen zugewiesen** werden; sie können als **Argumente** anderer Funktionen verwendet werden oder als deren **Rückgabewert**. In nicht funktionalen Programmiersprachen hingegen, bei denen Funktionen nicht als Objekte behandelt werden, ist dies alles nicht möglich bzw. lässt sich nur mit aufwendigen Entwurfsmustern nachbilden.

Prinzip 2: Funktionen verwenden unveränderliche Datenstrukturen

Bei der funktionalen Programmierung sollten die Datenstrukturen, auf denen die Funktionen »arbeiten«, unveränderlich sein bzw. von den Funktionen nicht verändert werden. Dazu ein Beispiel: Angenommen, wir haben eine Funktion, die eine Liste von Zahlenwerten entgegennimmt und diese absteigend sortiert. Bei der funktionalen Programmierung sollte nun beim Aufruf der Funktion die Liste, die der Funktion als Argument übergeben wurde, nicht verändert werden. Stattdessen sollte die Funktion eine **neue** Liste erzeugen, in diese neue Liste die Zahlenwerte sortieren und anschließend zurückgeben.

In *rein funktionalen Programmiersprachen* (wie beispielsweise Haskell) wird sogar durch die Sprache selbst verhindert, dass Listen oder andere Datenstrukturen, die einmal angelegt wurden, nachträglich verändert werden. Bei JavaScript übrigens handelt es sich um keine **rein** funktionale Programmiersprache, weswegen hier Listen (bzw. Arrays) jederzeit verändert werden können. Guter Stil wäre das bezogen auf die funktionale Programmierung allerdings nicht.

Prinzip 3: Funktionen haben keine Seiteneffekte

Dieses Prinzip schließt direkt an das vorige an und verlangt, dass bei der funktionalen Programmierung Funktionen überhaupt keine *Seiteneffekte* haben dürfen und sich wie mathematische Funktionen verhalten sollen. Das bedeutet, Funktionen sollten in der funktionalen Programmierung bei **gleichen Eingaben** immer das **gleiche Ergebnis** liefern, ohne dabei Seiteneffekte zu haben.

In rein funktionalen Sprachen werden Seiteneffekte wieder durch die Sprache selbst ausgeschlossen. In JavaScript als nicht rein funktionaler Programmiersprache dagegen ist es möglich, dass Funktionen bei gleichen Eingaben unterschiedliche Ergebnisse liefern. Aber auch hier gilt: Bezogen auf das funktionale Programmierparadigma wäre das wieder kein guter Stil.

Prinzip 4: Funktionale Programme sind deklarativ

Wie eingangs erwähnt handelt es sich bei der *imperativen Programmierung* um ein Programmierparadigma, bei dem man dem Computer sehr genau einzelne Anweisungen gibt, **wie** eine Problemstellung gelöst werden soll. Imperative Programme verwenden Schleifenanweisungen (`while`-Schleifen, `for`-Schleifen etc.), bedingte Anweisungen (`if-else`) und Abfolgen davon. Funktionale Programme dagegen sind *deklarativ* und vermeiden den Einsatz von oben genannten Anweisungen. Stattdessen formuliert man über Funktionen wie beispielsweise `forEach()`, `map()` und `reduce()`, **was** das Programm machen soll.

13.3 Welche Programmiersprachen gibt es?

Neben den grundsätzlichen Unterschieden zwischen den einzelnen Sprachen stellt sich für Programmieranfänger die Frage, welche Programmiersprachen es überhaupt gibt, worin die Unterschiede liegen und welche man denn nun lernen sollte. In diesem Kapitel gebe ich Ihnen einen kurzen Überblick über verschiedene Programmiersprachen, die bezogen auf die Webentwicklung eine Rolle spielen (man möge es mir verzeihen, wenn ich hierbei nicht alle relevanten Programmiersprachen aufliste, sondern eine persönliche Vorauswahl getroffen habe, um nicht den Rahmen dieses Kapitels zu sprengen).

13.3.1 Programmiersprachen-Rankings

Für die Bewertung der Beliebtheit von Programmiersprachen gibt es verschiedene Indizes, die regelmäßig entsprechende Programmiersprachen-Rankings veröffentlichen.

Der TIOBE-Index

Tabelle 13.1 zeigt beispielsweise eine Übersicht derzeit beliebter Programmiersprachen, basierend auf dem TIOBE-Index (*https://www.tiobe.com/tiobe-index/*), Stand Februar 2023. Der TIOBE-Index berücksichtigt zur Berechnung der Beliebtheit einer Programmiersprache die **Anzahl der Treffer in Suchmaschinen**. Mit anderen Worten: Je öfter eine Sprache gefunden wurde, desto höher ihr Ranking. Dass hierdurch weder auf Qualität noch wirkliche Beliebtheit und Verbreitung einer Programmiersprache geschlossen werden kann, dürfte klar sein. Insofern ist man gut beraten, wenn man diesen Index nur als **Indikator** versteht und keineswegs als Kriterium für die Auswahl einer Programmiersprache.

Position	Programmiersprache
1	Python
2	C
3	C++
4	Java
5	C#
6	Visual Basic
7	JavaScript
8	SQL
9	Assembly Language
10	PHP
11	Go
12	R
13	MATLAB
14	Delphi/Object Pascal
15	Swift
16	Ruby
17	Perl

Tabelle 13.1 Programmiersprachen, sortiert nach dem TIOBE-Index (Stand Februar 2023, Quelle: https://www.tiobe.com/tiobe-index)

Position	Programmiersprache
18	Scratch
19	Classic Visual Basic
20	Rust

Tabelle 13.1 Programmiersprachen, sortiert nach dem TIOBE-Index (Stand Februar 2023, Quelle: https://www.tiobe.com/tiobe-index) (Forts.)

Der RedMonk-Index

Ein weiterer Index, der häufig zitiert wird, ist der RedMonk-Index (*https://redmonk.com/sogrady/2022/10/20/language-rankings-6-22*). Dieser Index berücksichtigt besonders stark **relevante Informationen aus der Entwickler-Community**. So werden beispielsweise Hashtags bei Community-Websites wie »Stack Overflow« (*https://stackoverflow.com*) berücksichtigt sowie die Anzahl an GitHub-Projekten, bei denen eine bestimmte Sprache zum Einsatz kommt. Dieses Vorgehen ist gegenüber dem beim TIOBE-Index schon sinnvoller, sodass auch das entsprechende Rating (Tabelle 13.2) im Vergleich zum TIOBE-Index durchaus realistischer den aktuellen Beliebtheitsgrad einer Programmiersprache widerspiegelt. Das merkt man beispielsweise daran, dass in diesem Index auch TypeScript auftaucht (eine momentan extrem beliebte Programmiersprache), auf der anderen Seite aber Visual Basic nicht enthalten ist.

Position	Programmiersprache
1	JavaScript
2	Python
3	Java
4	PHP
5	C#
6	CSS
7	C++
7	TypeScript
9	Ruby

Tabelle 13.2 Programmiersprachen, sortiert nach dem RedMonk-Index (Stand Juni 2022, Quelle: https://redmonk.com/sogrady/2022/10/20/language-rankings-6-22)

Position	Programmiersprache
10	C
11	Swift
12	R
12	Objective-C
14	Shell
15	Scala
15	Go
17	PowerShell
17	Kotlin
19	Rust
19	Dart

Tabelle 13.2 Programmiersprachen, sortiert nach dem RedMonk-Index (Stand Juni 2022, Quelle: https://redmonk.com/sogrady/2022/10/20/language-rankings-6-22) (Forts.)

Der PYPL-Index

Ein weiterer Index ist der *PYPL-Index* (*Popularity of Programming Language*), der für die Ermittlung des Ratings ebenfalls die Daten von Suchmaschinen nutzt. Im Gegensatz zum TIOBE-Index wird dabei aber nicht die Anzahl von Suchergebnissen, sondern die **Anzahl von Suchanfragen** berücksichtigt. Auch dieses Vorgehen scheint aussagekräftiger als das beim TIOBE-Index, weil hierbei das **aktuelle Interesse** stärker bewertet wird als das Interesse in der Vergangenheit.

Position	Programmiersprache
1	Python
2	Java
3	JavaScript
4	C#
5	C/C++

Tabelle 13.3 Programmiersprachen, sortiert nach dem PYPL-Index
(Stand Februar 2023, © Pierre Carbonnelle, Quelle: http://pypl.github.io/PYPL.html)

Position	Programmiersprache
6	PHP
7	R
8	TypeScript
9	Swift
10	Objective-C
11	Go
12	Rust
13	Kotlin
14	Matlab
15	Ruby
16	VBA
17	Ada
18	Dart
19	Scala
20	Lua

Tabelle 13.3 Programmiersprachen, sortiert nach dem PYPL-Index (Stand Februar 2023, © Pierre Carbonnelle, Quelle: http://pypl.github.io/PYPL.html) (Forts.)

13.3.2 Welche Programmiersprache sollte ich lernen?

Zusammenfassend lässt sich sagen, dass Sie sich bei der Auswahl einer Programmiersprache nicht von einem Index beeinflussen lassen sollten, unabhängig davon, ob es um das Erlernen einer Sprache geht oder um die Auswahl für ein konkretes Projekt. Vielmehr ist die Wahl der »passenden« Programmiersprache eine sehr individuelle, die viel mit dem persönlichen Geschmack zu tun hat. Auch hat jede Programmiersprache ihre Vor- und Nachteile und eignet sich für manche Dinge sehr gut, für andere wiederum nicht gut. Lassen Sie mich im Folgenden daher kurz auf einige Programmiersprachen eingehen.

JavaScript

JavaScript haben Sie bereits in Kapitel 4, »Webseiten interaktiv machen mit JavaScript«, kennengelernt. Bei JavaScript handelt es sich um eine Sprache, die sowohl das objektorientierte Programmierparadigma als auch das funktionale Programmierparadigma unterstützt. Bezogen auf die Objektorientierung ist JavaScript klassenlos, auch wenn dies für Einsteiger auf den ersten Blick (bedingt durch das Klassenwort `class` und die Möglichkeit, »Klassen« zu erzeugen) nicht so erscheint. Doch bei den »Klassen« in JavaScript (wichtig: in Anführungszeichen!) handelt es sich um keine echten Klassen, sondern nur um eine syntaktische Verfeinerung, die den Einstieg für Entwickler, die aus klassenbasierten Programmiersprachen zu JavaScript wechseln, einfacher machen soll.

Kam die Sprache seit Erscheinen im Jahr 1995 und in den Anfangstagen der Webentwicklung nur im Frontend zum Einsatz, hat sie sich in den vergangenen Jahren auch serverseitig durchgesetzt. Diesen Wechsel von einer reinen Frontendsprache hin zu einer Frontend- und Backendsprache hat die Sprache vor allem der Laufzeitumgebung Node.js (*https://nodejs.org*) zu verdanken, die es ermöglicht, JavaScript-Code außerhalb des Browsers (und damit auf Serverseite) auszuführen. Um JavaScript-Code auszuführen, benötigt man dabei keinen Compiler: JavaScript muss nicht kompiliert werden, sondern wird zur Laufzeit von einem JavaScript-Interpreter interpretiert und ausgeführt.

Da man sich als Fullstack-Entwickler zwangsläufig mit der Sprache JavaScript auseinandersetzen muss, liegt es nahe, diese Programmiersprache nicht nur für das Frontend, sondern auch für die Implementierung des Backends zu verwenden. Aus diesem Grund werde ich im nächsten Kapitel im Detail darauf eingehen, wie JavaScript mithilfe von Node.js auf Serverseite ausgeführt werden kann.

TypeScript

TypeScript (*https://www.typescriptlang.org/*) ist eine von Microsoft entwickelte Open-Source-Programmiersprache, die auf JavaScript basiert und dieses um verschiedene Features erweitert, wie beispielsweise sogenannte *statische Typisierung* (JavaScript verfügt nur über eine sogenannte *schwache Typisierung*). Über statische Typisierung ermöglicht es TypeScript, für Variablen, Objekteigenschaften, Funktionsparameter etc. optional einen *Typ* anzugeben, was wiederum die Fehleranfälligkeit des Quelltextes aufgrund falsch verwendeter Typen verringert. TypeScript-Code kann nicht direkt von Browsern ausgeführt werden, sondern muss zunächst in JavaScript-Code kompiliert werden. Typfehler lassen sich dann bereits während der Kompilierung erkennen.

Listing 13.1 gibt Ihnen einen Eindruck von der TypeScript-Syntax.

```
interface User {
  firstname: string;
  lastname: string;
  id: number;
}
```

```
class UserAccount {
  firstname: string;
  lastname: string;
  id: number;

  constructor(firstname: string, lastname: string, id: number) {
    this.firstname = firstname;
    this.lastname = lastname;
    this.id = id;
  }
}

const user: User = new UserAccount('Max', 'Mustermann', 1);
```

Listing 13.1 Beispielcode in TypeScript

PHP

Im Gegensatz zu den anderen vorgestellten Programmiersprachen, die auch abseits der Webentwicklung eine Rolle spielen, wird PHP (*https://www.php.net/*) fast ausschließlich für die Webentwicklung verwendet. Eingebettet in HTML-Code wird PHP auf Serverseite durch einen entsprechenden Interpreter (*PHP-Interpreter*) ausgewertet und eignet sich beispielsweise dazu, dynamisch HTML zu generieren (Listing 13.2).

```
<html>
 <head>
  <title>PHP-Test</title>
 </head>
 <body>
  <?php
  echo "<table border=\"1\" style='border-collapse: collapse'>";
    for ($row=1; $row <= 20; $row++) {
      echo "<tr> \n";
      for ($col=1; $col <= 10; $col++) {
         $value = $col * $row;
         echo "<td>$value</td> \n";
      }
      echo "</tr>";
    }
  echo "</table>";
  ?>
  </body>
</html>
```

Listing 13.2 Beispielcode in PHP

PHP war lange Zeit eine der populärsten Sprachen des Webs. Gefühlt hat diese Popularität durch alternative »Websprachen« in den letzten Jahren nachgelassen, dennoch findet man auch heute noch sehr viele in PHP entwickelte Websites. PHP spielt in der Webentwicklung also nach wie vor eine sehr große Rolle, alleine schon, weil *Content-Management-Systeme* (*CMS*) wie WordPress (*https://de.wordpress.com*) und Joomla (*https://www.joomla.de*) ebenfalls in PHP programmiert sind. Darüber hinaus ist PHP Teil des bekannten *LAMP-Stacks*. Zur Erinnerung: Der LAMP-Stack setzt sich aus dem Betriebssystem Linux, dem Webserver Apache, der Datenbank MySQL und eben PHP zusammen. Etwas ausführlicher werden wir auf die Sprache PHP in Kapitel 15, »Die Sprache PHP verwenden«, eingehen.

Python

Bei Python (*https://www.python.org*) handelt es sich um eine interpretierte Programmiersprache, das heißt, auch hier muss der Code vor dem Ausführen nicht erst in Maschinencode kompiliert werden. Stattdessen führt der Python-Interpreter den Code direkt aus.

Die Syntax von Python ist Geschmackssache. Vor allem Java- und JavaScript-Entwickler dürften es anfangs etwas schwer haben, denn Python verzichtet auf geschweifte Klammern und nutzt stattdessen Einrückungen, um entsprechende Codeblöcke zu definieren (Listing 13.3). Hat man sich jedoch einmal an die Syntax gewöhnt, kann Python-Code sogar sehr übersichtlich sein.

```
message = "Hello World!"

for x in range(5):
  print(message)
```

Listing 13.3 Beispielcode in Python

Prinzipiell kann mit Python alles Mögliche programmiert werden, von Kommandozeilenanwendungen über Desktopanwendungen bis hin zu Webanwendungen. Bezüglich Letzteren ist unter anderem das serverseitige Web-Framework Django (*https://www.djangoproject.com*) erwähnenswert, das die Implementierung von Webservern mit Python vereinfacht.

Darüber hinaus gilt Python als **die** Sprache schlechthin, wenn es um die Entwicklung von *KI-Anwendungen* geht, also Anwendungen mit *künstlicher Intelligenz* bzw. solchen, die auf maschinellem Lernen basieren. Frameworks, die hierbei zum Einsatz kommen, sind beispielsweise TensorFlow (*https://www.tensorflow.org*) und scikit-learn (*https://scikit-learn.org*).

Ruby

Die Programmiersprache Ruby (*https://www.ruby-lang.org*) wurde Mitte der 90er-Jahre von dem Japaner Yukihiro Matsumoto entworfen, mit dem Ziel, dass das Programmieren mit Ruby vor allem Spaß machen und der Quelltext vor allem für Entwickler verständlich sein sollte. Die Sprache unterstützt dabei mehrere Programmierparadigmen, einschließlich prozeduraler, objektorientierter und funktionaler Programmierung.

```
message = "Hello World!"

for a in 1..5 do
  puts message
end
```

Listing 13.4 Beispielcode in Ruby

Im Hinblick auf die Webentwicklung wurde Ruby insbesondere durch das Web-Framework Ruby on Rails (*https://rubyonrails.org*) bekannt. Doch wie PHP haben auch Ruby und Ruby on Rails in den letzten Jahren an Beliebtheit eingebüßt. Es gibt zwar nach wie vor eine große Community rund um die Sprache und das Framework, aber durch die Konkurrenz von Frontend-Frameworks wie React, Angular und Vue.js, in denen vieles der Funktionalität von Webanwendungen schon frontendseitig abgedeckt wird, und durch den enormen Erfolg von Node.js ist das Interesse an Ruby und Ruby on Rails merklich zurückgegangen.

Java

Java (*https://www.java.com*) ist eine objektorientierte, klassenbasierte Programmiersprache. Die Syntax von Java ähnelt C und C++, verfügt jedoch über weniger Low-Level-Funktionen als die beiden anderen Sprachen. Java-Code wird durch den Java-Compiler in Maschinencode übersetzt, der dann innerhalb der *Java Virtual Machine* (JVM) ausgeführt werden kann. Der Vorteil: Java-Anwendungen müssen nicht für jedes Betriebssystem separat kompiliert werden. Einzige Voraussetzung dafür, dass der Maschinencode auf dem jeweiligen Betriebssystem läuft, ist, dass die JVM installiert ist.

Java kann für alle Arten von Anwendungen verwendet werden: für Kommandozeilenanwendungen, grafische Desktopanwendungen, Webanwendungen sowie für mobile Anwendungen für Smartphones, auf denen Android läuft. Bezogen auf die Entwicklung von Webanwendungen sei hier insbesondere auf die Java Enterprise Edition (kurz JEE), auf das Spring-Framework (*https://spring.io*) sowie auf das Play-Framework (*https://www.playframework.com*) hingewiesen, die einem viel Arbeit abnehmen. Diese Frameworks gehören quasi in den Werkzeugkasten jedes Java-Entwicklers, der professionelle Webanwendungen mit Java entwickeln möchte.

```
public class ExampleClass {
    public static void main(String args[]) {
      int x = 10;
      int y = 25;
      int z = x + y;
      String message = "Die Summe von x und y ist gleich " + z;
      System.out.println(message);
    }
}
```

Listing 13.5 Beispielcode in Java

Go

Bei Go (*https://golang.org*) handelt es sich um eine Programmiersprache, die als Hobbyprojekt von einigen Google-Mitarbeitern entstand und in den letzten Jahren deutlich an Beliebtheit gewonnen hat. Code, der in Go geschrieben ist, muss vor der Ausführung durch einen Compiler in Maschinencode kompiliert werden. Interessanterweise lässt sich Go aber nicht nur in Maschinencode kompilieren, sondern mithilfe des Compilers GopherJS (*https://github.com/gopherjs/gopherjs*) auch in JavaScript-Code. Dadurch wird es möglich, Code in Go zu schreiben, der dann (nach Kompilierung in JavaScript) clientseitig innerhalb einer Webanwendung läuft.

Hauptsächlich kommt Go allerdings für die Implementierung des Backends zum Einsatz. Dabei helfen Web-Frameworks wie Gin (*https://gin-gonic.com*) oder Revel (*https://revel.github.io*) oder auch Frameworks, die bei der Implementierung von Microservices helfen, wie beispielsweise Go Kit (*https://gokit.io*) oder go-micro (*https://go-micro.dev*).

```
package main
import "fmt"
func main() {
    fmt.Println("Hello world!")

    i := 1
    for i <= 3 {
        fmt.Println(i)
        i = i + 1
    }
}
```

Listing 13.6 Beispielcode in Go

C und C++

Keine Auflistung von Programmiersprachen, ohne dass nicht die Klassiker C und C++ Erwähnung finden. Die Sprache C ist immerhin bereits gut 50 Jahre alt und insofern eine der am weitesten verbreiteten Programmiersprachen. 1985 wurde dann die (objektorientierte) Sprache C++ ins Leben gerufen, die C um Klassen und Objekte erweitert. Sowohl in C geschriebener Code als auch in C++ geschriebener Code muss durch einen entsprechenden Compiler kompiliert werden, bevor er ausgeführt werden kann.

C bzw. C++ eignen sich insbesondere dann, wenn man »nah am Betriebssystem« entwickelt (beispielsweise ist der Linux-Kernel zum größten Teil in C geschrieben) oder wenn man Programme entwickelt, die sehr performant sein müssen oder das Letzte aus der Hardware herauskitzeln müssen (etwa bei Computerspielen). Für den Einstieg in die Programmierung und/oder in die Webentwicklung eignen sich beide Sprachen aufgrund ihrer Komplexität allerdings schlecht.

C#

Die Sprache C# ist an die Sprachen C bzw. C++ angelehnt und wurde von Microsoft im Jahr 2002 veröffentlicht. C# ist um einiges eingängiger als die beiden schwergewichtigen Vorbilder: Oft wird die Sprache auch mit dem einsteigerfreundlichen Java verglichen. Insbesondere in Kombination mit dem .NET-Framework stellt C# auch für die Implementierung von Backends eine Option dar.

Ähnlich wie bei Java wird C#-Code vor der Ausführung in Zwischencode kompiliert, der dann innerhalb der im .NET-Framework enthaltenen Laufzeitumgebung (*Common Language Runtime*) ausgeführt werden kann. C# eignet sich wie Java für Programmieranfänger.

```
using System;
using System.Collections.Generic;
using System.Linq;
using System.Text;
using System.Threading.Tasks;

namespace Example
{
  class Program
  {
    static void Main(string[] args)
    {
      string message = "Hello World!";
      Console.WriteLine(message);
```

```
        }
    }
}
```

Listing 13.7 Beispielcode in C#

13.3.3 Jetzt ernsthaft: Welche Programmiersprache sollte ich lernen?

Nach dieser bewusst kurz gehaltenen Übersicht von verschiedenen Programmiersprachen, die im Rahmen von Webanwendungen eine wichtige Rolle spielen, möchte ich abschließend noch meine persönliche Meinung zu der Frage »Welche Programmiersprache sollte ich lernen?« geben.

Mein Rat für alle, die komplett neu in den Bereich der Webentwicklung einsteigen, ist – Sie werden es wahrscheinlich schon erraten –, sich intensiv mit der Sprache JavaScript auseinanderzusetzen. Auch wenn es immer noch einige Schlaumeier gibt, die JavaScript als »Scriptkiddie-Sprache« und nicht als ernst zu nehmende Programmiersprache ansehen: Hören Sie nicht darauf! JavaScript hat sich in den letzten Jahren enorm gewandelt, von einer komplett clientseitigen Programmiersprache hin zu einer vollwertigen Programmiersprache, mit der sich komplexe Anwendungen implementieren lassen.

Wenn Sie JavaScript beherrschen, ist es hilfreich, sich näher mit TypeScript zu beschäftigen. TypeScript baut auf JavaScript auf, sodass der Einstieg in diese Sprache dann nicht mehr sonderlich schwerfallen sollte. Immer mehr JavaScript-Frameworks fokussieren die Entwicklung auf TypeScript oder stellen zumindest ihre API außer in JavaScript auch in TypeScript zur Verfügung.

Die dritte Sprache ist dann Geschmackssache und hängt vor allem davon ab, in welchem Bereich Sie arbeiten bzw. arbeiten wollen. Wollen Sie größere Webanwendungen mit komplexem Backend implementieren, dann fällt die Wahl vermutlich auf Java oder C#. Wenn Sie vorhaben, sich näher mit Content-Management-Systemen wie WordPress auseinanderzusetzen, und eventuell sogar planen, ein Plugin für WordPress zu schreiben, kommen Sie um PHP nicht herum. Geht es Ihnen darum, eine besonders performante Anwendung zu schreiben, wäre vermutlich C oder C++ eine geeignete Wahl. Und möchten Sie sich mit künstlicher Intelligenz und maschinellem Lernen befassen, ist es von Vorteil, sich mit der Sprache Python auseinanderzusetzen.

Ich persönlich habe (nach HTML, CSS und einfachem JavaScript) als erste Programmiersprache Java gelernt. Die Gründe waren, dass erstens die Sprache damals (Anfang des Jahrtausends) unheimlich hip war, sie zweitens im Studium gelehrt wurde und ich sie drittens durch meine parallele Arbeit am Fraunhofer-Institut auf einem sehr professionellen Level beherrschen musste. Erst mit dem Erscheinen von

Node.js habe ich mich seit dem Jahr 2009 wieder intensiver mit JavaScript beschäftigt und sie als ernst zu nehmende Programmiersprache neu kennengelernt. TypeScript kam dann als Nächstes, und vermutlich werde ich mir die Sprache Go auch demnächst einmal anschauen. Mit dem Rest der genannten Sprachen habe ich zwar auch Erfahrungen gemacht, bin aber bei keiner der Sprachen wirklich »hängen« geblieben. Aber wie gesagt: Vieles ist dabei auch Geschmackssache.

13.4 Zusammenfassung und Ausblick

In diesem Kapitel haben Sie einen Überblick über verschiedene Arten von Programmiersprachen bekommen und die wichtigsten Programmiersprachen für die Webentwicklung kennengelernt.

13.4.1 Die wichtigsten Punkte

Die wichtigsten Punkte aus diesem Kapitel sind folgende:

- Programmiersprachen lassen sich in verschiedene Kategorien einordnen.
- Unterteilung nach **Abstraktionsgrad**:
  - *Höhere Programmiersprachen* abstrahieren sehr weit von dem Maschinencode, also dem Code, den der Computer versteht.
  - *Assemblersprachen* abstrahieren weniger stark, sind aber für Entwickler in der Regel nicht so einfach zu verstehen wie höhere Programmiersprachen.
- Unterteilung in **kompilierte** und **interpretierte** Sprachen:
  - Bei *kompilierten Programmiersprachen* übersetzt ein Compiler (zur Compile-Zeit) den Quelltext in Maschinencode.
  - Bei *interpretierten Programmiersprachen* interpretiert ein Interpreter (zur Laufzeit) den Quelltext und führt ihn aus.
- Unterteilung nach **Programmierparadigma**:
  - Bei *imperativen Programmiersprachen* definiert man als Entwickler genau, **wie** ein Programm funktioniert.
  - Bei *deklarativen Programmiersprachen* definiert man, **was** ein Programm tun soll.
  - Untergruppen des imperativen Programmierparadigmas sind (unter anderem) die *strukturierte* Programmierung, die *prozedurale* Programmierung, die *modulare* Programmierung und die *objektorientierte* Programmierung.
  - Untergruppen des deklarativen Programmierparadigmas sind (unter anderem) die *logische* Programmierung und die *funktionale* Programmierung.

- Einige Sprachen unterstützen **mehrere Programmierparadigmen**. Beispielsweise ist es in JavaScript möglich, objektorientiert und funktional zu programmieren.
- Die objektorientierte Programmierung fokussiert sich auf **Objekte**. Objektorientierte Sprachen lassen sich außerdem in *klassenbasierte* und *klassenlose* (bzw. *prototypenbasierte*) unterteilen, je nachdem, ob die Objektorientierung auf Klassen oder Objekten (bzw. Prototypen) basiert.
- Die funktionale Programmierung fokussiert sich auf **Funktionen**. Funktionen werden hierbei wie Objekte behandelt und können wie diese Variablen zugewiesen werden, als Parameter für andere Funktionen oder als deren Rückgabewert verwendet werden.
- Entwickler stehen bei der Wahl der richtigen Programmiersprache vor einer wahren Vielfalt an Sprachen. In diesem Kapitel bin ich dabei auf einige Sprachen eingegangen, die für die Webentwicklung relevant sind. Welche Sprache für Sie die »richtige« ist, müssen Sie für sich entscheiden, und die Antwort auf diese Frage ist oft abhängig vom persönlichen Geschmack und von den Projekten, an denen man arbeitet.

13.4.2 Weiterführende Literatur

Insbesondere über das Thema Programmiersprachen gibt es natürlich zahlreiche Bücher. Zu jeder einzelnen der in diesem Kapitel vorgestellten Programmiersprachen gibt es Dutzende, wenn nicht Hunderte von Büchern. Ich möchte Sie an dieser Stelle insbesondere auf folgende Bücher hinweisen, die ich Ihnen uneingeschränkt empfehlen kann.

Zum Thema **objektorientierte Programmierung**:

- Erich Gamma et al.: »Design Patterns. Elements of Reusable Object-Oriented Software« (1994)
- Brett McLaughlin et al.: »Head First Object-Oriented Analysis and Design« (2006)

Zum Thema **funktionale Programmierung**:

- Paul Chiusano, Rúnar Bjarnason: »Functional Programming in Scala« (2014)

Zum Thema **Programmiersprachen**:

- **JavaScript**:
  - Philip Ackermann: »JavaScript: Das umfassende Handbuch« (2018)
  - Philip Ackermann: »Professionell entwickeln mit JavaScript: Design, Patterns, Praxistipps« (2018)

- **TypeScript**:
  - Boris Cherny: »Programming TypeScript: Making Your JavaScript Applications Scale« (2019)
- **PHP**:
  - Tobias Hauser, Christian Wenz: »PHP 8 und MySQL: Das umfassende Handbuch« (2021)
- **Python**:
  - Luciano Ramalho: »Fluent Python: Clear, Concise, and Effective Programming« (2015)
  - Eric Matthes: »Python Crash Course: A Hands-On, Project-Based Introduction to Programming« (2019)
- **Ruby**:
  - Jay McGavren: »Head First Ruby« (2016)
- **Java**:
  - Kathy Sierra, Bert Bates: »Head First Java« (2005)
  - Christian Ullenboom: »Java ist auch eine Insel: Das Standardwerk für Programmierer« (2020)
- **Go**:
  - Alan A. A. Donovan: »Go Programming Language« (2015)
- **C/C++**:
  - David Griffiths: »Head First C« (2012)
  - Torsten T. Will: »C++: Das umfassende Handbuch zu Modern C++« (2020)
- **C#**:
  - Jon Skeet: »C# in Depth« (2019)

13.4.3 Ausblick

Wie bereits erwähnt, schauen wir uns im nächsten Kapitel anhand von JavaScript konkret an, wie sich Programmiersprachen auf Serverseite verwenden lassen. Dazu stelle ich Ihnen die Laufzeitumgebung Node.js vor, und wir entwickeln bereits einen kleinen Webserver, der HTTP-Anfragen entgegennimmt und HTTP-Antworten generiert.

Kapitel 14
JavaScript auf der Serverseite verwenden

Als Fullstack-Entwickler sollten Sie mindestens eine der Programmiersprachen gut beherrschen, die auch auf der Serverseite zum Einsatz kommen können. Der Grund: Nur mit einer solchen Programmiersprache können Sie die serverseitige Logik implementieren, die vom Client durch eingehende HTTP-Anfragen aufgerufen wird.

In Kapitel 4, »Webseiten interaktiv machen mit JavaScript«, haben Sie bereits die Programmiersprache JavaScript kennengelernt. Für Fullstack-Entwickelnde ist diese Sprache nicht nur deswegen interessant, weil man sie für die Entwicklung des Frontends ohnehin benötigt, sondern auch deswegen, weil sie sich mithilfe der Laufzeitumgebung Node.js sogar für die Implementierung serverseitiger Logik verwenden lässt.

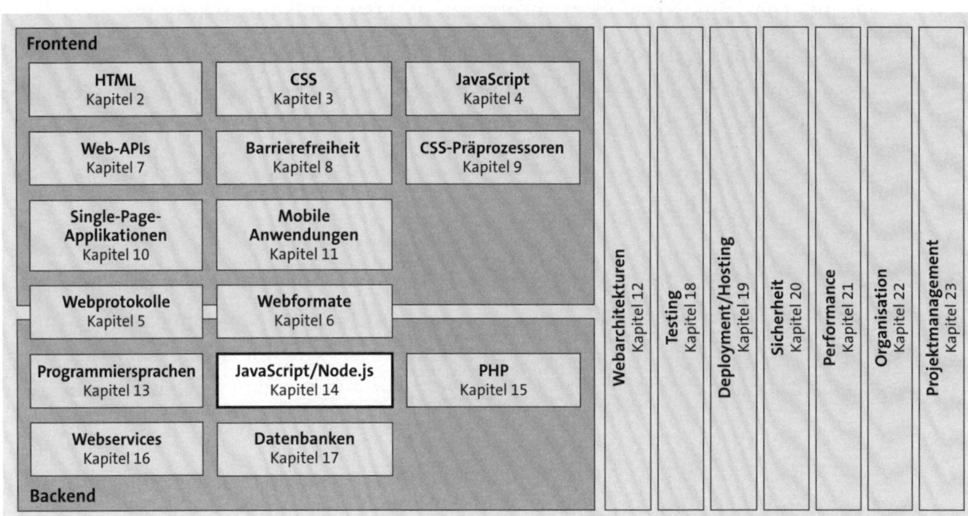

Abbildung 14.1 JavaScript kann auch für die Implementierung des Backends verwendet werden.

14.1 JavaScript unter Node.js

JavaScript für die Implementierung der serverseitigen Logik bzw. des Backends zu verwenden, hat gegenüber den anderen Programmiersprachen, die ich in Kapitel 13, »Programmiersprachen auf der Serverseite verwenden«, vorgestellt habe, bezogen auf den Weg zum Fullstack-Entwickler verschiedene Vorteile:

- **Universale Sprache**: Da Sie als Fullstack-Entwickler sowieso die Sprache JavaScript lernen müssen, schlagen Sie hiermit zwei Fliegen mit einer Klappe: JavaScript lässt sich sowohl im Browser verwenden, um clientseitige Logik zu implementieren und Webseiten dynamischer zu machen, als auch auf Serverseite, um serverseitige Logik zu implementieren, wie beispielsweise Webservices, den Zugriff auf das Dateisystem oder den Zugriff auf Datenbanken. Im besten Fall können Sie JavaScript sogar so strukturieren, dass Sie den gleichen Code sowohl auf Clientseite als auch auf Serverseite verwenden können: Bibliotheken wie Lodash (*https://lodash.com*) sind universell einsetzbar (man spricht in diesem Zusammenhang auch von *Universal JavaScript* oder *Isomorphic JavaScript*).
- **Einfache Installation**: Node.js kann für alle gängigen Betriebssysteme sehr einfach installiert werden (siehe auch Hinweis im Kasten). Dieser Punkt und der vorhergehende haben einen entscheidenden didaktischen Vorteil: Die Beispiele in diesem Buch sind zu keiner Zeit so abstrakt, dass man sie nur in der Theorie nachvollziehen kann. Vielmehr ist es mir wichtig, dass Sie auch die Beispiele für die Serverseite sehr einfach selber ausprobieren und nachvollziehen können.
- **Grundlage für weiteren Code**: Die weiteren Beispiele in diesem Buch, beispielsweise wenn wir auf das Thema Webservices zu sprechen kommen, basieren alle auf JavaScript bzw. Node.js.

Installation von Node.js

Für die Installation von Node.js gibt es verschiedene Möglichkeiten. Damit Sie an dieser Stelle nicht aus dem Lesefluss kommen, habe ich Ihnen verschiedene Installationsanleitungen in Anhang C, »Tools und Befehlsreferenzen«, vorbereitet. Wenn Sie die praktischen Beispiele in diesem Kapitel nachvollziehen möchten, wäre jetzt ein guter Zeitpunkt, zuerst die Installation von Node.js durchzuführen. Ich warte hier.

14.1.1 Architektur von Node.js

Bei Node.js handelt es sich um eine **Laufzeitumgebung** für JavaScript. Genau wie ein Browser enthält auch Node.js eine **JavaScript-Engine**, die JavaScript-Code interpretieren und ausführen kann. Darüber hinaus enthält Node.js aber auch noch einiges mehr wie beispielsweise verschiedene *Module*, die unterschiedlichste Funktionalität zur Verfügung stellen. So haben Sie unter anderem die Möglichkeit, mithilfe dieser Module (die Teil der *Node.js API* sind) auf das Dateisystem zuzugreifen, einen Webserver zu implementieren und vieles weitere mehr. Die Module stellen dabei jeweils JavaScript-APIs zur Verfügung, wobei die jeweiligen Implementierungen oftmals intern mit C++-Bibliotheken kommunizieren. Innerhalb einer Node.js-Applikation können Sie dann diese JavaScript-API verwenden (Abbildung 14.2).

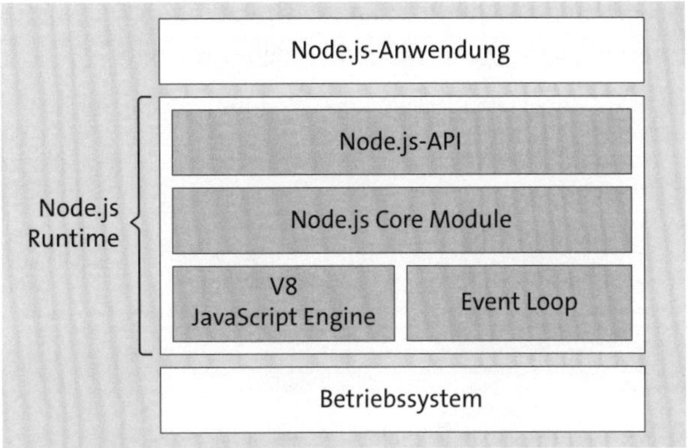

Abbildung 14.2 Architektur von Node.js

Node.js ist vor allem deswegen so bekannt und beliebt geworden, weil es bestimmte Konzepte verwendet, die dafür sorgen, dass Anwendungen, die unter Node.js laufen, im Vergleich relativ schnell und skalierbar sind. Auf diese Konzepte möchte ich im Folgenden kurz eingehen.

Vergleich zu anderen Webservern

Auch wenn Node.js selbst kein Webserver ist, ist das entsprechende Modul zur Implementierung von Webservern vermutlich eines der meistgenutzten von Node.js. Um die eben angesprochenen Konzepte von Node.js besser zu verstehen und einordnen zu können, möchte ich jedoch diese Webserver-Funktionalität für den Vergleich mit anderen Webservern heranziehen.

Werfen wir zunächst einen Blick auf die Funktionsweise herkömmlicher Webserver wie etwa Nginx oder Apache HTTP Server (Abbildung 14.3). Bei diesen Servern wird – vereinfacht gesagt – bei jeder HTTP-Anfrage eines Nutzers an den Server auf Serverseite ein neuer Thread erzeugt und die HTTP-Anfrage innerhalb dieses Threads bearbeitet. Daher nennt man diese Arten von Servern auch *Multi-Threaded Server*.

Wenn nun im Rahmen einer Anfrage eine Operation mit *blockierender Ein- und Ausgabe* (auch *Blocking Input/Output* oder kurz *Blocking I/O*) ausgeführt wird, also eine Operation, die die weitere Abarbeitung des Programms blockiert (beispielsweise eine Suchanfrage an eine Datenbank, das Laden einer Datei aus dem Dateisystem oder Ähnliches), dann wartet der jeweilige Thread so lange, bis das Ergebnis der entsprechenden Operation zur Verfügung steht, und führt erst dann das Programm weiter aus.

Der Nachteil: Solange der Thread wartet, belegt er trotzdem Speicherplatz. Das wiederum führt bei vielen Anfragen an den Server (die blockierende Operationen zur Folge haben) zu einer höheren Speicherauslastung des Servers. Je aufwendiger die Operationen der Ein- und Ausgabe sind bzw. je länger sie dauern, desto mehr wirkt sich das auf die Speicherauslastung des Servers aus, denn solange Threads blockiert sind, muss für jede neue Anfrage ein neuer (zusätzlicher) Thread erzeugt werden.

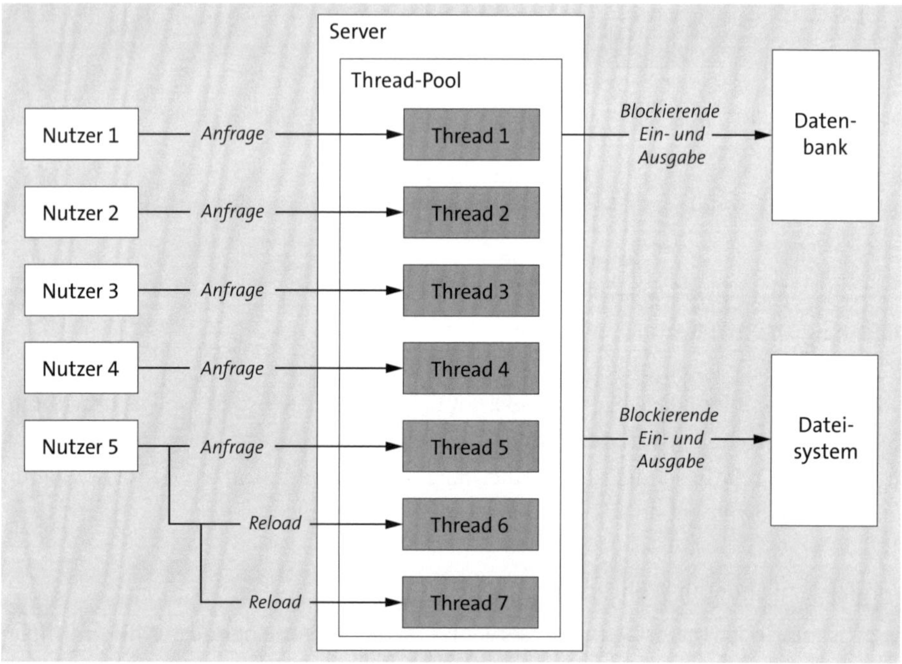

Abbildung 14.3 Die Architektur herkömmlicher Server

Nicht blockierende Ein- und Ausgabe

Genau diese Problematik umgeht Node.js sehr elegant (Abbildung 14.4). Statt jeweils einen Thread pro eingehender Anfrage vom Client zu erzeugen, verwendet Node.js nur einen einzelnen (Haupt-)Thread, der alle Anfragen entgegennimmt und in einer sogenannten *Anfrage-Queue* verwaltet. Aufgrund dieser Tatsache wird Node.js (bzw. ein damit erzeugter Webserver) auch *Single-Threaded Server* genannt.

Das klingt allerdings erst mal merkwürdig: ein einziger Thread, aber trotzdem performanter? Der Clou dabei ist die sogenannte *Event-Loop*. Hierbei handelt es sich um eine interne Schleife, die kontinuierlich Anfragen aus der Anfrage-Queue prüft und Ereignisse von Ein- und Ausgabeoperationen verarbeitet.

Kommt nun eine neue Anfrage am Server an, wird innerhalb der Event-Loop zunächst geprüft, ob die Anfrage überhaupt eine blockierende Ein- oder Ausgabeoperation benötigt. Ist dies nicht der Fall, das heißt, handelt es sich um eine *nicht blockierende Ein- und Ausgabeoperation* (auch *Non-Blocking Input/Output* oder *Non-Blocking I/O*), wird die Anfrage so schnell wie möglich bearbeitet und die Antwort an den Nutzer gesendet.

Muss im Rahmen der Anfrage dagegen eine blockierende Ein- oder Ausgabeoperation durchgeführt werden, wird einer von mehreren Node.js-internen *Workern* dazu verwendet, diese Operation auszuführen. Dabei kann man als Entwickler eine Funktion übergeben, die aufgerufen wird, sobald die Ein- oder Ausgabeoperation durchgeführt wurde. Da man nicht weiß, wie lange genau die jeweilige Operation dauert, und daher auch nicht, wann genau diese Funktion aufgerufen wird, nennt man diese Art von Funktionen auch *Callback-Funktionen*.

Das Wichtige bei dem oben beschriebenen Ablauf ist, dass während der Abarbeitung von blockierenden Ein- und Ausgabeoperationen der Hauptthread nicht anhält: Die Event-Loop läuft ununterbrochen weiter, prüft neue eingehende Anfragen und bearbeitet bzw. verteilt diese entsprechend. Dieser Aufbau verhindert, dass immer mehr Threads erzeugt werden und Rechenleistung belegen, und sorgt dafür, dass der Webserver immer reaktionsfähig bleibt.

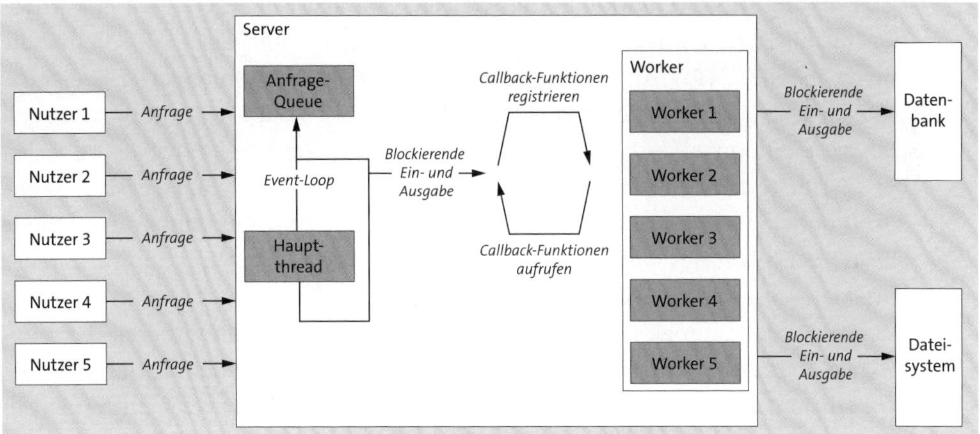

Abbildung 14.4 Die Architektur von Node.js

14.1.2 Ein erstes Programm

Nachdem Sie nun die grundlegenden Konzepte von Node.js kennengelernt haben und bevor wir gleich etwas tiefer in die Welt von Node.js eintauchen, möchte ich Ihnen bereits zu Beginn ein einfaches Codebeispiel zeigen, um Ihnen einen Eindruck davon zu geben, wie einfach die Entwicklung unter Node.js ist.

Dieses *Hallo-Welt*-Beispiel für Node.js sehen Sie in Listing 14.1. Zu sehen ist hier, wie Sie mithilfe des Moduls »http« einen einfachen Webserver implementieren können, der unter »localhost« auf Port 8000 läuft und jede HTTP-Anfrage mit der Meldung »Hallo Welt« beantwortet.

Hinweis

In Abschnitt 14.3, »Einen Webserver implementieren«, werden wir auf dieses Beispiel wieder zurückkommen und den Code weiter ausbauen.

Schauen wir uns an, was in Listing 14.1 im Detail passiert. Zunächst wird das Modul »http« über die Funktion `require()` eingebunden und der Variablen (bzw. Konstanten) `http` zugewiesen. Die Funktion `require()` dient generell dazu, unter Node.js (interne) *Module* und (externe) *Packages* einzubinden, sodass Sie JavaScript-Code bequem über mehrere Dateien verteilen können.

Anschließend definieren wir zwei Konstanten `HOST` und `PORT`, die den Hostnamen und den Port enthalten, unter dem später der Webserver gestartet werden soll. Generell ist es guter Stil, die Namen solcher Konstanten komplett in Großbuchstaben zu schreiben und außerdem – sofern sie wie hier im Beispiel nach den importierten Modulen/Packages stehen – durch eine Leerzeile von diesen zu trennen.

Danach kommt der Hauptteil des Programms: Zunächst definieren wir eine Funktion, die die Logik enthält, eingehende HTTP-Anfragen entgegenzunehmen und die entsprechenden HTTP-Antworten zu generieren. Die Funktion erwartet zwei Parameter: `request` repräsentiert die HTTP-Anfrage, `response` die HTTP-Antwort. Innerhalb der Funktion wird über die Methode `writeHead()` am `response`-Objekt zunächst der HTTP-Header »Content-Type« auf den MIME-Typ »text/plain« gesetzt (siehe auch Kapitel 5, »Webprotokolle verwenden«) und anschließend über die Methode `write()` der Inhalt des Response-Bodys definiert. Die gesamte Funktion wird in der Variablen `requestHandler` gespeichert, um sie anschließend der Methode `http.createServer()` als Parameter zu übergeben. Diese Methode ist Bestandteil des http-Moduls und erstellt einen Webserver, der fortan die eingehenden Anfragen an die übergebene Funktion weiterleitet. Den Rückgabewert speichern wir uns erneut in einer Variablen (`server`) und rufen darauf die Methode `listen()` auf, wobei Port, Host und eine (Callback-)Funktion übergeben werden, die genau dann aufgerufen wird, wenn der Webserver erfolgreich gestartet wurde.

```
// Modul einbinden
const http = require('http');

// Konstanten definieren
const HOST = 'localhost';
```

```
const PORT = 8000;

// Request-Handler, der HTTP-Anfragen entgegennimmt
const requestHandler = (request, response) => {
  // HTTP-Response-Header definieren
  response.writeHead(200, {
    'Content-Type': 'text/plain',
  });
  // HTTP-Response-Body definieren
  response.write('Hallo Welt');
  // HTTP beenden und abschicken
  response.end();
};

// HTTP-Server mit Request-Handler initialisieren
const server = http.createServer(requestHandler);

// HTTP-Server starten
server.listen(PORT, HOST, () => {
  // HTTP-Server gestartet
  console.log(`Webserver läuft unter http://${HOST}:${PORT}`);
});
```

Listing 14.1 Eine einfache Node.js-Anwendung

Wenn Sie dieses Programm nun als JavaScript-Datei speichern (beispielsweise als *main.js*) und anschließend über die Kommandozeile mit dem Befehl `node main.js` aufrufen (Node.js-Installation vorausgesetzt), startet der Webserver, und Sie können Anfragen daran absenden, indem Sie in einem beliebigen Browser die URL *http://localhost:8000* aufrufen.

```
$ node main.js
Server is running on http://localhost:8000
```

Listing 14.2 Über den Befehl »node« können Sie Node.js-Anwendungen starten.

Das Programm läuft dabei so lange, bis Sie es abbrechen (beispielsweise durch die Tastenkombination `Ctrl` + `C`).

14.1.3 Package Management

Für Node.js steht eine riesige Auswahl an verschiedenen *Packages* zur Verfügung (sogar die größte überhaupt!), das heißt Bibliotheken oder Frameworks, die eine

14

bestimmte Funktionalität bereitstellen. So gibt es beispielsweise Packages, die die Implementierung von Webservices erleichtern, Packages für die Kommunikation mit Web-APIs, Packages für die Kommunikation mit Datenbanken, für die Integration von Diensten wie Twitter, Facebook und LinkedIn und für viele weitere Anwendungsfälle mehr (unter *https://www.npmjs.com*, der offiziellen Registry für diese Packages, finden Sie, Stand heute, September 2020, mehr als eine Million Packages).

Der Node.js Package Manager (npm)

Für die Verwaltung von Packages stellt Node.js standardmäßig den *Node.js Package Manager* (kurz *npm*) zur Verfügung (der im Übrigen auch direkt mit Node.js mit installiert wird). Mit diesem Package Manager können Sie Packages installieren, aktualisieren, löschen oder auch eigene Packages initialisieren. Für den Moment müssen wir allerdings nur wissen, wie man Packages initialisiert und neue Packages installiert.

> **Alternative Package Manager**
>
> Neben dem in der Standardinstallation von Node.js enthaltenen npm gibt es noch weitere Package Manager für Node.js. Die bekanntesten sind das von Facebook entwickelte Yarn (*https://yarnpkg.com*) sowie pnpm (*https://pnpm.js.org*).

Packages initialisieren

Bei dem »Hello World«-Beispiel zu Beginn haben Sie bereits gesehen, wie einfach man mit Node.js Code ausführen kann. Dabei haben wir nur eine einzelne Codedatei verwendet. Sobald ein Programm allerdings aus mehreren Dateien besteht, sollten Sie den Code in Form eines Packages zusammenfügen. Auf diese Weise können Sie Abhängigkeiten des Codes von anderen Bibliotheken und Packages sowie automatisierte Scripts für das Starten, Testen etc. des Codes an zentraler Stelle verwalten.

Für das Initialisieren von Packages stellt npm einen Kommandozeilenwizard zur Verfügung, der sich über den Befehl `npm init` starten lässt und der dann entsprechend Ihren Angaben eine vorkonfigurierte Konfigurationsdatei für das Package erstellt (Listing 14.3).

Um den Befehl zu testen, legen Sie bitte zunächst ein Verzeichnis für das zu erstellende Package an. In der Regel verwendet man hierbei den gleichen Namen, den auch das Package bekommen soll, wobei Sie auf die Benennungsregeln für Packages achten sollten (siehe *https://docs.npmjs.com/package-name-guidelines*). Gehen Sie anschließend innerhalb des jeweiligen Kommandozeilen-Terminals in das neu angelegte Verzeichnis, und rufen Sie den genannten Befehl auf.

```
$ mkdir helloworld
$ cd helloworld
$ npm init
This utility will walk you through creating a package.json file.
It only covers the most common items, and tries to guess sensible defaults.

See npm help json for definitive documentation on these fields
and exactly what they do.

Use npm install <pkg> afterwards to install a package and
save it as a dependency in the package.json file.

Press ^C at any time to quit.
package name: (helloworld)
version: (1.0.0)
description: A simple Node.js package.
entry point: (index.js)
test command:
git repository:
keywords: javascript, node.js
author: Philip Ackermann
license: (ISC)
About to write to /Users/philipackermann/workspace/webhandbuch/helloworld/
package.json:

{
  "name": "helloworld",
  "version": "1.0.0",
  "description": "A simple Node.js package.",
  "main": "index.js",
  "scripts": {
    "test": "echo \"Error: no test specified\" && exit 1"
  },
  "keywords": [
    "javascript",
    "node.js"
  ],
  "author": "Philip Ackermann",
  "license": "ISC"
```

```
}

Is this ok? (yes)
```

Listing 14.3 Kommandozeilenwizard für das Erstellen neuer Node.js-Packages (Nutzereingaben hervorgehoben)

Durch den Aufruf von `npm init` wird, wie Sie im Listing sehen können, eine Datei mit dem Namen *package.json* erstellt. In dieser Datei sind alle relevanten Metainformationen für das Package enthalten, beispielsweise der Name des Packages, die Versionsnummer, Schlüsselwörter, Angaben zu den Entwicklern sowie Lizenzinformationen. Auch der Einstiegspunkt in das Package (standardmäßig eine Datei mit dem Namen *index.js*) ist in der *package.json*-Datei verlinkt. Eine Übersicht über die wichtigsten Informationen, die sich in der Datei konfigurieren lassen, zeigt Tabelle 14.1.

Eigenschaft	Beschreibung
`name`	Der Name des Packages
`version`	Die Versionsnummer des Packages. Name und Versionsnummer eines Packages dienen als eindeutige ID für das Package. Versionsnummern sollten sich nach der sogenannten semantischen Versionierung richten (*https://semver.org*), bei der eine vollständige Versionsnummer aus drei durch Punkt getrennten Versionsteilen besteht.
`description`	Eine Beschreibung des Packages
`main`	Die Hauptdatei/Einstiegsdatei in das Package. Beispielsweise die Datei, die beim Starten eines Packages automatisch ausgeführt werden soll
`keywords`	Ein Array von Schlüsselwörtern, um das Package thematisch einzuordnen. Diese Schlüsselwörter werden beispielsweise durchsucht, wenn Sie eine Suchanfrage über `npm search` durchführen.
`homepage`	Die URL der Projekt-Homepage
`license`	Die Lizenz des Packages
`author`	Der (Haupt-)Autor des Packages. Hier kann nur eine Person angegeben werden. Weitere Autoren können über die Eigenschaft `contributors` angegeben werden.

Tabelle 14.1 Verschiedene Eigenschaften der Konfigurationsdatei »package.json«

Eigenschaft	Beschreibung
`contributors`	Personen, die neben dem Hauptautor des Packages an der Entwicklung des Packages beteiligt sind.
`repository`	Repository, unter dem der Quelltext des Packages verwaltet wird.
`dependencies`	In diesem Bereich können Abhängigkeiten des Packages von anderen Packages definiert werden. Abhängigkeiten werden jeweils über Name und Version des entsprechenden Packages definiert.
`devDependencies`	In diesem Bereich können die Abhängigkeiten definiert werden, die lediglich während der Entwicklung benötigt werden, nicht aber, wenn das jeweilige Package produktiv eingesetzt wird. In der Regel finden sich hier Packages für das automatische Ausführen von Tests, das Überprüfen von Codequalität oder Packages rund um den Build-Prozess.

Tabelle 14.1 Verschiedene Eigenschaften der Konfigurationsdatei »package.json« (Forts.)

Packages lokal installieren

Wie erwähnt stellt die offizielle Registry von npm eine riesige Auswahl an Packages zur Verfügung. Um ein neues Package als **Abhängigkeit** für ein eigenes Package zu installieren, verwenden Sie den Befehl `npm install <package>` (oder in der Kurzform: `npm i <package>`), wobei der Platzhalter `<package>` für das Package steht, das Sie installieren möchten.

Um beispielsweise das Package Express.js (*https://expressjs.com*) zu installieren, rufen Sie einen der folgenden Befehle auf: `npm install express` bzw. `npm i express` (das müssen Sie nicht **jetzt** machen, weil wir später in diesem Kapitel sowieso noch auf Express.js zurückkommen). Anschließend erstellt npm ein neues Verzeichnis mit dem Namen *node_modules* in dem aktuellen Verzeichnis, sofern es noch kein solches Verzeichnis gibt, installiert das Package in dieses Verzeichnis und trägt die Abhängigkeit in die *package.json*-Datei ein.

```
{
  "name": "helloworld",
  "version": "1.0.0",
  "description": "A simple Node.js package.",
  "main": "index.js",
  "scripts": {
    "test": "echo \"Error: no test specified\" && exit 1"
  },
```

```
  "keywords": [
    "javascript",
    "node.js"
  ],
  "author": "Philip Ackermann",
  "license": "ISC"
  "dependencies": {
    "express": "^4.18.1"
  }
}
```

Listing 14.4 Die um die Abhängigkeit »express« erweiterte Konfigurationsdatei »package.json«

npm sorgt nicht nur dafür, dass das jeweils angegebene Package selbst installiert wird, sondern zusätzlich auch dafür, dass alle **Abhängigkeiten** des Packages mitinstalliert werden. Das geschieht für jedes zu installierende Package rekursiv so lange, bis alle Abhängigkeiten des so entstandenen Abhängigkeitsbaums aufgelöst und ebenfalls installiert wurden.

Weitere Möglichkeiten zur Installation von Packages

npm installiert das jeweilige Package standardmäßig in der letzten aktuellen Version. Möchten Sie dagegen gezielt eine bestimmte Version des jeweiligen Packages installieren, geben Sie diese einfach hinter dem Namen des Packages an, beispielsweise `npm install express@4.16.3`.

Statt des Namens des Packages können Sie übrigens unter anderem auch direkt URLs übergeben, beispielsweise solche, die auf ein GitHub-Repository zeigen. Eine Übersicht über die verschiedenen Installationsmöglichkeiten von Packages finden Sie unter *https://docs.npmjs.com/cli/install*.

Wenn Sie Abhängigkeiten installieren möchten, die nur während der Entwicklung eines Packages benötigt werden, wie beispielsweise Test-Frameworks oder Tools, die Sie im Rahmen des Build-Prozesses benötigen (sogenannte *Dev Dependencies* bzw. *Entwicklungsabhängigkeiten*), aber nicht im Produktionsbetrieb, dann installieren Sie diese am besten über den Befehl `npm install --save-dev` bzw. `npm install -D`. Die Packages werden dann in der *package.json*-Datei in einem separaten Bereich unter `devDependencies` aufgeführt und im Produktivbetrieb des jeweiligen Packages nicht mitinstalliert.

Packages global installieren

Im vorhergehenden Abschnitt haben Sie gesehen, wie Sie Packages lokal für ein Projekt (bzw. für ein eigenes Package) installieren können. Dies ist auch die Installationsvariante, die Sie in den meisten Fällen verwenden werden. In einigen Fällen ist es aber auch sinnvoll, ein Package **global** zu installieren, sodass es global auf dem jeweiligen Rechner zur Verfügung steht. Dies ist insbesondere dann sinnvoll, wenn es sich um eigenständige Tools handelt, die Sie anschließend per Kommandozeile aufrufen möchten, wie beispielsweise die Kommandozeilentools von Angular (*https://cli.angular.io*).

Um ein Package global zu installieren, muss dem `install`-Befehl das Flag `-g` (bzw. `--global`) als Argument übergeben werden. Da die globalen Packages je nach Konfiguration in einem Verzeichnis liegen, auf das man nur mit Administratorrechten Schreibzugriff hat, ist in solchen Fällen der Befehl unter entsprechender Kennung auszuführen, unter Unix-basierten Umgebungen beispielsweise wie folgt: sudo npm install -g <package>.

14.2 Die eingebauten Module verwenden

Node.js stellt wie bereits gesagt eine große Menge an Modulen für verschiedenste Anwendungsfälle zur Verfügung. Eine Auswahl von in der Standardinstallation enthaltenen Modulen finden Sie in folgender Tabelle, detaillierte Beschreibungen zu den jeweiligen Modulen in der offiziellen Dokumentation unter *https://nodejs.org/api/index.html*.

Modul	Beschreibung
assert	Bietet eine Reihe von Funktionen zum Überprüfen von Invarianten und zum Testen von Bedingungen.
buffer	Stellt Funktionen für das Verarbeiten von Binärdaten zur Verfügung.
child_process	Bietet die Möglichkeit, Kindprozesse zu erzeugen, beispielsweise für I/O-intensive Arbeit (Input/Output bzw. Eingabe/Ausgabe).
cluster	Vereinfacht das Erstellen und Verwalten von Kindprozessen.
crypto	Stellt kryptografische Funktionen zur Verfügung, unter anderem für die Verschlüsselung und Entschlüsselung sowie für das Signieren von Daten und das Überprüfen von Signaturen.
dns	Ermöglicht DNS-Lookups und ermöglicht es unter anderem, IP-Adressen auf Basis von Hostnamen zu ermitteln.
events	Ermöglicht das Arbeiten mit Events.

Tabelle 14.2 Übersicht über die eingebauten Module von Node.js (Auswahl)

Modul	Beschreibung
fs	Ermöglicht den Zugriff auf das Dateisystem, beispielsweise um Dateien zu lesen oder zu schreiben.
http	Ermöglicht das Erstellen eines Webservers.
https	Ermöglicht das Erstellen eines Webservers für HTTPS.
http2	Stellt eine Implementierung von HTTP in Version 2 zur Verfügung.
net	Ermöglicht es, TCP- oder IPC-Server und Clients zu implementieren.
os	Stellt Informationen über das Betriebssystem (*Operating System*) zur Verfügung.
path	Erleichtert das Arbeiten mit Dateipfaden.
perf_hooks	Stellt Funktionen für das Messen der Performance bereit.
querystring	Stellt Utilitys für das Parsen und Formatieren von URL Query Strings zur Verfügung.
readline	Erleichtert das zeilenweise Lesen von Daten.
stream	Erleichtert die Arbeit mit Datenströmen (*Streams*).
string_decoder	Ermöglicht das Dekodieren von Buffer-Objekten in Zeichenketten.
timers	Ermöglicht das Ausführen von Funktionen zu einem bestimmten Zeitpunkt.
tls	Stellt eine Implementierung der Protokolle *Transport Layer Security* (*TLS*) und *Secure Sockets Layer* (*SSL*) zur Verfügung.
tty	Stellt Klassen zur Verfügung, die im Zusammenhang mit der Implementierung von Terminalanwendungen bzw. Kommandozeilenanwendungen verwendet werden.
url	Stellt Utilitys für das Arbeiten mit URLs zur Verfügung.
util	Stellt verschiedene Utility-Funktionen zur Verfügung.
v8	Ermöglicht den Zugriff auf Informationen der V8-Engine, also der JavaScript-Engine, die von Node.js intern zur Ausführung von JavaScript-Code verwendet wird.

Tabelle 14.2 Übersicht über die eingebauten Module von Node.js (Auswahl) (Forts.)

Modul	Beschreibung
vm	Ermöglicht das Kompilieren und Ausführen von JavaScript-Code in einem eigenen V8-Kontext.
worker_threads	Ermöglicht die parallele Ausführung von JavaScript-Code mithilfe sogenannter *Worker Threads*, beispielsweise für CPU-intensive Arbeit.
zlib	Stellt Funktionen für das Komprimieren und Dekomprimieren von Daten zur Verfügung.

Tabelle 14.2 Übersicht über die eingebauten Module von Node.js (Auswahl) (Forts.)

Im Folgenden möchte ich Ihnen exemplarisch einige Funktionen des fs-Moduls vorstellen, die wir auch im weiteren Verlauf des Kapitels benötigen. Das fs-Modul ermöglicht es, auf das Dateisystem des jeweiligen Rechners zuzugreifen (»fs« für *File System*, siehe *https://nodejs.org/api/fs.html*). So können Sie beispielsweise Dateien lesen, Dateien schreiben, Verzeichnisse erstellen, Dateien und Verzeichnisse umbenennen, die Berechtigungen an beidem ändern und vieles, vieles mehr.

Synchron vs. asynchron

Grundsätzlich stellt das fs-Modul die entsprechenden Methoden jeweils in einer synchronen Variante, in einer asynchronen (Callback-)Variante und in einer asynchronen Promise-basierten Variante zur Verfügung. Der Unterschied: Bei einer synchronen Methode wartet der JavaScript-Interpreter, bis das Ergebnis der Dateioperation bereitsteht, und gibt dieses dann als Rückgabewert an den aufrufenden Code zurück. Bei einer asynchronen Methode wird die jeweilige Dateioperation »im Hintergrund« ausgeführt, und der JavaScript-Interpreter setzt die Ausführung des weiteren Codes fort. Steht das Ergebnis der asynchronen Methode bereit, wird dieses an den aufrufenden Code durch Aufruf der anfangs übergebenen Callback-Funktion bzw. einen Promise »übergeben«.

14.2.1 Dateien lesen

Für das synchrone Lesen von Dateien stellt das fs-Modul die Funktion `readFileSync()` zur Verfügung. Als Parameter übergeben Sie, wie in Listing 14.5 zu sehen, den Pfad zu der Datei. Als Rückgabewert erhalten Sie einen Buffer, den Sie – beispielsweise für die Ausgabe auf die Konsole – zunächst über einen Aufruf von `toString()` in eine Zeichenkette umwandeln müssen.

```
const fs = require('fs');

try {
  const data = fs.readFileSync('input.txt');
  console.log(data.toString());
} catch (error) {
  console.error(error);
}
```

Listing 14.5 Synchrones Lesen einer Datei

Das synchrone Lesen von Dateien bietet sich eigentlich nur dann an, wenn Sie kleine Dateien einlesen, etwa Konfigurationsdateien (wobei Sie auch hierbei bei der Anzahl an Dateien nicht übertreiben sollten). Für größere Dateien dagegen sollten Sie – auch aus den zu Anfang des Kapitels genannten Gründen (Abschnitt 14.1.1, »Architektur von Node.js«) – die asynchrone Variante wählen, sprich die Funktion `readFile()`. Ihr übergeben Sie, wie in Listing 14.6 zu sehen, neben dem Pfad zu der Datei als zweiten Parameter eine Callback-Funktion, die aufgerufen wird, wenn die Datei eingelesen wurde oder es zu einem Fehler gekommen ist.

```
const fs = require('fs');

fs.readFile('input.txt', (error, data) => {
  if (error) {
    console.error(error);
    return;
  }
  console.log(data.toString());
});
```

Listing 14.6 Asynchrones Lesen einer Datei

14.2.2 Dateien schreiben

Analog zum Lesen von Dateien steht auch für das Schreiben von Dateien sowohl eine synchrone Funktion als auch eine asynchrone Funktion zur Verfügung, wobei ich im Folgenden nur die asynchrone Funktion vorstelle. Die Anwendung von `writeFile()` sehen Sie in Listing 14.7: Als Parameter übergeben Sie in diesem Fall den Pfad zu der Datei, die geschrieben werden soll, den zu schreibenden Inhalt sowie eine Callback-Funktion, die aufgerufen wird, wenn die Datei geschrieben wurde oder ein Fehler aufgetreten ist.

```
const fs = require('fs');

fs.writeFile('output.txt', 'Hello World', (error) => {
  if (error) {
    return console.error(error);
  }
  fs.readFile('output.txt', (error, data) => {
    if (error) {
      return console.error(error);
    }
    console.log(data.toString());
  });
});
```

Listing 14.7 Asynchrones Schreiben einer Datei

14.2.3 Dateien löschen

Für das Löschen von Dateien stehen die beiden Funktionen `unlink()` und `unlinkSync()` zur Verfügung. Die Namen der Funktionen lassen allerdings nicht unbedingt auf den ersten Blick erkennen, dass es hier um das Löschen von Dateien geht. Hintergrund für den Namen ist, dass mit den beiden Funktionen nicht nur Dateien gelöscht, sondern auch symbolische Links entfernt werden können.

Hinweis

Noch genauer gesagt stammt die Bezeichnung der genannten Methoden aus Unix-Dateisystemen, bei denen jeder Verzeichniseintrag ein Link ist. Reguläre Dateien sind dort sogenannte *Hard Links*, Verweise auf Dateien sogenannte *symbolische Links* (auch *Sym Links*).

Die Verwendung (der asynchronen Variante `unlink()`) sehen Sie in Listing 14.8. Als Parameter erwartet die Funktion den Pfad zu der entsprechenden Datei sowie als zweiten Parameter eine Callback-Funktion, die nach erfolgreichem Löschen der Datei oder im Fehlerfall aufgerufen wird.

```
const fs = require('fs');

fs.writeFile('output.txt', 'Hallo Welt', (error) => {
  if (error) {
    return console.error(error);
  }
  console.log('Datei erstellt');
  fs.unlink('output.txt', (error) => {
```

```
    if (error) {
      return console.error(error);
    }
    console.log('Datei wieder gelöscht');
  });
});
```

Listing 14.8 Asynchrones Löschen einer Datei

14.3 Einen Webserver implementieren

Mit dem Wissen aus dem vorigen Unterkapitel können wir wieder zurück zu dem Eingangsbeispiel mit dem Webserver kommen. Ziel soll es sein, nicht nur ein einfaches »Hello World« zurückzugeben, sondern eine HTML-Datei aus dem Dateisystem zu lesen und diese zurückzugeben.

14.3.1 Vorbereitungen

Als HTML-Code wollen wir eines der Formularbeispiele aus Kapitel 3, »Webseiten gestalten mit CSS«, verwenden. Zudem speichern wir – wie es in der Praxis aus Gründen der Wiederverwendbarkeit von Stylesheets gemacht werden sollte – den CSS-Code in einer separaten Datei. Insgesamt ergibt sich also folgender Code als Basis.

In der HTML-Datei:

```
<!DOCTYPE html>
<html>
<head>
  <title>Formulare gestalten</title>
  <link href="../css/styles.css" type="text/css" rel="stylesheet" />
</head>
<body>
  <form>
    <label for="firstName">Vorname</label>
    <input id="firstName" type="text">

    <label for="lastName">Nachname</label>
    <input id="lastName" type="text">

    <label for="birthday">Geburtsdatum</label>
    <input id="birthday" type="date">
```

```
    <label for="email">E-Mail</label>
    <input id="email" type="email">

    <button>Abschicken</button>
  </form>
</body>
</html>
```

Listing 14.9 Der HTML-Code für das Webserver-Beispiel (Inhalt der Datei »static/html/index.html«)

Und in der CSS-Datei:

```
body {
  font-family: Verdana, Geneva, Tahoma, sans-serif;
  font-size: 0.9em;
}

form {
  display: grid;
  grid-template-columns: 1fr 2fr;
  grid-gap: 16px;
  background: #f9f9f9;
  border: 1px solid lightgrey;
  margin: 2rem auto 0 auto;
  max-width: 600px;
  padding: 1em;
  border-radius: 5px;
}

form input {
  background: white;
  border: 1px solid darkgray;
}

form button {
  background: lightgrey;
  padding: 0.8em;
  width: 100%;
  border: 0;
}
```

```
form button:hover {
  background: deepskyblue;
}

label {
  padding: 0.5em 0.5em 0.5em 0;
  text-align: right;
  grid-column: 1 / 2;
}

input {
  padding: 0.7em;
}

input:focus {
  outline: 3px solid deepskyblue;
}

input,
button {
  grid-column: 2 / 3;
}
```

Listing 14.10 Der CSS-Code für das Webserver-Beispiel (Inhalt der Datei »static/css/styles.css«)

Den gesamten Code legen wir außerdem in einem neuen Verzeichnis (beispielsweise *webserver*) ab: die HTML-Datei *index.html* in das Unterverzeichnis *static/html* und die CSS-Datei in das Unterverzeichnis *static/css*. Außerdem legen wir eine (noch leere) Datei *start.js* an, der wir gleich den Code für den Webserver hinzufügen. Anschließend initialisieren wir das Ganze als Package über den Aufruf von `npm init`, sodass sich die Datei- und Verzeichnisstruktur in Abbildung 14.5 ergibt.

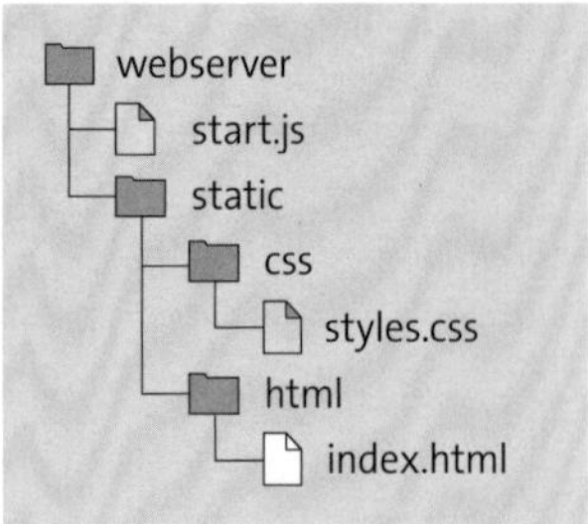

Abbildung 14.5 Verzeichnisstruktur für das Beispiel

14.3.2 Statische Dateien bereitstellen

Ziel ist es nun, folgendes Verhalten zu implementieren: Wenn der Nutzer im Browser die URL *http://localhost:8000* oder direkt *http://localhost:8000/static/html/index.html* eingibt, soll der Webserver die HTML-Datei lesen und den darin enthaltenen HTML-Code an den Browser zurückschicken. Der Browser wird dann versuchen, die im HTML-Code eingebundene CSS-Datei zu laden. Der Webserver muss also für diese HTTP-Anfrage (die an die URL *http://localhost:8000/static/css/styles.css* geht) entsprechend die CSS-Datei aus dem Dateisystem laden und in der HTTP-Antwort an den Browser zurücksenden.

So weit die Theorie. Lassen Sie uns schauen, wie das in der Praxis aussieht (Listing 14.11). Zunächst benötigen wir drei der Standardmodule: das http-Modul wie gehabt für das Bereitstellen der Webserver-Funktionalität, das fs-Modul für das Lesen der Dateien und darüber hinaus noch das path-Modul, das uns beim Zusammenbauen der Dateipfade hilft. Gegenüber Listing 14.1 ändert sich ansonsten lediglich der Inhalt der `requestHandler()`-Funktion.

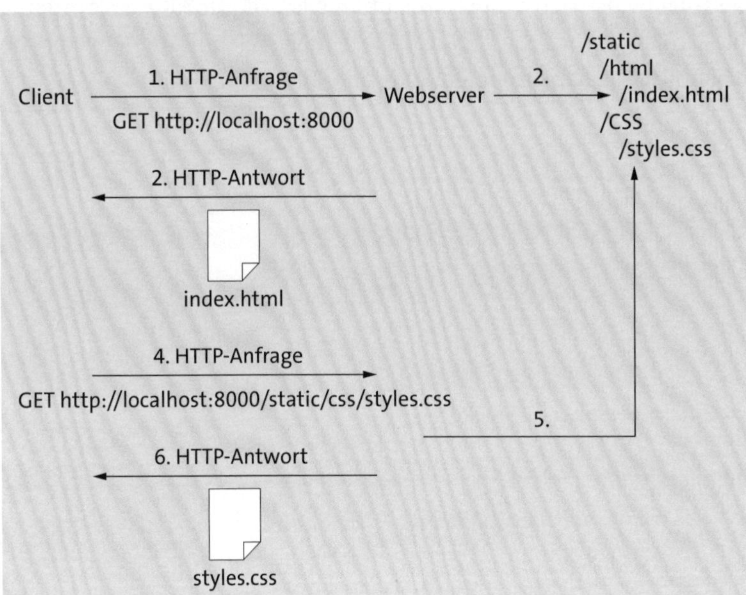

Abbildung 14.6 Der zu implementierende Ablauf zwischen Client und Server

Innerhalb dieser Funktion müssen wir zunächst herausfinden, welcher Pfad durch die entsprechende HTTP-Anfrage angefragt wird. Diesen ermitteln wir mithilfe der Eigenschaft `url` des `request`-Objekts, die genau den relativen Pfad enthält. Wie die Anfrage behandelt werden soll, machen wir mithilfe einer `if`/`else`-Verzweigung an dieser Eigenschaft fest: Hat sie den Wert »/static/html/index.html« (das heißt, der Nutzer hat im Browser die URL *http://localhost:8000/static/html/index.html* in die

Adresszeile eingegeben) oder den Wert »/« (das heißt, der Nutzer hat im Browser die URL *http://localhost:8000* in die Adresszeile eingegeben), laden wir mithilfe der `readFile()`-Funktion die HTML-Datei. Hat der Pfad dagegen den Wert »/static/css/styles.css«, laden wir entsprechend die CSS-Datei. In allen anderen Fällen senden wir eine Fehlermeldung mit dem Statuscode 404 (»Not Found«) zurück an den Browser bzw. Client.

Wichtig: Für das Lesen der Dateien verwenden wir die asynchrone Funktion aus dem fs-Modul. Dies ist ganz wichtig, damit der Webserver während des Lesens einer Datei trotzdem weitere HTTP-Anfragen entgegennehmen kann. Würden wir die synchrone Variante für das Lesen der Dateien verwenden, könnte der Webserver erst wieder Anfragen verarbeiten, wenn das Lesen der entsprechenden Datei abgeschlossen wurde.

Das bereits angesprochene path-Modul bzw. die daraus im Listing verwendete Funktion `join()` hilft uns beim Zusammenbauen der Dateipfade, sodass wir uns nicht um betriebssystemspezifische Verzeichnistrennsymbole (»/« oder »\«?) kümmern müssen und der Code auf allen Betriebssystemen lauffähig ist. Die global zur Verfügung stehende Variable `__dirname` enthält dabei das aktuelle Verzeichnis, in dem sich die JavaScript-Datei befindet, die den gezeigten Code enthält.

```
const http = require('http');
const fs = require('fs');
const path = require('path');

const HOST = 'localhost';
const PORT = 8000;

const requestHandler = (request, response) => {
  console.log(`Angefragte URL: ${request.url}`);
  if (request.url === '/static/html/index.html' || request.url == '/') {
    console.log('Lade HTML-Datei');
    const pathToFile = path.join(__dirname, 'static', 'html', 'index.html');
    fs.readFile(pathToFile, (error, data) => {
      if (error) {
        console.error(error);
        response.writeHead(404);
        response.end('Fehler beim Laden der HTML-Datei');
      } else {
        response.setHeader('Content-Type', 'text/html');
        response.writeHead(200);
        response.end(data.toString());
      }
    });
```

```
  } else if (request.url === '/css/styles.css' ||
             request.url === '/static/css/styles.css') {
    console.log('Lade CSS-Datei');
    const pathToFile = path.join(__dirname, 'static', 'css', 'styles.css');
    fs.readFile(pathToFile, (error, data) => {
      if (error) {
        console.error(error);
        response.writeHead(404);
        response.end('Fehler beim Laden der CSS-Datei');
      } else {
        response.setHeader('Content-Type', 'text/css');
        response.writeHead(200);
        response.end(data.toString());
      }
    });
  } else {
    response.writeHead(404);
    response.end('Fehler beim Laden der Datei');
  }
};

const server = http.createServer(requestHandler);

server.listen(PORT, HOST, () => {
  console.log(`Webserver läuft unter http://${HOST}:${PORT}`);
});
```

Listing 14.11 Der angepasste Webserver stellt nun die HTML-Datei und die CSS-Datei bereit.

Wenn Sie den Code nun starten und im Browser die URL *http://localhost:8000* aufrufen, sollte das Ergebnis wie in Abbildung 14.7 aussehen.

Abbildung 14.7 Das über den Webserver geladene Formular

Hinweis

Der Code aus Listing 14.11 kann sicherlich noch verbessert werden, indem man beispielsweise gleichartige Logik in eigene Funktionen extrahiert. Insbesondere der Code für das Laden der HTML-Datei und das Laden der CSS-Datei ähnelt sich doch stark. Das wäre doch eine gute Übungsaufgabe. ☺

Routing Engine

Erinnern Sie sich noch an Kapitel 12, »Webarchitekturen verstehen und einsetzen«? Dort hatte ich Ihnen unter anderem den Begriff *Routing Engine* erläutert. Die Funktionalität aus Listing 14.11 ist quasi eine kleine Routing Engine: Sie wählt anhand der HTTP-Anfrage den passenden Request-Handler (in *MVC* auch *Controller*) aus, der ausgeführt werden soll (Abbildung 14.8).

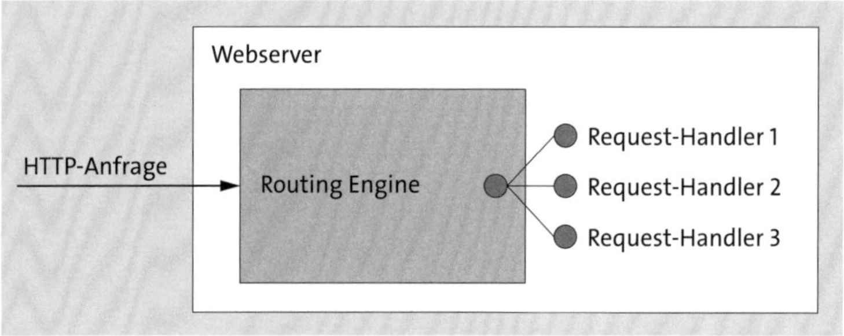

Abbildung 14.8 Das Prinzip einer Routing Engine

Was im Beispiel noch überschaubar ist, kann bei komplexeren Webanwendungen allerdings schnell unübersichtlich werden. Das ist einer der Punkte, an dem Web-Frameworks einem Entwickler viel Arbeit abnehmen.

14.3.3 Das Web-Framework express verwenden

Eines der bekanntesten Web-Frameworks für Node.js ist Express.js oder kurz »express« (*http://expressjs.com*). Neben dem genannten Routing stellt express verschiedene Features zur Verfügung, die unter anderem das Verarbeiten von HTTP-Anfragen und das Generieren von HTTP-Antworten stark vereinfachen. Im Folgenden möchte ich Ihnen zeigen, wie das Beispiel aus dem vorigen Unterkapitel mithilfe von express umgesetzt werden kann. Im nächsten Kapitel werde ich express außerdem dazu verwenden, Ihnen das Konzept von Webservices zu erläutern.

Um express verwenden zu können, muss es zunächst für das entsprechende Projekt über den Befehl `npm install express` als lokale Abhängigkeit installiert werden.

Anschließend kann es wie in Listing 14.12 gezeigt über die Funktion `require()` in den Code eingebunden werden. Anschließend erstellen Sie über den Aufruf `express()` ein Objekt, das die jeweilige Webanwendung repräsentiert (*Applikationsobjekt*).

Um statische Dateien wie beispielsweise HTML-Dateien und CSS-Dateien durch den Server zur Verfügung zu stellen, ergibt ein Routing, wie wir es im vorigen Unterkapitel implementiert haben, ab einer bestimmten Anzahl von Dateien keinen Sinn: Zu aufwendig wäre die Implementierung der Routen. Für das Bereitstellen von statischen Dateien stellt express daher eine spezielle sogenannte *Middleware* (eine Art *Plugin*) zur Verfügung, die über den Aufruf der Methode `use()` am Applikationsobjekt konfiguriert werden kann.

Der Middleware-Funktion `express.static()` übergeben Sie dabei als ersten Parameter das jeweilige Verzeichnis, dessen Inhalt als statische Ressource zur Verfügung gestellt werden soll, sowie optional als zweiten Parameter ein Konfigurationsobjekt, über das Sie beispielsweise konfigurieren können, welche Dateitypen dabei nicht berücksichtigt werden sollen.

Im Listing verwenden wir die Middleware-Funktion dazu, den Inhalt des Verzeichnisses *static* entsprechend zur Verfügung zu stellen. Die Dateien sind anschließend unter den URLs *http://localhost:8000/html/index.html* und *http://localhost:8000/css/styles.css* verfügbar.

14

Um außerdem die »Wurzel-Route« (/) zu behandeln, bedienen wir uns der Methode `get()`, die am Applikationsobjekt zur Verfügung steht. Über diese Methode haben Sie die Möglichkeit, für eine Route (erster Parameter), die durch eine GET-Anfrage aufgerufen wird, einen entsprechenden Request-Handler in Form einer Funktion (zweiter Parameter) zu definieren. Der Code im Listing sorgt also dafür, dass bei Aufruf von *http://localhost:8000* die angegebene Funktion aufgerufen wird. Innerhalb der Funktion haben Sie dann die Möglichkeit, auf die entsprechende HTTP-Anfrage zu reagieren und eine HTTP-Antwort zu generieren.

Für das Lesen von Dateien bzw. das Senden von Dateien an den Client stellt express mit `sendFile()` eine Helferfunktion bereit. Ihr können Sie einfach den Pfad zu der Datei übergeben, und express übernimmt im Hintergrund das Einlesen des Dateiinhalts und das Vorbereiten und Senden der entsprechenden HTTP-Anfrage. Den Pfad als solchen bauen wir dabei wie gehabt mithilfe der Funktion `join()` aus dem path-Modul zusammen.

```
const express = require('express');
const path = require('path');

const PORT = 8000;
const HOST = 'localhost';
```

```
const app = express();
app.use(express.static('static'));

app.get('/', (request, response) => {
  const pathToFile = path.join(__dirname, 'static', 'html', 'index.html');
  response.sendFile(pathToFile);
});

const server = app.listen(PORT, () => {
  console.log(`Webserver läuft unter http://${HOST}:${PORT}`);
});
```

Listing 14.12 Ein Webserver mit dem Web-Framework express

14.3.4 Formulardaten verarbeiten

Das Web-Framework express kann nicht nur dabei helfen, statische Dateien bereitzustellen, die per GET angefragt wurden, sondern auch dabei, Anfragen für andere HTTP-Methoden zu bearbeiten. Im Folgenden möchte ich Ihnen zeigen, wie Sie die Formulardaten auf Serverseite verarbeiten können, nachdem das Formular auf Clientseite abgeschickt wurde (Abbildung 14.9).

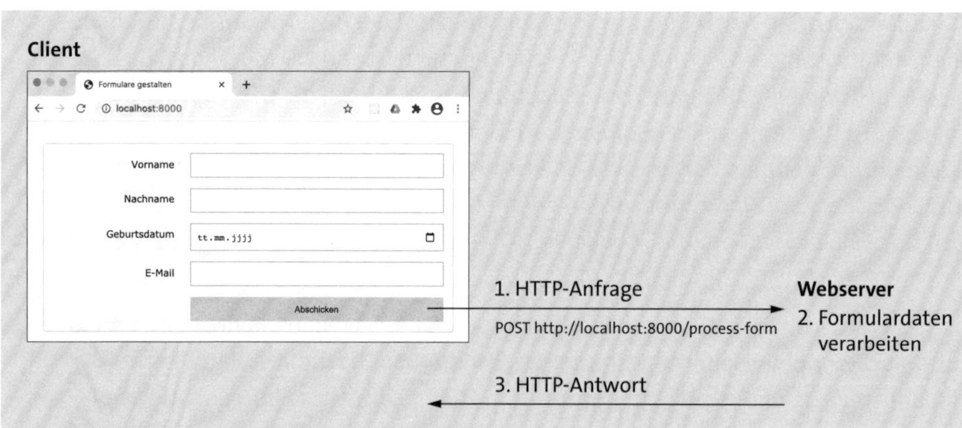

Abbildung 14.9 Ablauf der Formularverarbeitung

Zunächst müssen wir dazu den HTML-Code etwas anpassen (Listing 14.13). An dem `<form>`-Element definieren wir über das Attribut `method` die HTTP-Methode und über das Attribut `action` die URL, die beim Absenden des Formulars aufgerufen werden soll (im Beispiel resultiert der relative Wert in der absoluten URL *http://localhost:8000/process-form*). Außerdem fügen wir jedem `<input>`-Element noch das `name`-Attribut hinzu: Dieses definiert die Namen der Eigenschaften, unter denen die entsprechend eingetragenen bzw. ausgewählten Werte der Formularfelder an den Server geschickt werden.

```
<!DOCTYPE html>
<html>
<head>
  <title>Formulare gestalten</title>
  <link href="../css/styles.css" type="text/css" rel="stylesheet" />
</head>
<body>
  <form method="POST" action="process-form">
    <label for="firstName">Vorname</label>
    <input id="firstName" type="text" name="firstName">

    <label for="lastName">Nachname</label>
    <input id="lastName" type="text" name="lastName">

    <label for="birthday">Geburtsdatum</label>
    <input id="birthday" type="date" name="birthday">

    <label for="email">E-Mail</label>
    <input id="email" type="email" name="email">

    <button>Abschicken</button>
  </form>
</body>
</html>
```

Listing 14.13 Der angepasste HTML-Code für das Absenden der Formulardaten

Den Code für den Webserver (Listing 14.14) erweitern wir an zwei Stellen. Zum einen konfigurieren wir mit `express.urlencoded()` eine zweite Middleware, die intern dafür sorgt, dass express den Request-Body bei Formularanfragen entsprechend parst. Zum anderen definieren wir über den Aufruf der Methode `post()` eine weitere Route sowie den entsprechenden Request-Handler: Dieser wird immer dann aufgerufen, wenn eine POST-Anfrage an die (relative) URL */process-form* eingeht. Innerhalb des Request-Handlers können Sie (dank oben genannter Middleware) bequem auf die übertragenen Eigenschaften bzw. Daten der Formularfelder zugreifen.

In einer realen Anwendung würden Sie die Daten in irgendeiner Form verarbeiten (beispielsweise in einer Datenbank speichern) und ein HTML-Dokument zurück an den Client senden. Für das Beispiel begnügen wir uns mit einer einfachen Textmeldung, die die erfolgreiche Übermittlung der Formulardaten bestätigt und per `response.status(200).send()` an den Client zurückgesendet wird.

```
const express = require('express');
const path = require('path');

const PORT = 8000;
const HOST = 'localhost';

const app = express();
app.use(express.static('static'));
app.use(express.urlencoded({
  extended: true
}));

app.get('/', (request, response) => {
  const pathToFile = path.join(__dirname, 'static', 'html', 'index.html');
  response.sendFile(pathToFile);
});

app.post('/process-form', (request, response) => {
  const user = request.body;
  console.log(`Vorname: ${user.firstName}`);
  console.log(`Nachname: ${user.lastName}`);
  console.log(`Geburtsdatum: ${user.birthday}`);
  console.log(`E-Mail: ${user.email}`);
  response.status(200).send('Formulardaten erfolgreich übermittelt');
});

const server = app.listen(PORT, () => {
  console.log(`Webserver läuft unter http://${HOST}:${PORT}`);
});
```

Listing 14.14 Der angepasste Webserver verarbeitet nun die Formulardaten.

Bereits anhand dieser vergleichsweise einfachen Beispiele sehen Sie, dass Web-Frameworks wie express vieles bei der Implementierung von Webservern erleichtern. Im nächsten Kapitel werden wir erneut express als Beispiel-Web-Framework heranziehen, wenn es darum geht, Webservices zu implementieren.

14.4 Zusammenfassung und Ausblick

In diesem Kapitel haben Sie gelernt, wie Sie mithilfe der Laufzeitumgebung Node.js JavaScript-basierte Anwendungen auf Serverseite laufen lassen und wie einfach es ist, mithilfe von Node.js und dem Web-Framework express eigene Webserver zu implementieren.

14.4.1 Die wichtigsten Punkte

Die wichtigsten Punkte, die Sie sich aus diesem Kapitel merken sollten, sind folgende:

- Node.js ist eine *Laufzeitumgebung* für JavaScript, dank derer sich JavaScript auch außerhalb von Browsern (beispielsweise auf Serverseite) ausführen lässt.
- Node.js stellt neben der Laufzeitumgebung diverse *Module* zur Verfügung, mit deren Hilfe Sie beispielsweise auf das Dateisystem zugreifen können, Webserver implementieren können und vieles mehr.
- Über den *Node.js Package Manager* (*npm*) lassen sich zudem viele weitere (externe) Packages installieren.
- npm hilft darüber hinaus auch bei der Initialisierung eigener Packages.
- Die Metainformationen eines Packages wie Name, Versionsnummer und Abhängigkeiten werden in der Konfigurationsdatei mit Namen *package.json* verwaltet.
- Node.js stellt viele Methoden in einer synchronen Variante und einer asynchronen Variante zur Verfügung. In der Regel ist es dabei empfehlenswert, die asynchrone Variante zu verwenden.
- Das Web-Framework express ist eines der beliebtesten Web-Frameworks und erleichtert die Implementierung von Webservern.

14

14.4.2 Weiterführende Literatur

Wir werden im Laufe des Buches noch an anderer Stelle auf Node.js zurückkommen. Wenn Sie sich parallel oder ergänzend dazu noch eingehender mit Node.js beschäftigen möchten, sei an dieser Stelle (nicht ganz uneigennützig) auf zwei Bücher hingewiesen, die ebenfalls im Rheinwerk Verlag erschienen sind:

- »Node.js: Das umfassende Handbuch« von Sebastian Springer gibt eine, wie ich finde, hervorragende Einführung in das Thema und eignet sich für Einsteiger und Fortgeschrittene gleichermaßen.
- Mein Buch »Node.js: Rezepte und Lösungen« dagegen verfolgt einen rezeptartigen Aufbau: Hier finden Sie zu verschiedenen Themen verteilt auf insgesamt über 100 »Rezepte« verschiedene bewährte Lösungen rund um das Thema Node.js.

14.4.3 Ausblick

Im nächsten Kapitel gibt Ihnen Gastautor Florian Simeth eine Einführung in die Programmiersprache PHP, die nach wie vor zu einer der wichtigsten Sprachen im Bereich der Webentwicklung zählt.

Kapitel 15
Die Sprache PHP verwenden

In diesem Kapitel gibt Florian Simeth einen kleinen Einblick in die Welt von PHP. Sie lernen die Installation und die Grundlagen kennen. Anhand eines praktischen Beispiels wird gezeigt, wie Formulardaten vom Browser zum Server gesendet und dort verarbeitet werden.

Der Begriff *PHP* ist ein sogenanntes *rekursives Akronym* und steht für »PHP: Hypertext Preprocessor«. Wie Sie sehen, kommt die Abkürzung paradoxerweise ebenfalls in der Erklärung vor.

So bizarr wie der Name ist die Skriptsprache allerdings nicht. Im Prinzip wurde die Syntax an C und Perl angelehnt, da das Projekt im Jahr 1995 nichts anderes war als eine Sammlung von Perl-Skripten. Damals nannte *Rasmus Lerdorf* seine Sammlung noch *Personal Home Page Tools*, was der Abkürzung dann doch wieder mehr Sinn ergibt.

15.1 Einführung in die Sprache PHP

Viele der Entwickler, die eine der zuvor genannten Sprachen kennen, haben wenig Schwierigkeiten, auch PHP-Code zu schreiben. PHP wird zumeist dazu verwendet, dynamische Webseiten oder Webanwendungen zu programmieren, und geriet über die Jahre etwas in Verruf. Lange Zeit galt sie als einfach zu erlernen, was angeblich dafür sorgte, dass es viele Entwickler mit Halbwissen gab.[1] So zumindest die landläufige Meinung. Fakt ist, dass es lange Zeit nicht möglich war, guten objektorientierten Code zu schreiben. Features wie Typendeklarationen kamen erst im Jahre 2015 mit Erscheinen der Version 7. Von da an bekam PHP aber nicht nur einen großen Performance-Schub. Mit Version 8 wurde obendrein ein sogenannter *JIT*-Compiler (*Just-in-time*) integriert, der Teile des Codes zur Laufzeit in Maschinencode übersetzen kann, damit dieser schneller ausgeführt wird. Mit Version 8.1 bekam PHP sogar Fiber-Support. Das erlaubt die Entwicklung von asynchron laufenden Programmteilen oder besser gesagt: Multithreading. Zeit also, sich auch PHP näher anzuschauen.

1 Vgl. Simeth, Florian: WordPress 2024: Ein Blick in die Zukunft, in PHPMagazin, Nr 5, 2019, S. 66.

15.2 PHP und Webserver lokal installieren

In Tabelle 15.1 sind einige Programme gelistet, die PHP und einen Webserver (meist Apache) lokal installieren können. Somit ersparen Sie sich auf den meisten Betriebssystemen die manuelle Installation oder gar das Kompilieren von PHP selbst.

	Mac	Win	Linux	
MAMP	+	+	–	*www.mamp.info*
XAMPP	+	+	+	*www.apachefriends.org*
WAMP	–	+	–	*www.wampserver.com*

Tabelle 15.1 Eine Auswahl an Softwarepaketen, die in kürzester Zeit eine lokale Softwareumgebung einrichten können

Abbildung 15.1 zeigt einen Screenshot der Anwendung MAMP PRO auf dem Mac. Wie Sie erkennen können, lassen sich mehrere Webserver (Hosts) starten, alle mit unterschiedlichen Konfigurationsmöglichkeiten oder gar PHP-Versionen. Eine ziemliche Erleichterung für die lokale Entwicklung. Über den Button CHOOSE... unter DOCUMENT ROOT wird festgelegt, wo die PHP-Dateien Ihrer Webanwendung abgelegt werden müssen, damit der Webserver sie findet, wenn der Browser sie anfordert.

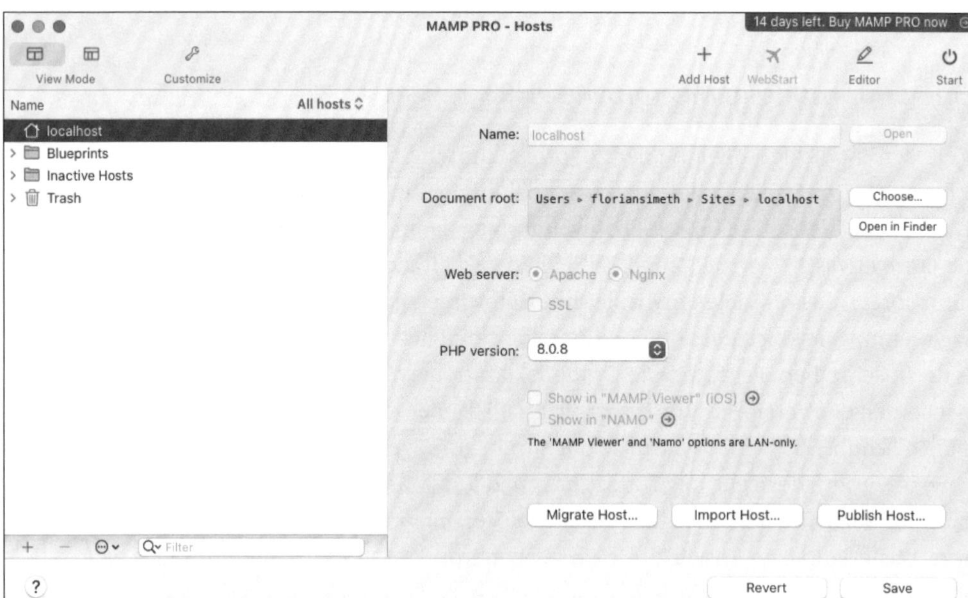

Abbildung 15.1 MAMP Pro startet einen lokalen Webserver mit PHP.

Die Webadresse, die Sie dann aufrufen müssten, ist: *http://localhost:8888*. Abbildung 15.2 zeigt, wie die *index.php*-Datei, die von MAMP automatisch hinterlegt wurde, angezeigt wird.

Abbildung 15.2 Zugriff auf den Webserver über den Browser.

15.3 Variablen, Datentypen und Operatoren

Nachdem MAMP eingerichtet wurde, können Sie loslegen. Bevor wir uns jedoch einem konkreten Beispiel widmen, möchte ich auf die grundlegende Programmierstruktur eingehen. Dazu erstellen Sie eine Datei namens *test.php* und öffnen Sie im Editor Ihrer Wahl. Abgelegt wird sie im zuvor festgelegten Ordner. In Abbildung 15.1 ist zu sehen, dass das bei mir das Verzeichnis *Sites/localhost* ist, welches sich in meinem Benutzerordner befindet. Innerhalb der Test-Datei können Sie nach Belieben jeglichen HTML-Code angeben.

PHP-Bereiche definieren Sie innerhalb des öffnenden `<?php` und schließenden `?>`-Tags, wie Listing 15.1 zeigt. `echo` gibt »Hallo Welt« aus. Abbildung 15.3 zeigt, wie im Browser die Adresse *http://localhost:8888/test.php* aufgerufen wurde. Erwartungsgemäß gibt PHP den entsprechenden String zurück.

Öffnende und schließende PHP-Tags

Beachten Sie, dass die schließenden PHP-Tags am Ende einer Datei weggelassen werden können. Tatsächlich wird sogar empfohlen,[2] so zu verfahren. Denn damit wird sichergestellt, dass danach keine Leerzeichen oder Leerzeilen versehentlich an den Browser gesendet werden. Sonst würde eine unerwünschte Ausgabe entstehen,

2 Vgl. PHP-Tags: in: PHP.net, o. D., *https://www.php.net/manual/de/language.basic-syntax.phptags.php* (abgerufen am 22.02.2023).

die vom Programmierer nicht vorgesehen war. Schlimmer noch: Funktionen, die von HTTP-Headern abhängen, funktionieren danach oft nicht mehr. Zum Beispiel Sessions, Cookies oder Weiterleitungen.

```
<html>
<head>
    <title>PHP-Test</title>
</head>
<body>
    <?php echo '<p>Hallo Welt</p>'; ?>
</body>
</html>
```

Listing 15.1 Öffnende und schließende PHP-Tags

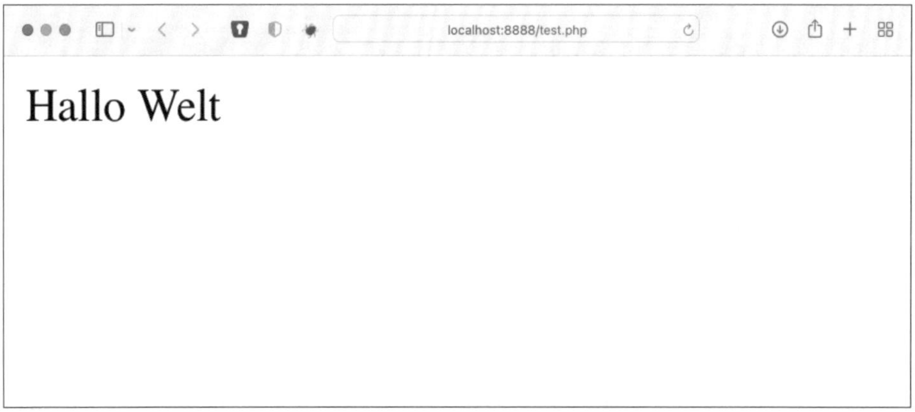

Abbildung 15.3 Die test.php-Datei wird im Browser aufgerufen. Dieser gibt »Hallo Welt« zurück.

15.3.1 Variablen verwenden

Listing 15.2 zeigt, wie eine Variable für gewöhnlich deklariert und initialisiert wird. Sie beginnt grundsätzlich immer mit dem Dollar-Zeichen (`$`), gefolgt von einem Namen, der aus Groß- und Kleinbuchstaben sowie dem Unterstrich bestehen darf. Zahlen dürfen ebenfalls vorkommen, jedoch nicht am Anfang, genauer gesagt direkt nach dem Dollarzeichen.[3] Eine alleinstehende Deklaration wie in JavaScript (siehe Abschnitt 4.2.1 »Variablen definieren«) gibt es in PHP nicht. Ebenso kann das sogenannte *Casten* (im Beispiel durch das vorangestellte `(string)` dargestellt) meist ent-

3 Darüber hinaus hat PHP einige Vorgaben zur Namensgebung, an die Sie sich halten sollen: *https://www.php.net/manual/de/userlandnaming.php*

fallen, da PHP den Typ der Variable automatisch erkennt oder definiert, doch dazu gleich mehr.

```
<?php
$firstName = 'Max';             // Variablendeklaration und Initalisierung
$firstName = (string) 'Max';    // Typen-Casting
```

Listing 15.2 Variablendeklaration

In PHP gibt es verschiedene primitive Datentypen, wie Tabelle 15.2 zeigt.

Datentyp	Beschreibung
Skalare Typen	
bool	Boolescher Wert. true oder false
int	Integerwert (Ganzahl)
float	Gleitkomma-Zahl, auch bezeichnet als double
string	Zeichenkette
Zusammengesetzte Typen	
array	Eine Map, die Werte zu Schlüsseln zuordnet
object	Instanz einer Klasse
callable	Callback-Funktionen
iterable	Ein Pseudo-Typ, der ein Array oder ein Objekt akzeptiert, das das Traversable-Interface implementiert
Spezielle Typen	
resource	Eine Ressource ist eine spezielle Variable, die einen Verweis auf eine externe Ressource darstellt. Zum Beispiel, wenn eine Datei zum Schreiben geöffnet wird, bleibt die Verbindung (als Ressource) so lange bestehen, bis sie geschlossen wird.
NULL	Kann zur Beschreibung einer Variablen ohne Wert genutzt werden.

Tabelle 15.2 Die zehn primitiven Datentypen von PHP

Jonglieren mit Typen (Type Juggling)

Wie bereits erwähnt erfordert und unterstützt PHP keine explizite Typdefinition in der Variablendeklaration. Der Typ einer Variablen wird stattdessen durch den konkreten Wert bestimmt, den die Variable enthält. Das heißt, wenn der Variablen $var ein String-Wert zugeteilt wird, wird `$var` zu einem String. Wenn `$var` anschließend ein `int`-Wert zugewiesen wird, wird sie zu einem Integer. In Listing 15.3 ist zu sehen, wie PHP vorgeht.

```
<?php
$var = '1';             // $var ist ein String.
$var = $var * 1;        // $var ist jetzt ein Integer.
$var = (string) $var;   // $var ist wieder ein String.
```

Listing 15.3 Type Juggling in PHP

Um zu erzwingen, dass eine Variable als ein bestimmter Typ ausgewertet wird, können sie ihn casten oder die Funktion `settype()` nutzen.[4] Das Casting (letzte Zeile im Beispiel) wandelt den Wert in einen bestimmten Typ um, indem der Typ in Klammern vor den zu konvertierenden Wert geschrieben wird. Erlaubt sind:

- `(int)` oder `(integer)`
- `(bool)` oder `(boolean)`
- `(float)` oder `(double)` (in PHP 7 und früher ist auch `(real)` möglich)
- `(string)` oder `(binary)`
- `(array)`
- `(object)`
- `(unset)` (nur in PHP 7 und früher)

Empfohlen wird, nur die ersteren Werte zu nutzen. Also beispielsweise `(int)` anstatt `(integer)`. Denn die zweitgenannten sind nur Aliase. Sie könnten in späteren PHP-Versionen möglicherweise verschwinden, so wie `(real)` in PHP 8 nicht mehr möglich ist.

Referenzen

Einer Variablen muss nicht immer ein Wert zugewiesen werden. Stattdessen können Sie ihr auch eine Referenzübergeben. Das geschieht mit dem `&`-Operator, wie Listing 15.4 zeigt. Eine Referenz ist also ein Zeiger auf eine andere Variable. Wird eine Referenz verändert, ändert sich ebenfalls der Wert der Variablen, auf die referenziert wurde.

```
<?php
$lastName  = 'Mustermann';
$birthName = &$lastName;     // enthält jetzt ebenfalls den Wert 'Mustermann'.
```

4 Siehe *https://www.php.net/manual/de/function.settype.php*

```
$birthName = 'Musterfrau';  // $birthName wird verändert. Dadurch
                            // auch $lastName.
echo $lastName;             // Ausgabe von $lastName: 'Musterfrau'.
```

Listing 15.4 Zuweisung einer Referenz.

Vordefinierte Variablen

In PHP gibt es einige Variablen, die abhängig vom aktuellen Namensraum (siehe Kasten) zur Verfügung stehen. Eine vollständige Liste finden Sie unter *https://www.php.net/manual/de/reserved.variables.php*. Hier sei beispielhaft die Variable `$_GET` genannt, die alle Parameter enthält, die dem Skript über die URL mitgegeben wurden: *http://localhost:8888/test.php?firstName=Max&lastName=Mustermann*. Listing 15.5 zeigt die Ausgabe der Variablen durch das Skript in Listing 15.6.

```
array (size=2)
  'firstName' => string 'Max' (length=3)
  'lastName' => string 'Mustermann' (length=10)
```

Listing 15.5 Die Variable $_GET enthält nun die zwei per URL übergebenen Werte.

```
<?php
var_dump( $_GET );
```

Listing 15.6 var_dump() sorgt für eine ansehnliche Ausgabe im Browser.

Namensraum

Wenn Sie Variablen, Funktionen oder Klassen definieren, werden diese im sogenannten globalen Namensraum platziert. Das heißt, dass Sie beispielsweise auf eine Konstante zugreifen können, auch wenn diese in einer ganz anderen Datei liegt. Natürlich muss diese Datei über eines der Schlüsselwörter `include`, `require`, `include_once` oder `require_once` eingebunden werden,[5] wie nachfolgende Listings zeigen:

```
<?php
const FOO = "Hallo Welt";
```

Listing 15.7 Datei »hallo-welt.php«

```
<?php
include "hallo-welt.php";
echo FOO;
```

Listing 15.8 Datei »test.php«

5 Mehr zu den Unterschieden unter: *https://www.php.net/manual/de/language.control-structures.php*

Beim Aufruf von *test.php* wird der Browser »Hallo Welt« ausgeben.

Darüber hinaus lassen sich jedoch auch eigene Namensräume definieren. Dies geschieht über das Schlüsselwort `namespace`, wie Listing 15.9 zeigt. Die Konstante `FOO` befindet sich nun nicht mehr im globalen, sondern im `hallo_welt`-Namensraum.

```
<?php
namespace hallo_welt;
const FOO = "Hallo Welt";
```

Listing 15.9 Datei »hallo-welt.php« mit Namespace

Der Zugriff darauf kann nun nur durch die zusätzliche Angabe des Namensraums erfolgen:

```
<?php
include "hallo-welt.php";
echo \hallo_welt\FOO;
```

Listing 15.10 Datei »test.php« mit Zugriff auf die Konstante FOO, die in einem anderen Namensraum liegt

Zu beachten ist, dass der Namensraum von Backslashes (\) umhüllt werden muss, wenn auf ihn verwiesen wird.

Geltungsbereich und variable Variablen

Variablen sind, wie zumeist in jeder Programmiersprache, nur in bestimmten Bereichen gültig. Funktionen lernen Sie zwar erst in Abschnitt 15.5, »Funktionen und Fehlerbehandlung«, kennen, es sei aber vorweggegriffen, dass darin definierte Variablen außerhalb nicht existieren. Doch es gibt Ausnahmen. Mit dem Schlüsselwort `global` lässt sich dies umgehen. In den meisten Fällen sollten globale Variablen jedoch vermieden werden, weshalb ich nicht näher auf sie eingehen werde. Mehr dazu erfahren Sie unter anderem unter folgender Adresse, wo auch das Schlüsselwort `static` erklärt wird: *https://www.php.net/manual/de/language.variables.scope.php*.

Etwas komplexer zu verstehen sind sogenannte *variable Variablen*. Wenn Sie solch dynamische Variablen verwenden wollen, finden Sie nähere Hinweise unter folgender URL: *https://www.php.net/manual/de/language.variables.variable.php*.

15.3.2 Konstanten verwenden

Konstanten sind Variablen, die sich nicht verändern lassen. Definiert werden sie durch die Funktion `define()`, wie Listing 15.11 zeigt. Dort sehen Sie auch, wie der Aufruf erfolgt, nämlich *ohne* vorangestelltes Dollar-Zeichen.

Konstanten können zwar auch kleingeschrieben werden, die allgemeine Konvention ist allerdings, sie großzuschreiben. Sie sind stets global. Das bedeutet, dass auf sie von überall aus zugegriffen werden kann, aus einer Funktion ebenso wie aus einer Klassenmethode.

```
<?php
define( 'MINUTE_IN_SECONDS', 60 );
define( 'HOUR_IN_SECONDS', 60 * MINUTE_IN_SECONDS );
define( 'DAY_IN_SECONDS', 24 * HOUR_IN_SECONDS );
```

Listing 15.11 Definition von Konstanten

Vordefinierte und magische Konstanten

In PHP existieren einige vordefinierte und magische Konstanten. Letztere beginnen mit einem doppelten Unterstrich. `__FILE__` beispielsweise gibt den vollständigen Pfad- und Dateinamen der aktuell ausgeführten Datei zurück. Vermeiden Sie es, in Ihren Projekten Konstanten zu deklarieren, die mit einem doppelten Unterstrich oder mit `PHP_` beginnen, da PHP selbst eines Tages eine Konstante mit demselben Namen einführen könnte. Eine vollständige aktuelle Liste finden Sie unter *https://www.php.net/manual/de/language.constants.magic.php* und *https://www.php.net/manual/de/reserved.constants.php.*

15

15.3.3 Operatoren verwenden

Wie in allen anderen Programmiersprachen stehen in PHP viele Operatoren bereit, die Ihnen erlauben, Variablen zu vergleichen oder zu verändern.

- **Arithmetische Operatoren** sind diejenigen, mit denen sich rechnen lässt. Es steht zur Verfügung: `+` (Addition), `-` (Subtraktion), `*` (Multiplikation), `/` (Division) sowie `%` (Modulo). Hinzu kommen die Inkrement- und Dekrement-Operatoren (`++` und `--`). Ersterer addiert eins, Letzterer subtrahiert eins von einer Zahl. Durch `**` lässt sich eine Potenz von einer Zahl berechnen.
- Mit dem **Zuweisungsoperator** ist das Ist-gleich-Zeichen (`=`) gemeint. Sie haben es bereits kennengelernt, denn es dient zur Festlegung eines Wertes zu einer Variablen. Zusätzlich dazu gibt es **kombinierte Operatoren,** die es erlauben, den Wert einer Variablen in einem Ausdruck zu benutzen und dieser anschließend das Ergebnis des Ausdrucks als neuen Wert zuzuweisen (Listing 15.17). Diese sind `+=` (zur Addition), `-=` (zur Subtraktion, `*=` (zur Multiplikation), `/=` (zur Division), `%=` (zur Modulus-Berechnung), `**=` (zur Potenzierung) und `.=` (der Zeichenketten-Operator).

- **Bit-Operatoren** erlauben die Prüfung und Manipulation bestimmter Bits in einem Integer. Es existieren: & (bitweises UND), | (bitweises ODER), ^ (bitweises XOR), ~ (bitweises NICHT), << (bitweise Verschiebung nach links), >> (bitweise Verschiebung nach rechts).
- **Vergleichsoperatoren** erlauben es, Werte direkt zu vergleichen. Hier existieren: == (gleich), === (identisch), != oder <> (ungleich), !== (nicht identisch), < (kleiner als), > (größer als), <= (kleiner oder gleich), >= (größer oder gleich) sowie <=> (Raumschiff, siehe Kasten). »Identisch« bedeutet in PHP, dass nicht nur der Wert, sondern auch dessen Typ verglichen wird. Sehen Sie sich dazu bitte Listing 15.12 an.

```
<?php
$a = '1';
$b = 1;

$c = $a == $b;  // Ergibt true.
$d = $a === $b; // Ergibt false, weil der Typenvergleich fehlschlägt.
```

Listing 15.12 Vergleich von Gleichheit und Identität

- **Operator zur Programmausführung:** Die sogenannten *Backticks* (``) können dazu genutzt werden, externe Programme auszuführen. Beachten Sie, dass Backticks keine einfachen Ausführungszeichen sind und dass die Ausführung fehlschlägt, wenn die Funktion shell_exec() deaktiviert wurde. Die Zeile $file_list = `ls -al`; versucht das Kommandozeilen-Tool ls auszuführen, welches alle Dateien und Verzeichnisse des aktuellen Ordners auflistet.
- **Logische Operatoren** arbeiten mit booleschen Werten. Hier gibt es folgende Möglichkeiten: and oder && (logisches UND), or oder || (logisches ODER), xor (Exklusives-Oder) und ! (Negation).
- **Array-Operatoren** dienen zum Vergleich oder zur Manipulation von Arrays. $a + $b vereinigt zwei Arrays. == ergibt true, wenn beide Arrays dieselben Schlüssel-Wert-Paare enthalten. === ergibt true, wenn beide Arrays dieselben Schlüssel-Wert-Paare in der gleichen Reihenfolge enthalten und diese vom selben Typ sind. Dementsprechend bedeuten != oder <>, dass zwei Arrays ungleich sind. !== hingegen bedeutet »nicht identisch«, wobei hier ebenfalls ein Typenvergleich durchgeführt wird.
- **Typ-Operator:** Hier existiert das Schlüsselwort instanceof, welches prüft, ob ein Objekt zu einer bestimmten Klasse gehört.
- Der **ternäre Operator** (Listing 15.13) ist ein weiterer Vergleichsoperator, der einen Ausdruck zurückliefert und eine längere if-Anweisung ersetzt. Es gibt ihn auch in der kurzen Ausführung, wobei der mittlere Teil weggelassen werden kann (Listing 15.14).

```
<?php
$action = ( empty( $_POST['action'] ) ) ? 'standard' : $_POST['action'];

// Obiges ist mit der IF-Anweisungn unten identisch.
if (empty($_POST['action'])) {
   $action = 'standard';
} else {
   $action = $_POST['action'];
}
```

Listing 15.13 Ternärer Operator

```
<?php
$firstName = '';
$firstName = $firstName ?: 'Max'; // Enthält 'Max'.

$firstName = 'Anne';
$firstName = $firstName ?: 'Max'; // Enthält 'Anne'.
```

Listing 15.14 Kurzer ternärer Operator

- Dem ternären Operator sehr ähnlich ist der **Null-Koaleszenz-Operator**. Es handelt sich dabei ebenfalls um einen Zuweisungsoperator in Kombination mit `NULL` (Listing 15.15). Insbesondere gibt das Resultat der linken Seite keinen Hinweis oder eine Warnung aus, wenn der Wert nicht existiert.

```
<?php
$firstName = $firstName ?? 'Max'; // Ergibt 'Max'

$firstName = 'Anne';
$firstName = $firstName ?? 'Max'; // Ergibt 'Anne'
```

Listing 15.15 Null-Koaleszenz-Operator.

Der Raumschiff-Vergleichsoperator

Seit PHP 7 existiert ein sogenannter Raumschiff- oder Spaceship-Operator, der durch die Zeichen `<=>` dargestellt wird. Er ist auch bekannt als Dreiwege-Operator, weil er einen Kleiner-gleich, einen Größer-gleich *und* einen Ist-Gleich-Vergleich durchführt.

```
<?php
$a = 5;
$b = 6;
echo $a <=> $b;
```

Listing 15.16 Der Raumschiff-Operator in Aktion

Im Listing wird -1 ausgegeben, weil `$a` kleiner `$b` ist. Wäre `$a` größer als `$b`, würde (die positive Zahl) 1 ausgegeben werden. Wären beide Werte gleich, würde 0 ausgegeben.

```
<?php
$a = 3;
$a += 5; // $a hat nun den Zahlenwert 8

$name = 'Max';
$name .= ' Mustermann'; // $name enthält nun 'Max Mustermann'.
```

Listing 15.17 Kombinierte Operatoren in Aktion

Hinweis

Eine gute Übersicht über alle in PHP zur Verfügung stehenden Operatoren finden Sie auch ergänzend mit vielen Beispielen unter: *https://www.php.net/manual/de/language.operators.php*.

15.4 Kontrollstrukturen verwenden

Ein PHP-Skript besteht aus einer Abfolge von Anweisungen. Diese können in Anweisungsgruppen zusammengefasst werden, indem sie in geschweifte Klammern eingeschlossen werden. Den Anfang macht das `if-else`-Konstrukt.

15.4.1 Bedingte Anweisungen

PHP bietet eine `if`-Anweisung, die der Sprache C ähnelt. Wie Sie nun wissen, enthält die vordefinierte Variable `$_GET` alle in der URL enthaltenen Parameter. In Listing 15.18 ist zu sehen, wie mit `isset()` geprüft wird, ob der Parameter `firstName` übergeben wurde. Falls ja, wird er in eine Variable geschrieben. Falls nein, wird eine Meldung ausgegeben.

```
<?php
if ( ! isset( $_GET['firstName'] ) ) {
    echo 'Bitte geben Sie einen Vornamen ein!';
} else {
    $firstName = $_GET['firstName'];
}
```

Listing 15.18 Beispiel für eine einfache if-else-Anweisung if-else-Anweisungen können beliebig verlängert werden, wie Listing 15.19 zeigt. Dabei wird der jeweils nächste elseif-Abschnitt nur dann ausgeführt, wenn die vorhergehende Bedingung nicht zutraf.

```
<?php
if ( ! isset( $_GET['firstName'] ) ) {
   echo 'Bitte geben Sie einen Vornamen an!';
} elseif ( strlen( $_GET['firstName'] ) <= 0 ) {
   echo 'Der Vorname ist leer. Bitte geben Sie einen Namen an!';
} else {
   $firstName = $_GET['firstName'];
}
```

Listing 15.19 Eine zusätzliche Bedingung wurde eingebaut.

Alternative Syntax für Kontrollstrukturen

Für if, while, for, foreach und switch bietet PHP eine alternative Syntax an. Dabei werden die geschweiften Klammern durch einen Doppelpunkt und ein schließendes endif; endwhile; endfor; endforeach; und endswitch; ersetzt, wie Listing 15.20 zeigt.

```
<?php
if ( ! isset( $_GET['firstName'] ) ):
   echo 'Bitte geben Sie einen Vornamen ein!';
else:
   $firstName = $_GET['firstName'];
endif;
```

Listing 15.20 Alternative Syntax für eine if-else-Anweisung

Mehrfachverzweigungen sind nicht nur mit if-else-elseif möglich. Genauso wie in JavaScript (siehe Abschnitt 4.3.1, »Bedingte Anweisungen und Verzweigungen verwenden«) funktionieren diese auch in PHP mit den Schlüsselwörtern switch und case, wie Listing 15.21 zeigt. Mit break wird die Anweisung zu einem gewissen Zeitpunkt abgebrochen. default wird ausgeführt, wenn nichts anderes zutraf.

```
<?php
switch ( $_GET['formOfAddress'] ) {
   case 'mr':
      echo "Hallo Herr {$lastName}";
      break;
   case 'mrs':
      echo "Hallo Frau {$lastName}";
      break;
```

```
   default:
      echo "Hallo {$lastName}";
}
```

Listing 15.21 Die Switch-Anweisung

Der `match`-Ausdruck existiert erst seit PHP 8.0 und verzweigt die Auswertung auf der Grundlage einer Identitätsprüfung eines Wertes. Im Gegensatz zu `switch` wird er ähnlich wie ternäre Ausdrücke auf einen Wert ausgewertet. Verglichen wird immer mit `===`, was bedeutet, dass auch eine Typenprüfung vorgenommen wird (Listing 15.27).

```
<?php
$formOfAddress = match ( $_GET['formOfAddress'] ) {
   'mr'     => 'Herr ',
   'mrs'    => 'Frau ',
   default => ''
};

echo "Hallo $formOfAddress$lastName";
```

Listing 15.22 Beispiel einer match-Anweisung

15.4.2 Schleifen

Um Anweisungen zu wiederholen, kommen in PHP Schleifen zum Einsatz. Es gibt vier Arten davon: `while`, `do-while`, `for` und `foreach`.

`while`-Schleifen sind dabei der einfachste Typ. Die Anweisungen innerhalb der geschweiften Klammern werden so lange wiederholt, wie der Ausdruck innerhalb der runden Klammern `true` ergibt.

```
<?php
$i = 1;                 // Initialisierung
while ( $i <= 10 ) {   // Bedingung
   echo $i ++;          // Anweisung und Inkrementierung
}
```

Listing 15.23 Eine while-Schleife

Ausgabe in Schleifen

Beachten Sie, dass die Ausgabe in den Schleifenbeispielen ohne Leerzeichen erfolgt (in Form von `12345678910`). In der Praxis müssten Sie über HTML und/oder CSS für eine entsprechende Formatierung sorgen, wenn Sie die Zahlen schöner darstellen möchten.

Die do-while-Schleife ist sehr ähnlich. Der Unterschied ist, dass der Wahrheitsausdruck in runden Klammern erst *am Ende* eines Durchlaufs geprüft wird. Listing 15.24 hat das gleiche Endresultat wie Listing 15.23. Es werden die Zahlen von 1 bis 10 ausgegeben. Die do-while-Schleife wird immer dann verwendet, wenn sie mindestens einmal durchlaufen werden muss. Das geht mit der while-Schleife so nicht, weil die Bedingung *zuvor* geprüft wird.

```
<?php
$i = 1;                // Initialisierung
do {
   echo $i ++;         // Anweisung und Inkrementierung
} while ( $i <= 10 );  // Bedingung
```

Listing 15.24 Eine do-while-Schleife

Die for-Schleife ist die komplexeste aller Schleifen in PHP. Sie wird auch Zählschleife genannt, weil eine Variable dazu benutzt wird, vom einen zum nächsten Wert zu zählen. Der Syntax lautet: for (expr1; expr2; expr3), wobei expr1 vor der Ausführung der Schleife ausgeführt wird. Danach wird mit expr2 permanent geprüft, ob der darin enthaltene Ausdruck zu true ausgewertet wird. Falls ja, wird expr3 ausgeführt. In Listing 15.25 ist zu sehen, wie $i am Anfang der Wert 1 zugewiesen wird. Die Bedingungen $i <= 10 ist nicht erfüllt, weswegen $i ++ ausgeführt wird. 15

```
<?php
for ( $i = 1; $i <= 10; $i ++ ) {
   echo $i;
}
```

Listing 15.25 Die for-Schleife gibt ebenfalls die Zahlen 1 bis 10 aus.

foreach-Schleifen sind dazu gedacht, Arrays zu iterieren. In Listing 15.26 wird die Schleife genau zweimal durchlaufen. Einmal für jede Übersetzung. $eng enthält dabei den Schlüssel (den englischen Wert) und $ger den Wert (die deutsche Übersetzung).

```
<?php
$translations = [
   'Mr'  => 'Herr',
   'Mrs' => 'Frau',
];

foreach ( $translations as $eng => $ger ) {
   echo "Die Übersetzung von $eng ist $ger.";
}
```

Listing 15.26 Eine foreach-Schleife wird durchlaufen.

Jede Schleife kann mit dem Schlüsselwort break abgebrochen werden. So ist es möglich, die Bedingungen einer while-Schleife beispielsweise auf true zu setzen, was eigentlich bedeutet, dass sie unendlich oft durchlaufen wird. Um keine unendliche Schleife zu programmieren, wird sie in Listing 15.27 nach zehn Durchläufen abgebrochen.

```
<?php
while ( true ) {        // Bedingung (immer true)
   $i = $i ?? 0;        // Initialisierung
   $i ++;               // Inkrementierung
   echo $i;

   if ( $i >= 10 ) { // Bedingte Anweisung
      break;          // Abbruch
   }
}
```

Listing 15.27 Abbruch der while-Schleife nach zehn Durchläufen

15.5 Funktionen und Fehlerbehandlung

In fast jeder Programmiersprache gibt es Funktionen. PHP bildet da keine Ausnahme. Sie werden dazu verwendet, wiederkehrende Codeteile zu generieren.

15.5.1 Funktionen definieren

Eine Funktion wird mit dem Schlüsselwort function eingeleitet. Es folgen die runden Klammern, in denen die Parameter erfasst werden können. Danach stehen die auszuführenden Anweisungen innerhalb der geschweiften Klammern. Listing 15.28 zeigt ein Beispiel. Eingebettet innerhalb der Funktion liegt das while-Beispiel aus Abschnitt 15.4.2. Aufgerufen wird die Funktion mit deren Funktionsnamen, gefolgt von zwei runden Klammern.

```
<?php
function printNumbersFrom1To10() {
   $i = 1;
   while ( $i <= 10 ) {
      echo $i ++;
   }
}

printNumbersFrom1To10();
```

Listing 15.28 Definition und Ausführung einer Funktion

15.5.2 Funktionsparameter

Wie eben dargelegt können innerhalb der runden Klammern Parameter festgelegt werden. Diesen können Standardwerte zugeordnet werden. In Listing 15.29 ist das die 1 für `$from` und 10 für `$to`. Wird die Funktion dann ohne Parameter aufgerufen, so verhält sich die Schleife wie im Beispiel zuvor. Jedoch können auch andere Werte angegeben werden, wie im Codebeispiel gezeigt.

```
<?php
function printNumbers( $from = 1, $to = 10 ) {
   while ( $from <= $to ) {
      echo $from ++;
   }
}

printNumbers(); // von 1 bis 10
printNumbers( 90, 100 ); // von 90 bis 100
```

Listing 15.29 Funktionsdefinition mit Parametern

15

Soll eine Variable als Referenz übergeben werden (siehe Abschnitt »Referenzen«), hängen Sie ein &-Zeichen vor den Parameter (Listing 15.30). Beachten Sie, dass die Variable außerhalb denselben Wert bekommt wie innerhalb der Funktion.

```
<?php

function changeNumberTo( &$i, $number ) {
   $i = $number;
}

$i = 10;

changeNumberTo( $i, 20 );

echo $i;  // $i ist jetzt 20
```

Listing 15.30 Übergabe einer Variablen als Referenz in eine Funktion

Wenn Sie gerne (und theoretisch unendlich viele) Parameter an eine Funktion übergeben möchten, lässt sich dies mit dem *Token* `...` lösen (der auch als *Ellipsis-Token*, *Splat-Operator* oder – im Falle von JavaScript – *Rest-Parameter* bekannt ist). Listing 15.31 zeigt, wie die Funktion auch dort die Zahlen von 1 bis 10 ausgibt.

```
<?php

function runThroughNumbers( ...$numbers ) {
   foreach ( $numbers as $number ) {
      echo $number;
   }
}

runThroughNumbers( 1, 2, 3, 4, 5, 6, 7, 8, 9, 10 );
```

Listing 15.31 Variable Anzahl von Parametern

15.5.3 Rückgabewerte definieren

Durch das Schlüsselwort `return` kann eine Funktion einen Wert zurückgeben, wie Listing 15.32 zeigt. Es führt eine simple Addition der zwei Parameter `$x` und `$y` durch und gibt den Endwert zurück, der schließlich mit `echo` auf dem Bildschirm ausgegeben wird.

```
<?php

function sum( $x, $y ) {
   $sum = $x + $y;

   return $sum;
}

echo sum( 5, 5 ); // Ergibt 10
```

Listing 15.32 Funktion zum Aufsummieren von Werten

15.5.4 Arbeiten mit Datentypen

Mit der Einführung von PHP 7 (und 8) wurde es möglich, die Datentypen von Parametern und Rückgabewerten einer Funktion zu deklarieren. Obwohl nicht zwingend notwendig, gehört es seitdem zur guten Praxis, diese bei den Parametern ebenso wie beim Rückgabewert zu definieren. Listing 15.33 zeigt das vorherige Beispiel inklusive Typendeklaration. Wie zu sehen ist, wird der Typ dem Parameter lediglich vorangestellt. Dem Rückgabetyp muss ein Doppelpunkt vorgeschoben werden. Welche Typen möglich sind, entnehmen Sie der jeweils aktuellen Liste unter *https://www.php.net/manual/de/language.types.declarations.php*.

```
function sum( float $x, float $y ): float {
   $sum = $x + $y;

   return $sum;
}

echo sum( 5, 5 ); // Ergibt 10
```

Listing 15.33 Funktionsdefinition mit Typendeklaration

In PHP integrierte Funktionen

PHP enthält viele Funktionen und Konstrukte, die Sie verwenden können. Ob und wie viele vorhanden sind, hängt von den installierten Erweiterungen ab. Haben Sie die Erweiterung für cURL installiert, können Sie all die Funktionen nutzen, die Sie unter folgender Adresse wiederfinden: *https://www.php.net/manual/de/ref.curl.php*.

Eine vollständige Funktionsreferenz finden Sie unter *https://www.php.net/manual/de/funcref.php*.

15.5.5 Anonyme Funktionen

Anonyme Funktionen sind diejenigen, die keinen Namen haben. Sie werden auch als *Closures* bezeichnet und oft dazu verwendet, wenn eine Funktion als Parameter den »Datentyp« `callable` erwartet. `array_map()` ist ein gutes Beispiel. Sie wendet eine Callback-Funktion auf die Elemente eines Arrays an, wie Listing 15.34 zeigt. Dort ist zu sehen, dass sich im Array `$numbers` die Zahlen 1 bis 5 befinden. `array_map()` wendet die anonyme Funktion dann auf jeden Wert an und bildet (mit `pow()`) das Quadrat daraus. Als Rückgabewert erhält man ein neues Array mit den quadrierten Zahlen, die durch `print_r()` auf dem Bildschirm ausgegeben werden (Listing 15.35).

```
<?php

$numbers = [ 1, 2, 3, 4, 5 ];

$numbersSquared = array_map(
   function ( $number ) {
      return pow( $number, 2 );
   },
   $numbers
);

print_r( $numbersSquared );
```

Listing 15.34 Anonyme Funktion

```
Array
(
    [0] => 1
    [1] => 4
    [2] => 9
    [3] => 16
    [4] => 25
)
```

Listing 15.35 Ausgabe von print_r()

15.5.6 Variablenfunktionen deklarieren

Eine anonyme Funktion kann jederzeit einer Variablen zugewiesen werden, wie Listing 15.36 zeigt. Danach ist sie allerdings nicht länger anonym, da der Name durch die Variable definiert wird. Zu beachten ist, dass der Funktionsaufruf dann mit vorangestelltem Dollar-Zeichen erfolgt.

```
<?php

$sum = function ( float $x, float $y ): float {
   return $x + $y;
};

echo $sum( 5, 5 ); // Ergibt 10
```

Listing 15.36 Variablenfunktion

15.5.7 Pfeilfunktionen

Seit PHP 7.4 gibt es eine ähnlich prägnante Syntax für anonyme Funktionen wie auch bei JavaScript.

Die Funktion aus Listing 15.34 kann wie nachfolgend gezeigt verkürzt werden. Die return-Anweisung wird weggelassen, da automatisch davon ausgegangen wird, dass etwas zurückgegeben wird.

```
<?php
$numbersSquared = array_map(
   fn( $number ) => pow( $number, 2 ),
   $numbers
);
```

Listing 15.37 Pfeilfunktionen sind prägnanter

15.5.8 Auf Fehler reagieren

Jeder Fehlererzeugt in PHP einen Fehlertyp. Eine Liste dieser Typen finden Sie auf *php.net.*[6] Die einen sind schwerwiegender als andere. Ob PHP trotz eines Fehlers fortfahren kann, hängt vom Schweregrad ab. Ein sogenannter *Fatal-Error* stoppt beispielsweise das Skript an der Stelle, an der dieser auftrat. Fortfahren ist danach nicht mehr möglich, während eine *Notice* nur eine Benachrichtigung ist, die erklärt, dass es eventuell zu einem Fehler kommen *könnte*. Das Skript wird dann jedoch weiter ausgeführt.

Falls keine Funktion zur Fehlerbehandlungbestimmt wurde, werden die Fehler je nach Konfiguration behandelt. In einer Entwicklungsumgebung ist der Wert `error_reporting` innerhalb der *php.ini* stets auf `E_ALL` gestellt. Damit werden alle möglichen Fehler und Warnungen angezeigt, die dann auf Probleme im Code aufmerksam machen, sodass Sie sie korrigieren können. In Produktivumgebungen werden die Warnungen deaktiviert oder in eine Logdatei umgeleitet.

Ab PHP 7 werden alle Fehler durch das *Werfen* einer Error-Ausnahme (engl. *Exception*) berichtet. Wenn Sie vorher wissen, dass es unter bestimmten Umständen zu einem Fehler kommen könnte, lässt sich die `try-catch`-Direktive verwenden. Es ist jedoch auch möglich, selbst Fehler zu werfen. Dabei können Sie auf eine Vielzahl von Objekten zurückgreifen, die alle von `Throwable` abgeleitet sind. (Zu Objekten mehr in Abschnitt 15.6).

Listing 15.37 zeigt, wie durch das Schlüsselwort `throw` ein Fehler geworfen wird. Wird der Code ausgeführt, bricht PHP mit folgendem Fehler ab:

`Fatal error: Uncaught Error: Endless loop! in test.php on line 5.`

```
<?php

function printNumbers( int $from = 1, int $to = 10 ) {
   if ( $from > $to ) {
      throw new Error( 'Endless loop!' );
   }

   while ( $from <= $to ) {
      echo $from ++;
   }
}

printNumbers( 100, 0 );
```

Listing 15.38 Ein Fehler wird geworfen.

6 Siehe *https://www.php.net/manual/de/errorfunc.constants.php*

Mit dem zuvor genannten try-catch-Block ist es möglich, solche Fehler aufzufangen und dann entsprechend zu reagieren, wie Listing 15.39 zeigt. Dort wird eine Meldung ausgegeben, sobald er auftritt.

```
<?php
...
try {
  printNumbers( 100, 0 );
} catch ( Error $e ) {
  echo "Das Skript wurde mit folgender Fehlermeldung abgebrochen:"
    . $e->getMessage();
}
```

Listing 15.39 Der try-catch-Block fängt den Fehler auf.

15.6 Klassen und Objekte verwenden

Neben den primitiven Datentypen aus Tabelle 15.2 (Abschnitt 15.3.1, »Variablen verwenden«) existiert in PHP noch das Objekt. PHP hat ein vollständiges Objektmodell, sodass Sie Features wie Sichtbarkeit, abstrakte und finale Klassen und Methoden sowie magische Methoden, Interfaces und Cloning verwenden können. Aber so komplex soll es erst einmal nicht werden. Beginnen wir bei den Grundlagen.

15.6.1 Klassen schreiben

Eine Klasse ist eine Sammlung von Methoden und Eigenschaften und dient als Bauplan für die Abbildung von realen Objekten. Listing 15.40 zeigt, wie eine Klasse Book durch das Schlüsselwort class angelegt wird. Es folgt die Liste der Eigenschaften $title, $price, $author und $isbn. Darunter finden Sie die Methode printDescription(), die wie eine Funktion mit dem Schlüsselwort function deklariert wird. Innerhalb der Methode finden Sie die Variable $this, die auf die aktuelle Instanz des Objekts zeigt und somit den Zugriff auf alle Eigenschaften und Methoden vereinfacht.

```
<?php

class Book {
   public string $title;
   public float $price;
   public string $author;
   public string $isbn;
```

```
    public function printDescription() {
        echo "$this->author: $this->title";
    }
}
```

Listing 15.40 Deklaration einer Klasse

15.6.2 Objekte erstellen

In Listing 15.41 ist dargestellt, wie durch `new Book()` eine neue Instanz der Klasse generiert und in die Variable `$schroedinger` gelegt wird. Der Inhalt der Variablen ist dann das Objekt. Darunter sehen Sie, wie die Eigenschaften befüllt werden und danach die Methode `printDescription()` ausgeführt wird, die schließlich den Namen des Autors und seinen Titel ausgibt. Wie zu sehen ist, wird auf Eigenschaften und Methoden durch einen Pfeil (->) zugegriffen.

```
<?php

$schroedinger         = new Book();
$schroedinger->title  = "Schrödinger programmiert Java";
$schroedinger->price  = 44.90;
$schroedinger->author = "Philip Ackermann";
$schroedinger->isbn   = "978-3836245838978-3836245838";

$schroedinger->printDescription();
```

Listing 15.41 Erstellen einer Klasse und eines Objekts

15.6.3 Klassenkonstanten

Auch Klassen können Konstanten beinhalten. Ebenso wie bei klassischen Konstanten bleiben sie während der Laufzeit unveränderlich. Listing 15.42 zeigt das Beispiel von eben erweitert durch eine Konstante. In der Methode `printPriceIncludingProfit()` sehen Sie sogleich, wie auf die Konstante innerhalb der Klassenmethode zugegriffen wird, nämlich mit dem Schlüsselbegriff `self`, der von zwei Doppelpunkten (dem *Gültigkeitsbereichsoperator*) gefolgt wird. In der letzten Zeile ist zu sehen, wie die Konstante außerhalb der Klasse abgerufen wird.

```
<?php

class Book {
   const PROFIT = 1.05;
   ...
```

15

```
    public function printPriceIncludingProfit() {
        echo $this->price * self::PROFIT;
    }
}

$schroedinger = new Book();
...
$schroedinger->printPriceIncludingProfit();
$profit = Book::PROFIT;
```

Listing 15.42 Definieren und Benutzen einer Klassenkonstante

15.6.4 Sichtbarkeit

Die Sichtbarkeit von Eigenschaften, Methoden oder Konstanten beschreibt, wie auf ein solches Element zugegriffen werden darf. Es existieren die Schlüsselwörter `public`, `protected` und `private`, die den jeweiligen Elementen vorangestellt werden. Ohne eine explizite Angabe geht PHP von `public` aus. Das ist außerdem der Grund, warum Sie in Listing 15.41 beispielsweise den Preis mit `$schroedinger->price = 44.90` beschreiben (und auch lesen) können. In Listing 15.43 gelingt dies nicht, weil der Preis nun mit `private` markiert wurde. Soll der Preis dennoch »von außen« anpassbar sein, muss eine neue Methode `setPrice()` entwickelt werden, die den Preis innerhalb der Klasse setzt.

```
<?php

class Book {
    const PROFIT = 1.05;

    public string $title;
    private float $price;
    public string $author;
    public string $isbn;

    ...
    public function setPrice( float $price ) {
        $this->price = $price;
    }
}

$schroedinger        = new Book();
$schroedinger->title = "Schrödinger programmiert Java";
```

```
// $schroedinger->price  = 44.90; // Dies funktioniert jetzt nicht mehr
$schroedinger->setPrice( 44.90 );
```

Listing 15.43 Der Preis ist nicht mehr abruf- und editierbar.

Das Schlüsselwort protected funktioniert ähnlich wie private, schränkt deklarierte Elemente, jedoch auch Eltern- und abgeleitete Klassen ein, wie Sie gleich sehen werden.

15.6.5 Vererbung

Durch Vererbung erbt eine Unterklasse alle mit public oder protected deklarierten Methoden sowie alle Eigenschaften und Konstanten von der Elternklasse. Eine Verbindung zwischen zwei Klassen wird mit dem Schlüsselwort extends hergestellt, wie Listing 15.44 zeigt. Dort wird nun nicht eine Instanz der KlasseBook, sondern von EBook erstellt. Wie zu sehen ist, können Sie ebenfalls den Titel und den Autor festlegen. Die Eigenschaften existieren zwar nicht explizit in EBook, wurden aber von der Elternklasse geerbt. Auch die Methode setPrice() folgt denselben Regeln. Sie kann ebenfalls ausgeführt werden. Die Methode printDescription() wird von der Klasse EBook überschrieben. Sie ruft die Elternmethode durch das Schlüsselwort parent auf und gibt zusätzlich einen String aus, der dem Besucher vermittelt, dass es sich um die E-Book-Version des Buches handelt.

In der Methode printPrice() kann jedoch nicht auf den Preis mit $this->price zugegriffen werden. Der Grund ist die Markierung mit private in der Elternklasse. Würde die Sichtbarkeit des Preises dort auf protected gesetzt, so wäre der Zugriff über $this möglich.

```
<?php

class Book {
   const PROFIT = 1.05;

   public string $title;
   private float $price;
   public string $author;
   public string $isbn;

   public function printDescription() {
      echo $this->author . ": " . $this->title;
   }

   ...
```

```
}

class EBook extends Book {

   public function printDescription() {
      parent::printDescription();
      echo " (E-Book Version)";
   }

    public function printPrice() {
        //echo $this->price; // Funktioniert nicht.
    }
}

$schroedinger           = new EBook();
$schroedinger->title  = "Schrödinger programmiert Java";
$schroedinger->author = "Philip Ackermann";

$schroedinger->setPrice( 39.90 );
$schroedinger->printDescription();
$schroedinger->printPrice();
```

Listing 15.44 Klassische Vererbung

15.6.6 Klassenabstraktion

Klassen, die mit dem Schlüsselwort `abstract` versehen werden, können nicht (mit dem Schlüsselwort `new`) instanziiert werden. Sie existieren, um dem Entwickler mitzuteilen, dass bestimmte Methoden von der abgeleiteten Klasse zwingend implementiert werden *müssen*. Im Beispiel geschieht dies ebenso mit dem Wort `abstract`, welches vor dem Methodennamen angegeben werden muss. Die Methode hat jedoch keinen Körper. Nur eine Signatur. Es wird also nicht definiert, *wie* die Funktion auszusehen hat. Nur, *dass* Sie implementiert werden muss.

Es ist auch möglich, innerhalb abstrakter Klassen eigene (sogenannte gemeinsame) Methoden zu definieren. Im Beispiel ist dies die Methode `setPrice()` die in der abgeleiteten Klasse `Book` nicht zwingend überschrieben werden muss.

```
<?php

abstract class AbstractBook {
    private float $price;
```

```
    abstract public function printDescription();

    public function setPrice( float $price ) {
        $this->price = $price;
    }
}

class Book extends AbstractBook {
    public string $title;
    public string $author;

    public function printDescription() {
        echo "$this->author: $this->title";
    }
}
```

Listing 15.45 Beispiel einer Klassenabstraktion

Schnittstellen und Traits

Schnittstellen (Interfaces) funktionieren ähnlich wie abstrakte Klassen. Der Unterschied ist, dass sie keine eigenen Methoden haben dürfen. Mehr dazu unter *https://www.php.net/manual/de/language.oop5.interfaces.php*.

Traits sind eine besondere Art von »Klasse«. Sie dienen dazu, Code wiederzuverwenden. Mehr dazu unter *https://www.php.net/manual/de/language.oop5.traits.php*.

15.6.7 Weitere Features

Wie am Anfang bereits beschrieben, bietet PHP noch viele weitere Funktionen, was Klassen und Objekte angeht. Beispiele sind: das Klonen von Objektenspäte statische Bindung, Überladung oder Kovarianz und Kontravarianz. Es würde den Rahmen sprengen, hier alles aufzulisten. Deswegen sei abermals auf die offizielle Dokumentation hingewiesen, die mit vielen Beispielen und zumeist in deutscher Sprache diese Features gut erklärt: *https://www.php.net/manual/de/language.oop5.php*.

15.7 Dynamische Webseiten mit PHP entwickeln

Sehen wir uns das Erlernte in einem praktischen Beispiel an. Dynamische Webseiten funktionieren nie ohne Formular. Im klassischen Fall werden Daten, die von einem Formular übertragen wurden, an ein PHP-Skript gesendet, welches dann die Verarbeitung übernimmt. In Abschnitt 2.2.6, »Formulare definieren«, hatten wir eine Art Anmeldeformular erstellt. Wir wollen den Code aus Listing 2.16 nutzen und die daraus gewonnenen Daten via PHP verarbeiten und dann per E-Mail absenden.

15.7.1 Formular erstellen und vorbereiten

Als Erstes sollten Sie das Formular vorbereiten. Dies ist bereits im erwähnten Abschnitt geschehen. Es muss lediglich das `action`-Attribut des `<form>`-Elements verändert werden. Der Wert muss auf ein verarbeitendes PHP-Skript oder auf sich selbst zeigen. Ich nehme an, dass das HTML-Formular sich in der Datei *form.php* befindet. Um sie zu testen, können Sie sie im *Document-Root*-Verzeichnis des lokalen Webservers ablegen (siehe Abschnitt 15.2, »PHP und Webserver lokal installieren«). In derselben Datei soll auch die Verarbeitung stattfinden. Deswegen kann das `action`-Attribut gänzlich leer bleiben, wie Listing 15.46 zeigt.

```
<!DOCTYPE html>
<html>
<head>
    <title>Anmeldeformular</title>
</head>
<body>
<form action="" method="POST">
    <fieldset>
        <legend>Angaben zur Person</legend>
        <label>
            Vorname:
            <input type="text" name="firstname" size="20" maxlength="50"/>
        </label>
        ...
    </fieldset>
    <input type="submit" value="Formular abschicken"/>
</form>
</body>
</html>
```

Listing 15.46 Auszug aus dem Quelltext des Formulars. Das action-Attribut des <form>-Elements bleibt leer.

Wenn Sie – wie ich – MAMP zur lokalen Entwicklung nutzen, können Sie die Formulardatei unter der URL *http://localhost:8888/form.php* im Browser finden (Abbildung 15.4).

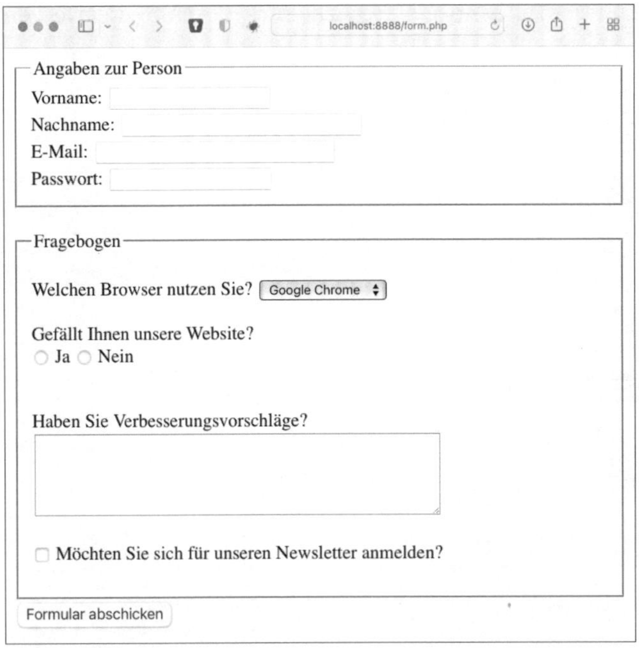

Abbildung 15.4 So sieht das Formular im Browser aus.

In Abbildung 15.5 ist zu sehen, wie der Browser an das Formular gelangt. Zwar wird die *form.php*-Datei an den PHP-Interpreter übergeben, es wird jedoch nichts verarbeitet, weil sich noch kein PHP-Code darin befindet.

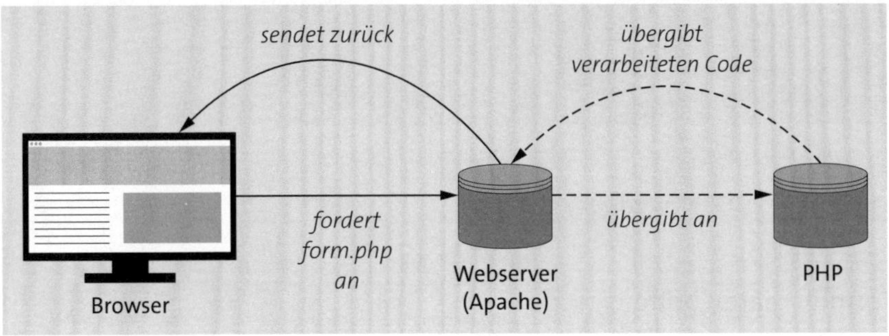

Abbildung 15.5 Wie der Browser zum Formular kommt

15.7.2 Formulardaten empfangen

Nach dem Absenden des Formulars wird der Browser dieselbe Datei nochmals aufrufen. Jedoch werden dann zusätzlich die Daten im Formular mit der `POST`-Methode übertragen. Sie können durch die vordefinierte Variable `$_POST` gelesen werden. Gleichzeitig lässt sich so überprüfen, ob das Formular gesendet wurde, wie das nächste Listing zeigt. Zu sehen ist ebenso, wie der PHP-Code in den ursprünglichen

Quelltext integriert wurde. Dieser Teil kann jetzt explizit von PHP verarbeitet werden (Abbildung 15.6).

```
<!DOCTYPE html>
<html>
<head>
    <title>Anmeldeformular</title>
</head>
<body>
<?php
if ( ! empty( $_POST ) ) {
   // Formulardaten liegen vor
}
?>
<form action="" method="POST">
   ...
</form>
</body>
</html>
```

Listing 15.47 Auszug aus der Formular-Datei mit integriertem PHP-Code

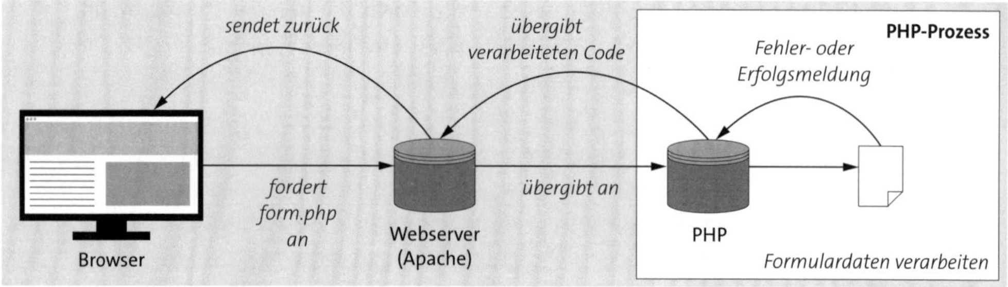

Abbildung 15.6 Der PHP-Teil wird verarbeitet.

15.7.3 Formulardaten prüfen

Im nächsten Schritt müssen die Formulardaten entgegengenommen und überprüft werden. Letzteres erfolgt aus Sicherheitsgründen, da Sie sich nie sicher sein können, ob ein Formular bösartige Daten enthält. Sie sollten immer davon ausgehen, dass Benutzereingaben unsicher sind, und diese deshalb neutralisieren.

In der Regel wird zwischen drei Typen von Neutralisierung unterschieden:

1. Mit *Säuberung* (engl. *sanitization*) ist gemeint, dass Daten so verändert werden, sodass die Bedingungen der Validierung erfüllt sind.

2. Bei der *Validierung* (engl. *validation*) wird geprüft, ob die vorliegende Variable Daten enthält, die gewisse Bedingungen erfüllt. Beispielsweise ob sich darin ein @-Zeichen befindet, wenn es sich beim Inhalt der Variable um eine E-Mail-Adresse handeln soll.
3. Von *Escaping* spricht man, wenn unerwünschte Daten wie etwa fehlerhafte HTML- oder Skript-Tags entfernt werden, um zu verhindern, dass diese Daten als Code erkannt werden.

Das eine kann jedoch ohne das andere nicht bestehen. Sie können zum Beispiel durch Säuberung keinem String ein @-Zeichen integrieren, wenn dort keines existiert. Durch Säuberung können also immer nur Daten entfernt, jedoch nicht hinzugefügt werden. Eine Validierung erfolgt erst dann, wenn eine Säuberung durchgeführt wurde. Am Ende schließt sich das Escaping an. Sie erfolgt mit der Ausgabe aus dem Bildschirm.

Formulardaten säubern

Beginnen wir mit der Säuberung (Listing 15.48). PHP bietet hier eine interessante Funktion: `filter_input_array()`[7]. Als Erstes bestimmt die Konstante `INPUT_POST`, dass die Daten mit der `POST`-Methode übermittelt wurden. Damit weiß die Programmiersprache, dass es innerhalb der vordefinierten Variable `$_POST` nach den Daten suchen muss. Anschließend nimmt es ein Array entgegen, dessen Name den Input-Namen der Formulardaten entspricht. Als Wert des Arrays wird ein Säuberungsfilter in Form einer Konstante angegeben. Eine Übersicht über alle möglichen Filter finden Sie hier: *https://www.php.net/manual/de/filter.filters.php*. In diesem ersten Schritt werden also erst einmal alle Zeichen entfernt, die wir nicht entgegennehmen wollen.

```
<?php
if ( ! empty( $_POST ) ) {
   $formFields = [
      'firstname'    => FILTER_SANITIZE_FULL_SPECIAL_CHARS,
      'lastname'     => FILTER_SANITIZE_FULL_SPECIAL_CHARS,
      'email'        => FILTER_SANITIZE_EMAIL,
      'password'     => FILTER_UNSAFE_RAW,
      'browser'      => FILTER_SANITIZE_FULL_SPECIAL_CHARS,
      'feedback'     => FILTER_SANITIZE_FULL_SPECIAL_CHARS,
      'improvements' => FILTER_SANITIZE_FULL_SPECIAL_CHARS,
      'newsletter'   => FILTER_SANITIZE_FULL_SPECIAL_CHARS
   ];
```

7 Siehe *https://www.php.net/manual/de/function.filter-input.php*

```
    $formData = filter_input_array(
        INPUT_POST,
        $formFields
    );
}
```

Listing 15.48 Formulardaten werden gesäubert

Formulardaten validieren

Im zweiten Schritt möchten wir validieren, ob die enthaltenen Daten überhaupt Gültigkeit haben. Also beispielsweise, ob die angegebene E-Mail-Adresse auch eine ebensolche ist. Praktisch ist, dass ein und dieselbe Funktion auch das Validieren übernehmen kann, wie Listing 15.49 zeigt. Mehrere Filter werden mit dem `|`-Zeichen miteinander verbunden. Wie Sie sehen, sind einige Filter weggefallen. Zum Beispiel muss der Wert in `newsletter` nicht gesäubert werden, wenn später ohnehin nur `true` oder `false` zurückgegeben werden kann. Die Werte für `password` und `browser` erhalten eine Callback-Funktion, die mit dem Attribut `options` übergeben wird. Die eigentlichen Funktionen sind in Listing 15.50 dargestellt. Das Passwort wird nicht gesäubert, weil es mit der Funktion `crypt()` verschlüsselt wird. Sie benötigt einen sogenannten *Salt*, damit ein stärkerer Hashwert geliefert werden kann. Dieser ist nichts anderes als eine komplexe Zeichenkette, die in der Konstante `PASSWORD_SALT` hinterlegt wurde. Die Verschlüsselung findet nur statt, wenn ein Passwort angegeben wurde. Ein leeres Passwort würde ebenfalls verschlüsselt werden und somit einen Hash-Wert ergeben, was hier nicht beabsichtigt ist.

```
<?php
if ( ! empty( $_POST ) ) {
    $formFields = [
        'firstname'    => FILTER_SANITIZE_FULL_SPECIAL_CHARS,
        'lastname'     => FILTER_SANITIZE_FULL_SPECIAL_CHARS,
        'email'        => FILTER_SANITIZE_EMAIL | FILTER_VALIDATE_EMAIL,
        'password'     => [
            'filter'  => FILTER_CALLBACK,
            'flags'   => FILTER_REQUIRE_SCALAR,
            'options' => 'hashPassword'
        ],
        'browser'      => [
            'filter'  => FILTER_CALLBACK,
            'flags'   => FILTER_REQUIRE_SCALAR,
            'options' => 'enumBrowsers'
        ],
        'feedback'     => FILTER_VALIDATE_BOOLEAN,
        'improvements' => FILTER_SANITIZE_FULL_SPECIAL_CHARS,
```

```
        'newsletter'    => FILTER_VALIDATE_BOOLEAN
    ];

    $formData = filter_input_array(
        INPUT_POST,
        $formFields
    );
}
```

Listing 15.49 Zusätzliche Validierung der Formulardaten

```
<?php
define(
    'PASSWORD_SALT',
    'wJMM4|{UT<&r<*~%.b:AomWvw21(B5Gc_m:uSk^f,4bWHHMw|Su>@?5F7D4g)>~H'
);

function enumBrowsers( $value ): ?string {
    $possibleValues = [
        'chrome',
        'edge',
        'firefox',
        'opera',
        'safari'
    ];

    foreach ( $possibleValues as $possibleValue ) {
        if ( $possibleValue === $value ) {
            return $value;
        }
    }

    return null;
}

function hashPassword( $password ): string {
    return ! empty( $password ) ? crypt( $password, PASSWORD_SALT ) : '';
}
```

Listing 15.50 Die benutzerdefinierten Callback-Funktionen

Am Ende sollte der Code so gestaltet sein, dass eine Fehlermeldung ausgegeben wird, wenn die wichtigen Felder nicht ausgefüllt sind. Dazu werden in Listing 15.51 zuerst die erforderlichen Felder festgelegt und diese dann mit einer foreach-Schleife durchlaufen. Tritt ein Fehler auf, so wird der Name des Feldes in die Variable $errorFields geschrieben. Mit count() wird dann geprüft, ob darin Fehler erfasst wurden. Falls ja, wird die Fehlermeldung ausgegeben (Abbildung 15.7).

```
<?php

if ( ! empty( $_POST ) ) {
   $formFields = [
      ...
   ];

   $formData = filter_input_array(
      INPUT_POST,
      $formFields
   );

   $requiredFields = [
      'firstname',
      'lastname',
      'email',
      'password'
   ];

   $errorFields = [];

   foreach ( $requiredFields as $requiredField ) {
      if ( empty( $formData[ $requiredField ] ) ) {
         $errorFields[] = $requiredField;
      }
   }

   if ( count( $errorFields ) > 0 ) {
      echo '<p><strong>Bitte füllen Sie die folgenden Felder aus: '
           . implode( ', ', $errorFields )
           . '!</strong></p>';
   }
}
```

Listing 15.51 Wurden die erforderlichen Felder ausgefüllt?

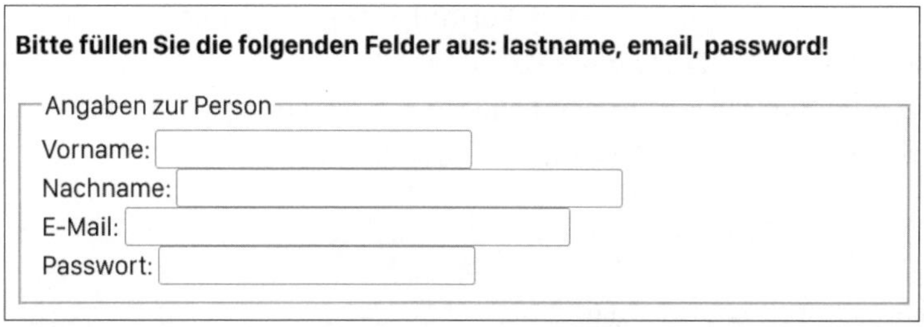

Abbildung 15.7 Eine Fehlermeldung wird ausgegeben.

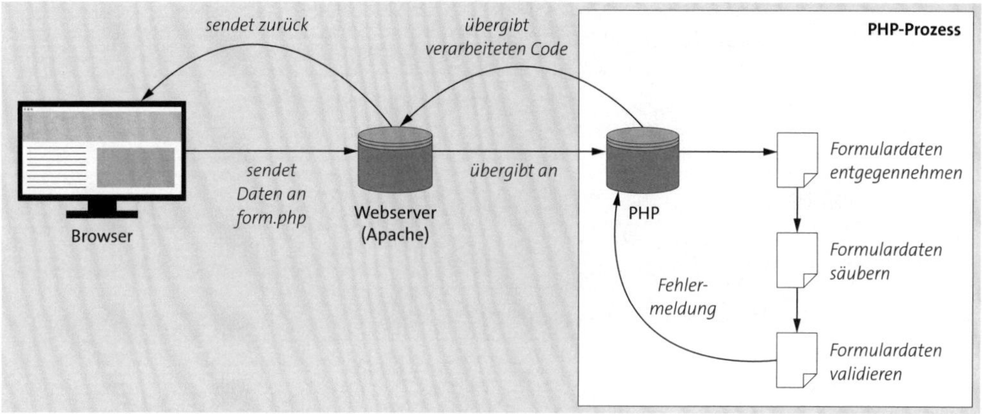

Abbildung 15.8 PHP kann nun die Daten säubern und validieren.

Daten im Formular ergänzen

Die nun gesäuberten und validierten Daten können weiterverarbeitet werden. Beispielsweise wäre es vorstellbar, diese in eine Datenbank zu schreiben. PHP bietet diesbezüglich anbieterspezifische Datenbankerweiterungen.[8]

Mit der cURL-Erweiterung könnten Sie den Besucher sofort in eine Newsletter-Liste eintragen, falls der Anbieter eine *API*[9] dafür bereitstellt.

Vieles ist also denkbar und möglich. Darüber hinaus ist es für den Benutzer aber auch praktisch, die Formulardaten wieder im Formular anzuzeigen, falls ein Fehler auftrat. Denn nichts ist frustrierender, als ein plötzlich leeres Formular. Listing 15.52 zeigt, wie die `value`-Attribute der jeweiligen Felder gefüllt werden. Beachten Sie, dass auf das Escaping verzichtet werden kann, da der Filter `FILTER_SANITIZE_FULL_SPECIAL_CHARS` bereits alle entsprechenden Sonderzeichen umwandelt. Bei den zwei Fragezeichen handelt es sich um den Null-Koaleszenz-Operator aus Abschnitt 15.3.3, »Operatoren verwenden«. Er sorgt dafür, dass ein leerer String zurückgegeben wird, falls die Varia-

8 Siehe *https://www.php.net/manual/de/refs.database.vendors.php*
9 Application Programming Interface (Programmierschnittstelle)

ble nicht existiert. Das ist der Fall, wenn das Formular angezeigt und nicht abgeschickt wurde. Abbildung 15.9 zeigt, wie die Formulardaten erhalten bleiben, wenn ein Fehler auftrat. So kann der Besucher den Fehler beseitigen und es erneut absenden. Das vollständige Beispiel finden Sie beim Downloadmaterial.

```
<form action="" method="POST">
    <fieldset>
        <legend>Angaben zur Person</legend>
        <label>
            Vorname:
            <input type="text" name="firstname" value="<?php
            echo $formData['firstname'] ?? '';
            ?>" size="20" maxlength="50"/>
        </label>
        <br/>
        <label>
            Nachname:
            <input type="text" name="lastname" value="<?php
            echo $formData['lastname'] ?? '';
            ?>" size="30" maxlength="70"/>
        </label>
        <br/>
        <label>
            E-Mail:
            <input type="email" name="email" value="<?php
            echo $formData['email'] ?? '';
            ?>" size="30" maxlength="70"/>
        </label>
        <br/>
        ...
```

Listing 15.52 Ausschnitt aus dem veränderten Formular-Code

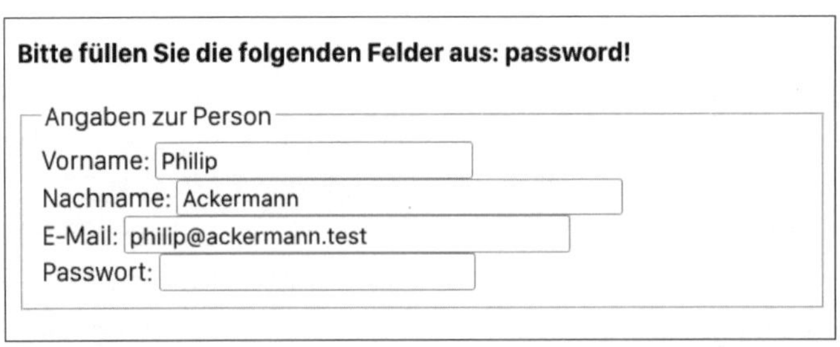

Abbildung 15.9 Nach dem Absenden bleiben die Formulardaten erhalten, falls ein Fehler auftrat.

Daten verarbeiten

Wie beschrieben lassen sich die Formulardaten auf unterschiedlichste Art und Weisen verarbeiten. Wir nutzen an dieser Stelle den E-Mail-Versand mit der PHP-Funktion `mail()`[10] (Abbildung 15.10). In Listing 15.53 erfolgt nach dem `if` ein `else`-Block, der Folgendes tut:

1. Die Formulardaten werden aufbereitet. Das heißt, der Name wird dem Wert vorangestellt.
2. Das umgeschriebene Array wird mit `implode()` in einen String umgewandelt, wobei jede Zeile mit einem Zeilensprung (`\r\n`) versehen wird.
3. Danach erfolgt der E-Mail-Versand mit `mail()`. Beachten Sie, dass `wordwrap()` zum Einsatz kommen muss, weil gefordert ist, dass nach einer Zeilenlänge von 70 Zeichen umgebrochen wird.

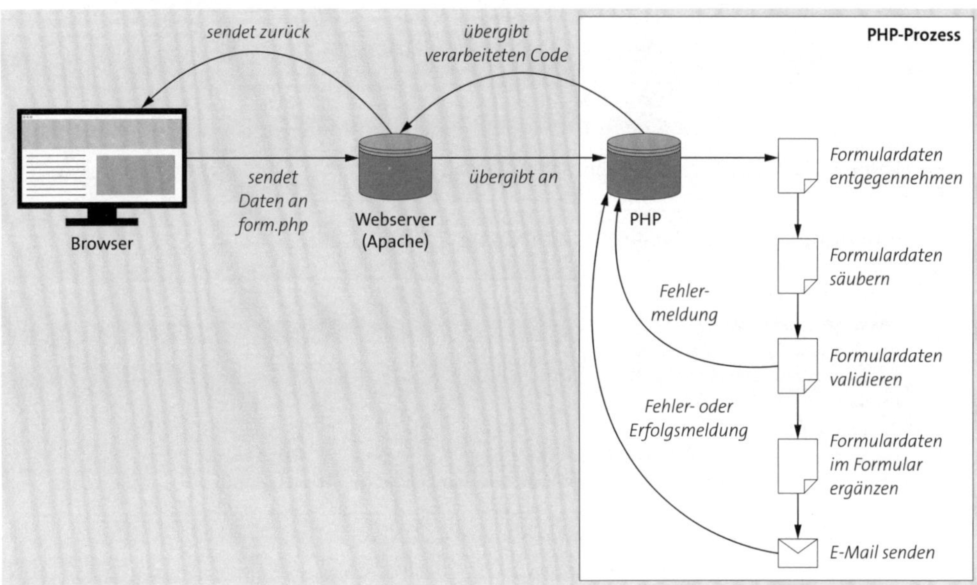

Abbildung 15.10 PHP kann nun das Formular mit den Feldern ergänzen und die Daten per E-Mail versenden.

```
<?php
...
if ( count( $errorFields ) > 0 ) {
    echo '<p><strong>Bitte füllen Sie die folgenden Felder aus: '
         . implode( ', ', $errorFields )
         . '!</strong></p>';
```

10 Siehe *https://www.php.net/manual/de/function.mail*

```
} else {
    $sendData = $formData;
    array_walk( $sendData, fn( &$val, $key ) => $val = $key . ': ' . $val );
    $message = implode("\r\n", $sendData );

    $mailSent = mail(
        'info@philipackermann.de',
        'Mail vom Anmeldeformular',
        wordwrap( $message, 70, "\r\n" )
    );

    if ( ! $mailSent ) {
        echo '<p><strong>Leider konnte die E-Mail'
            .'nicht versandt werden.</strong></p>';
    } else {
        echo '<p><strong>E-Mail wurde versandt!</strong></p>';
    }
}
```

Listing 15.53 Versenden einer einfachen E-Mail

Abbildung 15.11 zeigt die gesendeten Daten in der E-Mail.

```
firstname: Philip
lastname: Ackermann
email: philip@ackermann.test
password: wJusRP6u3iHZw
browser: firefox
feedback: 1
improvements:  Lorem ipsum dolor sit amet, consectetur adipiscing
elit. Nullam id dolor id nibh ultricies vehicula ut id elit. Etiam
porta sem malesuada magna mollis euismod. Donec ullamcorper nulla non
metus auctor fringilla.&lt;html&gt;
newsletter: 1
```

Abbildung 15.11 E-Mail mit dem Inhalt.

E-Mails auf PHP-Ebene

Zu beachten ist, dass die Funktion `mail()` nicht dazu geeignet ist, eine große Menge an E-Mails in einer Schleife zu senden. Grund ist, dass sie mit jeder E-Mail einen SMTP-Socket öffnet und schließt, was nicht sehr performant ist.

Möglicherweise ist die Funktion außerdem vom Webhoster gesperrt. Verwenden Sie in diesem Fall ein Framework wie etwa *PHPMailer*, der es Ihnen erlaubt, eigene SMTP-Verbindungen herzustellen. Sie finden das Projekt unter *https://github.com/PHPMailer/PHPMailer*.

15.8 Zusammenfassung und Ausblick

In diesem Kapitel haben Sie die Grundlagen von PHP kennengelernt. Sie kennen damit die wesentlichen Features der Programmiersprache und haben einen ersten Überblick bekommen. Auch haben Sie das Zusammenspiel von PHP und HTML im Formular-Beispiel erkundet.

15.8.1 Die wichtigsten Punkte

Das Wichtigste, was Sie in diesem Kapitel mitnehmen sollten, ist Folgendes:

- PHP wird immer serverseitig ausgeführt. Es müssen also zuvor Daten an den Server geschickt werden, damit dieser arbeiten kann.
- Wie in jeder Programmiersprache gibt es verschiedene Variablentypen. Zum einen die zehn primitiven Datentypen aus Tabelle 15.2 sowie der besondere Datentyp `object`.
- Es existieren einige vordefinierte Variablen wie zum Beispiel `$_POST`, die sie im Beispiel näher kennengelernt haben.
- Sind Konstanten erst einmal erstellt, können sie nicht mehr verändert werden.
- Es existiert eine Vielzahl von Operatoren, die Sie verwenden können:
- Der Zuweisungsoperator weist einen Wert zu.
- Arithmetische Operatoren dienen zum Rechnen.
- Kombinierte Operatoren weisen zu und dienen gleichzeitig zum Rechnen.
- Bit-Operatoren erlauben die Prüfung und Manipulation von Bits.
- Mit Vergleichsoperatoren werden Werte miteinander verglichen.
- Der Operator zur Programmausführung kann Kommandozeilenprogramme starten.
- Logische Operatoren arbeiten rein mit booleschen Werten.
- Durch Array-Operatoren lassen sich Arrays vergleichen oder manipulieren.
- `instanceof` ist ein Typ-Operator, der auf eine bestimmte Klasse prüfen kann.
- Längere `if`-Anweisungen lassen sich mit dem ternären Operator ersetzen und das Ergebnis in eine Variable schreiben.
- Der Null-Koaleszenz-Operator verkürzt ebenfalls, kombiniert die `if`-Anweisung jedoch mit dem Wert `NULL`.
- Kontrollstrukturen wie bedingte Anweisungen und Schleifen erlauben das Steuern des Codeflusses.
- Funktionen definieren wiederverwendbare Codeteile. Sie können Parameter besitzen und einen Rückgabewert liefern. Darüber hinaus hat PHP eine Vielzahl integrierter Funktionen, die Sie nutzen können.

- Closures sind anonyme Funktionen, die keinen Namen haben.
- Durch Pfeilfunktionen lassen sich Funktionen verkürzt darstellen.
- Es gibt eine Fülle von Fehlern, die in PHP zur Laufzeit auftreten können. Der drastischste ist der *Fatal Error*, der die weitere Ausführung stoppt. Fehler können aber jederzeit mit einem `try-catch`-Block gefangen werden.
- Auch das Erstellen eigener Klassen (und damit das Instanziieren eigener Objekte) ist möglich. Sie können Eigenschaften sowie Methoden besitzen und von anderen Klassen abgeleitet sein.
- Die Sichtbarkeit von Methoden und Eigenschaften kann individuell konfiguriert werden. Von dieser Entscheidung hängt ab, ob Kindklassen darauf zugreifen können.
- Abstrakte Klassen dienen als Muster für den Entwickler.
- Durch Überladung lassen sich dynamisch Eigenschaften und Methoden »erstellen«.

15.8.2 Weiterführende Literatur

PHP ist weit verteilt und sehr bekannt. Immerhin existiert die Skriptsprache schon seit 1995. Alle großen CM-Systeme (Content-Management-Systeme) basieren darauf, insbesondere WordPress oder Typo3, um zwei Beispiele zu nennen. Auch Frameworks wie Laravel sind sehr beliebt, aber auch komplex. In allen Fällen ist ein umfangreiches Wissen von PHP nötig.

- Wer als Anfänger gerne tiefer in die Materie einsteigen will, dem sei »Einstieg in PHP 8 und MySQL« von Thomas Theis ans Herz gelegt.
- Wer es vollumfänglicher braucht, ist bei »PHP 8 und MySQL« von Christian Wenz und Tobias Hauser bestens aufgehoben.
- Im Falle von WordPress ist das Buch von Florian Simeth sehr zu empfehlen: »WordPress – Plugins, Themes und Blöcke entwickeln«.

15.8.3 Ausblick

Im nächsten Kapitel geht es um das Thema »Webservices«. Dabei werden zunächst die grundlegenden Konzepte von Webservices erläutert, Ihnen im Anschluss daran bzw. parallel dazu aber auch immer wieder praxisnahe Beispiele gegeben. Als Web-Framework werden wir dabei express verwenden.

Kapitel 16
Webservices implementieren

In diesem Kapitel schauen wir uns an, was Webservices sind und welche verschiedenen Arten von Webservices es gibt.

Im vorigen Kapitel haben Sie bereits gesehen, wie Sie mithilfe von Node.js einen Webserver implementieren. *Webservices* dagegen sind besondere serverseitige *Dienste*, die ihre Schnittstelle über das Web zur Verfügung stellen (Abbildung 16.1).

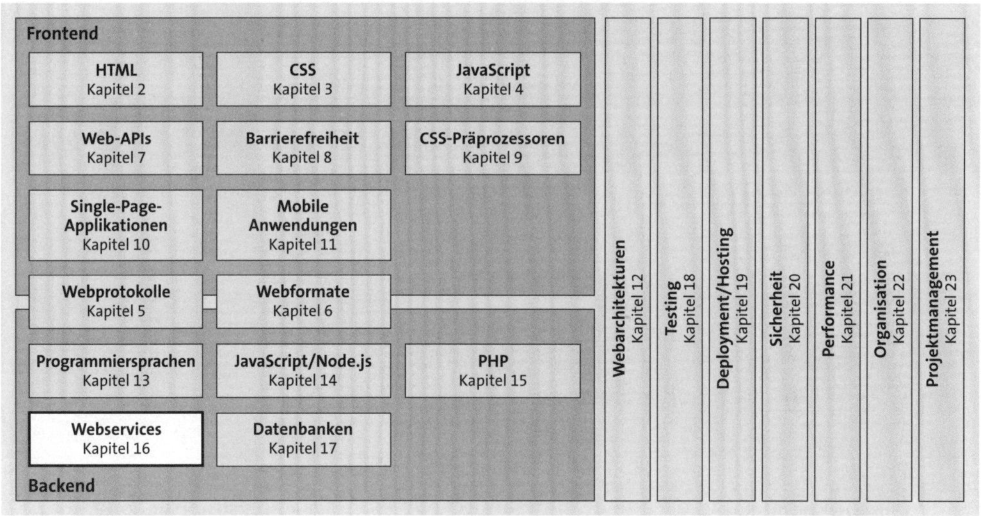

Abbildung 16.1 Webservices stellen die Schnittstelle zu Diensten auf der Serverseite dar.

16.1 Einführung

Komplexe Webanwendungen verwenden mitunter verschiedene Plattformen und Programmiersprachen auf Serverseite. So ist es durchaus möglich, dass einzelne Bestandteile bzw. Komponenten einer Webanwendung in Java entwickelt werden, andere in Node.js und wieder andere in Python. Da die verschiedenen Komponenten dabei oftmals auf unterschiedlichen Servern laufen, benötigt man einen Weg, wie die Komponenten untereinander über das Netzwerk kommunizieren können.

Genau an dieser Stelle kommen *Webservices* ins Spiel. Die Schnittstelle (API) nämlich, über die in oben beschriebener Architektur einzelne Komponenten miteinander kommunizieren, kann in Form von Webservices beschrieben werden. Mit anderen Worten: Komponenten stellen ihre API in Form eines oder mehrerer Webservices zur Verfügung, sodass andere Komponenten diese API über das Web (Internet oder Intranet) verwenden können (siehe auch Kapitel 12, »Webarchitekturen verstehen und einsetzen«). Diese anderen Komponenten können Clients (im Sinne von Browser-Clients), Webserver oder andere Webservices sein (Abbildung 16.2).

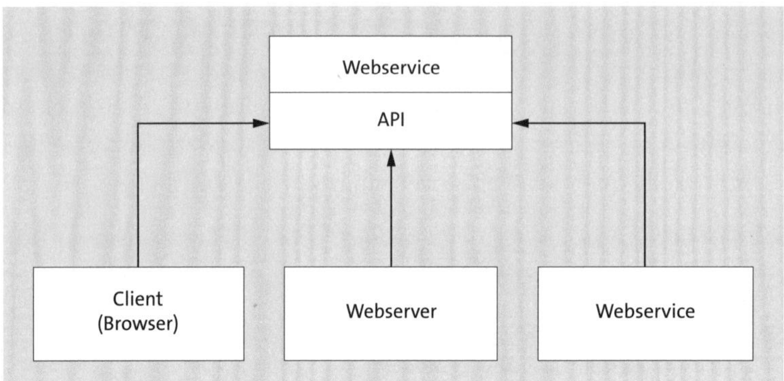

Abbildung 16.2 Webservices stellen Funktionalität über das Web zur Verfügung.

Merke: API vs. Webservice

Eine API bezeichnet zunächst eine Schnittstelle, die eine Komponente nach außen zur Verfügung stellt. Bei einem Webservice handelt es sich um eine API, die über das Web nach außen zur Verfügung gestellt wird.

Prinzipiell gibt es verschiedene Möglichkeiten, Webservices zu implementieren. Die bekanntesten, auf die ich in diesem Kapitel eingehen möchte, sind folgende:

- **SOAP**: Das *Simple Object Access Protocol* ist ein **Protokoll** für den auf XML basierenden Nachrichtenaustausch. Die Kommunikation zwischen dem Webservice und dem Client erfolgt also über XML-Nachrichten. SOAP definiert die Kommunikationsregeln sowie alle Tags, die in den XML-Nachrichten verwendet werden dürfen, und ihre Bedeutung.
- **REST**: Bei *Representational State Transfer* handelt es sich um einen **Architekturstil**, der sehr stark ressourcenorientiert arbeitet und bei dem die Schnittstelle des Webservices auf HTTP-Methoden wie GET, POST, PUT und DELETE beschränkt wird.
- **GraphQL**: Hierbei handelt es sich um eine **Abfragesprache** für APIs und eine serverseitige Laufzeitumgebung zum Ausführen von Abfragen, mit deren Hilfe es möglich ist, sehr dynamische Webservices zu implementieren.

16.2 SOAP

SOAP, das *Simple Object Access Protocol*, ist die älteste der drei im Folgenden vorgestellten Möglichkeiten zur Implementierung von Webservices. SOAP ist nach wie vor ein wichtiger Standard für Webservices und dürfte sich hauptsächlich in bestehenden Projekten wiederfinden. Bei neuen Projekten kommen dagegen oftmals Webservices zum Einsatz, die auf dem Architekturstil REST basieren, der gegenüber SOAP sehr viel leichtgewichtiger, flexibler und letztlich auch einfacher zu implementieren ist. Aus diesem Grund werde ich SOAP im Folgenden nicht so detailliert wie anschließend REST besprechen.

In der grundlegenden Version verwendet SOAP als Datenaustauschformat XML und standardmäßig als zugrunde liegendes Protokoll HTTP bzw. HTTPS, wobei SOAP aber nicht auf diese Protokolle beschränkt ist und theoretisch auch in Kombination mit anderen Protokollen wie *SMTP* (*Simple Mail Transfer Protocol*) oder *FTP* (*File Transfer Protocol*) verwendet werden kann.

Bei den SOAP-Spezifikationen handelt es sich um offizielle Webstandards, die vom World Wide Web Consortium (W3C) gepflegt und entwickelt werden (siehe *https://www.w3.org/TR/soap12*). Im Laufe der Jahre haben sich rund um SOAP zudem verschiedene weitere Technologien und Standards gebildet, die oftmals als WS-*-Stack zusammengefasst werden (WS für Web Service). Abbildung 16.3 zeigt die Schichten dieses Stacks, wobei aus Gründen der Übersichtlichkeit nur die wichtigsten Technologien eingezeichnet wurden (führen Sie mal eine Bildersuche nach dem WS-*-Stack aus, und Sie wissen, was ich meine). 16

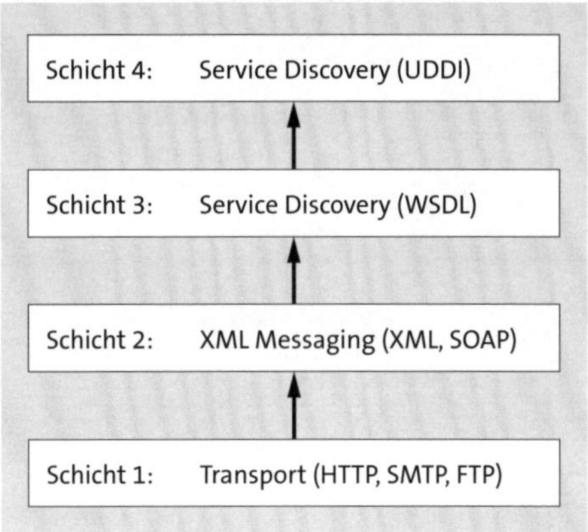

Abbildung 16.3 Die Einordnung von SOAP im WS-*-Stack

Die neben HTTP, XML und SOAP wichtigsten Technologien des WS-*-Stacks sind zum einen *WSDL*, die sogenannte *Webservices Description Language*, die ebenfalls auf XML basiert und es ermöglicht, Webservices formal zu beschreiben (etwa hinsichtlich der angebotenen Methoden, der erwarteten Parameter etc.), sowie zum anderen

UDDI (*Universal Description, Discovery and Integration*), das eine sogenannte *Service Registry* inklusive *Service Discovery* bereitstellt.

16.2.1 Der Workflow bei SOAP

Prinzipiell gibt es bei SOAP drei wesentliche Komponenten (Abbildung 16.4):

- Als *Service Provider* wird die Komponente bezeichnet, die den Webservice bereitstellt.
- Als *Service Consumer* bezeichnet man die Komponente, die einen Webservice nutzt bzw. aufruft.
- Die *Service Registry* dient als zentrale Registrierungsstelle für Webservices.

Das Zusammenspiel dieser Komponenten ist in Abbildung 16.4 dargestellt. Auf der einen Seite befindet sich der Service Provider, also der Anbieter eines Webservices: Dieser beschreibt zunächst den entsprechenden Webservice in Form einer WSDL-Datei und registriert ihn mithilfe dieser Datei bei der Service Registry, die durch einen UDDI-Server bereitgestellt wird ❶.

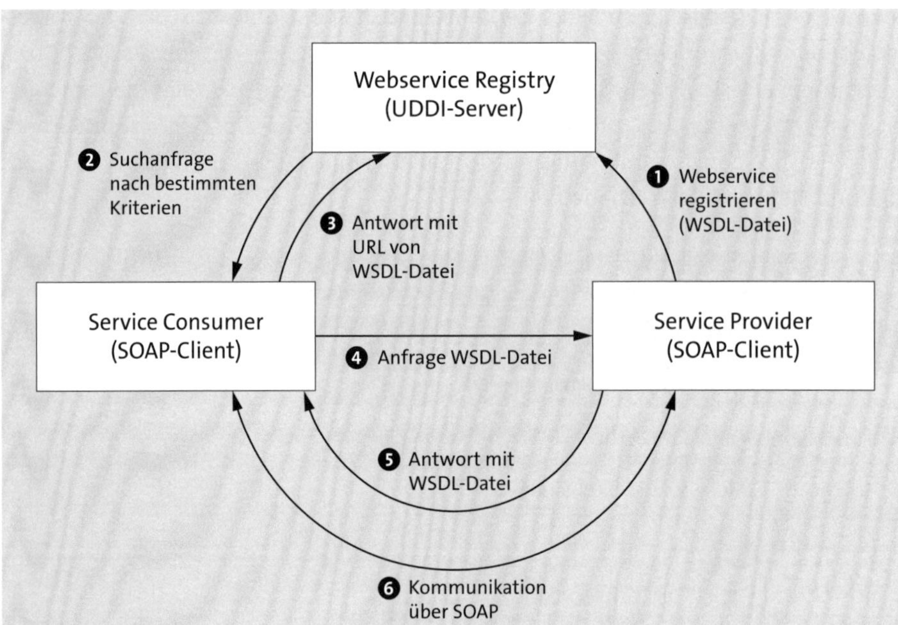

Abbildung 16.4 Der Workflow von SOAP

Auf der anderen Seite befindet sich der Service Consumer: Bevor dieser einen Webservice aufruft, kann er eine Suchanfrage an den UDDI-Server bzw. die Service Registry senden ❷. Beispielsweise könnte er nach einem Webservice suchen, der das

Wetter für heute ermittelt, oder nach einem Webservice, der Temperaturen von Celsius nach Fahrenheit umrechnet.

Ist ein solcher Webservice bei der Service Registry registriert, schickt der UDDI-Server eine entsprechende Antwort an den Service Consumer, in der die URL zu der WSDL-Datei des jeweiligen Webservices enthalten ist ❸.

Anschließend stellt der Service Consumer eine Anfrage an diese URL ❹ und erhält vom Service Provider die komplette WSDL-Datei ❺. Anhand der darin enthaltenen Informationen kann der Service Consumer nun genau ermitteln, wie der entsprechende Webservice aufzurufen ist, und kann mit dem Senden und Empfangen von SOAP-Nachrichten beginnen ❻.

16.2.2 Beschreibung von Webservices mit WSDL

Die Web Services Description Language (WSDL) ist eine XML-basierte Sprache, mit der die von einem Webservice angebotenen Operationen beschrieben werden können. Eine WSDL-Beschreibung eines Webservices enthält eine maschinenlesbare Beschreibung, wie der Webservice aufgerufen werden kann, welche Parameter er erwartet und welche Rückgabewerte er liefert.

Listing 16.1 zeigt ein Beispiel für eine einfache WSDL-Datei, die einen Webservice beschreibt, der für das Abrufen von Kontaktinformationen verwendet werden kann. 16

Mithilfe von XML-Schemas (siehe Kapitel 6, »Webformate verwenden«) wird zunächst innerhalb des `<types>`-Elements der Aufbau der Anfrage definiert, die an den Webservice gestellt werden kann, und die Antwort, die von ihm zurückgegeben wird. Anschließend wird über das `<interface>`-Element die Schnittstelle bzw. API des Webservices definiert: Das `<operation>`-Element dient dabei der Definition einer von der Schnittstelle angebotenen Operation (bzw. Funktion), dessen Kindelemente `<input>` und `<output>` der Definition von Eingabeparametern und Rückgabewert, wobei jeweils die zuvor angelegten Typen für den Aufbau der Anfrage und der Antwort referenziert werden. Über das Element `<binding>` wird anschließend definiert, dass die Schnittstelle des Webservices über SOAP (und konkret über HTTP) zur Verfügung gestellt werden soll. Zu guter Letzt wird mithilfe des `<service>`-Elements festgelegt, unter welchem Endpoint (also unter welcher URL) der Webservice zu erreichen ist.

```
<description
  xmlns="http://www.w3.org/ns/wsdl"
  targetNamespace="http://www.example.com.com/ContactsService"
  xmlns:tns="http://www.example.com.com/ContactsService"
  xmlns:stns="http://www.example.com.com/ContactsService/schema"
  xmlns:wsoap="http://www.w3.org/ns/wsdl/soap"
```

```
xmlns:soap="http://www.w3.org/2003/05/soap-envelope"
xmlns:wsdlx="http://www.w3.org/ns/wsdl-extensions">

<types>
  <xs:schema
    xmlns:xs="http://www.w3.org/2001/XMLSchema"
    targetNamespace="http://www.example.com/ContactsService/schema"
    xmlns="http://www.example.com/ContactsService/schema" >

    <!-- Aufbau der Anfrage -->
    <xs:element name="contactServiceRequest" type="xs:string" />

    <!-- Aufbau der Antwort -->
    <xs:element
      name="contactServiceResponse"
      type="getContextResponseType" />
    <xs:complexType name="getContextResponseType" >
      <xs:sequence>
        <xs:element name="username" type="xs:string" />
        <xs:element name="email" type="xs:string" />
        <xs:element name="firstName" type="xs:string" />
        <xs:element name="lastName" type="xs:string" />
      </xs:sequence>
    </xs:complexType>
  </xs:schema>
</types>

<!-- Interface des Webservices -->
<interface name="ContactsServiceInterface">
  <operation name="getContact">
    <input messageLabel="In" element="stns:contactServiceRequest" />
    <output messageLabel="Out" element="stns:contactServiceResponse"/>
  </operation>
</interface>

<!-- Binding des Interfaces an Implementierung -->
<binding name="ContactsServiceInterfaceSOAPBinding"
  interface="tns:ContactsServiceInterface"
  type="http://www.w3.org/ns/wsdl/soap"
  wsoap:protocol="http://www.w3.org/2003/05/soap/bindings/HTTP/">
  <operation
```

```
    ref="tns:getContact"
    wsoap:mep="http://www.w3.org/2003/05/soap/mep/soap-response" />
  </binding>

  <!-- Service und Endpoint  -->
  <service name="ContactService"
    interface="tns:ContactServiceInterface">
    <endpoint name="ContactServiceEndpoint"
      binding="tns:ContactsServiceInterfaceSOAPBinding"
      address="http://www.example.com/ContactsService"/>
  </service>

</description>
```

Listing 16.1 Beispiel für eine WSDL-Datei (WSDL 2.0)

Der initiale Aufwand für das Erstellen von WSDL-Dateien mag recht hoch sein (auch wenn es Generatoren gibt, die einem etwas von der Arbeit abnehmen können), allerdings gibt es einen Vorteil für die Verwendung von WSDL zur Beschreibung von Webservices: Für viele Sprachen (wie beispielsweise Java) stehen Frameworks zur Verfügung, die auf Basis einer WSDL-Beschreibung automatisch Klassen generieren, die von dem eigentlichen Protokoll abstrahieren, den Aufruf von Webservices stark vereinfachen und relativ leicht in den eigenen (Java-)Code eingebunden werden können. Als Entwickler muss man sich dann keine Gedanken mehr machen, wie der Webservice technisch aufgerufen werden muss.

16

16.2.3 Aufbau von SOAP-Nachrichten

SOAP-Nachrichten – sowohl SOAP-Anfragen als auch SOAP-Antworten – folgen einem festen Aufbau und bestehen jeweils aus bis zu vier Blöcken (Abbildung 16.5).

- **SOAP Envelope**: `<Envelope>` ist das Wurzelelement in jeder SOAP-Nachricht und enthält zwei untergeordnete Elemente: ein optionales `<Header>`-Element und ein obligatorisches `<Body>`-Element.
- **SOAP Header**: `<Header>` ist ein optionales Unterelement des `<Envelope>`-Elements und wird verwendet, um einer Nachricht anwendungsbezogene Informationen zu übergeben, beispielsweise bezüglich Authentifizierung oder Ähnlichem.
- **SOAP Body**: `<Body>` ist ein obligatorisches Unterelement des `<Envelope>`-Elements und enthält die eigentlichen Daten der Nachricht, das heißt die *Payload*.
- **SOAP Fault**: `<Fault>` ist ein Unterelement des `<Body>`-Elements, das zum Melden von Fehlern verwendet werden kann.

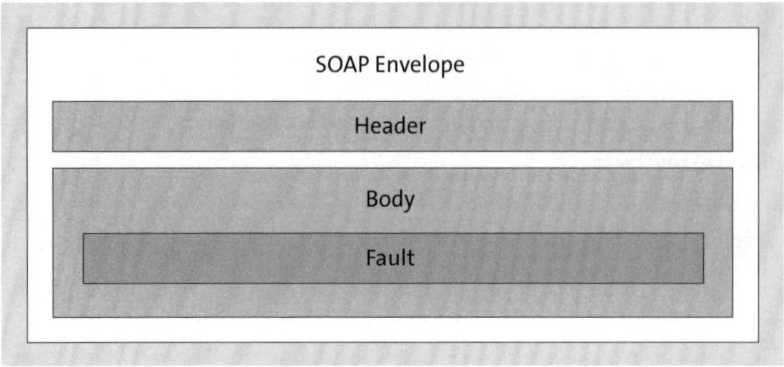

Abbildung 16.5 Aufbau einer SOAP-Nachricht

Ein Beispiel für eine SOAP-Anfrage, die sich an den Vorgaben aus der vorhin gezeigten WSDL-Datei orientiert, sehen Sie in Listing 16.2, ein Beispiel für eine entsprechende SOAP-Antwort in Listing 16.3. Der grundsätzliche Aufbau ist wie erwähnt in beiden Fällen gleich. Der interessante Teil ist jeweils der SOAP Body. In der Anfrage werden hier die Daten definiert, die als Eingabe für den Webservice verwendet werden. In der Antwort dagegen enthält der Body die Antwort des Webservices.

```
<?xml version="1.0"?>
<soap:Envelope
  xmlns:soap="http://www.w3.org/2003/05/soap-envelope"
  xmlns:ns = "http://www.example.com">
  <soap:Header>
    <ns:dateAndTime>2020-09-15T15:30:00</m:dateAndTime>
  </soap:Header>
  <soap:Body>
    <ns:GetContactRequest>
      <ns:username>maxmustermann</ns:username>
    </ns:GetContactRequest>
  </soap:Body>
</soap:Envelope>
```

Listing 16.2 Beispiel für eine SOAP-Anfrage

```
<?xml version="1.0"?>
<soap:Envelope
  xmlns:soap="http://www.w3.org/2003/05/soap-envelope/"
  xmlns:ns = "http://www.example.com">
  <soap:Header>
    <ns:dateAndTime>2020-09-15T15:30:00</m:dateAndTime>
  </soap:Header>
```

```
  <soap:Body>
    <ns:GetContactResponse>
      <ns:username>maxmustermann</ns:username>
      <ns:email>maxmustermann@example.com</ns:email>
      <ns:firstName>Max</ns:firstName>
      <ns:lastName>Mustermann</ns:lastName>
    </ns:GetContactResponse>
  </soap:Body>
</soap:Envelope>
```

Listing 16.3 Beispiel für eine SOAP-Antwort

16.2.4 Fazit

Insgesamt ist SOAP für die Entwicklung von Webservices als eher schwergewichtig einzuordnen. Auch wenn mit dem WS-*-Stack sehr viel Funktionalität bereitgestellt wird, empfinden die meisten Entwickler die Arbeit mit XML als eher aufwendig. Hinzu kommt, dass sich XML als Datenaustauschformat (beispielsweise aufseiten von JavaScript) nicht so einfach einbinden und verarbeiten lässt wie etwa JSON. Der Architekturstil REST, den ich Ihnen im Folgenden vorstellen möchte, hat daher in den vergangenen Jahren zunehmend an Beliebtheit gewonnen.

16.3 REST

REST steht für *Representational State Transfer* und bezeichnet einen Architekturstil, der bei der Implementierung von Webservices zum Einsatz kommt. Das Konzept von REST wurde von Roy Fielding im Rahmen seiner Dissertation »Architectural Styles and the Design of Network-based Software Architectures« entwickelt. Seitdem findet es in einer Vielzahl von Webservices Verwendung.

16.3.1 Der Workflow bei REST

Ein Webservice, der auf REST basiert, macht Informationen über sich selbst in Form von *Ressourcen* verfügbar, die jeweils über URLs eindeutig identifiziert werden (Abbildung 16.6). Beispielsweise könnte ein Webservice zur Verwaltung von Büchern ebendiese Bücher als Ressourcen bereitstellen. Der Client kann nun HTTP-Anfragen an den Webservice stellen und sich die Ressourcen in verschiedenen *Repräsentationen* zurückgeben lassen. Beispielsweise könnte ein Client des Bücher-Webservices die Bücher in JSON anfordern. Die Bücher im JSON-Format wären also nur eine mögliche Repräsentation der Bücher-Ressource (andere Repräsentationen könnten beispielsweise XML oder HTML sein). Vorausgesetzt, der Webservice stellt die entsprechende Ressource in der angeforderten Repräsentation zur Verfügung, sendet er diese entsprechend über die HTTP-Antwort zurück an den Client. Genauer gesagt sendet (bzw. *transferiert*) er den aktuellen Zustand (*State*) der Ressource an den Client (man spricht daher auch von *State Transfer*).

Merke

Auf Clientseite befinden sich also die Ressourcen in ihrem jeweiligen Zustand in mitunter verschiedenen Repräsentationen, die vom Webservice an den Client gesendet wurden. In Summe spricht man also von *Representational State Transfer*, kurz REST.

Der Client kann außerdem – ebenfalls über HTTP – Aktionen für die Ressourcen ausführen, zum Beispiel neue Ressourcen erstellen (beispielsweise ein neues Buch erstellen), vorhandene Ressourcen ändern (beispielsweise ein bestehendes Buch bearbeiten) oder auch löschen (beispielsweise ein bestehendes Buch löschen).

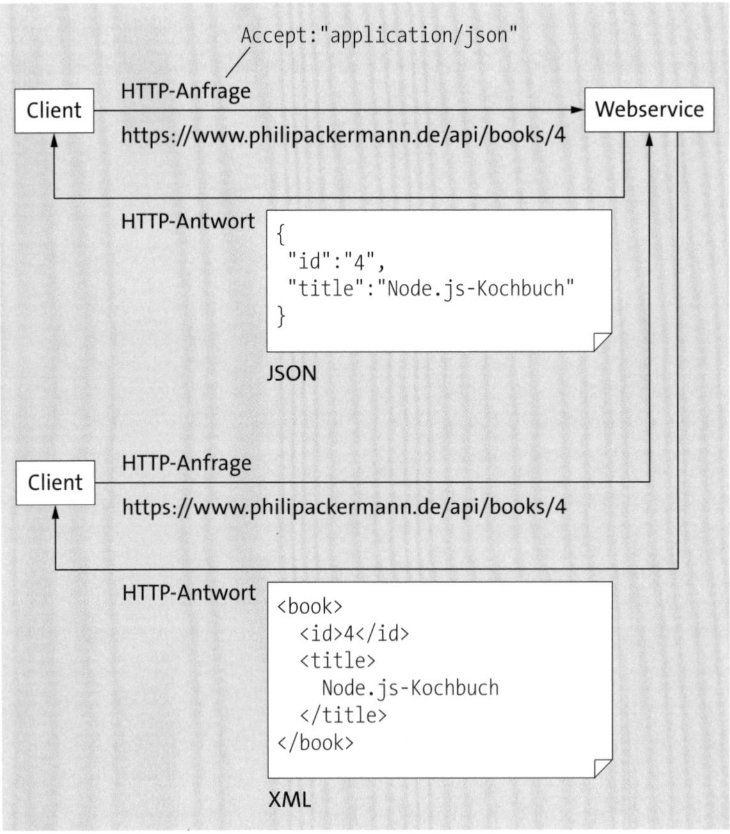

Abbildung 16.6 Der Workflow von REST

16.3.2 Die Prinzipien von REST

REST folgt im Wesentlichen fünf Prinzipien, die teilweise oben in der Einführung schon genannt wurden, im Folgenden aber noch mal zusammenfassend aufgelistet und im Detail beschrieben werden.

Prinzip 1: Jede Ressource ist eindeutig identifizierbar

Jede Ressource, die von einem Webservice bereitgestellt wird, muss eindeutig identifizierbar sein. Als Identifier werden dabei *URIs* (*Uniform Resource Identifiers*) verwendet, beispielsweise:

- *https://www.philipackermann.de/api/books*
- *https://www.philipackermann.de/api/books/12345*
- *https://www.philipackermann.de/api/books/12345/author*

Grundsätzlich ist es dabei Ihnen als Entwickler überlassen, wie feingranular Ressourcen durch den Webservice bereitgestellt werden.

Prinzip 2: Beziehungen zwischen Ressourcen werden durch Hypermedia-Elemente beschrieben

Besteht zwischen Ressourcen eine Beziehung, kann dies durch Hypermedia-Elemente wie beispielsweise Links dargestellt werden. Bezogen auf das Beispiel mit den Büchern könnte die Repräsentation für ein Buch (Listing 16.4) beispielsweise einen Link auf den Autor des Buches enthalten, der wiederum zu der entsprechenden Ressource des Autors führt (Listing 16.5). Diese wiederum könnte Links zu allen Büchern des jeweiligen Autors (bzw. zu den entsprechenden Ressourcen) enthalten. Durch diese Verlinkung von Ressourcen können Clients einfacher zwischen den Ressourcen »navigieren«, und die API des Webservices erschließt sich mehr oder weniger intuitiv.

```
{
  "id": "4",
  "isbn": "978-3-8362-6453-2",
  "title": "Node.js - Rezepte und Lösungen",
  "author": {
    "firstName": "Philip",
    "lastName": "Ackermann",
    "href": "https://www.philipackermann.de/api/authors/1"
  }
}
```

Listing 16.4 Beispiel für die Ressource https://www.philipackermann.de/api/books/4

```
{
  "firstName": "Philip",
  "lastName": "Ackermann",
  "books": [
    {
      "title": "Schrödinger programmiert Java",
      "href": "https://www.philipackermann.de/api/books/1"
    },
    {
      "title": "Professionell entwickeln mit JavaScript",
      "href": "https://www.philipackermann.de/api/books/2"
    },
    {
      "title": "JavaScript - Das umfassende Handbuch",
      "href": "https://www.philipackermann.de/api/books/3"
    },
    {
      "title": "Node.js - Rezepte und Lösungen",
      "href": "https://www.philipackermann.de/api/books/4"
    },
    {
      "title": "Webentwicklung - Das Handbuch für Fullstack-Entwickler",
      "href": "https://www.philipackermann.de/api/books/5"
    }
  ]
}
```

Listing 16.5 Beispiel für die Ressource https://www.philipackermann.de/api/authors/1

Prinzip 3: Aktionen werden durch HTTP-Methoden aufgerufen

Für das Aufrufen von Aktionen werden die Standard-HTTP-Methoden verwendet. Mit GET beispielsweise kann eine Ressource abgerufen, mit POST erstellt und mit DELETE gelöscht werden. So würde eine GET-Anfrage an die URL *http://www.example.com/api/books/12345* etwa das Buch mit der ID 12345 zurückgeben. Eine DELETE-Anfrage an die gleiche URL würde das Buch dagegen löschen.

Folgende semantische Bedeutung wird den HTTP-Methoden im Kontext von REST zugeschrieben:

- Über **GET-Anfragen** werden Ressourcen **abgerufen**, ohne dabei die jeweilige Ressource auf Serverseite zu ändern. Wenn für eine GET-Anfrage die Ressource auf dem Server gefunden wird, muss sie den HTTP-Antwortcode 200 (»OK«) zurückgeben – zusammen mit der jeweils angeforderten Repräsentation der Ressource. Wenn eine Ressource dagegen nicht auf dem Server gefunden wurde, muss sie den HTTP-Antwortcode 404 (»Not Found«) zurückgeben.

- **HEAD-Anfragen** funktionieren ähnlich wie GET-Anfragen, liefern aber nur die Header für die angefragte Ressource zurück.
- **POST-Anfragen** dienen dazu, neue Ressourcen zu **erstellen**. Wenn die Ressource erfolgreich erstellt wurde, sollte der HTTP-Statuscode 201 (»Created«) zurückgegeben werden sowie die neu angelegte Ressource bzw. eine URL, unter der die neue Ressource zu finden ist.
- Über **PUT-Anfragen** können vorhandene Ressourcen **aktualisiert** werden. Ist die Ressource noch nicht vorhanden, entscheidet der Webservice, ob die Ressource neu erstellt werden soll oder nicht. In diesem Fall muss der Webservice den Client über den HTTP-Statuscode 201 (»Created«) entsprechend informieren. Wurde die (bereits vorhandene) Ressource geändert, liefert der Webservice dagegen den Statuscode 200 (»OK«).
- Soll dagegen nicht die ganze Ressource aktualisiert werden, sondern nur ein Teil der Ressource, können **PATCH-Anfragen** verwendet werden.
- Um eine Ressource vollständig zu **löschen**, sendet man eine entsprechende **DELETE-Anfrage** an den Server. Eine erfolgreiche Antwort von DELETE-Anfragen sollte den Statuscode 200 (»OK«) enthalten, wenn die Antwort weitere Informationen zum Status der Ressource enthält, den Statuscode 202 (»Accepted«), wenn die Löschaktion in eine Warteschlange gestellt wurde, oder 204 (»No Content«), wenn die Aktion ausgeführt wurde, aber die Antwort keine weiteren Informationen zum Status der Ressource enthält.

16

CRUD-Operationen

GET-, POST-, PUT- und DELETE-Anfragen lassen sich also dazu verwenden, die sogenannten *CRUD-Operationen* auf Ressourcen durchzuführen (*Create*, *Read*, *Update*, *Delete*), eine Begrifflichkeit, die man auch im Bereich Datenbanken antrifft (siehe Kapitel 17, »Daten in Datenbanken speichern«). Grundsätzlich unterscheidet man dabei, ob die Anfragen an eine Ressourcenliste (zum Beispiel *https://www.philipackermann.de/api/books*) oder an eine einzelne Ressource (zum Beispiel *https://www.philipackermann.de/api/books/12345*) gesendet werden. Tabelle 16.1 zeigt, wie sich die CRUD-Operationen auf Ressourcenlisten und einzelne Ressourcen auswirken:

	.../api/books	.../api/books/12345
POST (Create)	Erstellt eine neue Ressource.	Nicht erlaubt.
GET (Read)	Gibt eine Liste der Ressourcen (hier: der Bücher) zurück.	Gibt eine bestimmte Ressource (hier: ein bestimmtes Buch) zurück.
PUT (Update)	Aktualisiert mehrere Ressourcen.	Aktualisiert eine bestimmte Ressource.
DELETE (Delete)	Löscht alle Ressourcen.	Löscht eine bestimmte Ressource.

Tabelle 16.1 Die verschiedenen HTTP-Methoden für die CRUD-Operationen und ihre Bedeutung bezüglich Ressourcenliste und einzelner Ressourcen

Sichere und idempotente Anfragen

Darüber hinaus lassen sich alle der oben beschriebenen Anfragen noch dahingehend unterteilen, ob sie *safe* (**sicher**) und ob sie **idempotent** sind (Tabelle 16.2). *Sichere Anfragen* sind solche, die eine Ressource nicht ändern und ohne Probleme ein zweites Mal geschickt werden können (für den Fall, dass beim ersten Mal die Antwort ausblieb, beispielsweise aus technischen Gründen). Von den genannten Anfragen sind nur GET-Anfragen und HEAD-Anfragen sicher, alle anderen der genannten Anfragen sind in diesem Kontext als nicht sicher zu betrachten, weil sie die jeweils angefragte Ressource verändern (teilweise oder ganz oder sogar, indem sie die Ressource löschen).

Idempotente Anfragen dagegen sind solche, die bei einmaliger oder mehrmaliger Ausführung immer dieselbe Antwort erhalten, sprich solche Anfragen, die bezüglich der Ressource keine Nebenwirkungen haben. Von den oben genannten Anfragen sind GET- und HEAD-Anfragen idempotent (weil hier die Ressource nur angefragt wird), ebenso PUT-Anfragen (weil hierbei die Ressource entweder erzeugt oder aktualisiert wird, je nachdem, ob sie bereits existiert oder nicht) und außerdem DELETE-Anfragen (weil ein erneuter Versuch, eine Ressource zu löschen, einfach ohne Effekt bleibt). Die einzigen der genannten Anfragen, die nicht idempotent sind, sind POST-Anfragen.

	Sicher	Idempotent
GET	Ja	Ja
HEAD	Ja	Ja
POST	Nein	Nein

Tabelle 16.2 Sichere und idempotente HTTP-Methoden

	Sicher	Idempotent
PUT	Nein	Ja
DELETE	Nein	Ja

Tabelle 16.2 Sichere und idempotente HTTP-Methoden (Forts.)

Prinzip 4: Ressourcen können verschiedene Repräsentationen haben

Ein REST-basierter Webservice kann Ressourcen in verschiedenen Repräsentationen (bzw. Formaten) zur Verfügung stellen. Die Repräsentation wird dabei durch den *MIME-Typ* (*Multipurpose Internet Mail Extensions*) definiert. Möchte ein Client eine Ressource in einem bestimmten Format zurückgeliefert bekommen, definiert er den entsprechenden MIME-Typ in der HTTP-Anfrage über den »Accept«-Header. Der Webservice kann dann anhand dieser Information die Ressource in der entsprechenden Repräsentation an den Client zurückschicken.

Um beispielsweise die Ressource im XML-Format anzufordern, sähe die HTTP-Anfrage wie folgt aus:

```
GET /api/books HTTP/1.1
Host: philipackermann.de
Accept: application/xml
```

Listing 16.6 Anfrage einer Ressource im XML-Format

Um die gleiche Ressource im JSON-Format anzufordern, würde man den »Accept«-Header dagegen wie folgt setzen:

```
GET /api/books HTTP/1.1
Host: philipackermann.de
Accept: application/json
```

Listing 16.7 Anfrage einer Ressource im JSON-Format

Der Webservice sendet anschließend die Ressource – sofern von ihm unterstützt – an den Client und verwendet dabei den »Content-Type«-Header, um das Format der Antwort bzw. übermittelten Ressource anzugeben (in den obigen Beispielen entweder »application/xml« oder »application/json«).

> **Content Negotiation**
>
> Den Mechanismus, eine Ressource unter einer URL in verschiedenen Repräsentationen zur Verfügung zu stellen und durch den Client mithilfe des »Accept«-Headers zu definieren, in welcher Repräsentation die Ressource benötigt wird, nennt man auch *Content Negotiation*.

Prinzip 5: Die Kommunikation ist zustandslos

Jede HTTP-Anfrage, die an den Webservice geschickt wird, wird komplett isoliert betrachtet und bearbeitet, die Kommunikation ist **zustandslos**. Mit anderen Worten: Aufseiten des Webservices werden keine Informationen zur jeweiligen Client-Session gespeichert. Bezogen auf das Beispiel mit den Büchern muss der Webservice sich also nicht merken, welcher Client welche Ressourcen in welcher Repräsentation angefragt hatte. Der Zustand (State) bleibt auf Clientseite.

16.3.3 Eine REST-API implementieren

Im Folgenden möchte ich Ihnen zeigen, wie Sie mithilfe des Web-Frameworks express (siehe Kapitel 14, »JavaScript auf der Serverseite verwenden«) einen einfachen Webservice implementieren, der für das Verwalten von Kontaktinformationen verwendet werden kann. Anschließend zeige ich Ihnen, wie Sie diesen Webservice mit dem Kommandozeilentool cURL aufrufen.

Schritt 1: Das Grundgerüst implementieren

Zunächst implementieren wir die Basis für die express-Anwendung, die unter dem Port 8001 laufen soll, um keine Konflikte zu dem bestehenden Webserver aus dem vorigen Kapitel hervorzurufen:

```
const express = require('express');

const PORT = 8001;
const HOST = 'localhost';

const app = express();

const server = app.listen(PORT, () => {
  console.log(`Webservice läuft unter http://${HOST}:${PORT}`);
});
```

Listing 16.8 Basis für die Webservice-Implementierung

Schritt 2: Die Routen definieren

Im nächsten Schritt geht es daran, die einzelnen Routen für den Webservice zu definieren. Dies sind folgende, wobei wir uns beim Repräsentationsformat auf JSON beschränken wollen. Außerdem soll es zu Demonstrationszwecken an dieser Stelle reichen, nicht alle möglichen Routen zu implementieren, sondern exemplarisch nur die wichtigsten:

- GET *http://localhost:8001/api/contacts*: Auflistung aller Kontakte
- POST *http://localhost:8001/api/contacts*: Anlegen eines neuen Kontakts
- GET *http://localhost:8001/api/contacts/<id>*: Zugriff auf einen bestimmten Kontakt
- PUT *http://localhost:8001/api/contacts/<id>*: Aktualisieren eines bestimmten Kontakts
- DELETE *http://localhost:8001/api/contacts(<id>*: Löschen eines bestimmten Kontakts

Dankenswerterweise stellt express neben der Methode `get()` am Applikationsobjekt (`express`) Helferfunktionen zur Verfügung, um Handler bzw. Controller für die verschiedenen Routen bzw. die jeweils zugrunde liegenden HTTP-Methoden zu definieren.

Listing 16.9 zeigt zunächst, wie die Routen grundsätzlich mithilfe der Helfermethoden `get()`, `post()`, `put()` und `delete()` definiert werden. Um die Implementierung der Routen kümmern wir uns gleich.

Der Platzhalter »:id«, der jeweils bei den Routen zum Anfragen, Aktualisieren und Löschen von Kontakten verwendet wird, sorgt intern dafür, dass express diesen Teil der URL bei Anfragen direkt als Eigenschaft am `request`-Objekt zur Verfügung stellt (aber dazu gleich mehr).

16

```
const express = require('express');

const PORT = 8001;
const HOST = 'localhost';

const app = express();
app.use(express.json());

app.get('/api/contacts', async (request, response) => {
  // ...
});

app.post('/api/contacts', async (request, response) => {
  // ...
});

app.get('/api/contacts/:id', async (request, response) => {
  // ...
});
```

```
app.put('/api/contacts/:id', async (request, response) => {
  // ...
});

app.delete('/api/contacts/:id', async (request, response) => {
  // ...
});

const server = app.listen(PORT, () => {
  console.log(`Webservice läuft unter http://${HOST}:${PORT}`);
});
```

Listing 16.9 Implementierung eines Webservices mit express

Schritt 3: Helferklasse für die Verwaltung der Kontakte implementieren

Die Verwaltung der Kontakte lagern wir in eine separate Klasse `ContactsManager` aus. Der Einfachheit halber werden die Kontakte dabei mithilfe der Datenstruktur `Map` nur im Speicher gehalten, das heißt, bei einem Neustart des Webservices startet man wieder mit einer leeren Kontaktliste.

> **Hinweis**
>
> Maps sind eine Datenstruktur, bei der Daten in Form von Schlüssel-Wert-Paaren gespeichert werden. Im Beispiel verwenden wir jeweils eine generierte ID als Schlüssel und die Kontakte als Werte.

Im Produktivbetrieb wäre eine solche Art der Speicherung natürlich wenig sinnvoll, und Sie sollten die Daten entsprechend *persistieren*, also in einer Art und Weise speichern, die auch einen Neustart des Webservices übersteht (aber das ist ein Thema für das nächste Kapitel). In weiser Voraussicht sehen wir zumindest bei den Methoden schon mal vor, dass diese asynchron arbeiten (denn Daten aus einer Datenbank zu laden, ist eine asynchrone Operation). Für den Moment ist das zwar noch irrelevant, weil die gezeigte Implementierung synchron arbeitet, aber die Methoden als asynchron zu definieren, erleichtert später das Aktualisieren.

Ebenfalls erwähnenswert: Der `ContactManager` ist verantwortlich für die Generierung von IDs, wenn neue Kontakte angelegt werden. Der Einfachheit halber verwenden wir hier eine Zählervariable (`_idCounter`), die vor dem Hinzufügen eines neuen Kontakts einfach um eins erhöht wird. Das heißt, der erste Kontakt, der hinzugefügt wird, erhält die ID 1, der zweite die ID 2, der dritte die ID 3 und so weiter.

```
module.exports = class ContactsManager {
  constructor() {
    this._contacts = new Map();
```

```
    this._idCounter = 0;
  }

  async addContact(contact) {
    this._idCounter++;
    contact.id = this._idCounter;
    this._contacts.set(this._idCounter, contact);
    return this._idCounter;
  }

  async getContact(id) {
    return this._contacts.get(id);
  }

  async updateContact(id, contact) {
    this._contacts.set(id, contact);
  }

  async deleteContact(id) {
    this._contacts.delete(id);
  }

  async getContacts() {
    return Array.from(this._contacts.values());
  }
}
```

Listing 16.10 Helferklasse für die Verwaltung der Kontakte

Schritt 4: Die Routen implementieren

Im finalen Schritt können wir nun die Routen vollständig implementieren. Zunächst binden wir die Helferklasse `ContactManager` ein und erzeugen eine Objektinstanz davon (`contactsManager`). Die Methoden dieser Instanz werden wir gleich jeweils von den Handlern für die einzelnen Routen aufrufen. Außerdem verwenden wir mit `express.json()` eine Middleware, die dafür sorgt, dass der Body von HTTP-Anfragen (wenn es sich um JSON-Daten handelt) direkt nach JSON geparst wird, was uns den Zugriff innerhalb der Handler vereinfacht.

```
const express = require('express');
const ContactsManager = require('./ContactsManager');

const PORT = 8001;
const HOST = 'localhost';
```

```
const app = express();
app.use(express.json());

const contactsManager = new ContactsManager();

// Hier die Definition der einzelnen Routen (s.u.) ...

const server = app.listen(PORT, () => {
  console.log(`Webservice läuft unter http://${HOST}:${PORT}`);
});
```

Listing 16.11 Implementierung eines Webservices mit express

Schauen wir uns die Implementierung der Routen einzeln der Reihe nach an:

Die **POST-Route** »/api/contacts« dient dem Erstellen neuer Kontakte. Der Body der Anfrage, der den Kontakt enthält, steht dank der oben genannten Middleware als JSON zur Verfügung, sodass wir ihn direkt der Methode `addContact()` am `contactsManager` übergeben können. Als Rückgabewert erhalten wir die ID, unter welcher der neue Kontakt gespeichert wurde und mit deren Hilfe wir am `contact`-Objekt die Eigenschaft `href` definieren. Anschließend setzen wir am `response`-Objekt den passenden Statuscode (201 für »Created«) sowie den »Location«-Header, den wir unter Verwendung der ID erzeugen, und schicken die gesamte Antwort inklusive des Kontakts an den Client.

```
// ...
app.post('/api/contacts', async (request, response) => {
  const contact = request.body;
  const id = await contactsManager.addContact(contact);
  contact.href = `/api/contacts/${id}`;
  response
    .status(201)
    .location(`/api/contacts/${id}`)
    .send(contact);
});
// ...
```

Listing 16.12 Implementierung einer Route für das Hinzufügen neuer Kontakte

Über die **GET-Route** »/api/contacts« sollen alle Kontakte abgerufen werden können. Auch hier wenden wir uns an den `contactsManager`, der uns über `getContacts()` ein Array mit allen Kontakten zurückgibt. Mithilfe der Methode `forEach()` iterieren wir außerdem über dieses Array und fügen jedem Kontakt noch eine Eigenschaft `href` hinzu. Zur Erinnerung: Laut Prinzip 2 (Abschnitt 16.3.2, »Die Prinzipien von REST«) ist es guter Stil, die Ressourcen untereinander zu verlinken. In diesem Fall verlinken wir in der Liste von Kontakten auf jeden einzelnen Kontakt. Der Client weiß dann direkt, unter welcher URL er die Details für die entsprechende Kontakt-Ressource aufrufen kann.

```
// ...
app.get('/api/contacts', async (request, response) => {
  const contacts = await contactsManager.getContacts();
  contacts.forEach((contact) => {
    contact.href = `/api/contacts/${contact.id}`;
  });
  response.status(200).send(contacts);
});
// ...
```

Listing 16.13 Implementierung einer Route für das Abrufen aller Kontakte

Mithilfe der **GET-Route** »/api/contacts/:id« sollen sich einzelne Kontakte abrufen lassen. Dank dem Platzhalter »:id« steht die ID des angefragten Kontakts direkt über `request.params.id` zur Verfügung. Nachdem wir diese ID über `parseInt()` in einen Zahlenwert umgewandelt haben – dies ist notwendig, weil es sich bei den Schlüsseln im `ContactsManager` um numerische Werte, nicht um Zeichenketten handelt –, holen wir uns den Kontakt über die Methode `getContact()`. Wurde ein Kontakt für die ID gefunden, senden wir diesen mit einem 200er-Statuscode an den Client. Wurde für die ID dagegen kein Kontakt gefunden, senden wir den Statuscode 404 (»Not Found«) an den Client zurück.

```
// ...
app.get('/api/contacts/:id', async (request, response) => {
  const id = parseInt(request.params.id);
  const contact = await contactsManager.getContact(id);
  if (contact) {
    response.status(200).send(contact);
  } else {
    response.status(404).send();
  }
});
// ...
```

Listing 16.14 Implementierung einer Route für das Abrufen einzelner Kontakte

Über die **PUT-Route** »/api/contacts/:id« sollen einzelne Kontakte aktualisiert werden können. Dabei ist es wie eingangs erwähnt dem Webservice überlassen, ob er diese für den Fall, dass die entsprechende Ressource noch nicht existiert, anlegt oder nicht. Um das Beispiel interessanter zu machen, wollen wir der Best Practice folgen und den Kontakt aktualisieren, wenn er vorhanden ist, und neu anlegen, wenn er noch nicht vorhanden ist. Dazu prüfen wir mithilfe der Methode getContact() zunächst, ob für die gegebene ID ein Kontakt gefunden wurde. Ist dies der Fall, aktualisieren wir den Kontakt über einen Aufruf von updateContact() und senden den Statuscode 200 zurück an den Client. Wurde dagegen kein Kontakt für die gegebene ID gefunden, legen wir über die Methode addContact() einen neuen Kontakt an und verfahren dann wie oben für die POST-Route beschrieben: Das heißt, wir setzen am response-Objekt den Statuscode 201 (»Created«) sowie den »Location«-Header und schicken die Antwort an den Client.

```
// ...
app.put('/api/contacts/:id', async (request, response) => {
  const id = parseInt(request.params.id);
  const existingContact = await contactsManager.getContact(id);
  if (existingContact) {
    const contact = request.body;
    await contactsManager.updateContact(id, contact);
    response.status(200).send();
  } else {
    const contact = request.body;
    const id = await contactsManager.addContact(contact);
    response
      .status(201)
      .location(`/api/contacts/${id}`)
      .send();
  }
});
// ...
```

Listing 16.15 Implementierung einer Route für das Aktualisieren/Anlegen einer Ressource

Zu guter Letzt sollen über die **DELETE-Route** »/api/contacts/:id« einzelne Kontakte gelöscht werden können. Die ID erhalten wir dank dem Platzhalter in der URL wieder über request.params.id, rufen anschließend damit die Methode deleteContact() am contactsManager auf und senden den Statuscode 200 zurück an den Client.

```
// ...
app.delete('/api/contacts/:id', async (request, response) => {
  const id = parseInt(request.params.id);
  await contactsManager.deleteContact(id);
  response.status(200).send();
```

```
});
// ...
```

Listing 16.16 Implementierung einer Route für das Löschen einer Ressource

Damit haben wir alle gewünschten Routen implementiert. Der Code lässt sich zwar an einigen Stellen noch verbessern (siehe Kasten), dennoch sollten Sie bereits jetzt eine gute Vorstellung davon haben, wie vergleichsweise einfach sich Webservices mithilfe von Frameworks wie express implementieren lassen. Für weitere Informationen zu express sollten Sie sich aber unbedingt auch die offizielle Dokumentation unter *https://expressjs.com/* anschauen. Im nächsten Abschnitt zeige ich Ihnen, wie Sie den Webservice mit cURL aufrufen können.

Verbesserungen der Implementierung

Die gezeigte Implementierung enthält noch keine Validierung der empfangenen Daten. Das heißt, wir prüfen beispielsweise nicht, ob es sich um JSON handelt oder ob das JSON den richtigen Aufbau hat. Ebenso fehlt eine ausführliche Fehlerbehandlung, beispielsweise wenn es beim Laden von Daten zu einem Timeout kommt. Das wäre mit dem gezeigten `ContactsManager` zwar seltsam, weil die Daten ja direkt aus der Map geladen werden, aber wenn die Daten aus einer Datenbank geladen werden, kann es durchaus zu Verbindungsabbrüchen oder Ähnlichem kommen. Solche Arten von Fehlern sollte man behandeln und auch den Client darauf hinweisen.

16.3.4 Eine REST-API aufrufen

Der Webservice bzw. die REST-API lässt sich nun dank seiner auf Standards wie HTML und JSON basierenden API von verschiedensten Stellen aus aufrufen: mit einem Kommandozeilentool wie curl (siehe Kapitel 5 »Webprotokolle verwenden«), über die Fetch API direkt aus dem Browser bzw. einer Webanwendung heraus (siehe Kapitel 7, »Web-APIs verwenden«) oder – mit entsprechenden HTTP-Client-Bibliotheken – von dem im vorigen Kapitel implementierten Webserver, der die Formulardaten verarbeitet (beispielsweise könnten Sie die vom Webserver entgegengenommenen Formulardaten direkt an den Webservice weiterleiten). Doch nicht nur das: Der Webservice ist so technologieunabhängig, dass er sich auch von Komponenten aufrufen lässt, die in anderen Programmiersprachen programmiert wurden. Entsprechende HTTP-Client-Bibliotheken stehen für nahezu alle Programmiersprachen zur Verfügung.

Für diesen Abschnitt wollen wir das Kommandozeilentool cURL (*https://curl.haxx.se*) verwenden, weil man hiermit besonders schön die Kommunikation zwischen Client und Webservice auf der Kommandozeile nachvollziehen kann.

Schauen wir uns im Folgenden diese fünf Aufrufe an:

- Anlegen von Kontakten
- Abrufen aller Kontakte
- Abrufen einzelner Kontakte
- Aktualisieren einzelner Kontakte
- Löschen einzelner Kontakte

Kontakte anlegen

Um einen neuen Kontakt anzulegen, rufen wir die POST-Route *http://localhost:8001/api/contacts* auf und übergeben als Body der Anfrage den Kontakt im JSON-Format. Den Body definieren wir dabei über den Parameter `--data`. Über den Parameter `--request` geben wir die HTTP-Methode an und über den Parameter `--header` zudem den »Content-Type«-Header, den wir auf den Wert »application/json« setzen. Außerdem sorgen wir über den Parameter `-v` (»verbose«) dafür, dass cURL Detailinformationen zu Anfrage und Antwort ausgibt.

Dass der Kontakt erfolgreich angelegt wurde, erkennen wir an der Antwort, die der Webservice uns liefert: Als Statuscode wird 201 (»Created«) zurückgegeben und der korrekte »Location«-Header, der die relative URL zu der angelegten Ressource enthält.

```
$ curl -v --header "Content-Type: application/json" ⮐
  --request POST ⮐
  --data '{"firstName":"Max", "lastName":"Mustermann", ⮐
  "email":"maxmustermann@example.com"}' ⮐
  http://localhost:8001/api/contacts
*   Trying ::1...
* TCP_NODELAY set
* Connected to localhost (::1) port 8001 (#0)
> POST /api/contacts HTTP/1.1
> Host: localhost:8001
> User-Agent: curl/7.64.1
> Accept: */*
> Content-Type: application/json
> Content-Length: 81
>
* upload completely sent off: 81 out of 81 bytes
< HTTP/1.1 201 Created
< X-Powered-By: Express
< Location: /api/contacts/1
< Date: Fri, 18 Sep 2020 18:59:17 GMT
```

```
< Connection: keep-alive
< Content-Length: 0
<
* Connection #0 to host localhost left intact
* Closing connection 0
```

Listing 16.17 Absenden einer POST-Anfrage zum Anlegen eines neuen Kontakts

Alle Kontakte abrufen

Um alle Kontakte abzurufen, schicken wir eine GET-Anfrage an *http://localhost:8001/api/contacts*. Da cURL standardmäßig (wenn kein `-data`-Parameter wie eben übergeben wird) eine GET-Anfrage versendet, benötigen wir mit Ausnahme von `-v` keine weiteren Parameter.

Der Statuscode 200 (»OK«) in der Antwort sagt uns, dass die Anfrage erfolgreich war. Der »Content-Type«-Header wird automatisch gesetzt, weil express erkennt, dass es sich bei den übertragenen Daten um JSON handelt. Für das Listing wurden diese Daten aus Gründen der Lesbarkeit zudem mit Zeilenumbrüchen versehen (cURL gibt JSON leider nicht formatiert auf der Kommandozeile aus). Wie erwartet wird hier der eben angelegte Kontakt »Max Mustermann« aufgelistet, der neben Eigenschaften für den Vornamen, den Nachnamen und die E-Mail-Adresse auch eine `id`- und eine `href`-Eigenschaft enthält.

16

```
$ curl -v http://localhost:8001/api/contacts
*   Trying ::1...
* TCP_NODELAY set
* Connected to localhost (::1) port 8001 (#0)
> GET /api/contacts HTTP/1.1
> Host: localhost:8001
> User-Agent: curl/7.64.1
> Accept: */*
>
< HTTP/1.1 200 OK
< X-Powered-By: Express
< Content-Type: application/json; charset=utf-8
< Content-Length: 113
< ETag: W/"71-3DiVdlXaNiEBo+1sUVOCusdydy4"
< Date: Fri, 18 Sep 2020 19:00:36 GMT
< Connection: keep-alive
<
* Connection #0 to host localhost left intact
[
  {
```

```
    "firstName":"Max",
    "lastName":"Mustermann",
    "email":"maxmustermann@example.com",
    "id":1,
    "href":"/api/contacts/1"
  }
]
* Closing connection 0
```

Listing 16.18 Absenden einer GET-Anfrage zum Abrufen der Kontakte

Einzelne Kontakte abrufen

Für das Abrufen einzelner Kontakte müssen wir der URL einfach die ID des Kontakts hinzufügen, für den eben angelegten Kontakt ergibt das die URL *http://localhost:8001/api/contacts/1*. Als Rückgabe erhalten wir den Kontakt im JSON-Format.

```
$ curl -v http://localhost:8001/api/contacts/1
*   Trying ::1...
* TCP_NODELAY set
* Connected to localhost (::1) port 8001 (#0)
> GET /api/contacts/1 HTTP/1.1
> Host: localhost:8001
> User-Agent: curl/7.64.1
> Accept: */*
>
< HTTP/1.1 200 OK
< X-Powered-By: Express
< Content-Type: application/json; charset=utf-8
< Content-Length: 86
< ETag: W/"56-9pGHb1iof6NZKHQfHNc/jk8OAVk"
< Date: Fri, 18 Sep 2020 19:11:36 GMT
< Connection: keep-alive
<
* Connection #0 to host localhost left intact
{
  "firstName":"Max",
  "lastName":"Mustermann",
  "email":"maxmustermann@example.com",
  "id":1
  }
* Closing connection 0
```

Listing 16.19 Absenden einer GET-Anfrage zum Abrufen einzelner Kontakte

Einzelne Kontakte aktualisieren

Um einzelne Kontakte zu aktualisieren, müssen wir eine PUT-Anfrage an die URL des jeweiligen Kontakts schicken (hier *http://localhost:8001/api/contacts/1*), wobei wir beim Aufruf von cURL den Kontakt im JSON-Format über den `--data`-Parameter übergeben und über `--request` die entsprechende HTTP-Methode. Als Antwort erhalten wir wie erwartet ein 200 (»OK«).

```
$ curl -v --header "Content-Type: application/json" ⤶
  --request PUT ⤶
  --data '{"firstName":"Peter","lastName":"Mueller", ⤶
  "email":"petermueller@example.com"}' ⤶
  http://localhost:8001/api/contacts/1
*   Trying ::1...
* TCP_NODELAY set
* Connected to localhost (::1) port 8001 (#0)
> PUT /api/contacts/1 HTTP/1.1
> Host: localhost:8001
> User-Agent: curl/7.64.1
> Accept: */*
> Content-Type: application/json
> Content-Length: 79
>
* upload completely sent off: 79 out of 79 bytes
< HTTP/1.1 200 OK
< X-Powered-By: Express
< Date: Fri, 18 Sep 2020 19:13:37 GMT
< Connection: keep-alive
< Content-Length: 0
<
* Connection #0 to host localhost left intact
* Closing connection 0
```

Listing 16.20 Absenden einer PUT-Anfrage zum Aktualisieren einzelner Kontakte

Einzelne Kontakte löschen

Fehlt noch der Aufruf für das Löschen eines Kontakts. Hier übergeben wir einfach die URL des zu löschenden Kontakts (*http://localhost:8001/api/contacts/1*) und definieren »DELETE« als HTTP-Methode. Auch hier erhalten wir als Antwort wieder einen Statuscode 200.

```
$ curl -v ⤶
   --request DELETE ⤶
   http://localhost:8001/api/contacts/1
```

```
*   Trying ::1...
* TCP_NODELAY set
* Connected to localhost (::1) port 8001 (#0)
> DELETE /api/contacts/1 HTTP/1.1
> Host: localhost:8001
> User-Agent: curl/7.64.1
> Accept: */*
>
< HTTP/1.1 200 OK
< X-Powered-By: Express
< Date: Fri, 18 Sep 2020 19:15:00 GMT
< Connection: keep-alive
< Content-Length: 0
<
* Connection #0 to host localhost left intact
* Closing connection 0
```

Listing 16.21 Absenden einer DELETE-Anfrage zum Löschen einzelner Kontakte

Damit haben wir alle implementierten Routen aufgerufen und auf diese Weise getestet, ob der Webservice die erwarteten Antworten liefert. Als Alternative zu cURL – insbesondere, wenn Sie statt der Kommandozeile eine grafische Oberfläche bevorzugen – kann ich Ihnen an dieser Stelle noch das Tool Postman (*https://www.postman.com*) empfehlen (Abbildung 16.7).

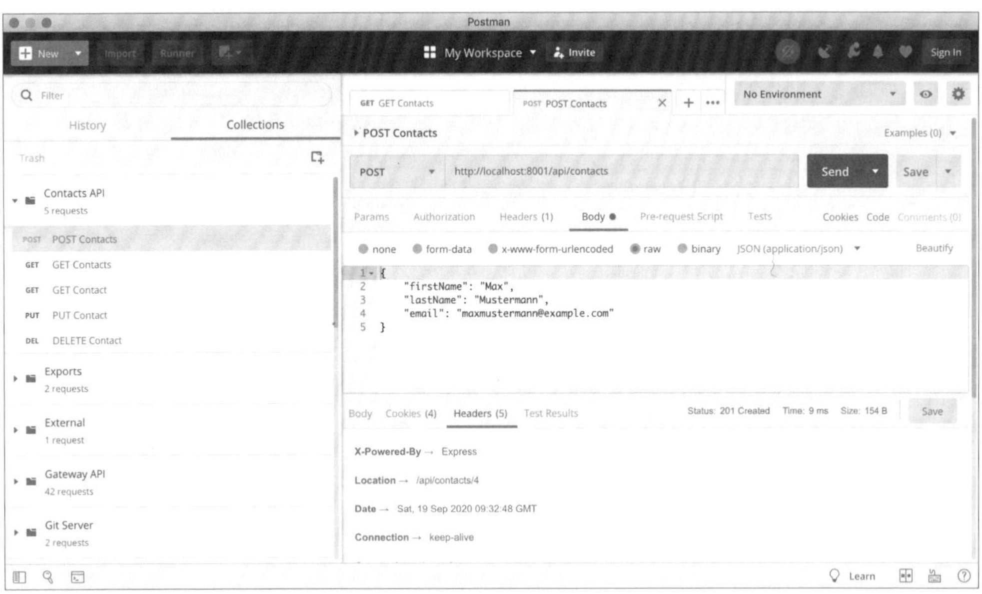

Abbildung 16.7 Aufruf der REST-API mit Postman

Mithilfe von Postman können Sie alle Arten von HTTP-Aufrufen durchführen, die entsprechenden Konfigurationen speichern und sogar exportieren, um sie mit anderen Entwicklern zu teilen. Es ist damit durchaus als sinnvolle (zusätzliche) Alternative zu cURL zu sehen und sollte in keinem Entwickler-Werkzeugkasten fehlen.

16.4 GraphQL

Webservices, die auf dem REST-Architekturstil basieren, sind sehr verbreitet. In dem vorigen Unterkapitel haben Sie den Architekturstil und seine Prinzipien kennengelernt und gesehen, wie vergleichsweise einfach man eine REST-API mit dem express-Framework implementieren kann. In diesem Unterkapitel möchte ich Ihnen GraphQL vorstellen und Ihnen zeigen, wie es sich von REST unterscheidet und welche Vorteile es bietet.

16.4.1 Die Nachteile von REST

Je nach Anwendungsfall stellen REST-APIs nicht die beste Form einer API für Webservices dar, weil hierbei durch den Webservice auf der Serverseite (und nicht durch den Client) der Aufbau und die Struktur der Antworten vorgegeben sind, also beispielsweise welche Eigenschaften ein zurückgegebenes JSON-Objekt enthält und welche nicht. Das von Facebook entwickelte *GraphQL* (*http://facebook.github.io/graphql*) geht dagegen einen anderen Weg. GraphQL (auch: *Graph Query Language*) ist eine Anfragesprache, über die sich auf Clientseite die Struktur der Daten formulieren lässt, die von einem Webservice zurückgegeben werden sollen.

Am einfachsten lässt sich der Unterschied zwischen GraphQL und REST an einem konkreten Beispiel nachvollziehen: Angenommen, Sie möchten eine API erstellen, über die sich Informationen zu Autoren und Büchern abrufen lassen. Das Objektmodell dazu soll zu Demonstrationszwecken recht einfach gehalten sein: Einzelne Autoren haben eine ID, einen Vornamen, einen Nachnamen und eine Liste von Büchern, und jedes Buch hat wiederum einen Titel und ein Erscheinungsjahr. Geht man dieses Szenario mithilfe von REST an, würde man vermutlich folgende Routen implementieren:

- */api/authors* – Zugriff auf alle Autoren
- */api/authors/:id* – Zugriff auf einen bestimmten Autor
- */api/authors/:id/books* – Zugriff auf die Bücher eines Autors
- */api/authors/:id/books/:bid* – Zugriff auf ein bestimmtes Buch

Für jede Route müssten außerdem verschiedene HTTP-Methoden unterstützt werden, beispielsweise für das Anlegen von Autoren und Büchern, das Aktualisieren, das Löschen und natürlich das Abfragen.

Auf den ersten Blick sieht das recht einfach aus. Allerdings sind REST-APIs bei genauerem Hinsehen relativ unflexibel: Da es der Webservice ist, der festlegt, welche Daten an den Client geschickt werden bzw. wie diese Daten strukturiert sind, hat der Client wenig Flexibilität, individuell zu bestimmen, in welcher Form er die Daten erhalten möchte.

Angenommen, auf Clientseite soll eine Übersicht aller Autoren inklusive einer Auflistung der jeweiligen Bücher dargestellt werden. Mit den oben gelisteten Routen müssten hierzu mehrere Anfragen an die REST-API gestellt werden: Zunächst müssten über eine Anfrage an */api/authors* alle Autoren abgefragt werden. Da in dieser Repräsentation aber nicht die Details bzw. Bücher zu jedem Autor enthalten sind, müsste zusätzlich für jeden (!) Autor eine Anfrage an */api/authors/:id/books* gestellt werden, um jeweils eine Liste aller Bücher für den jeweiligen Autor zu erhalten (Abbildung 16.8).

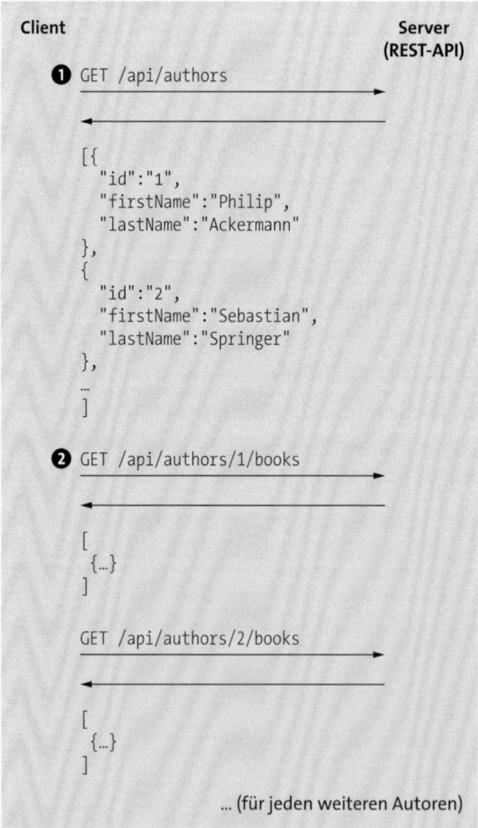

Abbildung 16.8 Bei REST sind gegebenenfalls mehrere Aufrufe notwendig.

Dass dieses Vorgehen schlecht skaliert, dürfte klar sein: Abhängig von der Anzahl der Autoren erhöht sich nämlich die Anzahl der Anfragen, die notwendig sind, um die gewünschten Daten zu erhalten.

Um nun solche mehrfachen Aufrufe und den damit einhergehenden HTTP-Traffic zu vermeiden, hat man als Entwickler der REST-API nun zwei Möglichkeiten:

❶ **Zusätzliche Route**: Die erste Möglichkeit wäre, die bestehenden Routen um eine weitere Route zu ergänzen, die die geforderten Daten direkt den Anforderungen entsprechend in einer einzelnen HTTP-Antwort bereitstellt (beispielsweise *api/authors-with-books*). Diese Antwort würde also direkt eine Liste aller Autoren enthalten und für jeden Autor jeweils eine Liste aller Bücher.

❷ **Parametrisierte Route**: Die zweite Möglichkeit wäre, eine bestehende Route um zusätzliche Parameter zu erweitern, anhand derer der Webservice ermitteln kann, in welcher Struktur der Client die Daten benötigt, beispielsweise */api/authors?includeBooks=true*. Wird die Route dann mit diesem Parameter aufgerufen, bereitet der Webservice die Antwort in der entsprechenden Struktur vor.

Beide Möglichkeiten würden das Problem zwar fürs Erste lösen, widersprechen aber zum einen den Prinzipien von REST und würden das Problem nur so lange lösen, bis sich auf Clientseite eine neue Anforderung für die Struktur der Daten ergibt. Dann stünde man wieder vor der gleichen Situation und müsste wieder eine weitere Route hinzufügen oder eine bestehende Route um einen weiteren Parameter ergänzen.

16.4.2 Der Workflow von GraphQL

Die beschriebene Problematik ist genau der Punkt, an dem GraphQL ansetzt. Im Gegensatz zu REST, bei dem durch den Webservice vorgegeben ist, in welcher Struktur Daten an den Client zurückgesendet werden, entscheidet bei GraphQL der Client, der den Webservice aufruft, in welcher Struktur er die Daten benötigt.

Dazu erstellt der Client eine sogenannte *GraphQL-Query* und schickt diese Query im Body einer HTTP-Anfrage an den Webservice. Die Query enthält dabei bereits die erwartete Struktur der Daten. Um beispielsweise eine Liste aller Autoren zu erhalten, die für jeden Autor die ID und den Vornamen enthält, wäre folgende Anfrage nötig:

```
{
  authors {
    id,
    firstName
  }
}
```

Listing 16.22 Eine einfache GraphQL-Query

Möchte man dagegen auch den Nachnamen erhalten, müsste die Anfrage auf Clientseite einfach wie folgt angepasst werden:

```
{
  authors {
    id,
    firstName,
    lastName
  }
}
```

Listing 16.23 Eine GraphQL-Query, bei der zusätzlich der Nachname für jeden Autor in der Antwort enthalten ist

Darüber hinaus lassen sich auch geschachtelte Strukturen definieren. Das, was bei REST so aufwendig zu implementieren wäre – die Anfrage aller Autoren inklusive aller Bücher –, könnte einfach durch folgende Anfrage erreicht werden:

```
{
  authors {
    id,
    firstName,
    lastName,
    books {
      title,
      releaseDate
    }
  }
```

Listing 16.24 Eine GraphQL-Query, die dafür sorgt, dass in der Antwort für jeden Autor auch die jeweiligen Bücher enthalten sind

Hinweis

Auch wenn GraphQL-Queries auf den ersten Blick wie JSON aussehen: Es handelt sich **nicht** um JSON, sondern um ein eigenständiges Format.

Der Webservice führt die Query dann gegen ein graphenbasiertes Schema aus, und die entsprechenden Daten werden anschließend in der angefragten Struktur zurück an den Client gesendet (Abbildung 16.9).

Damit dies auf Seiten des Webservices so flexibel funktioniert, ist natürlich auch bei GraphQL zunächst einiges an Implementierungsaufwand notwendig: Die Anfragen werden durch GraphQL an sogenannte *Resolver* weitergeleitet, die man als Entwickler erst implementieren muss. Auch muss man sich als Entwickler um die Implementierung des *GraphQL-Schemas* kümmern, das den Daten zugrunde liegt. Insgesamt hat man also initial etwa den gleichen Aufwand wie bei der Implementierung eines REST-basierten Webservices. Der Vorteil ist eher langfristig zu sehen: GraphQL-basierte Webservices lassen sich durch die Dynamik der Anfragesprache viel einfacher erweitern. Wenn Sie also bezüglich neuer Anforderungen an eine Webservice-Schnittstelle möglichst flexibel sein wollen, ist GraphQL durchaus als Alternative zu REST in Erwägung zu ziehen. Insbesondere das Zusammenspiel mit anderen Frameworks aus dem Hause Facebook wie beispielsweise mit dem GraphQL-Client Relay (*https://relay.dev/*) funktioniert hervorragend, weil die gesamte Infrastruktur für GraphQL optimiert ist.

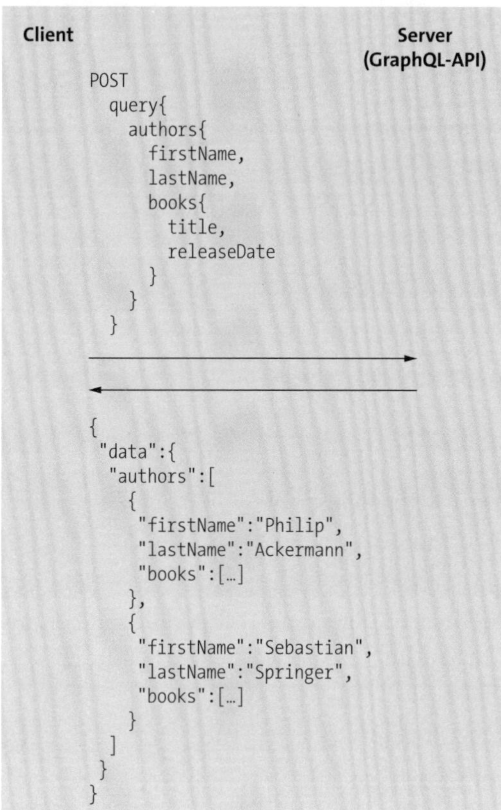

Abbildung 16.9 Bei GraphQL bestimmt der Client den Aufbau der Antwort.

16.5 Zusammenfassung und Ausblick

In diesem Kapitel haben Sie verschiedene Möglichkeiten kennengelernt, Webservices zu implementieren. Sie kennen jetzt den Unterschied zwischen SOAP, REST und GraphQL und wissen, was sich am besten für welchen Zweck eignet.

16.5.1 Die wichtigsten Punkte

Die wichtigsten Punkte, die Sie aus diesem Kapitel mitnehmen sollten, sind folgende:

- *Webservices* stellen über eine API Funktionalität einer serverseitigen Komponente über das Web zur Verfügung.
- Webservices verwenden dabei Webstandards wie HTTP, XML und JSON.
- Prinzipiell lassen sich Webservices auf verschiedene Art und Weise bzw. unter Verwendung verschiedener Technologien und Konzepte umsetzen. Drei der bekanntesten sind das Protokoll *SOAP*, der Architekturstil *REST* und die Anfragesprache *GraphQL*.
- SOAP-basierte Webservices verwenden als Datenaustauschformat XML und sind im Vergleich zu den anderen beiden Technologien eher als schwergewichtig einzuordnen.
- Die API SOAP-basierter Webservices kann durch die *Web Services Description Language* (*WSDL*) formal beschrieben werden.
- REST-basierte Webservices orientieren sich stark an den Möglichkeiten, die bereits durch HTTP vorgegeben sind.
- Fünf Prinzipien liegen dem REST-Architekturstil zugrunde:
  - Prinzip 1: Jede Ressource ist eindeutig identifizierbar.
  - Prinzip 2: Beziehungen zwischen Ressourcen werden durch Hypermedia-Elemente beschrieben.
  - Prinzip 3: Aktionen werden durch HTTP-Methoden aufgerufen.
  - Prinzip 4: Ressourcen können verschiedene Repräsentationen haben.
  - Prinzip 5: Die Kommunikation ist zustandslos.
- Die Aktionen, die bei REST-basierten Webservices angestoßen werden können, sind durch die HTTP-Methoden vordefiniert. Folgenden HTTP-Methoden kommt dabei eine besondere semantische Bedeutung zu, die vergleichbar mit der von *CRUD-Operationen* aus Datenbanken ist:
  - POST-Anfragen legen Ressourcen an (Create).
  - GET-Anfragen rufen Ressourcen ab (Read).
  - PUT-Anfragen aktualisieren Ressourcen (Update).
  - DELETE-Anfragen löschen Ressourcen (Delete).
- REST-basierte Webservices verwenden verschiedene Formate als Datenaustauschformat, allen voran JSON und XML.
- REST-basierte Webservices dürften, Stand heute, den größten Teil der Webservice-Implementierungen ausmachen.

- Wenn damit zu rechnen ist, dass die Struktur der Daten, die ein Webservice bereitstellt, öfters an die clientseitigen Anforderungen angepasst werden muss, sind GraphQL-basierte Webservices die richtige Wahl. Bei ihnen kann der Client über eine *GraphQL-Query* genau die Struktur der Daten definieren, so wie er sie benötigt.

16.5.2 Weiterführende Literatur

Wenn Sie sich ausführlich über das Thema Webservices informieren und insbesondere in die Themen REST und GraphQL tiefer einsteigen möchten, empfehle ich Ihnen folgende Bücher:

- Tilkov, Eigenbrodt, Schreier, Wolf: »REST und HTTP – Entwicklung und Integration nach dem Architekturstil des Web« (2015)
- Robin Wieruch: »The Road to GraphQL« (2018)
- Ebenfalls zu empfehlen – wenn Sie sich generell mit dem Thema Web-APIs und deren Design intensiver beschäftigen möchten – ist das Buch »The Design of Web APIs« (2019) von Arnaud Lauret.
- In meinem Buch »Node.js – Rezepte und Lösungen« (2019) widme ich zudem ein ganzes Kapitel mit insgesamt neun Rezepten der Implementierung von Webservices und zeige unter anderem, wie Sie mithilfe entsprechender Bibliotheken unter Node.js einen GraphQL-basierten Webservice implementieren und aufrufen. Dieses Buch sollten Sie sich aber nur zulegen, wenn Sie generell auch tiefer in Node.js einsteigen wollen.

16.5.3 Ausblick

In diesem Kapitel haben wir bereits einen Webservice für die Verwaltung von Kontaktdaten auf Basis des REST-Architekturstils implementiert. Die Kontaktdaten haben wir dabei allerdings nicht wirklich persistiert, sondern nur in einer Map im Speicher vorgehalten. Im nächsten Kapitel möchte ich mich dem Thema »Persistenz« bzw. »Datenbanken« zuwenden. Dort werden Sie verschiedene Datenbanksysteme kennenlernen, und wir werden im Praxisteil des Kapitels an das Codebeispiel aus diesem Kapitel anknüpfen und die Integration einer Datenbank vornehmen.

In Kapitel 20, »Webanwendungen absichern«, werde ich zudem auf sicherheitsrelevante Aspekte wie beispielsweise die Authentifizierung eingehen, die auch im Rahmen der Entwicklung von Webservices von Bedeutung sind.

Kapitel 17
Daten in Datenbanken speichern

Wenn Sie Webanwendungen implementieren, die Daten verarbeiten, müssen Sie diese Daten irgendwo speichern. Das ist genau die Stelle, an der Datenbanken ins Spiel kommen.

In den vergangenen Kapiteln haben wir uns langsam – sozusagen Schicht für Schicht – vom Frontend zum Backend vorgearbeitet. Zuletzt haben Sie im vorigen Kapitel gesehen, was Webservices sind und wie Sie mithilfe von Webservices Daten vom Client entgegennehmen und verarbeiten können. Die letzte Schicht, der wir uns in diesem Kapitel zuwenden, sind Datenbanken (Abbildung 17.1), die Sie immer dann benötigen, wenn Sie Daten dauerhaft speichern möchten, sprich, wenn Sie Daten *persistieren* möchten. Dies können beispielsweise bei einem Online-Shop die verschiedenen Produkte und die registrierten Nutzer sein oder bei einem sozialen Netzwerk die einzelnen Posts im Newsfeed.

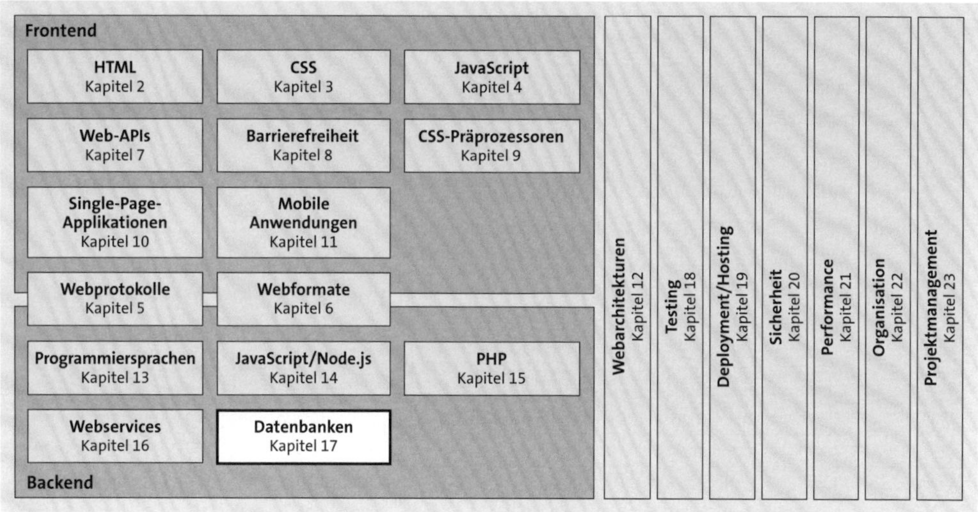

Abbildung 17.1 Datenbanken dienen dazu, Daten einer Webapplikation dauerhaft zu speichern.

Grundsätzlich unterscheidet man zwischen verschiedenen Arten von Datenbanken, und zwar zwischen *relationalen Datenbanken* und *nicht relationalen Datenbanken*.

17.1 Relationale Datenbanken

Relationale Datenbanken sind – wenn man so will – die klassische Art von Datenbanken, deren zugrunde liegendes Modell (das relationale Modell) bereits 1970 von Edgar F. Codd, einem Wissenschaftler bei IBM, entworfen wurde. Schauen wir uns im ersten Schritt die grundsätzliche Funktionsweise von relationalen Datenbanken an, bevor ich Ihnen im nächsten Schritt zeige, wie Sie konkret mit dieser Art von Datenbanken arbeiten.

17.1.1 Die Funktionsweise von relationalen Datenbanken

Relationale Datenbanken organisieren Daten in *Tabellen*, in denen Daten abgespeichert werden können (Abbildung 17.2). Diese Tabellen nennt man auch *Relationen*. Jede Zeile einer Tabelle/Relation wird als *Tupel* bezeichnet und stellt dabei einen eigenen *Datensatz* (auch: *Record*) dar. Die Spalten der Tabelle werden als *Attribute* bezeichnet und repräsentieren die *Eigenschaften* der abgespeicherten Datensätze.

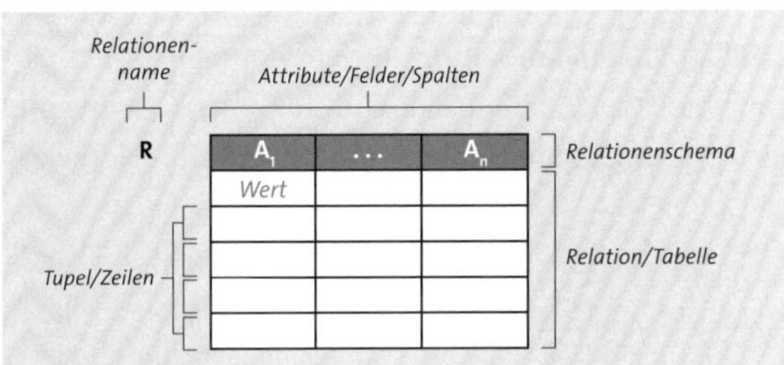

Abbildung 17.2 Begrifflichkeiten bei relationalen Datenbanken

In Abbildung 17.3 sehen Sie ein Beispiel für eine Tabelle, in der Informationen zu Büchern gespeichert sind. Jedes Buch hat eine ID (also einen eindeutigen Kennzeichner, über den der dazugehörige Datensatz angesprochen werden kann), einen Titel sowie Angaben zum Verlag, zum Erscheinungsjahr und zum Autor.

Tabelle »books«

id	title	author	release	publisher
978-3-8362-6882-0	Webentwicklung – Das Handbuch für Fullstack-Entwickler	Philip Ackermann	2020	Rheinwerk Verlag
978-3-8362-6877-6	React – Das umfassende Handbuch	Sebastian Springer	2019	Rheinwerk Verlag
978-3-8362-6453-2	Node.js – Rezepte und Lösungen	Philip Ackermann	2019	Rheinwerk Verlag
978-3-8362-5696-4	JavaScript – Das umfassende Handbuch	Philip Ackermann	2018	Rheinwerk Verlag
978-3-8362-6255-2	Node.js – Das umfassende Handbuch	Sebastian Springer	2018	Rheinwerk Verlag

Abbildung 17.3 Beispiel einer Tabelle zur Speicherung von Büchern

Interessant werden relationale Datenbanken dann, wenn man die Daten auf mehrere Tabellen verteilt. Das Beispiel für die Bücher lässt sich etwas ausbauen, indem die

Informationen zu den Autoren in eine separate Tabelle ausgelagert werden und die jeweiligen (Autoren-)Datensätze aus der »Büchertabelle« lediglich über die ID referenziert werden (Abbildung 17.4). Auf diese Weise lassen sich sehr einfach 1:n-Beziehungen darstellen (ein Autor kann mehrere Bücher geschrieben haben).

Tabelle »books«

id	title	author	releaseDate	publisher
978-3-8362-6882-0	Webentwicklung – Das Handbuch für Fullstack-Entwickler	id1	2020	Rheinwerk Verlag
978-3-8362-6877-6	React – Das umfassende Handbuch	id2	2019	Rheinwerk Verlag
978-3-8362-6453-2	Node.js – Rezepte und Lösungen	id1	2019	Rheinwerk Verlag
978-3-8362-5696-4	JavaScript – Das umfassende Handbuch	id1	2018	Rheinwerk Verlag
978-3-8362-6255-2	Node.js – Das umfassende Handbuch	id2	2018	Rheinwerk Verlag

Tabelle »authors«

id	firstName	lastName	homepage
1	Philip	Ackermann	https://www.philipackermann.de/
2	Sebastian	Springer	http://sebastian-springer.com/

Abbildung 17.4 Beispiel für die Verwendung von zwei Tabellen

Möchte man dagegen n:m-Beziehungen darstellen (ein Autor kann mehrere Bücher geschrieben haben und ein Buch kann von mehreren Autoren geschrieben worden sein), bietet sich die Verwendung einer dritten Tabelle an (Abbildung 17.5). Die Datensätze in dieser Tabelle weisen die IDs der Bücher den IDs der Autoren zu. 17

Tabelle »books«

id	title	releaseDate	publisher
978-3-8362-6882-0	Webentwicklung – Das Handbuch für Fullstack-Entwickler	2020	Rheinwerk Verlag
978-3-8362-6877-6	React – Das umfassende Handbuch	2019	Rheinwerk Verlag
978-3-8362-6453-2	Node.js – Rezepte und Lösungen	2019	Rheinwerk Verlag
978-3-8362-5696-4	JavaScript – Das umfassende Handbuch	2018	Rheinwerk Verlag
978-3-8362-6255-2	Node.js – Das umfassende Handbuch	2018	Rheinwerk Verlag

Tabelle »authors«

id	firstName	lastName	homepage
1	Philip	Ackermann	https://www.philipackermann.de/
2	Sebastian	Springer	http://sebastian-springer.com/

Tabelle »booksTOAuthors«

bookID	authorID
978-3-8362-6882-0	1
978-3-8362-6877-6	2
978-3-8362-6453-2	1
978-3-8362-5696-4	1
978-3-8362-6255-2	2

Abbildung 17.5 Darstellung von n:m-Beziehungen über drei Tabellen

Hinweis

Bereits an diesem Beispiel sehen Sie, dass die Anzahl an Tabellen, die notwendig sind, um ein Objektmodell entsprechend speichern zu können, sehr schnell wachsen kann. Es ist nicht unüblich, dass beim *Datenbank-Design* schnell mehrere Dutzend Tabellen entstehen, was wiederum die Komplexität für das Speichern und Abrufen von Daten erhöht – ein Nachteil von relationalen Datenbanken, den wir für den späteren Vergleich mit den nicht relationalen Datenbanken im Hinterkopf behalten wollen.

Welche relationalen Datenbanken gibt es?

Es gibt sehr viele relationale Datenbanken, die alle dem relationalen Modell folgen. Die bekanntesten sind:

- MySQL (*https://www.mysql.com*)
- PostgreSQL (*https://www.postgresql.org*)
- SQLite (*https://www.sqlite.org*)
- MariaDB (*https://mariadb.org*).

17.1.2 Die Sprache SQL

Um Daten in einer relationalen Datenbank zu speichern, also neue Datensätze anzulegen, und um Daten aus einer relationalen Datenbank auszulesen, bieten die oben genannten Datenbanken eine eigene Sprache an: *SQL*, die *Structured Query Language*. Mithilfe dieser Sprache ist es möglich, auf eine relationale Datenbank zuzugreifen und mit ihr zu *kommunizieren*.

Hinweis

Genauer gesagt verfügt jede der genannten Datenbanken über eine eigene Variante von SQL, die man auch jeweils als *SQL-Dialekt* bezeichnet.

Im Folgenden möchte ich Ihnen eine kurze Einführung in die Sprache SQL geben. So werde ich Ihnen zeigen, wie Sie mithilfe von SQL

- neue Tabellen in einer Datenbank anlegen,
- neue Datensätze in einer Tabelle speichern,
- alle Datensätze einer Tabelle auslesen,
- Datensätze anhand bestimmter Kriterien auslesen,
- Datensätze aktualisieren,
- Datensätze löschen.

SQLite

Als konkrete Datenbank wollen wir für den Rest des Kapitels die Datenbank SQLite verwenden. Dabei handelt es sich um eine sehr leichtgewichtige Datenbank, die ohne viel Aufwand installiert werden kann und die Daten in Form von Dateien im Dateisystem speichern kann.

Und auch wenn dies ein kleiner Vorgriff auf Kapitel 19, »Webanwendungen deployen und hosten«, ist: Die folgenden Beschreibungen zu SQL können Sie am einfachsten nachvollziehen, wenn Sie auf Ihrem Rechner SQLite mithilfe von Docker starten. Dazu führen Sie – nach erfolgreicher Installation von Docker – auf der Kommandozeile (bzw. der Eingabeaufforderung unter Windows oder dem Terminal unter macOS) folgenden Befehl aus:

```
$ docker run -it nouchka/sqlite3
```

Listing 17.1 Starten eines Docker Containers für SQLite

Über diesen Befehl wird ein sogenannter *Docker Container* für SQLite erstellt, und Sie haben die Möglichkeit, die im Folgenden beschriebenen SQL-Anweisungen direkt auf der Kommandozeile (innerhalb des Docker Containers) auszuführen:

```
sqlite>
```

Listing 17.2 Kommandozeile innerhalb des SQLite-Containers

Darüber hinaus empfehle ich Ihnen, initial die folgenden beiden Befehle auszuführen, die dafür sorgen, dass (gleich) bei Ausführen der SQL-Anweisungen die ausgelesenen Datensätze formatiert ausgegeben werden:

```
sqlite> .mode column
sqlite> .headers on
```

Listing 17.3 Konfiguration von SQLite für die »hübsche« Ausgabe von Datensätzen

17

Neue Tabellen in einer Datenbank anlegen

Bevor Sie überhaupt Datensätze speichern können, benötigen Sie zunächst eine Tabelle. Hierzu verwenden Sie die Anweisung `CREATE TABLE` wie in Listing 17.4 gezeigt. Über den Zusatz `IF NOT EXISTS` können Sie zudem angeben, dass die Anweisung nur dann ausgeführt wird, wenn die Tabelle noch nicht existiert. Ohne diesen Zusatz kommt es zu einem Fehler, wenn man versucht, die Anweisung auszuführen, es die Tabelle aber bereits gibt.

Anschließend geben Sie den Namen der Tabelle an und in den folgenden Klammern die einzelnen Spalten, die die Tabelle enthalten soll. Dabei geben Sie jeweils den Namen der Spalte (bzw. des entsprechenden Attributs) sowie den Datentyp an.

```
CREATE TABLE IF NOT EXISTS tabelle (
  spalte1 datentyp,
  spalte2 datentyp,
  solumn3 datentyp,
  ...
  spalteN datentyp
);
```

Listing 17.4 Anlegen einer neuen Tabelle

Listing 17.5 zeigt eine entsprechende Anweisung, über die eine Tabelle »contacts« mit insgesamt vier Spalten erzeugt wird: eine Spalte für die ID der Kontakte vom Typ »INTEGER« sowie drei Spalten für den Vornamen, den Nachnamen und die E-Mail-Adresse jeweils vom Datentyp »TEXT«.

Um doppelte Datensätze zu vermeiden, sollte jede Tabelle außerdem einen sogenannten *Primärschlüssel* enthalten, das heißt eine Spalte, für die die Werte innerhalb der Tabelle eindeutig sein müssen. Welche Spalte dies ist, können Sie über den Zusatz `PRIMARY KEY` definieren (im Beispiel die Spalte »id«).

```
CREATE TABLE IF NOT EXISTS
  contacts (
    id INTEGER PRIMARY KEY AUTOINCREMENT,
    firstName TEXT,
    lastName TEXT,
    email TEXT
  );
```

Listing 17.5 Anlegen einer neuen Tabelle für Kontakte

> **Hinweis**
>
> Prinzipiell kann ein Primärschlüssel auch aus mehreren Spalten zusammengesetzt sein.

Der Zusatz `AUTOINCREMENT` sorgt im Beispiel zudem dafür, dass der Wert für die ID für neue Datensätze automatisch um eins hochgezählt (»inkrementiert«) wird. Das bedeutet: Wenn Sie der Tabelle neue Datensätze hinzufügen, generiert der interne ID-Zähler für den jeweils neuen Datensatz automatisch eine ID und sorgt so zuverlässig für die Eindeutigkeit der IDs. Auch IDs gelöschter Datensätze werden dabei nicht erneut vergeben.

Neue Datensätze in einer Tabelle speichern

Für das Hinzufügen neuer Datensätze zu einer Tabelle stellt SQL die INSERT-Anweisung zur Verfügung. Über INTO definieren Sie dabei die Tabelle, in der der neue Datensatz gespeichert werden soll: Hier geben Sie den Namen der Tabelle sowie in Klammern kommasepariert die Namen der Spalten an. Die konkreten Werte, die in diese Spalten eingefügt werden sollen, definieren Sie hinter dem anschließenden VALUES, ebenfalls kommasepariert in Klammern.

```
INSERT
  INTO tabelle (spalte1, spalte2, ..., spalteN)
  VALUES (wert1, wert2, ..., wertN);
```

Listing 17.6 Aufbau der INSERT-Anweisung

Um beispielsweise unserer Kontakttabelle einen neuen Kontakt hinzuzufügen, lautet die Anweisung wie folgt:

```
INSERT
  INTO contacts (firstName, lastName, email)
  VALUES ('Max', 'Mustermann', 'maxmustermann@example.com');
```

Listing 17.7 Einfügen eines neuen Datensatzes

Hinweis

Die Spaltennamen hinter dem Namen der Tabelle können Sie auch weglassen, wenn Sie unter VALUES Werte für **alle Spalten** angeben:

```
INSERT
  INTO contacts
  VALUES ('Max', 'Mustermann', 'maxmustermann@example.com');
```

Listing 17.8 Einfügen eines neuen Datensatzes ohne Angabe der Spaltennamen

Hinweis

Beachten Sie, dass Sie im obigen Beispiel beim Hinzufügen neuer Datensätze keine ID anzugeben brauchen. Diese wird wie erwähnt dank dem Zusatz AUTOINCREMENT, den wir bei der Definition der Primärschlüssel-Spalte im CREATE TABLE angegeben haben, automatisch generiert. Dennoch besteht auch die Möglichkeit, die ID **manuell** zu übergeben:

```
INSERT
  INTO contacts (id, firstName, lastName, email)
  VALUES (4711, 'Max', 'Mustermann', 'maxmustermann@example.com');
```

Listing 17.9 Einfügen eines neuen Datensatzes unter manueller Angabe der ID

Alle Datensätze einer Tabelle auslesen

Für das Auslesen von Datensätzen steht Ihnen die SELECT-Anweisung zur Verfügung. Hierbei übergeben Sie die Namen der Spalten, für die Sie die Werte pro Datensatz auslesen möchten, gefolgt von dem Schlüsselwort FROM und dem Namen der Tabelle.

```
SELECT spalte1, spalte2, ..., spalteN
  FROM tabelle;
```

Listing 17.10 Aufbau der SELECT-Anweisung

Um beispielsweise alle Vornamen aus der Kontakttabelle auszulesen, würden Sie folgende Anweisung ausführen:

```
$ SELECT firstName FROM contacts;
firstName
----------
Max
Peter
Norbert
Petra
Peter
```

Listing 17.11 Auslesen der Vornamen aller Datensätze

Um Vornamen und Nachnamen für jeden Datensatz auszulesen, würde die Anweisung dagegen wie folgt lauten:

```
$ SELECT firstName, lastName FROM contacts;
firstName   lastName
----------  ----------
Max         Mustermann
Peter       Müller
Norbert     Meier
Petra       Mustermann
Peter       Mustermann
```

Listing 17.12 Auslesen der Vornamen und der Nachnamen aller Datensätze

Und um alle Spalten auszulesen, würde die Anweisung wie folgt lauten:

```
$ SELECT id, firstName, lastName, email FROM contacts;
id          firstName   lastName    email
----------  ----------  ----------  -------------------------
1           Max         Mustermann  maxmustermann@example.com
2           Peter       Müller      petermueller@example.com
```

```
3          Norbert    Meier      norbertmeier@example.com
4          Petra      Mustermann petramustermann@example.c
5          Peter      Mustermann petermustermann@example.c
```

Listing 17.13 Auslesen aller Spalten aller Datensätze (Ausgabe wird durch SQLite »abgeschnitten«)

Wenn Sie allerdings sowieso alle Spalten auslesen möchten, ist es einfacher, den Wildcard-Operator * zu verwenden:

```
$ SELECT * FROM contacts;
id         firstName  lastName   email
---------- ---------- ---------- -------------------------
1          Max        Mustermann maxmustermann@example.com
2          Peter      Müller     petermueller@example.com
3          Norbert    Meier      norbertmeier@example.com
4          Petra      Mustermann petramustermann@example.c
5          Peter      Mustermann petermustermann@example.c
```

Listing 17.14 Kurzform für das Auslesen aller Spalten aller Datensätze

Über den Zusatz ORDER BY können Sie die ausgelesenen Datensätze übrigens auch direkt sortiert ausgeben:

```
$ SELECT * FROM contacts ORDER BY lastName;
id         firstName  lastName   email
---------- ---------- ---------- ------------------------
3          Norbert    Meier      norbertmeier@example.com
1          Max        Mustermann maxmustermann@example.co
4          Petra      Mustermann petramustermann@example.
5          Peter      Mustermann petermustermann@example.
2          Peter      Müller     petermueller@example.com
```

Listing 17.15 Sortierte Ausgabe der Kontakte

Datensätze anhand bestimmter Kriterien auslesen

Um Datensätze anhand bestimmter Kriterien auszulesen, können Sie die SELECT-Anweisung um eine WHERE-Klausel ergänzen. Hierüber können Sie eine Bedingung definieren, die ein Datensatz erfüllen muss, um »selektiert« zu werden und im Ergebnis enthalten zu sein.

```
SELECT spalte1, spalte2, ..., spalteN
  FROM tabelle
  WHERE [bedingung]
```

Listing 17.16 Aufbau der WHERE-Klausel

Um beispielsweise nur die Datensätze zu selektieren, die für die Spalte »lastName« den Wert »Mustermann« enthalten, lautet die SELECT-Anweisung mit entsprechender WHERE-Klausel wie folgt:

```
$ SELECT * FROM contacts WHERE lastName = 'Mustermann';
id          firstName   lastName    email
----------  ----------  ----------  -------------------------
1           Max         Mustermann  maxmustermann@example.com
4           Petra       Mustermann  petramustermann@example.c
5           Peter       Mustermann  petermustermann@example.c
```

Listing 17.17 Auslesen der Kontakte mit Nachnamen »Mustermann«

Dabei lassen sich über das Schlüsselwort AND (und im Übrigen auch über das Schlüsselwort OR) mehrere Bedingungen verknüpfen:

```
$ SELECT * FROM contacts
    WHERE firstName = 'Max' AND lastName = 'Mustermann';
id          firstName   lastName    email
----------  ----------  ----------  -------------------------
1           Max         Mustermann  maxmustermann@example.com
```

Listing 17.18 Auslesen der Kontakte mit Vornamen »Max« und Nachnamen »Mustermann«

Datensätze aktualisieren

Um bestehende Datensätze zu aktualisieren, verwenden Sie die UPDATE-Anweisung. Dabei übergeben Sie, wie in Listing 17.19 zu sehen, den Tabellennamen und definieren über ein anschließendes SET spaltenweise die zu ändernden Spalten mit dem jeweils neuen Wert. Über die WHERE-Klausel geben Sie dabei zudem die Bedingung an, über die die Datensätze ermittelt werden, die aktualisiert werden sollen.

```
UPDATE tabelle
  SET spalte1 = wert1, spalte2 = wert2, ..., spalteN = wertN
  WHERE [bedingung];
```

Listing 17.19 Aufbau der UPDATE-Anweisung

Um beispielsweise in der Tabelle mit den Kontakten für den Datensatz von Max Mustermann den Vornamen und die E-Mail-Adresse zu aktualisieren, würde die Anweisung wie folgt lauten:

```
$ UPDATE contacts SET
    firstName = 'Mäxchen',
    email = 'maexchenmustermann@example.com'
  WHERE id = 1;
```

Listing 17.20 Aktualisieren eines bestehenden Kontakts

Anschließend ist der Kontakt entsprechend aktualisiert:

```
$ SELECT * FROM contacts;
id          firstName   lastName    email
----------  ----------  ----------  ------------------------------
1           Mäxchen     Mustermann  maexchenmustermann@example.com
2           Peter       Müller      petermueller@example.com
3           Norbert     Meier       norbertmeier@example.com
4           Petra       Mustermann  petramustermann@example.com
5           Peter       Mustermann  petermustermann@example.com
```

Listing 17.21 Der Kontakt wurde entsprechend aktualisiert.

Datensätze löschen

Über die `DELETE`-Anweisung haben Sie die Möglichkeit, Datensätze wieder aus einer Tabelle zu löschen. Dabei definieren Sie über `FROM` die Tabelle, aus der die Datensätze gelöscht werden sollen, und über die `WHERE`-Klausel, welche Datensätze gelöscht werden sollen:

```
DELETE FROM tabelle
  WHERE [bedingung];
```

Listing 17.22 Aufbau der DELETE-Anweisung

Folgende Anweisung beispielsweise löscht alle Datensätze aus der Kontakttabelle, bei denen der Nachname den Wert »Mustermann« hat.

```
$ DELETE FROM contacts WHERE lastName = 'Mustermann';
```

Listing 17.23 Löschen von bestehenden Kontakten

Anschließend befinden sich nur noch zwei Datensätze in der Tabelle:

```
$ SELECT * FROM contacts;
id          firstName   lastName    email
----------  ----------  ----------  ------------------------
2           Peter       Müller      petermueller@example.com
3           Norbert     Meier       norbertmeier@example.com
```

Listing 17.24 Drei Datensätze wurden aus der Tabelle gelöscht.

Hinweis

Die Befehle zum Anlegen, Auslesen, Aktualisieren und Löschen von Datensätzen werden auch als *CRUD-Operationen* bezeichnet, wobei das Akronym für »Create, Read, Update und Delete« steht.

Weitere Befehle

Neben den vorgestellten SQL-Befehlen verfügt die Sprache noch über einige weitere Befehle, wobei es im Detail Unterschiede zwischen den verschiedenen SQL-Dialekten gibt. Einen guten Einstiegspunkt für die von SQLite unterstützten Befehle bietet beispielsweise die SQLite-Homepage unter *https://sqlite.org/lang.html.*

SQL vs. NoSQL

Relationale Datenbanken werden aufgrund der verwendeten Abfragesprache *SQL* auch als *SQL-Datenbanken* bezeichnet, nicht relationale Datenbanken analog als *NoSQL*-Datenbanken. Allerdings ist Letzteres – zumindest, wenn man es als »**No** SQL« versteht – streng genommen nicht ganz richtig, weil auch bei nicht relationalen Datenbanken Abfragesprachen zum Einsatz kommen, die sich von der Syntax her sehr an SQL orientieren. Alternativ wird daher NoSQL auch mit »**N**ot **o**nly SQL« aufgelöst.

17.1.3 Praxisbeispiel: Relationale Datenbanken verwenden in Node.js

Nachdem Sie nun die Grundlagen von relationalen Datenbanken und die wichtigsten Befehle von SQL kennengelernt haben, möchte ich Ihnen im Folgenden zeigen, wie einfach sich eine relationale Datenbank unter Node.js einbinden lässt. Dazu wollen wir auf dem Beispiel aus Kapitel 16, »Webservices implementieren«, aufbauen und eine alternative Implementierung des `ContactsManager` erstellen, die die Kontakte nicht in einer Map, sondern in einer relationalen Datenbank speichert.

Vorbereitungen

Für unseren Fall bietet sich auch hier die Datenbank SQLite an, für die unter Node.js mit sqlite3 (*https://www.npmjs.com/package/sqlite3*) ein entsprechendes Package zur Verfügung steht. Dieses Package können Sie wie gewohnt mithilfe des Node.js Package Managers über den Befehl `npm install sqlite3` installieren.

Die neue Klasse `SQLiteContactsManager` speichern wir anschließend in der Datei *SQLiteContactsManager.js* und binden das sqlite3-Package ein, wie in Listing 17.25 zu sehen. Über den Konstruktor `sqlite3.Database()` erzeugen wir zudem ein Objekt, das die Verbindung zur Datenbank repräsentiert, und übergeben dabei den Namen der Datei, in der SQLite die Daten speichern soll (*contacts.db*).

```
const sqlite3 = require('sqlite3');
const db = new sqlite3.Database('contacts.db');

module.exports = class SQLiteContactsManager {
  constructor() {
    // ...
  }

  async addContact(contact) {
    // ...
  }

  async getContact(id) {
    // ...
  }

  async updateContact(id, contact) {
    // ...
  }

  async deleteContact(id) {
    // ...
  }

  async getContacts() {
    // ...
  }

}
```

Listing 17.25 Das Grundgerüst der neuen Klasse

> **Hinweis**
>
> Die SQLite-Datenbank, die durch diesen Aufruf initialisiert wird, ist übrigens unabhängig von der SQLite-Datenbank, die wir eben mithilfe von Docker gestartet haben. SQLite ist eine so leichtgewichtige Datenbank, dass sie auch aus Node.js heraus gestartet werden kann. Das übernimmt das Package sqlite3 für Sie.

Methoden des Packages sqlite3

Grundsätzlich stellt das Package sqlite3 über das Datenbankobjekt verschiedene (asynchrone) Methoden zur Verfügung:

- `run()`: Diese Methode kann dazu verwendet werden, allgemeine Befehle auszuführen, wie beispielsweise das Erstellen und Ändern von Tabellen oder das Einfügen und Aktualisieren von Datensätzen.
- `get()`: Diese Methode kann dazu verwendet werden, einen einzelnen Datensatz auszulesen.
- `all()`: Diese Methode kann verwendet werden, um mehrere Datensätze auszulesen.

Als Parameter übergibt man jeder Methode dabei die jeweils »passende« SQL-Anweisung, wie wir im Folgenden sehen werden.

Die Tabelle anlegen

Das Anlegen der Tabelle für die Kontakte lagern wir in eine Methode `init()` aus, die wir vom Konstruktor aus aufrufen. Dazu rufen wir die Methode `run()` am Datenbankobjekt auf und übergeben eine `CREATE TABLE`-Anweisung, wobei wir Spalten für die ID, den Vornamen, den Nachnamen und eine E-Mail-Adresse angeben.

Die ID definieren wir zudem als Primärschlüssel, der durch den Zusatz `AUTOINCREMENT` automatisch von der Datenbank inkrementiert. Auf diese Weise müssen wir uns nicht um die Erstellung von IDs kümmern und können diese Aufgabe der Datenbank überlassen.

```
const sqlite3 = require('sqlite3').verbose();
const db = new sqlite3.Database('contacts.db');

module.exports = class SQLiteContactsManager {
  constructor() {
    this.init();
  }
```

```
  init() {
    db.run(`
      CREATE TABLE IF NOT EXISTS
        contacts (
          id INTEGER PRIMARY KEY AUTOINCREMENT,
          firstName TEXT,
          lastName TEXT,
          email TEXT
        )`
    );
  }

  /* Methoden siehe Listings weiter unten */
}
```

Listing 17.26 Initialisierung der Datenbank im Konstruktor

Exkurs: Asynchrone Programmierung in JavaScript

Die Schnittstelle (API) des sqlite3-Packages in Form der weiter oben genannten Methoden `run()`, `get()` und `all()` arbeitet asynchron unter Verwendung von Callback-Funktionen. Man übergibt den Methoden eine SQL-Anweisung und (optional) eine Callback-Funktion, über die man über die erfolgreiche Verarbeitung der SQL-Anweisung bzw. deren Ergebnisse informiert wird.

Die Schnittstelle unserer Klasse `SQLiteContactsManager` – die wir bereits in Kapitel 13, »Programmiersprachen auf der Serverseite verwenden«, definiert haben und deren Methoden ebenfalls asynchron arbeiten – verwendet dagegen die Schlüsselwörter `async` und `await`. Mit anderen Worten: Die beiden APIs sind zunächst einmal nicht kompatibel. Um nun von der einen Variante der asynchronen Programmierung (Callback-Funktionen) zu der anderen Variante (`async/await`) zu »vermitteln«, verwenden wir bei der Implementierung der Methoden von `SQLiteContactsManager` Promises (eine detaillierte Erklärung der Zusammenhänge der verschiedenen Varianten der asynchronen Programmierung in JavaScript finden Sie in folgendem Hinweiskasten).

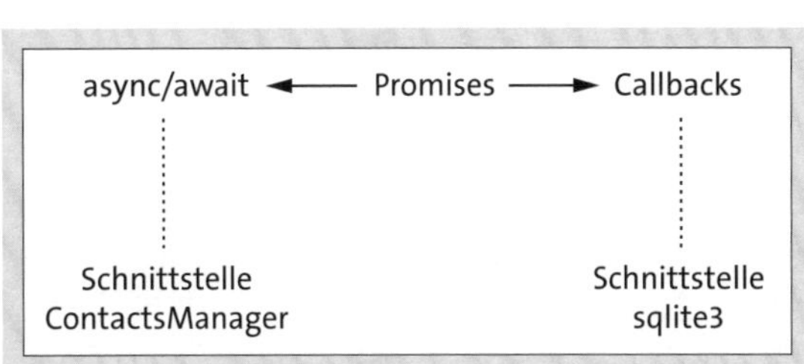

Abbildung 17.6 Mithilfe von Promises vermitteln wir zwischen den beiden Schnittstellen.

Die Methoden geben dabei jeweils ein `Promise`-Objekt zurück (und erfüllen damit den Teil, der für »unsere« API notwendig ist, weil Promises mit `async/await` kompatibel sind) und rufen die Methoden des sqlite3-Packages über die Callback-API auf. Wird die entsprechende Callback-Funktion aufgerufen, »resolven« oder »rejecten« wir das entsprechende Promise-Objekt. (Wenn das alles jetzt etwas merkwürdig klingt, nehmen Sie sich die Zeit, lesen Sie den Hinweiskasten, und kommen Sie dann noch mal zu diesem Abschnitt zurück. ☺)

Hinweis

Prinzipiell gibt es in JavaScript verschiedene Varianten, asynchron zu programmieren:

- Callback-Funktionen (kurz: Callbacks)
- Promises
- `async/await`

Die erste und historisch gesehen älteste Variante ist die Verwendung von *Callback-Funktionen*. Das Prinzip: Der asynchronen Funktion übergibt man eine Callback-Funktion, die von der asynchronen Funktion genau dann aufgerufen wird, wenn die jeweils implementierte (asynchrone) Operation abgeschlossen ist.

```
function someAsyncFunctionWithCallback(callback) {
  const result = ...; // hier die asynchrone Berechnung
  callback(result);
}

someAsyncFunctionWithCallback((result) => {
  console.log(`Ergebnis: ${result}`);
});
```

Listing 17.27 Asynchrone Programmierung mit Callback-Funktionen

Prinzipiell sind Callback-Funktionen sehr intuitiv zu verwenden, können allerdings bei massiver Nutzung – insbesondere, wenn asynchrone Funktionen und die entsprechenden Callback-Funktionen geschachtelt werden – mitunter sehr schwer zu lesen sein (das Stichwort, nach dem Sie hier googeln müssten, ist »Callback Hell«).

Seit ES2015 gibt es daher mit *Promises* ein Konstrukt, das die asynchrone Programmierung übersichtlicher macht. Das Prinzip: Asynchrone Funktionen geben ein `Promise`-Objekt zurück, das nach Abschluss der jeweils implementierten asynchronen Operation entweder »resolved« (Normalfall) oder »rejected« (Fehlerfall) wird. Auf diese beiden Zustände kann man, wie in Listing 17.28 zu sehen, mit entsprechenden Methoden des `Promise`-Objekts (`then()` für den Normalfall und `catch()` für den Fehlerfall) reagieren.

```
function someAsyncFunctionWithPromise() {
  return new Promise((resolve, reject) => {
      const result = ...; // hier die asynchrone Berechnung
      resolve(result);
      // bei Fehlerfall: reject(error)
  });
}

someAsyncFunctionWithPromise()
  .then((result) => {
    console.log(`Ergebnis: ${result}`);
  })
  .catch((error) => {
    console.error(`Fehler: ${error}`);
  });
```

Listing 17.28 Asynchrone Programmierung mit Promises

Letztendlich programmiert man auch bei Promises an irgendeiner Stelle mit Callback-Funktionen (nämlich genau bei der Verwendung von `then()` und `catch()`), allerdings ist das Ganze geschickter verpackt, sodass die Lesbarkeit des Codes nicht leidet.

Die dritte Variante der asynchronen Programmierung über die Schlüsselwörter `async` und `await`, die in ES2017 eingeführt wurden, erhöht die Lesbarkeit sogar noch weiter, wie Listing 17.29 zeigt. Die asynchrone Funktion müssen Sie hierbei lediglich über das Schlüsselwort `async` als solche markieren. Anschließend können Sie die Funktion unter Angabe eines vorangestellten `await` aufrufen.

```
async function someAsyncFunction() {
  const result = ...; // hier die asynchrone Berechnung
  return result;
}

try {
  const result = await someAsyncFunction();
  console.log(`Ergebnis: ${result}`);
} catch (error) {
  console.error(`Fehler: ${error}`);
}
```

Listing 17.29 Asynchrone Programmierung mit async/await

Und das Gute – und damit kommen wir zu dem, was uns der Lösung des API-Inkompatibilitätsproblems näherbringt: Promises können in Kombination mit `async` und `await` verwendet werden.

```
function someAsyncFunctionWithPromises() {
  return new Promise((resolve, reject) => {
      const result = ...; // hier die asynchrone Berechnung
      resolve(result);
      // bei Fehlerfall: reject(error)
  });

}

try {
  const result = await someAsyncFunctionWithPromises();
  console.log(`Ergebnis: ${result}`);
} catch (error) {
  console.error(`Fehler: ${error}`);
}
```

Listing 17.30 Promises und async/await sind kompatibel.

Neue Kontakte anlegen

Das Anlegen von neuen Kontakten geschieht in der Methode `addContact()`, deren Implementierung Sie in Listing 17.31 sehen. Der Methode `run()` übergeben wir dabei die bereits bekannte `INSERT`-Anweisung, wobei wir innerhalb der Anweisung über Fragezeichen Platzhalter definieren. Diese Platzhalter werden zur Laufzeit mit den Werten ersetzt, die der Methode `run()` in Form eines Arrays als zweiter Parameter übergeben werden (die Methode sorgt dann für das korrekte Escaping, um beispielsweise *SQL-Injection* vorzubeugen, siehe Kapitel 20, »Webanwendungen absichern«.

Die Callback-Funktion, die der Methode `run()` als dritter Parameter übergeben wird, hat eine besondere Funktion: Sie wird aufgerufen, wenn der Datensatz erfolgreich angelegt wurde, und stellt in diesem Fall über `this.lastID` die für den Datensatz generierte ID zur Verfügung. Genau diese ID benötigen wir als Rückgabewert für `addContact()`, weswegen wir innerhalb der Callback-Funktion die `resolve()`-Funktion des Promises aufrufen und dabei die ID übergeben.

```
// ...
  async addContact(contact) {
    return new Promise((resolve, reject) => {
      db.run(
        `INSERT
          INTO contacts (firstName, lastName, email)
          VALUES (?, ?, ?)`,
```

```
        [ contact.firstName, contact.lastName, contact.email ],
        function () {
          resolve(this.lastID)
        }
      );
    })
  }
// ...
```

Listing 17.31 Hinzufügen von Kontakten

Kontakte abrufen

Die Implementierung der Methode getContacts() (Listing 17.32) ist vergleichsweise einfach. Die entsprechende SELECT-Anweisung, die wir der Methode all() des Datenbankobjekts übergeben, kennen Sie bereits aus Abschnitt 17.1.2, »Die Sprache SQL«. Da wir innerhalb der Anweisung keine Platzhalter verwenden, übergeben wir der Methode all() als zweiten Parameter lediglich ein leeres Array. Die als dritter Parameter übergebene Callback-Funktion wird von sqlite3 aufgerufen, wenn die Bearbeitung der Anweisung erfolgreich oder fehlerhaft war. Ist Letzteres der Fall, ist die Variable error gesetzt, und wir geben den Fehler entsprechend der reject()-Funktion an Promise weiter. Wurde die Anweisung erfolgreich ausgeführt, enthält der zweite Parameter der Callback-Funktion (rows) die entsprechenden Datensätze, die wir über resolve() »zurückgeben«.


```
// ...
  async getContacts() {
    return new Promise((resolve, reject) => {
      db.all(
        'SELECT * FROM contacts',
        [],
        (error, rows) => {
          if (error) {
            reject(error);
          } else {
            resolve(rows);
          }
        }
      );
    })
  }
// ...
```

Listing 17.32 Abrufen aller Kontakte

Einzelne Kontakte abrufen

Für die Implementierung der Methode getContact() begrenzen wir die SELECT-Anweisung durch eine WHERE-Klausel und übergeben – wieder unter Verwendung eines Platzhalters – die ID (Listing 17.33). Die SQL-Anweisung, den ID-Parameter und die Callback-Funktion übergeben wir dieses Mal der Methode get() des Datenbankobjekts. (Zur Erinnerung: Diese Methode gibt im Unterschied zu der vorhin verwendeten Methode all() maximal einen Datensatz zurück.)

Innerhalb der Callback-Funktion erhalten wir Aufschluss darüber, ob die Anfrage erfolgreich war oder ein Fehler aufgetreten ist, und verfahren genauso wie eben: Im Fehlerfall »rejecten« wir, im Normalfall geben wir über resolve() den gefundenen Datensatz zurück.

```
// ...
  async getContact(id) {
    return new Promise((resolve, reject) => {
      db.get(
        'SELECT * FROM contacts WHERE id = ?',
        [id],
        (error, row) => {
          if (error) {
            reject(error);
          } else {
            resolve(row);
          }
        }
      );
    });
  }
// ...
```

Listing 17.33 Abrufen einzelner Kontakte

Kontakte aktualisieren

Wie Sie Kontakte aktualisieren können, sehen Sie in Listing 17.34. Vom Prinzip her ist alles bekannt: Die UPDATE-Anweisung definieren Sie mit entsprechenden Platzhaltern, die der Methode run() in Form eines Arrays als zweiter Parameter übergeben werden. In der Callback-Funktion wiederum haben Sie Zugriff auf eventuelle Fehler bzw. den aktualisierten Datensatz.

```
// ...
  async updateContact(id, contact) {
    return new Promise((resolve, reject) => {
      db.run(
```

```
        `UPDATE contacts SET
          firstName = ?,
          lastName = ?,
          email = ?
        WHERE id = ?`,
        [
          contact.firstName,
          contact.lastName,
          contact.email,
          id
        ],
        (error, row) => {
          if (error) {
           reject(error);
          } else {
            resolve(row);
          }
        }
      );
    });
  }
// ...
```

Listing 17.34 Aktualisieren eines Kontakts

Kontakte löschen

Auch das Löschen von Datensätzen ist vom Prinzip her ähnlich (Listing 17.35). Die DELETE-Anweisung definieren Sie mit entsprechendem Platzhalter für die ID des Kontakts, übergeben selbige in Form eines Arrays und behandeln in der Callback-Funktion eventuelle Fehler bzw. den gelöschten Datensatz.

```
// ...
  async deleteContact(id) {
    return new Promise((resolve, reject) => {
     db.run(
        'DELETE FROM contacts WHERE id = ?',
        [id],
        (error, row) => {
          if (error) {
            reject(error);
          } else {
            resolve(row);
          }
        }
```

```
      );
    });
  }
// ...
```

Listing 17.35 Löschen eines Kontakts

Integration in den Webservice

Nachdem wir alle Methoden implementiert haben, fehlt noch die Integration in den Webservice. In der Datei *start.js*, die für das Starten des Webservices und für das Initialisieren der `ContactsManager`-Instanz zuständig ist, müssen wir dazu lediglich den Import von Letzterem anpassen. Statt der bisher verwendeten Datei *ContactsManager.js* laden wir jetzt die neue Datei *SQLiteContactsManager.js*. Der Rest bleibt exakt gleich. Und schon werden Kontakte nicht mehr nur in einer Map, sondern über SQLite gespeichert.

```
const express = require('express');
const ContactsManager = require('./SQLiteContactsManager');

const PORT = 8001;
const HOST = 'localhost';

const app = express();
app.use(express.json());

const contactsManager = new ContactsManager();

// ...
// Implementierung der Routen wie gehabt
// ...

const server = app.listen(PORT, () => {
  console.log(`Webservice läuft unter http://${HOST}:${PORT}`);
});
```

Listing 17.36 Nur der Import zu der neuen ContactsManager-Implementierung muss angepasst werden.

Hinweis

Anhand dieses Beispiels können Sie übrigens schön den Unterschied zwischen Schnittstelle (API) und Implementierung nachvollziehen. Die **Schnittstelle** in Form der Methoden, die wir in dem *start.js*-Script nutzen, ist nach wie vor dieselbe. Lediglich die **Implementierung** der Schnittstelle wurde ausgetauscht. Den Webservice mussten wir daher lediglich an der Stelle anpassen, an der die konkrete Implementierung referenziert wurde.

17.1.4 Objektrelationale Mappings

Bei der Verwendung von relationalen Datenbanken in Kombination mit objektorientierten Programmiersprachen steht man mitunter vor einem Konflikt: Auf der einen Seite möchte man im Programm mit Objekten arbeiten, auf der anderen Seite werden die entsprechenden Daten in der relationalen Datenbank in Form von Relationen gespeichert.

Manuelles Mapping von Relationen und Objekten

Wenn man jetzt Daten aus der Datenbank laden und in eine Objektform bringen möchte oder umgekehrt die Informationen eines Objekts in einer relationalen Datenbank speichern möchte, muss man die Daten entsprechend *mappen*.

Ansatzweise haben Sie das bereits in der Implementierung der `SQLiteContactsManager`-Klasse gesehen. Hier mussten wir beispielsweise beim Anlegen neuer Kontakte die Eigenschaften des Kontakt-Objekts der entsprechenden SQL-Anweisung als Parameter übergeben.

Beim Auslesen von Datensätzen aus der Datenbank hatten wir Glück: Bei den von sqlite3 zurückgegebenen Objekten (`row` bzw. `rows`) handelt es sich bereits um JSON, das dem Aufbau der Kontakt-Objekte entspricht. Insofern war hier bei der Implementierung kein zusätzliches Mapping notwendig. Würden wir mit geschachtelten Objekten arbeiten oder die Eigenschaften der Objekte auf mehrere Tabellen verteilen, wäre aber auch dieses Mapping aufwendig geworden.

Automatisches Mapping von Relationen und Objekten

Eine Möglichkeit, das Mapping von Objekten auf Relationen und umgekehrt zu automatisieren, sind sogenannte *Object-Relational Mappings* (kurz *ORM*) (Abbildung 17.7).

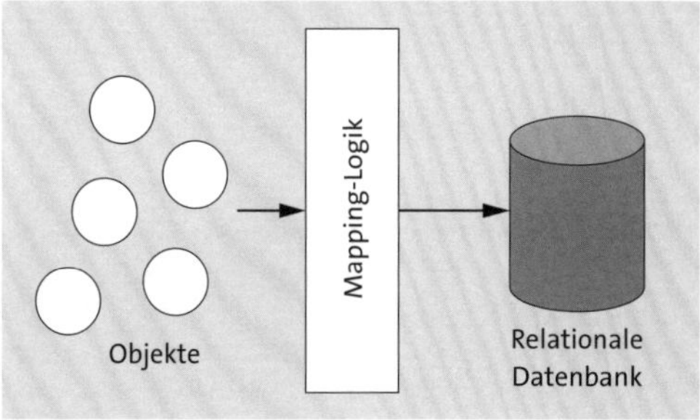

Abbildung 17.7 Das Prinzip von objektrelationalen Mappings

Innerhalb eines Programms definieren Sie beim Zugriff auf die Daten nicht direkt SQL-Statements der jeweiligen Datenbankanfragensprache, sondern arbeiten direkt mit Objekten, die den Zugriff auf die Datenbank *abstrahieren*.

Prinzipiell unterscheidet man bei dem Mapping von Objekten auf Relationen zwischen folgenden Varianten:

- **Eine Tabelle pro Vererbungshierarchie**: Bei dieser Variante werden die Eigenschaften eines Objekts (bzw. der zugehörigen Klasse) zusammen mit den Eigenschaften aller Unterklassen in einer einzigen Tabelle gespeichert (Abbildung 17.8). Um feststellen zu können, welche Klasse einem Datensatz in der Tabelle zugrunde liegt, und um ausgehend davon aus einem Datensatz entsprechende Objektinstanzen zu erzeugen, wird zusätzlich noch der Typ (beziehungsweise der Name der Klasse) in einer weiteren Spalte gespeichert.

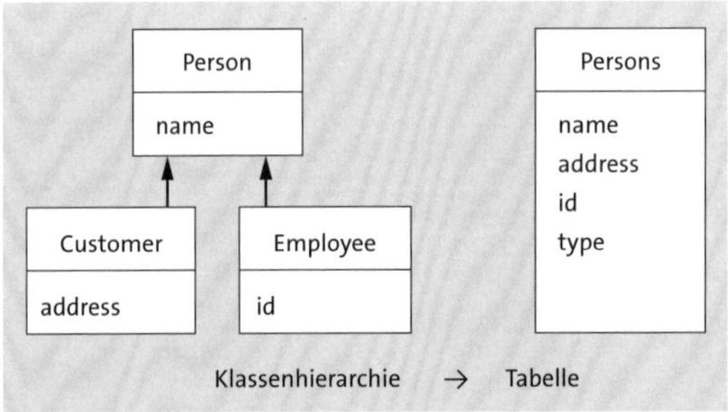

Abbildung 17.8 Eine Tabelle pro Vererbungshierarchie

- **Eine Tabelle pro Unterklasse**: Bei dieser Variante wird für jede Klasse einer Klassenhierarchie (das heißt sowohl für die Basisklasse als auch für alle ableitenden Unterklassen) jeweils eine eigene Tabelle verwendet. In jeder Tabelle werden dabei lediglich die **direkten** Eigenschaften der jeweiligen Klasse gespeichert (Abbildung 17.9).

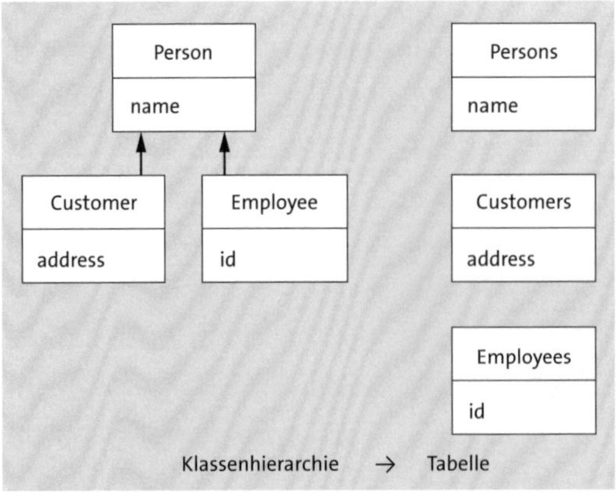

Abbildung 17.9 Eine Tabelle pro Unterklasse

Da sich die Klasse direkt aus der jeweiligen Tabelle ergibt, ist es nicht notwendig, diese Informationen wie bei der Variante »Eine Tabelle pro Vererbungshierarchie« in einer zusätzlichen Spalte zu speichern.

- **Eine Tabelle pro konkrete Klasse**: Diese Variante ähnelt der vorigen, verzichtet aber auf die Tabelle für die Basisklasse. Stattdessen werden die Eigenschaften der Basisklasse jeweils in jeder Tabelle der entsprechenden Unterklassen mitgespeichert (Abbildung 17.10).

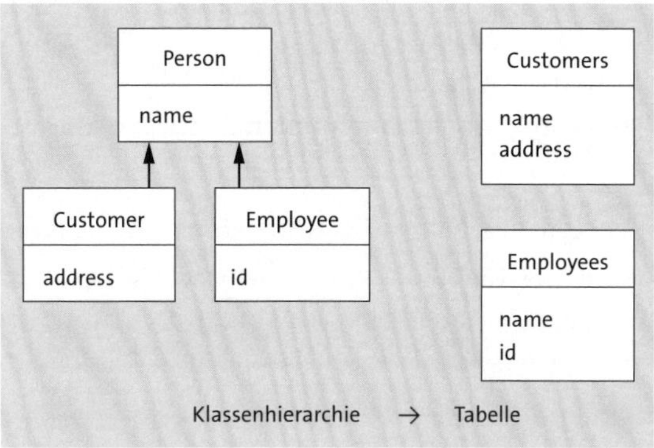

Abbildung 17.10 Eine Tabelle pro konkrete Klasse

ORMs sind spätestens dann sinnvoll, wenn Sie komplexe Objektstrukturen in relationalen Datenbanken speichern möchten. Für Node.js bietet sich dabei die Bibliothek Sequelize (*https://sequelize.org*) an, die unter anderem die SQL-Datenbanken PostgreSQL, MySQL, MariaDB und SQLite unterstützt. Alternativen dazu sind TypeORM (*https://typeorm.io*) und waterline (*https://waterlinejs.org*).

17.2 Nicht relationale Datenbanken

Lange Zeit waren relationale Datenbanken die am weitesten verbreitete Art von Datenbanken. In den letzten Jahren hat die Verbreitung von **nicht** relationalen Datenbanken jedoch enorm zugenommen, was vor allem den neuen Anforderungen der Datenhaltung geschuldet ist: Im heutigen Web müssen zum einen immer **mehr Daten** gespeichert werden, zum anderen müssen diese Daten immer **schneller abrufbar** sein.

Anwendungsbeispiele hierfür sind soziale Netzwerke wie Facebook oder Twitter, bei denen innerhalb von Sekunden Hunderttausende neuer Posts erstellt werden, und Suchmaschinen wie Google, bei denen – ebenfalls innerhalb von Sekunden – Hunderttausende von Suchanfragen verarbeitet und die entsprechenden Ergebnisse abgerufen werden.

Anforderungen, für die relationale Datenbanken nicht immer die geeignete Wahl sind.

17.2.1 Relationale vs. Nicht relationale Datenbanken

Nicht relationale Datenbanken sind speziell für bestimmte Anforderungen optimiert, hauptsächlich hinsichtlich des Erstellens von Daten (Stichwort soziale Netzwerke) und des Abrufens von Daten (Stichwort Suchmaschinen). Dazu verwenden nicht relationale Datenbanken zum einen **spezielle Datenstrukturen**, zum anderen sind sie häufig auch darauf spezialisiert, verteilt im Netzwerk betrieben zu werden, sprich, sich **horizontal skalieren** zu lassen, um einen schnellen Zugriff auf die Daten zu gewährleisten.

Während bei relationalen Datenbanken vor allem die **Konsistenz** der Daten das wichtigste Merkmal ist, ist es bei nicht relationalen Datenbanken die **Skalierbarkeit**: Hier ist es wichtiger, dass die Leistung der Datenbank bei zunehmender Datenmenge nicht so schnell abnimmt. Dazu nimmt man auch Inkonsistenzen in Kauf, die beispielsweise durch doppelte Datenhaltung entstehen können.

17.2.2 Die Funktionsweise von nicht relationalen Datenbanken

Pauschal lässt sich die Funktionsweise von nicht relationalen Datenbanken nicht auf eine einzelne beschränken. Nur eines ist dieser Art von Datenbanken gemeinsam: Sie verwenden für die Verwaltung der Daten **keine Relationen**, sondern andere Datenstrukturen.

Folglich lassen sich nicht relationale Datenbanken in weitere Untergruppen unterteilen, wobei vier am verbreitetsten sind, auf die ich im Folgenden kurz eingehen möchte:

- Key-Value-Datenbanken
- dokumentenorientierte Datenbanken
- Graphdatenbanken
- spaltenorientierte Datenbanken

17.2.3 Key-Value-Datenbanken

Key-Value-Datenbanken (auch: *Key-Value-Stores*) verwenden als Datenstruktur für die Speicherung von Daten sogenannte *assoziative Arrays*. Ein assoziatives Array besteht dabei aus einer Sammlung von Schlüssel-Wert-Paaren, in denen ein Schlüssel als eindeutige Kennung zum Abrufen eines ihm zugeordneten Wertes dient.

Werte können dabei primitive Datentypen wie Zahlen oder Strings sein, aber auch komplexe Objekte wie etwa JSON-Strukturen (Abbildung 17.11).

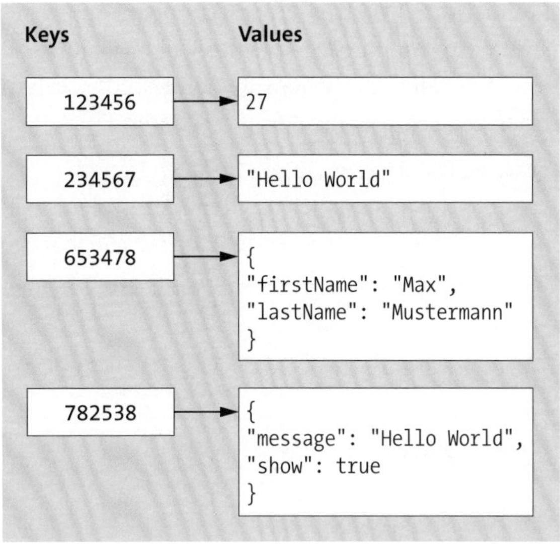

Abbildung 17.11 Das Prinzip von Key-Value-Datenbanken

Anwendungsfälle für Key-Value-Datenbanken

Im Gegensatz zu relationalen Datenbanken, die eine Datenstruktur definieren, die aus Tabellen mit Zeilen und Spalten mit vordefinierten Datentypen besteht, speichern Key-Value-Datenbanken die Daten als eine einzige flache Sammlung ohne Struktur oder Definition von Beziehungen zwischen Datensätzen.

Aufgrund der flachen Struktur sind Key-Value-Datenbanken sehr effizient: Statt wie bei relationalen Datenbanken über mehrere Tabellen hinweg Daten »zusammenzusuchen«, reicht bei Key-Value-Datenbanken ein einzelner Zugriff über den Schlüssel, und schon gelangt man an den entsprechenden (vollständigen) Datensatz.

Key-Value-Datenbanken eignen sich immer dann, wenn Sie mit Daten arbeiten, die bereits als Schlüssel-Wert-Paar aufgebaut sind, wie beispielsweise beim Session Handling (hier könnte die Session-ID als Schlüssel und die Session-Information als Wert gespeichert werden). Darüber hinaus sollten Sie Key-Value-Datenbanken vor allem dann in Betracht ziehen, wenn Sie die Performance einer (Web-)Anwendung durch einen zusätzlichen *Caching-Mechanismus* optimieren möchten.

Beispiele für Key-Value-Datenbanken

Beispiele für Key-Value-Datenbanken sind Redis (*https://redis.io*) und Memcached (*https://memcached.org*).

17.2.4 Dokumentenorientierte Datenbanken

Dokumentenorientierte Datenbanken (bzw. *dokumentenbasierte Datenbanken* oder auch *Document Stores*) sind eine Sonderform von Key-Value-Datenbanken (Abbildung 17.12). Die Werte sind hierbei immer sogenannte *Dokumente*, wobei nicht Dokumente im Sinne von Word-Dokumenten oder Ähnlichem gemeint sind, sondern Dokumente im Sinne einer strukturierten Zusammenstellung von Daten.

Die einzelnen Dokumente (die so gesehen Datensätzen in relationalen Datenbanken entsprechen) sind in sogenannten *Collections* gespeichert, dem Äquivalent von Tabellen bei relationalen Datenbanken. Üblicherweise werden dabei gleichartige Dokumente bzw. Dokumente mit ähnlicher Struktur in derselben Collection gespeichert.

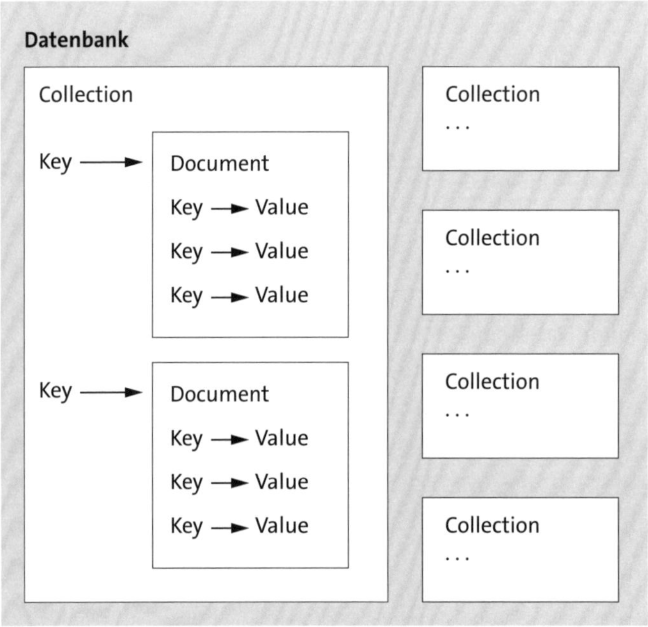

Abbildung 17.12 Das Prinzip von dokumentenorientierten Datenbanken

Innerhalb einzelner Dokumente können Daten ebenfalls in Form von Schlüssel-Wert-Paaren gespeichert werden. Dies gibt einem als Entwickler viel Freiheiten, was die Struktur der zu speichernden Datensätze/Dokumente angeht.

Im Unterschied zu relationalen Datenbanken, bei denen die verschiedenen Datensätze einem bestimmten Schema bzw. einer bestimmten Struktur entsprechen müssen, hat man bei dokumentenorientierten Datenbanken diesbezüglich keine Einschränkungen. Und während bei relationalen Datenbanken zusammengehörige

Daten oftmals über mehrere Tabellen verteilt sind (beispielsweise »Autoren« und »Bücher«), werden diese Daten bei dokumentenorientierten Datenbanken einfach in einem einzelnen Dokument gespeichert.

Formate für Dokumente

Übliche Formate für Dokumente sind JSON, XML, YAML (»YAML Ain't Markup Language«) und BSON (»Binary JSON«), wobei insbesondere das JSON-Format in diesem Zusammenhang sehr beliebt ist: Keines der anderen Formate (nicht mal XML!) kann auf allen Schichten einer Webanwendung so einfach verwendet werden.

> **Hinweis**
>
> Theoretisch könnten Sie Daten im JSON-Format von einem Ende einer Webanwendung bis zum anderen Ende »durchschleifen«, von der Clientseite über die Webservice-Schicht bis hin zur Datenbank (oder umgekehrt).

Anwendungsfälle für dokumentenorientierte Datenbanken

Aufgrund der hohen Flexibilität bezüglich der Struktur einzelner Datensätze lassen sich dokumentenorientierte Datenbanken immer dann gut verwenden, wenn Sie die genaue Struktur der Daten im Vorfeld nicht kennen oder wenn Sie die Struktur der Daten dynamisch ändern möchten (um beispielsweise auf neue Anforderungen reagieren zu können).

Bei relationalen Datenbanken müssten Sie beispielsweise beim Einfügen einer neuen Eigenschaft (in Form einer neuen Spalte) direkt die entsprechende Tabelle ändern und gegebenenfalls bestehende Datensätze anpassen. Bei dokumentenorientierten Datenbanken fügen Sie die neue Eigenschaft einfach dem jeweiligen Dokument hinzu.

Man muss relationalen Datenbanken an dieser Stelle allerdings zugutehalten, dass durch die gegebene Struktur der Daten auch zu einem gewissen Grad verhindert wird, dass ungültige bzw. falsch strukturierte Daten in die Datenbank gelangen. Bei dokumentenorientierten Datenbanken müssen Sie eine entsprechende Validierung der Daten innerhalb der Anwendungslogik bzw. der Persistenzschicht vornehmen (siehe Kapitel 12, »Webarchitekturen verstehen und einsetzen«).

Beispiele für dokumentenorientierte Datenbanken

Zwei der bekanntesten Beispiele für dokumentenorientierte Datenbanken sind MongoDB (*https://www.mongodb.com*) und CouchDB (*https://couchdb.apache.org*).

17.2.5 Graphdatenbanken

Bei *Graphdatenbanken* werden die Daten in Form von *Graphen* gespeichert. Ein Graph besteht aus verschiedenen *Knoten*, die durch *Kanten* miteinander verbunden sind (Abbildung 17.13). Die Knoten repräsentieren einzelne Datensätze, die Kanten repräsentieren die Beziehungen zwischen diesen Datensätzen, wobei zwischen einseitigen Beziehungen (gerichtete Kanten) und beidseitigen Beziehungen (ungerichtete Kanten) unterschieden wird.

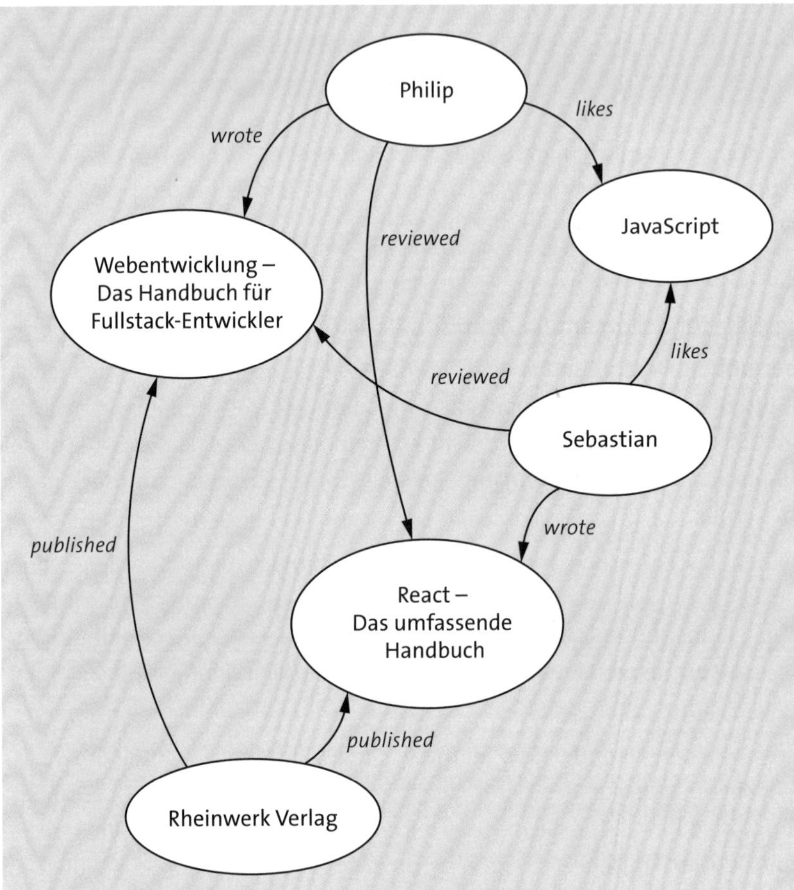

Abbildung 17.13 Das Prinzip von Graphdatenbanken

Zusätzlich verwenden Graphdatenbanken das Konzept sogenannter Property-Graphen. In einem solchen Graphen können den einzelnen Knoten und Kanten zusätzliche Eigenschaften (»Properties«) in Form von Key-Value-Paaren zugewiesen werden (Abbildung 17.14). Einzelne Knoten sind somit vergleichbar mit Dokumenten in dokumentenorientierten Datenbanken.

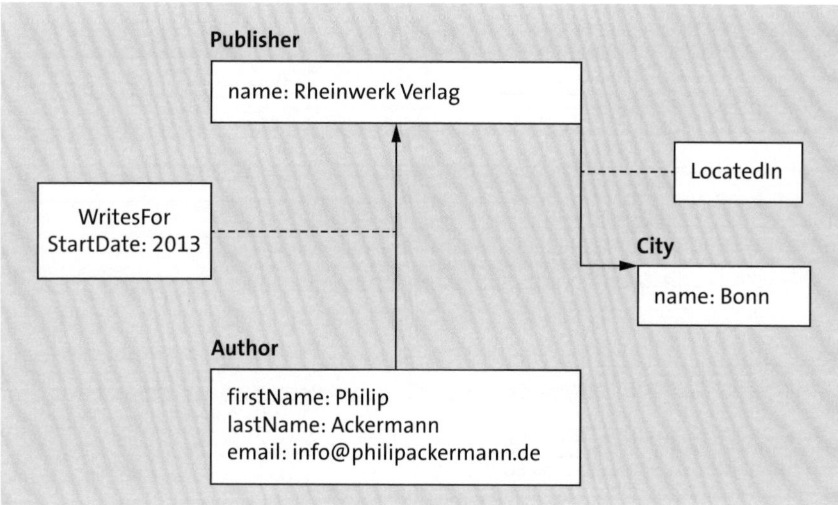

Abbildung 17.14 Knoten und Kanten können um Eigenschaften ergänzt werden.

Anwendungsfälle für Graphdatenbanken

Graphdatenbanken eignen sich immer dann gut, wenn man schnell anhand von Beziehungen zwischen Datensätzen bestimmte Daten ermitteln oder darauf zugreifen möchte.

Wenn Sie beispielsweise eine Funktionalität implementieren möchten, die dem Nutzer auf Basis der Historie von gekauften Produkten diejenigen Produkte vorschlagen soll, die von anderen Nutzern mit ähnlicher Einkaufshistorie gekauft wurden, sollten Sie eine Graphdatenbank in Betracht ziehen.

Auch für die Implementierung von sozialen Netzwerken bieten sich Graphdatenbanken an, weil sich das Netzwerk aus Nutzer, Posts, Likes etc. hervorragend über einen Graphen darstellen lässt.

Beispiele für Graphdatenbanken

Beispiele für Graphdatenbanken sind Neo4J (*https://neo4j.com/*) und ArangoDB (*https://www.arangodb.com/*).

17.2.6 Spaltenorientierte Datenbanken

Spaltenorientierte Datenbanken (*Column-oriented Databases*) sind Datenbanken, bei denen die Daten in Spalten gespeichert werden. Im Unterschied zu relationalen Datenbanken sind die einzelnen Spalten nicht Teil einer Tabelle, sondern werden separat verwaltet (Abbildung 17.15).

date
2020-01-01
2020-01-02
2020-01-03
2020-01-04
2020-01-05

price
20.5
21.7
18.6
25.5
27.5

amount
10
5
20
30
25

Abbildung 17.15 Das Prinzip von spaltenorientierten Datenbanken

Die Daten der einzelnen Spalten wiederum werden nach ihrer Reihenfolge entsprechend verknüpft. Das heißt, der erste Eintrag in einer Spalte ist mit dem ersten Eintrag in den anderen Spalten verknüpft, der zweite Eintrag mit den jeweils zweiten Einträgen der anderen Spalten und so weiter.

Anwendungsfälle für spaltenorientierte Datenbanken

Spaltenorientierte Datenbanken eignen sich immer dann gut, wenn nur auf bestimmte Eigenschaften bzw. Spalten von Datensätzen zugegriffen werden muss, beispielsweise zur Auswertung von Daten.

Wenn ein Datensatz beispielsweise zehn Spalten aufweist, Sie aber nur die Daten einer einzelnen Spalte benötigen, ist der Zugriff bei spaltenorientierten Datenbanken sehr viel schneller (weil nicht so viele Festplattenzugriffe notwendig sind). Statt wie bei relationalen (zeilenorientierten) Datenbanken immer zeilenweise die Daten auszulesen, kann bei spaltenorientierten Datenbanken direkt auf die relevante Spalte zugegriffen werden.

Beispiele für spaltenorientierte Datenbanken

Zwei der bekanntesten spaltenorientierten Datenbanken sind *Apache Cassandra* (*https://cassandra.apache.org/*) und *Apache HBase* (*https://hbase.apache.org*).

17.3 Zusammenfassung und Ausblick

In diesem Kapitel haben Sie die wesentlichen Konzepte in Bezug auf Datenbanken kennengelernt. Sie haben gesehen, welche verschiedenen Arten von Datenbanken es gibt, und wissen, welche Datenbank für welchen Anwendungsfall geeignet ist.

17.3.1 Die wichtigsten Punkte

Folgende Übersicht fasst die wichtigsten Punkte zusammen:

- Grundsätzlich unterscheidet man zwischen *relationalen Datenbanken* und *nicht relationalen Datenbanken*.
- Relationale Datenbanken werden aufgrund der verwendeten Abfragesprache *SQL* (*Structured Query Language*) auch als *SQL-Datenbanken* bezeichnet, nicht relationale Datenbanken als *NoSQL*-Datenbanken, auch wenn Letzteres streng genommen nicht ganz richtig ist, weil auch bei nicht relationalen Datenbanken Abfragesprachen zum Einsatz kommen, die zumindest von der Syntax her sehr ähnlich zu SQL sind.
- Bei relationalen Datenbanken werden die Daten in *Relationen* gespeichert.
- Über die Abfragesprache SQL haben Sie die Möglichkeit, mit Datenbanken zu kommunizieren. Folgende SQL-Anweisungen haben Sie kennengelernt:
  - `CREATE TABLE`, um neue Tabellen anzulegen
  - `INSERT`, um neue Datensätze in Tabellen zu speichern
  - `SELECT`, um die Datensätze von Tabellen ausgeben zu lassen (über die `WHERE`-Klausel können Sie dabei bestimmen, welche Bedingungen die Datensätze erfüllen müssen, die ausgegeben werden)
  - `UPDATE`, um Datensätze zu aktualisieren
  - `DELETE`, um Datensätze zu löschen
- Bei nicht relationalen Datenbanken werden die Daten nicht in Relationen, sondern auf andere Art bzw. in anderen Datenstrukturen gespeichert.
- Nicht relationale Datenbanken lassen sich weiter klassifizieren:
  - *Key-Value-Datenbanken* verwenden als Datenstruktur *assoziative Arrays* und speichern die Daten in Form von Schlüssel-Wert-Paaren.
  - *Dokumentenorientierte Datenbanken* sind eine Sonderform von Key-Value-Datenbanken und verwenden als Werte für die Speicherung von Daten sogenannte *Dokumente*.
  - *Graphdatenbanken* speichern die Daten in Form von *Graphen*, wobei die *Knoten* des Graphen einzelne Datensätze und die *Kanten* die Beziehungen zwischen diesen Datensätzen repräsentieren.
  - *Spaltenorientierte Datenbanken* speichern die Daten in Spalten, wobei die einzelnen Spalten nicht Teil einer Tabelle sind, sondern separat verwaltet werden.

17

17.3.2 Weiterführende Literatur

Je nachdem, mit welcher Art von Datenbank oder mit welcher konkreten Datenbank Sie sich im Detail beschäftigen möchten, ist es natürlich sinnvoll, sich ein Buch zu genau diesem Thema zuzulegen.

Einen guten Ausgangspunkt bildet dabei folgende Auswahl:

- Zum Thema **relationale Datenbanken**:
  - Anthony Molinaro: »SQL Cookbook: Query Solutions and Techniques for Database Developers« (2005)
- Zum Thema **nicht relationale Datenbanken allgemein**:
  - Pramod Sadalage: »NoSQL Distilled: A Brief Guide to the Emerging World of Polyglot Persistence« (2009)
- Zum Thema **dokumentenorientierte Datenbanken**:
  - Shannon Bradshaw, Kristina Chodorow, Eoin Brazil: »MongoDB: The Definitive Guide: Powerful and Scalable Data Storage« (2019)
- Zum Thema **Graphdatenbanken**:
  - Mark Needham, Amy E. Hodler: »Graph Algorithms: Practical Examples in Apache Spark and Neo4j« (2019)
- Zum Thema **Key-Value-Datenbanken**:
  - Dr. Josiah L Carlson: »Redis in Action« (2013)
- Zum Thema **spaltenorientierte Datenbanken**:
  - Jeff Carpenter, Eben Hewitt: »Cassandra: The Definitive Guide: Distributed Data at Web Scale« (2020)

17.3.3 Ausblick

Mit diesem Kapitel haben Sie nun alle Schichten einer Webanwendung kennengelernt. Bevor ich Ihnen im übernächsten Kapitel zeige, welche Möglichkeiten Sie haben, eine Webanwendung so vorzubereiten, dass sie auf einem Server installiert werden kann, erfahren Sie im nächsten Kapitel, wie Sie Webanwendungen automatisiert testen können.

Kapitel 18
Webanwendungen testen

Um zu verhindern, dass Bugs in Ihren Code gelangen, sollten Sie Anwendungen durch automatisierte Tests absichern. Wie das funktioniert, welche verschiedenen Arten von Tests es gibt und welches die wichtigsten Begriffe in diesem Zusammenhang sind, erfahren Sie in diesem Kapitel.

Je komplexer eine Anwendung wird und je mehr Code die Anwendung enthält, desto schwieriger wird es oftmals, bei Änderungen am Code oder bei Hinzufügen von neuem Code die Nebenwirkungen abzuschätzen und sicherzustellen, dass der neue Code keine neuen Bugs enthält und der bestehende Code noch so funktioniert, wie er soll. Um Problemen entgegenzuwirken, kann es helfen, den Code einer Anwendung automatisiert zu testen. Dies betrifft – wie Abbildung 18.1 veranschaulicht – den gesamten Stack einer Anwendung, sprich sowohl den clientseitigen Code als auch den serverseitigen.

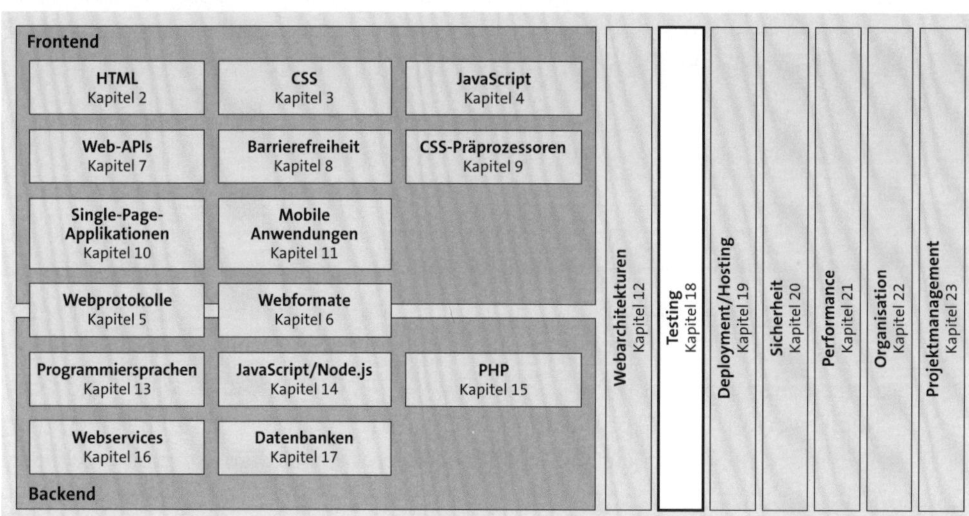

Abbildung 18.1 Das Testen hilft Ihnen dabei, qualitativ hochwertige Webapplikationen zu entwickeln.

18.1 Automatisierte Tests

Automatisierte Tests sind in der Softwareentwicklung Techniken zum (automatisierten) Testen und Vergleichen des **tatsächlichen Ergebnisses** mit dem **erwarteten Ergebnis**. Man testet also beispielsweise, ob eine Funktion bei gegebenen Parametern das Ergebnis zurückgibt, das man erwartet.

18.1.1 Einführung

Angenommen, Sie haben eine Funktion implementiert, die die Summe von zwei ihr übergebenen Zahlenwerten berechnen soll. Ein automatisierter Test würde nun die Funktion mit verschiedenen Zahlenwerten aufrufen (beispielsweise mit 5 und 6 oder mit –2 und –7) und prüfen, ob das von der Funktion zurückgegebene Ergebnis dem erwarteten Ergebnis (hier: 11 bzw. –9) entspricht.

In der Praxis sind Funktionen natürlich oftmals komplexer als die beschriebene Summenfunktion. Denken Sie beispielsweise an Funktionen, die Daten nach bestimmten Kriterien sortieren, HTML-Code generieren, E-Mail-Adressen validieren oder Anfragen an einen Webservice stellen.

Vorteil von automatisierten Tests ist, dass Sie als Entwickler solche Funktionalitäten nicht selber manuell testen müssen. Sind die Tests einmal geschrieben, können sie immer wieder aufgerufen werden und Ihnen viel Arbeit abnehmen. Und das wiederholte Testen wiederum – und das ist der eigentliche, entscheidende Vorteil – stellt sicher, dass sich durch neuen Code oder Änderungen an bestehendem Code keine Bugs in den Code schleichen. Denn diese würden durch automatisierte Tests frühzeitig erkannt.

Zusammenfassend haben automatisierte Tests folgende Vorteile:

- **Saubere Schnittstellen**: Wenn Sie zuerst die Tests schreiben, bevor Sie mit der Implementierung beginnen (im Rahmen des sogenannten *Test Driven Developments*), machen Sie sich mehr Gedanken darüber, wie die Schnittstelle (API) des zu testenden Codes aussehen muss. Die API bleibt dadurch in der Regel übersichtlicher, als wenn man direkt (unüberlegt) mit der Implementierung loslegen würde.
- **Refactoring**: Automatisierte Tests stellen sicher, dass bei Änderungen und Optimierungen an der entsprechenden Komponente (dem sogenannten *Refactoring*) die Funktionalität die gleiche bleibt und noch genauso funktioniert wie in den Tests gefordert. So können Sie ruhigen Gewissens Änderungen am Quelltext vornehmen, ohne dass Sie Angst haben müssen, dadurch bestehende Funktionalität kaputt zu machen und Bugs einzubauen.
- **Testbarkeit**: Indem Sie **zuerst** Tests schreiben, stellen Sie sicher, dass Ihr Code einfacher zu testen ist. Code, für den Sie erst **nachträglich** Tests schreiben, ist häufig schwierig zu testen.

Manuelle Tests

Das Gegenstück zu automatisierten Tests sind *manuelle Tests* bzw. *Nutzertests*. Tatsächlich haben auch diese Arten von Tests ihre Daseinsberechtigung. Einige Aspekte wie beispielsweise die *Usability* (*Gebrauchstauglichkeit*) eines User Interfaces – also wie gut es sich bedienen lässt – müssen beispielsweise manuell bzw. durch Nutzer getestet werden. Ich möchte im Folgenden aber ausschließlich auf automatisierte Tests eingehen.

18.1.2 Arten von Tests

Prinzipiell unterscheidet man verschiedene Arten von Tests. Im Folgenden stelle ich Ihnen diejenigen kurz vor, die bei der Entwicklung von Webanwendungen besonders wichtig sind. Die verschiedenen Testarten werden dabei zur Veranschaulichung oftmals in der sogenannten *Testpyramide* angeordnet (Abbildung 18.2). Dabei gilt:

- Je tiefer eine Testart in dieser Pyramide, desto mehr Tests dieser Art sollte es geben, und je höher eine Testart in der Pyramide, desto weniger Tests sollten ausreichen.
- Je tiefer eine Testart, desto schneller sollten entsprechende Tests ausgeführt werden, und je höher eine Testart, desto länger darf die Ausführung eines Tests dauern.
- Je tiefer eine Testart, desto einfacher strukturiert sollten entsprechende Tests sein, und je höher eine Testart, desto komplexer darf der Test sein.
- Je tiefer eine Testart, desto weniger Abhängigkeiten von anderen Teilen sollten vorhanden sein, und je höher eine Testart, desto mehr Abhängigkeiten darf es geben.

In der Literatur finden sich verschiedene Darstellungen dieser Pyramide (mit mal mehr, mal weniger Ebenen), wobei die drei folgenden wesentlichen Testarten üblich sind:

- Komponententests
- Integrationstests
- End-to-End-Tests

Darüber hinaus sind im Kontext von Webanwendungen noch folgende Testarten relevant, die jedoch unabhängig von der Testpyramide anzuordnen sind:

- Kompatibilitätstests
- Performancetests
- Sicherheitstests

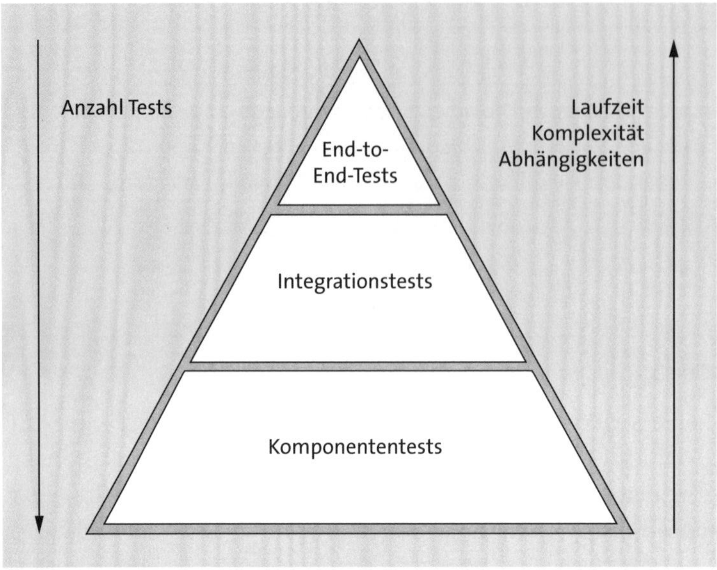

Abbildung 18.2 Die verschiedenen Testarten in der Testpyramide

Lassen Sie uns im Folgenden schauen, was unter diesen Testarten zu verstehen ist.

Komponententests

Komponententests (bzw. auch *Modultests* oder *Unit-Tests* genannt) bezeichnen das Testen **einzelner Komponenten**. Komponenten können hierbei einzelne Funktionen, Klassen oder Module sein, also all das, was in der Regel sehr gut in Isolation getestet werden kann, ohne dass eine aufwendige *Testumgebung* aufgesetzt werden müsste.

Integrationstests

Während Sie mit Komponententests einzelne Komponenten einer Applikation testen, dienen *Integrationstests* dazu, das **Zusammenspiel verschiedener Komponenten** zu testen. Sie testen also die Integration verschiedener Komponenten und stellen sicher, dass die verschiedenen Komponenten korrekt zusammenarbeiten. Gegenüber Komponententests sind Integrationstests bezüglich des Vorbereitens der Testumgebung und des Schreibens der Tests meistens aufwendiger und dauern oftmals auch in der Ausführung länger.

End-to-End-Tests

Mit *End-to-End-Tests* (kurz *E2E-Tests* oder alternativ auch *Funktionstests* und im Kontext von Webapplikationen auch *Browser-Tests* genannt) bezeichnet man das Testen von vollständigen Funktionalitäten einer Applikation. Man geht also noch einen

Schritt weiter als bei Integrationstests und testet die gesamte Applikation von einem Ende (dem Frontend) bis zum anderen Ende (dem Backend bzw. der Datenbank). Zum Einsatz kommen hier unter anderem Tools, mit deren Hilfe Browser simuliert und Nutzeraktionen ausgeführt werden können.

Kompatibilitätstests

Bei der Fülle von Browsern, verschiedenen Versionen und Betriebssystemen ist es mittlerweile unmöglich, eine Webapplikation für alle Kombinationen manuell zu testen. *Kompatibilitätstests* (oder im Kontext von Webapplikationen auch *Cross-Browser-Tests*) bezeichnen das Testen der Kompatibilität einer Anwendung in verschiedenen (Browser-)Umgebungen und/oder auf verschiedenen Betriebssystemen. Bezogen auf Webapplikationen kann mithilfe von Cross-Browser-Tests ermittelt werden, ob eine Webapplikation in einem bestimmten Browser oder in einer bestimmten Version eines Browsers lauffähig ist bzw. welche Features unterstützt werden und welche nicht.

Performancetests

Mithilfe von *Performancetests* (auch *Leistungstests*) können Sie die Performance einer Applikation messen. Dabei unterscheidet man grundsätzlich zwischen verschiedenen Arten von Performancetests: Die einfachste Form sind sogenannte *Lasttests* (*Load-Tests*), bei denen eine Applikation unter Last gesetzt wird, um ihr Verhalten unter dieser Last zu analysieren. Beispiele hierfür sind die Simulation einer hohen Anzahl gleichzeitiger Nutzer, die Interaktionen durchführen, oder das Senden einer hohen Anzahl von HTTP-Anfragen an einen Webservice. Eine andere Form von Performancetests sind sogenannte *Stresstests*. Diese Art von Tests wird dazu verwendet, die oberen Kapazitätsgrenzen und das Verhalten der Anwendung unter extremer Auslastung zu ermitteln.

Sicherheitstests

Über *Sicherheitstests* können Sie ermitteln, ob eine Webapplikation Schwachstellen bezüglich der Sicherheit aufweist. Welche Schwachstellen es generell bei Webapplikationen geben kann und wie man diesen vorbeugen kann, schauen wir uns gesondert in Kapitel 20, »Webanwendungen absichern«, an.

> **Hinweis**
>
> Eine Übersicht über verschiedene Tools für alle genannten Testarten finden Sie in Anhang C, »Tools und Befehlsreferenzen«. Ein Tool für die Implementierung und das Ausführen von Unit-Tests lernen Sie bereits später in diesem Kapitel kennen.

18.1.3 Testgetriebene Entwicklung

Wenn man das automatisierte Testen als festen Bestandteil in den Entwicklungsprozess aufnimmt, spricht man von *testgetriebener Entwicklung* bzw. *Test Driven Development* (kurz *TDD*).

Den Ursprung hat die testgetriebene Entwicklung in einer Methode der *agilen Softwareentwicklung*, dem sogenannten *Extreme Programming*. Die grundlegende Idee der testgetriebenen Entwicklung ist ein iteratives Vorgehen: Bevor man mit der Implementierung einer neuen Komponente beginnt, legt man zunächst über Tests fest, was die zu implementierende Komponente leisten soll. Innerhalb des Tests werden also die Anforderungen an die zu implementierende Komponente definiert.

Hinweis

Bei der testgetriebenen Entwicklung unterscheidet man zwischen dem »Testen im Kleinen«, also auf Ebene von Komponententests, und dem »Testen im Großen«, also auf Ebene von Integrationstests etc. Im Folgenden möchte ich Ihnen die testgetriebene Entwicklung anhand von Komponententests erläutern.

Aufbau von Komponententests

Lassen Sie uns zunächst schauen, wie ein Komponententest (bzw. im Folgenden, weil gebräuchlicher, Unit-Test genannt) aufgebaut ist. Ein einzelner Unit-Test besteht aus einem oder mehreren *Testfällen* (*Test-Cases*), wobei Testfälle in sogenannten *Test-Suites* zusammengefasst werden können. Innerhalb eines Testfalls formulieren Sie über sogenannte *Assertions* die Anforderungen an die zu implementierende Komponente.

Testgetriebene Entwicklung auf Basis von Komponententests

Die testgetriebene Entwicklung ist ein iteratives Vorgehen, bei dem Sie nach und nach die geforderte Funktionalität implementieren und schrittweise durch Tests absichern. Eine einzelne Iteration besteht dabei aus den folgenden Schritten (Abbildung 18.3):

- **Schreiben des Tests**: Bevor Sie mit der Implementierung beginnen, definieren Sie über einen Unit-Test mithilfe von Assertions die Anforderungen an die zu implementierende Komponente.
- **Ausführen des Tests**: Nach der Implementierung des Tests führen Sie diesen aus, wobei der Test zu diesem Zeitpunkt in der Regel fehlschlägt, da die Komponente (bzw. die entsprechende Funktionalität) noch nicht implementiert wurde. Da das

Ausführen von Unit-Tests oft visuell durch Tools unterstützt und dabei ein fehlgeschlagener Test durch die Farbe Rot repräsentiert wird, nennt man diesen Schritt der Iteration auch kurz »Red« oder »Fail«, sprich »Fehlgeschlagen«.

- **Implementierung der Funktionalität**: Im nächsten Schritt implementieren Sie die Komponente mit dem Ziel, die Anforderungen des Tests zu erfüllen, sodass dieser bei erneuter Ausführung von »Red« auf »Green« bzw. von »Fail« auf »Pass« wechselt, von »Fehlgeschlagen« auf »Bestanden«.
- **Erneutes Ausführen des Tests**: Ob Sie die Anforderungen korrekt implementiert haben, können Sie durch erneutes Ausführen des Tests überprüfen. Erst wenn der Test bestanden ist, gehen Sie zum nächsten Schritt über. Schlägt der Test dagegen weiterhin fehl, passen Sie die Implementierung entsprechend an und wiederholen anschließend den Testversuch.
- **Refactoring**: Im nächsten Schritt der Iteration haben Sie nun die Möglichkeit, den Code für die zuvor implementierte Komponente zu verbessern bzw. zu optimieren, beispielsweise um Duplikate im Code zu entfernen. Durch erneutes Ausführen des Tests können Sie dabei immer wieder sicherstellen, dass die Komponente die Anforderungen weiterhin korrekt implementiert und dass Sie durch die Optimierungen am Code nichts »verschlimmbessern«.

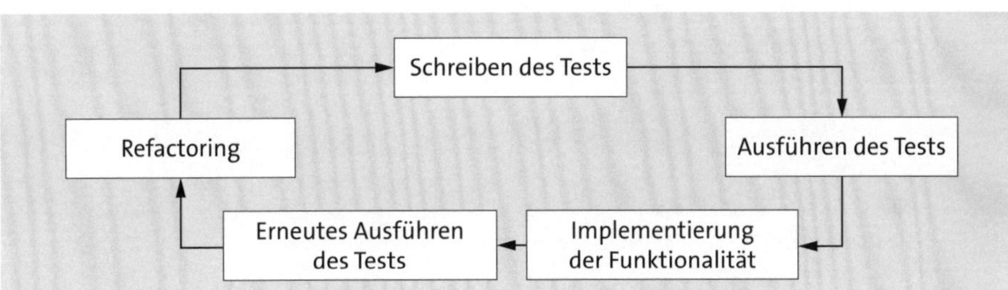

Abbildung 18.3 Workflow der testgetriebenen Entwicklung

> **Begriffsdefinition**
> Eine Komponente, die getestet wird, bezeichnet man auch als *System Under Test* (*SUT*).

Aufbau einzelner Testfälle

Einzelne Testfälle sind vom Aufbau her immer gleich und in vier Phasen eingeteilt (Abbildung 18.4):

❶ **Setup-Phase**: In dieser Phase wird zunächst ein bestimmter Anfangszustand für die zu testende Komponente initialisiert, beispielsweise ein bestimmter Aufbau einer Objektstruktur, die als Parameter für eine Funktion dienen soll. Dieser

Anfangszustand wird auch als *Test-Fixture* oder *Testkontext* bezeichnet. Er bildet den Ausgangspunkt für den Testfall.

❷ **Exercise-Phase**: Auf den Code für die Setup-Phase folgt der Code, der getestet werden soll. Beispielsweise rufen Sie hier eine zu testende Funktion oder Methode auf.

❸ **Verify-Phase**: In der darauffolgenden Phase überprüfen Sie mithilfe der eingangs erwähnten Assertions, ob die realen Ergebnisse der getesteten Komponente den erwarteten Ergebnissen entsprechen, beispielsweise ob der Rückgabewert einer getesteten Funktion dem erwarteten Wert entspricht.

❹ **Teardown-Phase**: Analog zu der Setup-Phase, in der Sie initiale Konfigurationsarbeiten ausführen können, haben Sie in der Teardown-Phase die Möglichkeit, Aufräumarbeiten durchzuführen, beispielsweise Datenbankverbindungen zu trennen, im Rahmen des Tests angelegte Daten wieder zu löschen oder Ähnliches.

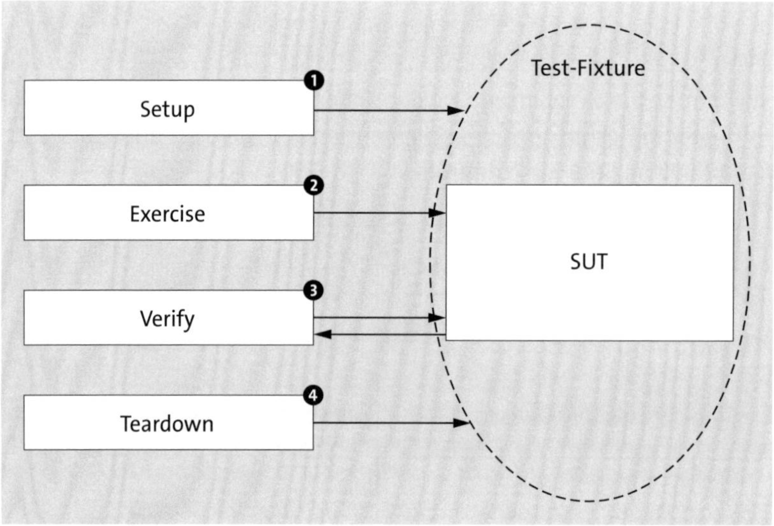

Abbildung 18.4 Aufbau einzelner Testfälle

Hinweis

Idealerweise sollten Unit-Tests so strukturiert sein, dass sie den zu testenden Code in **Isolation** prüfen.

Das bedeutet zum einen, dass Sie **Abhängigkeiten** von anderen Teilen der Anwendung (beispielsweise von Datenbanken) **vermeiden** sollten.

Zum anderen sollten Sie einzelne Unit-Tests so strukturieren, dass sie **unabhängig voneinander** sind: Die Reihenfolge, in der die Tests ausgeführt werden, sollte keinen Einfluss auf die Testergebnisse haben. Mit anderen Worten: Jeder Test sollte für sich alleine lauffähig sein.

AAA: Arrange, Act, Assert

Alternativ zu den vier genannten Phasen spricht man auch oft nur von den drei Phasen *Arrange* (entspricht der Setup-Phase), *Act* (entspricht der Exercise-Phase) und *Assert* (entspricht der Verify-Phase), die zusammenfassend als *AAA* bezeichnet werden.

18.1.4 Automatisierte Tests in JavaScript ausführen

Für die meisten Programmiersprachen gibt es Tools für das Schreiben und Ausführen von automatisierten Unit-Tests. Im Folgenden möchte ich Ihnen exemplarisch zeigen, wie Sie mit dem Test-Framework Jest (*https://jestjs.io/*) Unit-Tests für JavaScript schreiben können.

Unit-Tests vorbereiten

Als Beispiel verwenden wir die `ContactsManager`-Klasse aus Kapitel 16, »Webservices implementieren«, also die Version, die noch nicht mit der Datenbank kommuniziert, sondern die Kontakte in einer Map im Speicher verwaltet.

Prinzipiell verwaltet man Komponententests in einem separaten Verzeichnis (üblicherweise *test* oder *tests* genannt) und dort in einer Hierarchie, die der Hierarchie der entsprechenden Quelltextdatei entspricht. Wenn wir also die `ContactsManager`-Klasse (für dieses Beispiel) in dem Verzeichnis *src/contacts* ablegen, legen wir die Testdatei für die Klasse in das Verzeichnis *test/contacts*.

Als Namen für eine Testdatei verwendet man üblicherweise den Namen der zu testenden Quelltextdatei gefolgt von einem »test«. Für das Beispiel ergibt das also den Namen *ContactsManager.test.js*. Damit ist auf den ersten Blick sowohl sichtbar, dass es sich um eine Testdatei handelt, als auch, auf welche Quelltextdatei sich die Testdatei bezieht.

Insgesamt ergibt sich also die in Abbildung 18.5 gezeigte Verzeichnis- bzw. Dateistruktur (aus Gründen der Übersichtlichkeit habe ich alles in ein separates Package »contacts-manager« gepackt, das Sie wie immer im Downloadbereich zum Buch finden).

Hinweis

Eine andere Variante ist, Testdateien direkt in dasselbe Verzeichnis der Dateien zu legen, die durch die Tests überprüft werden. Auf diese Weise findet man die Testdateien noch schneller. Allerdings sollten Sie – unabhängig davon, wo Sie die Testdateien ablegen – immer darauf achten, dass Testdateien während des Deployments nicht mit in das Produktivsystem gelangen.

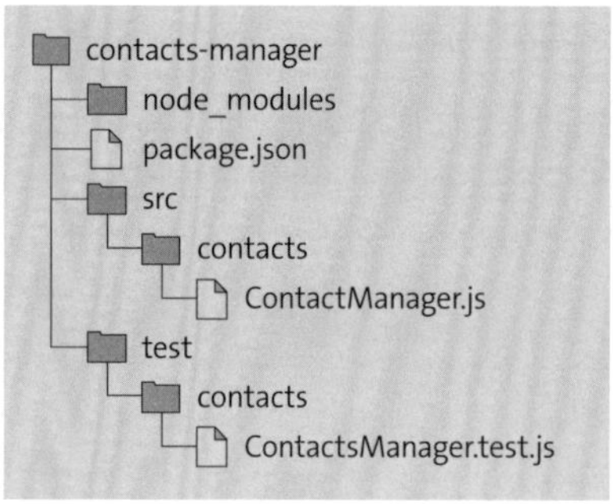

Abbildung 18.5 Der Aufbau des Beispiel-Packages inklusive des Verzeichnisses für die Tests

Unit-Tests schreiben

Den Quelltext für den Unit-Test sehen Sie in Listing 18.1. Zunächst wird die zu testende Klasse wie gewohnt über `require()` eingebunden. Anschließend definieren Sie mithilfe der Helferfunktion `test()` einen einzelnen Test-Case. Die Funktion `test()` steht implizit zur Verfügung, wenn wir die Testdatei (gleich) mithilfe von Jest ausführen, und sie kann innerhalb einer Testdatei auch mehrfach verwendet werden, wenn Sie mehrere Test-Cases definieren möchten.

Der Funktion übergibt man als ersten Parameter eine sinnvolle textuelle Beschreibung (das erleichtert später bei der Ausführung die Zuordnung) und als zweiten Parameter – in Form einer Funktion – den Test an sich.

Der im Listing gezeigte Test soll die Methode `addContact()` testen und besteht dabei wie vorhin beschrieben aus den vier Phasen Setup, Execute, Verify und Teardown:

- In der **Setup-Phase** erzeugen wir eine Objektinstanz von `ContactsManager` sowie ein Kontakt-Objekt.
- In der **Execute-Phase** rufen wir die zu testende Methode `addContact()` auf und übergeben dabei das Kontakt-Objekt.
- In der anschließenden **Verify-Phase** überprüfen wir mithilfe der Funktion `expect()`, dass genau ein Kontakt in der Kontaktliste ist. Bei dieser Funktion handelt es sich ebenfalls um eine Helferfunktion von Jest, mit deren Hilfe Sie genau solche Anforderungen (Assertions) über sogenannte *Matcher* sicherstellen können. Der im Beispiel verwendete Matcher `toBe()` prüft in diesem Fall, ob die Variable `numberOfContacts` genau den Wert »1« hat. Ist dies nicht der Fall, schlägt der Test fehl. Hat die Variable den geforderten Wert, ist die Überprüfung und damit der Test erfolgreich.
- In der **Teardown-Phase** sind in dem vorliegenden Fall keine Schritte notwendig. Grundsätzlich könnten Sie hier wie erwähnt Daten, die im Rahmen des Tests erzeugt wurden (beispielsweise temporäre Dateien), wieder auf den Ursprungszustand zurücksetzen (beispielsweise die temporären Dateien löschen).

```
const ContactsManager = require('../../src/contacts/ContactsManager');

test('addContact() should add a contact', async () => {
  // Setup-Phase
  const contactsManager = new ContactsManager();
  const contact = {
    firstName: 'Max',
    lastName: 'Mustermann',
    email: 'max.mustermann@example.com',
  };

  // Execute-Phase
  await contactsManager.addContact(contact);

  // Verify-Phase
  const numberOfContacts = contactsManager._contacts.size;
  expect(numberOfContacts).toBe(1);

  // Teardown-Phase
});
```

Listing 18.1 Ein Komponententest in JavaScript

> **Hinweis**
>
> Neben toBe() stellt Jest eine Reihe von weiteren Matchern bereit und kann darüber hinaus auch um eigene Matcher erweitert werden. Weitere Informationen über diese umfangreiche und flexible API finden Sie unter *https://jestjs.io/docs/en/expect*.

Komponententests ausführen

Um Jest auszuführen, verwenden Sie am einfachsten den Befehl npx, der seit Version 5.2.0 Bestandteil des Node.js Package Managers npm ist und mit dessen Hilfe sich Kommandozeilentools einfacher ausführen lassen. Um Jest – und damit die im jeweiligen Projekt vorhandenen Tests – auszuführen, genügt dabei der Befehl npx jest:

```
$ npx jest
 PASS  test/contacts/ContactsManager.test.js
  ✓ addContact() should add a contact (1 ms)

Test Suites: 1 passed, 1 total
Tests:       1 passed, 1 total
```

```
Snapshots:   0 total
Time:        1.369 s
Ran all test suites.
```

Listing 18.2 Ausführen von Tests mit Jest

An der Ausgabe erkennen Sie, welche Tests ausgeführt wurden, wie viele Tests ausgeführt wurden, welche Tests erfolgreich waren und welche nicht und wie lange die Testausführung gedauert hat.

18.2 Testabdeckung

Wenn Sie die Funktionalität von Komponenten durch Tests überprüfen, ist das schon viel wert. Das Testen bringt effektiv aber nur dann etwas, wenn durch die Tests auch möglichst viel Code ausgeführt wird. Es bringt nichts, Hunderte Tests zu schreiben, durch die aber nur ein Bruchteil des Codes einer Komponente aufgerufen und damit getestet wird.

18.2.1 Einführung

Doch wie können Sie sicherstellen, dass möglichst der gesamte Code durch Tests aufgerufen wird, und wie können Sie ermitteln, welcher Code (noch) nicht durch Tests aufgerufen wird?

Die Antwort darauf liefern spezielle Tools, die die sogenannte *Testabdeckung* (engl. *Code Coverage* bzw. *Test Coverage*) ermitteln. Diese Tools werden beim Ausführen eines Tests im Hintergrund gestartet und zeichnen genau auf, welche Codezeilen und welche Code-Branches (also Verzweigungen) im zu testenden Code aufgerufen werden und welche nicht. Als Ergebnis erhalten Sie einen Bericht (*Coverage Report*), der für jede Codezeile angibt, ob diese innerhalb eines Unit-Tests ausgeführt wurde oder nicht. Zusätzliche Übersichten geben zudem Aufschluss darüber, wie viel Prozent des Codes »abgedeckt« sind.

In der Regel gilt: Je mehr Code durch Tests abgedeckt ist, desto besser. Wobei Sie insbesondere die Grenzfälle testen sollten, zum Beispiel:

- Wie verhält sich eine Funktion, wenn sie mit ungültigen Parametern aufgerufen wird?
- Wie verhält sich eine Funktion, wenn einer der Parameter oder mehrere Parameter nicht angegeben werden?

- Wie verhält sich eine Summenfunktion, wenn sie mit zwei negativen Zahlenwerten aufgerufen wird?
- Wie verhält sich eine Divisionsfunktion, wenn als Divisor 0 übergeben wird?
- Wie verhält sich ein (REST-basierter) Webservice, wenn versucht wird, eine Ressource mehrfach zu löschen?
- Wie verhält sich ein Webservice, wenn er mit einem ungültigen JSON-Payload aufgerufen wird?

18.2.2 Die Testabdeckung in JavaScript ermitteln

Auch für die Ermittlung der Testabdeckung gibt es für die meisten Programmiersprachen mittlerweile entsprechende Tools. Das vorhin vorgestellte Test-Framework Jest enthält dankenswerterweise bereits entsprechende Tools, sodass man nichts separat installieren oder ausführen muss. Um die Testabdeckung mithilfe von Jest zu ermitteln, müssen Sie dem Aufruf `npx jest` lediglich den Parameter `-collectCoverage` übergeben. In der anschließenden Konsolenausgabe können Sie dann ablesen, wie viel Prozent des Codes durch die Tests abgedeckt sind:

```
$ npx jest --collectCoverage
 PASS  test/contacts/ContactsManager.test.js
  ✓ addContact() should add a contact (2 ms)

--------------------|---------|...|---------|-------------------
File                | % Stmts |...| % Lines | Uncovered Line #s
--------------------|---------|...|---------|-------------------
All files           |   63.63 |...|   63.63 |
 ContactsManager.js |   63.63 |...|   63.63 | 15-27
--------------------|---------|...|---------|-------------------
Test Suites: 1 passed, 1 total
Tests:       1 passed, 1 total
Snapshots:   0 total
Time:        1.554 s
Ran all test suites.
```

Listing 18.3 Ermittlung der Testabdeckung mit Jest (Ausgabe gekürzt)

Zudem erstellt Jest ein Verzeichnis *coverage*, in dem Sie einen detaillierten Bericht zu der Testabdeckung im HTML-Format finden. Dieser Bericht enthält neben einer allgemeinen Übersicht (Abbildung 18.6) auch Details dazu, welche Codezeilen ausgeführt wurden und welche nicht (Abbildung 18.7).

All files

72.73% Statements 8/11 **100%** Branches 0/0 **50%** Functions 3/6 **72.73%** Lines 8/11

Press *n* or *j* to go to the next uncovered block, *b*, *p* or *k* for the previous block.

File ▲		Statements		Branches		Functions		Lines	
ContactsManager.js		72.73%	8/11	100%	0/0	50%	3/6	72.73%	8/11

Abbildung 18.6 Übersicht über die Testabdeckung

All files ContactsManager.js

72.73% Statements 8/11 **100%** Branches 0/0 **50%** Functions 3/6 **72.73%** Lines 8/11

Press *n* or *j* to go to the next uncovered block, *b*, *p* or *k* for the previous block.

```
1x  module.exports = class ContactsManager {
      constructor() {
1x      this._contacts = new Map();
1x      this._idCounter = 0;
      }

      async addContact(contact) {
1x      this._idCounter++;
1x      contact.id = this._idCounter;
1x      this._contacts.set(this._idCounter, contact);
1x      return this._idCounter;
      }

      async getContact(id) {
        return this._contacts.get(id);
      }

      async updateContact(id, contact) {
        this._contacts.set(id, contact);
      }

      async deleteContact(id) {
        this._contacts.delete(id);
      }

      async getContacts() {
1x      return Array.from(this._contacts.values());
      }
    }
```

Abbildung 18.7 Detailansicht für die Testabdeckung einer Quelltextdatei

Hinweis

Wie Sie in Abbildung 18.7 sehen, sind nicht alle Codezeilen der Klasse `ContactsManager` ausgeführt worden. Als kleine Übungsaufgabe können Sie versuchen, durch weitere Tests eine Testabdeckung von 100 % zu erreichen. Sie werden feststellen: Danach hat man einfach ein gutes Gefühl. ☺

18.3 Test-Doubles

Weiter oben hatte ich gesagt, dass einzelne Tests in Isolation lauffähig sein und möglichst keine externen Abhängigkeiten haben sollten. In der Praxis kann das aber nicht immer verhindert werden.

18.3.1 Das Problem mit Abhängigkeiten

Angenommen, Sie möchten eine Klasse testen, die für das Speichern und Laden von Daten in eine Datenbank zuständig ist. Wie soll dann der Test laufen, wenn die externe Abhängigkeit (die Datenbank) während des Ausführens der Tests nicht verfügbar ist?

Hinweis

Im Kontext der testgetriebenen Entwicklung nennt man Abhängigkeiten, die zur Ausführung einer bestimmten Komponente notwendig sind, *Dependent-On Components*, kurz *DOC*.

Abhängigkeiten wie diese erschweren das isolierte Testen einer Komponente aus verschiedenen Gründen: Zum einen müssen diese Abhängigkeiten während der Ausführung eines Tests zur Verfügung stehen (das heißt, im Beispiel müsste das Datenbanksystem gestartet, die Datenbank vorhanden und die Verbindung hergestellt sein). Zum anderen muss sichergestellt werden, dass man mit einer Testdatenbank bzw. Testdaten arbeitet (auf keinen Fall mit echten Daten!) und die Testdatenbank zwischen einzelnen Tests immer wieder in den Ursprungszustand zurückversetzt wird (ansonsten wäre das isolierte Ausführen von Tests schwierig). Darüber hinaus müsste die Testdatenbank auch Fehlerfälle wie zum Beispiel die Nichterreichbarkeit simulieren können.

Sie können zu diesem Zweck zwar Testdatenbanken aufsetzen, die Sie in der Setup-Phase eines Tests mit bestimmten Werten initialisieren und anschließend in der Teardown-Phase wieder in den Ursprungszustand zurücksetzen. Allerdings ist der Aufwand, den Sie dazu betreiben müssen, im Verhältnis sehr hoch. Zudem können leichter Seiteneffekte auftreten, und die Ausführungsdauer der Tests steigt durch die zusätzlich auszuführenden Schritte. Bei der testgetriebenen Entwicklung möchten Sie aber gerade schnelles Feedback bekommen. Tests müssen im Idealfall in wenigen Sekunden ausgeführt werden, damit das iterative Vorgehen und der Wechsel zwischen Implementierung und Testen schnell vonstattengeht.

Hinweis

Das Testen in Kombination mit echten (Test-)Datenbanken ist etwas, was man im Rahmen von Integrationstests und E2E-Tests macht. Auf Ebene von Komponententests liegt der Fokus auf der Implementierung des jeweiligen Codes der Komponente und auf schnellem Feedback. Auf jeden Fall sollten Sie aber Tests vorsehen, in denen Sie die Komponenten mit realen Abhängigkeiten testen. Nur durch diese Art von Test können Sie sicherstellen, dass die Komponente auch im Produktivsystem richtig funktioniert.

18.3.2 Abhängigkeiten mit Test-Doubles ersetzen

Um den genannten Problemen – auf Basis von Unit-Tests – entgegenzuwirken, ersetzt man während des Unit-Tests die Abhängigkeiten der zu testenden Komponente durch sogenannte *Test-Doubles* (Abbildung 18.8).

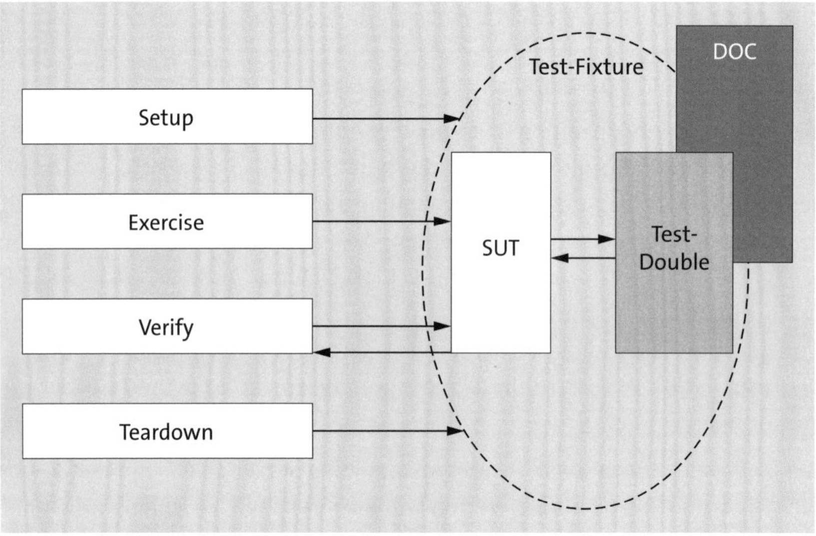

Abbildung 18.8 Das Prinzip von Test-Doubles

Solche Test-Doubles dienen dazu, die jeweilige Dependent-On Component (DOC) zu simulieren und die zu testende Komponente während des Tests dadurch unabhängig von der DOC zu machen, mit dem Ziel, den Test besser in Isolation durchführen zu können. Test-Doubles erstellen und konfigurieren Sie genau wie DOCs in der Setup-Phase des entsprechenden Tests.

Grundsätzlich reicht es dabei, dem Test-Double lediglich die Funktionalität hinzuzufügen, die später während des Tests durch die zu testende Komponente benötigt wird. Angenommen, die zu testende Komponente ruft eine einzelne Operation eines Webservices auf, der prinzipiell noch über weitere Operationen verfügt. Dann würde es für die Implementierung des Test-Doubles an dieser Stelle reichen, nur diese eine Methode zu simulieren.

Prinzipiell gibt es verschiedene Arten von Test-Doubles, von denen ich Ihnen im Folgenden die drei bekanntesten vorstellen möchte:

- Spies bzw. Test-Spies
- Stubs bzw. Test-Stubs
- Mocks bzw. Mock-Objekte

18.3.3 Spies

Im einfachsten Fall läuft ein Test so ab, dass Sie in der Exercise-Phase eine oder mehrere Funktionen/Methoden der zu testenden Komponente aufrufen und die Ergebnisse dieser Aufrufe in der Verify-Phase entweder direkt anhand des Rückgabewertes der Funktion/Methode oder durch weitere Funktions-/Methodenaufrufe an der zu testenden Komponente überprüfen. Betrachten Sie dazu als einfaches Beispiel (in JavaScript) das Testen der Array-Methode `push()`. Wenn Sie überprüfen möchten, ob diese Methode das übergebene Element dem Array hinzufügt, könnten Sie dies wie folgt machen: Zunächst rufen Sie die Methode mehrfach auf und prüfen anschließend über die Eigenschaft `length` des Arrays dessen Länge.

Sie können in diesem Fall also die Anforderungen an die Komponente direkt über eine Eigenschaft der Komponente überprüfen. Doch nicht immer ist es so einfach. Es kann nämlich auch sein, dass das zu testende Objekt keine Eigenschaft oder Methode anbietet, über die das erwartete Ergebnis überprüft werden kann, oder die entsprechende Eigenschaft oder Methode nicht öffentlich zugänglich ist. In solchen Fällen spricht man daher von *indirekten Ausgaben*, also Ausgaben, die von der zu testenden Komponente intern erzeugt werden, aber nicht nach außen zur Verfügung gestellt werden.

Test-Doubles, die in Fällen wie diesen helfen können, nennt man *Test-Spies* bzw. kurz *Spies*, weil sie wie echte Spione auf der Gegenseite (der Komponente bzw. im simulierten DOC) Informationen abfangen, die Sie im Test (sozusagen auf der anderen Seite) prüfen können (Abbildung 18.9).

Dazu ein etwas komplexeres Beispiel: Angenommen, Sie haben eine Komponente, die intern einen Webservice aufruft, um das Wetter für einen bestimmten Ort abzufragen, und weiterhin einen Cache verwendet, um Anfragen für den gleichen Ort für einen bestimmten Zeitraum zu cachen. Die Komponente hätte dann also zwei DOC: den Wetter-Webservice und den Cache.

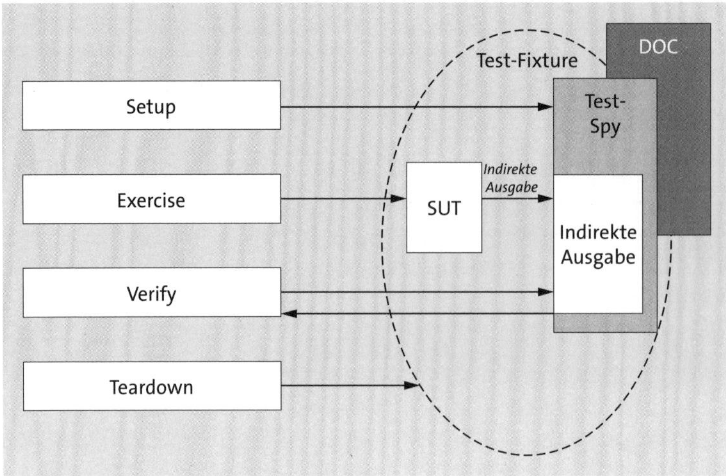

Abbildung 18.9 Das Prinzip von Test-Spies

Wenn Sie nun durch einen Test sicherstellen möchten, dass die Komponente wirklich nur einmal den Webservice aufruft und anschließend die Daten aus dem Cache zurückgibt, dann könnten Sie diese Information durch zwei Test-Spies ermitteln: Ein Spy würde den Wetter-Webservice simulieren und die Anzahl der Aufrufe protokollieren, ein anderer Spy würde den Cache simulieren und die Anzahl der Cache-Zugriffe protokollieren. Im Test selber müssten Sie dann nur noch die zu testende Komponente zwei- oder mehrmals aufrufen und nach Ausführen des Tests die von den Spies protokollierten Informationen überprüfen.

18.3.4 Stubs

Test-Stubs (kurz *Stubs*) sind eine weitere Art von Test-Double und adressieren eine etwas andere Problematik als Test-Spies. Über Test-Stubs haben Sie die Möglichkeit, bestimmte indirekte Aufrufe der zu testenden Komponente an eine DOC abzufangen und vordefinierte Werte zurückzugeben. Dies ist in Fällen hilfreich, in denen das Ergebnis einer zu testenden Komponente von einer indirekten Eingabe durch ein DOC abhängig ist und Sie auf diese Eingabe Einfluss nehmen möchten (Abbildung 18.10).

Bezogen auf das Beispiel von eben könnte man also einen Test-Stub für den Wetter-Webservice implementieren, sodass die zu testende Komponente während des Tests nicht mit dem echten Webservice kommuniziert, sondern mit dem Test-Stub.

Merke

Während Spies also indirekte Ausgaben des SUTs abfangen, liefern Stubs die *indirekten Eingaben* eines SUTs.

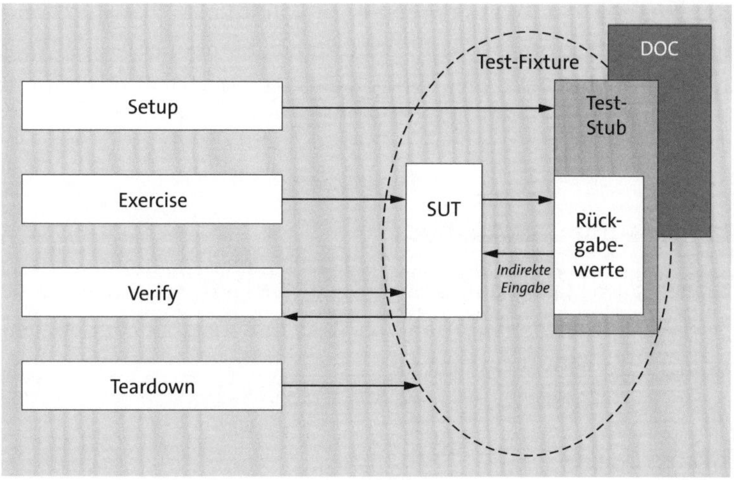

Abbildung 18.10 Das Prinzip von Test-Stubs

18.3.5 Mock-Objekte

Die dritte Art von Test-Doubles sind *Mock-Objekte* (kurz *Mocks*). Mithilfe dieser speziellen Art von Objekten können Sie ähnlich wie bei Test-Spies die indirekten Ausgaben der zu testenden Komponente abfangen. Im Unterschied zu Test-Spies führen Mock-Objekte aber selbst bereits Überprüfungen der indirekten Ausgaben durch (Abbildung 18.11). Ziel hierbei ist es sicherzustellen, dass die zu testende Komponente die DOC richtig verwendet. 18

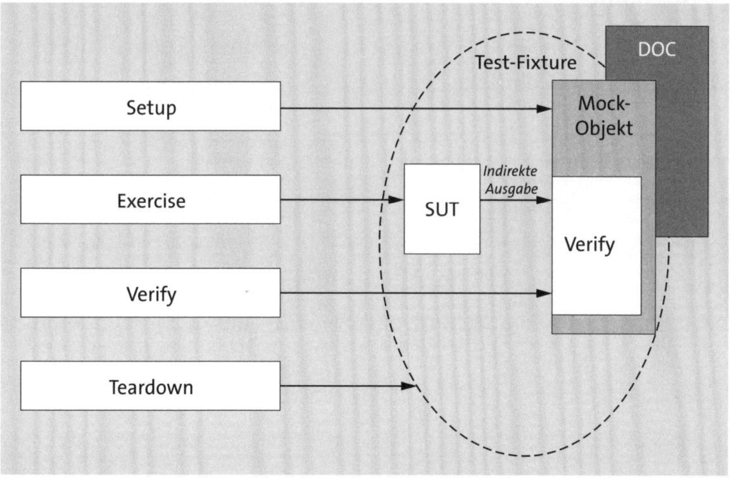

Abbildung 18.11 Das Prinzip von Mock-Objekten

Bezogen auf das Beispiel mit dem Wetter-Webservice könnte man also durch ein Mock-Objekt beispielsweise überprüfen, ob die zu testende Komponente den Webservice korrekt aufruft, beispielsweise die richtigen Header gesetzt hat oder Ähnliches.

18.4 Zusammenfassung und Ausblick

In diesem Kapitel haben Sie die Bedeutung von automatisierten Tests kennengelernt und wissen jetzt, welche verschiedenen Arten von Tests Ihnen helfen können, den Code einer Anwendung automatisiert zu testen.

18.4.1 Die wichtigsten Punkte

Folgende Punkte fassen das Wichtigste aus diesem Kapitel kurz zusammen:

- *Automatisierte Tests* helfen Ihnen dabei, robusteren Code zu produzieren, der eine saubere Schnittstelle hat, einfacher zu testen ist und den Sie gefahrlos optimieren können.
- Man unterscheidet verschiedene Arten von Tests, von denen folgende besonders relevant für die Webentwicklung sind:
  - Über *Komponententests* testen Sie **einzelne Komponenten** auf Codeebene wie beispielsweise Klassen oder Funktionen.
  - Über *Integrationstests* testen Sie das **Zusammenspiel verschiedener Komponenten** einer Anwendung.
  - Über *End-to-End-Tests* testen Sie eine Anwendung **von einem Ende** (dem Frontend) **bis zum anderen Ende** (dem Backend).
  - Über *Performancetests* testen Sie, wie sich eine Anwendung bei **großer Auslastung** (*Lasttests*) oder **extremer Auslastung** (*Stresstests*) verhält.
- Bei der *testgetriebenen Entwicklung* formulieren Sie vor der Implementierung einer neuen Komponente zunächst in einem *Test* über *Assertions*, welche Anforderungen die neue Komponente implementieren muss.
- Eine Iteration besteht bei der testgetriebenen Entwicklung aus den folgenden **fünf Schritten**:
  - Schreiben der Tests
  - Ausführen der Tests
  - Implementieren der Funktionalität
  - Erneutes Ausführen der Tests
  - Optimierung/Refactoring der Implementierung

- Ein einzelner Test besteht aus **vier Phasen**:
  - In der *Setup-Phase* können Initialisierungsarbeiten durchgeführt werden.
  - In der *Exercise-Phase* wird die zu testende Komponente aufgerufen bzw. ausgeführt.
  - In der *Verify-Phase* werden die tatsächlichen Ergebnisse mit den erwarteten Ergebnissen verglichen.
  - In der *Teardown-Phase* können Aufräumarbeiten durchgeführt werden.
- Mithilfe von speziellen Tools können Sie die *Testabdeckung* ermitteln, also welcher Teil des Codes durch die Tests ausgeführt wird und welcher nicht.
- Mithilfe von *Test-Doubles* können Sie externe Komponenten, von denen eine zu testende Komponente abhängig ist (beispielsweise Datenbanken, Webservices etc.), sogenannte *DOCs* (*Dependent-On Components*), während des Tests ersetzen bzw. simulieren. Dabei gibt es verschiedene Arten von Test-Doubles:
  - Über *Test-Spies* lassen sich **indirekte Ausgaben** der zu testenden Komponente abfangen.
  - Über *Test-Stubs* lassen sich die **indirekten Eingaben** der zu testenden Komponente simulieren.
  - Über *Mock-Objekte* können die **indirekten Ausgaben** der zu testenden Komponente überprüft werden.

18.4.2 Weiterführende Literatur

18

Das Thema »Testing« ist so umfangreich, dass es sogar ein eigenes Berufsbild des Softwaretesters gibt. Da wundert es wenig, dass es zahlreiche Bücher zu diesem Thema gibt. Hervorzuheben sind dabei insbesondere folgende Bücher:

- Für eine Einführung in TDD: Kent Beck: »Test-Driven Development by Example« (2002)
- Für eine Einführung in Unit-Tests: Vladimir Khorikov: »Unit Testing: Principles, Practices and Patterns« (2020)
- Und wenn Sie sich auf das Testen unter JavaScript fokussieren möchten: Sebastian Springer: »Testgetriebene Entwicklung mit JavaScript« (2015)

18.4.3 Ausblick

Im nächsten Kapitel zeige ich Ihnen, wie Sie eine Webanwendung *deployen* können, sprich, wie Sie eine Webanwendung in eine geeignete Form bringen, um sie für den Produktiveinsatz auf einem Server zu installieren.

Kapitel 19

Webanwendungen deployen und hosten

In den vergangenen Kapiteln habe ich Ihnen gezeigt, wie man Webanwendungen entwickelt. Zeit, uns anzuschauen, wie man nun eine fertige Webentwicklung ins Internet bringt.

In diesem Kapitel wollen wir uns mit der Frage beschäftigen, welche Möglichkeiten es gibt, eine fertige Webanwendung auf einem Server zu installieren, sodass Nutzer diese Webanwendung über das Internet aufrufen können.

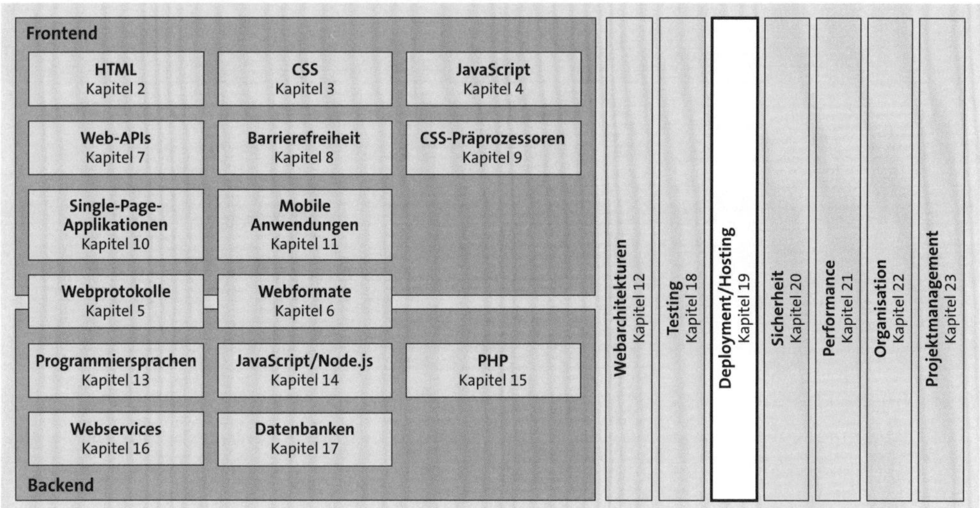

Abbildung 19.1 Das Thema Deployment beschäftigt sich damit, wie Sie Webapplikationen so bereitstellen, dass sie von Nutzern verwendet werden können.

19.1 Einführung

Damit eine Webanwendung für Nutzer über das Internet erreichbar ist, sind verschiedene Schritte notwendig. Wie komplex diese Schritte sind, hängt unter anderem von der Komplexität der Webanwendung ab.

19.1.1 Build, Deployment und Hosting

Der grundsätzliche Ablauf, um ausgehend vom Quelltext einer Webanwendung ein fertiges Produkt zu erstellen und für Nutzer über das Internet erreichbar zu machen, ist in folgender Abbildung zu sehen und besteht im Wesentlichen aus drei Schritten, auf die ich im Folgenden näher eingehe:

- **Build**: Bauen der Webanwendung für den Produktiveinsatz
- **Deploy**: Installieren der »gebauten« Webanwendung auf dem Hosting-Server
- **Host**: Bereitstellen der »deployten« Webanwendung auf dem Hosting-Server

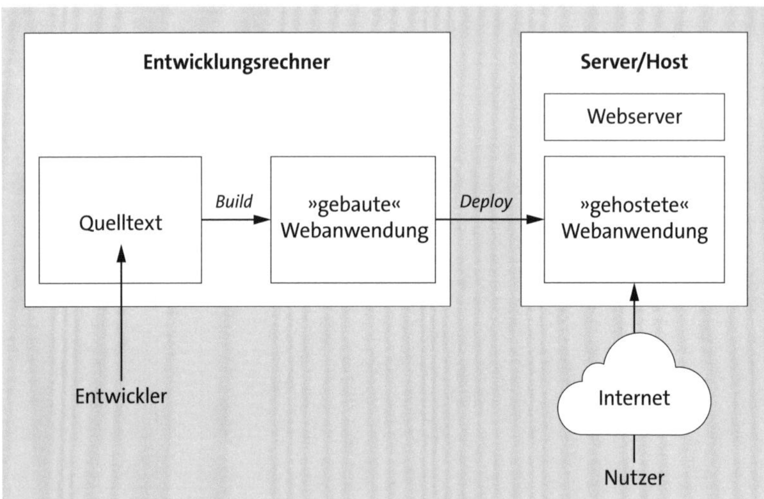

Abbildung 19.2 Das Prinzip von Build, Deployment und Hosting

Build

Im ersten Schritt, dem sogenannten *Build-Prozess* (oder kurz *Build*), erstellt man auf Basis des Quelltextes eine »gebaute« Webanwendung. Hierzu zählt beispielsweise die Kompilierung des Quelltextes in Maschinencode (bei kompilierten Programmiersprachen), das Komprimieren bzw. Minifizieren von Quelltext (bei interpretierten Programmiersprachen wie beispielsweise JavaScript) und generell das Generieren von sonstigen *Build-Artefakten* wie zum Beispiel Programmpaketen.

Der Build-Prozess kann dabei auf einem Entwicklungsrechner ausgeführt werden oder auf speziellen *Build-Servern*. Letzteres ist insbesondere für die Arbeit im Team oder bei aufwendigen Build-Prozessen ratsam. Häufig wird der Build-Prozess dabei auch automatisch von sogenannten *CI-Servern* angestoßen (*CI* für *Continuous Integration*), etwa bei Änderungen am Quelltext, die zentral über ein Versionskontrollsystem (siehe Kapitel 22, »Webprojekte organisieren und verwalten«) hochgeladen werden.

Deployment

Den Schritt, um die »gebaute« Webanwendung von dem Entwicklungsrechner (oder dem Build-Server) auf den Server zu übertragen, der die Webanwendung über das Internet bereitstellt, nennt man *Deployment*. Grundsätzlich gibt es hierfür verschiedene Möglichkeiten, auf die ich gleich in Abschnitt 19.1.2, »Arten von Deployment«, separat zu sprechen komme.

Hosting

Den Server, der eine Webanwendung für Nutzer bereitstellt, nennt man *Hosting-Server* oder kurz *Host*. Das Hosting ist dabei nicht wirklich ein »Schritt«, sondern eher ein »Zustand«. Man sagt auch: Der Hosting-Server »hostet« die Webanwendung.

Den Hosting-Server bzw. den entsprechenden *Webspace* (also den Speicherplatz, den Sie für Ihre Webanwendung benötigen) mieten Sie über einen *Hosting-Anbieter*.

Zusätzlich zum Webspace benötigen Sie noch eine *Domain* wie beispielsweise »webdevhandbuch.de«, damit Nutzer diese im Browser eingeben können (und eventuell noch ein *SSL-Zertifikat*, damit Sie die Webanwendung auch über *HTTPS* ausliefern können, siehe Kapitel 20, »Webanwendungen absichern«).

Wie war das noch mal mit Domains?

Erinnern Sie sich noch an Kapitel 1, »Die Grundlagen verstehen«? Dort hatte ich Ihnen gezeigt, was im Hintergrund passiert, wenn ein Nutzer eine URL in die Adresszeile des Browsers eingibt: Damit der Browser weiß, von welchem Server er die entsprechende Webseite laden soll, fragt er mit der URL an einem DNS-Server die IP-Adresse des Servers an. Zur Erinnerung: DNS-Server enthalten ein Mapping von Domainnamen auf IP-Adressen.

Für eine Domain, die Sie mieten, können Sie beim entsprechenden Anbieter einen sogenannten *DNS-Eintrag* anlegen, also ein konkretes Mapping von einer Domain auf eine IP-Adresse (des jeweiligen Servers, auf dem die Webanwendung installiert ist).

Da sich Domains unabhängig vom Webspace mieten lassen, unterscheidet man auch zwischen *Domain Hosting* und *Webspace Hosting*. Daher spricht auch nichts dagegen, eine Domain bei einem komplett anderen Anbieter als dem Webspace zu mieten.

Prinzipiell gibt es auch beim (Webspace) Hosting verschiedene Varianten, die ich Ihnen gleich in Abschnitt 19.1.3, »Arten von Hosting«, separat vorstellen werde.

19.1.2 Arten von Deployment

Um eine fertig gebaute Webanwendung auf einen Server zu »deployen«, haben Sie verschiedene Möglichkeiten. Im Folgenden stelle ich Ihnen die Wichtigsten vor:

- FTP (File Transfer Protocol)
- SCP (Secure Copy)
- Container Management

FTP

Die klassische Variante führt über das sogenannte *File Transfer Protocol* (*FTP*) bzw. dessen sichere Variante *SFTP* (*Secure File Transfer Protocol*). Mit diesem Protokoll können Sie Dateien von einem Rechner zu einem anderen Rechner übertragen. Voraussetzung dafür ist, dass auf dem Quellrechner ein FTP-Client und auf dem Zielrechner ein FTP-Server installiert ist.

Über den FTP-Client verbinden Sie sich mit dem FTP-Server (der bei den meisten Hosting-Anbietern bereits auf den jeweiligen Hosting-Rechnern installiert ist) und legen die Dateien auf dem Server in das entsprechende Zielverzeichnis, auf das der (auf dem Hosting-Rechner installierte) Webserver Zugriff hat (Abbildung 19.3).

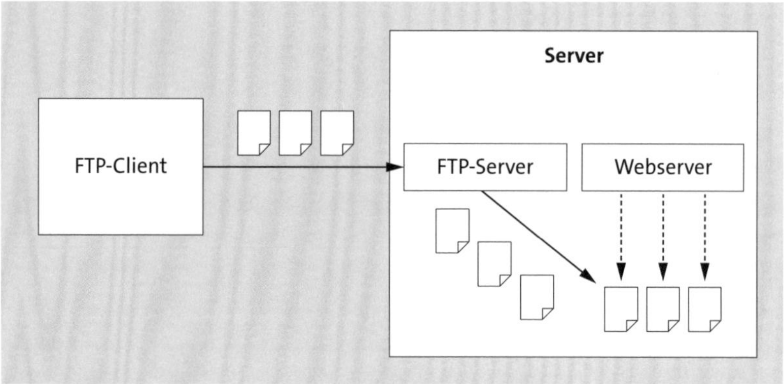

Abbildung 19.3 Über FTP können Sie Dateien auf einen Server laden.

Hinweis

Bekannte FTP-Clients sind:

- FileZilla (*https://filezilla-project.org*)
- Cyberduck (*https://cyberduck.io*)
- ForkLift (*https://binarynights.com*)

SCP

Über das auf SSH basierende *SCP* (*Secure Copy*) können Sie Dateien ebenfalls (sicher) von einem Rechner auf einen anderen kopieren (Abbildung 19.4). Dazu benötigen Sie einen SCP-Client auf dem Quellrechner und einen SCP-Server auf dem Zielrechner, wobei beides standardmäßig in den meisten Linux-Distributionen (und somit auf den meisten Hosting-Rechnern) installiert ist bzw. relativ einfach nachinstalliert werden kann.

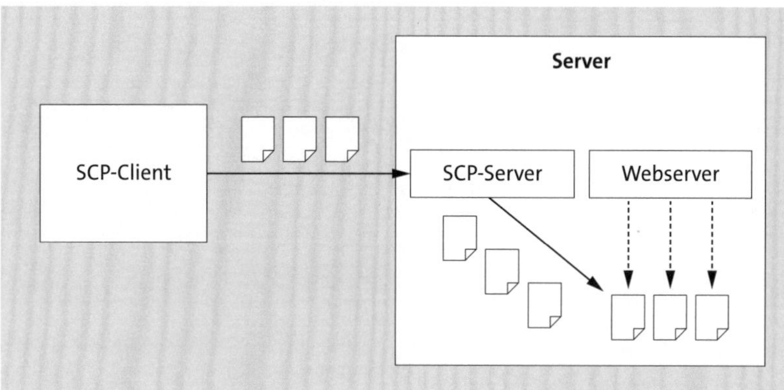

Abbildung 19.4 Auch SCP können Sie nutzen, um Dateien (sicher) zu einem Server zu kopieren.

> **Hinweis**
>
> SCP bietet sich insbesondere für die Verwendung auf der Kommandozeile an und eignet sich damit insbesondere für die Automatisierung durch Shell-Skripte oder andere selbst geschriebene Programme.

19

Container Management

Eine weitere Möglichkeit, die in den letzten Jahren deutlich an Beliebtheit und Bedeutung gewonnen hat, ist das Deployment mithilfe von sogenannten *Containern*, wobei hier insbesondere die Software Docker (*https://www.docker.com*) eine große Rolle spielt.

Auf Docker gehen wir im zweiten Teil dieses Kapitels noch detaillierter ein, die grundsätzliche Funktionsweise sei an dieser Stelle aber schon einmal zumindest grob skizziert (siehe Abbildung 19.5).

Bezogen auf das Deployment »paketieren« Sie Ihre Webanwendung mithilfe von Docker in sogenannte *Docker Images*, in der Regel direkt zusammen mit dem entsprechenden Webserver, der die Webanwendung betreiben soll.

Diese Images laden Sie dann in eine zentrale *Registry* hoch, von welcher der Hosting-Rechner – eine entsprechende Laufzeitumgebung für Docker vorausgesetzt – das Image herunterladen und die Anwendung starten kann.

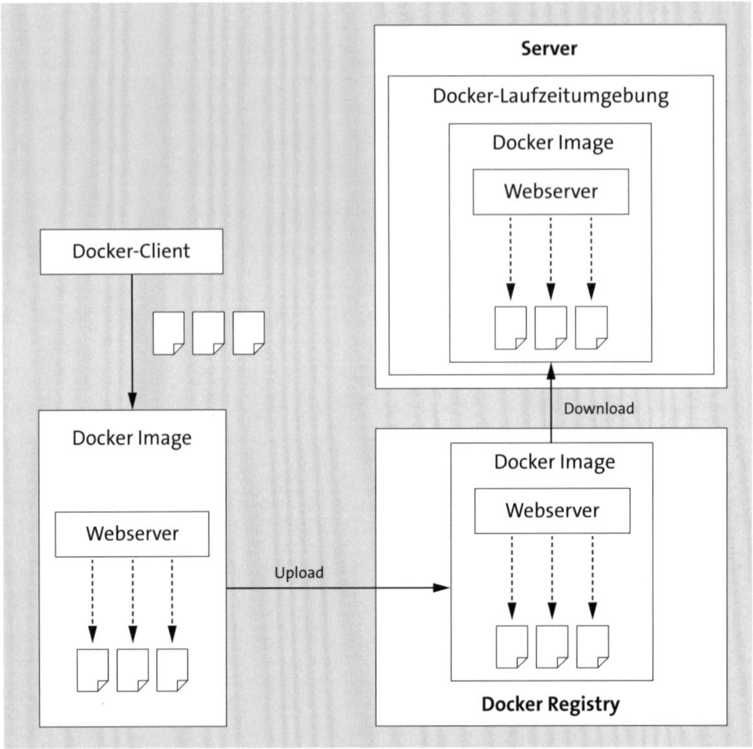

Abbildung 19.5 Über Docker paketieren Sie die Webanwendung in Form von Docker Images.

Hinweis

Docker eignet sich insbesondere dann, wenn Sie eine Webanwendung in ein einheitliches Format bringen möchten, das ohne viel Aufwand auf verschiedenen Rechnern (bzw. Servern) installiert werden kann. Außerdem bietet Docker ganz andere Möglichkeiten der Skalierung als eine ohne Docker gehostete Webanwendung.

19.1.3 Arten von Hosting

Unabhängig davon, wie man eine Webanwendung deployt, unterscheidet man zwischen verschiedenen Arten von Hosting, wobei folgende die wichtigsten sind:

- Shared Hosting
- VPS Hosting

- Dedicated Hosting
- Cloud Hosting

Shared Hosting

Beim *Shared Hosting* teilt sich Ihre Webanwendung den entsprechenden Hosting-Server mit anderen Webanwendungen (Abbildung 19.6). Im Vergleich zu den anderen Hosting-Arten ist diese Art besonders kostengünstig und eignet sich insbesondere für kleinere Webanwendungen, die nicht viel Speicher benötigen und die eine nicht zu hohe Anzahl an gleichzeitigen Nutzern erwarten.

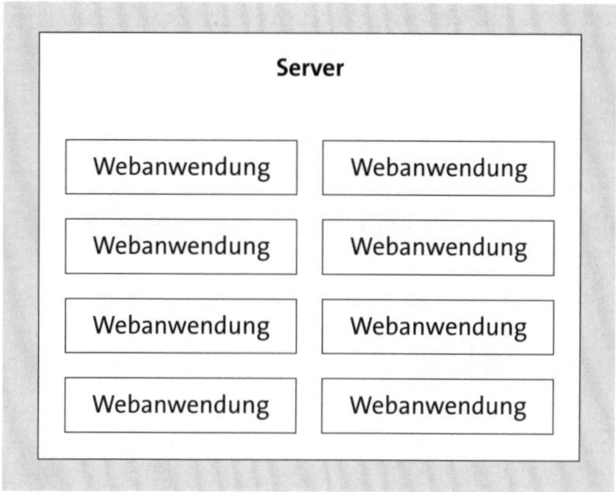

Abbildung 19.6 Beim Shared Hosting teilen sich mehrere Webanwendungen einen Server.

VPS Hosting

Beim *VPS Hosting* wird Ihre Webanwendung innerhalb eines *virtuellen privaten Servers* (*Virtual Private Server*) betrieben (Abbildung 19.7).

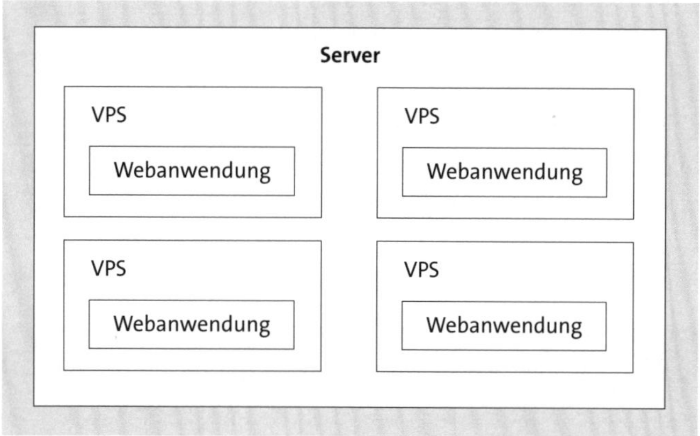

Abbildung 19.7 Beim VCS Hosting wird jede Webanwendung auf dem Server in einem virtuellen privaten Server betrieben.

Dabei handelt es sich um eine virtuelle Schicht oberhalb des Betriebssystems, die den Server in verschiedene Bereiche unterteilt. Jeder VPS wiederum verfügt also über sein eigenes Betriebssystem mit garantierten Ressourcen (Speicher, Speicherplatz, CPU-Kerne usw.), die Sie sich nicht mit anderen Nutzern teilen müssen.

VPS Hosting eignet sich immer dann, wenn Sie eine Webanwendung hosten möchten, die auch mit einer hohen Anzahl gleichzeitiger Nutzer zurechtkommen soll. Zudem können Sie beim VPS Hosting in der Regel flexibel die zur Verfügung gestellten Ressourcen erhöhen, wenn Sie mit der Zeit feststellen, dass die aktuellen Ressourcen nicht mehr ausreichen.

Dedicated Hosting

Dedicated Hosting geht noch einen Schritt weiter als das VPS Hosting: Hier hat Ihre Webanwendung einen kompletten Server für sich (Abbildung 19.8). Sie erhalten vollen Administrationszugang zu diesem Server, was Ihnen relativ viele Freiheiten gibt. Umgekehrt müssen Sie in der Regel allerdings auch Aspekte wie das Einspielen von Sicherheitsupdates etc. selbst übernehmen.

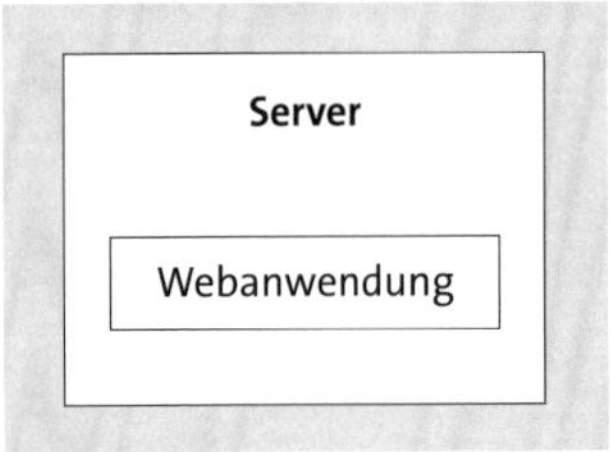

Abbildung 19.8 Beim Dedicated Hosting läuft nur eine Webanwendung auf einem Server.

Dedicated Hosting bietet sich dann an, wenn Sie besonders große Anforderungen an die Performance einer Webanwendung haben und bezüglich der Software, die Sie auf dem Hosting-Server installieren möchten, flexibel sein möchten.

Cloud Hosting

Eine Art des Hostings, die in den vergangenen Jahren immer beliebter geworden ist, ist das sogenannte *Cloud Hosting*. Hierbei läuft Ihre Webanwendung mitunter auf mehreren Servern bzw. auf einer Cloud-Infrastruktur, die aus einem Netzwerk von Servern gebildet wird (Abbildung 19.9).

Cloud Hosting bietet sich insbesondere dann an, wenn Sie eine Webanwendung dynamisch skalieren möchten, beispielsweise abhängig von der aktuellen Nutzerzahl.

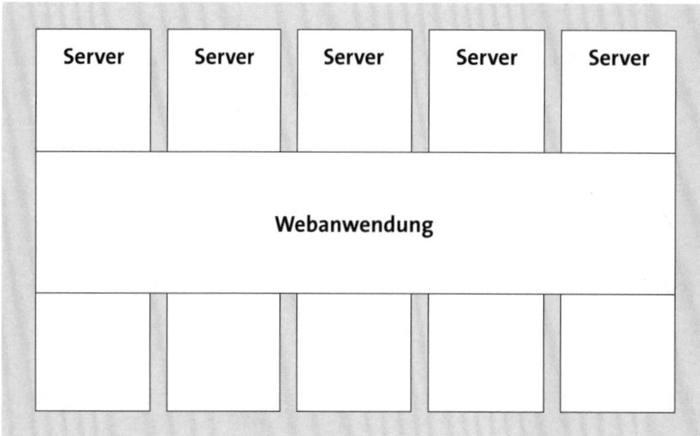

Abbildung 19.9 Beim Cloud Hosting kann eine Webanwendung von mehreren Servern betrieben werden.

19.1.4 Anforderungen an den Server

Unabhängig davon, welche Art des Hostings Sie verwenden, muss der Hosting-Server natürlich auch die Systemanforderungen erfüllen, die durch die jeweilige Webanwendung vorgegeben sind.

Statische Webanwendungen

Wenn es sich um eine statische Webanwendung handelt, die nur aus HTML, CSS und (clientseitigem) JavaScript-Code besteht, reicht es, wenn auf dem Server ein Webserver wie nginx oder der Apache HTTP Server installiert ist (Abbildung 19.10). In der Regel definiert man über eine Konfigurationsdatei am Webserver, in welchem Verzeichnis sich die Dateien befinden, und schon stehen die Dateien über den Webserver unter dem entsprechenden Verzeichnispfad zur Verfügung.

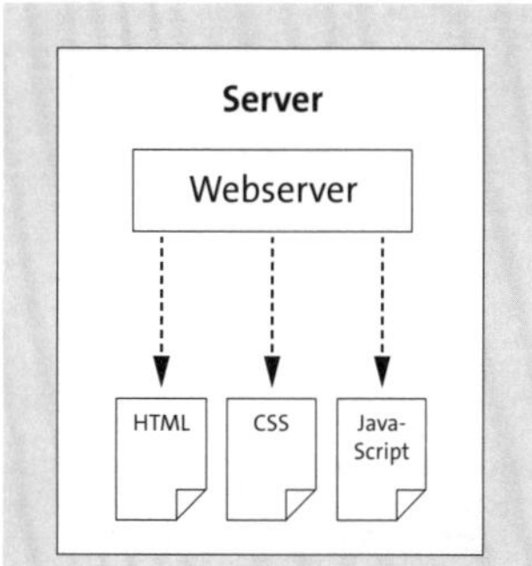

Abbildung 19.10 Für das Hosting statischer Dateien reicht ein Webserver.

Dynamische Webanwendungen

Wenn die Webanwendung dynamisch ist und aus einem Teil besteht, der serverseitige Logik ausführen muss, hängt es unter anderem davon ab, welche Programmiersprache für die Implementierung der serverseitigen Logik zum Einsatz kommt (Abbildung 19.11).

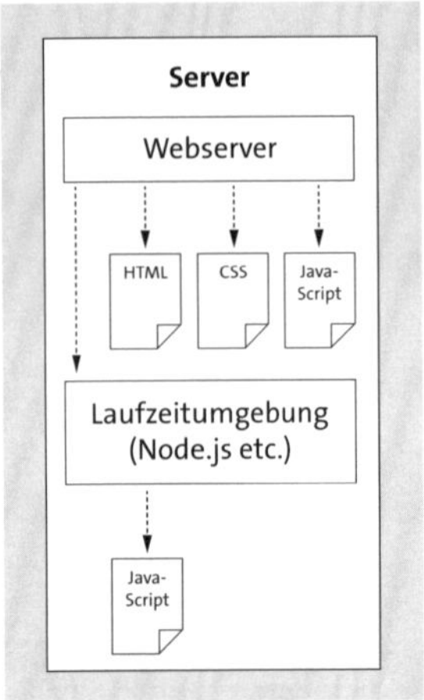

Abbildung 19.11 Für das Hosting dynamischer Webanwendungen inklusive serverseitiger Logik muss eine entsprechende Laufzeitumgebung auf dem Server installiert sein.

Verwenden Sie für die Implementierung der Logik JavaScript? Dann muss der Server über eine entsprechende Laufzeitumgebung wie beispielsweise Node.js verfügen. Haben Sie die serverseitige Logik mit Java implementiert? Dann muss auf dem Server eine Laufzeitumgebung für Java (*Java Runtime Environment*, kurz *JRE*) installiert sein (siehe Kapitel 13, »Programmiersprachen auf der Serverseite verwenden«).

Merke

Bevor Sie sich für eine Hosting-Variante und einen Hosting-Anbieter entscheiden, sollten Sie unbedingt prüfen, ob die Systemanforderungen für die entsprechende Webanwendung erfüllt sind.

Webanwendungen mit Datenbank

Wenn Sie eine dynamische Webanwendung implementiert haben, ist es sehr wahrscheinlich, dass Sie auch eine Datenbank für die Verwaltung der (dynamischen) Daten benötigen. Folglich muss diese Datenbank auch auf dem Hosting-Server installiert sein (Abbildung 19.12).

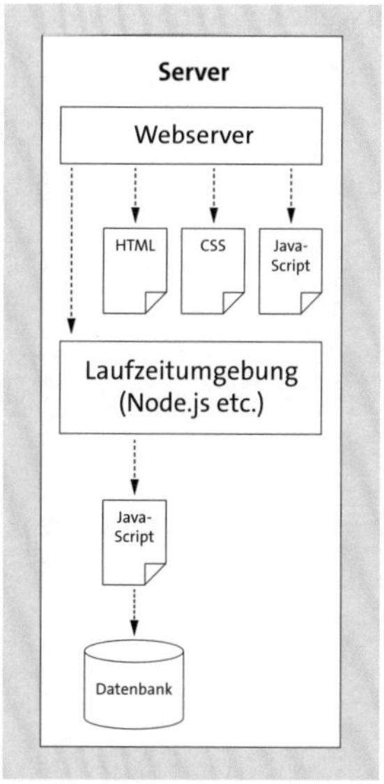

Abbildung 19.12 Wenn eine Webanwendung Daten in einer Datenbank speichert, muss auch diese auf dem Server installiert sein.

Fullstack-Server

Grundsätzlich ergeben sich die Anforderungen an den Server, auf dem eine Webanwendung läuft, aus den Komponenten, die im zugrunde liegenden Stack verwendet werden (Abbildung 19.13).

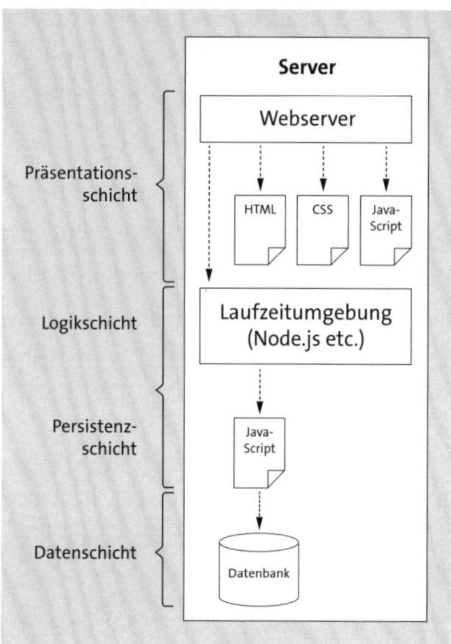

Abbildung 19.13 Server müssen die Infrastruktur für den gesamten Stack einer Webanwendung bereitstellen.

Server müssen also die gesamte Softwareinfrastruktur bereitstellen, um die jeweilige Anwendung betreiben zu können. Mit anderen Worten: Sie benötigen einen Fullstack-Server.

Mithilfe von Docker lässt sich der Aufwand für die Installation bzw. das Bereitstellen dieser Softwareinfrastruktur um einiges reduzieren, wie wir im zweiten Teil des Kapitels sehen werden.

19.2 Container Management

In diesem Teil möchte ich etwas näher auf Docker eingehen und Ihnen zeigen, wie einfach Sie mithilfe von Docker Webanwendungen paketieren können.

19.2.1 Docker

Bei Docker (*https://www.docker.com*) handelt es sich um eine Software zur *Containervirtualisierung*: Docker ermöglicht es Ihnen, einzelne Softwarekomponenten wie beispielsweise Datenbanken, Webserver, Message-Broker oder eben vollständige Webanwendungen in Form sogenannter *Docker Images* bereitzustellen und als sogenannte *Docker Container* zu starten.

Vorteile von Docker

Die Vorteile von Docker sind für Sie als Entwickler gewaltig: Statt dass Sie alle Softwarekomponenten extra auf Ihrem System installieren müssen, können Sie die entsprechende Komponente einfach über Docker starten. Damit halten Sie zum einen den Entwicklungsrechner »sauber«, zum anderen können Sie Docker Images auch sehr einfach mit anderen Entwicklern tauschen.

Auf diese Weise können Sie sicherstellen, dass alle Entwickler in Ihrem Team mit der gleichen Version und Konfiguration einer Softwarekomponente arbeiten. Zudem sparen Sie im Gegensatz zu einer manuellen Installation benötigter Softwarekomponenten (Datenbanken, Messaging-Systeme, Backend-Services, Frontend-Services, Monitoring-Tools, Logging-Tools etc.) enorm viel Zeit, die normalerweise für Installation und Wartung verwendet werden muss.

Doch nicht nur das: Es ist auch sinnvoll, Ihre eigene Software, beispielsweise eben eine Webanwendung, in Form von Docker Images bereitzustellen. Dadurch können Sie diese sehr einfach auf einem anderen Rechner installieren. Dazu muss lediglich die Docker-Laufzeitumgebung auf dem jeweiligen Rechner installiert sein. Ob es sich bei dem Rechner dann um den Rechner von einem anderen Entwickler, von einem Kunden oder um einen Hosting-Server handelt, spielt keine Rolle. Einmal in Form eines Docker Images gebracht, kann Ihre Webanwendung überall installiert werden.

Deployment mit Docker

Der grundsätzliche Ablauf beim Deployment mit Docker ist in Abbildung 19.14 zu sehen. Mithilfe einer *Dockerfile*-Datei erstellen Sie ein Docker Image, das Ihre Webanwendung enthält. Auf Basis dieses Docker Images können Sie dann einen Docker Container starten, innerhalb dessen die Webanwendung läuft.

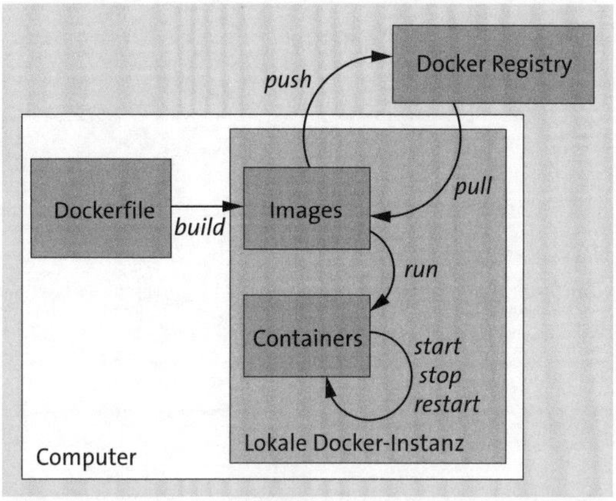

Abbildung 19.14 Überblick zu Docker

Optional können Sie das Docker Image in eine Docker Registry hochladen (»pushen«), was insbesondere in Bezug auf das Deployment auf einem Hosting-Rechner relevant ist: Von der Docker Registry wiederum kann das Docker Image heruntergeladen (»gepullt«) und installiert werden.

19

19.2.2 Praxisbeispiel: Eine Webanwendung mit Docker paketieren

Lassen Sie mich Ihnen im Folgenden zeigen, wie Sie den Webservice aus Kapitel 17, »Daten in Datenbanken speichern«, also den Webservice, der die Daten über eine SQLite-Datenbank verwaltet, in Form eines Docker Images paketieren können.

Erweitern Sie dazu die Konfigurationsdatei *package.json* um das in Listing 19.1 gezeigte npm-Script. Das ist zwar nicht zwingend erforderlich, erlaubt uns aber gleich, den Webservice bequem über den Befehl `npm start` zu starten.

```
{
  "name": "webservice-deployment",
  "version": "1.0.0",
  "description": "",
  "main": "start.js",
  "scripts": {
    "start": "node ./start.js"
  },
```

```
  "author": "Philip Ackermann",
  "dependencies": {
    "express": "^4.17.1",
    "sqlite3": "^5.0.0"
  }
}
```

Listing 19.1 Aufbau der Konfigurationsdatei für das Docker-Beispiel

Hinweis

Um zu testen, ob alles korrekt startet, rufen Sie im Applikationsverzeichnis testweise den Befehl `npm start` auf und öffnen anschließend im Browser die URL *http://localhost:8001/api/contacts*. Als Antwort sollten Sie im Browser ein leeres Array (»[]«) sehen.

Docker installieren

Auf eine Installationsbeschreibung habe ich an dieser Stelle verzichtet. Stattdessen möchte ich auf die offizielle Dokumentation unter *https://docs.docker.com/get-docker/* verweisen, in der Sie die Details zur Installation für verschiedene Betriebssysteme finden.

Erstellen der Konfiguration für das Docker Image

Für das Erstellen eines Docker Images benötigen Sie eine Konfigurationsdatei, die standardmäßig den Namen *Dockerfile* trägt. In dieser Datei definieren Sie die einzelnen Schritte, die ausgeführt werden sollen, um das Docker Image zu erstellen. Die Datei fungiert also quasi als Bauplan für ein spezielles Docker Image.

Grundsätzlich stehen Ihnen in einem Dockerfile verschiedene Befehle zur Verfügung, über die Sie die einzelnen Schritte definieren können, beispielsweise um Dateien zu kopieren, Softwarepakete zu installieren oder bestimmte Kommandozeilenbefehle auszuführen.

Listing 19.2 zeigt den Inhalt der *Dockerfile*-Datei für das Erstellen eines Docker Images für den genannten Webservice. Eine Erklärung der verschiedenen Schritte finden Sie im Anschluss an das Listing. Eine vollständige Übersicht über alle zur Verfügung stehenden Befehle finden Sie dagegen in der offiziellen Dokumentation unter *https://docs.docker.com/engine/reference/builder/*.

```
# Definieren des Basis-Docker-Images
FROM node:14
```

```
# Erstellen des Anwendungsverzeichnisses
WORKDIR /usr/src/app

# Kopieren der Konfigurationsdateien
# package.json und package-lock.json
COPY package*.json ./
# Installieren der Abhängigkeiten
RUN npm install
# Alternativ im Produktivsystem:
# RUN npm install --production

# Kopieren der Quelltextdateien
COPY . .

# Freigeben des Ports, unter dem der
# Express-Server läuft
EXPOSE 8001

# Starten des definierten npm-Scripts
CMD [ "npm", "start" ]
# Alternativ Starten im Debug-Modus
# CMD [ "npm", "start:debug" ]
```

Listing 19.2 Dockerfile für die Beispielapplikation

Folgende Befehle kommen im Beispiel zum Einsatz:

- Über den Befehl FROM definieren Sie, welches Docker Image die **Basis** für das zu erstellende Image bildet. Für Node.js bietet es sich an, eines der offiziellen Docker Images von Node.js zu verwenden. Unter *https://github.com/nodejs/docker-node* (GitHub), *https://hub.docker.com/_/node/* (Docker Hub) beziehungsweise *https://store.docker.com/images/node* (Docker Store) finden Sie Docker Images für alle wichtigen Node.js-Versionen und können bei Bedarf auch auf ältere Versionen zurückgreifen (beispielsweise, um die Abwärtskompatibilität einer Anwendung zu testen). Wir verwenden das »node«-Image für die momentan aktuelle LTS-Version (*Long Term Support*) von Node.js (Version 14), die unter Docker Hub mit einem entsprechenden *Tag* versehen ist (siehe *https://hub.docker.com/r/library/node/tags*).
- Über den Befehl WORKDIR definieren Sie das **Arbeitsverzeichnis**, innerhalb dessen die Anwendung gestartet werden soll, wenn (später) ein Docker Container auf Basis des Images erzeugt wird.
- Mit dem Befehl COPY können Sie Dateien und Verzeichnisse von dem Entwicklungsrechner (beziehungsweise im Kontext von Docker auch Host-Rechner

genannt) in ein Docker Image **hineinkopieren**. Der Befehl `COPY package*.json ./` sorgt dafür, dass sowohl die Datei *package.json* als auch die Datei *package-lock.json* in das Docker Image (in das vorhin definierte Arbeitsverzeichnis) hineinkopiert wird.

- Über `RUN` können Sie **Befehle** definieren, die beim Erstellen des Docker Images im Docker Image auf der Kommandozeile ausgeführt werden. Im Beispiel rufen wir auf diese Weise den Installationsprozess der Abhängigkeiten über `npm install` auf.
- Mit dem Befehl `COPY . .` kopieren Sie anschließend den eigentlichen **Quelltext** der Applikation in das Arbeitsverzeichnis des Docker Images.
- Über den Befehl `EXPOSE` können Sie diejenigen **Ports** definieren, die ein gestarteter Docker Container »nach außen« verfügbar machen soll. Da unser Webservice unter dem Port 8001 läuft, geben wir genau diesen über den Befehl `EXPOSE 8001` frei.
- Über `CMD` können Sie einen Befehl angeben, der beim **Starten** eines Docker Containers (auf Basis des Images) ausgeführt wird. Mithilfe von `CMD [ "npm", "start" ]` sorgen wir dafür, dass der Befehl `npm start` ausgeführt und damit der Webservice gestartet wird.

Erstellen des Docker Images

Mit der *Dockerfile*-Datei als Grundlage können Sie nun über den Befehl `docker build` ein Docker Image erstellen. Listing 19.3 zeigt den konkreten Befehl, der in unserem Fall notwendig ist, wobei Sie `<name>` durch den Namen für das Image ersetzen.

```
$ docker build -t <name> .
```

Listing 19.3 Befehl für das Erzeugen eines Docker Images

Über den Parameter `-t` definieren Sie den Namen des Docker Images. Der Übersichtlichkeit und der Eindeutigkeit halber sollten Sie hier Ihren Docker-Hub-Nutzernamen (siehe Kasten) als Präfix verwenden, gefolgt von dem Namen der Anwendung.

> **Hinweis**
>
> Docker Images werden standardmäßig über die zentrale Docker Registry unter *https://hub.docker.com/* verwaltet. Da Docker Images in dieser Registry einen eindeutigen Namen haben müssen, wählt man üblicherweise eine Kombination, die den Docker-Hub-Nutzernamen vorangestellt hat.

Hinter dem Namen des Images geben Sie das Verzeichnis an, in dem die *Dockerfile*-Datei liegt (im Befehl steht der Punkt stellvertretend für das aktuelle Verzeichnis).

Intern führt Docker nun nacheinander die in der *Dockerfile*-Datei definierten Schritte aus, wie Sie anhand der Konsolenausgabe erkennen können:

```
$ docker build -t cleancoderocker/webservice-deployment .
Sending build context to Docker daemon  18.72MB
Step 1/7 : FROM node:14
 ---> b90fa0d7cbd1
Step 2/7 : WORKDIR /usr/src/app
 ---> Running in 405f205ad172
Removing intermediate container 405f205ad172
 ---> 4c359fc2e57f
Step 3/7 : COPY package*.json ./
 ---> d35ad81a9b76
Step 4/7 : RUN npm install
 ---> Running in 1ed1c9acde08
...

2 packages are looking for funding
  run 'npm fund' for details

found 0 vulnerabilities

Removing intermediate container 1ed1c9acde08
 ---> cbebc214c2e7
Step 5/7 : COPY . .
 ---> c4df72d27d78
Step 6/7 : EXPOSE 8001
 ---> Running in d7dfa680b922
Removing intermediate container d7dfa680b922
 ---> a3eac862558b
Step 7/7 : CMD [ "npm", "start" ]
 ---> Running in d407ae424828
Removing intermediate container d407ae424828
 ---> 787c5ec16d59
Successfully built 787c5ec16d59
Successfully tagged cleancoderocker/webservice-deployment:latest
```

Listing 19.4 Ausgabe beim Erzeugen eines Docker Images

Hinweis

Über den Befehl `docker images` können Sie sich eine Liste aller Docker Images ausgeben lassen, die auf Ihrem Rechner verfügbar sind. Das eben erzeugte Image sollte dort jetzt mit aufgeführt sein:

```
$ docker images
REPOSITORY                   TAG     IMAGE ID      CREATED            SIZE
cleancoderocker/webservice   latest  082fe98626c7  40 seconds ago     676MB
...
```

Listing 19.5 Ausgabe der lokal verfügbaren Docker Images

Einen Docker Container starten

Um auf Basis des erstellten Docker Images einen Docker Container zu starten, verwenden Sie den Befehl `docker run` wie folgt, wobei `<name>` wieder durch den Namen des Images zu ersetzen ist:

```
$ docker run ⮐
    -p 8002:8001 ⮐
    --name=my-docker-webservice ⮐
    <name>
> webservice-express@1.0.0 start /usr/src/app
> node ./start.js

Webservice läuft unter http://localhost:8001
```

Listing 19.6 Befehl für das Starten eines Docker Containers

Über den Parameter `-p` wird ein **Port-Mapping** definiert, das notwendig ist, damit Sie von dem Rechner, auf dem der Docker Container gestartet wurde, auf den entsprechenden Port des Containers zugreifen können. Die erste Angabe hinter dem Parameter definiert den Port auf dem Host-Rechner, die zweite Angabe (hinter dem Doppelpunkt) den Port innerhalb des Containers.

Im Beispiel wird also der Port 8001 des Containers auf den Port 8002 des Host-Rechners gemappt. Alternativ könnten Sie auch für den Host-Rechner den Port 8001 verwenden (sofern dieser nicht belegt ist). Im Beispiel wollte ich Ihnen nur veranschaulichen, dass Sie bei der Wahl des Ports für den Host-Rechner freie Wahl haben. Auf diese Weise können Sie sehr einfach Konflikte mit bereits belegten Ports vermeiden, wenn ein Container einen Port »exposed«, der auf dem Host-Rechner bereits belegt ist.

Über den Parameter `--name` können Sie dem Container zudem einen (eindeutigen) Namen zuweisen, der zum einen der Übersichtlichkeit dient, zum anderen aber auch in Docker-Befehlen verwendet werden kann, um den Container zu referenzieren (beispielsweise wenn Sie den Container stoppen, neu starten oder löschen möchten).

Wurde der Container erfolgreich gestartet, können Sie über *http://localhost:8002* auf den Webservice zugreifen und – wie bereits in Kapitel 16, »Webservices implementieren«, gezeigt – beispielsweise mit entsprechenden cURL-Befehlen neue Kontakte anlegen und abrufen:

```
$ curl -v --header "Content-Type: application/json" ⤦
  --data '{"firstName":"Max","lastName":"Mustermann", ⤦
  "email": "maxmustermann@example.com"}' http://localhost:8002/api/contacts
*   Trying ::1...
* TCP_NODELAY set
* Connected to localhost (::1) port 8002 (#0)
> POST /api/contacts HTTP/1.1
> Host: localhost:8002
> User-Agent: curl/7.64.1
> Accept: */*
> Content-Type: application/json
> Content-Length: 81
>
* upload completely sent off: 81 out of 81 bytes
< HTTP/1.1 201 Created
< X-Powered-By: Express
< Location: /api/contacts/2
< Content-Type: application/json; charset=utf-8
< Content-Length: 104
< ETag: W/"68-fQ6U2gZwNQkOKdKJfP7UFJVQGlY"
< Date: Thu, 29 Oct 2020 10:47:34 GMT
< Connection: keep-alive
< Keep-Alive: timeout=5
<
* Connection #0 to host localhost left intact
{"firstName":"Max","lastName":"Mustermann","email":"maxmustermann@example.com",
"href":"/api/contacts/2"}* Closing connection 0

$ curl -v http://localhost:8002/api/contacts
*   Trying ::1...s
* TCP_NODELAY set
* Connected to localhost (::1) port 8002 (#0)
> GET /api/contacts HTTP/1.1
> Host: localhost:8002
> User-Agent: curl/7.64.1
> Accept: */*
>
< HTTP/1.1 200 OK
< X-Powered-By: Express
< Content-Type: application/json; charset=utf-8
```

```
< Content-Length: 113
< ETag: W/"71-MhbRtVf5WPUSDTwhYsR/PuE4Et0"
< Date: Thu, 29 Oct 2020 10:49:42 GMT
< Connection: keep-alive
< Keep-Alive: timeout=5
<
* Connection #0 to host localhost left intact
[{"id":2,"firstName":"Max","lastName":"Mustermann",
"email":"maxmustermann@example.com","href":"/api/contacts/2"}]
* Closing connection 0
```

Listing 19.7 Aufruf des Webservices, der innerhalb des Docker Containers läuft

> **Hinweis**
>
> Eine Befehlsreferenz für die Arbeit mit Docker finden Sie in Anhang C, »Tools und Befehlsreferenzen«.

19.2.3 Anzahl der Docker Images

In wie viele einzelne Docker Images Sie eine Webanwendung aufteilen, bleibt Ihnen überlassen und ist mitunter abhängig von den Anforderungen an die Webanwendung und der verwendeten Architektur (siehe Kapitel 12, »Webarchitekturen verstehen und einsetzen«).

Sie können, wie es in Abbildung 19.15 zu sehen ist, eine Unterteilung analog zu den Schichten Präsentationsschicht, Logikschicht und Persistenzschicht wählen oder wie in Abbildung 19.16 lediglich Präsentationsschicht und Logikschicht zusammenfassen.

> **Hinweis**
>
> Größere Softwarebausteine wie beispielsweise eine Datenbank installiert man in der Regel nicht in das gleiche Docker Image, in dem auch die Webanwendung läuft. Stattdessen verwendet man für solche Bausteine jeweils ein separates Docker Image (was auch der Grund ist, warum die Datenbank in den beiden obigen Abbildungen als separates Image eingezeichnet wurde).

Sobald eine Anwendung allerdings aus mehreren Docker Images besteht, ist es nicht ratsam, alle entsprechenden Docker Container separat über die Kommandozeile zu starten. Das wird schnell unübersichtlich und ist zudem noch schlecht zu bedienen. Hier hilft ein weiteres Tool aus dem Docker-Universum: *Docker Compose*.

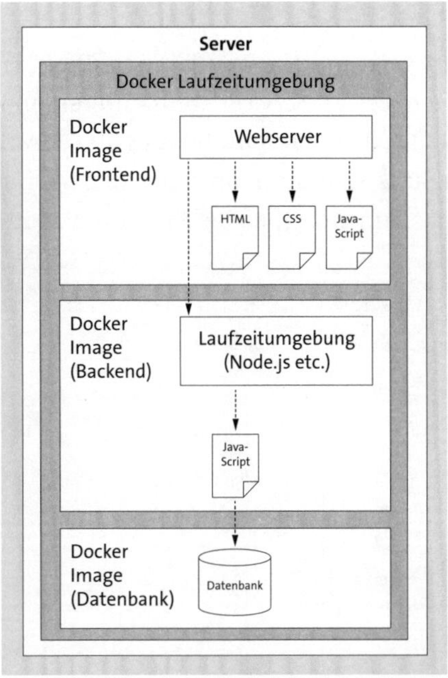

Abbildung 19.15 Wenn Sie Docker verwenden, muss auf dem Server lediglich die Docker-Laufzeitumgebung installiert sein.

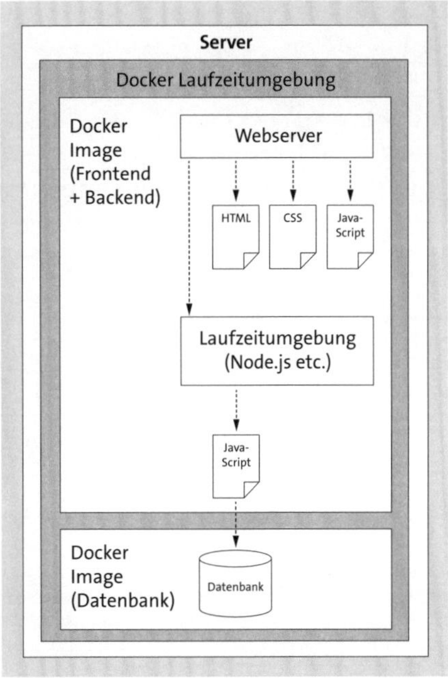

Abbildung 19.16 In wie viele verschiedene Docker Images Ihre Webanwendung aufgeteilt werden soll, entscheiden Sie.

19.2.4 Docker Compose

Mithilfe von *Docker Compose* (*https://docs.docker.com/compose*) können Sie über Konfigurationsdateien im YAML-Format mehrere *Docker Services* konfigurieren und die Abhängigkeiten dieser Services untereinander definieren (Abbildung 19.17). Auf diese Weise können Sie sich sehr einfach den Stack »zusammenbauen«, den Sie für eine Webanwendung benötigen, und alles mit einem einzelnen Befehl starten, stoppen oder aktualisieren.

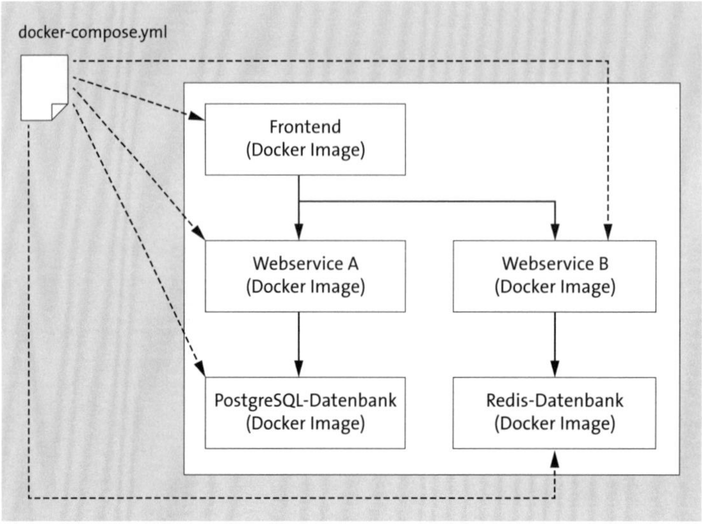

Abbildung 19.17 Mithilfe von Docker Compose können Sie fertige Setups mehrerer Docker Images konfigurieren und starten.

Listing 19.8 skizziert ein einfaches Beispiel für eine *docker-compose.yml*-Konfigurationsdatei, die aus drei Services besteht.

```
version: "3.7"
services:
  frontend:
    image: "cleancoderocker/example-frontend"
    container_name: "example-frontend"
    command: npm start
    ports:
      - 3000:3000
    networks:
      - public
    depends_on:
      - backend
  backend:
    image: "cleancoderocker/example-backend"
```

```
    container_name: "example-database"
    command: npm start
    environment:
      - DATABASE_DB=example
      - DATABASE_USER=root
      - DATABASE_PASSWORD=secret
      - DATABASE_HOST=database
    ports:
      - 80:80
      - 9229:9229
      - 9230:9230
    networks:
      - public
      - private
    depends_on:
      - database
  database:
    image: mysql
    container_name: "example-database"
    restart: always
    volumes:
       - db_data:/var/lib/mysql
    environment:
      MYSQL_ROOT_PASSWORD: secret
      MYSQL_DATABASE: example
      MYSQL_USER: wordpress
      MYSQL_PASSWORD: wordpress
    networks:
      - private
networks:
  public:
  private:
volumes:
  db_data:
```

Listing 19.8 Beispiel einer Konfigurationsdatei für Docker Compose

Die Beschreibung der Einstellungen finden Sie in folgender Liste:

- `image`: Hierüber definieren Sie das jeweils zu verwendende **Docker Image**. Im Beispiel sind dies »cleancoderocker/example-frontend«, »cleancoderocker/example-backend« und »mysql«.
- `container_name`: Optional können Sie hierüber die **Namen** der zu erstellenden Container definieren.

19

- `ports`: Hierüber können Sie das **Port-Mapping** von einem Port des jeweiligen Containers auf einen Port des Host-Rechners definieren.
- `environment`: Hierüber haben Sie die Möglichkeit, **Umgebungsvariablen** zu definieren.
- `command`: Hierüber geben Sie an, welcher **Befehl** innerhalb des jeweiligen Docker Containers ausgeführt werden soll, wenn dieser gestartet wird. Grundsätzlich ist diese Angabe nicht notwendig, wenn der Befehl bereits im entsprechenden *Dockerfile* definiert wurde. Über den `command`-Eintrag haben Sie allerdings die Möglichkeit, diese Befehle gezielt zu überschreiben (beispielsweise um einzelne Services im Debug-Modus auszuführen).
- `networks`: Hierüber können Sie sogenannte *Docker Networks* definieren und festlegen, welche Services »einander sehen«, sprich welcher Service auf welchen anderen Service Zugriff hat und welcher nicht.
- `volumes`: Hierüber können Sie sogenannte *Docker Volumes* definieren, die grob gesagt dazu dienen, Daten außerhalb eines Containers zu speichern.
- `depends_on`: Hierüber können Sie **Abhängigkeiten** zwischen einzelnen Services definieren. Im Beispiel ist etwa der »backend«-Service abhängig vom »database«-Service. Wurde Letzterer nicht korrekt gestartet, kann auch der »backend«-Service nicht korrekt arbeiten.

Ein installiertes Docker Compose vorausgesetzt (das in der Standardinstallation von Docker automatisch mit installiert wird), kann eine Docker-Compose-Konfigurationsdatei mit dem Befehl `docker-compose up` gestartet werden. Intern werden dann für die definierten Services auf Basis der angegebenen Images entsprechende Container erzeugt und gestartet.

Hinweis

Für weitere Informationen zum Thema Docker Compose empfehle ich Ihnen die offizielle Dokumentation unter *https://docs.docker.com/compose/*. Eine umfangreiche Sammlung von Docker-Compose-Konfigurationsdateien finden Sie zudem unter *https://github.com/docker/awesome-compose*.

19.3 Zusammenfassung und Ausblick

In diesem Kapitel haben Sie gesehen, wie man Webanwendungen in eine Form bringt, um sie auf einem Server zu installieren. Sie haben mit Docker und Docker Compose zwei Tools kennengelernt, die Ihnen diesbezüglich die Arbeit erleichtern und die zum Werkzeugkasten jedes Fullstack-Entwicklers gehören.

19.3.1 Die wichtigsten Punkte

Folgende Liste fasst die wichtigsten Punkte zusammen:

- Damit eine Webanwendung über das Internet für Nutzer erreichbar ist, muss sie auf einem (*Hosting*-)Server *gehostet* werden. Sie benötigen zum einen *Webspace* und zum anderen eine *Domain*.
- Grundsätzlich gibt es verschiedene Arten von Hosting:
  - *Shared Hosting*: Hierbei teilt sich Ihre Webanwendung den entsprechenden Server mit anderen Webanwendungen.
  - *VPS Hosting*: Hierbei wird Ihre Webanwendung innerhalb eines *virtuellen privaten Servers* betrieben.
  - *Dedicated Hosting*: Hierbei ist Ihre Webanwendung die einzige, die auf dem jeweiligen Server läuft.
  - *Cloud Hosting*: Hierbei läuft Ihre Webanwendung auf einer Cloud-Infrastruktur, die auf einem Netzwerk aus mehreren Servern basiert.
- Den Schritt des Kopierens einer Anwendung auf einen Server nennt man *Deployment*.
- Mithilfe von *Docker* lassen sich Webanwendungen (bzw. Anwendungen im Allgemeinen) paketieren, sodass sie innerhalb der Docker-Laufzeitumgebung sehr einfach installiert und betrieben werden können.
- Mithilfe von *Docker Compose* lassen sich Setups von mehreren Docker Images konfigurieren und starten.

19.3.2 Weiterführende Literatur

Wenn Sie sich näher mit dem Thema Docker beschäftigen möchten, empfehle ich Ihnen »Docker: Das Praxisbuch für Entwickler und DevOps-Teams« von Bernd Öggl und Michael Kofler, das ebenfalls im Rheinwerk Verlag erschienen ist.

19.3.3 Ausblick

Im nächsten Kapitel zeige ich Ihnen, welche Aspekte Sie im Hinblick auf die Sicherheit von Webanwendungen beachten müssen, welche potenziellen Schwachstellen es gibt und wie Sie diesen vorbeugen.

Kapitel 20
Webanwendungen absichern

Als guter Fullstack-Entwickler sollten Sie eine Übersicht darüber haben, welche sicherheitsrelevanten Aspekte wichtig sind, welche Schwachstellen es bei Webanwendungen geben kann und wie man diesen vorbeugt.

In diesem Kapitel möchte ich Ihnen eine Übersicht über die wichtigsten Begriffe bezüglich der Sicherheit von Webanwendungen geben. Das Kapitel besteht dabei aus folgenden Teilen:

- Im ersten Teil gehe ich auf die wichtigsten **Sicherheitslücken** ein, die bei der Implementierung von Webapplikationen auftreten können, und zeige Ihnen, wie Sie diesbezüglich vorbeugen können. Die vorbeugenden Strategien, bei denen ich etwas weiter ausholen muss, bespreche ich dagegen in den daran anschließenden Teilen separat.
- Im zweiten Teil gehe ich auf einige grundsätzliche Begriffe rund um das Thema **Kryptografie** ein und zeige Ihnen, welche Rolle die Kryptografie bei dem Protokoll **HTTPS** spielt, der sicheren Variante des HTTP-Protokolls.
- Im dritten Teil erläutere ich, was sich hinter den Begriffen **SOP**, **CSP** und **CORS** verbirgt, drei Begriffe, die im Zusammenhang mit dem Ausführen von Code auf einer Webseite wichtig sind.
- Im vierten und letzten Teil gehe ich schließlich auf das Thema **Authentifizierung** ein und stelle Ihnen unter anderem verschiedene Authentifizierungsmechanismen vor.

Grundsätzlich betrifft die Sicherheit von Webanwendungen alle Schichten einer Webanwendung. So gibt es unter anderem Aspekte, die auf Clientseite zu beachten sind, Aspekte, die auf Serverseite zu beachten sind, und wiederum Aspekte, die bei der Kommunikation zwischen Client und Server zu beachten sind. Sicherheit ist daher auch ein sogenanntes *Cross-Cutting Concern*, also ein Thema, das sich über den gesamten Stack einer Anwendung erstreckt.

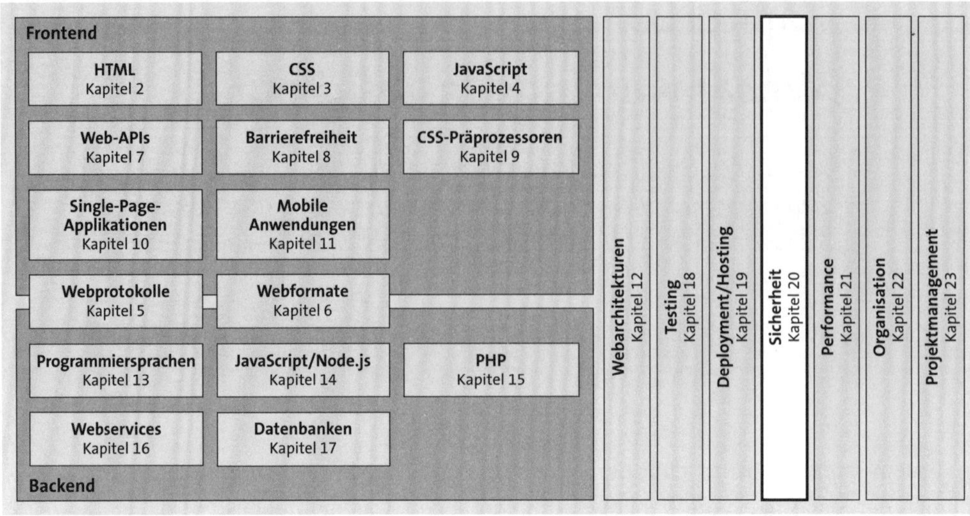

Abbildung 20.1 Die Sicherheit (Security) von Webapplikationen betrifft alle Komponenten, sie ist ein Cross-Cutting Concern.

20.1 Sicherheitslücken

Im Hinblick auf die Sicherheit von Webanwendungen gibt es eine Reihe von potenziellen Sicherheitslücken. In diesem Unterkapitel möchte ich Ihnen die wichtigsten vorstellen und Ihnen jeweils zeigen, durch welche Maßnahmen Sie den Sicherheitslücken vorbeugen können. Grundlage für die Auswahl der beschriebenen Sicherheitslücken ist dabei das Projekt OWASP (*https://owasp.org*).

20.1.1 OWASP

Die Abkürzung *OWASP* steht für *Open Web Application Security Project* und bezeichnet eine Organisation von Sicherheitsexperten, die sich mit der Sicherheit von Webanwendungen (bzw. Websites und Webseiten) sowie Webservices beschäftigt. Das Ziel von OWASP ist es, Risiken für Webanwendungen bekanntzugeben, die Sicherheit von Webanwendungen zu verbessern, generell mehr Transparenz zum Thema Sicherheit zu schaffen sowie Informationen und Tools für das Testen von Sicherheit bereitzustellen.

Seit 2003 veröffentlicht OWASP in gewissen Abständen eine Liste der »Top 10 Sicherheitslücken«, also eine Liste, die die zehn aktuell am häufigsten auftretenden Sicherheitslücken bei Webanwendungen beinhaltet (*https://owasp.org/www-project-top-ten*). Dabei sind immer wieder folgende Sicherheitslücken relevant, auf die ich im Anschluss einzeln eingehe:

1. Einschleusen von schädlichem Code (»Injection«)
2. Fehlerhafte Authentifizierung (»Broken Authentication«)
3. Exposition sensibler Daten (»Sensitive Data Exposure«)
4. Attacken über externe XML-Entitäten (»XML External Entities«)
5. Defekte Zugriffskontrolle (»Broken Access Control«)
6. Sicherheitsfehlkonfiguration (»Security Misconfiguration«)
7. Einschleusen von schädlichem JavaScript-Code (»Cross-Site Scripting«)
8. Unsichere Deserialisierung (»Insecure Deserialization«)
9. Verwendung von Komponenten mit Sicherheitslücken (»Using Components with Known Vulnerabilities)«
10. Unzureichende Protokollierung und Überwachung (»Insufficient Logging & Monitoring«)

20.1.2 Einschleusen von schädlichem Code

Bei der Kommunikation über HTTP und HTTPS werden Daten bekanntermaßen nicht nur vom Server an den Client geschickt, sondern auch vom Client an den Server. Hierbei kann es zu Sicherheitslücken kommen, wenn die Daten, die vom Client kommen, vom Server nicht richtig validiert und geprüft werden und auf diese Weise schädlicher Code auf den Server gelangen kann. Der Fachbegriff in diesem Zusammenhang lautet *Injection*: Hierunter versteht man einen Angriff, bei dem durch die vom Client an den Server gesendeten Daten schädlicher Code auf Serverseite ausgeführt wird.

SQL-Injection

Grundsätzlich unterscheidet man zwischen verschiedenen Arten von Injection, je nachdem, was das Ziel des Angriffs ist. Bekanntestes Beispiel ist die *SQL-Injection*, bei der das Ausführen von SQL-Statements durch das Einschleusen von Code manipuliert wird. Dies kann immer dann passieren, wenn man beim »Zusammenbauen« eines SQL-Statements Werte »einbaut«, die vom Client kommen, ohne diese vorher zu überprüfen.

Dazu ein einfaches Beispiel. Angenommen, Sie haben einen Webservice implementiert, der Anfragen vom Client entgegennimmt, um eine Suche nach Produkten in einer Datenbanktabelle auszuführen. Als Parameter erwartet der Webservice die Produkt-ID, auf deren Basis er die Suchanfrage in Form eines SQL-Statements erstellt, an die Datenbank schickt und die ermittelten Datensätze zurück an den Client sendet.

Wenn Sie die Produkt-ID nun wie in Listing 20.1 ohne weitere Überprüfung oder Absicherung in das SQL-Statement einbauen, können dadurch ungewollte Befehle eingeschleust werden.

```
const id = ... // kommt als Parameter vom Client
const sql = "SELECT * FROM products WHERE id= " + id;
```

Listing 20.1 Code, der für eine SQL-Injection anfällig ist

Sendet der Client als Parameter beispielsweise den Wert `"12345'; DROP TABLE products;--"`, kann er auf diese Weise erreichen, dass die komplette Tabelle »products« gelöscht wird!

Der Grund, warum das funktioniert, ist das am Ende platzierte »Doppelminus« (»--«), durch welches das SQL-Statement bei der Auswertung durch den SQL-Interpreter frühzeitig beendet wird und der SQL-Interpreter daher nicht feststellen kann, dass die gesamte Anfrage aufgrund falsch platzierter Anführungszeichen eigentlich syntaktisch ungültig ist.

Listing 20.2 zeigt das SQL-Statement, das durch den Code von eben erzeugt wird, wobei der Teil hervorgehoben ist, der durch den SQL-Interpreter ausgeführt wird:

```
SELECT * FROM products WHERE id= '12345'; DROP TABLE products;--'
```

Listing 20.2 SQL-Statement, das durch SQL-Injection verändert wurde

Vorbeugen gegen SQL-Injection

Wie lässt sich Injection nun verhindern? Grundsätzlich haben Sie dazu verschiedene Möglichkeiten. Zum einen können Sie selbst innerhalb Ihrer Anwendung die vom Client übergebenen Parameter dahingehend auf Gültigkeit überprüfen, ob sie schädlichen Code enthalten, und, falls dies der Fall ist, die weitere Abarbeitung mit einem Fehler beenden. Im Beispiel oben könnten Sie etwa eine Validierung einbauen, die prüft, ob es sich bei der übergebenen Produkt-ID tatsächlich um einen (positiven) Zahlenwert bzw. um eine gültige Produkt-ID handelt.

Alternativ dazu können Sie im Falle von SQL sogenannte *parametrisierte Anfragen* bzw. *Prepared Statements* verwenden, bei denen Sie an genau den Stellen in einem SQL-Statement, an denen Parameter übergeben werden können, Platzhalter definieren. Bei Ausführung dieser Prepared Statements werden die Parameter dann intern durch den SQL-Interpreter auf schädlichen Code hin überprüft.

Eine weitere Möglichkeit ist die Verwendung von *ORM-Bibliotheken* (*Object-Relational Mappings*, siehe Kapitel 17, »Daten in Datenbanken speichern«), die intern ebenfalls eine Überprüfung von Parametern vornehmen.

Hinweis

Prinzipiell gilt die Regel, dass Sie den Daten, die »von außen« an den Server geschickt werden können, **niemals trauen dürfen!** Sie können nicht davon ausgehen, dass der Server oder ein darauf laufender Webservice nur wie von Ihnen vorgesehen durch die von Ihnen implementierte Webanwendung aufgerufen wird. Wie Sie in Kapitel 16, »Webservices implementieren«, gesehen haben, lassen sich (HTTP-)Anfragen an einen Server auch mit Kommandozeilentools wie cURL absenden. Angreifer können sich dies zunutze machen und Anfragen auf diese Weise nach Belieben anpassen.

20.1.3 Fehlerhafte Authentifizierung

Fehlerhafte Authentifizierung bezeichnet eine Sicherheitslücke, die dadurch auftritt, dass *Authentifizierung* und das *Session Handling* falsch implementiert werden, sodass Angreifer entweder Kennwörter, Schlüssel oder *Session Tokens* kompromittieren können, um die Identität anderer Benutzer anzunehmen (siehe Abschnitt 20.4.2, »Session Based Authentication«).

Vorbeugen fehlerhafter Authentifizierung

Wenn Sie eine Webanwendung implementieren, bei der sich Nutzer registrieren und anmelden können, sollten Sie einen entsprechenden **sicheren Authentifizierungsmechanismus** verwenden. Da das Thema Authentifizierung allerdings etwas umfangreicher ist, möchte ich an anderer Stelle in diesem Kapitel (in Abschnitt 20.4, »Authentifizierung«) separat darauf eingehen.

20.1.4 Exposition sensibler Daten

Viele Webanwendungen und Webservices schützen vertrauliche Daten wie personenbezogene Daten nicht ordnungsgemäß, beispielsweise indem sie die Daten unverschlüsselt übertragen. Durch solche Schwachstellen können Angreifer Daten stehlen oder verändern, um somit beispielsweise die Identität von Nutzern anzunehmen.

20

Vorbeugen gegen Exposition sensibler Daten

Um sensible Daten bei der Übertragung zu schützen, sollten Sie Webanwendungen grundsätzlich über HTTPS betreiben. Wie HTTPS funktioniert, auf welchen anderen Technologien es aufsetzt und auf welchen kryptografischen Grundlagen es basiert, zeige ich Ihnen später in Abschnitt 20.2.3, »SSL, TLS und HTTPS«.

Darüber hinaus sollten nur diejenigen Daten gespeichert und übermittelt werden, die im jeweiligen Applikationskontext benötigt werden. Ein CVC (*Card Validation Code*) beispielsweise, der zur Überprüfung von Kreditkartennummern benötigt wird, sollte beispielsweise niemals persistiert werden, sondern immer vom Nutzer neu verlangt werden.

20.1.5 Attacken über externe XML-Entitäten (XXE)

Viele ältere oder schlecht konfigurierte XML-Parser werten sogenannte *externe Entitätsreferenzen* in XML-Dokumenten aus, die bei der Verwendung von *DTD* definiert werden können (*Document Type Definition*, siehe Kapitel 6, »Webformate verwenden«).

Solche Entitätsreferenzen erlauben es in XML, den Inhalt von anderen Dateien in ein XML-Dokument einzufügen, was zunächst nützlich erscheint, von Angreifern aber im Rahmen einer sogenannten *XXE-Attacke* (*XXE* für *XML External Entitity*) dazu verwendet werden kann, auf den Inhalt von beliebigen Dateien auf dem Server zuzugreifen.

Vorbeugen gegen XXE-Attacken

Um XXE-Attacken vorzubeugen, sollten Sie die Verarbeitung von externen Entitätsreferenzen bei dem jeweils verwendeten XML-Parser deaktivieren. Darüber hinaus ist es ratsam, bei der Definition von Schemas für XML grundsätzlich auf die Verwendung von DTD zu verzichten und stattdessen wie in Kapitel 6, »Webformate verwenden«, gezeigt *XML-Schemas* zu verwenden.

20.1.6 Defekte Zugriffskontrolle

Grundsätzlich unterscheidet man bei Webanwendungen zwischen Authentifizierung, also der Überprüfung, ob ein Nutzer derjenige ist, der er ausgibt zu sein, und *Autorisierung*, also der Überprüfung, ob ein Nutzer eine bestimmte Aktion ausführen darf.

In Abschnitt 20.1.3, »Fehlerhafte Authentifizierung«, haben Sie bereits gesehen, dass eine häufig anzutreffende Schwachstelle bei Webanwendungen die Authentifizierung ist. Bei der defekten Zugriffskontrolle geht es dagegen um Schwachstellen, die aufgrund fehlerhafter oder nicht vorhandener Autorisierung bestehen. Welcher Nutzer welche Aktionen ausführen darf, wird im Rahmen der *Zugriffskontrolle* (*Access Control*) definiert. Ist diese jedoch defekt bzw. nicht korrekt implementiert, ist es Nutzern möglich, Aktionen auszuführen, die sie eigentlich nicht ausführen dürfen. Angreifer können diese Sicherheitslücke ausnutzen, um auf nicht autorisierte Funktionen oder Daten zuzugreifen, zum Beispiel auf die Daten anderer Benutzer.

Vorbeugen gegen defekte Zugriffskontrolle

Eine Zugriffskontrolle zu implementieren, ist immer dann sinnvoll, wenn verschiedene Nutzer einer Webanwendung verschiedene Aktionen durchführen können, beispielsweise wenn Sie zwischen Administratoren und »normalen« Nutzern unterscheiden möchten. Zugriffskontrolle kann dabei auf verschiedene Weise (man sagt auch: *Authorization Models*) implementiert werden, unter anderem über:

- *Access Control Lists* (*ACLs*): Hierbei wird für jeden Nutzer in einer Liste festgelegt, welche Aktionen er auf welcher Ressource der Anwendung ausführen darf, sprich, welche Rechte er an welcher Ressource hat (beispielsweise, ob er eine SQL-Tabelle löschen, editieren oder lesen darf).
- *Role-based Access Control* (*RBAC*): Hierbei ordnet man die Rechte sogenannten *Rollen* zu, die man dann einzelnen Nutzern zuweisen kann. Darüber hinaus können Nutzer zu *Gruppen* (*Nutzergruppen*) zusammengefasst werden, und auch diesen Gruppen lassen sich Rollen zuweisen.

Hinweis

Sowohl für ACLs als auch für RBAC gibt es bestehende Implementierungen, die Sie verwenden können. Hier müssen Sie das Rad nicht neu erfinden.

Unabhängig davon, welches Authorization Model Sie verwenden, sollten Sie die Implementierung des Models sehr gründlich über automatisierte Tests überprüfen (siehe Kapitel 18, »Webanwendungen testen«).

20.1.7 Sicherheitsfehlkonfiguration

Eine weitere Art von Sicherheitslücken, die häufig auftritt, ist die aufgrund fehlerhafter Konfigurationen. Ein Beispiel hierfür ist die fehlerhafte Konfiguration bezüglich Fehlermeldungen, die an den Nutzer zurückgesendet werden. Enthalten diese Detailinformationen wie beispielsweise den Methodenaufruf-Stack oder andere sensible Logging-Ausgaben, kann dies eine Sicherheitslücke darstellen. Auch Codebeispiele (Stichwort »Hello World«), die als Überbleibsel auf dem Server laufen und eventuell Schwachstellen aufweisen, können eine Sicherheitslücke darstellen.

Vorbeugen gegen Sicherheitsfehlkonfigurationen

Um Fehler bezüglich der Konfiguration zu vermeiden, sollten Sie genau prüfen, welche Informationen in Fehlermeldungen enthalten sind, welche Informationen geloggt werden und dass diese Informationen keine sensiblen Daten enthalten. So sollten Sie bei einem Login-Formular beispielsweise keine Detailinformationen wie »Unbekannter Nutzername« oder »Falsches Passwort« als Fehlermeldung zurückgeben, sondern eine allgemeine Meldung wie »Ungültige Anmeldeinformationen«.

Zudem sollten Sie Codebeispiele aus dem Produktivsystem entfernen und nur den eigentlichen Quelltext der Webanwendung deployen. Darüber hinaus sollten Sie die grundsätzlichen Regeln »guter Konfiguration« beachten, beispielsweise separate Konfigurationen für den Testbetrieb und den Produktivbetrieb verwenden und zumindest Letztere niemals mit dem Quelltext zusammen in Versionskontrollsysteme hochladen (Versionskontrollsysteme besprechen wir in Kapitel 22, »Webprojekte organisieren und verwalten«).

20.1.8 Einschleusen von schädlichem JavaScript-Code (XSS)

Cross-Site Scripting bezeichnet eine Attacke, über die ein Angreifer schädlichen JavaScript-Code in eine Webseite einschleust, der dann beim Aufruf der Webseite bei anderen Clients ausgeführt wird, um ungewollt Aktionen auszuführen oder Informationen auszulesen (Abbildung 20.2). Besteht eine entsprechende Sicherheitslücke, ist es dem Angreifer möglich, auf jegliche Informationen der Webseite zuzugreifen, um auf diese Weise sensible Daten wie Passwörter oder Session-Tokens auszuspionieren.

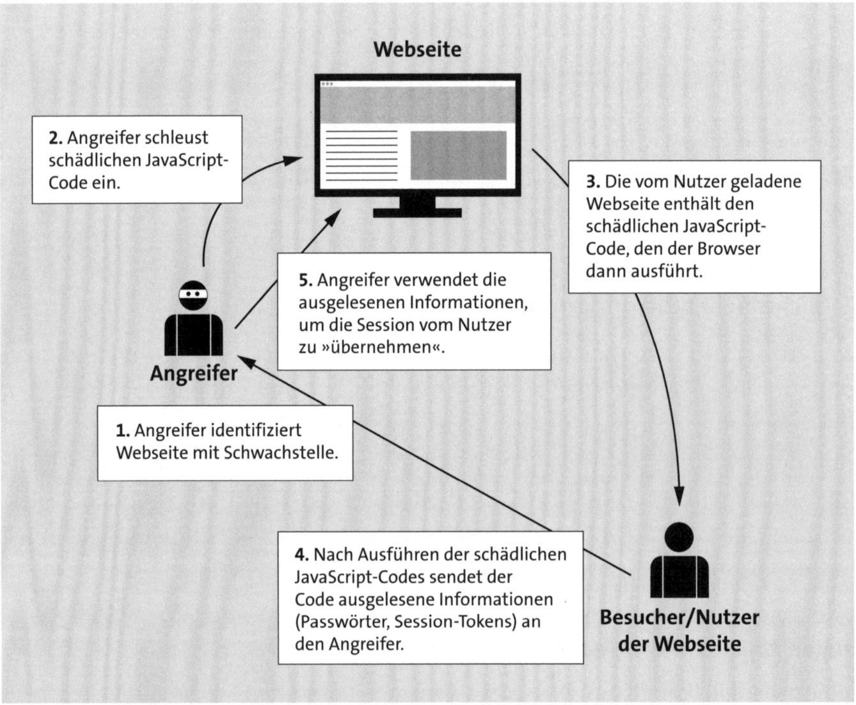

Abbildung 20.2 Das Prinzip von Cross-Site Scripting

Vorbeugen gegen Cross-Site Scripting

Cross-Site Scripting können Sie beispielsweise vorbeugen, indem Sie über eine *Content Security Policy* (*CSP*) festlegen, welcher JavaScript-Code auf einer Webseite ausgeführt werden darf und welcher nicht. Wie Sie eine CSP und entsprechende Regeln definieren, zeige ich Ihnen in Abschnitt 20.3.3, »Content Security Policy (CSP)«. Darüber hinaus sollten Sie auf korrektes *Escaping* achten, damit eingeschleuster JavaScript-Code nicht evaluiert bzw. ausgeführt wird.

20.1.9 Unsichere Deserialisierung

Der Begriff *Serialisierung* bedeutet im Kontext von Programmiersprachen, dass ein Objekt in eine Folge von Bytes umgewandelt wird. Umgekehrt bedeutet der Begriff *Deserialisierung*, dass aus einer Folge von Bytes ein Objekt erzeugt wird.

Wenn Sie beispielsweise in JavaScript ein Objekt erzeugen und dieses über die Methode `JSON.stringify()` in einen String umwandeln, haben Sie das Objekt *serialisiert*. Wenn Sie umgekehrt aus einem String über die Methode `JSON.parse()` ein Objekt erstellen, haben Sie das Objekt *deserialisiert*.

Wenn beim Deserialisieren Daten von außerhalb einer Anwendung in die Anwendung geladen werden, besteht prinzipiell eine Sicherheitslücke. Wenn Sie beispielsweise eine Funktionalität implementieren, über die Daten (beispielsweise im JSON-Format) exportiert und umgekehrt wieder importiert werden können, sollten Sie beim Import sicherstellen, dass die Daten seit dem Export nicht verändert wurden. Mit anderen Worten: Sie sollten die *Integrität* der Daten überprüfen.

Vorbeugen gegen unsichere Deserialisierung

Laut den Empfehlungen von OWASP ist das einzig sichere Vorgehen, um Sicherheitslücken durch unsichere Deserialisierung vorzubeugen, überhaupt keine serialisierten Objekte aus nicht vertrauenswürdigen Quellen zu akzeptieren. Ist dies nicht möglich, können je nach Anwendungsfall unter anderem *digitale Signaturen* helfen, mit deren Hilfe die Integrität der Daten sichergestellt werden kann. Bezogen auf das Beispiel von oben würden Sie beim Export der Daten eine digitale Signatur erstellen und diese mit dem Export speichern. Beim Import könnten Sie dann die digitale Signatur und die Importdaten überprüfen: Passt beides nicht zusammen, wurden die Daten zwischenzeitlich verändert.

Hinweis

Unter Node.js beispielsweise können Sie mit dem in der Installation von Node.js enthaltenen crypto-Modul (*https://nodejs.org/api/crypto.html*) digitale Signaturen erstellen.

20.1.10 Verwendung von Komponenten mit Sicherheitslücken

Wenn Sie externe Komponenten wie Bibliotheken, Frameworks oder andere Softwaremodule verwenden, kann es sein, dass diese externen Komponenten selbst Sicherheitslücken enthalten, was wiederum Ihre Anwendung ebenfalls angreifbar macht.

Vorbeugen gegen Komponenten mit Sicherheitslücken

Um dem vorzubeugen, sollten Sie externe Komponenten, die Sie innerhalb einer Webanwendung verwenden, immer auf dem aktuellen Stand halten. Werden Schwachstellen in einer externen Komponente erkannt und behoben, sollten Sie diese unbedingt aktualisieren.

Hierbei ist es allerdings sinnvoll, auf automatisierte Tools zurückzugreifen, die Ihnen helfen, Updates von Abhängigkeiten automatisch zu ermitteln. Insbesondere bei der Arbeit mit Node.js haben Sie schnell Dutzende oder Hunderte (direkte oder indirekte) Abhängigkeiten in einem Projekt, sodass es äußerst aufwendig wäre, für all diese Abhängigkeiten manuell nach Updates zu suchen. Tools wie »npm-check-updates« (*https://www.npmjs.com/package/npm-check-updates*) oder der über npm verfügbare Befehl `npm audit` (*https://docs.npmjs.com/cli/audit*) helfen Ihnen, Abhängigkeiten automatisch auf Updates hin zu überprüfen.

20.1.11 Unzureichende Protokollierung und Überwachung

Wenn eine Webanwendung unzureichend protokolliert oder überwacht wird und »seltsames Verhalten« oder Angriffe auf die Anwendung erst verspätet erkannt werden, liegt ebenfalls eine Sicherheitslücke vor.

Vorbeugen gegen unzureichende Protokollierung und Überwachung

Stellen Sie daher sicher, dass auffälliges Verhalten wie beispielsweise fehlgeschlagene Anmeldeversuche, wiederholte Zugriffe sowie serverseitige Fehler protokolliert werden. Dabei sollten Sie darauf achten, dass die Fehler mit einem ausreichenden Kontext protokolliert werden, um auf diese Weise verdächtige Aktivitäten und die damit verbundenen Nutzer zu identifizieren. Außerdem sollten Sie die Protokolle bzw. Logs in einem Format erstellen, das zur späteren Analyse in entsprechende Tools geladen werden kann. Ein Beispiel für ein solches Tool ist der sogenannte ELK-Stack (*https://www.elastic.co/de/log-monitoring*), bestehend aus Elastic Search, Logstash und Kabana, das unter anderem eine grafische Oberfläche zur Log-Analyse bereitstellt.

20.1.12 Ausblick

Sie kennen jetzt die wichtigsten Sicherheitslücken von Webanwendungen und wissen, wie Sie diesen durch entsprechende Maßnahmen vorbeugen können. Für einige Maßnahmen allerdings – auf die ich bisher noch nicht im Detail eingegangen bin – muss ich im Folgenden etwas weiter ausholen.

20.2 Verschlüsselung und Kryptografie

Damit Daten im Internet sicher übertragen werden können, müssen sie zunächst **verschlüsselt** werden. Dazu existieren verschiedene Algorithmen (*Cryptographic Algorithms*), die unter Verwendung eines Schlüssels (des *Encryption Key*) Daten **verschlüsseln**, die anschließend nur unter Verwendung eines passenden Schlüssels (des *Decryption Key*) **entschlüsselt** werden können.

Solche Arten von Algorithmen lassen sich wiederum in verschiedene Klassen unterteilen, die in Abbildung 20.3 zu sehen sind und auf die ich im Folgenden näher eingehen möchte: die *symmetrische Kryptografie* und die *asymmetrische Kryptografie*.

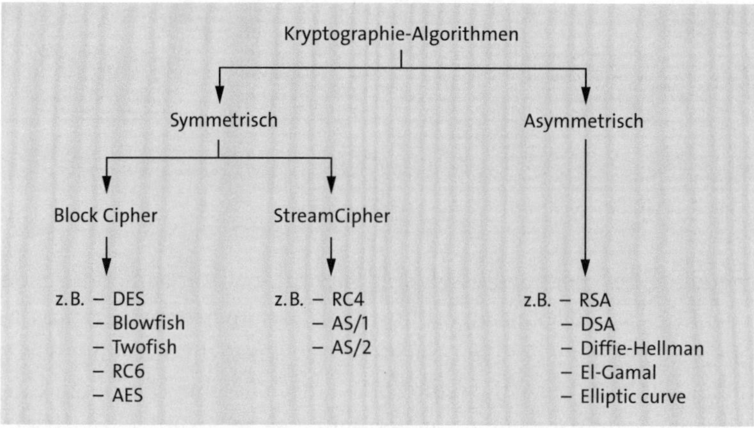

Abbildung 20.3 Klassifikation von Kryptografie-Algorithmen

> **Hinweis**
> Symmetrische Verschlüsselung wird weiter in *Blockverschlüsselung* (*Block Cipher*) und – etwas holprig übersetzt – *Stromverschlüsselung* (*Stream Cipher*) unterteilt. Die Details hierbei sind für uns an dieser Stelle allerdings weniger relevant.

> **Hinweis**
> Auch wenn in diesem Zusammenhang oft von Verschlüsselung gesprochen wird, ist eigentlich *Kryptografie* gemeint: Daten sollen ja nicht nur verschlüsselt, sondern auch wieder entschlüsselt werden.

20.2.1 Symmetrische Kryptografie

Bei der *symmetrischen Kryptografie* wird für die Verschlüsselung der Daten der **gleiche Schlüssel** verwendet wie für die Entschlüsselung der Daten. Der Sender von

Daten, der die Daten verschlüsselt, verwendet also den gleichen Schlüssel wie der Empfänger der Daten, der die Daten entschlüsselt (Abbildung 20.4).

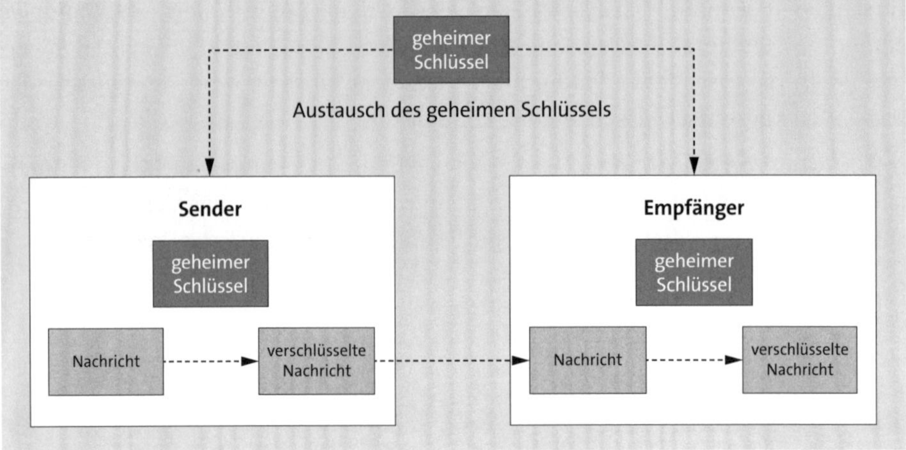

Abbildung 20.4 Das Prinzip der symmetrischen Kryptografie

Wegen der Verwendung nur eines Schlüssels sind Algorithmen zur symmetrischen Kryptografie in der Regel schneller als Algorithmen zur asymmetrischen Kryptografie, allerdings gibt es einen gravierenden Nachteil bzw. eine Schwachstelle: Bevor Sender und Empfänger mit der Verschlüsselung bzw. Entschlüsselung beginnen können, muss der geheime Schlüssel beiden zur Verfügung gestellt werden. Und da in der Regel der Sender der Daten derjenige ist, der den Schlüssel erstellt, muss also dieser Schlüssel irgendwie zum Empfänger gelangen, damit dieser die Daten entschlüsseln kann. Erfolgt die Übertragung dabei nicht sicher, kann der Schlüssel bei der Übertragung potenziell durch sogenannte *Man-in-the-Middle-Attacken* abgefangen werden, was ein enormes Sicherheitsrisiko für die anschließende – vermeintlich sichere, weil verschlüsselte – Kommunikation darstellt.

Aus diesem Grund kommt heutzutage häufiger die asymmetrische Kryptografie zum Einsatz.

20.2.2 Asymmetrische Kryptografie

Bei der *asymmetrischen Kryptografie* werden für die Verschlüsselung und für die Entschlüsselung der Daten **zwei unterschiedliche Schlüssel** verwendet, zum einen ein *privater Schlüssel* (*Private Key*), zum anderen ein *öffentlicher Schlüssel* (*Public Key*).

Wenn eine Nachricht mit dem öffentlichen Schlüssel verschlüsselt wird, kann sie nur mit dem privaten Schlüssel entschlüsselt werden (Abbildung 20.5), und wenn eine Nachricht mit dem privaten Schlüssel verschlüsselt wird, kann sie nur mit dem öffentlichen Schlüssel entschlüsselt werden.

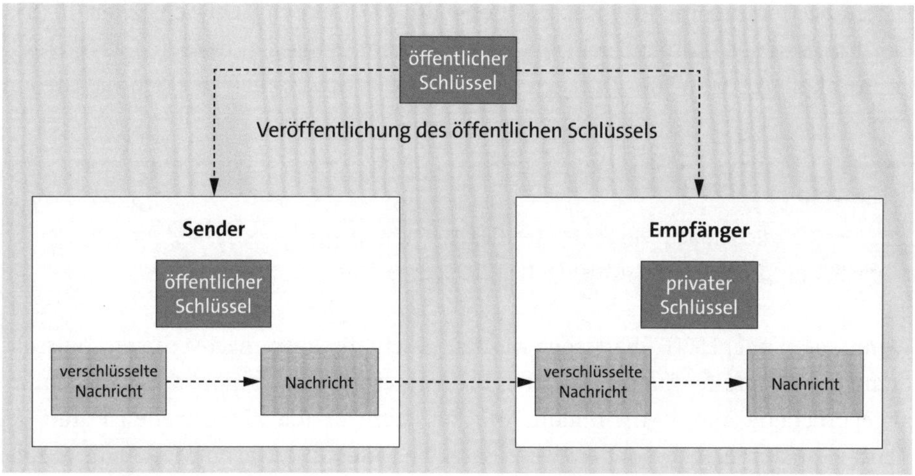

Abbildung 20.5 Das Prinzip der asymmetrischen Kryptografie

Auch wenn die Algorithmen zur asymmetrischen Kryptografie langsamer arbeiten als die zur symmetrischen Kryptografie, kommen in der Praxis Erstere aufgrund der höheren Sicherheit häufiger zum Einsatz. So werden Algorithmen zur asymmetrischen Kryptografie in einer Vielzahl von Protokollen und Tools verwendet, beispielsweise:

- bei *SSL* (*Secure Sockets Layer*) und *TLS* (*Transport Layer Security*)
- bei der sicheren Variante von HTTP, dem Protokoll *HTTPS*, mit dessen Hilfe sich Daten sicher über das Web senden lassen
- bei dem Netzwerkprotokoll *SSH* (*Secure Shell*), mit dessen Hilfe man sich beispielsweise per Kommandozeile auf einem entfernten Webserver anmelden kann
- bei dem Programm *PGP* (*Pretty Good Privacy*), das für das Signieren oder Verschlüsseln von E-Mails verwendet werden kann
- bei *DNSSEC* (*Domain Name System Security Extensions*), das die Authentizität und Integrität von Daten sicherstellt, die im Domain Name System (DNS) übertragen werden

Für Sie am wichtigsten ist die Anwendung der Kryptografie im Hinblick auf SSL, TLS und HTTPS, weswegen ich auf diese Protokolle im Folgenden etwas näher eingehen möchte.

20.2.3 SSL, TLS und HTTPS

In der Praxis herrscht oft Unklarheit über die drei Begriffe *SSL*, *TLS* und *HTTPS*. Daher an dieser Stelle zunächst eine kurze Differenzierung: Die Abkürzung *SSL* steht für *Secure Sockets Layer* und bezeichnet ein **Verschlüsselungsprotokoll** zur sicheren

Datenübertragung im Internet. Mittlerweile sind jedoch Schwachstellen in SSL bekannt, und das Protokoll sollte daher nicht mehr eingesetzt werden. Das **Nachfolgeprotokoll** *TLS* steht für *Transport Layer Security* und behebt die Schwachstellen von SSL.

Hinweis

SSL ist allerdings nach wie vor ein weit verbreiteter Begriff, sodass heutzutage, wenn von SSL gesprochen wird, oft eigentlich TLS gemeint ist.

Wenn Daten über HTTP übertragen werden, geschieht dies zunächst unverschlüsselt. Erlangt ein Angreifer Zugriff auf den HTTP-Verkehr (beispielsweise durch die bereits angesprochene Man-in-the-Middle-Attacke), kann er die übertragenen Daten im Klartext auslesen. Insbesondere wenn sensible Daten übertragen werden (dazu zählen beispielsweise Anmeldeinformationen wie Nutzername und Passwort oder auch Kreditkarteninformationen), sollten Sie statt des »normalen« HTTP dessen sichere Variante *HTTPS* (*Hypertext Transfer Protocol Secure*) verwenden.

Syntaktisch ist HTTPS identisch mit HTTP (also beispielsweise bezüglich Headern etc.), die Daten werden für die Kommunikation allerdings unter Verwendung von TLS verschlüsselt. Dabei werden die Daten in beide Richtungen verschlüsselt übertragen, das heißt sowohl vom Client zum Server als auch vom Server zum Client.

Der Ablauf ist dabei folgender (Abbildung 20.6): Stellt der Client (bzw. Browser) eine Anfrage an den Webserver, schickt dieser zunächst seinen öffentlichen Schlüssel sowie ein *Zertifikat* an den Client. Der Client überprüft daraufhin zwei Dinge: zum einen die **Gültigkeit des Zertifikats** und zum anderen, ob es von einer **vertrauenswürdigen Zertifizierungsstelle** stammt.

Nur wenn beides der Fall ist, erstellt der Client ebenfalls einen Schlüssel (den sogenannten *Symmetric Key*), verschlüsselt diesen mit dem öffentlichen Schlüssel und schickt ihn an den Webserver (**asymmetrische** Kryptografie). Dieser wiederum entschlüsselt den Symmetric Key mit seinem privaten Schlüssel (ebenfalls **asymmetrische** Kryptografie) und verschlüsselt im Folgenden mit dem Symmetric Key die an den Client zurückgesendeten Daten, die dieser wieder entschlüsseln kann (**symmetrische** Kryptografie).

HTTPS setzt also auf eine Kombination von asymmetrischer und symmetrischer Kryptografie: Zunächst wird ein Symmetric Key zwischen Client und Server mithilfe asymmetrischer Kryptografie erzeugt. Für die eigentliche Kommunikation zwischen Client und Server kommt dann symmetrische Kryptografie zum Einsatz, die den zuvor erzeugten Symmetric Key verwendet.

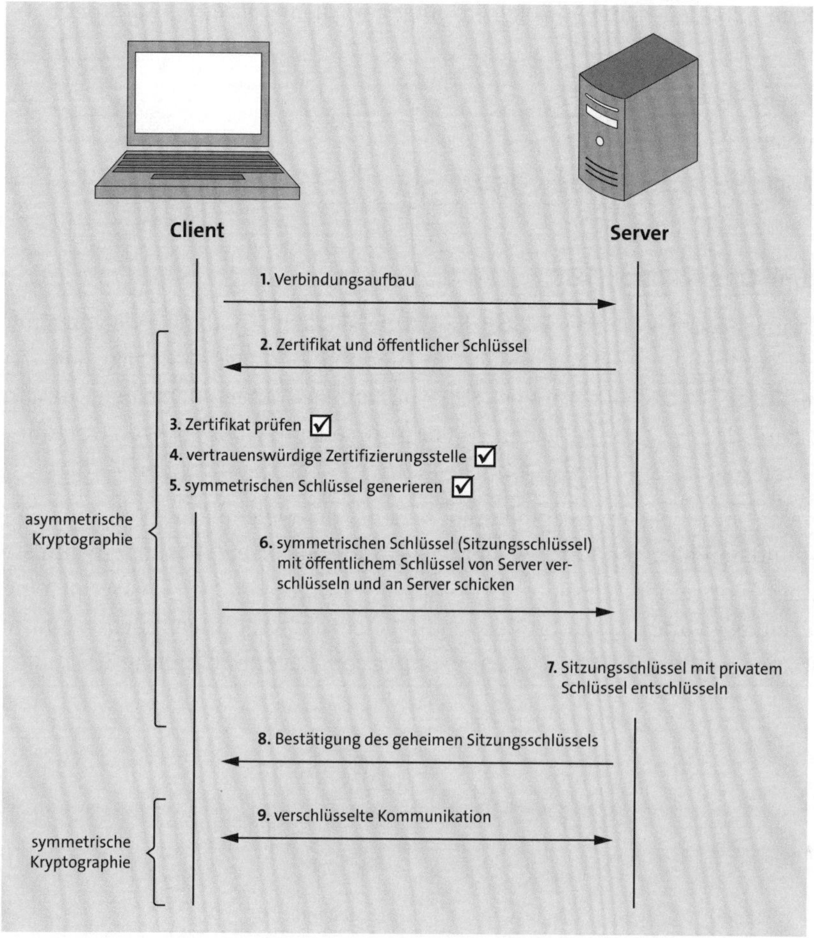

Abbildung 20.6 Das Prinzip von HTTPS

Hinweis

Aktuelle Browser weisen darauf hin, ob eine Webseite über eine sichere Verbindung übertragen wird oder nicht. Unabhängig davon erkennen Sie sichere Websites daran, dass die entsprechende URL im Adressfeld des Browsers nicht mit »http«, sondern mit »https« beginnt.

20.3 SOP, CSP und CORS

In Abschnitt 20.1.8, »Einschleusen von schädlichem JavaScript-Code (XSS)«, haben Sie gesehen, dass das Einschleusen von schädlichem JavaScript-Code in eine Webseite eine der wesentlichen Sicherheitslücken für Webanwendungen ist.

Im Folgenden möchte ich auf drei Begriffe eingehen, die in diesem Zusammenhang wichtig sind:

- Same Origin Policy (SOP)
- Content Security Policy (CSP)
- Cross-Origin Resource Sharing (CORS)

20.3.1 Same Origin Policy (SOP)

Die sogenannte *Same Origin Policy* (*SOP*) legt grundsätzlich fest, dass Code von einer *Origin* nicht auf Inhalte einer anderen Origin zugreifen darf. Bedeutet also, dass ein im Browser ausgeführtes JavaScript per HTTP nur auf Ressourcen derselben Domain zugreifen kann, das dynamische Laden von Ressourcen von einer anderen Domain – das Ausführen sogenannter *Cross-Origin Requests* – jedoch unterbunden wird.

Genauer gesagt muss die angefragte Ressource über das gleiche **Protokoll**, den gleichen **Host** und den gleichen **Port** wie der JavaScript-Code erreichbar sein. Wenn Sie beispielsweise von einer Webseite *https://www.example.com* per JavaScript eine JSON-Datei einlesen und etwa unter Verwendung der Fetch API laden möchten, muss die JSON-Datei ebenfalls auf *https://www.example.com* liegen (Abbildung 20.7).

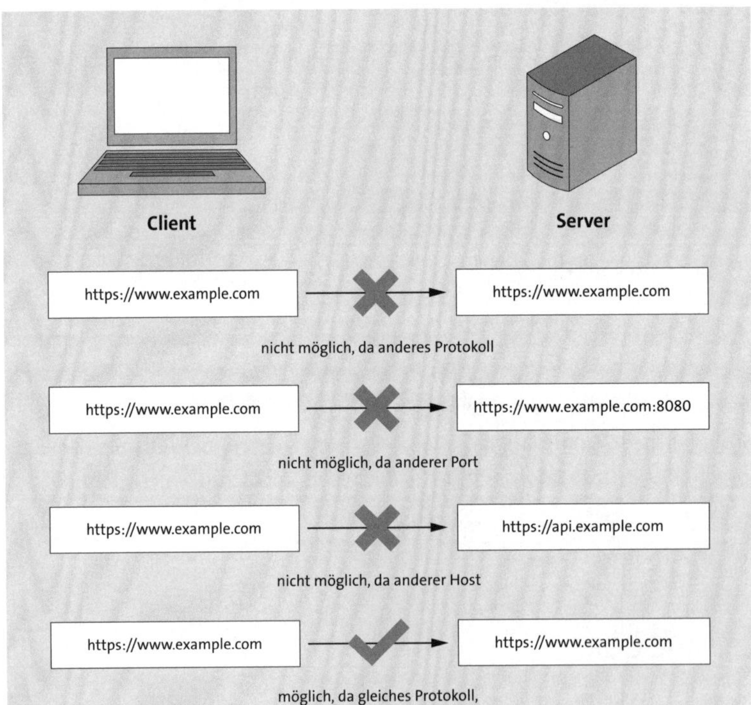

Abbildung 20.7 Das Prinzip der Same Origin Policy

Hinweis

Die Same Origin Policy betrifft nur das **dynamische Laden von Ressourcen** aus JavaScript-Code heraus. Ressourcen, die Sie direkt über HTML einbinden, können dagegen von anderen Domains geladen werden. Dazu zählen:

- JavaScript-Dateien, die über das `<script>`-Element eingebunden werden,
- CSS-Dateien, die über das `<link>`-Element eingebunden werden,
- Bild-, Audio-, Videodateien etc., die über die Elemente `<img>`, `<audio>`, `<video>`, `<object>` und `<applet>` eingebunden werden, sowie
- HTML-Dateien, die über die Elemente `<frame>` und `<iframe>` eingebunden werden.

20.3.2 Cross-Origin Resource Sharing (CORS)

Die Same Origin Policy verhindert also, dass per JavaScript auf Ressourcen anderer Domains zugegriffen werden kann. In einigen Fällen kann ein Zugriff auf Ressourcen anderer Domains aber gerade sinnvoll sein. Wenn Sie beispielsweise einen Webservice implementieren und diesen unter der Subdomain *https://api.example.com* bereitstellen und von einer Webanwendung auf *https://www.example.com* auf den Webservice zugreifen möchten, geht das aufgrund der Same Origin Policy nicht.

Mithilfe des sogenannten *Cross-Origin Resource Sharings* (*CORS*) haben Sie nun die Möglichkeit, die Sicherheitsregeln, die durch die Same Origin Policy festgelegt sind, zu lockern (Abbildung 20.8).

Die Einstellungen für CORS müssen dabei an dem Server vorgenommen werden, der die angefragten Ressourcen bereitstellt (und nicht etwa an dem Server, auf dem der JavaScript-Code gehostet wird, der die Ressource anfragt). Bezogen auf das Beispiel müssten Sie also am Webservice unter *https://api.example.com* einrichten, dass die Webanwendung unter *https://www.example.com* auf den Webservice zugreifen darf.

Hierzu konfigurieren Sie den Header »Access-Control-Allow-Origin« und listen dabei durch Leerzeichen getrennt die Domains auf, die die SOP-Einschränkungen umgehen dürfen.

```
Access-Control-Allow-Origin: "https://www.example.com"
```

Listing 20.3 Aufbau des Headers Access-Control-Allow-Origin

Hinweis

Vermeiden Sie es unbedingt, beim »Access-Control-Allow-Origin« als Wert den Wildcard-Operator »*« anzugeben. Dadurch hätte nämlich jede Website die Erlaubnis, Ressourcen von der jeweiligen Domain anzufragen. Stattdessen sollten Sie die erlaubten Domains explizit (als sogenannte *Whitelist*) definieren.

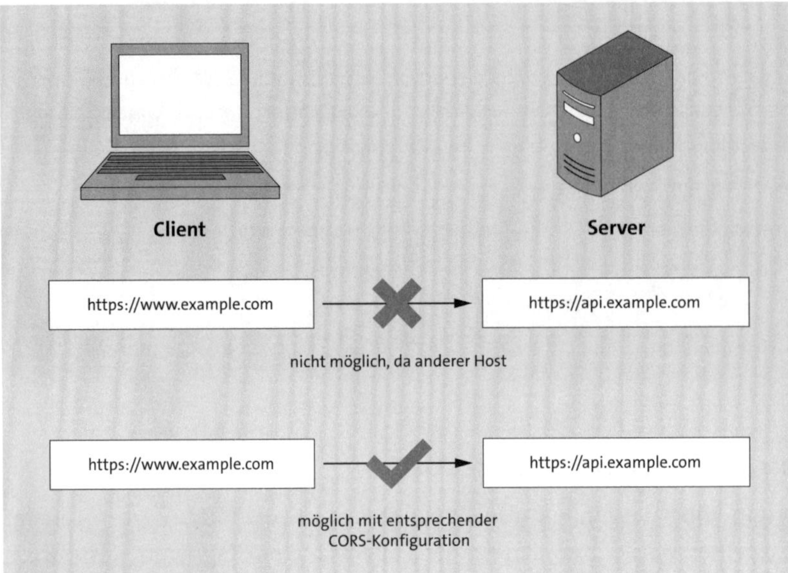

Abbildung 20.8 Das Prinzip von CORS

CORS für express konfigurieren

CORS lässt sich am Webserver relativ einfach konfigurieren. Für das Konfigurieren von CORS für eine express-Applikation eignet sich am besten die Middleware »cors« (*https://github.com/expressjs/cors*), die Sie für ein Projekt wie gewohnt über den Node.js Package Manager installieren können:

```
npm install cors
```

Anschließend können Sie das Package wie in Listing 20.4 zu sehen über `require()` einbinden und als Middleware konfigurieren. Dem Aufruf `cors()` übergeben Sie dabei ein Konfigurationsobjekt, mit dessen Hilfe Sie unter anderem die Whitelist der Domains definieren können, für die CORS gelten soll.

```
const express = require('express');
const cors = require('cors');
const app = express();

const whitelist = ['https://example.com', 'https://www.example.com'];
const corsOptions = {
  origin: function (origin, callback) {
    if (whitelist.indexOf(origin) !== -1) {
      callback(null, true);
    } else {
      callback(new Error('Not allowed by CORS'));
```

```
    }
  },
}

app.use(cors(corsOptions));

app.get('/examples', (request, response) => {
  res.json({ msg: 'Hello World mit CORS' })
})
```

Listing 20.4 Konfiguration von CORS für express

20.3.3 Content Security Policy (CSP)

Die Same Origin Policy regelt, dass JavaScript-Code, der auf einer Domain ausgeführt wird, keine Ressourcen von anderen Domains laden darf. Dadurch wird allerdings nicht verhindert, dass bösartiger JavaScript-Code, der beispielsweise per *Cross-Site Scripting* (*XSS*, siehe Abschnitt 20.1.8, »Einschleusen von schädlichem JavaScript-Code (XSS)«) in eine Website eingeschleust wird, dort ausgeführt wird.

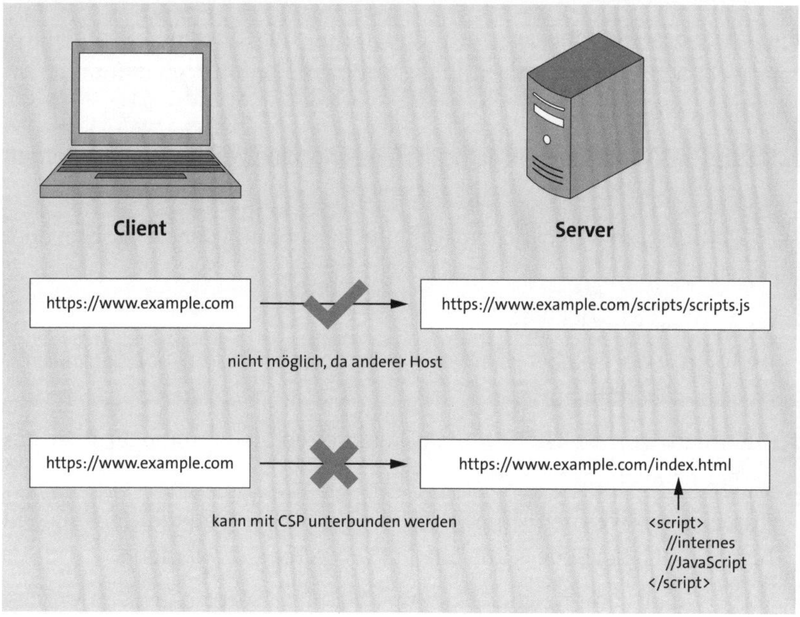

Abbildung 20.9 Das Prinzip von Content Security Policy

Hier kommt die sogenannte *Content Security Policy* (*CSP*) ins Spiel. Dabei handelt es sich um eine zusätzliche Sicherheitsebene, mit der Sie unter anderem genau bestimmen können, welcher JavaScript-Code ausgeführt werden darf und welcher nicht.

Hinweis

Während Sie über CORS die durch die Same Origin Policy definierten Sicherheitsregeln lockern können, ist es über die Content Security Policy möglich, diese Regeln weiter einzuschränken.

So können Sie beispielsweise festlegen, dass auf einer Webseite grundsätzlich das Ausführen von »Inline JavaScript« verboten wird, also von JavaScript-Code, der nicht in einer externen Datei, sondern direkt innerhalb eines `<script>`-Elements definiert wird. Doch nicht nur das Ausführen von JavaScript-Code, sondern auch das Laden von anderen Dateitypen wie Bildern, CSS etc. kann über CSP gesteuert werden (dazu gleich mehr).

Die Regeln, die für eine Webseite gelten sollen, definieren Sie, indem Sie auf Serverseite den Header »Content-Security-Policy« mit einer HTTP-Antwort an den Client schicken. Als Wert für diesen Header übergeben Sie die Regeln in Form einer Policy:

```
Content-Security-Policy: <Definition der Policy>
```

Listing 20.5 Aufbau des Headers »Content-Security-Policy«

Eine einzelne Policy besteht dabei aus dem Namen und verschiedenen Parametern. Folgende Policies lassen sich in Bezug auf das Laden von Ressourcen definieren (in alphabetischer Reihenfolge).

- `child-src`: definiert, für welche Domains Frames und Web Worker erstellt werden können.
- `connect-src`: definiert, zu welchen Domains eine Verbindung per WebSocket oder XHR erlaubt wird.
- `default-src`: dient als Fallback-Regel.
- `font-src`: definiert, von welchen Domains externe Schriftarten per CSS (`@font-face`-Regel) geladen werden dürfen.
- `frame-src`: definiert, von welchen Domains Webseiten als Frame oder über das `<iframe>`-Element eingebunden werden dürfen.
- `img-src`: definiert, von welchen Domains Bilder geladen werden dürfen (sowohl bei `<img>`-Tags als auch bei Bildern, die über CSS eingebunden werden).
- `manifest-src`: definiert, von welchen Domains Manifest-Dateien geladen werden dürfen.
- `media-src`: definiert, von welchen Domains Videodateien und Audiodateien (`<video>` und `<audio>`-Elemente) geladen werden dürfen.
- `object-src`: definiert, von welchen Domains Flash und andere Plugins (`<object>`, `<embed>` und `<applet>`) geladen werden dürfen.

- `prefetch-src`: definiert, von welchen Domains Dateien vorausgeladen werden dürfen.
- `script-src`: definiert, von welchen Domains externe Scripts geladen werden dürfen und ob Inline-Scripts (also solche, die nicht in externen JavaScript-Dateien, sondern innerhalb eines `<script>`-Tags definiert sind) erlaubt sind.
- `style-src`: definiert, von welchen Domains CSS-Dateien geladen werden dürfen.
- `worker-src`: definiert, zu welchen Domains Web Worker und Service Worker geladen werden dürfen.

Tabelle 20.1 zeigt einige Beispiele für mögliche Werte einer Policy.

Wert	Beispiel	Beschreibung
`*`	`font-src *`	Wildcard, die das Laden aller Ressourcen erlaubt (Ausnahmen: URLs, die eines von den folgenden Protokollen verwenden: data, blob, filesystem, schemes)
`'none'`	`script-src 'none'`	Verhindert das Laden von Ressourcen unabhängig von der Quelle.
`'self'`	`script-src 'self'`	Erlaubt das Laden von Ressourcen, die das gleiche Protokoll, den gleichen Host und den gleichen Port verwenden.
`blob:`	`media-src 'self' blob:`	Erlaubt das Laden von Ressourcen über das blob-Protokoll.
`data:`	`img-src 'self' data:`	Erlaubt das Laden von Ressourcen über das data-Protokoll.
`example.com`	`media-src example.com`	Erlaubt das Laden von Ressourcen von einer bestimmten Domain.

Tabelle 20.1 Parameter für Policies

Wert	Beispiel	Beschreibung
`*.example.com`	`media-src *.example.com`	Erlaubt das Laden von Ressourcen von allen Subdomains unterhalb der angegebenen Domain.
`https://example.com`	`img-src https://example.com`	Erlaubt das Laden von Ressourcen nur über HTTPS.
`https:`	`media-src https:`	Erlaubt das Laden von Ressourcen ausschließlich mit HTTPS unabhängig von der Domain.
`'unsafe-inline'`	`script-src 'unsafe-inline'`	Erlaubt die Benutzung von JavaScript-Code innerhalb von Attributen (zum Beispiel im `onclick`-Attribut) oder im `<script>`-Tag.
`'unsafe-eval'`	`script-src 'unsafe-eval'`	Erlaubt das Ausführen der JavaScript-Methode `eval()`, über die dynamisch Code ausgeführt werden kann (das sollten Sie nur machen, wenn Sie wissen, was Sie tun!).

Tabelle 20.1 Parameter für Policies (Forts.)

Um beispielsweise festzulegen, dass Bilder von allen Domains geladen werden dürfen, Audio- und Videodateien nur von den Domains *audio.example.com* und *video.example.com*, JavaScript-Dateien nur von *code.example.com* und alle weiteren Dateien nur von der Ursprungsdomain, würden Sie den Header wie folgt definieren:

```
Content-Security-Policy: ⤶
  default-src 'self'; ⤶
  img-src *; ⤶
  media-src my-audio.example.com my-video.example.com; ⤶
  script-src code.example.com
```

Listing 20.6 Beispiel für einen Content-Security-Policy-Header (der Übersichtlichkeit halber mit eingefügten Zeilenumbrüchen)

Prinzipiell haben Sie verschiedene Möglichkeiten, um den Header »Content-Security-Policy« zu definieren. Zum einen können Sie den Header direkt im HTML-Code mithilfe des `<meta>`-Tags konfigurieren. Zum anderen können Sie die Konfiguration direkt am jeweiligen Webserver vornehmen.

CSP in HTML konfigurieren

Um CSP direkt in einem HTML-Dokument zu konfigurieren, verwenden Sie wie in Listing 20.7 zu sehen einfach das `<meta>`-Tag: Über dessen Eigenschaft `http-equiv` geben Sie dabei den Namen des entsprechenden Headers (also »Content-Security-Policy«) an und über die Eigenschaft `content` den Wert des Headers, sprich die Konfiguration der einzelnen Policies.

> **Hinweis**
>
> Um auf Nummer sicher zu gehen und auch ältere Browser zu unterstützen, sollten Sie dabei das Gleiche für die Header »X-Content-Security-Policy« und »X-WebKit-CSP« wiederholen.

```
<!doctype html>
<head>
  <meta
    http-equiv="Content-Security-Policy"
    content="default-src 'self'; ⮐
      img-src *; ⮐
      media-src my-audio.example.com my-video.example.com; ⮐
      script-src code.example.com"
  >
  <meta
    http-equiv="X-Content-Security-Policy"
    content="default-src 'self'; ⮐
      img-src *; ⮐
      media-src my-audio.example.com my-video.example.com; ⮐
      script-src code.example.com"
  >
  <meta
    http-equiv="X-WebKit-CSP"
    content="default-src 'self'; ⮐
      img-src *; ⮐
      media-src my-audio.example.com my-video.example.com; ⮐
      script-src code.example.com"
  >
  <title>CSP Beispiel</title>
</head>
```

```
<body>
  CSP Beispiel
</body>
</html>
```

Listing 20.7 Konfiguration von CSP innerhalb einer HTML-Datei (Zeilenumbrüche aus Gründen der Lesbarkeit ergänzt)

CSP für express konfigurieren

Um CSP für eine express-Applikation zu konfigurieren, empfehle ich Ihnen die Middleware »Helmet« (*https://helmetjs.github.io*), über die neben CSP noch einige weitere sicherheitsrelevante Aspekte konfiguriert werden können.

Um Helmet für eine express-Applikation zu installieren, verwenden Sie einfach den Node.js Package Manager:

```
npm install helmet
```

Anschließend können Sie das Package verwenden, wie in Listing 20.8 zu sehen ist. Der im Listing hervorgehobene Aufruf von `helmet.contentSecurityPolicy()` initialisiert die Middleware, der umgebende Aufruf von `app.use()` registriert die Middleware wie gewohnt an der express-Applikation. Dem Aufruf von `helmet.contentSecurityPolicy()` übergeben Sie dabei die Policies (bzw. Directives).

```
const express = require("express");
const app = new express();
const helmet = require("helmet");
const bodyParser = require("body-parser");

const PORT = 3001;
app.use(bodyParser.urlencoded({ extended: false }));
app.use(bodyParser.json());

// Konfiguration von CSP
// Muss vor dem nächsten app.use() stehen!
app.use(
  helmet.contentSecurityPolicy({
    directives: {
      styleSrc: ["'self'"],
      fontSrc: ["'self'"],
    },
  })
);
```

```
// Statische Dateien im "public"-Verzeichnis bereitstellen
app.use(express.static("public"));

app.listen(PORT, (error) => {
  if (error) {
    console.error(error);
  } else {
    console.log(`Server started at: http://localhost:${PORT}`);
  }
});
```

Listing 20.8 Konfiguration von CSP für express

Wenn Sie nun das Programm und damit den Server starten, erlaubt express bzw. die Helmet-Middleware nur das Laden der über die Policy definierten Quellen.

20.4 Authentifizierung

Wie weiter oben erwähnt, unterscheidet man bei Webanwendungen zwischen der Authentifizierung, das heißt der Überprüfung, ob ein Nutzer derjenige ist, der er ausgibt zu sein, und der *Autorisierung*, das heißt der Überprüfung, ob ein Nutzer eine bestimmte Aktion ausführen darf.

Für die Authentifizierung gibt es verschiedene Strategien, von denen ich Ihnen im Folgenden die wichtigsten vorstelle. Dies sind:

- Basic Authentication
- Session Based Authentication
- Token Based Authentication

20

20.4.1 Basic Authentication

Basic Authentication ist, wie der Name andeutet, die einfachste Form der Authentifizierung. Der Ablauf besteht dabei aus den vier Schritten in Abbildung 20.10. Im ersten Schritt sendet der Client eine HTTP-Anfrage an den Webserver, woraufhin dieser prüft, ob die angefragte Ressource öffentlich zugänglich ist oder eine Authentifizierung erfordert. Ist Letzteres der Fall, schickt der Webserver eine entsprechende HTTP-Antwort an den Client, die den Statuscode 401 (»Unauthorized«) und den Header »WWW-Authenticate« enthält. Auf Clientseite sorgt dies dafür, dass die *Credentials* (also die Zugangsdaten bestehend aus Nutzername und Passwort) abgefragt werden. Handelt es sich bei dem Client um einen Browser, wird dem Nutzer dazu ein entsprechender Browserdialog angezeigt. Anschließend schickt der Client erneut die

Anfrage an den Webserver, wobei die *Credentials* in Form des »Authorization«-Headers übergeben werden. Im vierten und letzten Schritt überprüft der Webserver die Zugangsdaten und schickt – nach erfolgreicher Authentifizierung – die angeforderte Ressource bzw. – nach fehlgeschlagener Authentifizierung – einen entsprechenden Fehler an den Client.

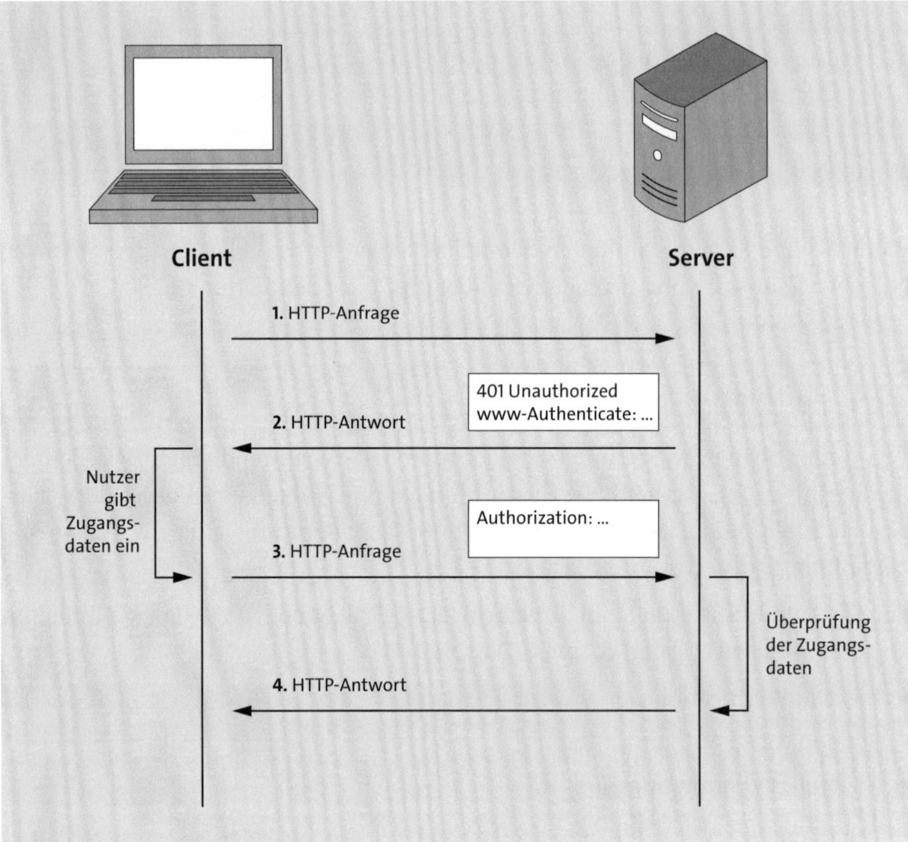

Abbildung 20.10 Workflow bei der Basic Authentication

> **Hinweis**
>
> Nach erfolgreicher Authentifizierung wird der »Authorization«-Header inklusive der Credentials mit jeder weiteren Anfrage an den Server mitgeschickt (solange der Client am Server angemeldet ist, versteht sich). Die Credentials werden also auf Serverseite nirgendwo persistiert.
>
> Im Falle von HTTPS werden alle Header und damit auch die Credentials zudem verschlüsselt übertragen.

20.4.2 Session Based Authentication

Im Gegensatz zu der Basic Authentication, bei der nach erfolgreicher Authentifizierung mit jeder Anfrage die Credentials an den Server geschickt werden, basiert die *Session Based Authentication* auf sogenannten *Sessions*.

Der Ablauf der Session Based Authentication ist in Abbildung 20.11 zu sehen. Nachdem der Nutzer sich mithilfe von Nutzername und Passwort am Webserver angemeldet hat, erstellt dieser eine *Session* (»Sitzung«) für den Nutzer. Diese Session wird durch eine ID eindeutig identifiziert, über die sogenannte *Session-ID*. Die Session-ID wiederum wird vom Webserver an den Nutzer zurückgeschickt und dort im Browser des Nutzers in Form eines Cookies gespeichert. Solange der Nutzer am Webserver angemeldet bleibt, wird das Cookie zusammen mit jeder nachfolgenden Anfrage mitgeschickt. Der Webserver kann dann die im Cookie gespeicherte Session-ID mit den auf Serverseite gespeicherten Session-Informationen vergleichen, um die Identität des Nutzers zu überprüfen.

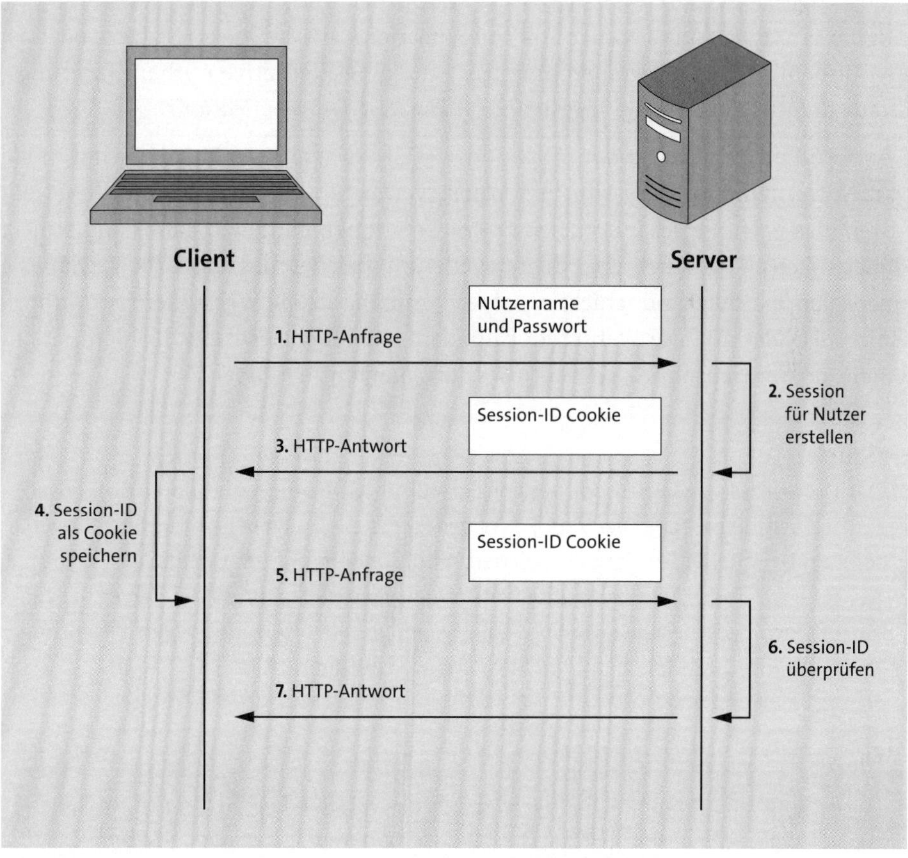

Abbildung 20.11 Workflow bei der Session Based Authentication

Hinweis

Bei der Session Based Authentication werden nach erfolgreicher Authentifizierung also nicht die Credentials mit jeder Anfrage mitgesendet, sondern eine Session-ID, über die der Server den Nutzer für die Gültigkeit der Session identifizieren kann.

20.4.3 Token Based Authentication

Die Session Based Authentication ist zwar schon sicherer als die Basic Authentication, hat aber dennoch verschiedene Nachteile: Zum einen müssen Sie bei Anwendungen, die von einer sehr großen Anzahl an Nutzern gleichzeitig verwendet werden, sicherstellen, dass der Server über ausreichend Speicher verfügt, um die Session-IDs und die damit verbundenen Sessions zu speichern. Zum anderen eignet sich die Session Based Authentication aufgrund der zugrunde liegenden Cookies nicht für die Authentifizierung gegen Webservices.

Aus diesem Grund sollte man in solchen Szenarien – also bei vielen Nutzern oder bei der Authentifizierung gegen Webservices – auf eine alternative Authentifizierungsstrategie zurückgreifen: die sogenannte *Token Based Authentication*.

Der Ablauf dabei ist folgender (Abbildung 20.12): Nachdem der Nutzer sich mithilfe von Nutzername und Passwort am Webserver angemeldet hat, erstellt dieser ein *Token* (das auch die gesamten Session-Informationen enthalten kann) und schickt dieses Token an den Client. Der Client wiederum speichert das Token (beispielsweise im lokalen Speicher) und schickt es bei jeder Anfrage an den Webserver als »Authorization«-Header mit. Der Webserver kann dann anhand des Tokens die Identität des Clients überprüfen, ohne sich intern Sessions merken zu müssen.

Hinweis

Der Unterschied zwischen der Session Based Authentication und der Token Based Authentication besteht also darin, dass der Status des Nutzers nicht auf der Serverseite (in Form einer Session) gespeichert wird, sondern auf der Clientseite (in Form des Tokens). Da die Sessions auf Serverseite also wegfallen, muss der Server hierfür auch keinen Speicherplatz verwenden. Mit anderen Worten: Die Token Based Authentication skaliert besser als die Session Based Authentication.

Hinweis

Für die Implementierung von Tokens existieren verschiedene Standards, beispielsweise *Simple Web Tokens* (*SWT*), *Security Assertion Markup Language Tokens* (*SAML*

Tokens) und *JSON Web Tokens* (*JWT*). Üblich ist heutzutage die Verwendung von JWT, weil es zum einen sicherer als SWT ist und zum anderen kompakter als das XML-basierte SAML.

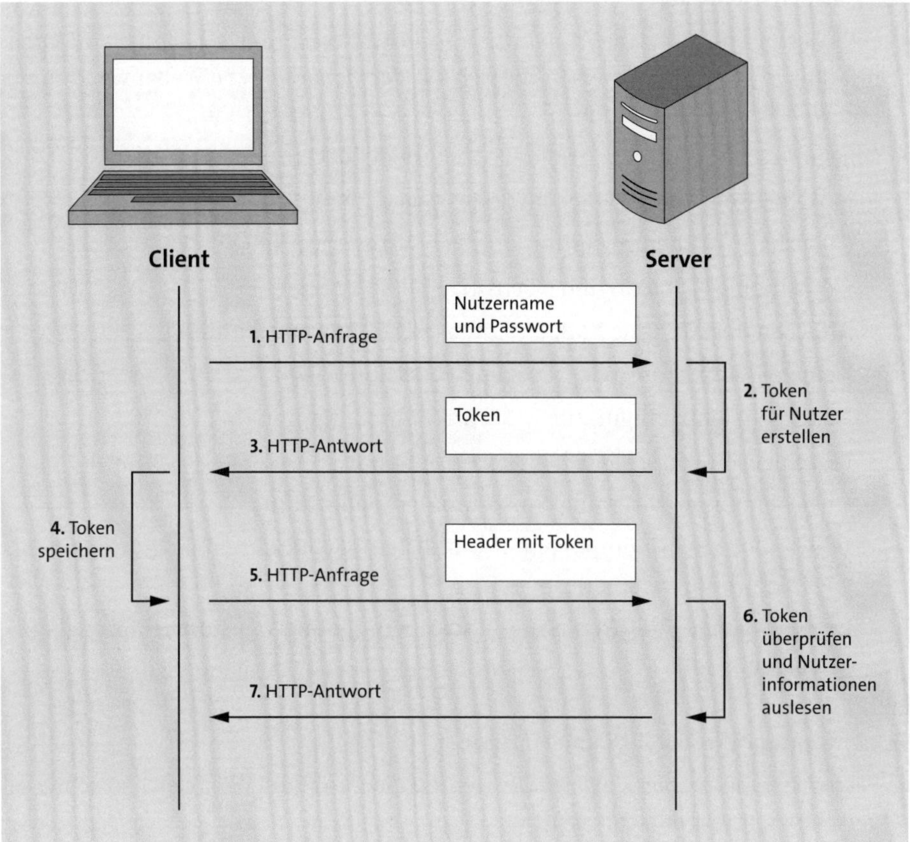

Abbildung 20.12 Workflow bei der Token Based Authentication

20.5 Zusammenfassung und Ausblick

In diesem Kapitel haben Sie die wichtigsten Sicherheitslücken von Webanwendungen und die zentralen Begriffe kennengelernt, die im Zusammenhang mit der Sicherheit von Webanwendungen relevant sind. Das waren eine ganze Menge verschiedener Themen, aber jetzt sind Sie bestens gerüstet, um Webanwendungen von Anfang an sicher zu gestalten.

20.5.1 Die wichtigsten Punkte

Folgende Punkte fassen das Wichtigste aus diesem Kapitel wie gewohnt stichpunktartig zusammen:

Teil 1: Sicherheitslücken

- *OWASP* steht für *Open Web Application Security Project* und bezeichnet eine Organisation von Security-Experten, die sich mit der Sicherheit von Webanwendungen und Webservices beschäftigt.
- Folgendes sind häufig anzutreffende Sicherheitslücken:
  - Einschleusen von schädlichem Code (»Injection«)
  - Fehlerhafte Authentifizierung (»Broken Authentication«)
  - Exposition sensibler Daten (»Sensitive Data Exposure«)
  - Attacken über externe XML-Entitäten (»XML External Entities«)
  - Defekte Zugriffskontrolle (»Broken Access Control«)
  - Sicherheitsfehlkonfiguration (»Security Misconfiguration«)
  - Einschleusen von schädlichem JavaScript-Code (»Cross-Site Scripting«)
  - Unsichere Deserialisierung (»Insecure Deserialization«)
  - Verwendung von Komponenten mit Sicherheitslücken (»Using Components with Known Vulnerabilities)«
  - Unzureichende Protokollierung und Überwachung (»Insufficient Logging & Monitoring«)

Teil 2: Kryptografie, SSL, TLS und HTTPS

- Bei der *symmetrischen Kryptografie* werden die Daten mit dem gleichen Schlüssel verschlüsselt und entschlüsselt.
- Bei der *asymmetrischen Kryptografie* dagegen werden die Daten mit einem Schlüssel verschlüsselt und mit einem anderen Schlüssel entschlüsselt.
- Die asymmetrische Kryptografie kommt beispielsweise bei *SSL* (*Secure Sockets Layer*), *TLS* (*Transport Layer Security*) und *HTTPS* (*Hypertext Transfer Protocol Secure*) zum Einsatz.

Teil 3: SOP, CORS und CSP

- Über die *Same Origin Policy* (*SOP*) ist festgelegt, dass Code von einer Quelle (Domain) nicht auf Inhalte einer anderen Quelle (Domain) zugreifen darf.
- Über *Cross-Origin Resource Sharing* (*CORS*) können Sie die Same Origin Policy lockern, indem Sie den Zugriff auf Ressourcen einer Domain für bestimmte andere Domains erlauben.

- Über die *Content Security Policy* (*CSP*) können Sie die Same Origin Policy weiter einschränken und beispielsweise sehr feingranular bestimmen, welcher JavaScript-Code auf einer Webseite ausgeführt werden darf und welcher nicht.

Teil 4: Authentifizierung

- *Authentifizierung* bezeichnet die Überprüfung, ob ein Nutzer derjenige ist, der er ausgibt zu sein.
- *Autorisierung* bezeichnet die Überprüfung, ob ein Nutzer eine bestimmte Aktion ausführen darf.
- Für die *Authentifizierung* stehen verschiedene Authentifizierungsmechanismen zur Verfügung:
  - *Basic Authentication*, bei der nach erfolgreicher Authentifizierung die Credentials mit jeder Anfrage an den Server gesendet werden
  - *Session Based Authentication*, bei der nach erfolgreicher Authentifizierung vom Server eine Session-ID generiert wird, die der Client fortan mit jeder Anfrage mitsendet und die der Server eindeutig einer Session zuordnen kann
  - *Token Based Authentication*, bei der nach erfolgreicher Authentifizierung vom Server ein Token generiert wird, das anschließend vom Client mit jeder Anfrage an den Server gesendet wird und das die vollständigen Session-Informationen des Nutzers enthält.

20.5.2 Weiterführende Literatur

Die Sicherheit von Webanwendungen ist ein komplexes Thema, in das man sich über Jahre hinweg einarbeiten kann. Immer neue Sicherheitslücken werden entdeckt, alte werden behoben, sodass es für den »normalen« Entwickler (der in der Regel kein Experte auf diesem Gebiet ist) recht schwierig ist, auf dem Laufenden zu bleiben. Zwei weiterführende Bücher zu diesem Thema möchte ich dennoch empfehlen:

- Malcolm McDonald: »Web Security for Developers« (2020)
- Andrew Hoffman: »Web Application Security« (2020)

20.5.3 Ausblick

Im nächsten Kapitel zeigen ich Ihnen, welche Aspekte Sie in Bezug auf die Performance von Webanwendungen beachten sollten und welche verschiedenen Möglichkeiten Sie haben, um die Performance von Webanwendungen zu optimieren.

Kapitel 21
Die Performance von Webanwendungen optimieren

Bezüglich der Performance von Webanwendungen gibt es verschiedene Aspekte, die Sie beachten sollten. Außerdem ist es wichtig, die verschiedenen Möglichkeiten zu kennen, mithilfe derer sich die Performance optimieren lässt.

Im ersten Teil dieses Kapitels gehe ich darauf ein, was man unter der Performance von Webanwendungen versteht und welche Metriken und Tools es gibt, um diese zu messen. Im zweiten Teil gebe ich dann einen Überblick über verschiedene Techniken, mithilfe derer sich die Performance verbessern lässt.

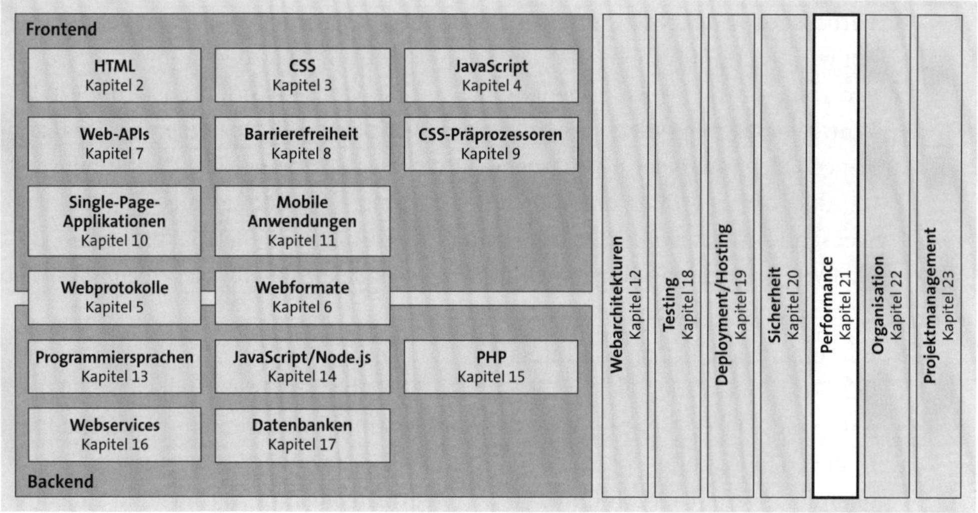

Abbildung 21.1 Die Performance von Webanwendungen lässt sich auf verschiedenen Ebenen optimieren.

21

21.1 Einführung

Zunächst wollen wir uns den Fragen widmen, was man überhaupt optimieren sollte und warum die Performance von Webanwendungen bzw. Webseiten eine wichtige Rolle spielt.

> **Hinweis**
>
> Für den Rest des Kapitels werde ich den Begriff Webseite stellvertretend für Webseite bzw. Webanwendung verwenden. Ob es sich bei einer Webseite dann um eine Webanwendung handelt (sprich eine Single-Page-Applikation), ist für die Performance in erster Linie zweitrangig.

21.1.1 Was und warum sollte optimiert werden?

In Bezug auf die Optimierung von Webanwendungen bzw. Webseiten ist insbesondere ein Faktor ausschlaggebend: die *Ladezeit* (auch *PageSpeed*), sprich die Zeit, die zwischen Aufruf einer Webseite und Darstellung der Webseite im Browser liegt.

Die Optimierung der Performance hat im Wesentlichen folgende Vorteile:

- **Verbesserung der Nutzererfahrung / User Experience**: Die Ladezeit von Webseiten wirkt sich unmittelbar auf die Nutzererfahrung, die sogenannte *User Experience*, aus, sprich, als wie angenehm Nutzer die Webseite erfahren. Grundsätzlich kann man sagen: je kürzer die Ladezeit einer Webseite, desto besser die User Experience. Oder andersherum: je länger die Ladezeit, desto unerfreulicher für die Nutzer und umso größer die Wahrscheinlichkeit, dass Nutzer aus Ungeduld die Webseite entnervt verlassen. Als Daumenregel sollten Sie sich dabei merken, dass eine Webseite mindestens innerhalb von zwei Sekunden (besser noch unterhalb einer Sekunde) geladen werden sollte.
- **Verbesserung der Conversion-Rate**: Unter der *Conversion-Rate* bezeichnet man den Prozentsatz der Nutzer einer Webseite, die erfolgreich eine gewünschte Aktion ausführen, beispielsweise erfolgreich einen Artikel in einem Online-Shop bestellen (oder anders gesagt: den Prozentsatz der konvertierten Nutzer). Webseiten mit längerer Ladezeit führen wie weiter oben erwähnt zu Ungeduld auf Seiten der Nutzer, was bezogen auf das Online-Shop-Beispiel im schlimmsten Fall dazu führt, dass der Artikel dann bei einem anderen (schnelleren) Online-Shop bestellt wird.
- **Verbesserung des SEO-Rankings**: Die Ladezeit einer Webseite wirkt sich auf das sogenannte *SEO-Ranking* aus. *SEO* steht für *Search Engine Optimization* (zu deutsch: *Suchmaschinenoptimierung*) und bezeichnet die Optimierung von Webseiten in Hinblick auf das *Ranking* innerhalb der Suchergebnisse, die von Suchmaschinen ermittelt und angezeigt werden. Webseiten mit gutem SEO-Ranking

werden von Suchmaschinen also in der Ergebnisliste weiter oben gelistet als Webseiten mit schlechtem SEO-Ranking. Suchmaschinen wie Google berücksichtigen die Geschwindigkeit von Webseiten und werten solche mit kurzer Ladezeit höher als solche mit längerer Ladezeit.

- **Verbesserung des Crawlings** : Damit Suchmaschinen wie die von Google so schnell Suchergebnisse liefern können, wie sie es heutzutage tun, müssen sie Webseiten im ersten Schritt vorverarbeiten. In diesem Rahmen ist das sogenannte *Crawling* wichtig: Dies bezeichnet das automatisierte Verfolgen von Links und »Abarbeiten« von Webseiten. Da die entsprechenden Tools, die sogenannten *Crawler*, jeweils mit bestimmten Zeitkontingenten arbeiten, die sie für das Crawling aufwenden, gilt: Je schneller die Webseiten einer Website geladen werden, desto schneller und mehr dieser Webseiten kann der Crawler »abarbeiten« und für die Suchmaschinen bereitstellen.

21.1.2 Wie kann die Performance gemessen werden?

Um die Performance einer Webseite zu messen, haben sich verschiedene *Metriken* als sinnvoll erwiesen. Dabei handelt es sich um spezielle Kennzahlen, über die sich Hinweise darauf ermitteln lassen, wie performant eine Webseite ist und – falls sie nicht performant ist – wo Performance-Probleme liegen könnten.

Die Ladezeit von Webseiten

Ein wichtiger Aspekt bezüglich der Performance ist wie erwähnt die Ladezeit. Grund genug, sich die Ladezeit einmal etwas näher anzuschauen. Im Wesentlichen besteht diese aus folgenden Schritten, die zusätzlich in Abbildung 21.2 dargestellt sind:

- **Queueing**: Bevor Sie eine Webseite aufrufen bzw. nachdem Sie eine URL in die Adressleiste des Browsers eingegeben und bestätigt haben, reiht der Browser die Anfrage in eine interne Queue (sprich »Warteschlange«) ein. 21
- **DNS Lookup**: Wenn der Browser die Anfrage aus der Queue abarbeitet, sendet der Browser zunächst eine Anfrage an einen DNS-Server, um auf Basis des Hostnamens an die IP-Adresse des Webservers zu gelangen (vgl. Kapitel 1, »Die Grundlagen verstehen«). Diesen Vorgang bezeichnet man auch als *DNS Lookup*. Erst wenn er diese hat, stellt er die eigentliche Anfrage an den Webserver.
- **Verbinden zum Webserver**: Nachdem der Webserver ermittelt wurde, an den der Client die Anfrage stellen soll, wird die Verbindung zu dem Webserver hergestellt. Dies umfasst beispielsweise den sogenannten *TCP Handshake* oder auch die Initiierung einer *SSL-Verbindung* (falls die Kommunikation über HTTPS erfolgt).
- **Senden der HTTP-Anfrage**: Wenn die Verbindung zum Webserver aufgebaut wurde, wird die konkrete HTTP-Anfrage an den Webserver gesendet.

- **Vorbereiten und Versenden der HTTP-Antwort**: Nachdem der Webserver die HTTP-Anfrage vom Client erhalten hat, bereitet er die entsprechende Antwort vor. Hierzu kann es – je nach Anfrage – notwendig sein, dass der Webserver selbst Anfragen an beispielsweise eine Datenbank stellt oder eine Datei aus dem Dateisystem lesen muss.
- **Herunterladen bzw. Verarbeiten der HTTP-Antwort**: Nachdem der Webserver die HTTP-Antwort an den Client gesendet hat, muss dieser die Antwort laden und vorbereiten.
- **Parsen des DOM**: Handelt es sich bei der Antwort um HTML-Code, muss der Client diesen Code parsen und in ein Document Object Model (kurz DOM) umwandeln (siehe auch Kapitel 7, »Web-APIs verwenden«).
- **Rendern der Webseite**: Mit den Informationen des DOM startet der Browser das Rendern, also das »Zeichnen« der Webseite.
- **Weitere HTTP-Anfragen für Ressourcen**: Sind in dem DOM (bzw. dem zugrunde liegenden HTML) weitere Ressourcen eingebunden wie beispielsweise CSS- oder JavaScript-Code oder Bilddateien, initiiert der Browser weitere HTTP-Anfragen an den Webserver, um diese Ressourcen zu laden etc.

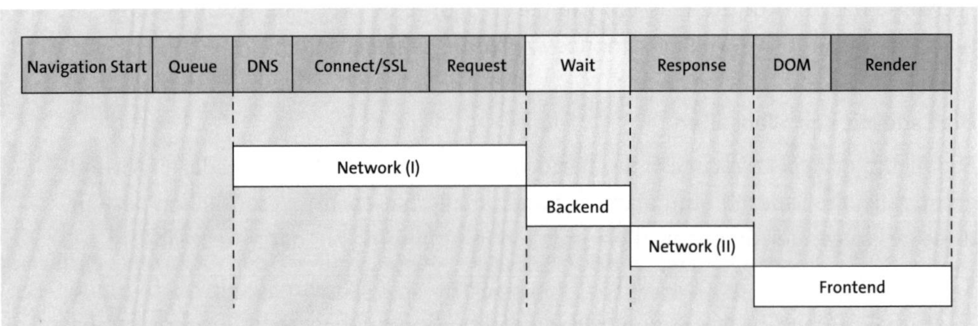

Abbildung 21.2 Grundsätzlicher Ablauf beim Laden einer Webseite

Metriken bezüglich der Ladezeit

Im Hinblick auf die Ladezeit lassen sich folgende wichtige Metriken ausmachen:

- *Time to First Byte* (**TTFB**): bezeichnet den Zeitraum zwischen dem Aufruf einer Webseite und dem Zeitpunkt, an dem das erste Byte vom Webserver geladen wird (Abbildung 21.3). Diese Metrik ist in erster Linie ein Kennzeichner dafür, wie gut die Performance in der Kommunikation mit dem Webserver bzw. die Performance des Webservers selbst ist. Wenn es beispielsweise Performance-Probleme aufseiten des Webservers gibt, ist der Wert für die TTFB-Metrik entsprechend hoch.

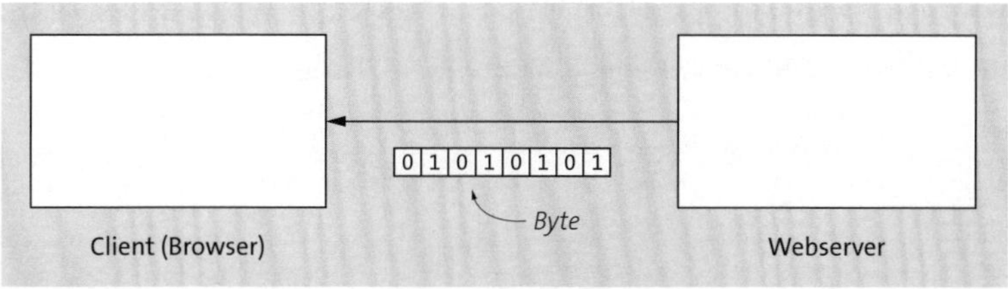

Abbildung 21.3 Prinzip des »Time to First Byte«

- *First Paint* (**FP**): bezeichnet den Zeitpunkt, an dem der Browser den ersten Zeichenvorgang abgeschlossen hat, wobei an dieser Stelle noch nicht das Document Object Model (also der eigentliche Inhalt der Webseite) berücksichtigt wird, sondern beispielsweise Informationen zu der Hintergrundfarbe einer Webseite (Abbildung 21.4). Anhand dieser Metrik lässt sich feststellen, wie lange der Browser damit beschäftigt ist, die HTTP-Antwort vom Server auszulesen und das Rendern zu starten.

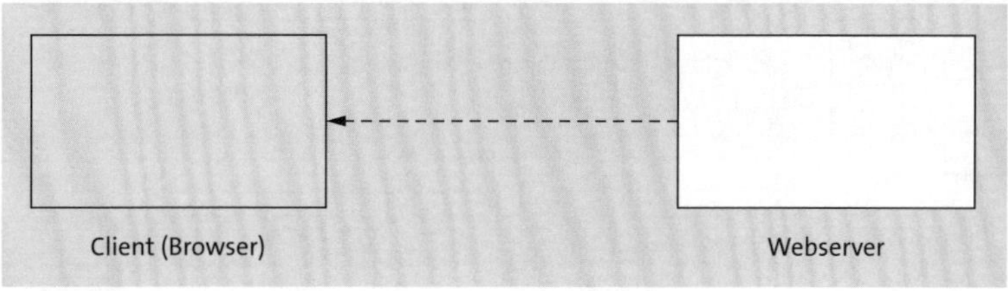

Abbildung 21.4 Prinzip des »First Paint«

- *First Contentful Paint* (**FCP**): bezeichnet den Zeitpunkt, an dem der Browser – jetzt unter Berücksichtigung des Document Object Models – den ersten sichtbaren Text oder das erste sichtbare Bild darstellt (Abbildung 21.5). Anhand dieser Metrik lässt sich ermitteln, zu welchem Zeitpunkt der Nutzer die ersten inhaltsrelevanten Informationen erhält.

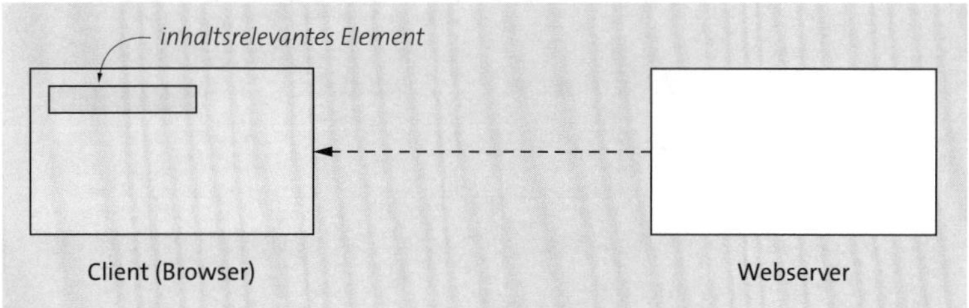

Abbildung 21.5 Prinzip des »First Contentful Paint«

- *First Meaningful Paint* (**FMP**): bezeichnet den Zeitpunkt, an dem der Browser die ersten aussagekräftigen Elemente darstellt (Abbildung 21.6). Dieser Zeitpunkt kennzeichnet, wann der Nutzer das Gefühl hat, dass die Webseite vollständig geladen wurde (auch wenn sie es tatsächlich noch nicht ist).

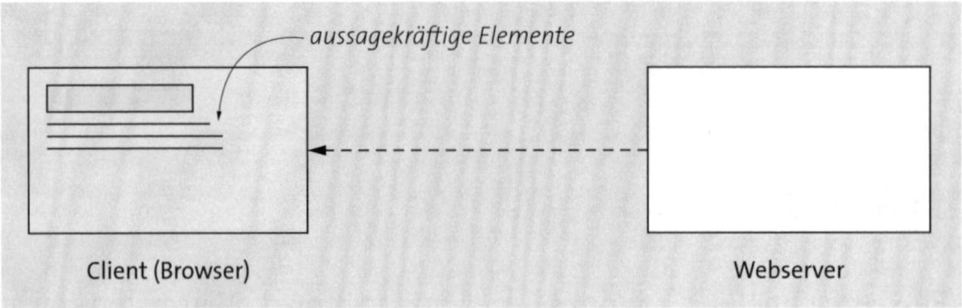

Abbildung 21.6 Prinzip des »First Meaningful Paint«

- *Time to Interactive* **(TTI)**: bezeichnet den Zeitpunkt, an dem die Webseite komplett dargestellt wurde und bereit ist für die Nutzerinteraktion (Abbildung 21.7). Mit anderen Worten: Jetzt ist die Webseite tatsächlich vollständig geladen.

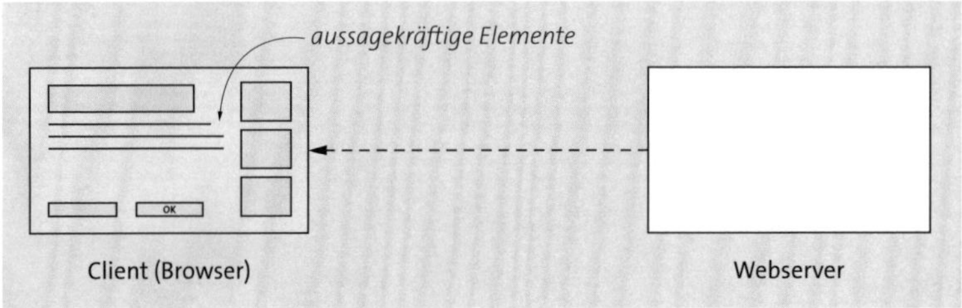

Abbildung 21.7 Prinzip des »Time to Interactive«

Abbildung 21.8 stellt die einzelnen Metriken noch mal im zeitlichen Zusammenhang dar.

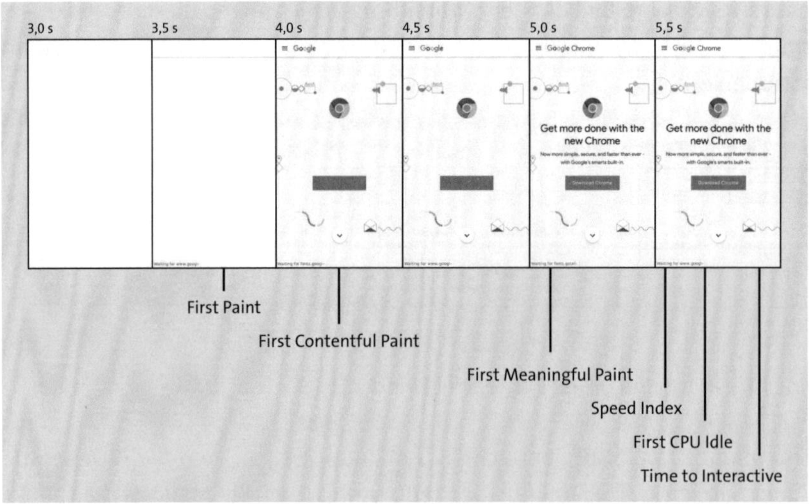

Abbildung 21.8 Die verschiedenen Metriken in der Übersicht

Core Web Vitals

Neben den Metriken, die sich auf die Ladezeit von Webseiten beziehen, gibt es weitere Metriken, die von Google unter der Bezeichnung *Core Web Vitals* (*https://web.dev/vitals*) ins Leben gerufen wurden. Diese Metriken adressieren zusätzlich zu der **Ladezeit** auch Aspekte wie die **Interaktivität** und die **visuelle Stabilität** von Webseiten, sprich das Verhalten, **nachdem** sie initial geladen wurde. Konkret handelt es sich um folgende:

- *Largest Contentful Paint* (**LCP**): bezeichnet die Zeit zwischen dem Aufruf der URL und dem Zeitpunkt, an dem der größte Text oder das größte Bild gerendert wurde.
- *First Input Delay* (**FID**): bezeichnet die Zeit zwischen dem Zeitpunkt, an dem der Nutzer die erste Interaktion mit der Webseite anstößt, bis zu dem Zeitpunkt, an dem der Browser auf diese Interaktion reagiert. Diese Metrik gibt also Aufschluss über die Interaktivität einer Webseite.
- *Cumulative Layout Shifts* (**CLS**): bezeichnet die Summe aller unerwarteten Verschiebungen des Layouts und gibt Aufschluss über die visuelle Stabilität einer Webseite.

21.1.3 Welche Tools für die Messung der Performance gibt es?

Für das Messen der Ladezeit bzw. für das Ermitteln der oben aufgeführten Metriken stehen verschiedene hilfreiche Tools zur Verfügung, die Sie kostenfrei nutzen können. Viele der Tools ermitteln dabei nicht nur Metriken, sondern liefern Ihnen auch Verbesserungsvorschläge, wie sich die Performance der jeweils getesteten Webseite weiter optimieren lässt. Im Folgenden finden Sie eine kleine repräsentative Auswahl.

PageSpeed Insights

PageSpeed Insights (*https://pagespeed.web.dev*) ist ein Online-Tool von Google, welches Webseiten hinsichtlich der genannten Metriken anaylsisiert und einen entsprechenden Bericht erstellt. Die Ergebnisse erhält man sowohl für die mobile Variante als auch für die Desktop-Variante der entsprechenden Webseite. Abbildung 21.9 und Abbildung 21.10 zeigen beispielsweise die Ergebnisse für die Überprüfung von der Desktop-Version der Webseite *https://www.rheinwerk-verlag.de/*.

> **Hinweis**
>
> An dieser Stelle ein großes Lob an das Team, welches für die Website des Rheinwerk Verlags zuständig ist ☺. Die ermittelten Werte für die Homepage sind schon mal ziemlich gut.

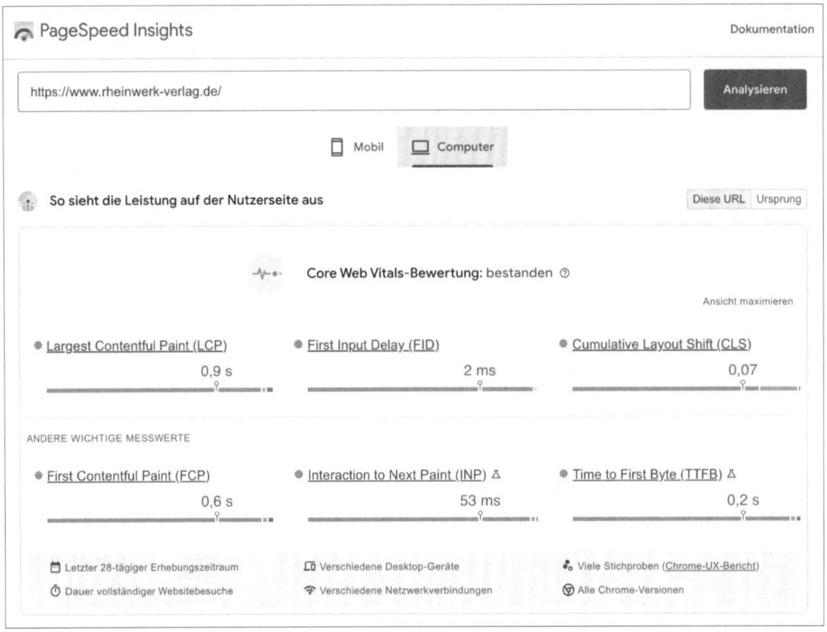

Abbildung 21.9 PageSpeed Insights gibt aufschlussreiche Metrik-Informationen zu einer Webseite.

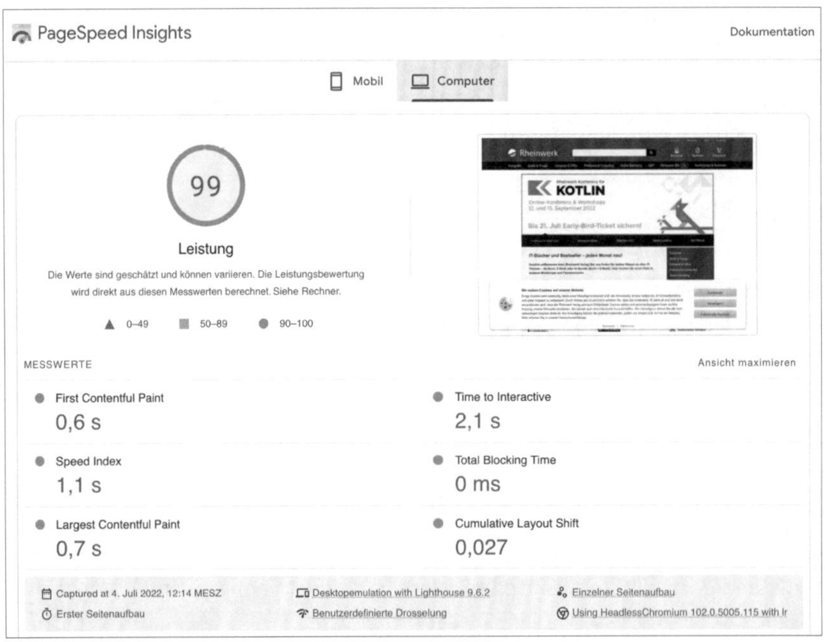

Abbildung 21.10 Weitere Metrik-Informationen, die von PageSpeed Insights ermittelt werden

Chrome DevTools

Auch mit den Chrome DevTools haben Sie die Möglichkeit, verschiedene Metriken zu ermitteln. Dazu wählen Sie die Registerkarte PERFORMANCE aus und können sich in der entsprechenden Ansicht einen Bericht wie in Abbildung 21.11 generieren lassen. Dieser Bericht enthält unter anderem eine Zeitleiste, über die Sie genau nachvollziehen können, zu welchem Zeitpunkt welcher Schritt ausgeführt bzw. welche Metrik ermittelt wurde.

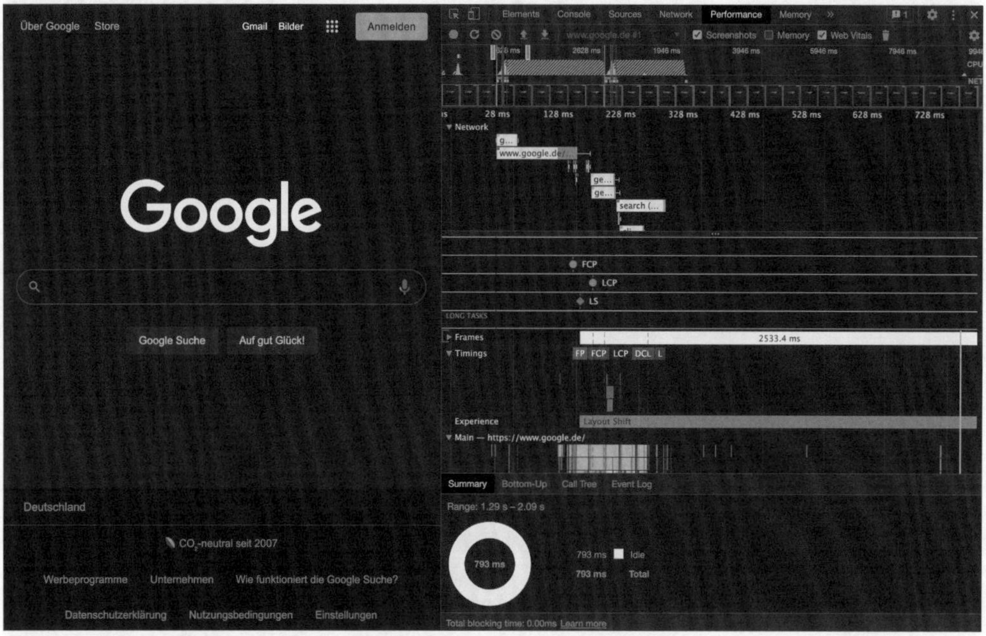

Abbildung 21.11 Über die Google DevTools lassen sich detaillierte Informationen bezüglich der Ladezeit von Webseiten ermitteln.

Neben der Registerkarte PERFORMANCE bietet auch die Registerkarte NETWORK und die dortige Unterregisterkarte TIMING aufschlussreiche Informationen bezüglich des Ladeverhaltens (Abbildung 21.12).

Darüber hinaus stellen die Chrome DevTools unter der Registerkarte PERFORMANCE INSIGHTS weitere Performance-Informationen zur Verfügung (Abbildung 21.13).

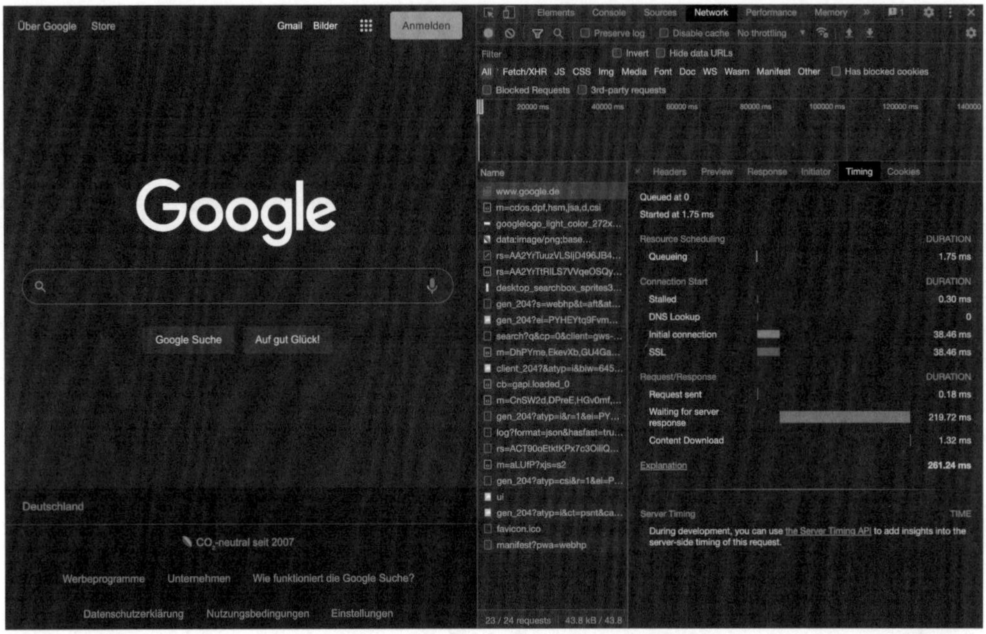

Abbildung 21.12 Die Chrome DevTools geben detaillierte Einblicke in das Ladeverhalten von Webseiten.

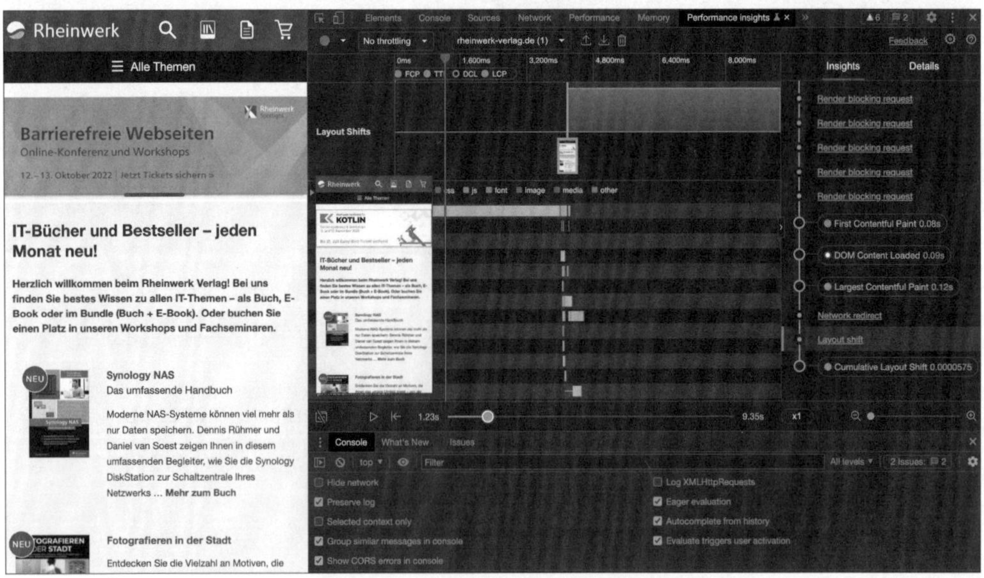

Abbildung 21.13 Die Performance Insights unter den Chrome DevTools bieten weitere Informationen bezüglich der Performance.

Lighthouse

Lighthouse ist ein Open-Source-Tool, welches als Chrome-Plugin zur Verfügung steht und sich anschließend entweder über die Toolbar von Chrome oder die Chrome Dev-Tools über die gleichnamige Registerkarte LIGHTHOUSE aufrufen lässt (Abbildung 21.14). Besonders praktisch: Neben der Ermittlung von Performance-Metriken lassen sich auch Aspekte wie die Barrierefreiheit und SEO-Kennzahlen ermitteln.

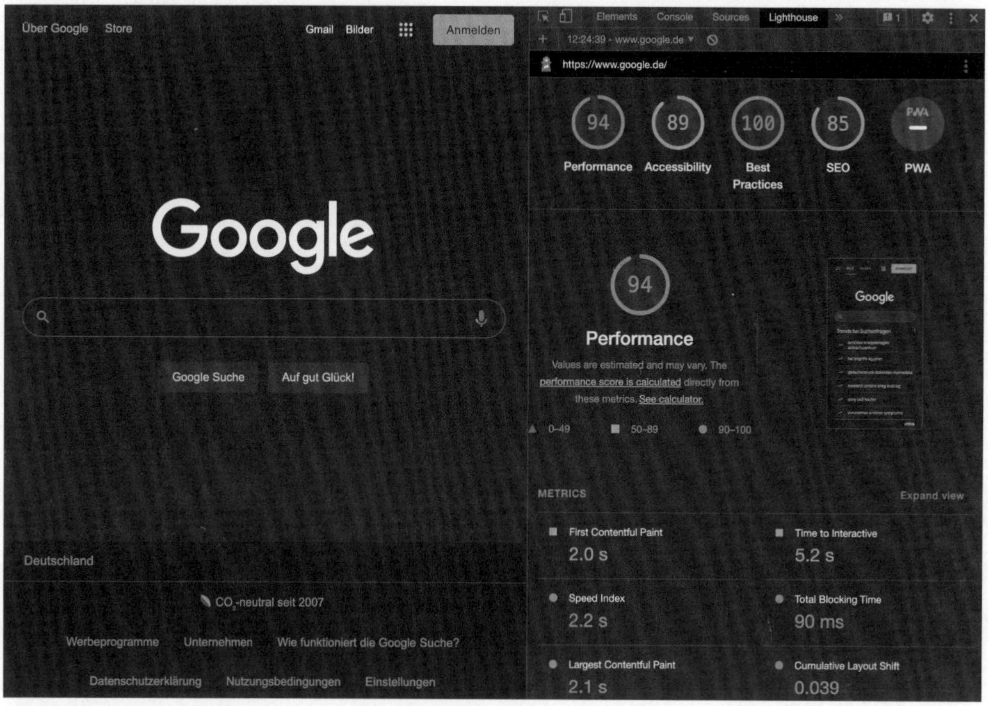

Abbildung 21.14 Lighthouse kann über die Chrome DevTools erreicht werden und liefert für Webseiten einen Bericht mit verschiedenen Metriken.

Nachdem Sie nun einen Überblick über die verschiedenen Metriken und Tools haben, möchte ich Ihnen als Nächstes zeigen, welche Möglichkeiten Sie haben, die Performance von Webseiten zu optimieren. Dabei kann ich aus Platzgründen nicht allumfassend auf alle Optimierungstechniken eingehen, sondern habe exemplarisch einige wichtige Techniken ausgewählt.

21.2 Möglichkeiten der Optimierung

Basierend auf den weiter oben genannten Schritten bezüglich der Ladezeit von Webseiten können Sie verschiedene Maßnahmen treffen, um die Performance von Webseiten zu optimieren.

21.2.1 Verbindungszeiten optimieren

Je nachdem, wo der Webserver geografisch angeordnet ist, sprich, an welchem Standort der physikalische Server steht, auf dem sich der Code der jeweiligen Webseite befindet, kann eine Anfrage an den Webserver schnell oder weniger schnell vonstattengehen. Grund dafür ist die physikalische Beschaffenheit des Internets: Die Daten müssen ja irgendwie die Strecke zwischen dem Webserver und Ihrem Rechner zurücklegen. Je nachdem kann das negative Auswirkungen auf die Ladezeit einer Webseite haben, beispielsweise wenn Sie eine Webseite in Deutschland hosten und ein Kunde aus Amerika darauf zugreift.

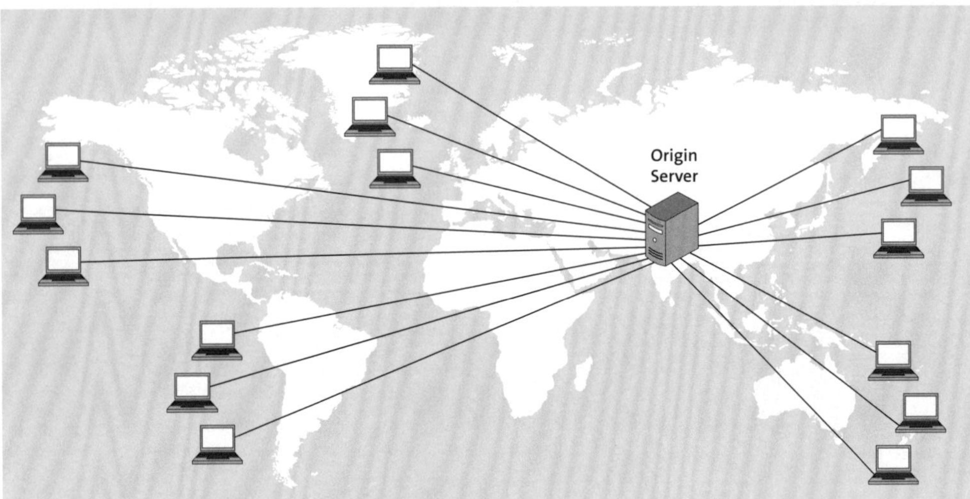

Abbildung 21.15 Netzwerk ohne CDN

Um dieser geografischen Beschaffenheit entgegenzuwirken, lassen sich sogenannte *Content Delivery Networks* (kurz *CDNs*) einsetzen. Dabei handelt es sich um geografisch verteilte Server-Netzwerke, wobei auf jedem Server in diesem Netzwerk (den sogenannten *Edge Servern*) der Inhalt für die jeweilige Webseite zwischengespeichert wird (Abbildung 21.16).

Die Anfragen von Nutzer werden nun im ersten Schritt nicht mehr an den eigentlichen Webserver gesendet (der in diesem Kontext auch als *Origin Server* bezeichnet wird), sondern an das CDN. Das CDN sorgt dann dafür, die Anfrage an den Edge Server in diesem Netzwerk weiterzuleiten, der geografisch nahe dem Client-Rechner lokalisiert ist. Damit fungiert ein CDN also als Cache für Webseiten (Abbildung 21.17).

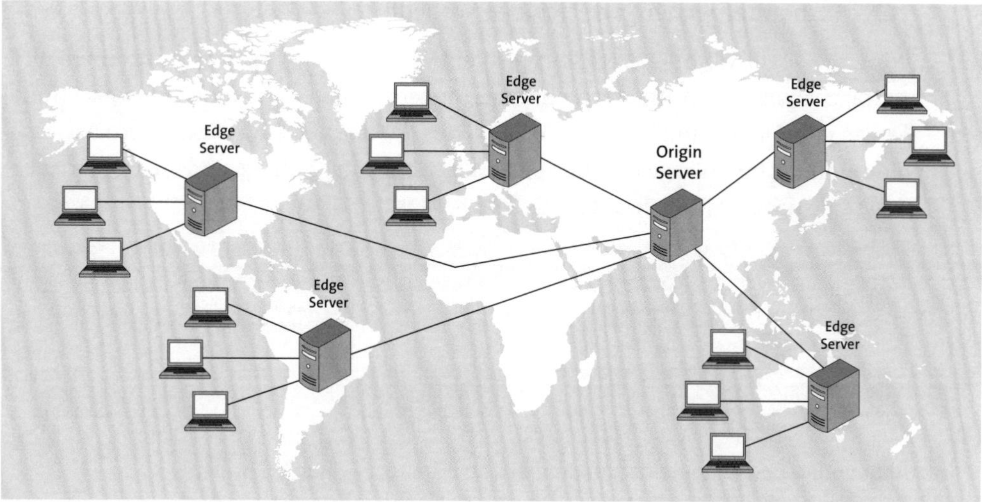

Abbildung 21.16 Aufbau eines CDN

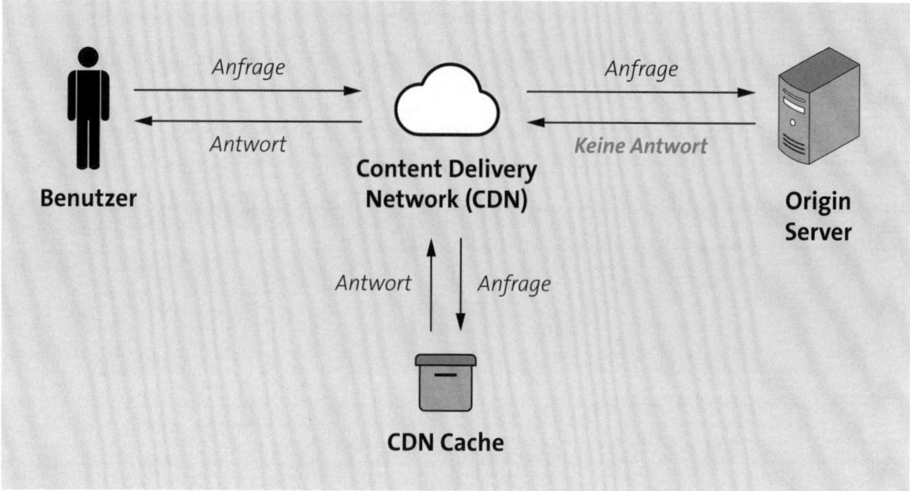

Abbildung 21.17 Ein CDN fungiert als Cache für Webseiten.

Hinweis

Damit Sie ein CDN verwenden können, müssen Sie sich vorher bei einem Anbieter registrieren, der eine entsprechende Infrastruktur zur Verfügung stellt. Bekannte Anbieter sind Cloudflare (*https://www.cloudflare.com*) und Amazon CloudFront (*https://aws.amazon.com/de/cloudfront*).

21.2.2 Einen serverseitigen Cache verwenden

Wie eingangs erwähnt kann es sein, dass ein Webserver zur Verarbeitung einer HTTP-Anfrage seinerseits Anfragen an andere Dienste stellen muss, beispielsweise Abfragen an eine Datenbank oder an Webservices (Abbildung 21.18). Je nachdem wie komplex eine solche Anfrage ist – beispielsweise eben eine Abfrage an eine Datenbank –, wirkt sich das auf die Ladezeit im Gesamten aus.

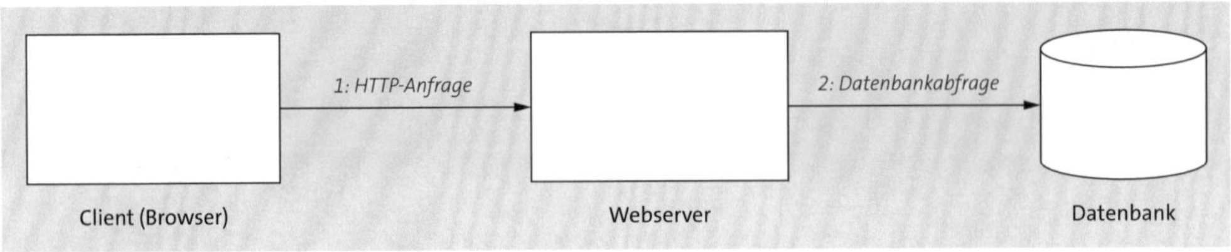

Abbildung 21.18 Allgemeiner Ablauf bei der Anfrage an einen Webserver

Um zu verhindern, dass Datenabfragen oder Ähnliches nicht immer erneut ausgeführt werden, macht es daher Sinn, häufig angefragte Daten in einem *Cache* zwischenzuspeichern (da hierbei der Cache auf Serverseite zum Einsatz kommt, spricht man in diesem Zusammenhang auch von einem *serverseitigen Cache*). Stellt ein Client dann eine HTTP-Anfrage an einen Webserver, prüft dieser zunächst, ob sich die angefragten Daten im Cache befinden, und liefert sie direkt an den Client zurück. Sind die Daten nicht im Cache, führt der Webserver die entsprechende Datenbankabfrage aus und liefert sie dann an den Client (Abbildung 21.19). Zusätzlich speichert er sie für den späteren (schnelleren) Zugriff im Cache.

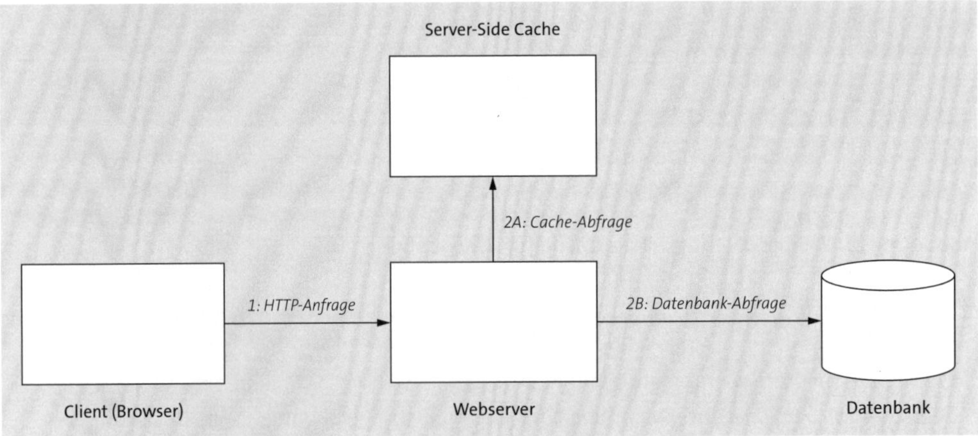

Abbildung 21.19 Über einen serverseitigen Cache lassen sich Ergebnisse – beispielsweise aus Datenbanken – für den schnelleren Zugriff zwischenspeichern.

Mit einem serverseitigen Cache lässt sich also die Antwortzeit vom Webserver und damit die gesamte Ladezeit optimieren, was wiederum durch eine Verbesserung in der TTFI-Metrik beobachtet werden kann. Beispiele für Technologien, die für das serverseitige Caching infrage kommen, sind unter anderem Redis (*https://redis.io*) oder Memcached (*https://memcached.org*).

> **Gültigkeit von Cache-Einträgen**
> Wie lange Daten im Cache gültig sein sollen, bevor sie gelöscht bzw. durch neuere Daten ersetzt werden sollen, kann in der Regel über die Angabe einer sogenannten *TTL* (für *Time To Live*) konfiguriert werden.

21.2.3 Bilder optimieren

Bilder machen in Bezug auf die Gesamtgröße und damit die Ladezeit von Webseiten in vielen Fällen den Großteil aus. Sei es bei News-Seiten, die die neusten Nachrichten mit aussagekräftigen Bildern unterzeichnen, oder bei Online-Shops, in denen viele Fotografien von Produkten eingebunden werden.

Der Screenshot in Abbildung 21.20 beispielsweise zeigt anhand der Homepage des Rheinwerk Verlags, dass das Laden von Bildern einen großen Anteil an der gesamten Ladezeit einnimmt. Der richtige Einsatz von Bildern bzw. die Beachtung einiger Regeln bietet also viel Potenzial im Hinblick auf die Performance. Einige der wichtigsten schauen wir uns im Folgenden an.

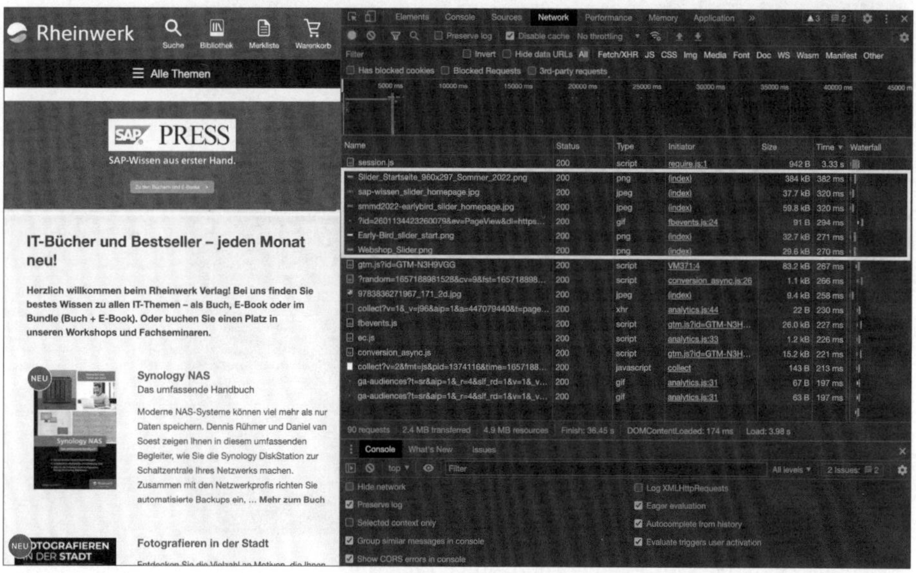

Abbildung 21.20 In Bezug auf die Ladezeit machen Bilder einen großen Teil aus.

Das richtige Bildformat verwenden

Eine der wichtigsten Regeln für die Verwendung von Bildern haben Sie bereits in Kapitel 6, »Webformate verwenden«, kennengelernt: Verwenden Sie das richtige Bildformat! Zur Erinnerung: Für Fotografien sollten Sie das JPG-Format verwenden, für Grafiken und Animationen eignet sich dagegen das GIF-Format. Das PNG-Format wiederum kombiniert die Vorteile von JPG und GIF und erlaubt darüber hinaus Transparenz. Für skalierbare Vektorgrafiken eignet sich dagegen das SVG-Format. Das neuere WebP-Format vereint zudem die Vorteile von JPG und PNG, wird aber noch nicht von allen Browsern unterstützt.

Bilder für das Web exportieren

Neben der auf diesen Regeln basierenden grundsätzlichen Auswahl des geeigneten Bildformats können Sie in Bezug auf die Verwendung von Bildern noch weitere Optimierungen vornehmen. Bildbearbeitungsprogramme wie Adobe Photoshop (*https://www.adobe.com/de/products/photoshop.html*), Affinity Photo (*https://affinity.serif.com/de/photo*) oder Gimp (*https://www.gimp.org*) ermöglichen es, Bilder besonders komprimiert für die Verwendung auf Webseiten zu exportieren (Abbildung 21.21 und Abbildung 21.22). Auf diese Weise können Sie beispielsweise verhindern, dass Bilder in einer unnötig großen Auflösung gespeichert werden.

Abbildung 21.21 Tools wie Affinity Photo stellen verschiedenste Export-Funktionen zur Verfügung, um Bilder im geeigneten Format, einer geeigneten Auflösung und Kompressionsstufe zu exportieren.

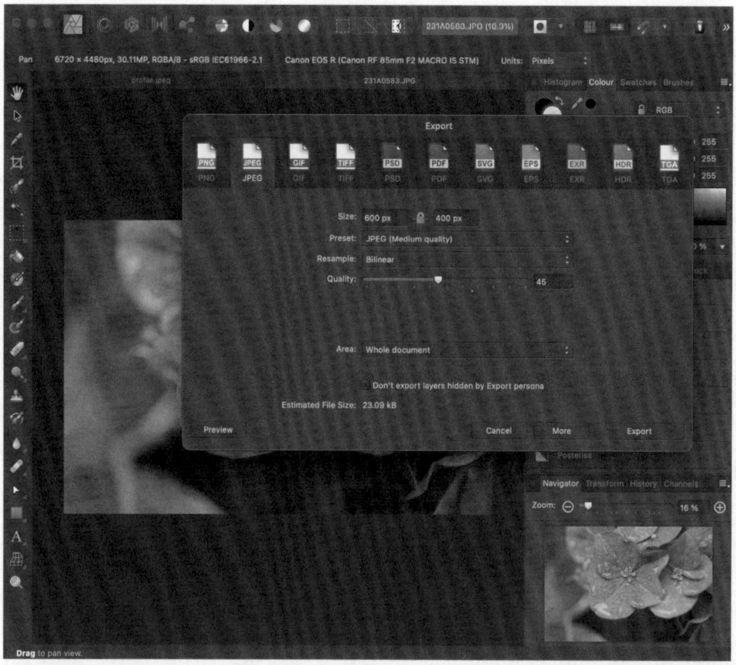

Abbildung 21.22 Durch die Auswahl einer niedrigeren Qualitätsstufe (hier »JPEG Medium quality«) lässt sich die Dateigröße von Bildern deutlich verringern (hier um den Faktor 10, vgl. die »Estimated File Size«).

Die Größe von Bildern explizit angeben

Darüber hinaus sollten Sie bei der Einbindung von Bilddateien im HTML-Code die Größe des Bildes angeben. Damit verhindern Sie, dass der Browser Zeit dafür aufwenden muss, die Größe des Bildes selbst zu berechnen. Auch visuell wird es für den Nutzer angenehmer: Da von Anfang an genau der Platz reserviert wird, den die noch nicht geladenen Bilder benötigen, »springt« die Webseite nicht, wenn die Bilder nachgeladen werden.

Im HTML-Code haben Sie die Möglichkeit, die Breite über das `width`-Attribut und die Höhe über das `height`-Attribut des `<img>`-Tags anzugeben (Listing 21.1). Alternativ können Sie die Größe auch über die gleichnamigen CSS-Eigenschaften definieren.

```
<!DOCTYPE html>
<html>

<head lang="de">
  <title>Einbinden von Bildern</title>
  <meta charset="UTF-8">
</head>
```

```
<body>
<img
  src="https://www.philipackermann.de/photo.jpg"
  alt="Profile picture"
  width="500"
  height="500"
>
</body>

</html>
```

Listing 21.1 Explizite Angabe der Bildgröße über die HTML-Attribute width und height.

21.2.4 Einen clientseitigen Cache verwenden

Neben dem serverseitigen Caching, welches Sie schon in Abschnitt 21.2.2, »Einen serverseitigen Cache verwenden«, kennengelernt haben, können Sie das Prinzip eines Caches auch auf Clientseite einsetzen. Man spricht in diesem Fall auch von *clientseitigen Caching* oder *Browser-Caching*. Bevor der Client (bzw. genauer: der Browser) dann HTTP-Anfragen an den Webserver stellt, prüft er zunächst im lokalen Cache, ob die angefragten Daten dort vorhanden sind (Abbildung 21.23). Nur wenn dies nicht der Fall ist, wird die HTTP-Anfrage an den Webserver weitergeleitet.

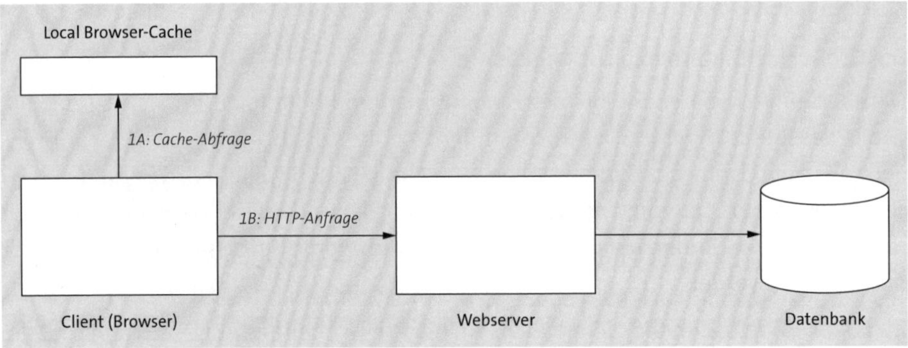

Abbildung 21.23 Über einen clientseitigen Cache lassen sich unnötige Anfragen an den Webserver vermeiden.

Der Einsatz von dieser Art von Caching – also dem serverseitigen Caching – macht beispielsweise für solche Daten Sinn, die sich selten ändern, beispielsweise Logos, statische Hintergrundbilder, CSS- und JavaScript-Dateien. Für Inhalte, die sich häufiger ändern – beispielsweise die Artikel auf der Homepage einer News-Seite –, sind Caches dagegen in der Regel nicht sinnvoll.

Caching über Header

Browser können von Haus aus Daten cachen. Dazu können Sie beim Senden von HTTP-Antworten (also auf Seiten des Webservers) den `Cache-Control`-Header setzen. Dieser Header wird dann von Browsern automatisch ausgewertet und die HTTP-Antwort entsprechend der im Header definierten Vorgaben im lokalen *Browser-Cache* gespeichert (vgl. Abbildung 21.24).

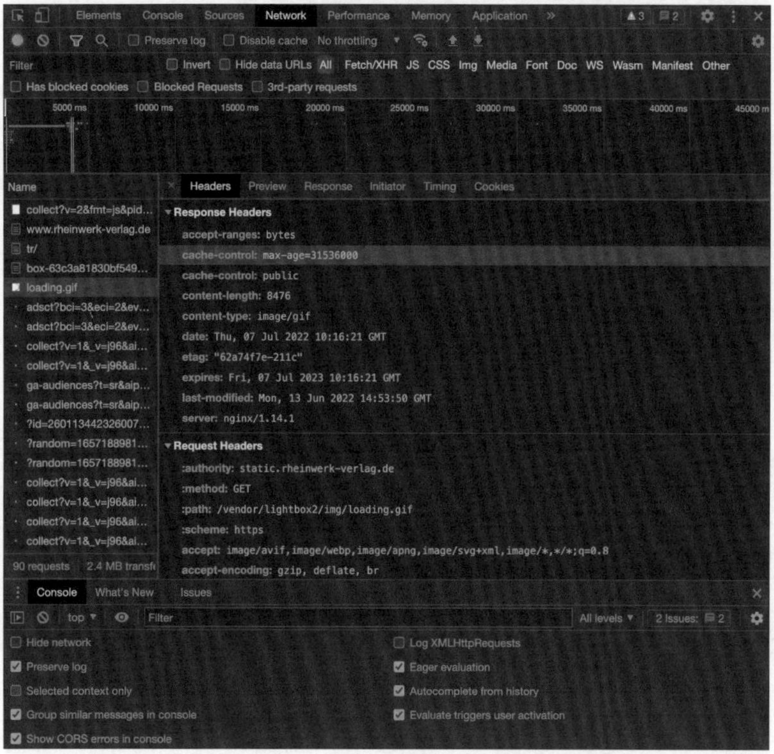

Abbildung 21.24 Über den Cache-Control-Header kann gesteuert werden, ob und wie lange Dateien im Browser-Cache zwischengespeichert werden sollen.

> **Hinweis**
>
> Weitere Details zu der Konfiguration des `Cache-Control`-Headers finden Sie beispielsweise unter *https://developer.mozilla.org/de/docs/Web/HTTP/Headers/Cache-Control*.

Caching über JavaScript

Darüber hinaus haben Sie die Möglichkeit, innerhalb einer Webseite selbst mithilfe von JavaScript und verschiedenen Web-APIs eine zusätzliche clientseitige Cache-Logik zu implementieren. Beispielsweise könnten Sie häufig verwendete Daten lokal im *Local Storage* (Abbildung 21.25) oder einer *Browser-Datenbank* wie der *IndexedDB* (Abbildung 21.26) vorhalten.

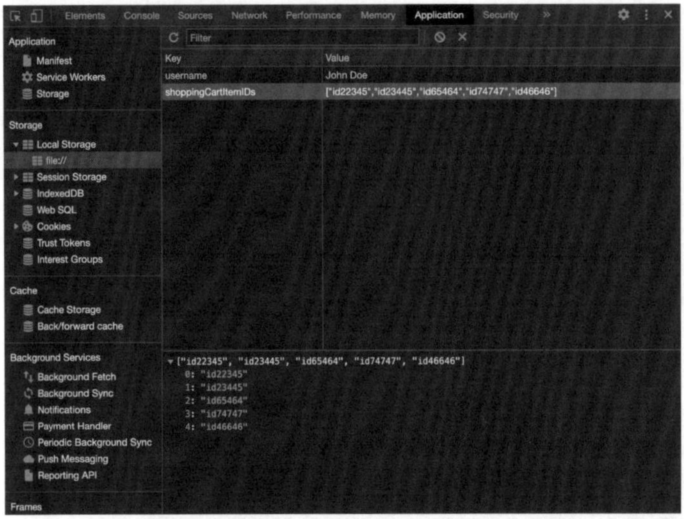

Abbildung 21.25 Im Local Storage lassen sich Daten auf Browserseite speichern.

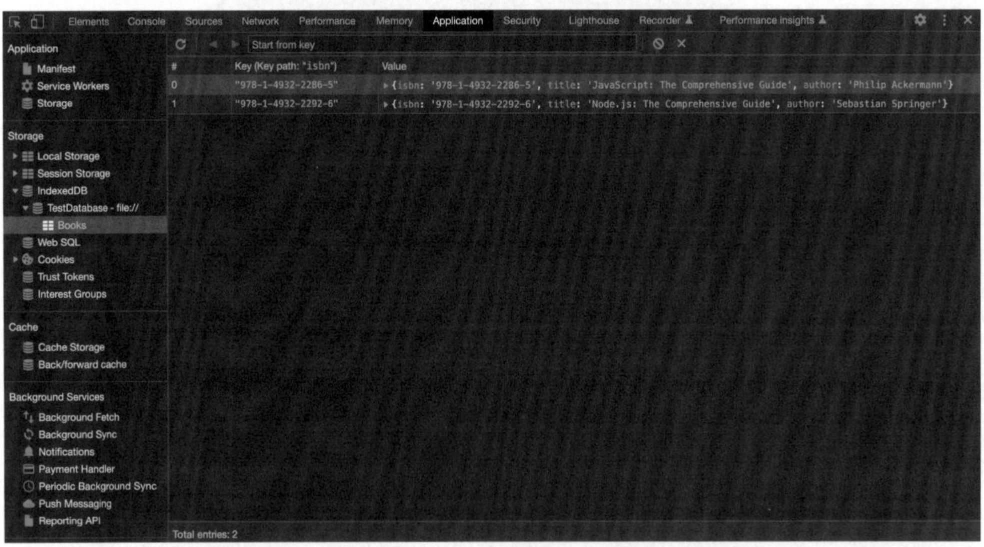

Abbildung 21.26 Eine Alternative zum Local Storage ist die clientseitige Browser-Datenbank IndexedDB

Kombination von clientseitigem und serverseitigem Caching

Caching lässt sich also grundsätzlich sowohl auf Serverseite als auch auf Clientseite einsetzen. Darüber hinaus haben Sie natürlich auch die Möglichkeit, serverseitiges und clientseitiges Caching parallel zu betreiben (Abbildung 21.27).

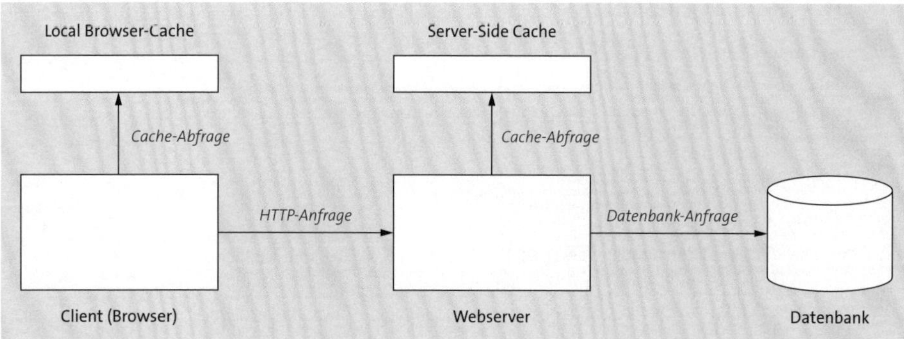

Abbildung 21.27 Kombination aus clientseitigem Caching und serverseitigem Caching.

21.2.5 Den Code minifizieren

Während der Entwicklung einer Webseite ist es hilfreich, den Quelltext entsprechend zu formatieren, sodass er lesbar und übersichtlich ist. Zum Einsatz kommen hier beispielsweise Einrückungen, aussagekräftige Variablennamen und erklärende Kommentare. In der produktiven Version einer Webseite sind diese Hilfsmittel jedoch zu vermeiden. Denn jedes Leerzeichen, jeder Kommentar und jeder lange Variablenname wirkt sich auf die Dateigröße von beispielsweise HTML-, CSS- oder JavaScript-Dateien aus. Und da diese Dateien vom Server zum Client übertragen werden müssen, wirkt sich die Dateigröße wiederum auf die Übertragungszeit und damit auf die Ladezeit einer Webseite aus. Langer Rede kurzer Sinn: Für die produktive Version einer Webseite sollten Sie den Code auf das Wesentliche kürzen, sprich, optimieren und *minifizieren*. Dazu stehen Ihnen verschiedene Tools zur Verfügung, sogenannte *Minifier*, von denen es mittlerweile für jede der drei großen Sprachen des Web – HTML, CSS und JavaScript – verschiedene Varianten gibt. Im Folgenden möchte Ich Ihnen exemplarisch zeigen, wie sich JavaScript-Dateien mit dem Minifier UglifyJS (*https://github.com/mishoo/UglifyJS*) minifizieren lassen.

Über folgenden Befehl können Sie das Tool – unter Verwendung des Node.js Package Managers npm – für eine JavaScript-Datei aufrufen:

```
npx uglify-js main.js -o main.min.js
```

Hierbei wird als Eingabe die Datei *main.js* (Listing 7.1) verwendet und der minifizierte Code in die Datei *main.min.js* (Listing 21.3) geschrieben.

```
'use strict';
class Animal {

  name = 'Max Musterfisch';
  color = 'Gold';
  age = '25';
```

```
  constructor(name, color, age) {
      this.name = name ? name : this.name;
      this.color = color ? color : this.color;
      this.age = age ? age : this.age;
  }

  eat(food) {
    console.log(`Mmpf mmpf, ${food}`);
  }

  drink(drink) {
    console.log(`Mmmmmmh, ${drink}`);
  }

  toString() {
    return `${this.name}, ${this.color}, ${this.age}`;
  }

}

const defaultAnimal = new Animal();
console.log(defaultAnimal.toString()); // "Max Musterfisch, Gold, 25"

const fish = new Animal('Fischi', 'Grün', 2);
fish.eat('Algen');                // "Mmpf mmpf, Algen"
console.log(fish.toString());    // "Fischi, Grün, 2"
```

Listing 21.2 Beispiel für eine nicht-minifizierte JavaScript-Datei (main.js, 714 Bytes)

Wie Sie anhand des minifizierten Quelltextes sehen können, wurden Leerzeichen, Zeilenumbrüche und Kommentare vollständig entfernt. Das Resultat: Die minifizierte Datei ist um etwa 30 % kleiner (498 Bytes gegenüber vorher 714 Bytes).

```
"use strict";class Animal{name="Max Musterfisch";color="Gold";age=
"25";constructor(name,color,age){this.name=name?name:this.name;this.color=
color?color:this.color;this.age=age?age:this.age}eat(food){console.log(`Mmpf
mmpf, ${food}`)}drink(drink){console.log(`Mmmmmmh,
${drink}`)}toString(){return`${this.name}, ${this.color}, ${this.age}`}}const
defaultAnimal=new Animal;console.log(defaultAnimal.toString());const fish=new
Animal("Fischi","Grün",2);fish.eat("Algen");console.log(fish.toString());
```

Listing 21.3 Beispiel für eine minifizierte JavaScript-Datei (main.min.js, 498 Bytes)

Doch damit nicht genug. Über den Parameter `--compress` lassen sich weitere Komprimierungen aktivieren:

```
npx uglify-js --compress -o main.min.1.js -- main.js
```

Ein Blick auf die minifizierte Datei (*main.min.1.js*, Listing 21.4) zeigt, dass der Code noch ein bisschen mehr optimiert wurde. Beispielsweise wurden Variablen- bzw. Konstatendeklarationen zusammengefasst. Der Unterschied zu der vorher minifizierten Datei *main.min.js* (Listing 21.3) ist marginal: Die Dateigröße liegt nun bei 476 Bytes.

```
"use strict";class Animal{name="Max Musterfisch";color="Gold";age=
"25";constructor(name,color,age){this.name=name||this.name,this.color=
color||this.color,this.age=age||this.age}eat(food){console.log("Mmpf mmpf,
"+food)}drink(drink){console.log("Mmmmmmh,
"+drink)}toString(){return`${this.name}, ${this.color}, `+this.age}}const
defaultAnimal=new Animal,fish=(console.log(defaultAnimal.toString()),new
Animal("Fischi","Grün",2));fish.eat("Algen"),console.log(fish.toString());
```

Listing 21.4 Beispiel für eine weiter minifizierte JavaScript-Datei (main.min.1.js, 476 Bytes)

Wem das immer noch nicht reicht, kann über den zusätzlichen Parameter `--mangle` noch einige weitere Optimierungsmaßnahmen einschalten. Beispielsweise werden hierbei Variablennamen und Parameternamen gekürzt bzw. einfach durch kürzere Namen ersetzt:

```
npx uglify-js --compress --mangle -o main.min.2.js -- main.js
```

Listing 21.5 zeigt das Ergebnis: Zu sehen ist hier, dass die Parameter `name`, `color` und `age` der Konstruktorfunktion durch die Namen `o`, `t` und `i` ersetzt wurden (und damit nicht mehr aussagekräftig sind!). Das Resultat: Die minifizierte Datei hat jetzt nur noch eine Dateigröße von 444 Bytes. Das sind nur noch knapp 60 % der ursprünglichen Dateigröße.

```
"use strict";class Animal{name="Max Musterfisch";color="Gold";age=
"25";constructor(o,t,i){this.name=o||this.name,this.color=
t||this.color,this.age=i||this.age}eat(o){console.log("Mmpf mmpf,
"+o)}drink(o){console.log("Mmmmmmh, "+o)}toString(){return`${this.name},
${this.color}, `+this.age}}const defaultAnimal=new Animal,fish=
(console.log(defaultAnimal.toString()),new
Animal("Fischi","Grün",2));fish.eat("Algen"),console.log(fish.toString());
```

Listing 21.5 Beispiel für eine noch weiter minifizierte JavaScript-Datei (main.min.2.js, 444 Bytes)

Obfuscation

Im Zusammenhang mit dem Minifizieren von JavaScript-Code ist noch der Begriff der *Obfuscation* erwähnenswert. Hierbei liegt der Fokus in erster Linie nicht auf der Minifizierung, sondern auf dem Unkenntlichmachen des Quelltextes. Da es sich bei JavaScript ja bekanntermaßen um eine interpretierte Programmiersprache handelt und nicht um eine kompilierte Programmiersprache (vgl. Kapitel 13, »Programmiersprachen auf der Serverseite verwenden«), ist der Quelltext von Webseiten oft lesbar. Wenn Ihnen daran gelegen ist, dass der JavaScript-Quelltext einer Webseite vor zu neugierigen Augen geschützt werden sollte, können Sie ihn über ein Obfuscation-Tool wie javascript-obfuscator (*https://obfuscator.io*) sichern. Für den Code aus Listing 7.1 generiert dieses Tool (aufgerufen über den Befehl `npx javascript-obfuscator main.js`) den in Listing 21.6 gezeigten Quelltext. Bis auf einige wenige Strings lässt sich dort nun wirklich nichts mehr erkennen. Allerdings – und deswegen sollten Sie den Einsatz von Obfuscation-Tools abwägen, insbesondere im Zusammenhang mit der Optimierung der Performance – ist die Dateigröße einer »obfuscierten« Datei deutlich größer (in unserem Beispiel 2KB!). Hierbei müssen Sie im Einzelfall abwägen, ob Ihnen die Performance der Webseite oder das Unkenntlichmachen Ihres Quelltextes wichtiger ist. Hilfreich: Auf der Website von javascript-obfuscator (*https://obfuscator.io*) finden Sie drei verschiedene Konfigurationen für das Tool: »High obfuscation, low performance« für einen hohen Grad an Unkenntlichmachung, aber geringer Performance, »Medium obfuscation, optimal performance« für einen normalen Grad an Unkenntlichmachung und guter (»optimaler«) Performance sowie »Low obfuscation, high performance« für einen niedrigen Grad an Unkenntlichmachung und hoher Performance.

```
'use strict';const a0_0x5efe34=a0_0x1983;(function(_0x3c2659,_
0x28c0f3){const _0x3032ee=a0_0x1983,_0x5c96bd=_0x3c2659();while(!![
]){try{const _0x15560f=-parseInt(_0x3032ee(0x17f))/0x1+parseInt(_
0x3032ee(0x17d))/0x2*(parseInt(_0x3032ee(0x17e))/0x3)+parseInt(_
0x3032ee(0x17a))/0x4+-parseInt(_0x3032ee(0x185))/0x5*(parseInt(_
0x3032ee(0x174))/0x6)+-parseInt(_0x3032ee(0x173))/0x7*(-parseInt(_
0x3032ee(0x189))/0x8)+parseInt(_0x3032ee(0x181))/0x9*(parseInt(_
0x3032ee(0x182))/0xa)+-parseInt(_0x3032ee(0x186))/0xb;if(_0x15560f===_
0x28c0f3)break;else _0x5c96bd['push'](_0x5c96bd['shift']());}catch(_
0x26875f){_0x5c96bd['push'](_0x5c96bd['shift']());}}}(a0_
0x51e2,0x9b034));function a0_0x51e2(){const _0x567399=['age','Max\x20Mus-
terfisch','1055zVhTCl','17634639kBTRLJ','Algen','color','2127696PiNtdk','28
coYpEL','10344jZPJrf','name','Gold','toString','Mmmmmmh,\
x20','log','1928352gLDSKH','Mmpf\x20mmpf,\x20','eat','6UeszqW','710343UhB-
dhF','756315xtZvDY','Grün','8271lwVnpl','11990CyFQVp'];a0_0x51e2=
function(){return _0x567399;};return a0_0x51e2();}class Animal{[a0_
0x5efe34(0x175)]=a0_0x5efe34(0x184);[a0_0x5efe34(0x188)]=a0_
```

```
0x5efe34(0x176);[a0_0x5efe34(0x183)]='25';constructor(_0x246618,_0x2390ae,_
0x85b1ad){const _0x41607c=a0_0x5efe34;this[_0x41607c(0x175)]=_0x246618?_
0x246618:this[_0x41607c(0x175)],this['color']=_0x2390ae?_0x2390ae:this[
'color'],this[_0x41607c(0x183)]=_0x85b1ad?_0x85b1ad:this[_
0x41607c(0x183)];}['eat'](_0x3c0f9d){const _0x44131c=a0_0x5efe34;console[_
0x44131c(0x179)](_0x44131c(0x17b)+_0x3c0f9d);}['drink'](_0x33bf5e){const _
0x3df71d=a0_0x5efe34;console['log'](_0x3df71d(0x178)+_0x33bf5e);}[a0_
0x5efe34(0x177)](){const _0xa11efc=a0_0x5efe34;return this[_
0xa11efc(0x175)]+',\x20'+this[_0xa11efc(0x188)]+',\x20'+this[
'age'];}}function a0_0x1983(_0x25f5ea,_0x4ca06f){const _0x51e2c2=a0_
0x51e2();return a0_0x1983=function(_0x198321,_0x1fc20c){_0x198321=_
0x198321-0x173;let _0x4e4f40=_0x51e2c2[_0x198321];return _0x4e4f40;},a0_
0x1983(_0x25f5ea,_0x4ca06f);}const defaultAnimal=new Animal();console[a0_
0x5efe34(0x179)](defaultAnimal['toString']());const fish=
new Animal('Fischi',a0_0x5efe34(0x180),0x2);fish[a0_0x5efe34(0x17c)](a0_
0x5efe34(0x187)),console['log'](fish[a0_0x5efe34(0x177)]());
```

Listing 21.6 Beispiel für eine unkenntlich gemachte JavaScript-Datei (2 KB)

21.2.6 Dateien komprimieren

Neben der grundsätzlichen Optimierung von Bildern und der Minifizierung von Quelltext können Sie die Komprimierung weitertreiben, indem Sie die Dateien auf Serverseite im gzip-Format »verpacken«. Im Gegensatz zur »unkomprimierten Kommunikation« (Abbildung 21.28) werden die angefragten Daten vom Webserver vorher »verpackt« und dann zurück an den Client gesendet (Abbildung 21.29). Auf Clientseite wiederum entpackt der Browser diese gzip-Datei und stellt den eigentlichen Inhalt entsprechend dar.

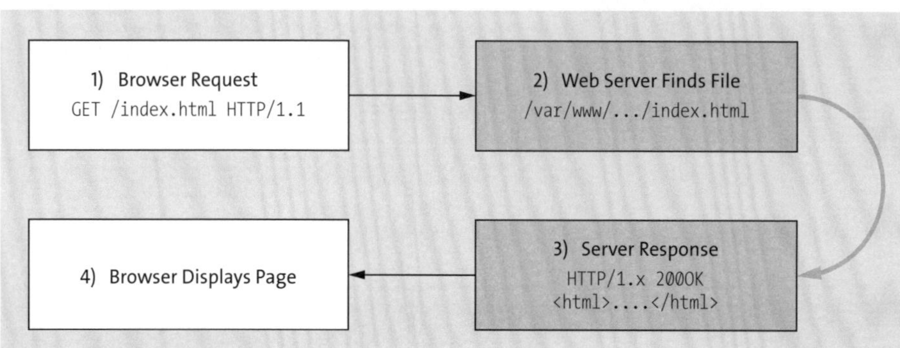

Abbildung 21.28 Kommunikation zwischen Client und Server ohne Komprimierung

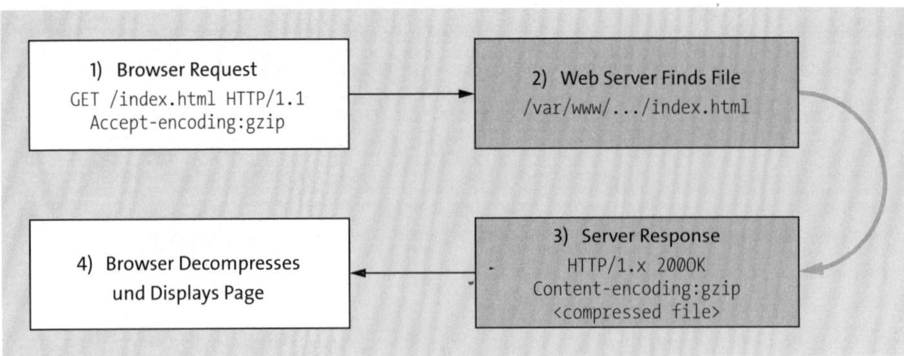

Abbildung 21.29 Kommunikation zwischen Client und Server mit Komprimierung.

21.2.7 Lazy Loading: Daten erst bei Bedarf laden

Noch effektiver, als Daten zu minifizieren oder zu komprimieren, ist es, sie gar nicht erst vom Server zu laden. Oder anders gesagt: sie erst dann zu laden, wenn sie auch wirklich benötigt werden. Der Fachbegriff dafür lautet *Lazy Loading*. Mit anderen Worten: Daten wie beispielsweise Bilder werden erst dann vom Webserver geladen, wenn sie im Frontend überhaupt erst angezeigt werden. Statt beispielsweise bei einer Online-Shop-Webseite alle 100 Produkte einer Suche inklusive der Bilder zu laden, werden die Bilder erst nach und nach geladen, beispielsweise wenn der Nutzer durch die Suchergebnisse (nach unten) scrollt (vgl. Abbildung 21.30). Der Vorteil: Nur Daten, die vom Nutzer auch gesehen werden, müssen vom Webserver geladen werden.

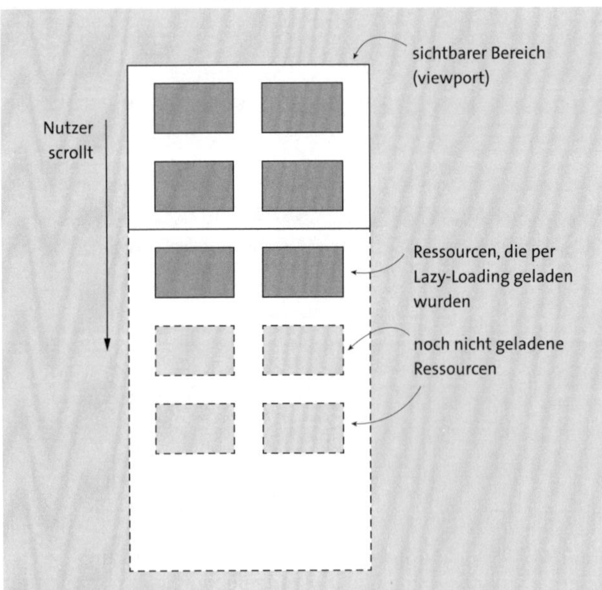

Abbildung 21.30 Das Prinzip des Lazy Loadings

21.2.8 Daten im Voraus laden

Wenn Sie nach dem Laden einer Webseite abschätzen können, zu welcher Webseite ein Nutzer als Nächstes weiternavigiert, haben Sie die Möglichkeit, dem Browser mitzuteilen, dass er die Daten von dieser nächsten Webseite schon vorauslädt, bevor der Nutzer den entsprechenden Link überhaupt klickt. Grundsätzlich gibt es verschiedene Arten des Vorausladens, die zusammenfassend in Abbildung 21.31 dargestellt sind und im Folgenden kurz erklärt werden.

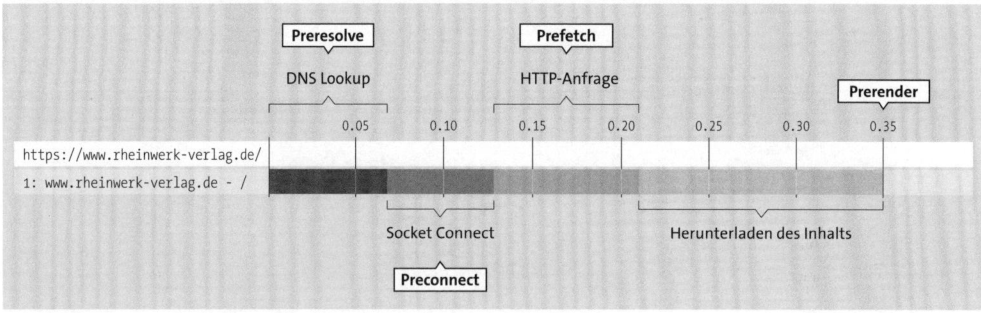

Abbildung 21.31 Die verschiedenen Arten des Vorausladens

DNS Prefetch

Über einen sogenannten *DNS Prefetch* kann man dem Browser für eine bestimmte URL mitteilen, dass er für diese URL eine DNS-Auflösung (DNS Lookup) durchführen soll (Abbildung 21.32). Wird diese URL dann vom Nutzer tatsächlich abgerufen, spart man sich die DNS-Auflösung zu diesem Zeitpunkt (wobei man ehrlicherweise sagen muss, dass DNS-Aufrufe in der Regel den geringsten Teil der gesamten Ladezeit einer Webseite ausmachen).

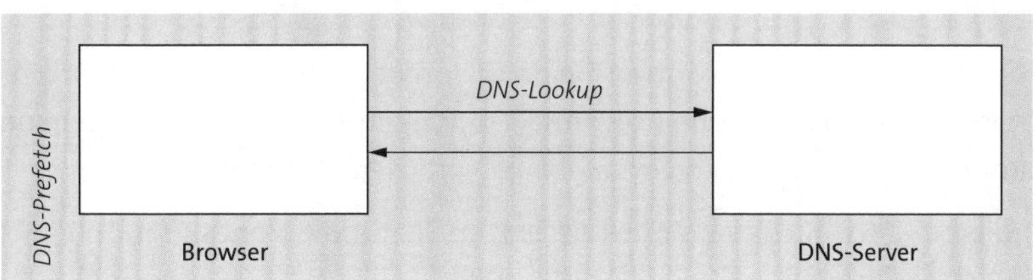

Abbildung 21.32 Der Ablauf bei einem DNS-Prefetch

Um einen DNS-Prefetch zu konfigurieren, binden Sie in die entsprechende Webseite einfach ein `<link>`-Tag ein und setzen das `rel`-Attribut auf den Wert »dns-prefetch«:

```
<link rel="dns-prefetch" href="https://philipackermann.de">
```

Listing 21.7 Angabe eines DNS Prefetches in HTML

Preconnect

Ein sogenannter *Preconnect* geht noch einen Schritt weiter als ein DNS Prefetch. Hierbei stellt der Browser zusätzlich bereits eine Verbindung zu dem Webserver her (sprich, er führt ein »Connect« aus und in diesem Kontext einen TCP-Handshake und gegebenenfalls einen TLS-Handshake, siehe Abbildung 21.33).

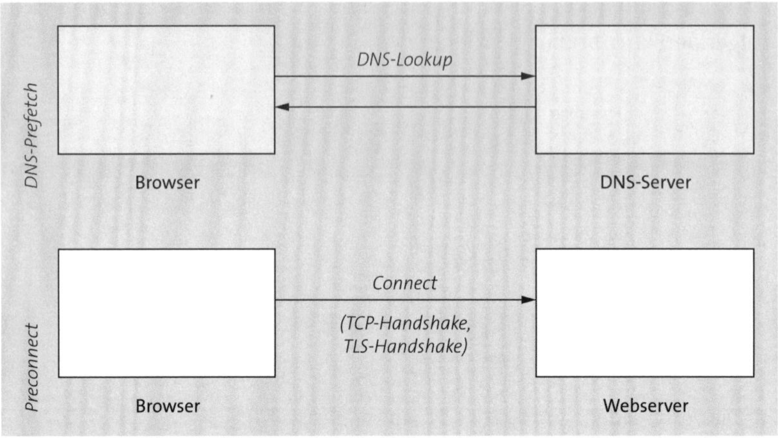

Abbildung 21.33 Der Ablauf bei einem Preconnect

Analog zu der Konfiguration eines DNS-Prefetches binden Sie in die vorauszuladende Webseite ein `<link>`-Tag ein und setzen das `rel`-Attribut auf den Wert »preconnect«:

```
<link rel="preconnect " href="https://philipackermann.de">
```

Listing 21.8 Angabe eines Preconnect in HTML

Prefetch

Über einen sogenannten *Prefetch* können Sie dafür sorgen, dass der Browser – nachdem er einen DNS-Prefetch und einen Preconnect durchgeführt hat – die angegebene Ressource komplett in den lokalen Browser-Cache vorauslädt (Abbildung 21.34).

Den Wert für das `rel`-Attribut des `<link>`-Tags setzen Sie für die Konfiguration eines Prefetches einfach auf »prefetch«:

```
<link rel="prefetch" href="https://philipackermann.de/image.jpg">
```

Listing 21.9 Angabe eines Prefetches in HTML

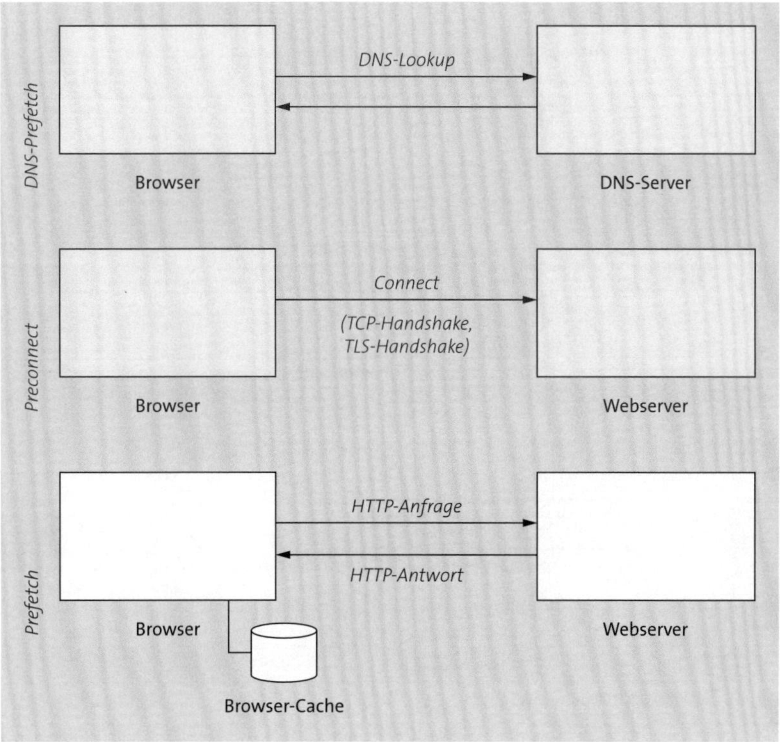

Abbildung 21.34 Der Ablauf bei einem Prefetch

Subresource

Ähnlich wie ein Prefetch funktioniert die Angabe einer *Subresource*. Während bei Ersterer der Browser darüber entscheidet, mit welcher Priorität er die angegebene Ressource vorauslädt, können Sie dem Browser über eine Subresource mitteilen, dass es sich um eine hoch priorisierte Ressource handelt. Den Wert für das `rel`-Attribut setzen Sie dazu auf den Wert »subresource«:

```
<link rel="subresource" href="https://philipackermann.de/image.jpg">
```

Listing 21.10 Angabe eine Subresource in HTML

Prerender

Die – aus Performancesicht – aufwendigste Art des Vorausladen ist das sogenannte *Prerender*. Hierbei wird die entsprechende Ressource – wie der Name andeutet – komplett geladen und vom Browser im Hintergrund gerendert. Das Rendern wiederum bezieht dabei auch das Herunterladen weiterer Ressourcen wie Bilder, CSS-Dateien und JavaScript-Dateien mit ein (Abbildung 21.35).

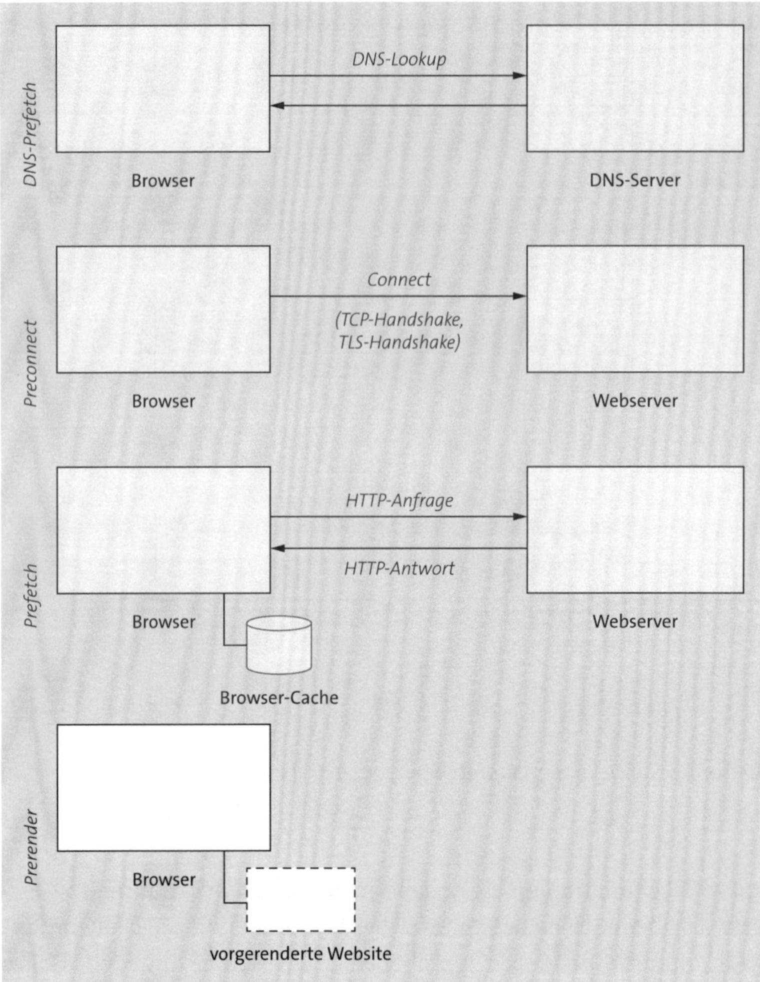

Abbildung 21.35 Der Ablauf bei einem Prerender

Um das Prerendern für eine Webseite zu konfigurieren, binden Sie die entsprechende Webseite über das `<link>`-Tag und setzen den Wert des `rel`-Attributs »prerender«:

```
<link rel="prerender " href="https://philipackermann.de">
```

Listing 21.11 Angabe eines Prerender in HTML.

21.3 Zusammenfassung und Ausblick

In diesem Kapitel haben Sie gelernt, was es mit dem Begriff der Web-Performance auf sich hat, wie man die Performance von Webseiten messen lässt und welche Techniken es gibt, um selbige zu verbessern. Anhand der vorgestellten Techniken sehen Sie schon, dass das Thema Performance-Optimierung ein recht umfangreiches ist. Neben den besprochenen Techniken gibt es daher noch eine ganze Reihe weiterer, auf die ich aus Platzgründen nicht im Detail eingehen kann.

Die wichtigsten Punkte

Folgende Punkte sollten Sie aus diesem Kapitel mitnehmen:

- Bei der Entwicklung von Webanwendungen bzw. Webseiten sollten Sie insbesondere die *Ladezeit* (*PageSpeed*) im Auge behalten und gegebenenfalls optimieren.
- Eine kurze Ladezeit hat unter anderem positive Auswirkungen auf die *Nutzererfahrung* (*User Experience*), die *Conversion-Rate*, das *SEO-Ranking* und das *Crawling*.
- Über verschiedene *Metriken* erhalten Sie einen Überblick über die Ladezeit von Webseiten.
  - *Time to First Byte* (*TTFB*) bezeichnet den Zeitraum zwischen dem Aufruf einer Webseite und dem Zeitpunkt, an dem das erste Byte vom Webserver geladen wird.
  - *First Paint* (*FP*) bezeichnet den Zeitpunkt, an dem der Browser den ersten Zeichenvorgang abgeschlossen hat, wobei an dieser Stelle noch nicht das Document Object Model berücksichtigt wird, sondern beispielsweise Informationen zu der Hintergrundfarbe einer Webseite.
  - *First Contentful Paint* (*FCP*) bezeichnet den Zeitpunkt, an dem der Browser – jetzt unter Berücksichtigung des Document Object Models – den ersten sichtbaren Text oder das erste sichtbare Bild darstellt.
  - *First Meaningful Paint* (*FMP*) bezeichnet den Zeitpunkt, an dem der Browser die ersten aussagekräftigen Elemente darstellt.
  - *Time to Interactive* (*TTI*) bezeichnet den Zeitpunkt, an dem die Webseite komplett dargestellt wurde und bereit ist für die Nutzerinteraktion.
  - *Largest Contentful Paint* (*LCP*) bezeichnet die Zeit zwischen dem Aufruf der URL und dem Zeitpunkt, an dem der größte Text oder das größte Bild gerendert wurde.
  - *First Input Delay* (*FID*) bezeichnet die Zeit zwischen dem Zeitpunkt, an dem der Nutzer die erste Interaktion mit der Webseite anstößt, bis zu dem Zeitpunkt, an dem der Browser auf diese Interaktion reagiert.
  - *Cumulative Layout Shifts* (*CLS*) bezeichnet die Summe aller unerwarteten Verschiebungen des Layouts und gibt Aufschluss über die visuelle Stabilität einer Webseite.
- Mithilfe verschiedener Tools wie PageSpeed Insights, die Chrome DevTools oder Lighthouse können Sie die Performance von Webseiten messen.

- Um die Performance von Webseiten zu optimieren, haben Sie verschiedene Möglichkeiten, von denen Sie in diesem Kapitel folgende kennengelernt haben:
  - Verwenden von *CDN-Netzwerken*
  - einen *serverseitigen Cache* einsetzen
  - Bilder **optimieren**, das heißt, das richtige **Bildformat** auswählen, Bilder für das Web exportieren und die Größe von Bildern explizit im HTML-Code angeben
  - einen *clientseitigen Cache* einsetzen
  - den Quelltext von Webseiten, sprich HTML-, CSS- und JavaScript-Code, **minifizieren**
  - Dateien **komprimieren**, beispielsweise unter Verwendung des Komprimierungsformats gzip
  - Das sogenannte *Lazy Loading* verwenden, sprich, Daten erst dann zu laden, wenn sie vom Nutzer auch wirklich benötigt werden
- Verschiedene Arten des *Vorausladens* nutzen, um Webseiten und Ressourcen, die der Nutzer voraussichtlich als Nächstes benötigt, vorab zu laden:
  - Über einen *DNS Prefetch* können Sie DNS-Abfragen starten.
  - Über einen *Preconnect* können Sie eine Verbindung zu einem Webserver initiieren.
  - Über einen *Prefetch* können Sie die Daten einer Ressource (beispielsweise eine HTML-Datei oder ein Bild) vorab herunterladen.
  - Über ein *Prerender* haben Sie die Möglichkeit, eine angefragte Webseite vorab komplett rendern zu lassen.

21.3.1 Weiterführende Literatur

Wenn Sie sich näher mit der Optimierung der Web Performance beschäftigen möchten, sei Ihnen das Buch »Web Performance in Action« von Jeremy L. Wagner (2016) empfohlen sowie »High Performance Browser Networking« von Ilya Grigorik (2013). Auch wenn beide Bücher schon etwas in die Jahre gekommen sind, sind dort einige gute Tipps zu finden. Aktuellere Informationen finden Sie dagegen im Internet, beispielsweise beim Mozilla Developer Network unter *https://developer.mozilla.org/de/docs/Web/Performance* oder der Website zu den Google WebVitals (*https://web.dev/vitals*).

21.3.2 Ausblick

Im nächsten Kapitel möchte ich Ihnen zeigen, wie Sie den Quelltext von Webanwendungen so speichern und organisieren, dass Sie zum einen ein Backup der Daten haben (inklusive der gesamten Historie an Änderungen) und zum anderen mit mehreren Entwicklern im Team gemeinsam an einem Projekt arbeiten können.

Kapitel 22
Webprojekte organisieren und verwalten

In diesem Kapitel zeige ich Ihnen, wie Sie den Quelltext Ihres Webprojekts mithilfe von Versionsverwaltungssystemen verwalten.

»Save often, save early« – dieser Ratschlag ist wohl dem einen oder anderen Gamer unter Ihnen ein Begriff. Heißt so viel wie: »Speichere oft und speichere frühzeitig«, ansonsten sind die Daten bzw. Spielstände verloren. Diesen Ratschlag sollten Sie natürlich auch als Entwickler oder Entwicklerin berücksichtigen. Sie sollten sogar noch einen Schritt weiter gehen und regelmäßig ein Backup Ihres Quelltextes machen. Das können Sie manuell machen (was relativ aufwendig ist), oder Sie verwenden ein sogenanntes *Versionsverwaltungssystem* (kurz *VCS* für *Version Control System*, daher alternativ im Deutschen auch *Versionskontrollsystem* genannt).

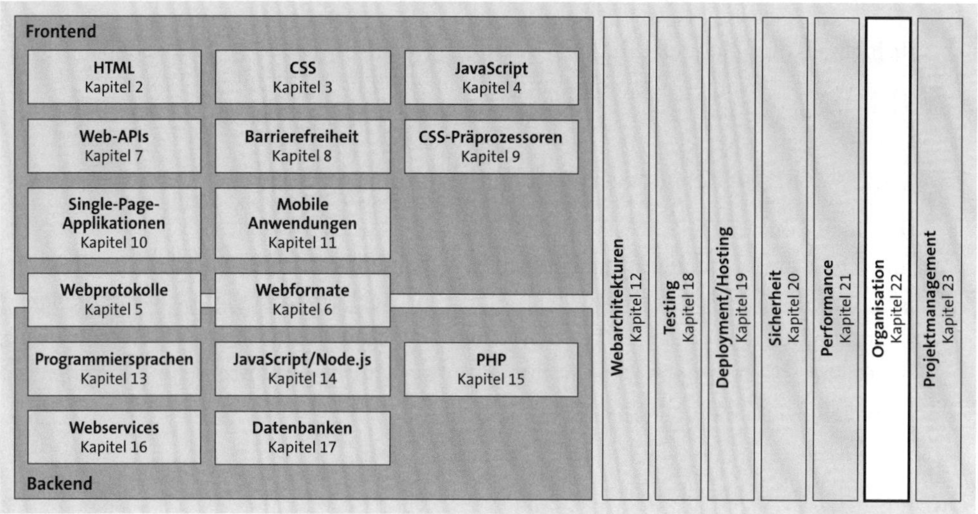

Abbildung 22.1 Den gesamten Quelltext einer Webapplikation sollten Sie über ein Versionskontrollsystem verwalten.

Versionsverwaltungssysteme haben gegenüber manuellen Backups noch weitere entscheidende Vorteile:

- **Synchronisierung von Quelltext im Team**: Sie ermöglichen es nämlich auch – wenn Sie mit mehreren Entwicklern an einem Projekt arbeiten –, den Quelltext für alle Entwickler auf einem aktuellen Stand zu halten und Änderungen des einen Entwicklers für die anderen sichtbar und zugreifbar zu machen.
- **Protokollierung von Änderungen am Quelltext**: Dabei protokollieren Versionsverwaltungssysteme Änderungen am Quelltext über die Zeit hinweg und speichern unter anderem, **wer** (also welcher Entwickler) **was** (welche Dateien) **wann** (zu welchem Zeitpunkt) geändert hat. Stellen Sie dann beispielsweise zu einem Zeitpunkt fest, dass die Änderung, die Sie gestern kurz vor Feierabend gemacht haben, doch nicht so intelligent war, können Sie einfach auf den vorigen Zustand des Quelltextes zugreifen.
- **Nachvollziehbare Historie des Quelltextes**: Zudem können Änderungen an Dateien leicht nachvollzogen werden, weil man jedes Mal, wenn man Änderungen in das Versionsverwaltungssystem »hochlädt« (diesen Schritt nennt man auch *Commit* bzw. *committen*), eine kurze Beschreibung der Änderungen angeben muss.

Für das professionelle Arbeiten im Team sind Versionsverwaltungssysteme also unerlässlich.

22.1 Arten von Versionsverwaltungssystemen

Prinzipiell unterscheidet man bei Versionsverwaltungssystemen zwischen zwei verschiedenen Ansätzen: den sogenannten *zentralen VCS* und *dezentralen VCS*.

22.1.1 Zentrale Versionsverwaltungssysteme

Die Idee von zentralen VCS ist, dass alle versionierten Dateien eines Webprojekts innerhalb eines sogenannten *Repositorys* auf einem **zentralen Server** verwaltet werden, auf den dann jeder Entwickler eines Entwicklerteams zugreift. Als Entwickler lädt man sich die Dateien des entsprechenden Webprojekts auf den eigenen Rechner, bearbeitet sie, fügt neue Dateien hinzu und synchronisiert anschließend wieder mit dem zentralen Server (Vorteile).

Hinweis

Beispiele für zentrale VCS sind *CVS* und *Subversion* (kurz *SVN*).

Gravierender Nachteil von einem zentralen VCS ist allerdings, dass der entsprechende Server, auf dem das Repository (also der Quelltext) liegt, immer erreichbar sein muss, damit man Änderungen hochladen oder Aktualisierungen des Quelltextes auf den eigenen Rechner herunterladen kann. Zudem hat man als Entwickler nur einen Snapshot des Quelltextes auf seinem Rechner. Ist der Server nicht erreichbar, kann man also auch nicht in der Historie zurück.

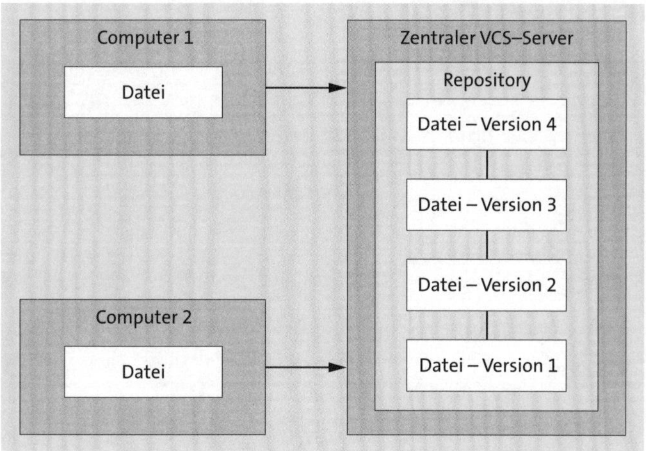

Abbildung 22.2 Das Prinzip von zentralisierten Versionsverwaltungssystemen

Noch schlimmer als eine vorübergehende Nichterreichbarkeit des Servers ist natürlich, wenn der Server komplett den Geist aufgibt und die kompletten Daten verloren sind. Dann ist nämlich auch die komplette Historie der Daten verloren – es sei denn, man hat vorher ein Backup gemacht, das aber laut Murphy's Law genau in solchen Fällen dann nicht funktioniert hat.

Das Einzige, was Ihnen in so einem Fall noch helfen kann, ist der aktuelle Stand der Daten, den Sie oder ein anderer im Team auf dem Rechner haben.

Hinweis

Die Verwendung von zentralen VCS ist in den letzten Jahren deutlich zurückgegangen. Wenn Sie ein neues Projekt aufsetzen, spricht heutzutage eigentlich nichts dafür, ein zentrales VCS zu verwenden.

22.1.2 Dezentrale Versionsverwaltungssysteme

Nach diesen ganzen Argumenten gegen zentrale VCS stellt sich natürlich die Frage, wie das Gegenstück, ein dezentrales VCS, funktioniert und warum es (meiner Meinung nach) viel besser ist.

Der wesentliche Unterschied zwischen dezentralen und zentralen VCS ist, wie der Name schon vermuten lässt, dass der Code nicht zentral gespeichert wird, sondern **dezentral**. Mit anderen Worten: Jeder Entwickler im Projekt hat nicht nur die letzte

Version der Daten auf seinem Rechner, sondern jeweils (!) eine **vollständige Kopie des gesamten Repositorys** (Nachteile).

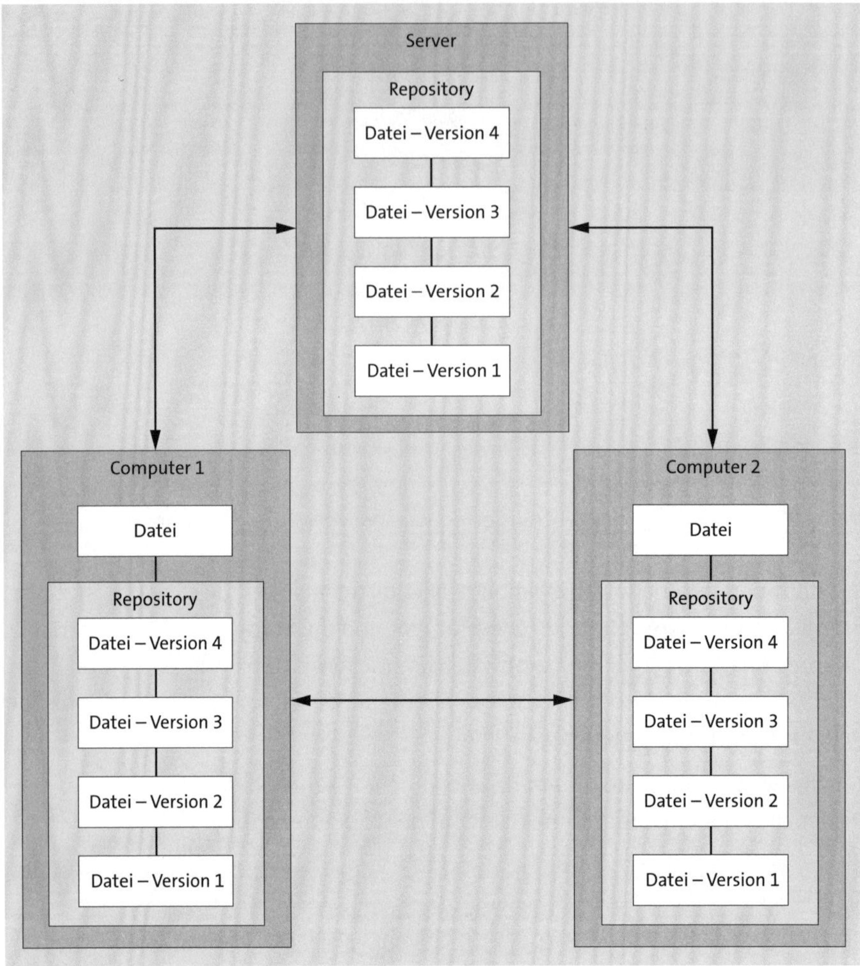

Abbildung 22.3 Das Prinzip von dezentralisierten Versionsverwaltungssystemen

Solche *lokalen Repositorys* haben zwei entscheidende Vorteile:

- **Offline arbeiten**: Bei Nichterreichbarkeit des Servers kann man als Entwickler Änderungen am Quelltext in das lokale Repository laden, ohne dass man mit dem Server verbunden ist, und diese Änderungen erst später (wenn man wieder verbunden ist) mit dem Server-Repository synchronisieren (das Server-Repository nennt man übrigens auch *Remote-Repository*).
- **Backup der Historie**: Der zweite Vorteil von lokalen Repositorys ist, dass diese genau wie das Remote-Repository eine vollständige Historie des Quelltextes enthalten. Das heißt, wenn die Daten im (zentralen) Remote-Repository verloren

gehen, können diese Daten von jedem beliebigen Entwicklerrechner vollständig – also inklusive der gesamten Historie – wiederhergestellt werden (vorausgesetzt, dieser hat den letzten Stand).

22.2 Das Versionsverwaltungssystem Git

Das Versionsverwaltungssystem Git (*https://git-scm.com*) ist mit Sicherheit das am meisten genutzte dezentrale VCS. Hauptsächlich dürfte das an der (mittlerweile von Microsoft aufgekauften) Git-Plattform GitHub (*https://github.com*) liegen, auf der, Stand heute (September 2020), laut Wikipedia mehr als 100 Millionen Git-Repositorys von mehr als 40 Millionen Nutzern verwaltet werden.

Prinzipiell haben Sie auch die Möglichkeit, einen Git-Server selber zu hosten. Für den Anfang empfehle ich Ihnen allerdings einen Anbieter wie GitHub oder einen anderen Anbieter wie GitLab (*https://gitlab.com*), weil Sie sich auf diese Weise die Arbeit sparen, einen eigenen Git-Server aufzusetzen und zu administrieren. Außerdem können Sie bei beiden Anbietern kostenfrei unbegrenzt Git-Repositorys nutzen, unabhängig davon, ob diese öffentlich zugänglich sind oder nur privat, also nur von einer bestimmten Anzahl von Nutzern eingesehen werden können.

22.2.1 Wie Git die Daten speichert

Die meisten VCS (unabhängig davon, ob zentral oder dezentral) speichern Änderungen an einer Quelltextdatei – ausgehend von der ersten Version dieser Datei – als Liste von Änderungen gegenüber der jeweils vorigen Version (in Form sogenannter *Deltas*, siehe Vorteile). Das heißt, jede Version enthält immer nur die jeweiligen Änderungen gegenüber der vorigen Version und nicht den kompletten Zustand der Dateien. Der komplette Zustand setzt sich vielmehr aus den gesamten Deltas zusammen.

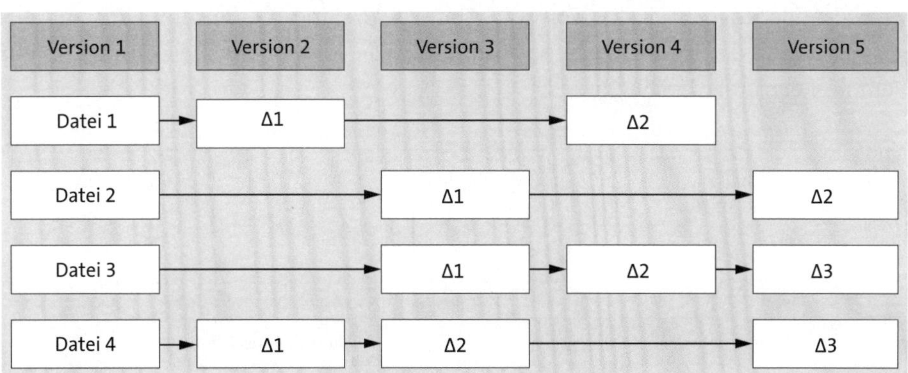

Abbildung 22.4 Bei den meisten Versionsverwaltungssystemen werden für jede Version nur die jeweiligen Änderungen gespeichert.

Git dagegen speichert bei jedem *Commit* den kompletten Zustand sämtlicher Dateien des jeweiligen Repositorys. Mit anderen Worten: Git macht bei jedem Commit ein vollständiges Abbild des gesamten Repositorys (siehe Nachteile). Für Dateien, die sich nicht geändert haben, legt Git einfach Verknüpfungen an.

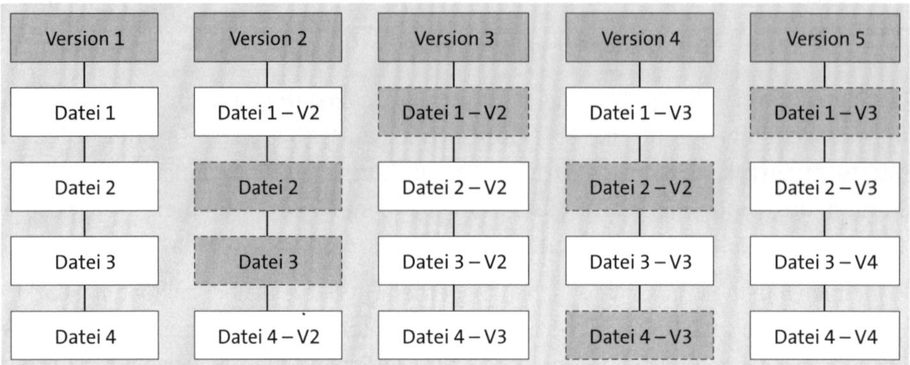

Abbildung 22.5 Bei Git werden für jede Version alle Dateien gespeichert.

22.2.2 Die verschiedenen Bereiche von Git

Die meisten anderen VCS verfügen über zwei Bereiche, in denen die Dateien verwaltet werden: auf der einen Seite das *lokale Arbeitsverzeichnis* (das *Working Directory*), also die Daten, die Sie als Entwickler gerade verwenden, und auf der anderen Seite das *Repository*, also diejenigen Daten, die bereits übertragen (engl.: *committed*) wurden.

Git hingegen erweitert dieses Konzept um einen zusätzlichen Bereich, den sogenannten *Staging-Bereich* (auch *Index* oder *Staging Area* genannt, siehe Hybridanwendungen). Dieser Bereich dient dazu, Änderungen, die man an der Arbeitskopie gemacht hat und im Rahmen des nächsten Commits in das Repository übertragen möchte, gezielt zusammenzustellen. Auf diese Weise können Sie in Ruhe selektieren, welche Änderungen Teil des Commits sein sollen. Sind die Commits zusammengestellt und in das lokale Repository »committed«, können Sie die Commits in ein Remote-Repository hochladen.

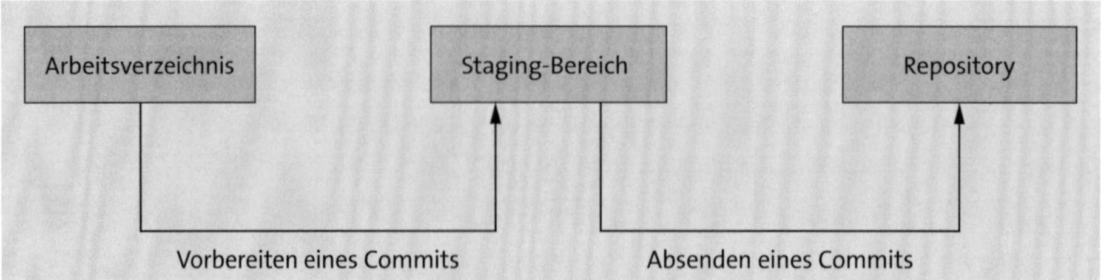

Abbildung 22.6 Die verschiedenen Bereiche bei der Versionskontrolle mit Git

22.2.3 Installation

Damit Sie Git nutzen und mit einem Git-Server wie GitHub oder GitLab kommunizieren können, müssen Sie zunächst die entsprechenden Client-Bibliotheken installieren. Die Installation ist unabhängig vom verwendeten Betriebssystem relativ einfach. Unter Linux verwenden Sie je nach Distribution einen der Paketmanager `yum` oder `apt-get`, das heißt entweder folgenden Befehl für `yum`:

```
$ sudo yum install git
```

oder folgenden Befehl für `apt-get`:

```
$ sudo apt-get install git
```

Für Windows oder macOS finden Sie auf der Git-Homepage entsprechende Installationsdateien (*https://git-scm.com/downloads*).

Nach der Installation von Git steht Ihnen auf der Kommandozeile der Befehl `git` zur Verfügung, mit dessen Hilfe Sie verschiedene Aktionen durchführen können. Im Folgenden möchte ich Ihnen zeigen, wie Sie

- neue Projekte zu Git hinzufügen,
- Änderungen an Dateien zum Staging-Bereich hinzufügen,
- Änderungen in das lokale Repository laden,
- Änderungen in das Remote-Repository hochladen,
- Änderungen vom Remote-Repository herunterladen.

Hinweis

Wenn Sie kein Freund der Kommandozeile sind und eine grafische Oberfläche für die Arbeit mit Git bevorzugen, lohnt sich ein Blick auf Tools wie GitHub Desktop (*https://desktop.github.com*, Vorteile) oder SourceTree (*https://www.sourcetreeapp.com*, Abbildung 22.8). Mithilfe von GitHub Desktop lassen sich die genannten Aktionen per Mausklick erledigen, was in den meisten Fällen vermutlich schneller von der Hand geht. Im Folgenden möchte ich Ihnen Git allerdings unter Verwendung der Kommandozeilentools vorstellen. Damit sind Sie in jedem Fall für die Arbeit mit Git gerüstet und bleiben unabhängig von einer bestimmten GUI. Unabhängig davon bieten übrigens auch die meisten Entwicklungsumgebungen wie beispielsweise Visual Studio Code (*https://code.visualstudio.com*) mittlerweile hervorragenden (grafischen) Support für die Verwaltung von Git.

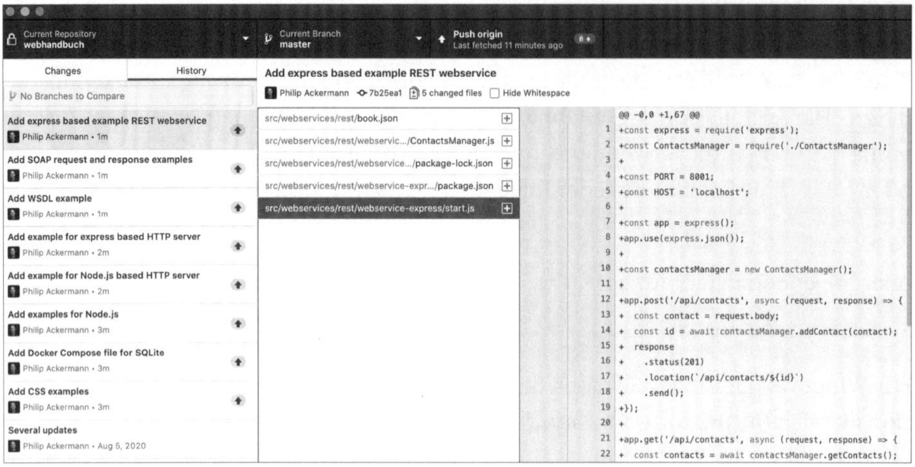

Abbildung 22.7 GitHub Desktop ist eine grafische Oberfläche für die Arbeit mit Git.

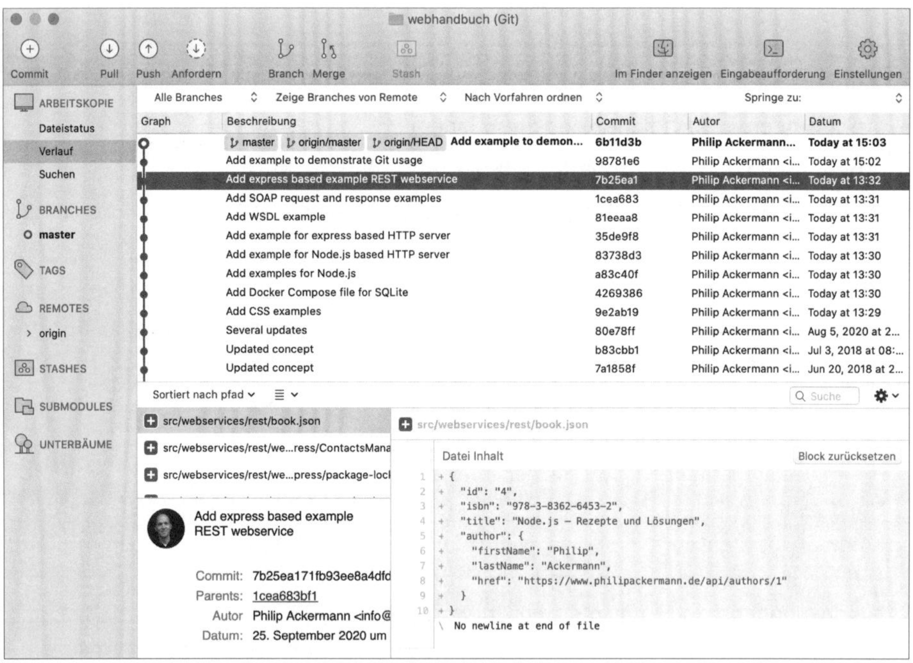

Abbildung 22.8 SourceTree ist eine weitere grafische Oberfläche für Git.

22.2.4 Ein neues Git-Repository anlegen

Für das Anlegen eines neuen lokalen Git-Repositorys haben Sie prinzipiell zwei Möglichkeiten (Vergleich der verschiedenen Ansätze). Wenn Sie ein komplett neues Repository anlegen möchten, *initialisieren* Sie ein Verzeichnis auf Ihrem Rechner als

Git-Repository. Wenn Sie dagegen ein Repository verwenden möchten, das bereits auf einem Git-Server existiert (beispielsweise auf GitHub), *klonen* Sie das entsprechende Repository auf Ihren lokalen Rechner.

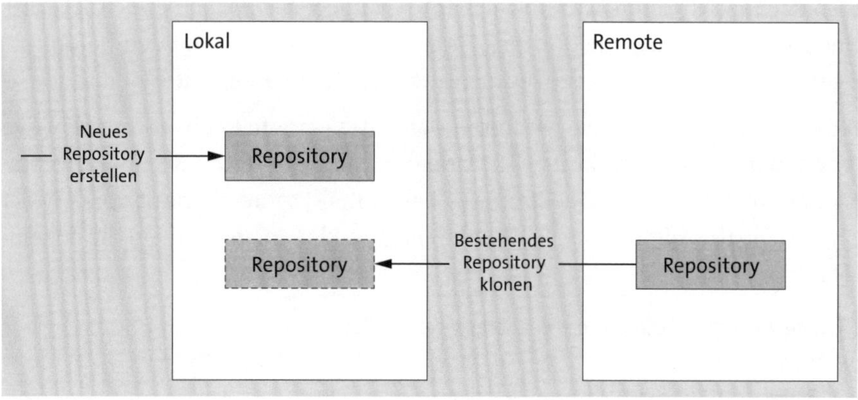

Abbildung 22.9 Die verschiedenen Möglichkeiten, ein neues lokales Repository zu erzeugen

Ein neues Git-Repository initialisieren

Um ein lokales Webprojekt als Git-Repository zu initialisieren, führen Sie den Befehl `git init` aus. Legen Sie vorher einfach ein neues Verzeichnis an, oder rufen Sie den Befehl direkt in einem bestehenden Projektverzeichnis auf.

```
$ mkdir example-project
$ cd example-project
$ git init
Initialized empty Git repository in /example-project/.git/
```

Listing 22.1 Befehl zum Initialisieren eines Repositorys auf dem lokalen Rechner

22

Durch diesen Befehl wird im Hintergrund im jeweiligen Projektverzeichnis (hier: *example-webproject*) das Verzeichnis *.git* erzeugt, in dem Git alle Informationen rund um das Repository speichert, beispielsweise die Historie der Dateien und Verzeichnisse im jeweiligen Repository (das Grundgerüst).

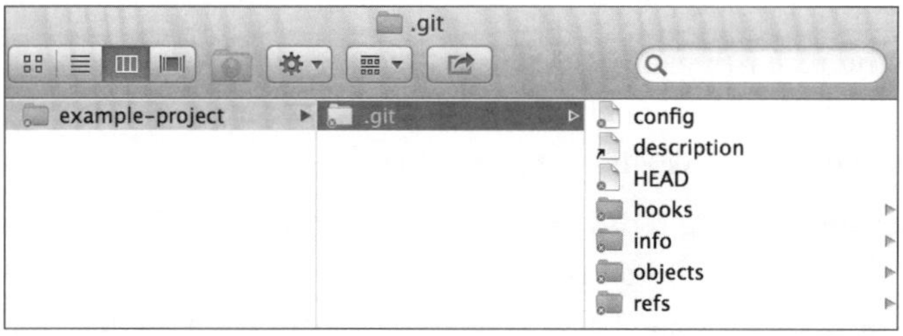

Abbildung 22.10 Der ».git«-Ordner enthält alle Informationen zu einem Repository.

Ein bestehendes Git-Repository klonen

Wenn es bereits ein Remote-Repository gibt, beispielsweise für den Fall, dass Sie als Entwickler zu einem bestehenden Projekt hinzukommen, können Sie das Repository auf Ihren Rechner kopieren, was im Fachjargon von Git als *Klonen* bezeichnet wird. Um einen Klon von einem Repository zu erstellen, verwenden Sie den Befehl `git clone`, gefolgt von dem URI zu dem entsprechenden Remote-Repository.

Durch diesen Befehl werden die gesamten Daten des Remote-Repositorys **inklusive aller Versionen** (also der gesamten Historie der Daten) auf Ihren Rechner übertragen. Um beispielsweise den Quelltext des bekannten Frontend-Frameworks React von GitHub (*https://github.com/facebook/react*) zu klonen, verwenden Sie folgenden Befehl:

```
$ git clone https://github.com/facebook/react.git
Cloning into 'react'...
remote: Enumerating objects: 183276, done.
remote: Total 183276 (delta 0), reused 0 (delta 0), pack-reused 183276
Receiving objects: 100% (183276/183276), 154.27 MiB | 11.09 MiB/s, done.
Resolving deltas: 100% (128116/128116), done.
Updating files: 100% (1879/1879), done.
```

Listing 22.2 Befehl zum Klonen eines Remote-Repositorys lokal auf den Rechner

> **Hinweis**
>
> Auch der Quelltext zu diesem Buch existiert als Git-Repository (alternativ zu der Downloadmöglichkeit auf der Downloadseite zum Buch). Um den Quelltext also als Repository auf Ihren Rechner zu klonen, verwenden Sie einfach folgenden Befehl. Das Repository wird dann lokal in ein gleichnamiges Verzeichnis kopiert.
>
> ```
> $ git clone https://github.com/cleancoderocker/webhandbuch.git
> ```
>
> **Listing 22.3** Befehl zum Klonen des Quelltextes zum Buch

22.2.5 Änderungen in den Staging-Bereich übertragen

Nachdem Sie ein Repository lokal angelegt haben (entweder durch Initialisierung oder durch Klonen), können Sie ruhigen Gewissens mit den Änderungen am Quelltext loslegen. Beispielsweise können Sie neue Dateien anlegen, bestehende Dateien um zusätzlichen Quelltext ergänzen, Quelltext entfernen usw.

Um die jeweiligen Änderungen dann in das lokale Repository zu laden, müssen Sie diese zunächst in den Staging-Bereich übertragen. Dazu verwenden Sie den Befehl `git add` wie folgt, wobei Sie jeweils die zu übertragenden Dateien eingeben – oder wie hier im Beispiel Wildcards verwenden, um direkt mehrere Dateien von einem Typ (hier: JavaScript-Dateien) hinzuzufügen (Abbildung 22.11):

```
$ git add *.js
$ git add **/*.js
$ git add package.json
```

Listing 22.4 Hinzufügen von Dateien bzw. Änderungen zum Staging-Bereich

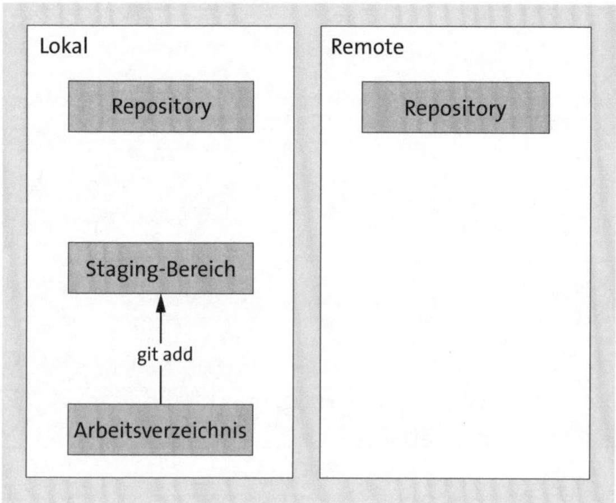

Abbildung 22.11 Über den Befehl »git add« werden Änderungen in den Staging-Bereich übernommen.

> **Hinweis**
>
> Über den Befehl `git reset` lassen sich Dateien oder Änderungen übrigens wieder aus dem Staging-Bereich entfernen.

22

22.2.6 Änderungen in das lokale Repository übertragen

Wenn Sie dem Staging-Bereich alle Dateien hinzugefügt haben, die in einem Commit enthalten sein sollen, können Sie diese über den Befehl `git commit` in das lokale Repository übertragen (Abbildung 22.12). Über den Parameter `-m` können Sie zudem eine (möglichst aussagekräftige) *Commit Message* übergeben, anhand derer man auch später Änderungen schnell wieder in der Änderungshistorie wiederfindet:

```
$ git commit -m "Fix crazy JavaScript bug"
[master (root-commit) 671cbc4] Initial commit
4 files changed, 14 insertions(+)
create mode 100644 index.js
create mode 100644 lib/examples.js
```

```
create mode 100644 package.json
create mode 100644 tests/examples-tests.js
```

Listing 22.5 Übertragen von Daten aus dem Staging-Bereich in das lokale Repository

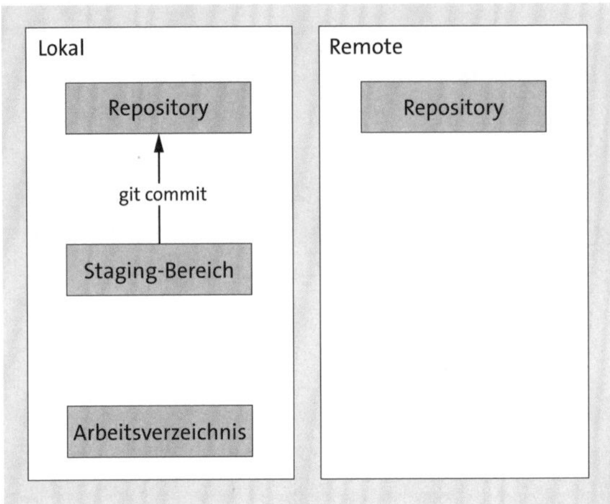

Abbildung 22.12 Über den Befehl »git commit« werden Änderungen aus dem Staging-Bereich in das lokale Repository übertragen.

Die verschiedenen Zustände in Git

Dateien können unter Git einen von mehreren Zuständen bzw. Status haben (siehe Abbildung 22.13).

- *Untracked* (bzw. *unversioniert*) bedeutet, dass eine Datei noch gar nicht der Versionskontrolle hinzugefügt wurde.
- *Modified* (bzw. *bearbeitet*) bedeutet, dass die Datei seit dem letzten Commit geändert wurde.
- *Unmodified* (bzw. *unbearbeitet*) bedeutet, dass die Datei seit dem letzten Commit nicht geändert wurde.
- *Staged* bedeutet, dass eine geänderte Datei (teilweise oder ganz) für den nächsten Commit vorgesehen ist.

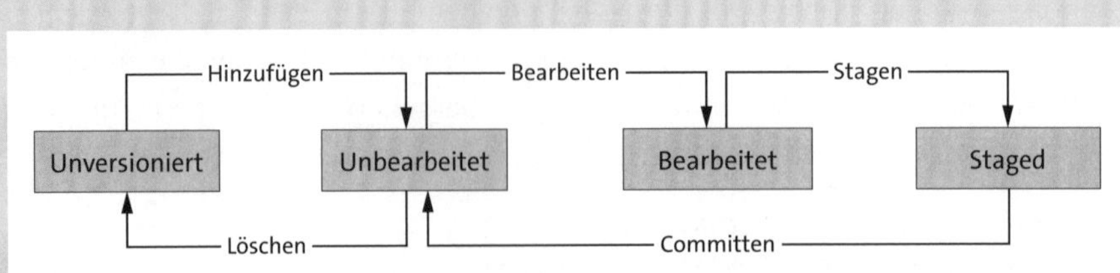

Abbildung 22.13 Die verschiedenen Zustände von Dateien in der Versionskontrolle mit Git

Über den Befehl `git status` können Sie ermitteln, welche Dateien welchen Status haben:

```
$ git status
On branch master
Changes to be committed:
  (use "git restore --staged <file>..." to unstage)
        modified:   styles/main.css

Changes not staged for commit:
  (use "git add <file>..." to update what will be committed)
  (use "git restore <file>..." to discard changes in working directory)
        modified:   html/index.html

Untracked files:
  (use "git add <file>..." to include in what will be committed)
        README.md
        scripts/
```

Listing 22.6 Ausgabe der Status der Dateien in einem Git-Repository

Die obige Ausgabe beispielsweise besagt, dass eine Datei verändert wurde und sich im Staging-Bereich befindet (*styles/main.css*), eine weitere Datei zwar geändert wurde, sich aber nicht im Staging-Bereich befindet (*html/index.html*) und die Datei *README.md* und alles unterhalb des Verzeichnisses *scripts* noch nicht versioniert wurde, sprich, »untracked« ist.

22.2.7 Änderungen in das Remote-Repository übertragen

22

Die Commits von eben bzw. die entsprechenden Änderungen befinden sich bisher nur in dem lokalen Repository. Als Nächstes geht es daran, diese Commits von dem lokalen Repository in das Remote-Repository zu übertragen. Wenn Sie das lokale Repository durch Klonen (über `git clone`) eines bestehenden Remote-Repositorys auf Ihren Rechner kopiert haben, kennt Git schon das Remote-Repository. Wenn Sie dagegen ein neues lokales Repository (über `git init`) initialisiert haben, kennt Git das Remote-Repository noch nicht, und Sie müssen dieses erst einrichten (siehe Kasten).

Hinzufügen eines Remote-Repositorys

Um ein neues Remote-Repository zu einem lokalen Repository hinzuzufügen, verwenden Sie den Befehl `git remote add`, wobei zwei Parameter zu übergeben sind: zum einen ein frei wählbarer Name des Remote-Repositorys, über den sich das Repository anschließend bei der Formulierung von Git-Befehlen ansprechen lässt (im Beispiel »origin«, was quasi der Standardname für ein Remote-Repository ist), und zum anderen die URL des Remote-Repositorys.

```
$ git remote add origin https://github.com/cleancoderocker/webhandbuch.git
```

Listing 22.7 Hinzufügen eines neuen Remote-Repositorys zu einem lokalen Repository

Prinzipiell können Sie einem lokalen Repository mehrere Remote-Repositorys hinzufügen, sodass Sie Änderungen am Quelltext nicht nur in ein Remote-Repository, sondern in verschiedene hochladen können.

Um nun die Commits aus dem lokalen Repository in das Remote-Repository zu übertragen, verwenden Sie den Befehl `git push` (Abbildung 22.14).

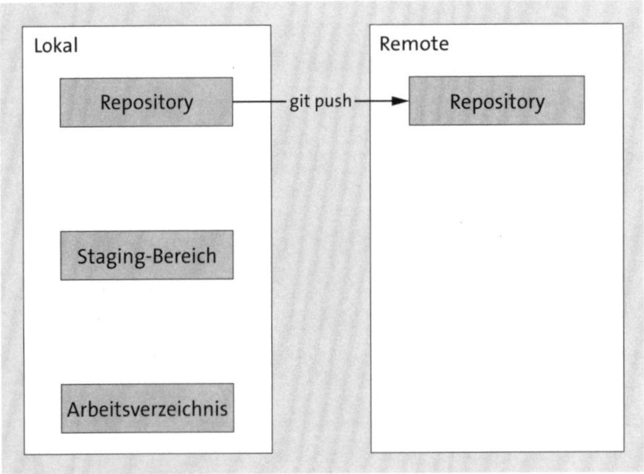

Abbildung 22.14 Über den Befehl »git push« werden Änderungen aus dem lokalen Repository in das Remote-Repository übertragen.

Diesem Befehl übergeben Sie als ersten Parameter den Namen des Remote-Repositorys (im Beispiel »origin«) sowie als zweiten Parameter den *Entwicklungszweig*, den sogenannten *Branch*, aus dem die Commits übertragen werden sollen (zu Branches gleich mehr). Standardmäßig handelt es sich dabei um den *Master*-Branch:

```
$ git push origin master
Enumerating objects: 97, done.
Counting objects: 100% (97/97), done.
Delta compression using up to 4 threads
Compressing objects: 100% (83/83), done.
Writing objects: 100% (92/92), 26.41 KiB | 614.00 KiB/s, done.
Total 92 (delta 27), reused 0 (delta 0)
remote: Resolving deltas: 100% (27/27), completed with 1 local object.
```

```
To https://github.com/cleancoderocker/webhandbuch.git
   80e78ff..7b25ea1  master -> master
```

Listing 22.8 Hochladen von Änderungen an ein Remote-Repository

22.2.8 Änderungen aus dem Remote-Repository übertragen

Wenn Sie mit mehreren Entwicklern an einem Projekt arbeiten, möchten Sie natürlich auch die Änderungen, die andere in das Remote-Repository hochgeladen haben, in Ihr lokales Repository und dann direkt in das Arbeitsverzeichnis herunterladen. Dies machen Sie über den Befehl `git pull`, dem man als Parameter den Namen des Remote-Repositorys sowie den Branch übergibt (Abbildung 22.15).

```
$ git pull origin master
remote: Enumerating objects: 7, done.
remote: Counting objects: 100% (7/7), done.
remote: Compressing objects: 100% (2/2), done.
remote: Total 4 (delta 2), reused 4 (delta 2), pack-reused 0
Unpacking objects: 100% (4/4), done.
From https://github.com/cleancoderocker/webhandbuch
   98781e6..6b11d3b  master     -> origin/master
Updating 98781e6..6b11d3b
Fast-forward
 src/example.js | 4 +++-
 1 file changed, 3 insertions(+), 1 deletion(-)
```

Listing 22.9 Herunterladen von Änderungen aus einem Remote-Repository

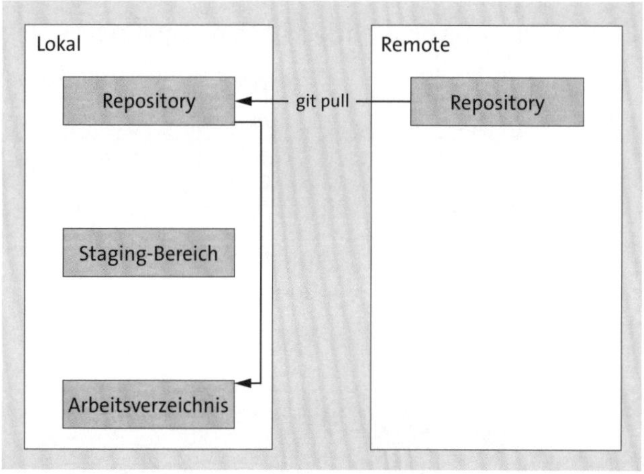

Abbildung 22.15 Über den Befehl »git pull« werden Änderungen von einem Remote-Repository in das lokale Repository übertragen.

22.2.9 In einem neuen Branch arbeiten

Durch ein Versionskontrollsystem wie Git wird vor allem die Arbeit im Team unterstützt. So arbeiten die einzelnen Teammitglieder jeweils mit ihrem lokalen Repository und synchronisieren Änderungen untereinander durch das zentrale Repository. Insbesondere, wenn verschiedene Teammitglieder an unterschiedlichen Features arbeiten, bietet es sich an, die Arbeit an diesen Features in die bereits erwähnten *Branches* auszulagern.

Das Prinzip von Branches

Branches sind Entwicklungszweige, über die es möglich ist, unabhängig vom *Hauptentwicklungszweig* (auch *Master-Branch*) neue Features zu entwickeln oder auch Bugs zu beheben.

Die Implementierung neuer Features und auch das Beheben von Bugs sollten nämlich nicht direkt im Hauptentwicklungszweig geschehen, um diesen nicht durch unfertige Zwischenstände »kaputt« zu machen. Erst wenn im entsprechenden Feature-Branch ein Feature vollständig implementiert und getestet oder im entsprechenden Bugfix-Branch ein Bug vollständig behoben wurde, sollten die damit einhergehenden Änderungen in den Hauptentwicklungszweig übernommen werden. Auf diese Weise stellt man sicher, dass instabiler Code nicht direkt in den Hauptentwicklungszweig übertragen wird.

Hinweis

In der Praxis ist es durchaus üblich, sehr viele und sehr kurzlebige Feature-Branches zu haben.

Abbildung 22.16 veranschaulicht das Prinzip von Branches noch mal grafisch.

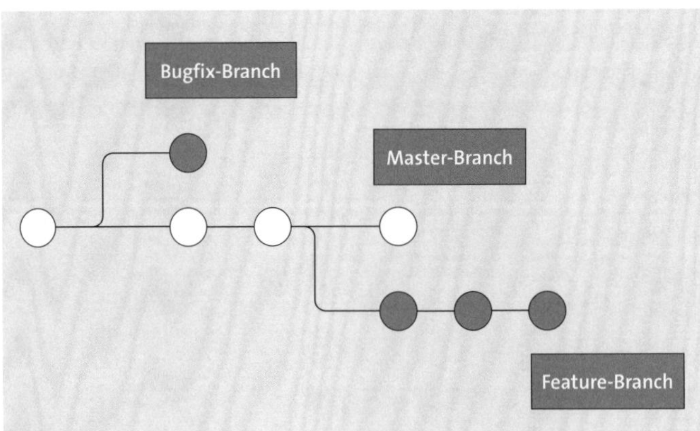

Abbildung 22.16 Verschiedene Branches ermöglichen es, einzelne Features oder Bugfixes abgekapselt vom Hauptentwicklungszweig zu entwickeln.

Die einzelnen Knoten stellen dabei Commits dar, wobei neben dem Master-Branch (Mitte) zwei isolierte Entwicklungslinien zu sehen sind: zum einen ein Bugfix-Branch (oben), der für die Behebung eines Bugs erzeugt wurde, und zum anderen ein Feature-Branch (unten), in dem ein neues Feature implementiert wird.

Bestehende Branches auflisten

Über den Befehl `git branch` können Sie sich alle Branches eines Repositorys ausgeben lassen. Zu Beginn eines Projekts ist dies lediglich der Hauptentwicklungszweig.

```
$ git branch
* master
```

Listing 22.10 Auflisten der Branches eines Projekts

Neue Branches anlegen

Um einen neuen Branch anzulegen, verwenden Sie den Befehl `git branch`, wobei der Name des neuen Branches als Parameter zu übergeben ist:

```
$ git branch feature/nodejs-examples
$ git branch
feature/nodejs-examples
* master
```

Listing 22.11 Erzeugen eines neuen Branches und erneutes Auflisten der Branches

In einen Branch wechseln

Um in Ihrem lokalen Repository in einen anderen Branch zu wechseln, verwenden Sie den Befehl `git checkout` und übergeben als Parameter den Namen des Branches, in den Sie wechseln möchten.

Um beispielsweise in den eben angelegten Branch `feature/nodejs-examples` zu wechseln, würde der Befehl wie folgt lauten:

```
$ git checkout feature/nodejs-examples
Switched to branch 'feature/nodejs-examples'
```

Listing 22.12 Wechseln in einen anderen Branch

Rufen Sie anschließend den Befehl `git branch` erneut auf, um sich den aktiven Branch ausgeben zu lassen, ist dieser durch ein Sternsymbol vor dem Namen zu erkennen:

```
$ git branch
* feature/nodejs-examples
  master
```

Listing 22.13 Der aktive Branch ist an dem vorangestellten Sternsymbol zu erkennen.

Hinweis

Um einen neuen Branch anzulegen und anschließend direkt zu diesem zu wechseln, können Sie dem Befehl `git checkout` den Parameter `-b` übergeben:

```
$ git checkout -b feature/database-examples
$ git branch
* feature/database-examples
feature/nodejs-examples
master
```

Listing 22.14 Erzeugen eines neuen Branches und direktes Wechseln in den neuen Branch

22.2.10 Änderungen aus einem Branch übernehmen

Wenn Sie die Implementierung eines neuen Features oder eines Bugfixes im entsprechenden Feature- bzw. Bugfix-Branch abgeschlossen haben, können Sie die damit verbundenen Änderungen in den Hauptentwicklungszweig übernehmen. Dazu wechseln Sie zunächst in den Hauptentwicklungszweig und verwenden anschließend den Befehl `git merge` (Abbildung 22.17).

```
$ git checkout master
$ git merge feature/nodejs-examples
Merge made by the 'recursive' strategy.
 lib/examples.js | 2 ++
 1 file changed, 2 insertions(+)
```

Listing 22.15 Übernehmen der Änderungen aus einem Branch in einen anderen Branch

Hinweis

Änderungen können nicht nur von einem Feature- oder Bugfix-Branch in den Hauptentwicklungszweig übernommen werden, sondern in beliebige Branches. Generell dient der Befehl `git merge` dem Zusammenfügen von Änderungen aus einem Branch in einem anderen Branch. Grundsätzlich kann es dabei zu Konflikten kommen (sogenannten *Merge Conflicts*), wenn verschiedene Entwickler unterschiedliche Änderungen am gleichen Code machen. Git liefert dazu aber verschiedene Hilfsmittel, mit solchen Konflikten umzugehen.

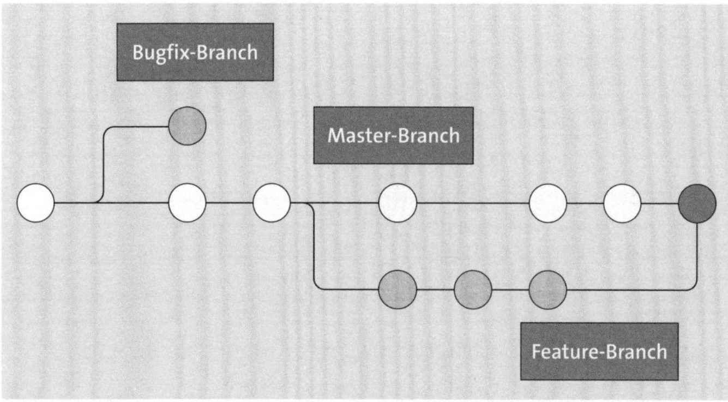

Abbildung 22.17 Über den Befehl »git merge« können die Änderungen aus einem Branch in einen anderen Branch übertragen werden.

22.3 Zusammenfassung und Ausblick

In diesem Kapitel haben Sie die Funktionsweise von Versionskontrollsystemen kennengelernt und kennen nun die verschiedenen Arten von solchen Systemen. Außerdem haben Sie das Versionskontrollsystem Git kennengelernt und sind nun bestens gerüstet, um den Quelltext Ihrer Projekte zu verwalten und im Team gemeinsam an Projekten zu arbeiten.

22.3.1 Die wichtigsten Punkte

Die wichtigsten Begrifflichkeiten für das Arbeiten mit Git sind in Tabelle 22.1 aufgelistet.

Begriff	Bedeutung
Repository	Enthält alle Dateien eines Projekts inklusive aller Versionen.
Remote-Repository	Bezeichnet das entfernte Repository, also in der Regel das Repository, das auf einem Server (beispielsweise bei GitHub) liegt.
Working Directory	Bezeichnet den lokalen Arbeitsbereich, also den Bereich, in dem Sie Änderungen am Quelltext vornehmen, diesen testen, etc.
Index/Staging Area	Bezeichnet den Bereich, in dem Änderungen vor dem Übertragen in das lokale Repository vorbereitet werden.

Tabelle 22.1 Die wichtigsten Begriffe in Git

Begriff	Bedeutung
Commit	Bezeichnet zum einen das Übertragen der Änderungen aus dem Staging-Bereich in das lokale Repository (*to commit*). Zum anderen wird aber auch ein auf diese Weise zusammengefasstes Paket von Änderungen als *Commit* bezeichnet.
Push	Bezeichnet das Übertragen von Änderungen aus dem lokalen Repository in das Remote-Repository.
Pull	Bezeichnet das Übertragen von Änderungen aus dem Remote-Repository in das lokale Repository.
Checkout	Bezeichnet den Wechsel einer Arbeitskopie in einen Branch oder einen bestimmten Commit.
Clone	Bezeichnet das Kopieren/Klonen eines Remote-Repositorys auf den lokalen Rechner.
Branch	Bezeichnet einen separaten Entwicklungszweig.
Merge	Bezeichnet das Zusammenfügen von Änderungen von einem Branch in einem anderen Branch.
Fork	Bezeichnet einen Ableger eines Repositorys (Achtung: dies ist kein Feature von Git, sondern von GitHub).

Tabelle 22.1 Die wichtigsten Begriffe in Git (Forts.)

Abbildung 22.18 fasst die wichtigsten Befehle rund um das Arbeiten mit Git noch einmal in aller Kürze zusammen und veranschaulicht zudem den Zusammenhang mit den einzelnen Git-Bereichen.

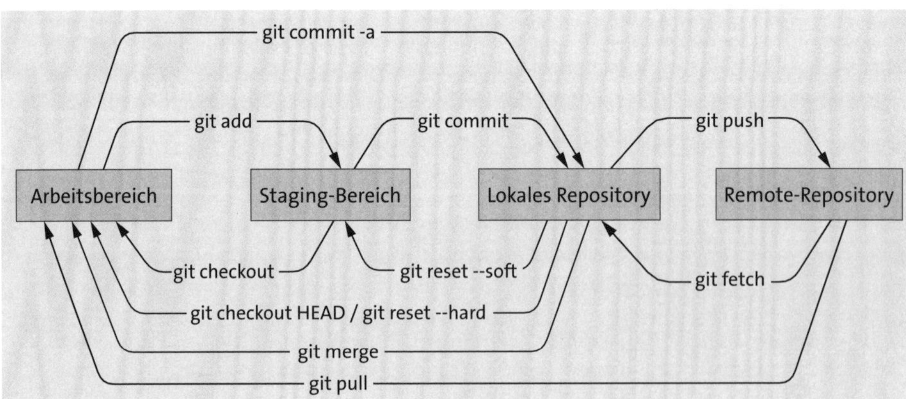

Abbildung 22.18 Die verschiedenen Bereiche und Befehle von Git

Für das **Anlegen** von Git-Projekten verwenden Sie folgende Befehle:

- Über `git init` können Sie **ein neues Git-Repository erzeugen**.
- Über `git clone` können Sie ein **bestehendes Remote-Repository** auf Ihren Rechner als lokales Repository **klonen**.

Für das **Hinzufügen von Änderungen** stehen folgende Befehle zur Verfügung:

- Um Dateien **aus dem Arbeitsverzeichnis in den Staging-Bereich** zu übertragen, verwenden Sie den Befehl `git add`.
- Um Dateien **aus dem Staging-Bereich in das lokale Repository** zu übertragen, verwenden Sie den Befehl `git commit`.
- Um Dateien **aus dem lokalen Repository in ein Remote-Repository** zu übertragen, verwenden Sie den Befehl `git push`.

Für das **Herunterladen von Änderungen** stehen Ihnen folgende Befehle zur Verfügung, wobei Sie aber nur diejenigen kennengelernt haben, die für den Anfang am wichtigsten sind.

- Über `git pull` können Sie Änderungen **aus dem Remote-Repository direkt in das lokale Arbeitsverzeichnis** übertragen.
- Möchten Sie dagegen Änderungen nur **aus dem Remote-Repository in das lokale Repository übertragen**, ohne sie in den Arbeitsbereich zu laden, verwenden Sie den Befehl `git fetch`.
- Um Änderungen **aus dem lokalen Repository in das Arbeitsverzeichnis** zu übertragen, verwenden Sie den Befehl `git merge`. Diesen Befehl verwenden Sie ebenfalls, wenn Sie Änderungen aus einem Branch in einen anderen Branch übertragen möchten.

22.3.2 Weiterführende Literatur

Für weitere Details zu der Arbeit mit Git empfehle ich Ihnen die Git-Referenz unter *https://git-scm.com/docs* und das dort kostenlos zur Verfügung stehende Buch »Pro Git« (*https://git-scm.com/book/de/v2*) von Scott Chacon und Ben Straub. Darüber hinaus ist auch das Buch »Professional Git« von Brent Laster sehr zu empfehlen.

22.3.3 Ausblick

Im nächsten Kapitel gehe ich auf das Thema Projektmanagement ein. Hierbei zeige ich Ihnen, welche Vorgehensmodelle es hierzu gibt, und stelle Ihnen im Anschluss das Vorgehensmodell »Scrum« etwas genauer vor.

Kapitel 23
Webprojekte managen

Wenn Sie mit mehreren Personen an einem Software- oder Webprojekt arbeiten, sollten Sie wissen, wie man die Arbeit im Team organisiert. Kurz: Sie sollten ein grundsätzliches Verständnis von Projektmanagement haben.

»Projektmanagement? Bäh! Ich bin doch ein Fullstack-Entwickler und kein Projektmanager!«, werden Sie jetzt vermutlich denken. Aber keine Sorge. Projektmanagement ist gar nicht so langweilig, und ich bin der Meinung, dass zumindest ein kurzes Kapitel zu diesem Thema in keinem Buch über Webentwicklung fehlen darf. Da Sie früher oder später zwangsläufig mit anderen Personen an einem Projekt arbeiten werden, ist es wichtig für Sie zu wissen, wie gute Zusammfenarbeit im Team funktioniert und wie man Projekte managt. Und versprochen: Wir werden uns keine trockenen Tabellenkalkulationen oder Ähnliches anschauen. ☺

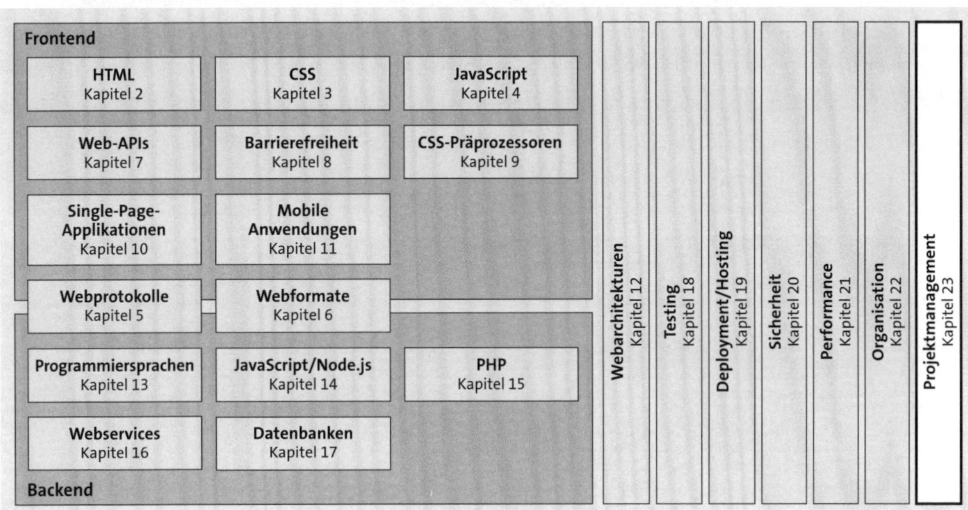

Abbildung 23.1 Das Management von Webprojekten beschäftigt sich damit, wie Sie Ihre Implementierung am besten planen und durchführen.

23.1 Klassisches Projektmanagement vs. agiles Projektmanagement

Grundsätzlich unterscheidet man zwischen verschiedenen Arten von Projektmanagement. Eine übliche Unterscheidung ist dabei die zwischen *klassischem* und *agilem Projektmanagement*.

23.1.1 Klassisches Projektmanagement

Das klassische Projektmanagement ist, wie der Name schon sagt, die ursprüngliche – die klassische – Art, Projekte zu managen. Es ist in seinem Ablauf sehr starr, man sagt auch, es ist **prozessorientiert** (weil es sich stark auf bestimmte Abläufe fokussiert) und **dokumentenorientiert** (weil es sich stark auf das Erstellen bestimmter Dokumente wie beispielsweise Anforderungsdokumente fokussiert).

Ein Beispiel für ein *Vorgehensmodell* für das klassische Projektmanagement ist das sogenannte *Wasserfallmodell*. Der Ablauf ist hierbei in verschiedene Phasen eingeteilt, die streng aufeinander folgen – eben wie bei einem Wasserfall – und dabei bestimmte Zwischenergebnisse liefern (Abbildung 23.2).

Im ersten Schritt werden in der *Analysephase* die *Anforderungen* sehr ausführlich in Form eines *Lastenhefts* beschrieben. Im zweiten Schritt, der *Entwurfsphase*, entwirft man eine *technische Spezifikation* (auch: *Softwarearchitektur*). Auf Basis des Lastenhefts und der technischen Spezifikation findet dann in der dritten Phase, der *Implementierungsphase*, die Umsetzung der Software statt. In der *Testphase* wird anschließend geprüft, ob die implementierte Software den Anforderungen genügt bzw. diese erfüllt. Ist diese Phase erfolgreich abgeschlossen, geht man in die *Betriebsphase* über, also in den Produktiveinsatz der Software.

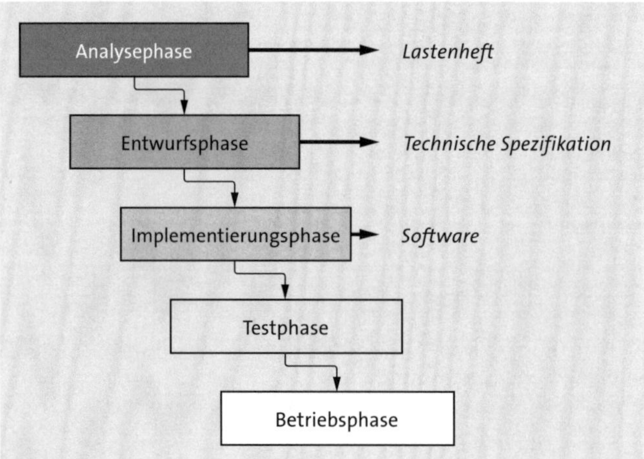

Abbildung 23.2 Das Wasserfallmodell ist kein iteratives Vorgehensmodell.

Andere verwandte klassische Vorgehensmodelle sind beispielsweise das *V-Modell* und dessen erweiterte Version *V-Modell XT*. Der Nachteil all dieser genannten Modelle ist, dass sie wie schon das Wasserfallmodell relativ starr und wenig flexibel sind. Beispielsweise kann auf Änderungen bezüglich der Anforderungen nicht wirklich reagiert werden, da die Modelle davon ausgehen, dass sich Anforderungen nach der entsprechenden Phase (der Analysephase) nicht mehr ändern. Dies ist unter anderem einer der Punkte, die das agile Projektmanagement besser – weil flexibler – handhabt.

23.1.2 Agiles Projektmanagement

Beim *agilen Projektmanagement* verfolgt man im Unterschied zum klassischen Projektmanagement keinen starren Ablauf, sondern geht **schrittweise (inkrementell)** und **iterativ** vor. Im sogenannten *agilen Manifest* sind diesbezüglich verschiedene Grundprinzipien definiert, welche die grundsätzliche Abgrenzung des agilen Projektmanagements vom klassischen Projektmanagement festlegen (weitere Details finden Sie unter *https://agilemanifesto.org/* bzw. in der deutschen Übersetzung unter *https://agilemanifesto.org/iso/de/manifesto.html*).

- **Individuen und Interaktionen sind wichtiger als Prozesse und Werkzeuge**: Was bringen starre Prozesse, wenn man hierdurch im Team zu unflexibel ist, um auf Änderungen reagieren zu können? Beim agilen Projektmanagement sind die Interaktionen zwischen den Teammitgliedern und dem Kunden wichtiger als der starre Fokus auf die Abläufe (etwa auf die einzelnen Phasen beim klassischen Projektmanagement).
- **Funktionierende Software ist wichtiger als umfassende Dokumentation**: Was bringt ein hundertseitiges Lastenheft, wenn die implementierte Software nicht korrekt funktioniert oder aufgrund neuer Anforderungen eigentlich anders funktionieren sollte? Beim agilen Projektmanagement ist es wichtiger, eine funktionierende Software zu entwickeln – schrittweise in mehreren Iterationen –, als eine umfangreiche Dokumentation zu verfassen. Der Begriff »Dokumentation« bezieht sich hierbei übrigens auf alle Dokumente, die beim klassischen Projektmanagement erstellt werden, beispielsweise das Lastenheft oder unnötig komplexe Architekturdokumente.
- **Zusammenarbeit mit dem Kunden ist wichtiger als Vertragsverhandlung**: Beim agilen Projektmanagement ist es wichtiger, dass man sich mit dem Kunden in regelmäßigen Abständen austauscht und schrittweise zu einer funktionierenden Software kommt, als dass man nur zu Beginn die Anforderungen mit dem Kunden aushandelt, in einem Vertrag festhält und stur danach handelt.
- **Reagieren auf Veränderung ist wichtiger als das Befolgen eines Plans**: Beim agilen Projektmanagement ist es wichtiger, dass man schnell und flexibel auf neue

oder sich ändernde Anforderungen reagieren kann, als dass man sich streng an einen Plan hält, der aufgrund der geänderten Anforderungen eigentlich angepasst werden müsste.

Neben diesen Grundprinzipien enthält das agile Manifest zwölf weitere Prinzipien (*https://agilemanifesto.org/principles.html* bzw. *https://agilemanifesto.org/iso/de/principles.html*), die das oben Genannte weiter verfeinern. Zusammenfassend geht es auch hier vor allem darum, dem Kunden die Software früh und kontinuierlich auszuliefern, Änderungen bezüglich der Anforderungen von vorneherein zu erwarten und in regelmäßigen Abständen zu reflektieren, auf welche Weise das Team noch effektiver arbeiten kann.

Grundsätzlich gibt es verschiedene Vorgehensmodelle für das agile Projektmanagement. Das bekannteste und am meisten verbreitete dürfte *Scrum* sein, und ich möchte den Rest dieses Kapitels dazu nutzen, dieses Vorgehensmodell etwas genauer zu betrachten. Alternative agile Vorgehensmodelle sind das *Lean Management* (kurz *Lean*) oder *Kanban*.

23.2 Agiles Projektmanagement mit Scrum

Das Vorgehensmodell *Scrum* definiert ein Rahmenwerk, das bei der Entwicklung komplexer Softwareprojekte zum Einsatz kommt. Scrum verfolgt dabei einen iterativen, inkrementellen Ansatz mit dem Ziel, Risiken innerhalb eines Projekts zu kontrollieren und auf diese Weise eine Sicherheit bezüglich der Einhaltung von Abgabe- bzw. Fertigstellungsterminen zu erreichen.

23.2.1 Der Workflow von Scrum

Scrum definiert verschiedene *Rollen*, *Ereignisse* und *Artefakte* sowie einen *Workflow*, der dies alles in Einklang bringt. Im Folgenden möchte ich zunächst den grundsätzlichen Ablauf dieses Workflows (Abbildung 23.3) und dabei die verschiedenen Rollen, Ereignisse und Artefakte in Bezug auf den Workflow erläutern. Im Anschluss gehe ich dann auf die Rollen, Ereignisse und Artefakte etwas detaillierter ein.

Produktvision

Zu Beginn steht die Vision des jeweiligen Projekts. Was will man mit dem Projekt erreichen? Was soll konkret umgesetzt werden? Aus diesen Fragen ergeben sich die Anforderungen an das Projekt, die im sogenannten *Product Backlog* festgehalten werden. Für die Pflege des Product Backlogs ist der *Product Owner* zuständig. Er sorgt unter anderem dafür, dass die Anforderungen im Product Backlog nach Priorität sortiert sind.

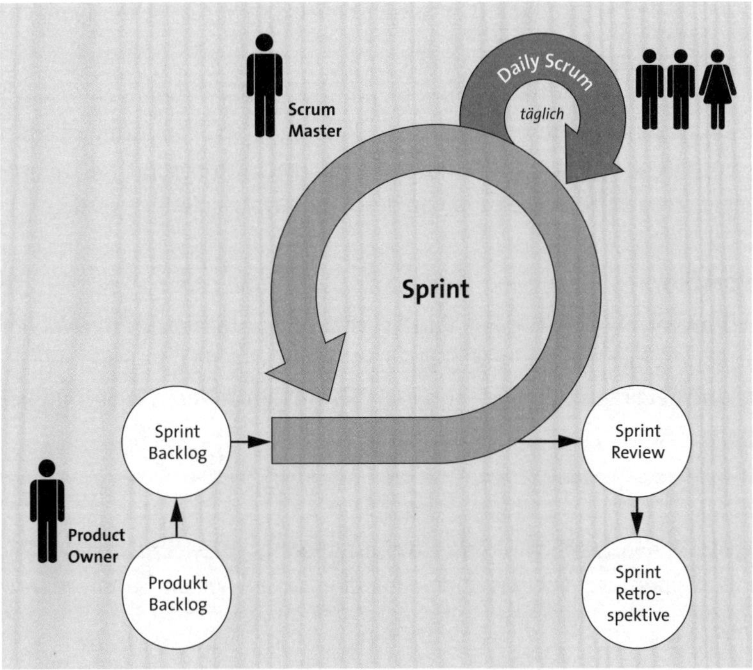

Abbildung 23.3 Übersicht über den Workflow in Scrum

Vor dem Sprint

Die Entwicklung erfolgt wie anfangs erwähnt iterativ – in einzelnen Iterationen, die in Scrum als *Sprints* bezeichnet werden. Was konkret in einem einzelnen Sprint implementiert wird, wird vor dem Sprint im sogenannten *Sprint Planning* (auch: *Sprint Planning Meeting*) festgelegt und im *Sprint Backlog* abgelegt. In der Regel werden dabei die Anforderungen aus dem Product Backlog auf Basis der Priorität ausgewählt. Das heißt, Anforderungen mit höherer Priorität kommen eher in den jeweils nächsten Sprint als Anforderungen mit niedrigerer Priorität.

23

Während des Sprints

Während des Sprints tauscht sich das *Entwicklungsteam* in täglichen Meetings, den sogenannten *Daily Scrums* (auch: *Daily Scrum Meetings*), bezüglich des Status und eventueller Fragen, Probleme oder Erkenntnisse aus. Diese Meetings dienen vor allem dazu, auftretende Probleme schnell zu erkennen und im Team das weitere Vorgehen zu besprechen.

Nach dem Sprint

Nach dem Sprint stellt das *Scrum Team* im *Sprint Review* dem Product Owner seine Arbeit vor (Stichwort Abnahmetest). Im Rahmen der *Sprint Retrospective* dagegen wird reflektiert, was im Sprint gut lief und was beim nächsten Sprint besser gemacht werden kann.

Das Ergebnis eines einzelnen Sprints ist ein sogenanntes *Produktinkrement* (*Product Increment*), also ein neuer Stand des Produkts, der diejenigen im Sprint umgesetzten Anforderungen enthält, die korrekt funktionieren und produktionsreif sind. Im besten Fall kann dieser (Zwischen-)Stand direkt an den Kunden ausgeliefert werden.

Kontrolle des Workflows

Damit der Workflow korrekt funktioniert und überhaupt Scrum richtig angewendet wird, gibt es mit dem *Scrum Master* zusätzlich eine Person, die den gesamten Workflow unterstützt und bei Fragestellungen rund um Scrum den anderen Teammitgliedern zur Verfügung steht.

Merke

Scrum ist **iterativ**: Die Software wird schrittweise in Sprints entwickelt. Scrum ist **inkrementell**: Jeder Sprint liefert ein Produktinkrement, das im besten Fall direkt an den Kunden ausgeliefert werden kann.

Anforderungen im Product Backlog

In welcher Form die Anforderungen im Product Backlog formuliert werden, ist durch Scrum nicht vorgegeben. Grundsätzlich eignen sich aber sogenannte *User Stories* (bzw. kurz: *Stories*), mit deren Hilfe die Anforderungen in beispielhaften *Szenarien* (*Use Cases*) beschrieben werden. Diese User Stories sollen durch ihre realistische Ausformulierung von Anwendungsfällen ein besseres und vor allem gemeinsames Verständnis der zugrunde liegenden Anforderung schaffen.

Produktmanagement-Software wie beispielsweise Jira von Atlassian (*https://www.atlassian.com/de/software/jira*) bietet neben User Stories verschiedene weitere Typen von *Issues* an: *Tasks* beispielsweise bezeichnen konkret umschriebene (Entwicklungs-)Aufgaben, *Bugs* bezeichnen – klar – Fehler in der Software, und sogenannte *Epics* schaffen die Möglichkeit, Stories und Tasks in einem übergeordneten Kontext zusammenzufassen. Stories und Tasks können zudem weiter in *Subtasks* unterteilt werden.

Darüber hinaus gibt es über *Initiatives* noch eine Möglichkeit, Gruppen von Epics zusammenzufassen, die ein gemeinsames Ziel verfolgen, sowie *Themes*, mit denen große Schwerpunktbereiche festgelegt werden können, die das gesamte Unternehmen betreffen.

Aber wie gesagt: das alles unabhängig von Scrum.

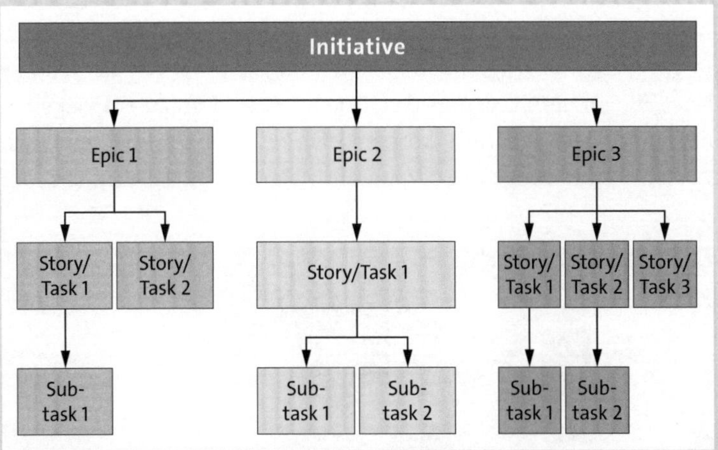

Abbildung 23.4 Die verschiedenen Issue-Typen in der Übersicht

Übersicht der Rollen, Ereignisse und Artefakte

Zusammenfassend gibt es in Scrum also die in Abbildung 23.5 gezeigten Rollen, Ereignisse und Artefakte. Im Folgenden möchte ich auf diese etwas näher eingehen.

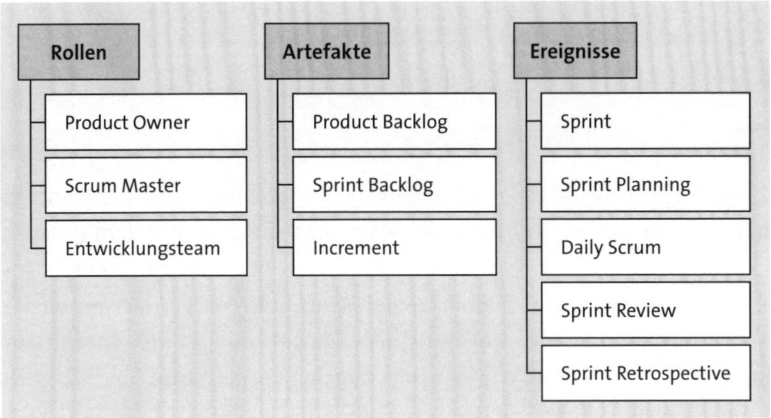

Abbildung 23.5 Rollen, Artefakte und Ereignisse in Scrum

23.2.2 Die Rollen von Scrum

Innerhalb eines *Scrum Teams* gibt es drei verschiedene Rollen: den *Product Owner*, das *Entwicklungsteam* sowie den *Scrum Master*. Abbildung 23.6 zeigt den Zusammenhang und die Interaktion zwischen diesen Rollen, wobei in der Abbildung zur besseren Veranschaulichung zusätzlich zwei Rollen gezeigt sind, die in Scrum nicht direkt als Rolle definiert sind (weil sie nicht zum *Scrum Team* gehören): Die Rolle *Business*

Owner bezeichnet im Allgemeinen den Kunden, der das Projekt in Auftrag gegeben hat. Er hat Kenntnisse von seinem *Business*, aber in der Regel keine Kenntnisse von Scrum oder der Softwareentwicklung. Als *Stakeholder* dagegen werden all diejenigen Personen bezeichnet, die an dem Ergebnis des Projekts bzw. dem zu entwickelnden Produkt interessiert sind. Beispielsweise können dies neben dem Business Owner auch Personen aus der IT-Abteilung oder der Marketingabteilung des Kunden sein.

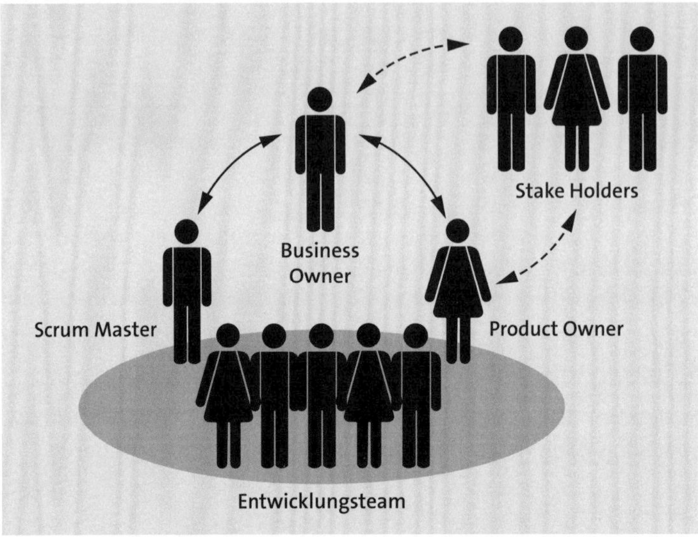

Abbildung 23.6 Die verschiedenen Rollen in und um Scrum

Der Product Owner

Der *Product Owner* ist für das (Software-)Produkt verantwortlich und vor allem in Absprache mit dem Business Owner für das Erstellen der Vision, die mit dem Produkt verfolgt wird. Diese Produktvision kommuniziert er sowohl an die Stakeholder als auch an das Entwicklungsteam. Der Product Owner ist auch derjenige, der – entweder allein oder in Zusammenarbeit mit dem Business Owner, den Stakeholdern oder dem Entwicklungsteam – die Einträge im Product Backlog verfasst und für die Priorisierung dieser Einträge verantwortlich ist.

Wie viele Product Owner darf es in einem Projekt geben?

In einem Projekt sollte die Rolle des Product Owners nur einmal vergeben werden. Auf diese Weise ist sichergestellt, dass die Produktvision an einer zentralen Stelle vorangetrieben wird. Diesen Punkt kann ich nur unterstreichen: Wenn es mehrere Product Owner in einem Projekt gibt, führt dies in der Regel zu endlosen Diskussionen darüber, welche Anforderung gerade die mit höchster Priorität ist.

Das Entwicklungsteam

Das *Entwicklungsteam* besteht in Scrum nicht, wie man meinen könnte, nur aus Softwareentwicklern. Als »Entwickler« werden in Scrum vielmehr all diejenigen bezeichnet, die zusammen an der Realisierung und Implementierung der Produktinkremente beteiligt sind. Das sind natürlich zum einen »richtige« Entwickler (also Frontend-Entwickler, Backend-Entwickler oder eben Fullstack-Entwickler), zum anderen aber können dies auch Designer, UX-Profis oder andere Personen sein. Scrum macht diesbezüglich keinen Unterschied.

Neben dieser grundsätzlichen Abgrenzung sind die wichtigsten Eigenschaften eines Entwicklungsteams in Scrum folgende: Zum einen sind Entwicklungsteams **selbstorganisierend**. Das heißt, die Entwickler entscheiden selbst, wie sie die durch die Einträge im Product Backlog beschriebenen Anforderungen bzw. Features am effektivsten implementieren. Die Entwickler sollten sich nicht – und schon gar nicht von Projektmanagern – in implementierungsspezifische Details »reinreden« lassen. Hinzu kommt – das deutet der einleitende Abschnitt oben schon an –, dass Entwicklungsteams **interdisziplinär** tätig sind und über alle Fähigkeiten verfügen, um ein Produktinkrement fertigzustellen. Wenn beispielsweise für ein Produktinkrement ein UI-Designer notwendig ist, der das entsprechende User Interface konzipiert und designt, dann muss dieser Designer auch Teil des Entwicklungsteams sein.

Was ist die ideale Teamgröße eines Entwicklungsteams?

Bezüglich der Größe eines Entwicklungsteams muss man abwägen: Zu kleine Teams (beispielsweise weniger als drei Entwickler) können unter Umständen kein auslieferbares Produktinkrement ausliefern, weil entweder die benötigte Zeit oder das benötigte Wissen fehlt. Zu große Teams wiederum (mehr als neun Entwickler) erfordern in der Regel zu viel an Koordination, um effektiv arbeiten zu können. Als effektiv gilt daher eine Teamgröße von drei bis neun Entwicklern.

Der Scrum Master

Der *Scrum Master* ist dafür verantwortlich, dass das Vorgehensmodell Scrum korrekt durchgeführt und von allen Beteiligten verstanden wird. Dazu vermittelt er das benötigte Scrum-Wissen bei Bedarf an alle Beteiligten. Er hilft beispielsweise dem Product Owner, indem er ihm Techniken für die effektive Verwaltung des Product Backlogs zeigt. Er hilft dem Entwicklungsteam, indem er es beispielsweise bei der Durchführung von Scrum-Ereignissen wie dem Sprint Planning oder der Sprint Retrospective unterstützt.

Wie werde ich Scrum Master?

Scrum Master werden Sie meiner Meinung nach nur durch Anwendung von Scrum in realen Projekten, sprich durch Praxiserfahrung. Zusätzlich können Sie das hierbei erlernte Wissen aber durch eine Zertifizierung zum Scrum Master »offiziell« machen, beispielsweise die »Scrum Alliance«. Details hierzu finden Sie unter *https://www.scrumalliance.org/get-certified/scrum-master-track/certified-scrummaster.*

23.2.3 Die Ereignisse von Scrum

Scrum definiert eine Reihe von Ereignissen, die zusammen den Workflow abstecken. Abbildung 23.7 zeigt die jeweiligen Ereignisse zur Verdeutlichung noch mal im Zusammenhang und eingeordnet in den (bereits bekannten) Workflow. Im Folgenden möchte ich jeweils kurz auf einige Details dieser Ereignisse eingehen, beispielsweise welchem Zweck sie dienen, wie sie grob ablaufen, wie lange sie dauern und wer daran beteiligt ist.

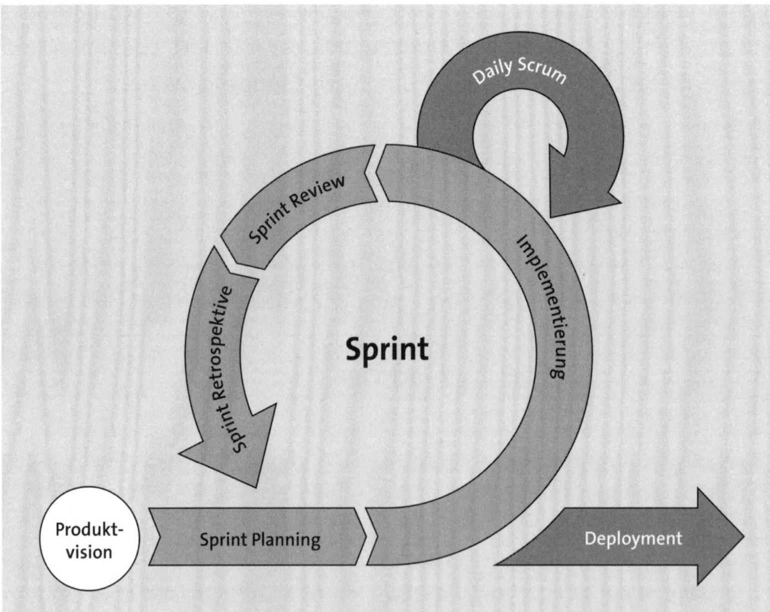

Abbildung 23.7 Die verschiedenen Ereignisse in Scrum

Sprint Planning

Das *Sprint Planning* dient, wie der Name andeutet, dazu, den kommenden Sprint zu planen. Im Wesentlichen ist es das Ziel zu definieren, was genau im Produktinkrement des kommenden Sprints enthalten sein soll und welche Aufgaben hierfür notwendig sind.

Dazu treffen sich der Product Owner, der Scrum Master und das Entwicklungsteam für ein Meeting, das maximal zwei Stunden pro Sprintwoche dauern sollte (diese Treffen können natürlich auch virtuell stattfinden). Bei einer üblichen Sprintlänge von zwei Wochen bedeutet dies also eine maximale Dauer von vier Stunden für das entsprechende Sprint Planning Meeting (bei einer Sprintlänge von vier Wochen wären es dann analog maximal acht Stunden).

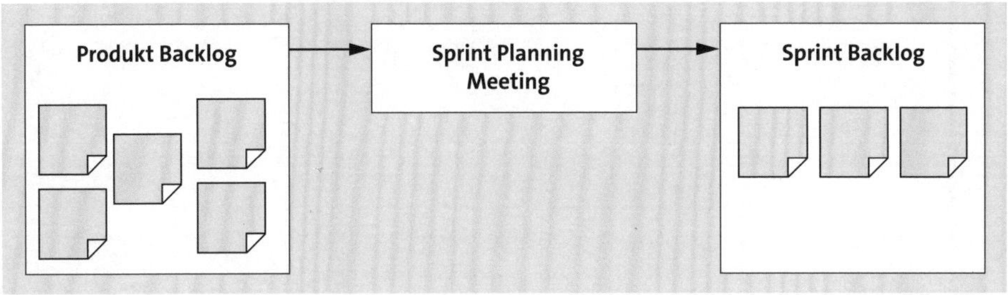

Abbildung 23.8 Das Ziel eines Sprint Planning Meetings ist die Auswahl der Einträge für das Sprint Backlog.

Zu Beginn des Meetings stellt der Product Owner seine Idee für ein Ziel des kommenden Sprints vor. Schrittweise werden anschließend die Einträge aus dem (nach Priorität sortierten) Product Backlog ausgewählt. Dabei schätzt das Entwicklungsteam für jeden Eintrag, ob es die entsprechende Implementierung im Sprint schafft. Nur solange das Entwicklungsteam noch Kapazität sieht, wird der jeweilige Eintrag in das Sprint Backlog übernommen. Das Ziel ist es, sich hierbei auf eine bestimmte Menge an Einträgen aus dem Product Backlog zu einigen, die dann im kommenden Sprint implementiert werden.

Sprint

Der eigentliche *Sprint*, also die Realisierung des Produktinkrements, dauert in der Regel zwei bis vier Wochen. Weniger als zwei Wochen genügen in der Regel nicht, um ausreichend neue Anforderungen umzusetzen. Mehr als vier Wochen sind suboptimal, weil durch einen zu langen Zeitraum oft der Fokus des Sprints verloren geht.

Die im Sprint Planning Meeting ausgewählten Einträge bzw. Issues aus dem Product Backlog (die sich nun im Sprint Backlog befinden) werden während des Sprints nach und nach durch die Entwickler implementiert. Um eine bessere Übersicht darüber zu haben, wer gerade an welcher Issue arbeitet und welche Issues bereits fertiggestellt wurden, verwendet man in der Regel ein sogenanntes *Scrum Board*. Dies ist einfach, wie in Abbildung 23.9 zu sehen, ein Board (entweder elektronisch durch eine Software wie Jira bereitgestellt oder als echtes Whiteboard), auf dem verschiedene Spalten für die jeweiligen Zustände einer Issue abgebildet sind. Üblich sind hier Zustände wie »Zu erledigen«, »In Bearbeitung« oder »Erledigt«. Jede Issue aus dem Sprint Backlog befindet sich in einer dieser Spalten und wird – wenn sich ihr Status ändert – vom jeweiligen Entwickler in die nächste Spalte »gezogen«.

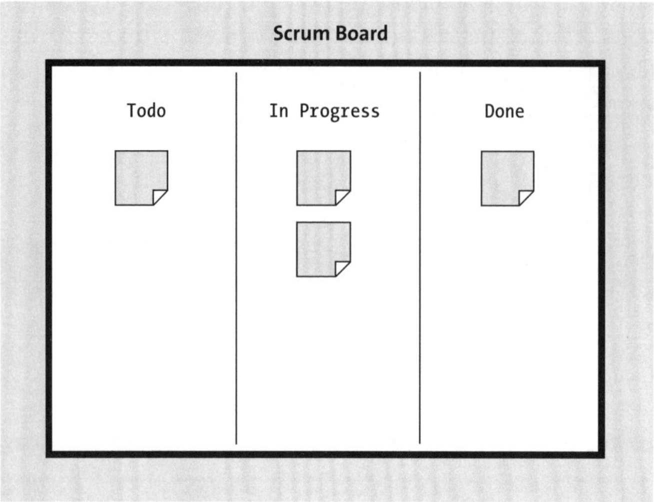

Abbildung 23.9 Das Sprint Board gibt eine Übersicht darüber, in welchem Zustand sich eine Issue befindet.

Daily Scrum

Das *Daily Scrum* (bzw. *Daily Scrum Meeting*) ist, wie der Name sagt, ein tägliches Meeting, in dem sich das Entwicklungsteam trifft und austauscht. Hier geht es vor allem darum, zusätzlich zum Scrum Board einen Überblick darüber zu bekommen, wer gerade an welcher Issue arbeitet (»Was habe ich gestern gemacht?«, »Was mache ich heute?«) und ob es unerwartete Probleme oder Hindernisse gibt, die hinderlich für das Erreichen des jeweiligen Ziels sind.

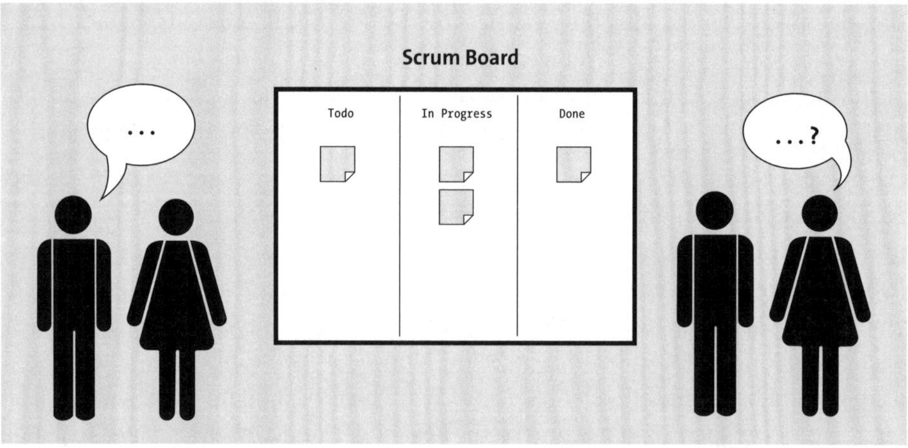

Abbildung 23.10 Beim Daily Scrum Meeting tauschen sich die Entwickler aus.

Um das Meeting möglichst kurz zu halten – eine Dauer von 15 Minuten sollte nicht überschritten werden –, werden Daily Scrum Meetings oft auch stehend abgehalten (damit es sich niemand zu gemütlich machen kann ☺).

Hinweis

Die Daily Scrum Meetings werden übrigens auch häufig als *Daily Standups* bezeichnet.

Sprint Review

Nach dem Sprint wird das *Sprint Review* (bzw. *Sprint Review Meeting*) abgehalten. Dieses Meeting wird in der Regel von allen Beteiligten, sprich dem Scrum Master, dem Product Owner, dem Entwicklungsteam, den Stakeholdern und dem Business Owner, durchgeführt. Es dient unter anderem dazu, die vom Entwicklungsteam implementierten Features zu demonstrieren, gegebenenfalls eine Abnahme durch den Product Owner durchzuführen (siehe auch Hinweiskasten) und Feedback zum Produkt bzw. den neuen Features zu erhalten. Auf Basis dieses Feedbacks wird anschließend, falls notwendig, das Product Backlog angepasst.

Ein Sprint Review sollte nicht länger als eine Stunde pro Sprintwoche dauern. Dauert ein Sprint zwei Wochen, sollte das Sprint Review also die Dauer von zwei Stunden nicht überschreiten.

Definition of Done

Hinsichtlich der Abnahme von implementierten Features muss das Scrum Team ein gemeinsames Verständnis davon haben, welche Voraussetzungen bzw. Bedingungen erfüllt sein müssen, damit ein Feature »fertig« für das Produktinkrement ist. Im Scrum-Jargon spricht man hierbei von der »Definition of Done«. Diese enthält beispielsweise Bedingungen wie:

- Das Feature ist fertig.
- Der Code ist fertig.
- Es gibt keine bekannten Fehler.
- Das Feature ist abgenommen durch den Product Owner.
- Das Feature ist bereit für die Übernahme in die Produktivumgebung.

Nur wenn alle Bedingungen aus der »Definition of Done« erfüllt sind, kann das jeweilige Feature in das Produktinkrement übernommen werden.

Sprint Retrospective

Die *Sprint Retrospective* (auch: *Sprint Retrospective Meeting*) dient im Unterschied zum Sprint Review dazu zu erörtern, welche Verbesserungsmaßnahmen das Scrum Team im nächsten Sprint umsetzen möchte. Folglich sind auch nur die Mitglieder des Scrum Teams für dieses Meeting als Teilnehmer vorgesehen, sprich der Scrum Master, der Product Owner und das Entwicklungsteam. Es geht hierbei um Fragestellungen wie »Was lief gut beim letzten Sprint?«, »Was lief nicht so gut?«, »Was können wir besser machen?«.

Alles, was in der Sprint Retrospective besprochen wird, sollte getreu dem Motto »What happens in Vegas, stays in Vegas« im Scrum Team bzw. unter den Teilnehmern der Retrospective bleiben (*Vegas-Regel*). Nur auf diese Weise ist sichergestellt, dass sich zwischen den Teilnehmern genug Vertrauen bildet, um wirklich konstruktive und ehrliche Verbesserungsvorschläge oder Kritik hervorzubringen.

Wie auch das Sprint Review sollte die Sprint Retrospective nicht länger als eine Stunde pro dazugehöriger Sprintwoche in Anspruch nehmen.

23.2.4 Die Artefakte von Scrum

In Scrum sind drei Artefakte definiert: das *Product Backlog*, das *Sprint Backlog* und das *Produktinkrement* (Abbildung 23.11).

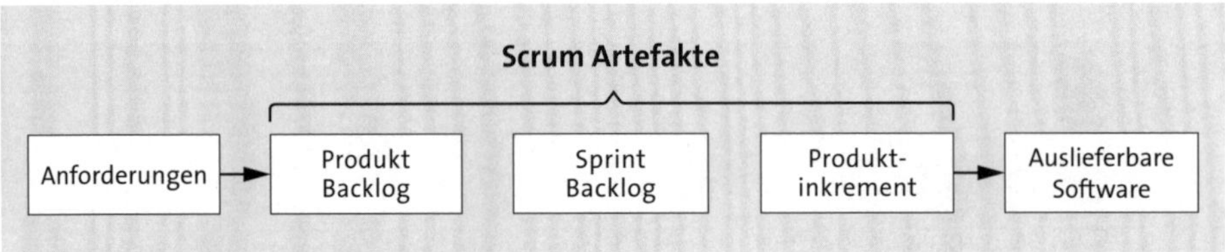

Abbildung 23.11 Die verschiedenen Artefakte in Scrum

Product Backlog

Das vom Product Owner verwaltete *Product Backlog* ist eine geordnete Liste von all den Features, die im Produkt enthalten sein sollen. Die einzelnen Einträge (Issues) im Product Backlog (siehe Abbildung 23.12) bestehen aus einer Beschreibung (wie erwähnt im besten Fall in Form einer User Story), einer Aufwandsschätzung (die nur vom Entwicklungsteam vorgenommen werden darf, siehe auch Hinweiskasten) und einer Priorität (die in der Regel durch die Position des Eintrags im Product Backlog implizit gegeben ist).

Story Points

Da sich der konkrete Aufwand für Entwicklungsaufgaben oftmals schwierig stundengenau schätzen lässt, werden für die Schätzung oft sogenannte *Story Points* verwendet. Eine gern verwendete Einteilung ist hierbei die angepasste Fibonacci-Reihe 1, 2, 3, 5, 8, 13, 20, 40, 100 (angepasst, weil die letzten drei Zahlen dieser Reihe keine Fibonacci-Zahlen sind). Durch diese Reihe wird vor allem zum Ausdruck gebracht, dass mit steigender Komplexität die Genauigkeit der Schätzung abnimmt.

Bei Scrum ist das Product Backlog von Anfang an schon so ausgelegt, dass es nicht vollständig ist. Da man davon ausgeht, dass sich die Anforderungen an das Produkt sowieso im Laufe der Zeit ändern und/oder neue Anforderungen hinzukommen, enthält das Product Backlog zu einem Zeitpunkt jeweils nur die bis dahin bekannten Anforderungen.

Prio	Beschreibung	Aufwand (geschätzt)
1	Aufgabenbeschreibung 1	2
2	Aufgabenbeschreibung 2	14
3	Aufgabenbeschreibung 3	1
4	Aufgabenbeschreibung 4	–
5	Aufgabenbeschreibung 5	5
6	Aufgabenbeschreibung 6	7
7	Aufgabenbeschreibung 7	2

Abbildung 23.12 Typischer Aufbau eines Product Backlogs

Sprint Backlog

Das *Sprint Backlog* enthält genau die Einträge aus dem Product Backlog, die für einen Sprint ausgewählt wurden, und dient dazu, einen Überblick über die noch ausstehenden (und bereits erledigten) Arbeiten im Sprint zu bekommen (Abbildung 23.13). Jeder Eintrag ist einem Entwickler zugewiesen und (bereits vorher im Sprint Planning) mit einer Aufwandsschätzung versehen.

Da das Entwicklungsteam während eines Sprints dazulernt, beispielsweise was die genauen Aufgaben für die Umsetzung einer Anforderung angeht, kann es das Sprint Backlog während des Sprints anpassen. Beispielsweise können für einzelne Stories neue Subtasks hinzugefügt werden, die genauer formulieren und beschreiben, was für die technische Umsetzung der Story implementiert werden muss.

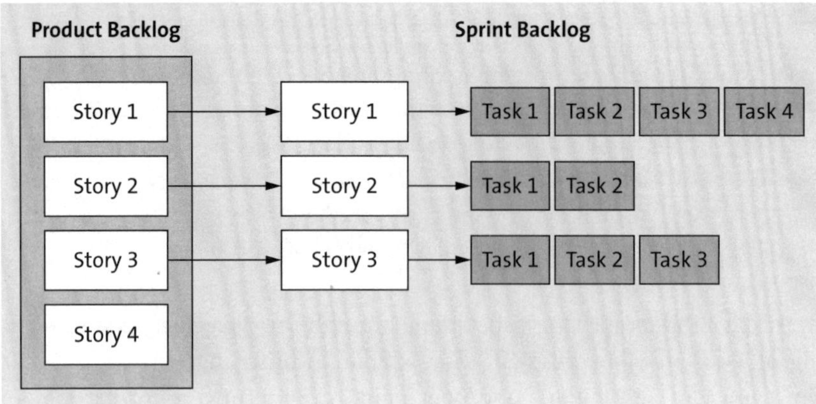

Abbildung 23.13 Das Sprint Backlog enthält die Aufgaben für den jeweiligen Sprint.

Produktinkrement

Das *Produktinkrement* (*Product Increment*) bezeichnet die Summe aus allen in einem Sprint fertiggestellten Einträgen und allen vorherigen Produktinkrementen. Mit anderen Worten: Es bezeichnet einen neuen Stand der Software, der um die im letzten Sprint implementierten Features erweitert wurde. Das Produktinkrement sollte am Ende eines Sprints in einem verwendbaren und produktionsreifen Zustand sein, auch für den Fall, dass es noch nicht an den Kunden ausgeliefert wird.

23.3 Zusammenfassung und Ausblick

In diesem Kapitel haben Sie mit Scrum ein bekanntes und weit verbreitetes Vorgehensmodell für das Management von Softwareprojekten kennengelernt, das auch für die Durchführung von Webprojekten verwendet wird.

23.3.1 Die wichtigsten Punkte

Folgende Punkte sollten Sie aus diesem Kapitel mitnehmen:

- Grundsätzlich unterscheidet man zwischen *klassischem Projektmanagement* und *agilem Projektmanagement*. Für beide Kategorien gibt es verschiedene *Vorgehensmodelle*, die genau beschreiben, wie das Projektmanagement jeweils umgesetzt werden soll.
- *Scrum* ist ein iteratives und inkrementelles Vorgehensmodell für das agile Projektmanagement.
- Scrum definiert verschiedene *Rollen*, *Ereignisse* und *Artefakte*.

- Folgende Rollen sind definiert:
  - Der *Product Owner* ist für die Produktvision und die Kommunikation mit dem *Business Owner* (dem Kunden) und den *Stakeholdern* (den an der Software Interessierten) zuständig.
  - Das *Entwicklungsteam* besteht nicht nur aus Entwicklern, sondern aus allen Personen, die für die Umsetzung der Anforderungen zuständig sind, also beispielsweise auch aus Designern oder UX-Profis.
  - Der *Scrum Master* unterstützt bei dem korrekten Einsatz von Scrum und vermittelt bei Bedarf an die anderen Scrum-Teammitglieder das benötigte Wissen.
- Folgende Ereignisse sind definiert:
  - Das *Sprint Planning* dient dazu, die Aufgaben (*User Stories*, *Tasks* etc.) für den anstehenden Sprint zu planen.
  - Im *Sprint* werden die Aufgaben dann durch das Entwicklungsteam umgesetzt.
  - Im *Daily Scrum* trifft sich das Entwicklungsteam täglich, um sich über den aktuellen Status und eventuelle Hindernisse bzw. Probleme auszutauschen.
- Folgende Artefakte sind definiert:
  - Das *Product Backlog* enthält eine nach Priorität sortierte Liste der geplanten Anforderungen an die Software.
  - Das *Sprint Backlog* enthält die Einträge aus dem Product Backlog, die in einem Sprint umgesetzt werden sollen.
  - Das *Produktinkrement* (*Product Increment*) bezeichnet einen neuen Zustand der Software, der die in einem Sprint umgesetzten Anforderungen bzw. neuen Features enthält.

23.3.2 Weiterführende Literatur

Scrum und auch andere Vorgehen bezüglich des Projektmanagements lernt man am besten, indem man sie einfach auf ein Projekt anwendet und durch die Praxis lernt. Mit dem Inhalt aus diesem Kapitel wissen Sie bereits das Wichtigste, um für eine Teilnahme an einem Scrum-basierten Projekt gut vorbereitet zu sein. Wenn Sie dennoch noch etwas tiefer in die Materie einsteigen möchten, empfehle ich Ihnen folgende Bücher:

- Das Buch »Scrum: The Art of Doing Twice the Work in Half the Time« gilt als das Standardwerk, nicht zuletzt, weil es von einem der Erfinder von Scrum selbst, Jeff Sutherland, geschrieben wurde.
- Der zweite Erfinder von Scrum, Ken Schwaber, hat ebenfalls ein Buch zum Thema geschrieben: »Agile Software Development With Scrum«.

- Als ob dies noch nicht genug wäre, haben sich die beiden noch für ein weiteres Buch zum Thema zusammengetan: »Software in 30 Days« ist ebenfalls einen Blick wert.
- Ebenfalls empfehlenswert ist das Buch »Essential Scrum: A Practical Guide to the Most Popular Agile Process« von Kenneth S. Rubin.
- Wenn Sie dagegen mehr darüber erfahren möchten, was man als Product Owner (bzw. noch weiter gefasst: als Product Manager) alles beachten muss, ist das Buch »INSPIRED: How to Create Tech Products Customers Love« von Marty Cagan sehr zu empfehlen.

23.3.3 Ausblick

Dieses Kapitel bildet den Abschluss des Buches. Wobei – nicht ganz. In den folgenden drei Anhängen finden Sie noch Informationen zu HTTP und zu HTML sowie diverse Installationsanleitungen und Befehlsreferenzen zu den in diesem Buch verwendeten Tools wie beispielsweise Node.js, Docker und Docker Compose.

Außerdem sehen wir uns dann noch mal kurz zum Schlusswort. Denn ein paar abschließende Tipps möchte ich Ihnen natürlich auch noch auf den Weg mitgeben. ☺

Anhang

Anhang A
HTTP

In Kapitel 5, »Webprotokolle verwenden«, haben Sie HTTP kennengelernt, das wichtigste Protokoll des Webs für die Kommunikation zwischen Client und Server. In diesem Anhang finden Sie nun weitere Detailinformationen, die Sie immer abrufbereit haben sollten.

Im Folgenden gebe ich Ihnen eine Übersicht über

- die Statuscodes von HTTP und ihre jeweilige Bedeutung,
- die wichtigsten MIME-Typen,
- sowie die verschiedenen HTTP-Header und ihre Bedeutung.

A.1 HTTP-Statuscodes

In diesem Abschnitt finden Sie die wichtigsten Statuscodes von HTTP. Darüber hinaus gibt es noch einige andere Statuscodes, die nicht im Standard definiert oder nur experimentell sind und auf die ich an dieser Stelle nicht weiter eingehe.

A.1.1 Kurzübersicht

Tabelle A.1 zeigt alle in den Standards HTTP 1.1 und HTTP 2 definierten Statuscodes. Zudem sind Statuscodes aus ergänzenden Standards in der Auflistung enthalten. Die detaillierte Beschreibung dieser Statuscodes finden Sie in den folgenden Abschnitten.

Hinweis

Weitere Informationen zu den aufgelisteten Statuscodes finden Sie in den folgenden Dokumenten:

- RFC 7231: »Hypertext Transfer Protocol (HTTP/1.1): Semantics and Content« (*https://tools.ietf.org/html/rfc7231*)
- RFC 7540: »Hypertext Transfer Protocol Version 2 (HTTP/2)« (*https://tools.ietf.org/html/rfc7540*)

- RFC 7232: »Hypertext Transfer Protocol (HTTP/1.1): Conditional Requests« (*https://tools.ietf.org/html/rfc7232*)
- RFC 7233: »Hypertext Transfer Protocol (HTTP/1.1): Range Requests« (*https://tools.ietf.org/html/rfc7233*)
- RFC 7235: »Hypertext Transfer Protocol (HTTP/1.1): Authentication« (*https://tools.ietf.org/html/rfc7235*)
- RFC 7238: »The Hypertext Transfer Protocol Status Code 308 (Permanent Redirect)« (*https://tools.ietf.org/html/rfc7238*)
- RFC 7725: »An HTTP Status Code to Report Legal Obstacles« (*https://tools.ietf.org/html/rfc7725*)
- RFC 6585: »Additional HTTP Status Codes« (*https://tools.ietf.org/html/rfc6585*)

Statuscode	Bezeichnung	Standard
100	Continue	RFC 7231
101	Switching Protocols	RFC 7231
200	OK	RFC 7231
201	Created	RFC 7231
202	Accepted	RFC 7231
203	Non-Authoritative Information	RFC 7231
204	No Content	RFC 7231
205	Reset Content	RFC 7231
206	Partial Content	RFC 7233
300	Multiple Choices	RFC 7231
301	Moved Permanently	RFC 7231
302	Found (Moved Temporarily)	RFC 7231
303	See Other	RFC 7231
304	Not Modified	RFC 7232
305	Use Proxy	RFC 7231
306	(reserviert)	RFC 7231

Tabelle A.1 Übersicht über die in den HTTP-Standards definierten Statuscodes

Statuscode	Bezeichnung	Standard
307	Temporary Redirect	RFC 7231
308	Permanent Redirect	RFC 7238
400	Bad Request	RFC 7231
401	Unauthorized	RFC 7235
402	Payment Required	RFC 7231
403	Forbidden	RFC 7231
404	Not Found	RFC 7231
405	Method Not Allowed	RFC 7231
406	Not Acceptable	RFC 7231
407	Proxy Authentication Required	RFC 7235
408	Request Timeout	RFC 7231
409	Conflict	RFC 7231
410	Gone	RFC 7231
411	Length Required	RFC 7231
412	Precondition Failed	RFC 7232
413	Request Entity Too Large	RFC 7231
414	URI Too Long	RFC 7231
415	Unsupported Media Type	RFC 7231
416	Requested Range Not Satisfiable	RFC 7233
417	Expectation Failed	RFC 7231
418	I'm a Teapot Ein Aprilscherz aus dem Jahre 1998, der besagt, dass der Server sich weigert, Kaffee zu kochen. ☺	RFC 2324 (*https://tools.ietf.org/html/rfc2324*)
421	Misdirected Request	RFC 7540

Tabelle A.1 Übersicht über die in den HTTP-Standards definierten Statuscodes (Forts.)

Statuscode	Bezeichnung	Standard
426	Upgrade Required	RFC 7231
428	Precondition Required	RFC 6585
429	Too Many Requests	RFC 6585
431	Request Header Fields Too Large	RFC 6585
451	Unavailable For Legal Reasons	RFC 7725
500	Internal Server Error	RFC 7231
501	Not Implemented	RFC 7231
502	Bad Gateway	RFC 7231
503	Service Unavailable	RFC 7231
504	Gateway Timeout	RFC 7231
505	HTTP Version Not Supported	RFC 7231
511	Network Authentication Required	RFC 6585

Tabelle A.1 Übersicht über die in den HTTP-Standards definierten Statuscodes (Forts.)

Informationen

Die Statuscodeklasse 1xx (»Information«) steht für allgemeine Informationen.

Code	Nachricht	Bedeutung
100	Continue	Um auf Clientseite testen zu können, ob der Server den Inhalt einer Anfrage entgegennehmen würde, können Clients als Teil ihrer Anfrage den »Expect«-Header mit dem Wert »100-continue« an den Server schicken. Auf Basis dieses Headers kann der Server dann überprüfen, ob er die Anfrage entgegennehmen würde oder nicht. Für den Fall, dass der Server die Anfrage akzeptiert, sendet er den Statuscode 100 an den Client zurück, und der Client kann mit der eigentlichen Anfrage fortfahren.
101	Switching Protocols	Dieser Statuscode besagt, dass der Server die TCP-Verbindung für ein anderes Protokoll verwendet.

Tabelle A.2 Statuscodes für allgemeine Informationen

Code	Nachricht	Bedeutung
101 (Forts.)		Das beste Beispiel hierfür ist das WebSocket-Protokoll: Hierbei wird für das Erstellen der Verbindung zunächst aus Sicherheitsgründen ein *HTTP-Handshake* ausgeführt. Anschließend wird automatisch von HTTP auf das WebSocket-Protokoll gewechselt.

Tabelle A.2 Statuscodes für allgemeine Informationen (Forts.)

Erfolgreiche Operationen

Die Statusklasse 2xx (»Successful«) zeigt an, dass die HTTP-Anfrage erfolgreich empfangen und bearbeitet (bzw. akzeptiert) wurde.

Code	Nachricht	Bedeutung
200	OK	Die Anfrage wurde erfolgreich bearbeitet.
201	Created	Die Anfrage wurde erfolgreich bearbeitet. Wenn Sie als Antwort auf eine POST-Anforderung eine 201 erhalten, bedeutet dies, dass eine neue Ressource an einem anderen Endpunkt erstellt wurde. In diesem Fall sollte ein »Location«-Header in der Antwort enthalten sein, der den URI enthält, unter dem sich die neue Ressource befindet.
202	Accepted	Dieser Statuscode bedeutet, dass der Server die Anforderung zwar akzeptiert hat, aber noch nicht sicher ist, ob die Anforderung erfolgreich abgeschlossen werden kann.
203	Non- Authoritative Information	Dieser Statuscode wird unter anderem im Zusammenhang mit *HTTP-Proxys* verwendet. Ein *HTTP-Proxy* befindet sich zwischen einem Client und einem Server, nimmt Anfragen vom Client und Antworten vom Server entgegen und leitet beides entsprechend weiter. HTTP-Proxys können unter anderem Änderungen an der Anfrage vornehmen, bevor sie den Server erreicht, und an der Antwort, bevor sie den Client erreicht. Ist Letzteres der Fall, kann der Proxy über den Statuscode 203 anzeigen, dass er etwas an der Antwort geändert hat.

Tabelle A.3 Statuscodes für erfolgreiche Verbindungen

Code	Nachricht	Bedeutung
204	No Content	Die Anfrage wurde erfolgreich durchgeführt, allerdings enthält die Antwort keinen Response-Body, sondern nur Response-Header.
205	Reset Content	Die Anfrage wurde erfolgreich durchgeführt, und der Client wird aufgefordert, die Ansicht des aktuellen Dokuments zurückzusetzen, beispielsweise indem er Formulareingaben zurücksetzt.
206	Partial Content	Dieser Statuscode wird im Zusammenhang mit einem »Content-Range«-Header oder dem »Content-Type«-Header mit Wert »multipart/byteranges« verwendet. Also immer dann, wenn Daten in mehreren Teilen an den Server gesendet werden. Der Statuscode 206 besagt, dass der entsprechende Teil erfolgreich übertragen wurde.

Tabelle A.3 Statuscodes für erfolgreiche Verbindungen (Forts.)

Umleitungen

Die Statuscodeklasse 3xx (»Redirection«) enthält insgesamt acht HTTP-Statuscodes, die den Client darüber informieren, dass für die Ausführung der entsprechenden Operation noch weitere Schritte notwendig sind, beispielsweise weil die Webseite nicht mehr unter der angegebenen URL, sondern unter einer anderen erreichbar ist. Die einzelnen HTTP-Statuscodes definieren genau, auf welche Art und Weise im entsprechenden Fall um- bzw. weitergeleitet werden muss.

Code	Nachricht	Bedeutung
300	Multiple Choices	Die angeforderte Ressource steht in verschiedenen Repräsentationen zur Verfügung, die als Liste im Response-Body mitgeliefert werden. Der Browser oder Benutzer soll eine von diesen Repräsentationen auswählen. Die bevorzugte Ressource kann zusätzlich über den »Location«-Header angegeben werden.

Tabelle A.4 Statuscodes für Umleitungen

Code	Nachricht	Bedeutung
301	Moved Permanently	Der Statuscode 301 gibt an, dass die Ressource unter einem neuen URI erreichbar ist. Dieser neue URI sollte im »Location«-Header der Antwort enthalten sein. Clients sollten gespeicherte Referenzen (beispielsweise Lesezeichen) entsprechend aktualisieren.
302	Found (Moved Temporarily)	Der Statuscode 302 gibt an, dass die angefragte Ressource vorübergehend unter einem anderen URI erreichbar ist (der im »Location«-Header enthalten sein sollte). Clients sollten gespeicherte Referenzen (beispielsweise Lesezeichen) nicht aktualisieren, sondern dafür den ursprünglichen URI verwenden.
303	See Other	Dieser Statuscode gibt an, dass der Server den Browser zu einer anderen Ressource umleitet. Die Information dazu findet sich im »Location«-Header.
304	Not Modified	Dieser Statuscode besagt, dass die angeforderte Ressource sich seit der letzten Anfrage vom Client nicht verändert hat und daher nicht erneut übertragen wird. Der Client kann also weiterhin dieselbe im lokalen Cache zwischengespeicherte Version der Antwort verwenden.
305	Use Proxy	Gibt an, dass die angeforderte Ressource nur über einen Proxy erreichbar ist. Mittlerweile ist dieser Statuscode jedoch aus Sicherheitsgründen veraltet und sollte nicht mehr verwendet werden.
306	(reserviert)	Dieser Statuscode wurde in einer früheren Version der HTTP-Spezifikation definiert, wird aber mittlerweile nicht mehr verwendet. Dennoch ist der Statuscode weiterhin reserviert.

Tabelle A.4 Statuscodes für Umleitungen (Forts.)

Code	Nachricht	Bedeutung
307	Temporary Redirect	Besagt, dass die angeforderte Ressource vorübergehend unter einem anderen URI erreichbar ist. Dieser Statuscode ähnelt vom Prinzip her dem Statuscode 302 (»Moved Temporarily«). Der Unterschied besteht darin, dass der Client bei einem 307-Statuscode genau dieselbe Anfrage erneut stellen muss (an den vorübergehenden URI, versteht sich). Wenn also eine POST-Anforderung für die ursprüngliche Ressource ausgeführt wurde, sollte der Umleitung gefolgt werden und die POST-Anforderung erneut ausgeführt werden.
308	Permanent Redirect	Dieser im Standard RFC 7238 (*https://tools.ietf.org/html/rfc7238*) spezifizierte Statuscode ähnelt dem Statuscode 301 (»Moved Permanently«). Beide zeigen an, dass die angefragte Ressource an einen neuen Speicherort verschoben wurde. In beiden Fällen sollte der Client alle Lesezeichen, die er hatte, von dem alten zu dem neuen Speicherort aktualisieren. Der Unterschied zwischen den beiden Statuscodes besteht allerdings darin, dass ein Client, der eine 308-Umleitung erhält, genau **dieselbe Anforderung** am Zielspeicherort ausführen muss.

Tabelle A.4 Statuscodes für Umleitungen (Forts.)

Clientfehler

Jeder Status, der mit einer 4 beginnt (»Client Error«), zeigt an, dass der Client etwas falsch gemacht hat. Die Ursache des aufgetretenen Fehlers liegt also auf Seiten des Clients.

Code	Nachricht	Bedeutung
400	Bad Request	Dieser Statuscode wird als generischer Fehlercode verwendet, der besagt, dass die vom Client gestellte Anfrage fehlerhaft ist.

Tabelle A.5 Statuscodes für Fehler auf Clientseite

Code	Nachricht	Bedeutung
401	Unauthorized	Dieser Statuscode wird verwendet, wenn für die Bearbeitung einer Anfrage eine Authentifizierung notwendig ist, der Client allerdings nicht authentifiziert ist (beispielsweise weil keine Authentifizierungsdaten mitgesendet wurden oder diese fehlerhaft waren).
402	Payment Required	Dieser Statuscode ist laut Spezifikation für die zukünftige Verwendung reserviert. Ursprüngliches Ziel war die Verwendung für digitale Zahlungssysteme.
403	Forbidden	Dieser Statuscode besagt, dass der Zugriff auf die angefragte Ressource für den Client verboten ist. Im Unterschied zu dem Statuscode 401 ist der Zugriff für den Client dauerhaft und grundsätzlich verboten und liegt nicht an fehlenden oder fehlerhaften Authentifizierungsdaten.
404	Not Found	Dieser Statuscode gibt an, dass die angeforderte Ressource nicht gefunden wurde.
405	Method Not Allowed	Dieser Statuscode bedeutet, dass die für die Anfrage verwendete HTTP-Methode für die angefragte Ressource nicht unterstützt wird. Beispielsweise kann es sein, dass eine Ressource nur per GET angefragt werden kann, ein Zugriff per POST auf die gleiche Ressource aber nicht vom Server vorgesehen wird.
406	Not Acceptable	Dieser Statuscode gibt an, dass die angeforderte Ressource nicht in der angeforderten Repräsentation zur Verfügung steht (beispielsweise wenn beim Aufruf eines Webservices über den »Accept«-Header eine Repräsentation für das XML-Format angefordert wird, aber nur eine Repräsentation für das JSON-Format zur Verfügung steht).
407	Proxy Authentication Required	Dieser Statuscode besagt, dass eine Authentifizierung am verwendeten Proxy notwendig ist, um Anfragen über diesen Proxy senden zu können.

Tabelle A.5 Statuscodes für Fehler auf Clientseite (Forts.)

Code	Nachricht	Bedeutung
408	Request Timeout	Dieser Statuscode zeigt an, dass der Server innerhalb einer festgelegten Zeitspanne keine vollständige Anfrage vom Client erhalten hat.
409	Conflict	Dieser Statuscode gibt an, dass die Anfrage aufgrund eines Konflikts mit dem aktuellen Status der angefragten Ressource nicht möglich war. Dies kann beispielsweise auftreten, wenn Ressourcen versioniert werden und versucht wird, unter Verwendung einer PUT-Anfrage eine neuere Version der Ressource durch eine ältere Version zu ersetzen.
410	Gone	Dieser Statuscode zeigt an, dass die angefragte Ressource wahrscheinlich dauerhaft nicht mehr verfügbar ist.
411	Length Required	Dieser Statuscode gibt an, dass der Server die Anfrage ohne »Content-Length«-Header nicht akzeptiert. Der Client kann die Anforderung wiederholen, wenn er einen gültigen »Content-Length«-Header hinzufügt, der die Länge des Nachrichtentextes der Anfrage enthält.
412	Precondition Failed	Dieser Status gibt an, dass eine oder mehrere Bedingungen, die durch den Client in den Anfrage-Headern an die angefragte Ressource definiert wurden, nicht erfüllt sind.
413	Request Entity Too Large	Dieser Statuscode gibt an, dass der Server die Verarbeitung einer Anfrage ablehnt, da die Daten in der Anfrage größer sind, als der Server verarbeiten möchte oder kann. Der Server kann als Konsequenz die Verbindung schließen, um zu verhindern, dass der Client die Anfrage fortsetzt.
414	URI Too Long	Dieser Statuscode gibt an, dass der Server die Bearbeitung der Anfrage ablehnt, da der für die Anfrage verwendete URI zu lang ist.

Tabelle A.5 Statuscodes für Fehler auf Clientseite (Forts.)

Code	Nachricht	Bedeutung
415	Unsupported Media Type	Dieser Statuscode gibt an, dass der Server die Bearbeitung der Anfrage ablehnt, da die Daten der Anfrage in einem Format vorliegen, das von der angefragten Ressource (und für die verwendete HTTP-Methode) nicht unterstützt wird.
416	Requested Range Not Satisfiable	Dieser Statuscode gibt an, dass der angeforderte Teil der Ressource ungültig war oder auf dem Server nicht zur Verfügung steht.
417	Expectation Failed	Dieser Statuscode besagt, dass die im »Expect«-Header der Anfrage angegebene Bedingung nicht erfüllt werden konnte.
421	Misdirected Request	Dieser Statuscode besagt, dass die Anfrage an einen Server gerichtet wurde, der keine Antwort für die Anfrage erstellen kann.
426	Upgrade Required	Dieser Statuscode gibt an, dass der Server die Bearbeitung der Anfrage unter Verwendung des verwendeten Protokolls ablehnt, sie aber möglicherweise nach dem »Upgrade« des Clients auf ein anderes Protokoll bearbeiten kann.
428	Precondition Required	Dieser Statuscode gibt an, dass für die Bearbeitung der Anfrage nicht alle Vorbedingungen erfüllt wurden. Die typische Verwendung besteht darin, Konflikte bei Updates von Ressourcen zu verhindern, beispielsweise wenn ein Client den Status einer Ressource abruft, ändert und an den Server zurücksendet, inzwischen aber der Status bereits anderweitig geändert wurde. Im Unterschied zu dem Statuscode 409 (»Conflict«) wird durch den Statuscode 428 weiterhin definiert, dass nur sogenannte *Conditional Requests* (siehe »Hypertext Transfer Protocol (HTTP/1.1): Conditional Requests«, *https://tools.ietf.org/html/rfc7232*) erlaubt sind.
429	Too Many Requests	Dieser Statuscode zeigt an, dass der Client in einem bestimmten Zeitraum zu viele Anfragen gesendet hat.

Tabelle A.5 Statuscodes für Fehler auf Clientseite (Forts.)

Code	Nachricht	Bedeutung
431	Request Header Fields Too Large	Dieser Statuscode zeigt an, dass der Server die Anfrage nicht verarbeiten kann, da entweder die Maximallänge der Header insgesamt zu groß ist oder ein Header fehlerhaft ist.
451	Unavailable For Legal Reasons	Dieser Statuscode zeigt an, dass der Server aufgrund einer gesetzlichen Anforderung (beispielsweise aufgrund von Copyright-Einschränkungen, Zensur oder Beschränkung auf bestimmte Länder) den Zugriff auf die Ressource verweigert.

Tabelle A.5 Statuscodes für Fehler auf Clientseite (Forts.)

Serverfehler

Die Statuscodeklasse 5xx (»Server Error«) gibt an, dass dem Server bekannt ist, dass er einen Fehler begangen hat oder nicht in der Lage ist, die eingegangene Anfrage auszuführen.

Code	Nachricht	Bedeutung
500	Internal Server Error	Dieser Statuscode 500 zeigt an, dass auf dem Server ein unerwarteter Fehler aufgetreten ist, der die erfolgreiche Bearbeitung der Anfrage verhindert hat. Der Statuscode wird als generischer Fehlercode verwendet, wenn kein anderer der Statuscodes aus dieser Klasse den Fehler besser beschreibt.
501	Not Implemented	Dieser Statuscode gibt an, dass der Server die zur Bearbeitung der Anfrage erforderliche Funktionalität nicht unterstützt.
502	Bad Gateway	Dieser Statuscode gibt an, dass ein als Proxy (oder *Gateway*) agierender Server eine ungültige Antwort von dem Server erhalten hat, auf den er im Rahmen der Clientanfrage zugegriffen hat.

Tabelle A.6 Statuscodes für Fehler auf Serverseite

Code	Nachricht	Bedeutung
503	Service Unavailable	Dieser Statuscode gibt an, dass der Server die Anfrage derzeit aufgrund einer vorübergehenden Überlastung oder einer geplanten Wartung nicht verarbeiten kann. Über den »Retry-After«-Header kann der Server die voraussichtliche Wartezeit an den Client senden, nach der dieser eine erneute Anfrage versuchen kann.
504	Gateway Timeout	Dieser Statuscode gibt an, dass ein als Proxy (oder Gateway) agierender Server keine rechtzeitige Antwort von dem Server erhalten hat, auf den er im Rahmen der Clientanfrage zugegriffen hat.
505	HTTP Version Not Supported	Dieser Statuscode gibt an, dass der Server die verwendete HTTP-Version nicht unterstützt. Der Server kann zusätzlich weitere Informationen an den Client zurücksenden, warum die verwendete HTTP-Version nicht unterstützt wird und welche anderen Protokolle bzw. Versionen vom Server unterstützt werden.
511	Network Authentication Required	Dieser Statuscode gibt an, dass sich der Client authentifizieren muss, um Zugriff auf das Netzwerk zu erhalten. Der Statuscode wird dabei von einem dazwischengeschalteten Proxy generiert, der den Zugang zu dem entsprechenden Netzwerk kontrolliert.

Tabelle A.6 Statuscodes für Fehler auf Serverseite (Forts.)

A.2 MIME-Typen

Tabelle A.7 gibt eine Übersicht über die wichtigsten MIME-Typen. Eine ausführlichere Liste finden Sie dagegen unter *http://www.iana.org/assignments/media-types/media-types.xhtml*.

Format	MIME-Typ	Dateiendung
Adobe Flash	application/x-shockwave-flash	.swf
Adobe Portable Document Format	application/pdf	.pdf

Tabelle A.7 Die wichtigsten MIME-Typen

Format	MIME-Typ	Dateiendung
Atom Syndication Format	application/atom+xml	.atom, .xml
Bitmap Image File	image/bmp	.bmp
Bzip Archive	application/x-bzip	.bz
Bzip2 Archive	application/x-bzip2	.bz2
Cascading Style Sheets (CSS)	text/css	.css
Comma-Separated Values	text/csv	.csv
Flash Video	video/x-f4v	.f4v
Flash Video	video/x-flv	.flv
Graphics Interchange Format	image/gif	.gif
Hypertext Markup Language (HTML)	text/html	.html
iCalendar	text/calendar	.ics
Icon Image	image/x-icon	.ico
Java Archive	application/java-archive	.jar
JavaScript	application/javascript	.js
JavaScript Object Notation (JSON)	application/json	.json
JPEG Image	image/jpeg	.jpeg, .jpg
Microsoft Excel	application/vnd.ms-excel	.xls
Microsoft Excel – Macro-Enabled Workbook	application/vnd.ms-excel.sheet.macroenabled.12	.xlsm
Microsoft Office – OOXML – Presentation	application/vnd.openxmlformats-officedocument.presentationml.presentation	.pptx
Microsoft Office – OOXML – Spreadsheet	application/vnd.openxmlformats-officedocument.spreadsheetml.sheet	.xlsx

Tabelle A.7 Die wichtigsten MIME-Typen (Forts.)

Format	MIME-Typ	Dateiendung
Microsoft PowerPoint	application/vnd.ms-powerpoint	.ppt
Microsoft Windows Media Video	video/x-ms-wmv	.wmv
Microsoft Word	application/msword	.doc
MIDI – Musical Instrument Digital Interface	audio/midi	.mid
MP3-Dateien	audio/mpeg	.mp3
MPEG Video	video/mpeg	.mpeg
MPEG-4 Audio	audio/mp4	.mp4a
MPEG-4 Video	video/mp4	.mp4
MPEG4	application/mp4	.mp4
Portable Network Graphics (PNG)	image/png	.tif
Resource Description Framework	application/rdf+xml	.rdf
Rich Text Format	application/rtf	.rtf
RSS – Really Simple Syndication	application/rss+xml	.rss, .xml
Scalable Vector Graphics (SVG)	image/svg+xml	.svg
Tagged Image File Format	image/tiff	.tiff
Tar File (Tape Archive)	application/x-tar	.tar
Text File	text/plain	.txt
TrueType Font	application/x-font-ttf	.ttf
Waveform Audio File Format (WAV)	audio/x-wav	.wav
Web Open Font Format	application/x-font-woff	.woff
WSDL – Web Services Description Language	application/wsdl+xml	.wsdl
XHTML – The Extensible Hypertext Markup Language	application/xhtml+xml	.xhtml

Tabelle A.7 Die wichtigsten MIME-Typen (Forts.)

Format	MIME-Typ	Dateiendung
XML – Extensible Markup Language	application/xml	.xml
XML Transformations	application/xslt+xml	.xslt
YAML Ain't Markup Language/ Yet Another Markup Language	text/yaml	.yaml
Zip Archive	application/zip	.zip

Tabelle A.7 Die wichtigsten MIME-Typen (Forts.)

A.3 Header

HTTP-Header lassen sich in verschiedene Gruppen einteilen:

- **General-Header**: Diese Gruppe von Headern trifft sowohl auf Anfragen als auch auf Antworten zu, bezieht sich aber nicht auf die Daten, die im Body einer Nachricht übertragen werden.
- **Entity-Header**: Diese Gruppe von Headern enthält weitere Informationen über den Body einer Nachricht.
- **Request-Header**: Header, die für HTTP-Anfragen verwendet werden können (aber nicht für HTTP-Antworten) und unter anderem weitere Informationen über den Client enthalten
- **Response-Header**: Header, die für HTTP-Antworten verwendet werden können (aber nicht für HTTP-Anfragen) und die unter anderem weitere Informationen über den Server enthalten.

In den folgenden Abschnitten finden Sie eine Auflistung der wichtigsten im HTTP-Standard definierten Header, unterteilt in Request-Header und Response-Header (General-Header sind dabei einfach solche, die in beiden Auflistungen vorkommen, Entity-Header ergeben sich aus dem Kontext bzw. der entsprechenden Beschreibung).

A.3.1 Request-Header

Request-Header sind, wie der Name sagt, solche Header, die für HTTP-Anfragen verwendet werden können und unter anderem weitere Informationen über den Client enthalten.

Header	Beschreibung	Beispiel
Accept	Kann verwendet werden, um bestimmte *Content-Types* bzw. *MIME-Typen* anzugeben, die als Antwort akzeptiert werden. Beispielsweise könnte man bei dem Aufruf eines Webservices über diesen Header definieren, dass die Antwort im JSON-Format erwartet wird.	`Accept: application/json`
Accept-Charset	Kann verwendet werden, um bestimmte Zeichensätze (*Charsets*) anzugeben, die für die Antwort akzeptiert werden.	`Accept-Charset: utf-8`
Accept-Encoding	Kann verwendet werden, um bestimmte Kodierungen (*Encodings*) anzugeben, die für die Antwort akzeptiert werden.	`Accept-Encoding: gzip`
Accept-Language	Kann verwendet werden, um bestimmte (natürliche) Sprachen anzugeben, die für die Antwort akzeptiert werden.	`Accept-Language: de`
Authorization	Kann verwendet werden, um Anmeldeinformationen zu übertragen, die für eine Authentifizierung am Server notwendig sind.	`Authorization: Basic bWF4bXVzdGVybWFubjpzZWNyZXQ=`
Cache-Control	Kann verwendet werden, um Anweisungen anzugeben, die von Caching-Mechanismen zwischen Request und Response befolgt werden müssen.	`Cache-Control: no-cache`
Connection	Bestimmt, welcher Typ von Verbindung verwendet werden soll.	`Connection: close`
Cookie	Enthält die Cookies, die vom Client an den Server gesendet werden.	`Cookie: $Version=1; user=maxmustermann;`
Content-Length	Enthält die Länge des Request-Bodys in Byte.	`Content-Length: 678`
Content-MD5	Enthält eine Base64-codierte MD5-Checksumme des Request-Bodys.	`Content-MD5: eea54356db9c5a6395716f4a6132a73f`

Tabelle A.8 Übersicht der verfügbaren Anfrage-Header

Header	Beschreibung	Beispiel
Content-Type	Enthält den MIME-Typ des Request-Bodys.	`Content-Type: application/x-www-form-urlencoded`
Date	Enthält Datum und Zeitpunkt, zu dem die Anfrage gesendet wurde.	`Date: Sat, 17 Oct 2020 08:36:50 GMT`
Expect	Kann verwendet werden, um anzugeben, dass der Client bestimmte Eigenschaften bzw. Verhaltensweisen vom Server voraussetzt bzw. benötigt.	`Expect: 100-continue`
Forwarded	Enthält die Originalinformationen eines Clients, der über einen HTTP-Proxy eine Verbindung zu einem Webserver herstellt.	`Forwarded: by="10.0.0.1"; for="192.168.0.1:4711"; proto=http; host="www.example.com:8080`
From	Ermöglicht die Angabe einer E-Mail-Adresse des (menschlichen) Nutzers, der die Anfrage ausgeführt hat bzw. der den entsprechenden User-Agent (zum Beispiel den Browser) steuert.	`From: maxmustermann@example.com`
Host	Gibt den Host und den Port der angeforderten Ressource an.	`Host: webdev-handbuch.de`
If-Match	Bewirkt, dass die angeforderte Aktion nur durchgeführt wird, wenn der in diesem Header enthaltene Code mit dem auf dem Server vorhandenen Code übereinstimmt.	`If-Match: "015b4ca210a811ebad-c10242ac120002"`

Tabelle A.8 Übersicht der verfügbaren Anfrage-Header (Forts.)

Header	Beschreibung	Beispiel
If-Modified-Since	Falls sich die angefragte Ressource seit dem angegebenen Zeitpunkt nicht geändert hat, kann über diesen Header dem Server die Erlaubnis erteilt werden, den Statuscode 304 (»Not Modified«) zu senden.	`If-Modified-Since: Sat, 17 Oct 2020 20:39:50 GMT`
If-None-Match	Falls sich die angefragte Ressource seit dem angegebenen Zeitpunkt nicht geändert hat, kann über diesen Header – verifiziert durch sogenannte ETags – dem Server die Erlaubnis erteilt werden, den Statuscode 304 (»Not Modified«) zu senden.	`If-None-Match: "015b4ca210a811ebad-c10242ac120002"`
If-Range	Kann zum Fortsetzen von Downloads verwendet werden. Sorgt dafür, dass, wenn die entsprechend übergebene Bedingung erfüllt ist (ETag oder Datum), nur der restliche Teil der Ressource zurückgesendet wird und andernfalls die vollständige Ressource.	`If-Range: "015b4ca210a811ebad-c10242ac120002"`
If-Unmodified-Since	Veranlasst den Server, die Antwort nur zu senden, wenn die angefragte Ressource seit dem angegebenen Zeitpunkt nicht geändert wurde.	`If-Unmodified-Since: Sat, 17 Oct 2020 20:39:50 GMT`
Max-Forwards	Gibt die maximale Häufigkeit an, mit der die Nachricht über Proxys oder Gateways weitergeleitet werden kann.	`Max-Forwards: 10`
Pragma	Ermöglicht die Definition von Anweisungen, die für jeden Empfänger entlang der Request-Response-Kette gelten können.	`Pragma: no-cache`
Proxy-Authorization	Wird verwendet, um Anmeldeinformationen zu übertragen, die für eine Authentifizierung am Proxy notwendig sind.	`Proxy-Authorization: Basic bWF4bXVzdGVybW-FubjpzZWNyZXQ=`
Range	Gibt den Teil einer Ressource an, der vom Server zurückgegeben werden soll.	`Range: bytes=500-999`

Tabelle A.8 Übersicht der verfügbaren Anfrage-Header (Forts.)

Header	Beschreibung	Beispiel
Referer	Dieser (falsch geschriebene!) Header enthält die Adresse der vorherigen Webseite, von der aus die angefragte Ressource (durch einen Link) angefragt wurde.	`Referer: https://www.webdevhandbuch.de/index.html`
TE	Gibt die Kodierungen an, die der Client für die Übertragung akzeptiert (TE = *Transfer Extension*).	`TE: trailers, deflate`
Transfer-Encoding	Enthält die Transformationen, die angewendet wurden, um die entsprechenden Daten vom Client zum Server zu übertragen. Folgende Werte sind erlaubt: ▶ »chunked« (aufgeteilt) ▶ »compress« (komprimiert) ▶ »deflate« (komprimiert) ▶ »gzip« (komprimiert) ▶ »identity«	`Transfer-Encoding: gzip`
Upgrade	Veranlasst den Server, ein Upgrade auf ein anderes Protokoll durchzuführen.	`Upgrade: HTTP/2.0`
User-Agent	Enthält Informationen zu dem Benutzeragenten, von dem die Anfrage stammt.	`User-Agent: Mozilla/5.0 (Macintosh; Intel Mac OS X 10_15_4) AppleWebKit/537.36 (KHTML, like Gecko) Chrome/85.0.4183.121 Safari/537.36`
Via	Informiert den Server über die Proxys, über die die Anfrage gesendet wurde.	`Via: 1.0 max, 1.1 example.com (Apache/1.1)`
Warning	Kann dazu verwendet werden, den Server vor möglichen Problemen bei der Verarbeitung des Request-Bodys zu warnen.	`Warning: 199 Miscellaneous warning`

Tabelle A.8 Übersicht der verfügbaren Anfrage-Header (Forts.)

A.3.2 Response-Header

Response-Header sind Header, die für HTTP-Antworten verwendet werden können und unter anderem weitere Informationen über den Server enthalten.

Header	Beschreibung	Beispiel
Accept-Ranges	Bestimmt, welche Einheiten der Server für Range-Angaben unterstützt (siehe Request-Header »Range«).	`Accept-Ranges: bytes`
Age	Angabe über den Zeitraum (in Sekunden), den die angefragte Ressource im Proxy-Cache »gelegen« hat	`Age: 30`
Allow	Angabe darüber, welche HTTP-Methoden für die angefragte Ressource unterstützt werden.	`Allow: GET, HEAD`
Cache-Control	Kann dazu verwendet werden, allen Caching-Mechanismen in der Anfrage-Antwort-Kette mitzuteilen, ob und wie lange die Ressource im Cache gespeichert werden kann.	`Cache-Control: max-age=3600`
Connection	Enthält die vom Server bevorzugten Verbindungsarten.	`Connection: close`
Content-Encoding	Enthält die Kodierung des Response-Bodys.	`Content-Encoding: gzip`
Content-Language	Enthält die Sprache, die für den Response-Body verwendet wurde.	`Content-Language: de`
Content-Length	Enthält die Länge des Response-Bodys in Byte.	`Content-Length: 678`
Content-Location	Enthält eine alternative URL, unter der die angeforderte Ressource gefunden werden kann.	`Content-Location: /example.de.html`
Content-MD5	Enthält eine Base64-codierte MD5-Checksumme des Response-Bodys.	`Content-MD5: eea54356db9c5a6395716f4a6132a73f`

Tabelle A.9 Übersicht der verfügbaren Antwort-Header

Header	Beschreibung	Beispiel
Content-Range	Angabe darüber, welchen Bereich der gesamten Daten der aktuell gesendete Inhalt abdeckt.	`Range: bytes=500-999`
Content-Security-Policy	Ermöglicht die Definition einer Content Security Policy (CSP), wie in Kapitel 20, »Webanwendungen absichern«, beschrieben.	`Content-Security-Policy: default-src 'self'; img-src *; media-src my-audio.example.com my-video.example.com; script-src code.example.com`
Content-Type	Enthält den MIME-Typ des Response-Bodys.	`Content-Type: text/html; charset=utf-8`
Date	Enthält den Zeitpunkt, zu dem die Antwort vom Server abgesendet wurde.	`Date: Sat, 17 Oct 2020 20:50:50 GMT`
ETag	Angabe über eine bestimmte Version einer angefragten Datei	`ETag: "015b4ca210a811ebad-c10242ac120002"`
Expires	Angabe des Zeitpunkts, ab dem die angefragte Ressource als veraltet anzusehen ist	`Expires: Sat, 17 Oct 2020 16:00:00 GMT`
Last-Modified	Enthält Informationen über den Zeitpunkt, zu dem die angeforderte Ressource zuletzt geändert wurde.	`Last-Modified: Sat, 17 Oct 2020 15:00:00 GMT`
Link	Kann dazu verwendet werden, den Client auf zusätzliche Dateien oder Ressourcen zu der angeforderten Ressource hinzuweisen.	`Link: <https://example.com>; rel="preconnect"`

Tabelle A.9 Übersicht der verfügbaren Antwort-Header (Forts.)

Header	Beschreibung	Beispiel
Location	Kann unter anderem im Zusammenhang mit Weiterleitungen auf den Speicherort bzw. die URL hinweisen, unter der die jeweilige Ressource zu finden ist.	`Location: https://www.webdevhandbuch.de/index.html`
Pragma	Enthält implementierungsspezifische Felder, die entlang der Anfrage-Antwort-Kette verschiedene Auswirkungen haben können.	`Pragma: no-cache`
Proxy-Authenticate	Enthält Informationen darüber, ob und wie sich der Client bei einem Proxy authentifizieren muss.	`Proxy-Authenticate: Basic`
Retry-After	Ermöglicht es, bei zeitweiser Nichterreichbarkeit einer Ressource dem Client einen Zeitraum zu nennen, nach dem er die Anfrage erneut stellen kann.	`Retry-After: 120`
Server	Enthält Angaben über den Server.	`Server: nginx/1.14.1`
Set-Cookie	Kann dazu verwendet werden, vom Server ein Cookie an den Client zu senden, das dieser dann in jeder anschließenden Anfrage an den Server über den Request-Header »Cookie« mitsendet.	`Set-Cookie: user=maxmustermann; Max-Age=3600; Version=1`
Trailer	Mit diesem Header können zusätzliche Felder am Ende von Nachrichten eingefügt werden, um auf diese Weise Metadaten bereitzustellen, beispielsweise Informationen bezüglich der Überprüfung der Integrität der Nachricht oder eine digitale Signatur.	`Trailer: Max-Forwards`

Tabelle A.9 Übersicht der verfügbaren Antwort-Header (Forts.)

Header	Beschreibung	Beispiel
Transfer-Encoding	Enthält die Transformationen, die angewendet wurden, um die entsprechenden Daten vom Server zum Client zu übertragen. Folgende Werte sind erlaubt: ▸ »chunked« (aufgeteilt) ▸ »compress« (komprimiert) ▸ »deflate« (komprimiert) ▸ »gzip« (komprimiert) ▸ »identity«	`Transfer-Encoding: gzip`
Vary	Bestimmt für Proxys, wie diese zukünftige Anfragen anhand der Request-Header behandeln sollen. Also beispielsweise, ob sie zwischengespeicherte Antworten wiederverwenden können oder eine neue Anfrage an den Server stellen sollen.	`Vary: User-Agent`
Via	Informiert den Client über die Proxys, über die die Antwort gesendet wurde.	`Via: 1.0 max, 1.1 example.com (Apache/1.1)`
Warning	Kann dazu verwendet werden, den Client vor möglichen Problemen bei der Verarbeitung des Response-Bodys zu warnen.	`Warning: 199 Miscellaneous warning`
WWW-Authenticate	Definiert den Authentifizierungsmechanismus, den der Client verwenden soll, um sich beim Server zu registrieren, um auf die angefragte Ressource zugreifen zu können.	`WWW-Authenticate: Basic`

Tabelle A.9 Übersicht der verfügbaren Antwort-Header (Forts.)

Anhang B
HTML-Elemente

Sie müssen für den Anfang nicht die gesamten HTML-Elemente auswendig kennen. Sie sollten nur wissen, wo Sie suchen können. Zum Beispiel in diesem Anhang.

In den folgenden Abschnitten finden Sie eine Übersicht über die im Standard definierten HTML-Elemente. Zur besseren Übersicht habe ich die HTML-Elemente in verschiedene Kategorien unterteilt und den Kategorien jeweils einen eigenen Abschnitt spendiert:

- HTML und Metadaten
- Seitenbereiche
- Gruppierung von Inhalten
- Text
- Änderungen am Dokument
- Eingebettete Inhalte
- Tabellen
- Formulare
- Scripts

Hinweis

Eine Übersicht über CSS-Eigenschaften würde an dieser Stelle den Rahmen sprengen. Einen guten Einstiegspunkt hierzu bildet die Webseite *https://www.w3.org/Style/CSS/all-properties.en.html*.

B.1 HTML und Metadaten

Hier finden Sie Elemente für das generelle Definieren eines HTML-Dokuments und für das Definieren von Metadaten.

Element	Bezeichnung	Beschreibung
<!DOCTYPE>	*HTML Doctype*	Hierüber kann die HTML-Version (die *Document Type Definition*, kurz DTD) definiert werden. Streng genommen handelt es sich bei <!DOCTYPE> um kein HTML-Tag.
<html>	*HTML Root Element*	Definiert das Dokument als HTML-Dokument. Kann innerhalb eines HTML-Dokuments nur einmal vorkommen.
<head>	*HTML Head Element*	Definiert die Kopfdaten eines HTML-Dokuments, beispielsweise Links zu externen JavaScript- und CSS-Dateien, eingebundene Scripts und Stylesheets sowie Metainformationen. Kann innerhalb eines HTML-Dokuments nur einmal vorkommen.
<title>	*HTML Title Element*	Definiert den Titel eines HTML-Dokuments. Dieser Titel wird in der Titelzeile des Browserfensters bzw. Browser-Tabs der entsprechenden Webseite angezeigt.
<base>	*HTML Base Element*	Definiert die Basis-URL des HTML-Dokuments, die als Basis für im Dokument verwendete relative URLs verwendet wird.
<link>	*HTML Link Element*	Definiert unter anderem externe CSS-Dateien, die in das HTML-Dokument eingebunden werden sollen.
<meta>	*HTML Meta Element*	Erlaubt die Definition von Metadaten, beispielsweise zum Autor des HTML-Dokuments.
<style>	*HTML Style Element*	Definition eines internen Stylesheets

Tabelle B.1 Allgemeine Elemente und Metadaten

B.2 Seitenbereiche

In diesem Abschnitt finden Sie Informationen darüber, mit welchen Elementen sich – für den semantisch korrekten Aufbau – verschiedene Bereiche einer Webseite definieren lassen, beispielsweise der Navigationsbereich, der Hauptbereich, Kopf- und Fußbereich und einzelne Abschnitte.

Element	Bezeichnung	Beschreibung
`<body>`	*HTML Body Element*	Definiert den Hauptinhalt eines HTML-Dokuments. Kann innerhalb eines HTML-Dokuments nur einmal vorkommen.
`<section>`	*HTML Section*	Definiert einen Abschnitt innerhalb eines HTML-Dokuments.
`<nav>`	*HTML Navigation Element*	Definiert einen Bereich, der die Navigation enthält.
`<article>`	*HTML Article Element*	Definiert einen Bereich, der unabhängig von den übrigen Inhalten (als alleinstehender »Artikel«) stehen kann.
`<aside>`	*HTML Aside Element*	Definiert eine Randbemerkung, also einen nebensächlichen Inhalt, der nicht zu den Hauptinhalten des Dokuments zählt.
`<h1>`, `<h2>`, `<h2>`, `<h3>`, `<h3>`, `<h4>`, `<h5>`, `<h6>`	*HTML Section Heading Elements*	Definiert Überschriften verschiedener Hierarchieebenen. Insgesamt gibt es sechs verschiedene Hierarchieebenen, wobei `<h1>` für die Hauptüberschrift steht und `<h6>` für eine Überschrift der untersten Ebene.
`<header>`	*HTML Header Element*	Definiert den Kopfteil eines Dokuments. Üblicherweise sind hier Komponenten wie der Titel der Webseite oder ein Logo enthalten.
`<footer>`	*HTML Footer Element*	Definiert den Fußteil eines Dokuments. Hier finden sich oftmals Informationen wie Copyright-Hinweise, Links zu sozialen Netzwerken oder Kontaktadressen.
`<address>`	*HTML Address Element*	Definiert einen Bereich mit Kontaktinformationen.
`<main>`	*HTML Main Element*	Definiert den Hauptinhalt des Dokuments. Kann innerhalb eines HTML-Dokuments nur einmal vorkommen.

Tabelle B.2 Elemente zur Kennzeichnung von Seitenbereichen

B.3 Gruppierung von Inhalten

Dieser Abschnitt listet alle Elemente auf, die in irgendeiner Form für die Gruppierung von Inhalten verwendet werden können, seien es die verschiedenen Typen von Listen oder die Elemente zur Definition von Zitaten.

Element	Bezeichnung	Beschreibung
`<p>`	*HTML Paragraph Element*	Definiert einen Absatz.
`<hr>`	*HTML Horizontal Rule Element*	Definiert ein visuelles Trennelement in Form einer horizontalen Linie.
`<pre>`	*HTML Preformatted Text Element*	Definiert einen vorformatierten Bereich. Browser stellen den Text genau so dar, wie er zwischen dem öffnenden und dem schließenden `<pre>`-Tag steht. Das heißt, Leerzeichen, Tabulatoren und Zeilenumbrüche bleiben exakt so erhalten. Die Verwendung des `<pre>`-Elements eignet sich insbesondere für das Darstellen von Quelltext (beispielsweise wenn Sie einen Blog über JavaScript schreiben und dort viele JavaScript-Beispiele als Quelltext darstellen wollen).
`<blockquote>`	*HTML Block Quotation Element*	Definiert ein Zitat.
`<ol>`	*HTML Ordered List Element*	Definiert eine geordnete Liste, bei der die Einträge eine bestimmte Reihenfolge haben.
`<ul>`	*HTML Unordered List Element*	Definiert eine ungeordnete Liste, bei der die Einträge keine bestimmte Reihenfolge haben.
`<li>`	*HTML List Item Element*	Definiert einen Listeneintrag (in einer geordneten oder ungeordneten Liste).
`<dl>`	*HTML Definition List Element*	Definiert eine Definitionsliste aus Begriffen und den entsprechenden Definitionen.
`<dt>`	*HTML Description Term Element*	Definiert einen Begriff innerhalb einer Definitionsliste.

Tabelle B.3 Elemente zur Gruppierung von Inhalten

Element	Bezeichnung	Beschreibung
`<dd>`	*HTML Description Details Element*	Definiert die Beschreibung/Definition eines Begriffs innerhalb einer Definitionsliste.
`<figure>`	*HTML Figure Element*	Definiert eine Abbildung.
`<figcaption>`	*HTML Figure Caption Element*	Definiert die Beschriftung einer Abbildung.
`<div>`	*HTML Content Division Element*	Definiert ein allgemeines Container-Element, das keine semantische Bedeutung hat.
`<details>`	*HTML Details Disclosure Element*	Ermöglicht die Definition von Detailangaben.
`<summary>`	*HTML Disclosure Summary Element*	Definiert die Zusammenfassung für die Komponente, die über `<details>` definiert wurde.

Tabelle B.3 Elemente zur Gruppierung von Inhalten (Forts.)

B.4 Text

Für die Auszeichnung von Text stehen verschiedene Elemente zur Verfügung. Welche dies sind, zeigt folgende Tabelle.

Element	Bezeichnung	Beschreibung
`<a>`	*HTML Anchor Element*	Definiert einen Hyperlink, der auf ein anderes Dokument (bzw. allgemeiner: auf eine andere Ressource) verweist.
`<em>`	*HTML Emphasis Element*	Definiert einen hervorgehobenen Text.
`<strong>`	*HTML Strong Importance Element*	Definiert einen besonders wichtigen Text, der vom Browser als stark hervorgehobener Text dargestellt wird.
`<small>`	*HTML Side Comment Element*	Definiert einen klein gedruckten Text, der sich insbesondere für die Darstellung von Randbemerkungen eignet.

Tabelle B.4 Elemente zur Definition von Text

Element	Bezeichnung	Beschreibung
<s>	*HTML Strikethrough Element*	Definiert Inhalte, die nicht mehr länger relevant oder richtig sind. Browser stellen den entsprechenden Text in der Regel durchgestrichen dar.
<cite>	*HTML Citation Element*	Definiert den Titel oder den Autor eines Werks.
<q>	*HTML Inline Quotation Element*	Definiert ein Kurzzitat (für längere Zitate sollten Sie das `<blockquote>`-Element verwenden).
<dfn>	*HTML Definition Element*	Definiert eine Definition.
<abbr>	*HTML Abbreviation Element*	Definiert eine Abkürzung oder ein Akronym.
<time>	*HTML Time Element*	Definiert ein Datum oder eine Uhrzeit.
<code>	*HTML Code Element*	Definiert einen Bereich, der Quelltext enthält.
<var>	*HTML Variable Element*	Definiert eine Variable, beispielsweise als Teil eines mathematischen Ausdrucks.
<samp>	*HTML Sample Output Element*	Definiert die Ausgabe eines Programms.
<kbd>	*HTML Keyboard Input Element*	Definiert einen Textbereich, der die Texteingabe über eine Tastatur, eine Spracheingabe oder ein anderes Texteingabegerät bezeichnet. Wird beispielsweise verwendet, um Tastaturkürzel hervorzuheben.
<sub>, <sup>	*HTML Subscript Element* und *HTML Superscript Element*	Definiert tiefgestellten bzw. hochgestellten Text.

Tabelle B.4 Elemente zur Definition von Text (Forts.)

Element	Bezeichnung	Beschreibung
`<i>`	*HTML Interesting Element*	Definiert einen Textbereich, der vom normalen Text abweicht. Üblicherweise wird dieser Text vom Browser kursiv (*italic*) dargestellt.
`<b>`	*HTML Bold Element*	Definiert einen Textbereich, der vom normalen Text abgesetzt ist. Üblicherweise wird dieser Text vom Browser fettgedruckt (*bold*) dargestellt.
`<u>`	*HTML Unarticulated Annotation Element*	Definiert einen Textabschnitt, der vom übrigen Inhalt abgesetzt ist und üblicherweise unterstrichen (*underline*) dargestellt wird.
`<mark>`	*HTML Mark Text Element*	Definiert Text, der aufgrund der Relevanz oder Wichtigkeit zu Referenz- oder Notationszwecken markiert oder hervorgehoben ist.
`<ruby>`	*HTML Ruby Element*	Definiert eine Anzeige zur Aussprache ostasiatischer Zeichen (*Ruby Annotation*).
`<rt>`	*HTML Ruby Text Element*	Definiert den Text einer Ruby-Annotation.
`<rp>`	*HTML Ruby Fallback Parenthesis Element*	Definiert Text, der angezeigt wird, wenn der Browser keine Ruby-Annotationen unterstützt.
`<bdi>`	*HTML Bidirectional Isolate Element*	Definiert Text, der vom bidirektionalen Algorithmus des Browsers isoliert vom umgebenden Text behandelt werden soll. Dies eignet sich insbesondere dann, wenn eine Webseite dynamisch Text einfügt und die (Lese-)Richtung des eingefügten Textes nicht kennt.
`<bdo>`	*HTML Bidirectional Text Override Element*	Überschreibt die aktuelle (Lese-)Richtung des Textes, sodass der darin enthaltene Text in eine andere Richtung gerendert wird.

Tabelle B.4 Elemente zur Definition von Text (Forts.)

Element	Bezeichnung	Beschreibung
<span>	*HTML Span Element*	Definiert einen allgemeinen Textabschnitt. Ähnlich wie das <div>-Element wird das <span>-Element häufig unter Verwendung der Klassen- oder ID-Attribute zu Stilzwecken verwendet und besitzt wie das <div>-Element keine semantische Bedeutung. Im Unterschied zum <div>-Element, das ein Blockelement ist, ist <span> ein Inline-Element.
 	HTML Line Break Element	Definiert einen Zeilenumbruch.
<wbr>	*HTML Word Break Element*	Definiert eine Stelle im Text, an der der Browser einen Zeilenumbruch einfügen kann, aber nicht muss. Eignet sich insbesondere dazu, die Lesbarkeit zu verbessern bzw. Zeilenumbrüche zu beeinflussen, wenn der Text auf mehrere Zeilen verteilt wird.

Tabelle B.4 Elemente zur Definition von Text (Forts.)

B.5 Änderungen am Dokument

Dieser recht kurze Abschnitt zeigt zwei besondere Elemente, mit denen Änderungen am Dokument markiert werden können: solche Änderungen, die das Hinzufügen von Inhalten betreffen, und solche, die das Entfernen/Löschen von Inhalten betreffen.

Element	Bezeichnung	Beschreibung
<ins>	*HTML Insertion Element*	Definiert einen Textbereich, der dem Dokument hinzugefügt wurde.
<del>	*HTML Deletion Element*	Definiert einen Textbereich, der aus dem Dokument entfernt wurde.

Tabelle B.5 Elemente bezüglich Änderungen am Dokument

B.6 Eingebettete Inhalte

Über HTML lassen sich verschiedene Arten von externen Inhalten »einbetten«, beispielsweise Bilder, andere HTML-Dokumente oder Audio- und Videodateien. Welche Elemente es hierzu gibt, zeigt folgende Tabelle.

Element	Bezeichnung	Beschreibung
`<img>`	*HTML Image Element*	Definiert ein Bild.
`<iframe>`	*HTML Inline Frame Element*	Definiert einen Bereich, mit dem ein anderes (HTML-)Dokument in das aktuelle Dokument eingebettet werden kann.
`<embed>`	*HTML Embed External Content Element*	Definiert einen Bereich, in dem ein externer Inhalt ins Dokument eingebettet wird. Dieser Inhalt wird von einer externen Anwendung oder mithilfe eines Browser-Plugins bereitgestellt. Das `<embed>`-Element gibt es bereits sehr lange, und es ist mittlerweile mehr oder weniger nur aus Gründen der Abwärtskompatibilität mit älteren Browsern Teil des HTML5-Standards.
`<object>`	*HTML Object Element*	Definiert einen Bereich, in dem ein externer Inhalt wie beispielsweise ein Video ins Dokument eingebettet wird. Dieser Inhalt wird (wie beim `<embed>`-Element) von einer externen Anwendung oder mithilfe eines Browser-Plugins bereitgestellt. In der Vergangenheit wurde dieses Element hauptsächlich dazu verwendet, mithilfe von Flash Videodateien einzubetten. Durch das seit HTML5 eingeführte `<video>`-Element fällt dieser Anwendungsfall für das `<object>`-Element allerdings weg, weshalb es heute in diesem Zusammenhang kaum noch verwendet wird.
`<param>`	*HTML Param Element*	Definiert die Parameter für ein über das `<object>`-Element eingebundenes Objekt.
`<audio>`	*HTML Audio Element*	Ermöglicht das Einbinden einer Audiodatei bzw. von Audiodaten.

Tabelle B.6 Elemente für das Einbetten von externen Inhalten

Element	Bezeichnung	Beschreibung
`<video>`	*HTML Video Element*	Ermöglicht das Einbinden einer Videodatei bzw. von Videodaten.
`<source>`	*HTML Source Element*	Definiert alternative Medienressourcen für Audio- und Videodateien, die über `<video>` bzw. `<audio>` eingebunden wurden.
`<track>`	*HTML Track Element*	Definiert zusätzliche Medienspuren (beispielsweise Untertitel) für Audio- und Videodateien, die über `<video>` bzw. `<audio>` eingebunden wurden.
`<canvas>`	*HTML Canvas Element*	Definiert einen Bitmap-Bereich, in dem mithilfe von JavaScript programmatisch »gezeichnet« werden kann. Eignet sich beispielsweise für die Darstellung von Diagrammen, Browserspielen oder dynamischen visuellen Effekten.
`<map>`	*HTML Canvas Element*	Definiert eine sogenannte *Image Map*, also einen Bildbereich, in dem einzelne Bereiche mit Links versehen werden können. Wird in Kombination mit dem `<area>`-Element verwendet.
`<area>`	*HTML Area Element*	Definiert einzelne Bereiche in einer über das `<map>`-Element definierten Image Map.
`<svg>`	*HTML SVG Element*	Definiert eine Vektorgrafik, die über das *SVG*-Format definiert wurde (*Scalable Vector Graphics*).

Tabelle B.6 Elemente für das Einbetten von externen Inhalten (Forts.)

B.7 Tabellen

Für die Definition von Tabellen stehen eine ganze Reihe von Elementen zur Verfügung, beispielsweise zur Auszeichnung von Tabellenkopf, Tabellenkörper, einzelnen Zeilen und einzelnen Zellen. Tabelle B.7 gibt Ihnen eine Übersicht über diese Elemente.

Element	Bezeichnung	Beschreibung
`<table>`	*HTML Table Element*	Definiert eine Tabelle.
`<caption>`	*HTML Table Caption Element*	Definiert die Beschriftung einer Tabelle.
`<colgroup>`	*HTML Column Group Element*	Definiert eine Gruppe aus einer oder mehreren Tabellenspalten.
`<col>`	*HTML Column Element*	Definiert eine Tabellenspalte.
`<tbody>`	*HTML Table Body Element*	Definiert den Tabellenkörper, also den Teil der Spalten, der die eigentlichen Daten der Tabelle enthält.
`<thead>`	*HTML Table Head Element*	Definiert Tabellenüberschriften, also den Teil von Tabellenzeilen, der die Beschriftungen der Tabellenspalten enthält.
`<tfoot>`	*HTML Table Foot Element*	Definiert Tabellenfußbereiche, also den Teil von Tabellenzeilen, der die Zusammenfassungen am Ende der Tabellenspalten enthält.
`<tr>`	*HTML Table Row Element*	Definiert eine Zeile mit Tabellenzellen.
`<td>`	*HTML Table Data Cell Element*	Definiert eine einzelne Tabellenzelle.
`<th>`	*HTML Table Header Element*	Definiert eine Tabellenzelle als Überschrift.

Tabelle B.7 Elemente zur Definition von Tabellen

B.8 Formulare

Wie schon für Tabellen gibt es auch für Formulare ein ganzes Set an verschiedenen Elementen. So können Sie beispielsweise Eingabefelder definieren, Auswahllisten, Checkboxen, Radiobuttons, normale Buttons und vieles mehr.

Element	Bezeichnung	Beschreibung
`<form>`	*HTML Form Element*	Definiert ein Formular.

Tabelle B.8 Elemente zur Definition von Formularen

Element	Bezeichnung	Beschreibung
<fieldset>	*HTML Field Set Element*	Definiert eine Gruppe von Kontrollelementen innerhalb eines Formulars.
<legend>	*HTML Legend Element*	Definiert die Beschriftung für ein <fieldset>-Element.
<label>	*HTML Label Element*	Definiert die Beschriftung für ein Kontrollelement, zum Beispiel für ein Textfeld.
<input>	*HTML Input Element*	Definiert ein Eingabefeld. Der Typ des Eingabefeldes (beispielsweise Textfeld, Passwortfeld, Radiobutton, Checkbox etc.) wird mithilfe des type-Attributs definiert.
<button>	*HTML Button Element*	Definiert eine Schaltfläche (*Button*).
<select>	*HTML Select Element*	Definiert eine Auswahlliste, bei der aus einer Reihe von Optionen ausgewählt werden kann.
<datalist>	*HTML Data List Element*	Definiert eine Gruppe von vordefinierten Auswahloptionen, die in anderen Kontrollelementen referenziert werden können.
<optgroup>	*HTML Option Group Element*	Definiert eine Gruppe logisch gruppierter Auswahloptionen innerhalb einer Auswahlliste.
<option>	*HTML Option Element*	Definiert eine Auswahloption innerhalb eines <select>-Elements oder eines <datalist>-Elements.
<textarea>	*HTML Text Area Element*	Definiert einen Bereich zur Eingabe eines mehrzeiligen Textes.
<output>	*HTML Output Element*	Definiert einen Bereich, in den die Ergebnisse einer Berechnung oder einer Benutzeraktion eingefügt werden können.
<progress>	*HTML Progress Element*	Definiert eine Fortschrittsanzeige.
<meter>	*HTML Meter Element*	Definiert eine Messskala.

Tabelle B.8 Elemente zur Definition von Formularen (Forts.)

B.9 Scripts

Für das Einbinden von JavaScript-Code steht Ihnen das `<script>`-Element zur Verfügung. Das wissen Sie bereits aus Kapitel 4, »Webseiten interaktiv machen mit JavaScript«. Darüber hinaus gibt es ein weiteres Element, über das Sie explizit definieren können, was dargestellt werden soll, falls der jeweilige Browser kein JavaScript unterstützt oder JavaScript durch den Nutzer deaktiviert wurde.

Element	Bezeichnung	Beschreibung
`<script>`	*HTML Script Element*	Definiert entweder ein internes JavaScript (*Inline Script*) oder einen Link zu einer externen JavaScript-Datei (*External Script*).
`<noscript>`	*HTML No Script Element*	Definiert alternative Inhalte, die vom Browser angezeigt werden sollen, wenn er kein JavaScript unterstützt oder wenn JavaScript deaktiviert wurde.

Tabelle B.9 Elemente im Zusammenhang mit Scripts

Anhang C
Tools und Befehlsreferenzen

In diesem Anhang finden Sie Installationsanleitungen für Node.js, eine Übersicht über Testing-Tools sowie jeweils eine Befehlsreferenz für Git, Docker und Docker Compose.

C.1 Node.js

In den folgenden Abschnitten finden Sie die verschiedenen Möglichkeiten, Node.js auf den unterschiedlichen Betriebssystemen zu installieren.

C.1.1 Installation über Installationsdatei unter macOS

Für die Installation unter macOS müssen Sie lediglich die *pkg*-Datei von der Webseite *https://nodejs.org/en/download* herunterladen. Nachdem Sie diese Datei durch einen Doppelklick gestartet haben, öffnet sich der in den folgenden Abbildungen gezeigte (und selbsterklärende) Installationswizard, der Sie durch die Installation führt.

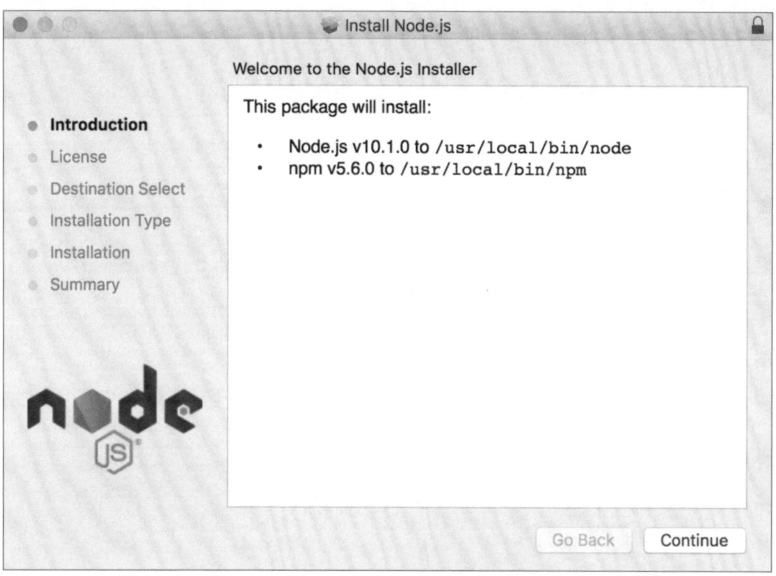

Abbildung C.1 Begrüßungsdialog der Node.js-Installation unter macOS

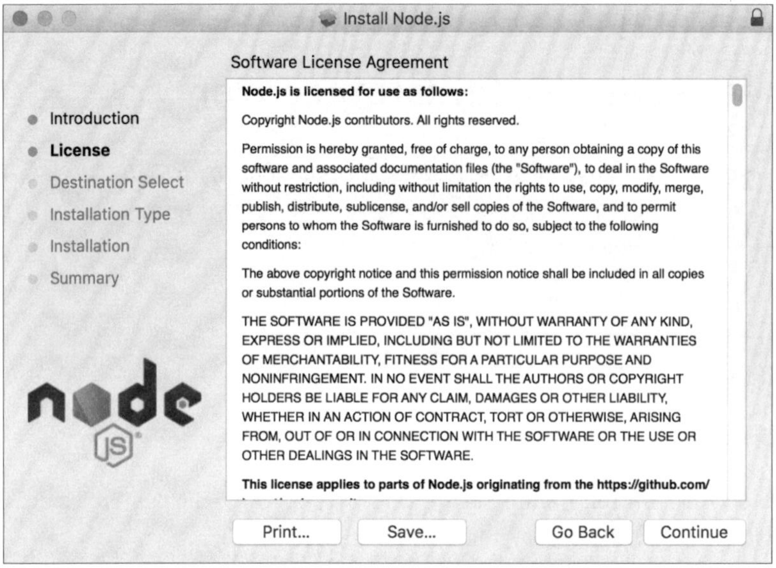

Abbildung C.2 Lizenzinformationen für Node.js unter macOS

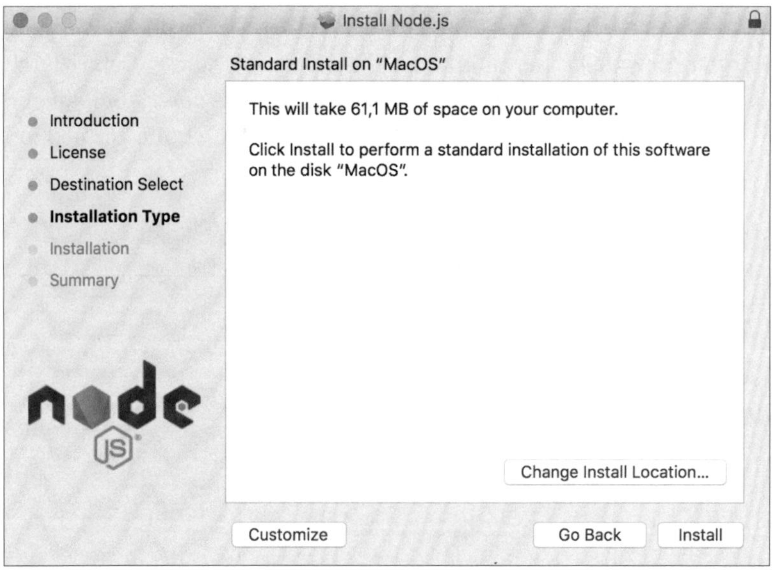

Abbildung C.3 Beginn der Installation von Node.js unter macOS

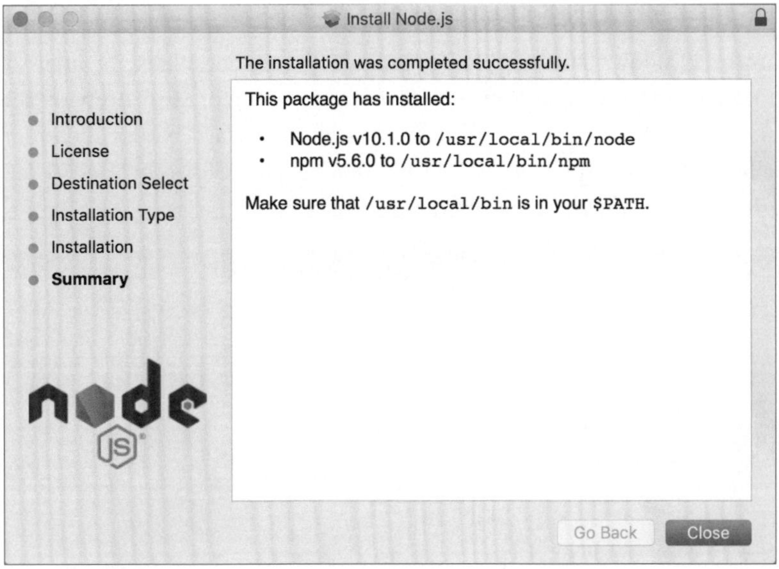

Abbildung C.4 Bestätigungsdialog zur Installation von Node.js unter macOS

Wurde die Installation erfolgreich abgeschlossen, steht Ihnen anschließend auf Ihrem System global der Befehl `node` zur Verfügung, über den Sie Node.js-Applikationen starten können. Um die Installation zu überprüfen, können Sie beispielsweise mit Hilfe von `node -v` die installierte Node.js-Version ausgeben:

```
$ node -v
v18.14.2
```

Listing C.1 Ausgabe der aktuell installierten Node.js-Version

Wenn Sie Node.js installieren, werden im Hintergrund noch zwei weitere wichtige Tools installiert: zum einen (seit Node.js-Version 0.6.3) der *Node.js Package Manager* (kurz npm), zum anderen (seit npm-Version 5.2.0) der *npm Package Runner* (kurz npx). Über folgende Befehle können Sie sich vergewissern, dass auch die Installation dieser beiden Tools erfolgreich war:

```
$ npm -v
9.5.0
$ npx -v
9.5.0
```

Listing C.2 Ausgabe der aktuell installierten Versionen von npm und npx

C.1.2 Installation über Installationsdatei unter Windows

Um Node.js unter Windows zu installieren, laden Sie von der Webseite *https://nodejs.org/en/download* einfach die *msi*-Datei herunter. Durch Ausführen dieser Datei öffnet sich der in Abbildung C.5 gezeigte Installationswizard, wobei auch hier das meiste selbsterklärend und ähnlich wie bei der Installation unter macOS ist, sodass ich an dieser Stelle auf weitere Abbildungen verzichte.

Abbildung C.5 Begrüßungsdialog der Node.js-Installation unter Windows

Wie auch bei der Installation unter macOS werden durch die Installation von Node.js indirekt die Tools npm und npx installiert. Testen können Sie die erfolgreiche Installation von Node.js und dieser beiden Tools über die folgenden Befehle:

```
$ node -v
v18.14.2
$ npm -v
9.5.0
$ npx -v
9.5.0
```

Listing C.3 Ausgabe der aktuell installierten Versionen von Node.js, npm und npx

C.1.3 Installation über Binärpaket unter macOS

Neben der in Abschnitt C.1.1, »Installation über Installationsdatei unter macOS« beschriebenen Installationsart über eine Installationsdatei können Sie Node.js für macOS auch unter Verwendung eines Binärpakets installieren. Dieses steht als gezipptes Tar-Archiv für 64 Bit auf der Downloadseite zur Verfügung. Wenn Sie diese Datei herunterladen und entpacken, finden Sie die ausführbare Datei *node* in dem entpackten Verzeichnis unterhalb des Verzeichnisses *bin*.

```
$ bin/node -v
v18.14.2
$ bin/npm -v
9.5.0
$ bin/npx -v
9.5.0
```

Listing C.4 Ausgabe der aktuell installierten Versionen nach Installation des Binärpakets unter macOS

C.1.4 Installation über Binärpaket unter Windows

Auch für Windows steht neben einer »normalen« Installationsdatei ein Binärpaket als ZIP-Datei (sowohl für 32 Bit als auch für 64 Bit) zur Verfügung. Wenn Sie die passende Datei herunterladen und entpacken, finden Sie anschließend in dem entpackten Verzeichnis unter anderem die Datei *node.exe*, die Sie direkt per Doppelklick oder über die Kommandozeile ausführen können:

```
$ node.exe -v
v18.14.2
```

Listing C.5 Ausgabe der aktuell installierten Version nach Installation des Binärpakets unter Windows

C.1.5 Installation über Binärpaket unter Linux

Auch für Linux steht ein Binärpaket als Archivdatei für 32 Bit und 64 Bit zur Verfügung. Nach dem Download und Entpacken dieser Datei finden Sie die ausführbare Datei für Node.js (mit dem Namen *node*) in dem entpackten Verzeichnis unterhalb des Verzeichnisses *bin*:

```
$ bin/node -v
v18.14.2
$ bin/npm -v
9.5.0
$ bin/npx -v
9.5.0
```

Listing C.6 Ausgabe der aktuell installierten Versionen nach Installation des Binärpakets unter Linux

C.1.6 Installation über Paketmanager

Node.js steht für viele verschiedene Betriebssysteme bzw. Paketmanager auch als Package zur Verfügung. Diese Packages werden allerdings nicht vom Node.js-Core-Team verwaltet, weswegen Zuverlässigkeit und Aktualität vom jeweiligen Verwalter des Packages abhängen. Eine in Teilen offizielle Liste von vertrauenswürdigen Quellen finden Sie unter *https://nodejs.org/en/download/package-manager/*. Dort stehen beispielsweise Packages für Debian, Ubuntu, FreeBSD, OpenBSD, openSUSE und viele weitere zur Verfügung.

Ebenfalls nützlich ist das Git-Repository unter *https://github.com/nodesource/distributions*, unter dem verschiedene Shell-Scripts angeboten werden, um Node.js auf verschiedenen Linux-Distributionen zu installieren. Auch für den Fall, dass Sie Node.js auf einem Raspberry Pi installieren möchten, eignet sich das genannte Git-Repository als gute Einstiegshilfe.

Für macOS und Windows stehen ebenfalls verschiedene Paketmanager zur Verfügung, über die Node.js installiert werden kann, beispielsweise im Falle von macOS die Paketmanager Homebrew (*https://brew.sh/index_de*) oder MacPorts (*https://www.macports.org*) und im Falle von Windows der Paketmanager Chocolatey (*https://chocolatey.org*).

Ebenfalls hilfreich für die Installation von Node.js ist der Node Version Manager nvm (*https://github.com/nvm-sh/nvm*). Hierüber können Sie bequem mehrere Versionen von Node.js parallel installieren und schnell zwischen einzelnen Versionen wechseln, was beispielsweise zu Testzwecken sinnvoll sein kann oder wenn Sie an mehreren Projekten gleichzeitig arbeiten, die jeweils andere Node.js-Versionen voraussetzen.

C.2 Testing-Tools

Im Folgenden finden Sie eine Auflistung einiger Tools für das automatisierte Testen mit dem Fokus auf dem Testen unter JavaScript bzw. Node.js.

- Empfehlenswerte Tools für **Komponententests** sind Jest (*https://jestjs.io*), Mocha (*https://mochajs.org*) und Jasmine (*https://jasmine.github.io*). Darüber hinaus lassen sich mit diesen Tools auch **Integrationstests** durchführen. Für das Testen von Webservices bieten sich dagegen Tools wie Supertest (*https://github.com/visionmedia/supertest*) an, die spezielle Helferfunktionen bereitstellen, um HTTP-Anfragen zu versenden und die jeweiligen HTTP-Antworten zu überprüfen.
- Für **E2E-Tests** bieten sich Selenium (*https://www.selenium.dev*), Puppeteer (*https://pptr.dev*) und Cypress (*https://www.cypress.io*) an.

- **Kompatibilitätstests** lassen sich mit den (kostenpflichtigen) Tools BrowserStack (*https://www.browserstack.com*) und Ghostlab (*https://www.vanamco.com/ghostlab*) durchführen.
- Für **Performancetests** stehen unter anderem Apache JMeter (*https://jmeter.apache.org*), Gatling (*https://gatling.io*) und autocannon (*https://github.com/mcollina/autocannon*) zur Verfügung.
- Für das Durchführen von **Sicherheitstests** bietet sich der OWASP Zed Attack Proxy (*https://owasp.org/www-project-zap*) an, der Webanwendungen hinsichtlich der von der OWASP identifizierten Schwachstellen überprüft.

C.3 Git-Befehlsreferenz

Folgende Tabelle gibt Ihnen eine Übersicht über die wichtigsten Befehle von Git.

Befehl	Beschreibung
Erzeugen eines Repositorys	
`git init`	Initialisieren eines neuen Git-Repositorys
`git clone ssh://<username>@<domain>/<repositoryname>.git`	Klonen eines bestehenden (Remote-) Repositorys auf Basis der übergebenen URL
`git clone git@github.com: <username>/<repositoryname>`	Klonen eines bestehenden (Remote-) Repositorys auf Basis der übergebenen GitHub-URL
Lokale Änderungen	
`git status`	Ausgabe von Statusinformationen
`git diff`	Anzeigen von Änderungen der versionierten Dateien
`git add .`	Hinzufügen aller lokalen Änderungen zum Staging-Bereich
`git add -p <file>`	Hinzufügen der Änderungen an einer Datei zum Staging-Bereich
`git commit -a`	Commit aller Änderungen im Staging-Bereich

Tabelle C.1 Die wichtigsten Befehle in Git

Befehl	Beschreibung
`git commit -m "Update"`	Commit der Änderungen aus dem Staging-Bereich unter Angabe einer Commit-Message
`git commit --amend`	Ändern des letzten Commits (Achtung: Sie sollten keine Commits ändern, die bereits in ein Remote-Repository hochgeladen wurden, weil es hierdurch schnell zu Konflikten kommen kann.)
Commit-Historie	
`git log`	Ausgabe aller Commits, beginnend mit dem letzten Commit
`git log -p <file>`	Ausgabe aller Commits für eine Datei, beginnend mit dem letzten Commit
`git blame <file>`	Ausgabe, wer wann welche Änderungen an einer Datei vorgenommen hat
`git stash`	Übertragen der lokalen Änderungen aus dem Arbeitsbereich in einen Zwischenspeicher. Die Änderungen werden dabei aus dem Arbeitsbereich entfernt und können später aus dem Zwischenspeicher wiederhergestellt werden (siehe nächster Befehl).
`git stash pop`	Übertragen der lokalen Änderungen aus dem Zwischenspeicher in den Arbeitsbereich
Branches und Tags	
`git branch -av`	Auflisten aller Branches
`git checkout <branch>`	Wechseln in bestehenden Branch
`git checkout -b <branch>`	Wechseln in einen Branch und gegebenenfalls Anlegen des Branches, falls es ihn noch nicht gibt
`git branch <branch>`	Anlegen eines neuen lokalen Branches

Tabelle C.1 Die wichtigsten Befehle in Git (Forts.)

Befehl	Beschreibung
git checkout --track <remote>/<branch>	Anlegen eines neuen lokalen Branches auf Basis eines Remote-Branches
git branch -d <branch>	Löschen eines lokalen Branches
git tag <tagname>	Hinzufügen eines Tags zum aktuellen Commit
Update und Publish	
git remote -v	Auflisten aller Remote-Repositorys
git remote show <remote>	Anzeigen der Informationen zu einem bestimmten Remote-Repository
git remote add <shortname> <url>	Hinzufügen eines neuen Remote-Repositorys
git fetch <remote>	Herunterladen aller Änderungen vom Remote-Repository, aber keine Integration in HEAD
git pull <remote> <branch>	Herunterladen aller Änderungen vom Remote-Repository und direkte Integration bzw. Merging in HEAD
git push <remote> <branch>	Hochladen der lokalen Änderungen zum Remote-Repository
git branch -dr <remote>/<branch>	Löschen eines Branches im Remote-Repository
git push --tags	Hochladen der Tags zum Remote-Repository
Merge und Rebase	
git merge <branch>	Merging der Änderungen aus einem Branch in den aktuellen HEAD
git rebase <branch>	Rebase des aktuellen HEAD auf den angegebenen Branch
Undo	
git reset --hard HEAD	Verwerfen aller lokalen Änderungen im Arbeitsbereich

Tabelle C.1 Die wichtigsten Befehle in Git (Forts.)

Befehl	Beschreibung
git checkout HEAD <file>	Verwerfen der lokalen Änderungen an einer einzelnen Datei im Arbeitsbereich
git revert <commit>	Rückgängigmachen eines Commits
git reset --hard <commit>	Zurücksetzen des HEAD auf einen früheren Commit und Verwerfen aller seitdem durchgeführten lokalen Änderungen
git reset <commit>	Zurücksetzen des HEAD auf einen früheren Commit und Behalten aller seitdem durchgeführten lokalen Änderungen
git reset --keep <commit>	Zurücksetzen des HEAD auf einen früheren Commit und Behalten aller seitdem durchgeführten lokalen Änderungen, die noch nicht committet wurden

Tabelle C.1 Die wichtigsten Befehle in Git (Forts.)

C.4 Docker-Befehlsreferenz

Folgende Tabelle gibt Ihnen eine Übersicht über die wichtigsten Befehle rund um das Arbeiten mit Docker-Containern und -Images (für eine noch detailliertere Beschreibung inklusive Beispielen und entsprechender Parameter für die jeweiligen Befehle bietet sich die offizielle Dokumentation der Befehlsreferenz an, die Sie unter *https://docs.docker.com/engine/reference/commandline/docker* finden).

Befehl (ohne eventuelle Parameter)	Beschreibung
Allgemein	
docker login	Login in eine Docker-Registry
docker logout	Logout von einer Docker-Registry
docker search	Suche eines Docker-Images in der aktuell konfigurierten Docker-Registry
Container	
docker create	Erzeugen eines Containers, ohne ihn zu starten

Tabelle C.2 Die wichtigsten Befehle von Docker

Befehl (ohne eventuelle Parameter)	Beschreibung
docker exec	Ausführen eines bestimmten Befehls innerhalb eines Containers.
docker rename	Umbenennen eines Containers
docker run	Erzeugen und Starten eines Containers
docker rm	Löschen eines Containers
docker update	Aktualisieren der Konfiguration eines Containers
docker start	Starten eines Containers
docker stop	Stoppen eines Containers
docker restart	Stoppen und Neustarten eines Containers
docker pause	Pausieren eines Containers
docker unpause	Fortsetzen eines pausierten Containers
docker wait	Warten auf das Beenden eines Containers
docker kill	Senden des SIGKILL-Signals an einen Container, um ihn zu beenden
docker attach	Verbinden der Standard-Input- und Standard-Output-Streams sowie des Fehler-Streams mit einem Container
docker cp	Kopieren von Dateien und Verzeichnissen zwischen einem Container und dem Dateisystem des Host-Rechners
docker export	Exportieren des Dateisystems eines Containers
docker ps	Auflisten der gestarteten Container
docker logs	Log-Ausgabe eines Containers
docker inspect	Ausgabe von Informationen zu einem Container

Tabelle C.2 Die wichtigsten Befehle von Docker (Forts.)

Befehl (ohne eventuelle Parameter)	Beschreibung
`docker events`	Ausgabe der Events eines Containers
`docker port`	Auflisten der Port-Mappings eines Containers
`docker top`	Auflisten der laufenden Prozesse innerhalb eines Containers
`docker stats`	Ausgabe des Ressourcenverbrauchs von Containern (beispielsweise bezüglich CPU und Arbeitsspeicher)
`docker diff`	Ausgabe geänderter Dateien innerhalb eines Containers
Images	
`docker pull`	Laden eines Images aus der aktuellen Docker-Registry auf den lokalen Rechner
`docker push`	Laden eines Images vom lokalen Rechner in die aktuelle Docker-Registry
`docker images`	Auflisten aller Images
`docker import`	Erstellen eines Images auf Basis eines Tarball-Archivs
`docker export`	Exportieren eines Images in ein Tarball-Archiv
`docker build`	Erstellen eines Images auf Basis einer Dockerfile-Datei
`docker commit`	Erstellen eines Images auf Basis eines Containers (der eventuell zuvor automatisch pausiert wird)
`docker rmi`	Löschen eines Images
`docker load`	Erstellen eines Images bzw. gegebenenfalls mehrerer Images auf Basis eines Tarball-Archivs, wobei Tags und Versionen berücksichtigt werden

Tabelle C.2 Die wichtigsten Befehle von Docker (Forts.)

Befehl (ohne eventuelle Parameter)	Beschreibung
`docker save`	Exportieren eines Images in ein Tarball-Archiv, inklusive aller Tags und Versionen
`docker history`	Ausgabe der Historie eines Images
`docker tag`	Hinzufügen eines Tags zu einem Image

Tabelle C.2 Die wichtigsten Befehle von Docker (Forts.)

C.5 Docker-Compose-Befehlsreferenz

Tabelle C.3 zeigt Ihnen die wichtigsten Befehle, die Sie für die Arbeit mit Docker Compose benötigen. Weitere Informationen finden Sie unter *https://docs.docker.com/compose*.

Befehl	Beschreibung
`docker-compose up`	Erzeugt und startet alle in der Konfigurationsdatei definierten Services.
`docker-compose down`	Stoppt alle in der Konfigurationsdatei definierten Services und entfernt alle dazugehörigen Container.
`docker-compose start <SERVICE>`	Startet einzelne Services (es können mehrere Services übergeben werden).
`docker-compose stop <SERVICE>`	Stoppt einzelne Services (es können mehrere Services übergeben werden).
`docker-compose pause <SERVICE>`	Pausiert einzelne Services (es können mehrere Services übergeben werden).
`docker-compose unpause <SERVICE>`	Hebt die Pausierung einzelner Services auf (es können mehrere Services übergeben werden).
`docker-compose ps`	Listet alle gestarteten Services auf.

Tabelle C.3 Die wichtigsten Befehle von Docker Compose

Anhang D
Schlusswort

Herzlichen Glückwunsch! Sie haben bis hierhin durchgehalten und sind dem Ziel, Fullstack-Entwicklerin oder -Entwicklerin zu werden, ein ganzes Stück nähergekommen. Jetzt dürfen Sie natürlich nicht lockerlassen. Jedes Thema, das ich in diesem Buch besprochen habe, können Sie beliebig vertiefen. Literaturtipps dazu habe ich Ihnen ja reichlich gegeben.

Doch egal welches Buch Sie lesen: Sie müssen das Gelernte natürlich auch anwenden. Dies gilt für Bücher zur Softwareentwicklung genauso wie für Bücher zur Steigerung der Produktivität oder für Bücher zum richtigen Umgang mit Geld. Sie müssen sich – wie ich immer gerne sage – selbst die Hände schmutzig machen. Nur durch praktische Anwendung sammeln Sie die notwendige Erfahrung und werden schließlich zum Fullstack-Entwickler.

Erinnern Sie sich noch an Computer-Rollenspiele aus den 80ern und 90ern? Dort konnte man sich seine Gruppe von Helden zusammenstellen und die einzelnen Helden im Laufe des Spiels in verschiedenen Fähigkeiten wie Stärke, Charisma, Zauberkraft etc. verbessern. Übertragen Sie dieses Prinzip auf Ihren Weg zum Fullstack-Entwickler!

Sie sind die Heldin oder der Held in Ihrem ganz persönlichen Abenteuer. Notieren Sie sich, wie Sie, Stand heute, Ihre Fähigkeiten – Ihre Skills – einschätzen. Natürlich nicht bezogen auf Stärke, Charisma und Zauberkraft (wobei dies sicherlich auch gute Eigenschaften eines Entwicklers wären, besonders die Zauberkraft), sondern bezogen auf HTML, CSS, JavaScript, Web-APIs, Webservices, Datenbanken, Testing, Sicherheit, Deployment usw.

Machen Sie sich einen Plan, wie Sie die in diesem Buch gelernten Skills anwenden und wie Sie die Skills ausbauen können. Greifen Sie sich jeweils ein Thema heraus, und bilden Sie sich dazu gezielt weiter. Schrecken Sie dabei nicht zurück vor der Fülle an Technologien. Sie müssen nicht auf jeden Zug aufspringen, nicht jedes neue gehypte JavaScript-Framework lernen.

Konzentrieren Sie sich stattdessen zunächst auf das Erlernen einer einzigen Programmiersprache, nämlich JavaScript (ich kenne da ein gutes Buch ☺). Damit schlagen Sie gleich zwei Fliegen mit einer Klappe und können sowohl für das Frontend als auch für das Backend entwickeln.

Auf der Website zum Buch unter *www.rheinwerk-verlag.de/webentwicklung_5559* oder *www.webdevhandbuch.de* beziehungsweise auf meiner Website unter *www.philipackermann.de* stelle ich zudem weitere Informationen zum Thema Fullstack-Entwicklung zur Verfügung. Darüber hinaus würde ich mich sehr freuen, wenn Sie mir auf Twitter unter *@cleancoderocker* folgen würden. Dort stehe ich bereits mit vielen meiner Leser und Leserinnen in Kontakt, gebe Tipps und nehme Feedback zu meinen Büchern entgegen. Ebenfalls auf Twitter finden Sie den Account *@webdevhandbuch*, über den ich vor allem Aktuelles zu diesem Buch in der Twitter-üblichen Kurzform veröffentliche. Bereits seit mehreren Jahren schreibe ich auf Heise Developer in meinem Blog »Tales from the Web side« Beiträge rund um die Webentwicklung. Seit 2021 führen Sebastian Springer und ich den Blog gemeinsam, um unsere Leserinnen und Leser in noch regelmäßigeren Abständen mit Wissen zu versorgen. Gerne würden wir Sie dort ebenfalls als Leser begrüßen. Den Blog finden Sie unter *https://www.heise.de/developer/Tales_from_the_Web_side-2548664.html.*

Bleibt mir an dieser Stelle nur noch, Ihnen, liebe Leser, abschließend zu danken, für den Kauf dieses Buches und dafür, dass Sie bis hierhin durchgehalten haben. Ich wünsche Ihnen viel Erfolg auf der weiteren Reise und beim Ausbau Ihrer Fullstack-Skills! ☺

Philip Ackermann
Rheinbach

Index

B

C

D

E

F

G

I

J

K

L

M

N

O

P

Q

R

S

U

X

Y

Z